国家出版基金项目
NATIONAL PUBLICATION FOUNDATION

國家出版基金項目

教育部哲學社會科學研究重大課題攻關項目

「十一五」「十二五」「十三五」
國家重點圖書出版規劃項目•重大工程出版規劃

「十四五」
國家重點出版物出版专項規劃項目•古籍出版規劃

國家社會科學基金重大項目
北京大學「九八五工程」重點項目

儒藏

精華編一八七册上
子部儒學類

儒藏

精華編

北京大學《儒藏》編纂與研究中心

《儒藏》精華編第一八七册

首席總編纂　季羡林

項目首席專家　湯一介

總　編　纂　湯一介　龐　樸　孫欽善　安平秋（按年齡排序）

本册主編　嚴佐之

《儒藏》精華編凡例

一、中國傳統文化以儒家思想爲中心。《儒藏》爲儒家經典和反映儒家思想、體現儒家經世做人原則的典籍的叢編。收書時限自先秦至清代結束。

二、《儒藏》精華編爲《儒藏》的一部分，選收《儒藏》中的精要書籍。

三、《儒藏》精華編所收書籍，包括傳世文獻和出土文獻。傳世文獻按《四庫全書總目》經史子集四部分類法分類，大類、小類基本參照《中國叢書綜録》和《中國古籍善本書目》，於個别處略作調整。凡單書已收入入選的個人叢書或全集者，僅存目録，並注明互見。出土文獻單列爲一個部類，原件以古文字書寫者一律收其釋文文本。韓國、日本、越南儒學者用漢文寫作的儒學著作，編爲海外文獻部類。

四、所收書籍的篇目卷次，一仍底本原貌，不選編，不改編，保持原書的完整性和獨立性。

五、對入選書籍進行簡要校勘。以對校爲主，確定内容完足、精確率高的版本爲底本，精選有校勘價值的版本爲校本。出校堅持少而精，以校正誤爲主，酌校異同。校記力求規範、精煉。

六、根據現行標點符號用法，結合古籍標點通例，進行規範化標點。專名號除書名號用角號（《》）外，其他一律省略。

七、對較長的篇章，根據文字内容，適當劃分段落。正文原已分段者，不作改動。千字以内的短文一般不分段。

八、各書卷端由整理者撰寫《校點説明》，簡要介紹作者生平、該書成書背景、主要内容及影響，以及整理時所確定的底本、校本（舉全稱後括注簡稱）及其他有關情況。重複出現的作者，其生平事蹟按出現順序前詳後略。

九、本書用繁體漢字豎排，小注一律排爲單行。

《儒藏》精華編第一八七册

子部儒學類

性理之屬

《儒藏》精華編第一八七册

子部儒學類

性理之屬

上册

朱子語類

〔南宋〕黎靖德　編
鄭明
莊輝明　校點

目録

一八七册上

一八七册下

朱子語類卷第二十五……六二三

朱子語類卷第三十六……九八一

朱子語類卷第三十七……一〇一五

朱子語類卷第三十八……一〇三二

朱子語類卷第三十九……一〇四二

一八八册上

朱子語類卷第四十四……一一五一

朱子語類卷第四十五

朱子語類卷第五十五……一三五〇

朱子語類卷第五十六……一三六六

朱子語類卷第五十九

朱子語類卷第六十

朱子語類卷第六十一

朱子語類卷第六十二

一八八册下

校點説明

朱熹（一一三〇—一二〇〇），字元晦，一字仲晦，號晦庵，人稱晦翁，别稱紫陽。祖籍徽州婺源（今屬江西），僑居建陽（今福建南平）。曾任祕閣修撰等職。一生廣注經典，著書立説，集理學之大成，爲明清兩朝儒學之正宗，其影響之大，直追孔孟。生平著述頗豐，《朱子語類》是其中極爲重要的一部。

《朱子語類》一百四十卷，宋黎靖德輯，集九十七名弟子所記朱熹四十歲以後語録而成。

黎靖德，明《萬姓統譜》謂其爲永嘉人，嘗官沙縣主簿，攝縣事。爲人清謹，善理繁劇，博學能文，曾修《沙陽志》。又據《宋史》載，恭帝德祐二年（一二七六）黎靖德嘗任邵武郡守。然《朱子語類》所載序自署「導江黎靖德」，疑爲其郡望。序中自言：「適行（旴江）郡事，因輒刻之郡齋，與學者共之」。則可知其又嘗知建昌軍。其仕履目前所知僅此。

黎氏這部《朱子語類》是朱熹語録的分類彙編。朱熹一生，主要成就在於儒學的研究和教學，他先後在江西廬山白鹿洞書院、福建武夷精舍、湖南嶽麓書院、福建滄州精舍等地聚徒講學，從學者最多時達到數百人。朱熹授徒，常在師徒問答之間，闡述儒學性命道德之精微、天人事物之藴奥，言簡意賅。開課授業之外，其平日閒暇之談，亦十分精彩，弟子退而記之，以爲書紳銘座、時時誦習之資。流傳漸廣，亦大爲儒林所重。由於諸弟子所記各有詳略異同，彙編一部删繁去複、分類以從的朱熹語録已成學者之迫切需要。故朱熹逝世後十五年，嘉定乙亥（一二一五），已有李道傳輯廖德明等三十三人所記，於池州刊成《朱子語録》四十三卷，此稱「池録」。廿三年後，嘉熙戊戌（一二三八），道傳之弟性傳又收得黄榦等四十二人所記，於饒州刊成《朱子語續録》四十六卷，是爲「饒録」。淳祐己酉（一二四九），蔡杭又以楊方等三十二人所記，復於饒州刊《朱子語後録》二十六卷，其中有「饒録」、「池録」所無者二十家，是爲「饒後録」。咸淳乙丑（一二六五），吴堅又於建安刊《朱子語别録》，其序謂收得六十五家語録，經與前三録比勘後，「重加會稡，以三録所餘二十九家，及增入未刊者四家，自爲别集，以附《續録》後集之末」。

嘉定己卯（一二一九），「饒録」和「饒後録」尚未刊行，其時有黄士毅者分類編集朱熹語録，成《朱子語類》一百四十卷，刊於眉州。黄氏《語類》以「池録」爲本，添入三十八家，此爲第一部《朱子語類》，後人或稱「蜀類」。後徽州紫陽書院以其書未備，翻刻「蜀類」，增入「饒録」九家，故卷帙較「蜀類」爲富，此爲第二部《朱子語類》，後人或稱之爲「徽類」。淳祐間，王佖以其訪得者三十多家，成婺州本朱子語録，是爲「婺録」；至淳祐壬子（一二五二）又分類編成《朱子語續類》四十卷，後人稱爲「徽續類」，由魏了翁之子魏克愚在徽州刊出。此爲又一部《朱子語類》。咸淳庚午（一二七〇），朱熹逝世七十年，黎靖德集「池録」、「饒録」、「饒後録」、「婺録」、「蜀類」、「徽類」、「徽續類」之大成，按黄士毅原來的分類門目，「遺者收之，誤者正之，考其同異，而削其複者一千一百五十餘條」，釐爲二十六門，纂成語類大全，刊刻傳世。此即今日通行之《朱子語類》。

《朱子語類》宋本已佚，現存最早爲明成化九年（一四七三）陳煒刻本。此次校點《朱子語類》，即以中國國家圖書館所藏明成化九年陳煒刻本爲底本（此本除中國國家圖書館外，南京圖書館、臺北和日本亦有藏本，臺北中正書局和日本中文出版社也曾影印出版過該書）。對校以明萬曆三十二年（一六〇四）婺源朱崇沐刻本（上海圖書館藏，校記簡稱「萬曆本」）。以朝鮮古寫徽州本（日本九州大學圖書館藏，校記簡稱「朝鮮本」）、清賀瑞麟校刻的劉氏傳經堂刊本（華東師範大學圖書館藏，校記簡稱「賀本」)、文淵閣《四庫全書》本(校記簡稱「四庫本」)等爲參校本。個别地方也參考了中華書局一九八六年出版的由王星賢點校的《朱子語類》(校記簡稱「中華本」)。

選擇萬曆本對校，是因爲此本爲朱吾弼以錫山高雲從藏本加以校勘重編，較爲精善之故。同時通過版本調查，發現用作底本的成化本不僅是現存最早的《朱子語類》版本，同時還是現存各種《朱子語類》的祖本：萬曆本實際也是成化本的翻刻本，清代康熙年間吕留良天蓋樓刻本則更是萬曆本的翻刻本，其後應元書院刊本、劉氏傳經堂叢書本則是天蓋樓刻本的翻刻本。此外韓國、日本也存有一些《朱子語類》其他版本，有些我們曾查閲，有些雖然未曾經眼，但據日人岡田武彦研究，基本上非萬曆本之覆刊，即吕氏天蓋樓刻本之翻刻，甚至所據更後。因此再用其他刊本對校意義不大。

取朝鮮古寫徽州本爲參校本，是因爲它於通行本《朱子語類》有着很重要的校勘意義。徽州本《朱子語類》，嚴格意義上説，它和通行本並不是同一部書，應該是前文所説的早於黎靖德的「徽類」《朱子語類》，即徽州紫陽書院翻刻的黄士毅編集本。而且此本是「徽類」的寫本而非刊本，從字體來看，抄寫又出自多人之手，自然頗多魯魚亥豕之誤。此本「訓門人六」以下原脱，乃據萬曆本補寫而成，已非原璧。又此本除了每卷的條目數和排列順序和通行本不完全一致外，還有只存條目而無語録内容者。儘管有諸多缺點，但是，由於它成於通行本《朱子語類》之前，又是通行本《朱子語類》的藍本和主要來源，它的絶大部分内容被黎靖德收録於通行本中，這部分内容對於通行本顯然有着極其重要的校勘價值。此外，寫本中有一些内容是通行本所無的，同一條目中的文句有時也有長短之殊。這些差别，有的應該是黎靖德編輯時遴選删改所致，有的則看得出是刊刻流傳之間産生的訛誤和脱漏，應該予以補正。至於黎靖德編輯時嫌其繁冗而有意删改的内容，儘管由於有的記録了當時的語言環境，有的記録了朱熹説話時的神態等等，在我們今天看來，也有着十分重要的歷史文獻價值，但是對於本書校勘的價值却不大，故捨棄不録。

以清賀瑞麟校刻的劉氏傳經堂刊本爲參校本，是因爲劉氏傳經堂刊本是萬曆本之後頗具代表性的通行本，儘管是翻刻吕留良天蓋樓刻本，但賀氏校刻時糾正了不少舛誤漏衍之處，故亦可資參考。況此本留存較多，華東師範大學圖書館亦有藏本，便於參校。

筆者此前曾於公元二〇〇一年得華東師範大學諸位同仁及學生弟子幫助，點校了《朱子語類》，此書彙入了《朱子全書》，由上海古籍出版社和安徽教育出版社出版發行。由於各種原因，該書留下了不少遺憾。本次應北京大學《儒藏》編纂與研究中心之邀，遵照《儒藏》體例，重新校點整理《朱子語類》。特延聘華東師範大學歷史系莊輝明教授及其助手、上海大學文學院王培軍教授及其助手等共襄其事，同時承蒙《儒藏》中心提供更完善的工作底本，又得中心諸位專家及楊韶蓉、楊浩兩位老師的熱情幫助，歷數年而成。心中感佩之情，難以盡述。

校點者　鄭　明

二〇一五年十月寫於櫻桃河畔之紫竹源

朱子語類大全

宋導江黎靖德類編

語録

語類

池州刊朱子語録後序

晦庵朱先生所與門人問答，門人退而私竊記之。先生没，其書始出。記録之語，未必盡得師傳之本旨，而更相傳寫，又多失其本真，甚或輒自删改，雜亂訛舛，幾不可讀。李君道傳貫之自蜀來仕于朝，博求先生之遺書，與之游者亦樂爲之搜訪，多得記録者之初本。其後出守儀真，持庾節於池陽，又與潘時舉、葉賀孫諸嘗從游於先生之門者互相讎校，重複者削之，訛謬者正之，有别録者，有不必録者，隨其所得爲卷帙次第，凡三十有三家。繼此有得者，又將以附于後，特以備散失，廣其傳耳。先生之著書多矣，教人求道入德之方備矣。師生函丈間，往復詰難，其辨愈詳，其義愈精，讀之竦然，如侍燕閒承謦欬也。歷千載而如會一堂，合衆聞而悉歸一己，是書之傳，豈小補哉！貫之既以鋟諸木，以幹與聞次輯而俾述其意云。嘉定乙亥十月朔旦，門人黄榦謹書。

饒州刊朱子語續録後序

嘉定乙亥歲，仲兄文惠公持節江左，取所傳朱文公先生《語録》鋟木池陽，凡三十有三家。其書盛行。性傳被命造朝，益加搜訪，由丙戌至今，得四十有一家，率多初本。去其重複，正其訛舛，第其歲月，刻之番易學宮。復考《池録》所餘，多可傳者，因取以附其末。合《池録》與今録，凡先生平生所與學者談經論事之語十得其九，嗣有所得，尚續刊之。《池録》之行也，文肅黃公直卿既爲之序，其後書與伯兄，乃殊不滿意，且謂不可以隨時應答之語易平生著述之書。性傳謂記者易差，自昔而然。《河南遺書》以李端明《師説》爲首，❶蓋端伯所記，伊川先生嘗稱其最得明道先生之旨故也。至「論浩氣」一條，所謂「以直養而無害」云者，伊川乃深不謂然。端伯猶爾，況於其他？直卿之云，真是也。然嘗聞和靖先生稱伊川之語曰：「某在，何必觀此書？」而文公先生之言則曰：「伊川在，何必觀？伊川亡，則不可以不觀矣！」蓋亦在乎學者審之而已。先生《家禮》成於乾道庚寅，《通鑑綱目》、《西銘解義》成於壬辰，《太極通書義》成於癸巳，《論孟注問》、《詩集傳》成於淳熙丁酉，《易本義》、《啓蒙》成於乙巳、丙午之間，《大學中庸章句》、《或問》成書雖久，至己酉乃始序而傳之，《楚辭集注》、《韓

❶「明」，按，當爲伯，見下文及《二程遺書》卷一《端伯傳師説》。

文考異》成於慶元乙卯，《禮書》雖有綱目，脱藁者僅二十有三篇，其著書歲月次第可考也。《家禮》編成而逸，既殁而其書出，與晚歲之説不合，先生蓋未嘗爲學者道也。《語》、《孟》、《中庸》、《大學》四書，後多更定。今《大學》「誠意」章，蓋未易簀前一夕所改也。是四書者，覃思最久，訓釋最精，明道傳世，無復遺藴。至其他書，蓋未及有所筆削，獨見於疑難答問之際，多所異同，而《易》書爲甚。晏淵所録一編，與《本義》異者十之三四，大率多合先君文昭《本傳》之説。文昭謂乾坤之用，主於誠敬；坎離之用，主於誠明。世未有通其義者，而先生獨稱之，其不執一説、惟是之從如此。故愚謂《語録》與《四書》異者，當以書爲正，而論難往復，書所未及者，當以《語》爲助；與《詩》、《易》諸書異者，在成書之前亦當以書爲正，而在成書之後者，當以《語》爲是。學者類而求之，斯得之矣。不特此也，先生平日論事甚衆，規恢其一也。至其暮年，乃謂言規恢於紹興之間者爲正，言規恢於乾道以後者爲邪。非《語録》所載，後人安得而知之？是編也，真不爲無益，而學者不可以不之讀也。先生又有《別録》十卷，所譚者炎、興以來大事。爲其多省中語，未敢傳，而卯火亡之。今所存者，幸亦一二焉。

嘉熙戊戌月正元日，後學三嵎李性傳書。

饒州刊朱子語後録後序

鄱陽所刊先師文公朱先生《語録》，固欲續《池録》所未備，然先師之言滿天下，二録所收，亦豈能遽盡哉？ 淳祐戊申，杭將指江東，鄱陽洪叔魯芹以其外大父吏部楊公方手所録《寒泉語》見示，既又於安仁湯叔遜汲得其家藏包公揚所録。❶ 二公在師門爲前輩，所録尚未編入，則所遺者亦多矣。 繼而東陽王元敬佖亦以所集刊本見寄，又得里中朋友所傳一二家，乃悉以次編入，爲二十六卷。 先師之緒言，雖未敢謂無復遺逸，然所會稡益富矣。 獨念先師又有親自删定與先大父西山講論之語及性與天道之妙，名曰《翁季録》者，久未得出以流行於世，豈斯文之顯晦固自有時乎？ 竊尤有感於此，故輒併識其拳拳之意云。 淳祐己酉中秋日，門人建安蔡杭書。

❶「汲」，萬曆本作「次」。

建安刊朱子語别録後序

子朱子《語録》行於世尚矣。《池録》三十有三家，番本《續録》四十有二家，其三十四家，池本所未有也。再見者兩家，録餘凡六家。又《後録》二十三家，其二十家亦池本所未有也。再見者三家。合三録爲八十七家。及門之士，固有如謝先生在程門無録者，其有録可傳者既如此矣。堅末學生晚，嘉定癸未甲申間，侍先君子官長沙，帥西山真先生、倅弘齋李先生，常進之函丈。又事長沙舒先生，列岳麓諸生。果齋李先生過潭，又獲侍講席焉。果齋，先君子畏友也，嘗介以登朱子之門。堅繇是多見未行語録，手抄盈篋，凡六十五家。今四十年矣。晚得池番本參攷，刊者固已多。然黄士毅所録，朱子親筆所改定者，已見於輔廣録中，其所自録及師言，則亦三録所未有。若李壯祖、張洽、郭逍遥所録，亦未有也。朅來閩中，重加會稡，以三録所餘者二十九家，及增入未刊者四家，自爲别集，以附《續録》後集之末。泰華高矣，滄海深矣，非有待增益也。獨念蚤所聞於父師者，罔敢失墜。今幸是録所已行者如此，則其尚有所遺者，敢付之一筆删去哉！亦並行之可也。抑堅聞之，《大易》居行，先以學聚問辯；《中庸》篤行，先以學問思辨；程子以講明道義、論古今人物爲格物致知之首，則學非問辨不明審矣。朱子教人，既有成書又不能忘言者，爲答問發也。天地之所以高厚，一物之所以然，其在成書引而不發者，

《語録》所不可無也。凡讀先生成書者，兼攷乎《語録》可也。若但涉獵乎《語録》，而不玩味於成書，幾何而不爲入耳出口之資！爲己之學，蓋不然也。書于篇端，以諗同志，抑以自警焉。咸淳初元嘉平之月，後學天台吴堅敬識。

朱子語類後序

黄士毅

右《語類》總成七十家，除李侯貫之已刊外，增多三十八家。或病諸家所記互有重複，乃類分而考之。蓋有一時之所同聞，退各抄録，見有等差，則領其意者斯有詳略。或能盡得於言，而首尾該貫；或不能盡得於言，而語脉間斷；或就其中粗得一二言而止。今惟存一家之最詳者，而它皆附于下。至於一條之内無一字之不同者，必抄録之際，嘗相參校，不則非其聞而得於傳録，則亦惟存一家，而注與某人同爾。既以類分，遂可繕寫，而略爲義例，以爲後先之次第。有太極然後有天地，有天地然後有人物，有人物然後有性命之名，而仁義禮智之理，則人物所以爲性命者也。所謂學者，求得夫此理而已。故以太極天地爲始，乃及於人物性命之原，與夫古學之定序。次之以群經，所以明此理者也。次之以孔、孟、周、程、朱子，所以傳此理者也。乃繼之以斥異端，異端所以蔽此理而斥之者，任道統之責也。然後自我朝及歷代君臣、法度、人物、議論，亦略具焉。此即理之行於天地設位之後，而著於治亂興衰者也。凡不可以類分者，則雜次之，而以作文終焉。蓋文以載道，理明意達，則辭自成文。後世理學不明，第以文辭爲學，固有竭終身之力，精思巧製，以務名家者。然其學既非，其理不明，則其文雖工，其意多悖。故特次之於後，深明夫文爲末而理爲本也。然始焉妄易分類之意，惟欲考其重複。及今而觀之，則夫理一而名殊，問同而答異者，淺深詳略，一目在前，互相發明，思已過半。至於群經，則又足以起《或問》之所未及，校《本義》之所未定，補《書説》之所未成，而《大學章句》所謂「高入虚空」、「卑流功利」者，皆灼然知其所指，而不爲近似所陷溺矣，誠非小補者。故嘗謂孔孟之道至周程而復明，至朱子而大明。自今以後，雖斯道未能盛行於世，而誦遺書私淑艾者，必不乏人，不至於千五百年之久絶而不續。反復斯編，抑自信云。

又

《語類》成編，積百四十卷。同志艱於傳録，而眉山史廉叔願鋟于木。士毅之類次，雖犯不韙，而不復固辭者，庶幾無傳録之艱也。獨池本陳埴一家，惟「論仁」一條，按遺文乃答埴書，不當取爲類，故今不載。又輔廣所録，以先生改本校之，則去其所改而反存其所勾者，合三十餘條，今亦惟據改本。自首連數至「君子所貴乎道者三」而注云：「自此以前，皆先生親改。」亦傳聞之誤。當時雜改定者八十餘條耳。或有一條析爲三四條，如竇從周録所見先生語之類，今則復其舊。或士毅所傳本多於刊本，如黄義剛者，悉類入而不去。文異者，則姑注一二條云：「一本作某字。」以上皆與池本異者。蓋池本雖黄侯直卿之所次輯，然李侯貫之惟據所傳以授直卿，而直卿亦據所授以加讎校，且有增改於已讎校之後者不與焉。故近聞之直卿欲求元本刊改，而未能也。至於或出於追述，故得於傳聞，則文辭之間，不無差誤，凡此之類，讀者詳考《四書》及他記録而折衷其所疑可也。惟學類七卷，雖出於臆見，而實本先生教人之方。後學於此三復而得夫入道之門，則能總會是編而體之於身矣。己卯九月望日，門人莆田黄士毅謹識。

眉州刊朱子語類序

開禧中，予始識輔漢卿于都城。漢卿從朱文公最久，盡得公平生語言文字，每過予，相與熟復誦味，輒移晷弗去。予既補外，漢卿悉舉以相畀。嘉定元年，予留成都，度周卿請刻本以幸後學。予曰：「予非敢靳也。所爲弗敢傳者，恐以誤後學耳。」周卿艴然曰：「奚至是！」予曰：「子知今之學者之病乎？凡千數百年不得其傳者，今諸儒先之講析既精，後學之粹類亦廣，而閩浙庸蜀之鋟刻者已遍于天下。若稍損貲用，則立可以充厨牣。凡苟有小惠纖能，涉其大指，則亦能以綴説緝文，或以語諸人，則亦若稍嘗從事焉者，奚必誦先聖書而後爲學乎？亦取諸此而足矣。且張宣公以程子之意類聚孔孟言仁，而文公猶恐長學者欲速好徑之心，滋入耳出口之弊。脱是書之行，其無乃非公所云云者乎？吾甚懼焉！」周卿繇是姑徐之。後數年，竟從予乞本刊諸青衣，彼不過余所藏十之二三耳。然予且謂周卿曰：「子其以此意箸于篇端，俾學者毋襲是弊也。」其後李貫之刊于江東，則已十之六七。今史廉叔所得黄子洪類本，則公之説至是幾無復遺餘矣。廉叔將板行，以予有志於斯也，屬叙所以作。予爲言嘗以告周卿者。廉叔曰：「然則已諸？」曰：「已之，無傷。雖然，安於小成，甘於自棄者，氣質之偏，而無以矯之也。而秉彝好德之心，誰獨無之！予前所憂，蓋爲世之專事乎耳目口筆，苟以譁衆取寵而無志乎遠且大者也。黨不忍自薄其身，則無寧深體孰玩，以爲求端用力之模準者乎！今未可概以是爲疑而闕其傳，盍遂以此冠篇而併刻之，將聽學者之自擇焉。」子洪名士毅，姑蘇人，嘗類《文公集》百五十卷，今藏之策府。又類注《儀禮》，未成書云。嘉定十三年九月丁亥朔，臨邛魏了翁序。

徽州刊朱子語類後序

蔡　杭

《論語》一書，乃聖門高第所集，以記夫子之嘉言善行，垂訓後世。《朱子語類》之編，其亦倣是意而爲之者也。或曰：「語必以類相從，豈《論語》意歟？」曰：「『學而』一篇，所記多務本之意；『里仁』七章，所記皆爲仁之方；若『八佾』之論禮樂，『鄉黨』之記言行，『公冶長』辨人物之賢否，『微子』載聖賢之出處，亦何嘗不以類哉！天下之理，同歸而殊塗，一致而百慮，非有以會而通之，則祗見其異耳。《大傳》曰：『觸類而長之，天下之能事畢矣！』而伊川之誨學者，亦必曰：『將聖賢言仁處類聚觀之。』然則《語類》之集，其有功於學者多矣！」新安舊有紫陽書堂，而紫陽之書未備也。通守洪君勳、教授張君文虎，相與謀以蜀本《語類》刊之。越二歲而書成。郡侯謝工部堂屬余爲跋其梗概，余不得辭也。因僭爲之説曰，理有可以類通，而非可以類止，是其然，必有所以然。學者因其類以究極朱子之全書，使此理融會通貫，不梏於一事一物而止，則無愧於吾夫子觸類而長之訓也。若夫憚煩勞、安簡佚，以爲取足於此，則朱子固嘗以是爲學者病矣。烏乎可？抑二君推廣私淑之意，亦賢矣哉。淳祐壬子六月望日。

徽州刊朱子語續類後序

王佖

文公朱先生《語類》一百三十八卷，壺山黄子洪取門人所録語以類相從也。先是池本、饒本，人各爲録，間見錯出，讀者病焉。子洪既以類流傳，便於玩索，而微言精語猶有所遺。佖每加訪求，得所未見。自是朋友知舊知其有心於纂輯，亦頗互出所有以見示，凡二十有餘家。既哀以爲《婺録》，而繼之者尚未艾也。佖幽居無事，蓋嘗潛心而觀之，審訂其複重，參繹其端緒，用子洪已定門目，粹爲《續類》，凡四十卷。或謂《前類》不爲少矣，又以《續類》附益之，不已多乎？竊謂學固戒於徒博，然亦不可以不博而徑約也。又况文公先生之道高明廣大致極無遺，學者正當盡博約之方，而後精微中庸之趣始可漸而求。佖每觀諸家所録，以其問有淺深，故於教告亦有不同，其視文公先生之精緼，不能得其全者尚多有之。必也篤信好學，反復尋繹，能知所盡心焉，雖以《前》、《續》之繁，固將無所厭斁。不然，則雖先生平日已著爲定論之書，尚有所憚而不肯觀，而况於此乎哉！然則先生片言半語，苟有所傳，固不容有所忽而不究其所歸也。新安魏吏君，蓋鶴山先生之嗣也。近以紫陽所刊《語類》爲寄，因以《續類》爲請，而慨然欲併刊之，以全書院之傳布，其樂於闡明文公先生之遺訓蓋如此。遂舉以屬之，且竊識于後，庶幾乎與願學之士從事於詳説反約之功云爾。淳祐壬子上冬。

朱子語録姓氏

廖德明字子晦，南劒人。癸巳以後所聞池録一饒録四六❶

輔廣字漢卿，慶源人，居嘉興。甲寅以後所聞池録二

余太雅字正叔，上饒人。戊戌以後所聞池録三

陳文蔚字才卿，上饒人。戊申以後所聞池録四

李閎祖字守約，邵武人。戊申以後所聞池録五

李方子字公晦，邵武人。戊申以後所聞池録六

葉賀孫字味道，括蒼人，居永嘉。辛亥以後所聞池録七、八、九、十、十一

潘時舉字子善，天台人。癸丑以後所聞池録十二饒録四六

董銖字叔重，鄱陽人。丙辰以後所聞池録十三饒録四六

竇從周字文卿，丹陽人。丙午以後所聞池録十四

金去僞字敬直，樂平人。乙未所聞池録十五

李季札字季子，婺源人。丙申乙卯所聞池録十六

萬人傑字正淳，興國人。庚子以後所聞池録十七饒録四六

楊道夫字仲愚，建寧人。己酉以後所聞池録十八、十九

徐寓字居父，永嘉人。庚戌以後所聞池録二十、廿一 饒録四六

林恪字叔恭，天台人。癸丑所聞池録廿二饒録四六

石洪慶字子餘，臨漳人。癸丑所聞池録廿三

徐容字仁父，永嘉人。辛亥所聞池録廿四

甘節字吉父，臨川人。癸丑以後所聞池録廿五

❶「四六」，萬曆本作「四十六」。下同。

黄義剛字毅然，臨川人。癸丑以後所聞池録廿六、廿七　饒録卅八

晏淵字亞夫，涪陵人。癸丑所聞池録廿八

龔蓋卿字夢錫，□□人。❶甲寅所聞池録廿九

廖謙字益仲，衡陽人。甲寅所聞池録卅

孫自修字敬父，宣城人。甲寅所聞池録卅一

潘履孫字坦翁，婺女人，❷居紹興。甲寅所聞池録卅二

湯泳字叔永，丹陽人。乙卯所聞池録卅三

林夔孫字子武，三山人。丁巳以後所聞池録卅四〇卅五陳埴録，已削。

錢木之字子山，晉陵人，寓永嘉。丁巳所聞池録卅六

曾祖道字□□，□□人。❸丁巳所聞池録卅七

沈僩字莊仲，永嘉人。戊午以後所聞池録卅八、卅九、四十、四一

郭友仁字德元，山陽人，寓臨安。戊午所聞池録四二

李儒用字仲秉，岳陽人。己未所聞池録四三　饒録卅四

黄榦字直卿，三山人。　饒録一　饒後録二

何鎬字叔京，邵武人。乙未以前所聞饒録二

程端蒙字正思，鄱陽人。己亥以後所聞饒録三

周謨字舜弼，南康人。己亥以後所聞饒録四、五

潘柄字謙之，三山人。癸卯以後所聞饒録六

魏椿字元壽，建陽人。戊申五夫所聞饒録七　饒後録廿四

吳必大字伯豐，興國人。戊申己酉所聞饒録八

---

❶「□□」，中華本作「常寧」。

❷「女」，中華本作「源」。

❸「□□」「□□」，中華本作「擇之」「都寧」。

黃㽦字子耕，豫章人。戊申所聞 饒録九、十

楊若海字□□，道夫之子。 饒録十一

楊驤字子昂，道夫族兄。己酉甲寅所聞 饒録十二

陳淳字安卿，臨章人。庚戌己未所聞 饒録十三、十四

童伯羽字蜚卿，甌寧人。庚戌所聞 饒録十五

鄭可學字子上，莆田人。辛亥所聞 饒録十六

滕璘字德粹，新安人。辛亥所聞 饒録十七

王力行字近思，同安人。辛亥所聞 饒録十八

游敬仲字連叔，南劍人。辛亥所聞 饒録十九

不知何氏辛亥同舍共録❶ 饒録二十

黃升卿辛亥所聞 饒録廿一

周明作字元興，建陽人。壬子以後所聞 饒録廿二

蔡恖録字行夫，平陽人。壬子所録 饒録廿三

楊與立字□□，❷浦城人，道夫從兄。壬子同劉黻、龔栗訒見。❸ 饒録廿四

鄭南升字文桓，潮州人。癸丑所聞 饒録廿五

歐陽謙之字晞遜。 癸丑所聞 饒録廿六

游倪字和之，建寧人。癸丑所聞 饒録廿七

楊至字至之，泉州人。癸丑甲寅所聞 饒録廿八 饒後録廿五

潘植字立之。 癸丑所聞 饒録廿九

王過字幼觀，鄱陽人。甲寅以後所聞 饒録三十

董拱壽字仁叔，鄱陽人。甲寅所聞 饒録卅一

❶「録」，萬曆本作「聞」。

❷「□□」，中華本作「子權」。

❸「訒」，萬曆本作「譚」。

林學蒙字正卿，三山人。甲寅以後所聞饒録卅二

林賜字聞一。乙卯以後所聞饒録卅三

胡泳字伯量，南康人。戊午所聞饒録卅五

吕燾字德昭，弟焕，字德遠，南康人。己未所聞饒録卅六卅七

不知何氏己未同舍共録饒録卅九

不知何氏　饒録四十、四一、四二

吴壽昌字大年，邵武人。丙午同子浩録饒録四三

楊長孺字伯子，廬陵人。甲寅記見饒録四四

吴琮字仲方，臨州人。甲寅記見饒録四五〇已上三家，非柢本，覽者詳之。

楊方字子直，汀州人。庚寅所聞饒後録一〇問有可疑。❶

包揚字顯道，建昌人。癸卯甲辰乙巳所聞饒後録三、四、五、六、〇間有疑誤。

劉炎字□□，□□人。❷己酉甲寅以後所聞饒後録七

劉子寰字所父，建陽人。己未所聞饒後録八

邵浩❸丙午所聞饒後録九

劉砥字履之，三山人。庚戌所聞饒後録十

劉礪字用之，一山人。❹己未所聞饒後録十一

李煇字晦父。　饒後録十二

陳芝字庭秀。　壬子所聞饒後録十三

黄灝❺　饒後録十四

黄卓字先之。　饒後録十五

汪德輔字長孺，鄱陽人。壬子所聞饒後録十六

❶「問」，萬曆本作「間」。

❷「□□」「□□」，中華本作「潛夫」「邵武」。

❸「浩」下，中華本有「字叔義金華人」六字。

❹「一」，中華本作「三」。

❺「灝」下，中華本有「字商伯都昌人」六字。

吴振❶　饒後録十七
吴雉字和中，建陽人。　饒後録十八
鍾震字春伯，潭州人。甲寅所聞饒後録十九
林子蒙　饒後録二十
林學履❷己未所録饒後録廿一
蕭佐❸甲寅所聞饒後録廿二
舒高　甲寅所聞饒後録廿三
李杞字良仲，平江人。甲寅所聞饒後録廿六
張洽字元德，清江人。丁未癸丑所聞附池録後
黄士毅字子洪。❹　蜀類　徽續類
李壯祖字處謙，邵武人。　蜀類
李公謹❺　蜀類
□一之　蜀類
□枅　徽續類
郭逍遥　建別録十八
不知何氏　建別録十九、二十。

❶「振」下，中華本有「字伯起□□□」三字，三空格。
❷「履」下，中華本有「字安卿永福人」六字。
❸「佐」下，中華本有「字定夫湘鄉人」六字。
❹「洪」下，中華本有「莆田人」三字。
❺「謹」下，中華本有「名文子字公謹邵武人」九字。

朱子語類門目 黄氏

理氣

太極陰陽，凡形於法象者二卷。

鬼神

其別有三：在天之鬼神，陰陽造化是也；在人之鬼神，人死爲鬼是也；祭祀之鬼神，神示祖考是也。三者雖異，其所以爲鬼神者則同。知其異，又知其同，斯可以語鬼神之道矣。故合爲一卷。

性理

論性不論氣不備，故先總論人物之性，而繼以氣禀之性爲一卷。古人之學，必先明夫名義，故爲學也易，而求之不差。後世名義不明，故爲學也難，蓋有終身昧焉而不察者，又安能反而體之於身哉？故以性情心意等之命名者爲一卷，仁義禮智等之命名者爲一卷，共三卷。

學

先之以小學爲一卷。總論爲學之方爲一卷。次論知行爲一卷。次專論讀書之法爲二卷，乃致知之一端也。次則及夫持守爲一卷。又次則終以行事爲一卷。共七卷。朱子教人之序如此，因敢次第之，即《大學》致知而後誠意、正心、脩身，誠意、正心、脩身而後齊家、治國平天下之道也。從上聖賢相承定法，不容變易。如近世之逞虛言而不實踐，乃學者之罪，正原於知之未致，非教之失也。苟或懲此別立一法，後致知而先行事，則其始雖若有近效，而其終之弊，必至廢書而流於異端。不然，所見不充，規模狹隘，不過於循默自守而已，所謂經綸大經則無矣。非理學之功用也。

大學五卷

論語三十二卷

孟子十一卷

中庸三卷

易十三卷

《易》類悉本卦爻次第。《上》、《下繫》、《說》、《序》、《卦》，亦本古注分章。今從《本義》。惟綱領三卷，則略爲義例。氣數雖並行，然有氣而後有數，故先陰陽，而數始次之。物受形於氣數，故《圖》、《書》次之。《易》本《圖》、《書》而畫，故伏羲六十四卦次之。而原《易》之作，則本教天下之占，故卜筮次之。而所以教天下之占者，則假奇偶之體以象吉凶，故象次之。此伏羲之《易》，朱子所謂本義也，此則爲二卷。《易》始無辭，更文王、周公、孔子而辭始備，故三聖之《易》越千有餘年，至程子而始演《易》之理，邵子而始明《易》之數，又至朱子而始推《易》之占，故繼以三子之《易》。然後總論夫讀《易》之方與夫卦爻等義可以類推而通者，而復終之以人事，以明《易》爲人事用也。凡後世之言《易》者，其得失略次于後，使學者有考焉，此則爲一卷。《上經》四卷，《下經》二卷，《上》《下繫》三卷，❶《說》、《序》、《雜卦》一卷。

書二卷

詩二卷

孝經一卷

春秋一卷

禮八卷

❶「上」字，原無，今據朝鮮本補。

樂一卷

孔孟周程張邵朱子

自孔子及顔、曾弟子，至孟子，繼以周、程、張子，用附爲一卷。周、程，所以上繼孔、孟也。然後分周子之書爲一卷，程子之書爲三卷。凡係入《近思》者，皆依卷次第別爲二卷，其非入《近思》者，以類而從，別爲一卷，《文集》附焉。張子之書爲二卷，亦別入《近思》者。邵子之書爲一卷。程子門人爲一卷。楊氏、尹氏門人爲一卷。羅氏、胡氏門人爲一卷。朱子自論學工夫爲一卷。論注書爲一卷。已上諸經存者不入。❶外任一卷，内任一卷，論治道一卷，論取士一卷，論兵刑一卷，論民財一卷，論官一卷，訓門人九卷。

呂伯恭一卷

陳葉一卷

陸氏一卷

老氏一卷

釋氏一卷

本朝六卷

歷代三卷

戰國漢唐諸子一卷

雜類一卷

作文二卷

❶「存」字，原爲墨丁，今據朝鮮本、萬曆本補。

黎靖德序❶

朱子遺語之行於世也盛矣，蓋本其舊者有三，而從以類者二，靖德嘗受讀而病其難也。昔朱子嘗次程子之書矣，著記録者主名，而稍第其所聞歲月，且以「精擇審取」戒後之學者。黄公榦既序之矣，後乃不滿意，蓋用此法。李公道傳之刊《池録》也，蓋亦懼夫讀者之不得其方也。二公之心，其亦韓子所謂「堯舜之利民也大，而禹之慮民也深」者乎！是以黄公不自出其所録。其後李公性傳刊《續録》于饒，以備《池録》之所未，蔡公杭刊《後録》，又益富矣。然《饒録》最後三家，李公嘗附致其疑，而其四十二卷元題「文説」者，以靖德考之，疑包公揚所録。蓋公之子尚書恢嘗刻公所輯《文説》一編。視此卷雖略，而饒《後録》所刊包公録中往往有此卷中語，是知此爲公所録亡疑。獨所載胡子《知言》一章，謂書爲溺心志之大穽者，最爲疑忌後學，使不知者謂爲先生語，是當削去亡疑，而李公不能察也。語録之難讀如此，黄公之慮豈爲過哉？語之從類，黄子洪士毅始爲之，史廉叔公説刻之蜀，近歲徽州又刻之。王公佖爲《續類》，徽州又刻之。昔張宣公類洙泗言仁，祖程子意也，而朱子以滋學者入耳出口之弊疑之。魏公了翁援是爲學者慮，當矣。蔡公乃曰《論語》諸篇，記亦以類，則議者亦莫能破也。然三録、二類，凡五書者，並行而錯

❶ 此題原無，今據内容擬題。

出，不相統壹。蓋《蜀類》增多《池録》三十餘家，《饒録》增多蜀類八九家，而《蜀類》、《續類》又有池饒三録所無者。王公謂《蜀類》作於池饒各爲録之後者，蓋失之。而今《池録》中語尚多《蜀類》所未收，則不可曉已。豈《池録》嘗再增定邪？抑子洪猶有遺邪？子洪所定門目頗精詳，爲力厪矣。廉叔刻之，不復讎校，故文字甚差脱，或至不可讀。徽本附以《饒録》、《續類》，又增《前類》所未入，亦爲有功。惜其雜亂重複，讀者尤以爲病。而饒《後録》新增數家，王公或未之見，未及收也。靖德忘其晚陋，輒合五書而參校之，因子洪門目，以《續類》附焉，饒《後録》入焉。遺者收之，誤者正之，考其同異，而削其複者一千一百五十餘條，越數歲編成，可繕寫。顧文字浩博，猶不敢謂亡舛誤覽者，幸哀其劬而正之。其或一二字可疑，則元録之訛，無別本可訂定，固不得輒改也。諸公序語列之篇端，合而考之。黄公謂「歷千載而如會一堂，合衆聞而悉歸一己」，所以志學者之幸。李公謂《語録》與諸書異者，當以歲月先後求之，亦確論也。獨論記者易差，而謂李端伯猶爾，則不然。蓋以「至大至剛以直」爲句者，乃伊川之説，端伯不誤也。讀書之難，豈獨《語録》？朱子嘗言《論語》後十篇不及前，「六言六蔽」，不似聖人法語。是孔門所記，猶可疑也，而况後之書乎？讀者誠能服膺乎「精擇審取」之訓，以爲讀《語類》之法，而又以「滋入耳出口之弊」云者爲讀語類之戒，則庶乎可與共學矣！景定癸亥秋八月戊申朔，後學導江黎靖德書。

黎靖德再序❶

李公性傳叙《饒録》，謂先生有《别録》，多譚炎、興大事，未敢傳而亡於火，猶幸存一二。頃嘗問諸其家，則所云存者亦不存矣，甚可惜也。因讀蔡公所刻包公録，凡四卷，其一卷既與元題「文説」者相出入，而他三卷所言，大抵多炎、興間事，疑即李公昔藏而今亡者。但略無互見於諸家之所録，則與其子樞密所跋《文説》謂「公所録多且詳，與世所傳大概無異，故藏而不出」云者不相似。樞密又謂公所録已亡於建安之火，不復存。而湯氏乃有藏本，是皆不能使人亡疑焉者。靖德來盱江，樞密甫下世，恨不及質之也。近歲吴公堅在建安又刊《别録》二册，蓋收池饒三録所遺，而亦多已見他録者，併參校而附益之，粗爲定編。靖德適行郡事，因輒刻之郡齋，與學者共之。咸淳庚午正月辛亥，靖德再書。

考訂

池饒三録最號精善，然猶不免誤字。其可知者已輒改，未詳則姑仍之，覽者擇焉可也。

黄子洪云，池本陳埴録乃「答埴書」，不當取爲録。今觀廖德明録中猶有「答符舜功書」一條，饒本周謨録有「答謨書」數條，又程端蒙録「論知言養氣」處，全寫《或問》二段，徽《續類》載吕燾録「孟子」三條，乃全寫《集注》，今皆削。

❶ 此題原無，今據内容拟題。

諸家所記，重複者既以類聚，乃易見。

蓋《池録》、《饒録》有自複出者，《饒録》有已見《池録》者，饒《後録》有《饒録》已見者，如揚録與不知何氏録重複者甚多。《蜀類》自有複見者，徽《續類》尤多《前類》所已見者，又自有複出者，建《別録》又多諸書所已見者，删去之餘，十存二三耳。

《蜀類》與池饒録文異者，從其文義之長。

《蜀類》條目精詳，然猶有誤入類者，徽《續類》之誤尤多，今悉刊正。

《徽類》雖翻蜀本，已增入《饒録》九家，然亦有差誤，今刊正。

《徽類》《續類》會稡當無遺矣，然《池録》中猶有十餘條未入，《饒録》中遺者尤多，今增入。

諸録中語有可疑者，輒削之。

建《別録》第十九卷不知何氏録中有「礪師䢼」字，乃趙恭父也。二十卷中有「礪曰」字，乃劉用之也。此二卷，或二人所録。

朱子語類卷第一 共九板

理氣上

太極天地上

問：太極不是未有天地之先有箇渾成之物，是天地萬物之理總名否？曰：太極只是天地萬物之理。在天地言，則天地中有太極；在萬物言，則萬物中各有太極。未有天地之先，畢竟是先有此理。動而生陽，亦只是理；静而生陰，亦只是理。問：《太極解》何以先動而後静、先用而後體、先感而後寂？曰：在陰陽言，則用在陽，而體在陰。然動静無端，陰陽無始，不可分先後。今只就起處言之，畢竟動前又是静，用前又是體，感前又是寂，陽前又是陰，而寂前又是感，静前又是動，將何者爲先後？不可只道今日動便爲始，而昨日静更不説也。如鼻息，言呼吸則辭順，不可道吸呼。畢竟呼前又是吸，吸前又是呼。淳。

問：昨謂未有天地之先，畢竟是先有理，如何？曰：未有天地之先，畢竟也只是理。有此理，便有此天地；若無此理，便亦無天地。無人無物，都無該載了。有理便有氣流行，發育萬物。曰：發育是理發育之否？曰：有此理，便有此氣流行發育。理無形體。曰：所謂體者，是强名否？曰：是。曰：理無極，氣有極否？曰：論其極，將那處做極？淳。

若無太極，便不翻了天地。方子。

太極只是一箇「理」字。人傑。

有是理後生是氣，自「一陰一陽之謂道」推來。此性自有仁義。德明。

天下未有無理之氣，亦未有無氣之理。氣以成形，而理亦賦焉。○銖。

先有箇天理了，却有氣。氣積爲質，而性具焉。敬仲。

問理與氣。曰：伊川説得好，曰「理一分殊」。合天地萬物而言，只是一箇理；及在人，則又各自有一箇理。夔孫。

問理與氣。曰：有是理便有是氣，但理是本，而今且從理上説氣。如云：「太極動而生陽，動極而静，静而生陰。」不成動已前便無静？程子曰：「動静無端。」蓋此亦是且自那動處説起。若論着動以前又有静，静以前又有動，如云：「一陰一陽之謂道，繼之者善也。」這「繼」字便是動之端。若只一開一闔而無繼，便是闔殺了。又問：繼是動静之間否？曰：是静之終，動之始也。且如四時，到得冬月，萬物都歸窠了，若不生，來年便都息了。蓋是貞復生元，無窮如此。又問：元亨利貞是備箇動静陰陽之理，而《易》只謂《乾》有之？曰：若論文王《易》本是作「大亨利貞」，只作兩字説。孔子見這四字好，便挑開説了。所以某嘗説《易》難看，便是如此。伏羲自是伏羲《易》，文王自是文王《易》，孔子因文王底説，又却出入乎其間也。又問：有是理而後有是氣，未有人時，此理何在？曰：也只在這裏。如一海水，或取得一杓，或取得一檐，或取得一椀，都是這海水。但是他爲主，我爲客；他較長久，我得之不久耳。夔孫。○義剛録同。

問：先有理，抑先有氣？曰：理未嘗

離乎氣。然理，形而上者；氣，形而下者。自形而上下言，豈無先後。理無形，氣便粗，有查滓。淳。

或問：必有是理，然後有是氣，如何？曰：此本無先後之可言。然必欲推其所從來，則須説先有是理。然理又非别爲一物，即存乎是氣之中；無是氣，則是理亦無掛搭處。氣則爲金木水火，理則爲仁義禮智。人傑。

或問「理在先，氣在後」。曰：理與氣本無先後之可言。但推上去時，却如理在先，氣在後相似。又問：理在氣中發見處如何？曰：如陰陽五行錯綜不失條緒，便是理。若氣不結聚時，理亦無所附著。故康節云：「性者，道之形體；心者，性之郛郭；身者，心之區宇；物者，身之舟車。」問道之體用。曰：假如耳便是體，聽便是用；目是體，見是用。祖道。

或問先有理後有氣之説。曰：不消如此説。而今知得他合下是先有理，後有氣邪？後有理，先有氣邪？皆不可得而推究。然以意度之，則疑此氣是依傍這理行。及此氣之聚，則理亦在焉。蓋氣，則能凝結造作，理却無情意，無計度，無造作。只此氣凝聚處，理便在其中。且如天地間人物、草木、禽獸，其生也，莫不有種，定不會無種了，❶白地生出一箇物事，這箇都是氣。若理，則只是箇浄潔空闊底世界，無形迹，他却不會造作。氣則能醖釀凝聚生物也。但有此氣，則理便在其中。僩。

問：有是理便有是氣，似不可分先後？曰：要之，也先有理。只不可説是今

❶「了」，萬曆本作「子」。

日有是理，明日却有是氣，也須有先後。且如萬乙山河大地都陷了，畢竟理却只在這裏。胡泳。

徐問：天地未判時，下面許多都已有否？曰：只是都有此理，天地生物千萬年，古今只不離許多物。淳。○天地。

問：天地之心亦靈否？還只是漠然無爲？曰：天地之心不可道是不靈，但不如人恁地思慮。伊川曰：「天地無心而成化，聖人有心而無爲。」淳。

問：天地之心，天地之理。理是道理，心是主宰底意否？曰：心固是主宰底意，然所謂主宰者，即是理也，不是心外別有箇理，理外別有箇心。又問：此「心」字與「帝」字相似否？曰：「人」字似「天」字，「心」字似「帝」字。夔孫。○義剛同。

道夫言：向者先生教思量天地有心無心。近思之，切謂天地無心，仁便是天地之心。若使其有心，必有思慮，有營爲。天地曷嘗有思慮來。然其所以「四時行，百物生」者，蓋以其合當如此便如此，不待思惟，此所以爲天地之道。曰：如此，則《易》所謂「復其見天地之心」、「正大而天地之情可見」，又如何？如公所説，祇説得他無心處爾。若果無心，則須牛生出馬，桃樹上發李花，他又却自定。程子曰：「以主宰謂之帝，以性情謂之乾。」他這名義自定，心便是他箇主宰處，所以謂天地以生物爲心。中間欽夫以爲某不合如此説。某謂天地別無勾當，只是以生物爲心。一元之氣，運轉流通，略無停間，只是生出許多萬物而已。問：程子謂：「天地無心而成化，聖人有心而無爲。」曰：這是説天地無心處。且如「四時行，百物生」，天地何所容心？至於聖人，則順理而已，復何爲哉！所以明道云：「天地之常，以其心普萬物而無心；聖人之常，以其情順萬事而無情。」說得最好。問：普萬物，莫是以心周遍而無私否？曰：天地以此心普及萬物，人得之遂爲人之心，物得之遂爲物之心，草木禽獸接着遂爲草木禽獸之心，只是一箇天地之心爾。今須要知得他有心處，又要見得他無心處，只恁定說不得。道夫。

萬物生長，是天地無心時；枯槁欲生，是天地有心時。方。

問：「上帝降衷于民」、「天將降大任於人」、「天祐民，作之君」、「天生物，因其才而篤」、「作善，降百祥；作不善，降百殃」、「天將降非常之禍於此世，必預出非常之人以擬之」，凡此等類，是蒼蒼在上者真有主宰如是邪？抑天無心，只是推原其理如此耶？❶曰：此三段只一意。這箇也只是理如此。氣運從來一盛了又一衰，一衰了又一盛。只管恁地循環去，無有衰而不盛者。所以降非常之禍於世，定是生出非常之人。邵堯夫《經世吟》云：「羲、軒、堯、舜，湯、武、桓、文，皇王帝霸，父子君臣。四者之道，理限于秦，降及兩漢，又歷三分。東西俶擾，南北紛紜，五胡、十姓，天紀幾棼。非唐不濟，非宋不存，千世萬世，中原有人。」蓋一治必又一亂，一亂必又一治。夷狄只是夷狄，須是還他中原。淳。

帝是理爲主。淳。

蒼蒼之謂天。運轉周流不已，便是那箇。而今說天有箇人在那裏批判罪惡，固不可；說道全無主之者，又不可。這裏要

❶「耶」字，原脱，今據朝鮮本補。

人見得。僩。○又僩問經傳中「天」字。曰：要人自看得分曉，也有説蒼蒼者，也有説主宰者，也有單訓理時。

天地初間只是陰陽之氣。這一箇氣運行，磨來磨去，磨得急了，便挼許多查滓，裏面無處出，便結成箇地在中央。氣之清者便爲天，爲日月，爲星辰，只在外，常周環運轉。地便只在中央不動，不是在下。淳。

清剛者爲天，重濁者爲地。道夫。

天運不息，晝夜輥轉，❶故地搉在中間。使天有一息之停，則地須陷下。惟天運轉之急，故凝結得許多查滓在中間。地者，氣之查滓也，所以道「輕清者爲天，重濁者爲地」。道夫。

天以氣而依地之形，地以形而附天之氣。天包乎地，地特天中之一物爾。天以氣而運乎外，故地搉在中間，隤然不動。使天之運有一息停，則地須陷下。道夫。

天包乎地，天之氣又行乎地之中，故橫渠云「地對天不過」。振。

地却是有空闕處。天却四方上下都周匝無空闕，逼塞滿皆是天。地之四向底下却靠着那天。天包地，其氣無不通。恁地看來，渾只是天了。氣却從地中迸出，又見地廣處。淵。

季通云：地上便是天。端蒙。

天只是一箇大底物，須是大著心腸看他，始得。以天運言之，一日固是轉一匝，然又有大轉底時候，不可如此偏滯求也。僩。

天明，則日月不明。天無明，夜半黑淬淬地，天之正色。僩。

山河大地初生時，須尚軟在。氣質。○

❶「輥」，萬曆本作「輾」。

方子。

天地始初混沌未分時，想只有水、火二者。水之滓脚便成地。今登高而望，群山皆爲波浪之狀，便是水泛如此。只不知因甚麽時凝了。初間極軟，後來方凝得硬。問：想得如潮水湧起沙相似？曰：然。水之極濁便成地，火之極清便成風霆雷電日星之屬。僩。

西北地至高。地之高處，又不在天之中。義剛。

唐太宗用兵至極北處，夜亦不曾太暗，少頃即天明。謂在地尖處，去天地上下不相遠，掩日光不甚得。揚。

地有絶處。唐太宗收至骨利幹，置堅昆都督府。其地夜易曉，夜亦不甚暗，蓋當地絶處，日影所射也。其人髮皆赤。揚。

《通鑑》説，有人適外國，夜熟一羊脾而天明。此是地之角尖處。日入地下，而此處無所遮蔽，故常光明；及從東出而爲曉，其所經遮蔽處亦不多耳。義剛。

問：康節論六合之外，恐無外否？曰：理無内外，六合之形須有内外。日從東畔升，西畔沉，明日又從東畔升。這上面許多，下面亦許多，豈不是六合之内。曆家算氣，只算得到日月星辰運行處，上去更算不得。安得是無内外。淳。

問：自開闢以來，至今未萬年，不知已前如何？曰：已前亦須如此一番明白來。又問：天地會壞否？曰：不會壞。只是相將人無道極了，便一齊打合，混沌一番，人物都盡，又重新起。問：生第一箇人時如何？曰：以氣化。二五之精合而成形，釋家謂之化生，如今物之化生者甚多，如虱然。揚。

「天地不恕」，謂肅殺之類。振。

可幾問：大鈞播物，還是一去便休，也還有去而復來之理？曰：一去便休耳，豈有散而復聚之氣。道夫。○氣。

造化之運如磨，上面常轉而不止。萬物之生，似磨中撒出，有粗有細，自是不齊。又曰：天地之形，如人以兩盌相合，貯水於內。以手常常掉開，則水在內不出；稍住手，則水漏矣。過。

問氣之伸屈。曰：譬如將水放鍋裏煮，水既乾，那泉水依前又來，不到得將已乾之水去做它。夔孫。

人呼氣時，腹却脹；吸氣時，腹却厭。論來，呼而腹厭，吸而腹脹，乃是。今若此者，蓋呼氣時，此一口氣雖出，第二口氣復生，故其腹脹；及吸氣時，其所生之氣又從裏趕出，故其腹却厭。大凡人生至死，其氣只管出，出盡便死。如吸氣時，非是吸外氣而入，只是住得一霎時，第二口氣又出，若無得出時便死。老子曰：「天地之間，其猶橐籥乎，動而不屈，虛而愈出。」橐籥，只是今之鞴扇耳。廣。

數只是算氣之節候。大率只是一箇氣。陰陽播而爲五行，五行中各有陰陽。甲乙木，丙丁火；春屬木，夏屬火。年月日時無有非五行之氣，甲乙丙丁又屬陰屬陽，只是二五之氣。人之生，適遇其氣，有得清者，有得濁者，貴賤壽夭皆然，故有參差不齊如此。聖賢在上，則其氣中和；不然，則其氣偏行。故有得其氣清，聰明而無福禄者；亦有得其氣濁，有福禄而無知者。皆其氣數使然。堯、舜、禹、皐、文、武、周、召得其正，孔、孟、夷、齊得其偏者也。至如極亂之後，五代之時，又却生許多聖賢，如祖宗諸臣者，是極而復者也。揚録云：碩果不食之理。如大睡一覺，及醒時却有精神。○揚録此下云：今却詭詐玩弄，未有醒時。非積亂之甚五六十年，即定氣息未蘇了，是大可憂也。

天地統是一箇大陰陽。一年又有一年之陰陽，一月又有一月之陰陽，一日、一時皆然。端蒙。○陰陽五行。

陰陽五行之理，須常常看得在目前，則自然牢固矣。人傑。

陰陽是氣，五行是質。有這質，所以做得物事出來。五行雖是質，他又有五行之氣做這物事，方得。然却是陰陽二氣截做這五箇，不是陰陽外别有五行。如十干甲乙，甲便是陽，乙便是陰。高。○淵同。

問：前日先生答書云：「陰陽五行之爲性，各是一氣所禀，而性則一也。」兩「性」字同否？曰：一般。又曰：同者理也，不同者氣也。又曰：他所以道「五行之生各一其性」。節復問：這箇莫是木自是木，火自是火，而其理則一？先生應而曰：且如這箇光，也有在硯蓋上底，也有在墨上底，其光則一也。節。

五行相爲陰陽，又各自爲陰陽。端蒙。

氣之精英者爲神。金木水火土非神，所以爲金木水火土者是神。在人則爲理，所以爲仁義禮智信者是也。植。

金木水火土雖曰「五行各一其性」，然一物又各具五行之理，不可不知。康節却細推出來。僩。

天一自是生水，地二自是生火。生水只是合下便具得濕底意思。木便是生得一箇軟底，金便是生出得一箇硬底。五行之説，《正蒙》中説得好。又曰：木者，土之精華也。又記曰：水火不出於土，《正蒙》一段説得最好，不胡亂下一字。節。

問：黄寺丞云：「金木水火體質屬土。」曰：《正蒙》有一説好，只説金與木之體質屬土，水與火却不屬土。問：火附木而生，莫亦屬土否？曰：火自是箇虚空中物事。問：只温熱一作「煖」。之氣便是火否？曰：然。胡泳。○僩同。

水火清，金木濁，土又濁。可學。

論陰陽五行，曰：康節説得法密，横渠説得理透。邵伯温載伊川言曰：「向惟見周茂叔語及此，然不及先生之有條理也。」欽夫以爲伊川未必有此語，蓋伯温妄載。某則以爲此語恐誠有之。方子。

土無定位，故今曆家以四季之月十八日爲土，❶分得七十二日。若説播五行於四時，以十干推之，亦得七十二日。方子。○高同。

問：四時取火，何爲季夏又取一番？曰：土旺於未，故再取之。土寄旺四季，每季皆十八日，四箇十八日，計七十二日。其他四行分四時，亦各得七十二日。五箇七十二日，共湊成三百六十日也。僩。

問：古者取火，四時不同。不知所取之木既别，則火亦異否？曰：是如此。胡泳。

火中有黑，陽中陰也；水外黑洞洞地，而中却明者，陰中之陽也。故水謂之陽，火謂之陰，亦得。伯羽。

陰以陽爲質，陽以陰爲質。水内明而外暗，火内暗而外明。横渠曰「陰陽之精，互藏其宅」，正此意也。坎、離。○道夫。

清明内影，濁明外影；清明金水，濁明

❶「家」，朝鮮本作「象」。

火日。僩。

天有春夏秋冬，地有金木水火，人有仁義禮智，皆以四者相爲用也。季札。

春爲感，夏爲應；秋爲感，冬爲應。若統論，春夏爲感，秋冬爲應，明歲春夏又爲感。可學。○四時。

問學者云：古人排十二時是如何？諸生思未得。先生云：「志」是從「之」從「心」，乃是心之所之。古「時」字從「之」從「日」，亦是日之所至。蓋日至於午，則謂之午時；至未，則謂之未時。十二時皆如此推。古者訓「日」字，實也；「月」字，缺也。月則有缺時，日常實，是如此。如天行亦有差，月星行又遲，趕它不上。惟日，鐵定如此。又云：看北斗，可以見天之行。夔孫。

朱子語類卷第二 共十六板

理氣下

天地下

天文有半邊在上面，須有半邊在下面。淵。

如何見得天有三百六十度？甚麽人去量來？只是天行得過處爲度。天之過處，便是日之退處。日月會爲辰。節。

有一常見不隱者爲天之蓋，有一常隱不見者爲天之底。節。

叔器問：天有幾道？曰：據曆家說有五道。而今且將黃、赤道說，赤道正在天之中，如合子縫模樣，黃道是在那赤道之間。義剛。

問同度同道。曰：天有黃道，有赤道。天正如一圓匣相似，赤道是那匣子相合縫處，在天之中。黃道一半在赤道之內，一半在赤道之外，東西兩處與赤道相交。度，却是將天橫分爲許多度數。會時，是日月在那黃道、赤道十字路頭相交處厮撞着。望時，是月與日正相向。如一箇在子，一箇在午，皆同一度。謂如月在畢十一度，日亦在畢十一度。雖同此一度，却南北相向。日所以蝕於朔者，月常在下，日常在上，既是相會，被月在下面遮了日，故日蝕。望時月蝕，固是陰敢與陽敵，然曆家又謂之暗虛。蓋火日外影，其中實暗，到望時恰當着其中暗處，故月蝕。僩。

問：周天之度，是自然之數，是强分？曰：天左旋，一晝一夜行一周，而又過了一度。以其行過處，一日作一度，三百六十五度四分度之一，方是一周。只將南北表看：今日恁時看，時有甚星在表邊；明日恁時看，這星又差遠，或別是一星了。胡泳。

天一日周地一遭，更過一度。日即至其所，趕不上一度。月不及十三度。天一日過一度，至三百六十五度四分度之一，則及日矣，與日一般，是爲一期。揚。

天行至健，一日一夜一周，天必差過一度。日，一日一夜一周恰好；月，却不及十三度有奇。只是天行極速，日稍遲一度，月又遲十三度有奇耳。因舉陳元滂云：只似在圓地上走，一人過急一步，一人差不及一步，又一人甚緩，差數步也。天行只管差過，故曆法亦只管差。堯時昏旦星中於午，《月令》差於未，漢晉以來又差，今比堯時似差及四分之一。古時冬至日在牽牛，今却在斗。德明。

天最健，一日一周而過一度。日之健次於天，一日恰好行三百六十五度四分度之一，但比天爲退一度。月比日大，故緩，比天爲退十三度有奇。但曆家只算所退之度，却云日行一度，月行十三度有奇。此乃截法，故有日月五星右行之説，其實非右行也。横渠曰：「天左旋，處其中者順之，少遲則反右矣。」此説最好。《書疏》「璣衡」、《禮疏》「星回于天」、《漢志》天體、沈括《渾儀議》，皆可參考。閎祖。

問：天道左旋，自西而東，日月右行，則如何？曰：横渠説日月皆是左旋，説得好。蓋天行甚健，一日一夜周三百六十五度四分度之一，又進過一度。日行速，健次於天，一日一夜周三百六十五度四分度之一，正恰好。比天進一度，則日爲退一度。二日天進二度，則日爲退二度。積至三百六十五日四分日之一，則天所進過之度，又恰周得本數；而日所退之度，亦恰退盡本數，遂與天會而成一年。月行遲，一日一夜三百六十五度四分度之一行不盡，比天爲退了十三度有奇。進數爲順天而左，退數爲逆天而右。曆家以進數難算，只以退數算之，故謂之右行，且曰：「日行遲，月行速。」然則日行却得其正，故楊子《太玄》首便説日云云。向來久不曉此，因讀《月令》「日窮于次」《疏》中有天行過一度之説，推之乃知其然。又如《書》「齊七政」《疏》中二三百字，説得天之大體亦好。《後漢・曆志》亦説得好。義剛録云：《前漢・曆志》説道理處少，不及《東漢志》較詳。淳問：《月令疏》「地冬上騰，夏下降」，是否？曰：未便理會到此。且看大綱，識得後，此處用度算方知。淳。○義剛同。

天左旋，日月亦左旋。但天行過一度，日只在此，當卯而卯，當午而午，某看得如此，後來得《禮記》説，暗與之合。泳。

天道與日月五星皆是左旋。天道日一周天而常過一度。日亦日一周天，起度端，終度端，故比天道常不及一度。月行不及十三度四分度之一。今人却云月行速、日行遲，此錯説也。但曆家以右旋爲説，取其易見日月之度耳。至。

問天道左旋，日月星辰右轉。曰：自疏家有此説，人皆守定。某看天上日月星不曾右轉，只是隨天轉。天行健，這箇物事極是轉得速。且如今日日與月星都在這度上，明日旋一轉，天却過了一度；日遲些，便欠了一度；月又遲些，又欠了十三度。如歲星須一轉争了三十度。要看曆數子細，只是「璇璣玉衡」《疏》載王蕃《渾天説》一段極精密，可檢看，便是説一箇現成天地了。月常光，但初二、三日照只照得那一邊，過幾日漸漸移得正，到十五日，月與日正相望。到得月中天時節，日光在地下，迸從四邊出，與月相照，地在中間，自遮不過。今月中有影，云是莎羅樹，乃是地形，未可知。賀孫。

義剛言：伯靖以爲天是一日一周，日則不及一度，非天過一度也。曰：此説不是。若以爲天是一日一周，則四時中星如何解不同？更是如此，則日日一般，却如何紀歲？把甚麽時節做定限？若以爲天不過而日不及一度，則趲來趲去，將次午時便打三更矣。因取《禮記·月令疏》指其中説早晚不同，及更行一度兩處，曰：此説得甚分明。其他曆書都不如此説。蓋非不曉，但是説滑了口後信口説，習而不察，更不去子細檢點。而今若就天裏看時，只是行得三百六十五度四分度之一。若把天外來説，則是一日過了一度。季通常有言：「論日月，則在天裏；論天，則在太虚空裏。若去太虚空裏觀那天，自是日月衮得不在舊時處了。」先生至此，以手畫輪子，曰：謂如今日在這一處，明日自是又衮動着些子，又不在舊時處了。又曰：天無體，只二十八宿便是天體。日月皆從角起，天亦從角起，日則一日運一周，依舊只到那角上；天則一周了，又過角些子。日日累上去，則一年便與日會。次日，仲默附至《天説》曰：「天體至圓，周圍三百六十五度四分度之一，繞地左旋，常一日一周而過一度。日麗天而少遲，故日行一日，亦繞地一周，而在天爲不及一度。積三百六十五日九百四十分日之二百三十五而與天會，是一歲日行之數也。月麗天而尤遲，一日常不及天十三度十九分度之七。積二十九日九百四十分日之四百九十九而與日會。十二會，得全日三百四十八，餘分之積，又五千九百八十八。如日法，九百四十而一，得六，不盡三百四十八。通計得日三百五十四，九百四十分日之三百四十八，是一歲月行之數也。歲有十二月，月有三十日。三百六十日者，一歲之常數也。故日與天會，而多五日九百四十分日之二百三十五者，爲氣盈。月與日會，而少五日九百四十分日之五百九十二者，爲朔虛。合氣盈、朔虛而閏生焉。故一歲閏率則十日九百四十分日之八百二十七；三歲一閏，則三十二日九百四十分日之六百單一；五歲再閏，則五十四日九百四十分日之三百七十五。十有九歲七閏，則氣朔分齊，是爲一章也。」先生以此示義剛，曰：此說也分明。義剛。

天道左旋，日月星並左旋。星不是貼天。天是陰陽之氣，在上面，下人看見星隨天去耳。寓。

問：經星左旋，緯星與日月右旋，是否？曰：今諸家是如此說。橫渠說天左旋，日月亦左旋。看來橫渠之說極是。只恐人不曉，所以《詩傳》只載舊說。或曰：此亦易見。如以一大輪在外，一小輪載日月在內，大輪轉急，小輪轉慢。雖都是左轉，只有急有慢，便覺日月似右轉了。曰：然。但如此，則曆家「逆」字皆着改做「順」字，「退」字皆着改做「進」字。僩。

《晉・天文志》論得亦好，多是許敬宗

爲之。日月隨天左旋，如横渠説較順。五星亦順行。曆家謂之緩者反是急，急者反是緩。曆數，謂日月星所經歷之數。揚。

問：日是陽，如何反行得遲如月？曰：正是月行得遲。問：日行一度，月行十三度有奇。曰：曆家是將他退底度數爲進底度數。天至健，故日常不及他一度；月又遲，故不及天十三度有奇。且如月生於西，一夜一夜漸漸向東，便可見月退處。問：如此説，則是日比天行遲了一度，月比天行遲了十三度有奇。曰：曆家若如此説，則算著那相去處度數多。今只以其相近處言，故易算。聞季通云：「西域有《九執曆》，却是順算。」胡泳。

程子言日升降於三萬里，是言黄、赤道之間相去三萬里。天日月星皆是左旋，只有遲速。天行較急，一日一夜繞地一周三百六十五度四分度之一，而又進過一度。日行稍遲，一日一夜繞地恰一周，而於天爲退一度。至一年，方與天相值在恰好處，是謂一年一周天。月行又遲，一日一夜繞地不能匝，而於天常退十三度十九分度之七。至二十九日半强，恰與天相值在恰好處，是謂一月一周天。月只是受日光。月質常圓，不曾缺，如圓毬，只有一面受日光。望日，日在酉，月在卯，正相對，受光爲盛。天積氣，上面勁，只中間空，爲日月來往。地在天中，不甚大，四邊空。有時月在天中央，日在地中央，則光從四旁上受於月。其中昏暗，便是地影。望以後，日與月行便差，背向一畔，相去漸漸遠，其受光面不正。至朔行又相遇，日與月正緊相合，日便蝕，無光。月或從上過，或從下過，亦不受光。星亦是受日光，但小耳。北辰中央一星甚小，謝氏謂「天之機」，亦略有意，但不似「天之樞」較切。淳。

日月升降三萬里之中，此是主黄道相去遠近而言。若天之高，則里數又煞遠。或曰八萬四千里，未可知也。立八尺之表，以候尺有五寸之景，寸當千里，則尺有五寸，恰當三萬里之半。日去表有遠近，故景之長短爲可驗也。曆家言天左旋，日月星辰右行，非也。其實天左旋，日月星辰亦皆左旋。但天之行疾如日，天一日一周，更攙過一度，日一日一周，恰無贏縮，以月受日光爲可見。月之望，正是日在地中，月在天中，所以日光到月，四伴更無虧欠；唯中心有少壓翳處，是地有影蔽者爾。及日月各在東西，則日光到月者止及其半，故爲上弦；又減其半，則爲下弦。逐夜增減，皆以此推。地在天中，不爲甚大，只將日月行度折算可知。天包乎地，其氣極緊。試登極高處驗之，可見形氣相催，緊束而成體。但中間氣稍寬，所以容得許多品物。若一例如此氣緊，則人與物皆消磨矣。謂日月只是氣到寅上則寅上自光，氣到卯上則卯上自光者，亦未必然。既曰日月，則自是各有一物，方始各有一名。星光亦受於日，但其體微爾。五星之色各異，觀其色，則金木水火之名可辨。衆星光芒閃爍，五星獨不如此。衆星亦皆左旋，唯北辰不動，在北極五星之旁一小星是也。蓋此星獨居天軸，四面如輪盤，環繞旋轉，此獨爲天之樞紐是也。日月薄蝕，只是二者交會處，二者緊合，所以其光掩没，在朔則爲日食，在望則爲月蝕，所謂「紓前縮後，近一遠三」。如自東而西，漸次相近，或日行月之旁，月行日之旁，不相掩者皆不蝕。唯月行日外而掩日於内，則爲日蝕；日行月外而掩月於内，則爲月蝕。所蝕分數，亦推其所掩之多少而已。謨。

日月升降三萬里中，謂夏至，謂冬至，其間黄道相去三萬里。夏至黄道高，冬至黄道低。伊川誤認作東西相去之數。形器之物，雖天地之大，亦有一定中處。伊川謂「天地無適而非中」，非是。揚。

先生論及璣衡及黄、赤道日月躔度，潘子善言：嵩山本不當天之中，爲是天形欹側，遂當其中耳。曰：嵩山不是天之中，乃是地之中。黄道、赤道皆在嵩山之北。南極、北極，天之樞紐，只有此處不動，如磨臍然。此是天之中至極處，如人之臍帶也。銖。

《周髀》法謂極當天中，日月遶天而行，遠而不可見者爲盡。此説不是。問：《論語或問》中云：「南極低入地三十六度，北極高出地三十六度。」如何？曰：圓徑七十二度，極正居其中。《堯典疏義》甚詳。德明。

季通嘗設一問云：「極星只在天中，而東西南北皆取正於極，而極星皆在其上，何也？」某無以答。後思之，只是極星便是北，而天則無定位。義剛。

南極在下七十二度，常隱不見。《唐書》説，有人至海上，見南極下有數大星甚明。此亦在七十二度之内。義剛。

月體常圓無闕，但常受日光爲明。初三、四是日在下照，月在西邊明，❶人在這邊望，只見在弦光。十五、六則日在地下，其光由地四邊而射出，月被其光而明。月中

❶「在」字，原脱，今據萬曆本補。

是地影。月，古今人皆言有闕，惟沈存中云無闕。揚。

月無盈闕，人看得有盈闕。蓋晦日，則月與日相疊了，至初三方漸漸離開去，人在下面側看見，則其光闕。至望日，則月與日正相對，人在中間正看見，則其光方圓。因云：《禮運》言：「播五行於四時，和而後月生也。」如此，則氣不和時便無月，恐無此理。其云「三五而盈，三五而闕」，彼必不曾以理推之。若以理推之，則無有盈闕也。畢竟古人推究事物，似亦不甚子細。或云：恐是説元初有月時。曰：也説不得。壽。

問「弦望」之義。曰：上弦，是月盈及一半，如弓之上弦；下弦，是月虧了一半，如弓之下弦。又問：是四分取半否？曰：如二分二至，也是四分取半。因説：曆家謂「紓前縮後，近一遠三」，以天之圍言之，上弦與下弦時，月日相看，皆四分天之一。僩。

問：月本無光，受日而有光。季通云：「日在地中，月行天上。所以光者，以日氣從地四旁周圍空處迸出，故月受其光。」先生曰：若不如此，月何緣受得日光？方合朔，待日在上，❶月在下，則月面向天者有光，向地者無光，故人不見。及至望時，月面向人者有光，向天者亦有光，故見其圓滿。若至弦時，所謂「近一遠三」，只合有許多光。又云：月常有一半光。月似水，日照之，則水面光倒射壁上，乃月照也。問：星受日光否？曰：星恐自有光。德明。

問：月受日光，只是得一邊光？曰：日月相會時，日在月上，不是無光，光都載

❶「待」，萬曆本作「得」。

在上面一邊，故地上無光。到得日月漸漸相遠時，漸擦挫，月光漸漸見於下。到得望時，月光渾在下面一邊。望後，又漸漸光向上去。胡泳。

或問：月中黑影是地影否？曰：前輩有此説，看來理或有之。然非地影，乃是地形倒去遮了他光耳。如鏡子中被一物遮住其光，故不甚見也。蓋日以其光加月之魄，中間地是一塊實底物事，故光照不透而有此黑暈也。問：日光從四邊射入月光，何預地事，而礙其光？曰：終是被這一塊實底物事隔住，故微有礙耳。○或録云：今人剪紙人貼鏡中，以火光照之，則壁上圓光中有一人。月爲地所礙，其黑暈亦猶是耳。

康節謂：「日，太陽也；月，少陰也；星，陽也；辰，太陰也。星辰，非星也。」❶又曰：「辰弗集於房。」房者，舍也。故十二辰亦謂之十二舍。上「辰」字謂日月也，所謂三辰。北斗去辰争十二來度。日蝕是日月會合處。月合在日之下，或反在上，故蝕。月蝕是日月正相照。伊川謂月不受日光，意亦相近。蓋陰盛亢陽，而不少讓陽故也。又曰：日月會合，故初一初二，月全無光。初三漸開，方微有弦上光，是「哉生明」也。開後漸亦光，至望則相對，故圓。此後復漸相近，至晦則復合，故暗。月之所以虧盈者此也。伯羽。

問：自古以日月之蝕爲灾異。如今曆家却自預先算得，是如何？曰：只大約可算，亦自有不合處。有曆家以爲當食而不

❶「月少陰」、「星陽」、「辰太陰」、「星辰」，《性理大全書》卷二七引邵康節説作「月太陰」、「星少陽」、「辰太陰」、「辰」，是。

食者，有以爲不當食而食者。木之。

曆家之説，謂日光以望時遥奪月光，故月食；日月交會，日爲月掩，則日食。然聖人不言月蝕日，而以「有食」爲文者，闕於所不見。閎祖。

日食是爲月所掩，月食是與日争敵。月饒日些子，方好無食。揚。

日月交蝕。暗虚。○道夫。

「遇險」，謂日月相遇，陽遇陰爲險也。振。

日月食皆是陰陽氣衰。徽廟朝曾下詔書，言此定數，不足爲災異，古人皆不曉曆之故。揚。

横渠言：日月五星亦隨天轉。如二十八宿隨天而定，皆有光芒；五星逆行而動，無光芒。揚。

緯星是陰中之陽，經星是陽中之陰。蓋五星皆是地上木火土金水之氣上結而成，却受日光。經星却是陽氣之餘凝結者，疑得也受日光。但經星則閃爍開闔，其光不定。緯星則不然，縱有芒角，其本體之光亦自不動，細視之可見。僩。

莫要説水星。蓋水星貼著日行，故半月日見。泳。

夜明多是星月。早日欲上未上之際，已先鑠退了星月之光，然日光猶未上，故天欲明時，一霎時暗。揚。

星有墮地其光燭天而散者，有變爲石者。揚。

分野之説始見於春秋時，而詳於《漢志》。然今《左傳》所載大火辰星之説，又却只因其國之先曾主二星之祀而已。是時又未有所謂趙、魏、晉者。然後來占星者又却多驗，殊不可曉。廣。

叔重問星圖。曰：星圖甚多，只是難得似。圓圖説得頂好。天彎，紙却平。方圖又却兩頭放小不得。又曰：那箇物事兩頭小，中心漲。又曰：三百六十五度四分度之一，想見只是説赤道。兩頭小，必無三百六十五度四分之一。節。

風只如天相似，不住旋轉。今此處無風，蓋或旋在那邊，或旋在上面，都不可知。如夏多南風，冬多北風，此亦可見。廣。

霜只是露結成，雪只是雨結成。古人説露是星月之氣，不然。今高山頂上雖晴亦無露。露只是自下蒸上。人言極西高山上亦無雨雪。廣。

高山無霜露，却有雪。某嘗登雲谷。晨起穿林薄中，並無露水沾衣。但見煙霞在下，茫然如大洋海，衆山僅露峰尖，煙雲環繞往來，山如移動，天下之奇觀也。或問：高山無霜露，其理如何？曰：上面氣漸清，風漸緊，雖微有霧氣，都吹散了，所以不結。若雪，則只是雨遇寒而凝。故高寒處雪先結也。道家有高處有萬里剛風之説，便是那裏氣清緊。低處則氣濁，故緩散。想得高山更上去，立人不住了，那裏氣又緊故也。《離騷》有九天之説，注家妄解，云有九天。據某觀之，只是九重。蓋天運行有許多重數。以手畫圖暈，自内繞出至外，其數九。裏面重數較軟，至外面則漸硬。想到第九重，只成硬殼相似，那裏轉得又愈緊矣。僩。

雪花所以必六出者，蓋只是霰下，被猛風拍開，故成六出。如人擲一團爛泥於地，泥必濺開成稜瓣也。又，六者陰數，太陰玄精石亦六稜，蓋天地自然之數。僩。

問龍行雨之説。曰：龍，水物也。其

出而與陽氣交蒸，故能成雨。但尋常雨自是陰陽氣蒸鬱而成，非必龍之爲也。「密雲不雨，尚往也」，蓋止是下氣上升，所以未能雨。必是上氣蔽蓋無發洩處，方能有雨。横渠《正蒙》論風雷雲雨之説最分曉。木之。

問：雷電，程子曰「只是氣相摩軋」，是否？曰：然。「或以爲有神物」。曰：氣聚則須有，然纔過便散。如雷斧之類，亦是氣聚而成者。但已有查滓，便散不得，此亦屬「成之者性」。張子云：「其來也，幾微易簡；其究也，廣大堅固。」即此理也。㽦。

雷如今之爆杖，蓋鬱積之極而迸散者也。方子。

十月雷鳴。曰：恐發動了陽氣。所以大雪爲豐年之兆者，雪非豐年，蓋爲凝結得陽氣在地，來年發達生長萬物。敬仲。

雷雖只是氣，但有氣便有形。如蝃蝀本只是薄雨爲日所照成影，然亦有形，能吸水，吸酒。人家有此，或爲妖，或爲祥。義剛。

虹非能止雨也，而雨氣至是已薄，亦是日色射散雨氣了。揚。

伊川説：「世間人説雹是蜥蜴做，初恐無是理。」看來亦有之。只謂之全是蜥蜴做，則不可耳。自有是上面結作成底，也有是蜥蜴做底，某少見十九伯説親見如此。記在《别録》。十九伯誠確人，語必不妄。又，此間王三哥之祖參議者云，嘗登五臺山，山極高寒，盛夏携綿被去。寺僧曰：「官人帶被來少。」王甚怪之。寺僧又爲借得三兩條與之。中夜之間，寒甚，擁數牀綿被，猶不煖。蓋山頂皆蜥蜴含水，吐之爲雹。少間，風雨大作，所吐之雹皆不見。明日下山，則見人言昨夜雹大作。問，皆如寺中所見者。又，《夷堅志》中載劉法師者，後居隆興府西山修道。山多蜥蜴，皆如手臂大。與之餅餌，皆食。一日，忽領無限蜥蜴入庵，井中之水皆爲飲盡。飲訖，即吐爲雹。已而風雨大作，所吐之雹皆不見。明日下山，則人言所下之雹，皆如蜥蜴所吐者。蜥蜴形狀亦如龍，是陰屬。是這氣相感應，使作得他如此。正是陰陽交争之時，所以下雹時必寒。今雹之兩頭皆尖，有稜道。疑得初間圓，上面陰陽交争，打得如此碎了。「雹」字從「雨」、從「包」，是這氣包住，所以爲雹也。

古今曆家只推算得箇陰陽消長界分耳。人傑。○曆。

太史公《曆書》是説《太初》，然却是顓頊《四分曆》。劉歆作《三統曆》。唐一行《大衍曆》最詳備。五代王樸《司天考》亦簡嚴。然一行、王樸之曆，皆止用之二三年即差。王樸曆是七百二十加去，季通所用，却依康節三百六十數。人傑。

今之造曆者無定法，只是趕趁天之行度以求合，或過則損，不及則益，所以多差。因言：古之鍾律紐算，寸分毫釐絲忽皆有定法，如合符契，皆自然而然，莫知所起。古之聖人，其思之如是之巧，然皆非私意撰爲之也。意古之曆書，亦必有一定之法，而今亡矣。三代而下，造曆者紛紛，莫有定議，愈精愈密而愈多差，由不得古人一定之法也。季通嘗言：「天之運無常。日月星辰積氣，皆動物也。其行度疾速，或過不及，自是不齊。使我之法能運乎天，而不爲天之所運，則其疏密遲速，或過不及之間，不出乎我。此虛寬之大數，❶縱有差忒，皆可推而不失矣。何者？以我法之有定而

❶「虛寬」，朝鮮本作「曆象」。

律彼之無定，自無差也。」季通言非是。天運無定，乃其行度如此，其行之差處亦是常度。但後之造曆者，其爲數窄狹，而不足以包之爾。僩。

問：曆法何以推月之大小？曰：只是以每月二十九日半，六百四十分日之二十九計之，觀其合朔爲如何。如前月大，則後月初二日月生明；前月小，則後月初三日月生明。人傑。

閏餘生於朔不盡周天之氣。周天之氣，謂二十四氣也。月有大小，朔不得盡此氣，而一歲日子足矣，故置閏。揚。

中氣只在本月。若趲得中氣在月盡，後月便當置閏。人傑。

沈存中欲以節氣定晦朔，不知交節之時適在亥，此日當如何分。方子。

或說曆四廢日。曰：只是言相勝者，春是庚辛日，秋是甲乙日。温公《潛虛》亦是此意。人傑。

五子六甲，二五爲干，二六爲支。人傑。

先在先生處見一書，先立春，次驚蟄，次雨水，次春分，次穀雨，次清明。云：《漢曆》也。揚。

子升問：人言虜中曆與中國曆差一日，是否？曰：只如子正四刻方屬今日，子初自屬昨日。今人纔交子時，便喚做今日，如此亦便差一日。木之。

曆數微眇，如今下漏一般。漏管稍澀，則必後天；稍闊，則必先天；未子而子，未午而午。淵。

曆法，季通說當先論天行，次及七政。此亦未善。要當先論太虛，以見三百六十五度四分度之一，一一定位，然後論天行，以見天度加損虛度之歲分。歲分既定，然後七政乃可齊耳。道夫。

或問：季通曆法未是？曰：這都未理會得。而今須是也會布算，也學得似他了，把去推測，方見得他是與不是。而今某自不曾理會得，如何説得他是與不是。這也是康節説恁地。若錯時，也是康節錯了。只是覺得自古以來，無一箇人考得到這處。然也只在《史記》、《漢書》上，自是人不去考。司馬遷、班固、劉向父子、杜佑説都一同，不解都不是。賀孫。

陳得一《統元曆》，紹興七、八年間作。又云：局中暗用《紀元曆》，以《統元》爲名。○文蔚。

渾儀可取，蓋天不可用。試令主蓋天者做一樣子，如何做？只似箇雨傘，不知如何與地相附着。若渾天，須做得箇渾天來。賀孫。❶ ○或録云：有能説蓋天者，欲令作一蓋天儀，不知可否。或云似傘樣。如此，則四旁須有漏風處，故不若渾天之可爲儀也。

先生嘗言：數家有大小陽九。道夫問：果爾，則有國有家者何貴乎修治？曰：在我者過得他一二分，便足以勝之。道夫。○數。

問：周公定豫州爲天地之中，東西南北各五千里。今北邊無極，而南方交趾便際海，道里長短敻殊，何以云各五千里？曰：此但以中國地段四方相去言之，未説到極邊與際海處。南邊雖近海，然地形則未盡。如海外有島夷諸國，則地猶連屬。彼處海猶有底，至海無底處，地形方盡。周公以土圭測天地之中，則豫州爲中，而南北東西際天各遠許多。至於北遠而南近，則地形有偏爾，所謂地「不滿東南」也。《禹

---

❶「孫」，原作「條」，今據萬曆本改。

貢》言東西南北各二千五百里，不知周公何以言五千里。今視中國，四方相去無五千里，想他周公且恁大說教好看。如堯、舜所都冀州之地，去北方甚近。是時中國土地甚狹，想只是略相羈縻。至夏、商已後，漸漸開闢。如三苗只在今洞庭、彭蠡、湖、湘之間。彼時中國已不能到，三苗所以也負固不服。後來又見先生說：崑崙取中國五萬里，此爲天地之中。中國在東南，未必有五萬里。嘗見佛經說崑崙山頂有阿耨大池，水流四面去，其東南入中國者爲黄河，其二方流爲弱水、黑水之類。又曰：自古無人窮至北海，想北海只挨着天殼邊過。緣北邊地長，其勢北海不甚闊。地之下與地之四邊皆海水周流，地浮水上，與天接，天包水與地。問：天有形質否？曰：無。只是氣旋轉得緊，如急風然，至上面極高處轉得愈緊。若轉纔慢，則地便脱墜矣。問：星辰有形質否？曰：無。只是氣之精英凝聚者。或云：如燈花否？曰：然。僩。○地理。

人言北方土地高燥，恐暑月亦蒸濕。何以言之？《月令》云：「是月也，土潤溽暑，天氣下降，地氣上騰。」想得春夏間天轉稍慢，故氣候緩散昏昏然，而南方爲尤甚。至秋冬，則天轉益急，故氣候清明，宇宙澄曠。所以説天高氣清，以其轉急而氣緊也。僩。

海那岸便與天接。或疑百川赴海而海不溢。曰：蓋是乾了。有人見海邊作旋渦吸水下去者。直卿云：程子「大鑪鞴」之說好。○方子。

海水無邊，那邊只是氣蓄得在。揚。

海水未嘗溢者，莊周所謂「沃焦土」是也。德明。

潮之遲速大小自有常。舊見明州人

説，月加子午則潮長，自有此理。沈存中《筆談》説亦如此。德明。

陸子静謂潮是子午月長，沈存中《續筆談》之説亦如此，謂月在地子午之方，初一卯，十五酉。方子。

蔡伯靖曰：山，本同而末異；水，本異而末同。義。

問：先生前日言水隨山行，何以驗之？曰：外面底水在山下，中間底水在脊上行。因以指爲喻，曰：外面底水在指縫中行，中間底水在指頭上行。又曰：山下有水。今浚井底人亦看山脉。節。

冀都是正天地中間，好箇風水。山脉從雲中發來，雲中正高脊處。自脊以西之水，則西流入于龍門、西河；自脊以東之水，則東流入于海。前面一條黄河環繞，右畔是華山聳立，爲虎。自華來至中，爲嵩山，是爲前案。遂過去爲泰山，聳于左，是爲龍。淮南諸山是第二重案。江南諸山及五嶺，又爲第三、四重案。淳。○義剛同。

堯都中原，風水極佳。左河東，太行諸山相逶，海島諸山亦皆相向。右河南逶，直至太山湊海。第二重自蜀中出湖南，出廬山諸山。第三重自五嶺至明、越。又黑水之類，自北纏繞至南海。泉州常平司有一大圖，甚佳。揚。

河東地形極好，乃堯、舜、禹故都，今晉州、河中府是也。左右多山，黄河繞之，嵩、華列其前。廣。

上黨即今潞州，春秋赤狄潞氏，即其地也。以其地極高，與天爲黨，故曰上黨。上黨，太行山之極高處。平陽、晉州、蒲坂，山之盡頭，堯、舜之所都也。河東、河北諸州，如太原、晉陽等處，皆在山之兩邊窠中。山極高闊。伊川云：太行千里一塊石。山後是忻、代諸州。泰山却是太行之虎山。又問：平陽、蒲坂，自堯、舜後何故無人建都？曰：其地磽瘠不生物，人民樸陋儉嗇，故惟堯、舜能都之。後世侈泰，如何都得。僩。

河東、河北皆遶太行山。堯、舜、禹所都，皆在太行下。揚。

太行山一千里，河北諸州皆旋其趾。潞州、上黨在山脊最高處。過河時便見太行在半天，如黑雲然。揚。

或問：天下之山，西北最高？曰：然。自關中一支生下函谷，以至嵩山，東盡泰山，此是一支。又自嶓冢、漢水之北生下一支，至揚州而盡。江南諸山則又自岷山分一支，以盡乎兩浙、閩、廣。僩。

江西山皆自五嶺、贛上來，自南而北，故皆逆。閩中却是自北而南，故皆順。揚。

閩中之山多自北來，水皆東南流。江、浙之山多自南來，水多北流，故江、浙冬寒夏熱。僩。

仙霞嶺在信州分水之右，其脊脉發去爲臨安，又發去爲建康。義剛。

江西山水秀拔，生出人來便要硬做。升卿。

荆、襄山川平曠，得天地之中，有中原氣象，爲東南交會處，耆舊人物多，最好卜居。但有變，則正是兵交之衝，又恐無噍類。義剛。

要作地理圖三箇樣子：一寫州名，一寫縣名，一寫山川名。仍作圖時，須用逐州正邪、長短、闊狹如其地厚，❶糊紙葉子以剪。振。

或問《南北對境圖》。曰：天下大川有

❶「邪」，萬曆本作「斜」。

二，止河與江。如淮亦小，只是中間起。虜中混同江却是大川。李德之問：薛常州《九域圖》如何？曰：其書細碎，不是著書手段。「子決九川，距四海」了，却逐旋爬疏小江水，令至川。此是大形勢。蓋卿。

先生謂張倅云：向於某人家看《華夷圖》，因指某水云：「此水將有入淮之勢。」其人曰：「今其勢已自如此。」先生因言：河本東流入海，後來北流。當時亦有填河之議，今乃向南流矣。力行。

某説道：後來黄河必與淮河相并。伯恭説：今已如此。問他：如何見得？伯恭説：見薛某説。又曰：元豐間河北流，自後中原多事；後來南流，虜人亦多事。近來又北流，見歸正人説。或録云：因看劉樞家《中原圖》，黄河却自西南貫梁山泊，迤邐入淮來。祖宗時河北流，故虜人盛；今却南來，故其埶亦衰。又曰：神宗時行淤田策，行得甚力。差官去監那箇水，也是肥。只是未蒙其利，先有衝頽廬舍之患。潘子善問：如何可治河決之患？曰：漢人之策，令兩旁不立城邑，不置民居，存留些地步與他，不與他争，放教他寬，教他水散漫，或流從這邊，或流從那邊，不似而今作堤去圩他。❶元帝時，募善治河決者。當時集衆議，以此説爲善。又問：河決了，中心平處却低，如何？曰：不會低，他自擇一箇低處去。又問：雍州是九州那裏高？曰：那裏無甚水。又曰：《禹貢》亦不可攷其次第，那如經量門簿？所謂門簿者，載此一都有田若干，有山若干。節。

御河是太行之水，出來甚清。周世宗取三關，是從御河裏去，三四十日取了。又

❶「圩」，朝鮮本作「扜」。

曰：御河之水清見底。後來黄河水衝來，濁了。曰：河北流，是禹之故道。又曰：不是禹之故道，近禹之故道。節。

仲默問：有兩漢水，如何有一水謂之西漢江？曰：而今如閬州等處，便是東川。東川却有一支出來，便是西漢江，即所謂嘉陵江也。義剛。

南康郡治，張齊賢所建，蓋兩江之咽喉。古人做事都有意思。又如利州路，却有一州在劍閣外。方子。

漢荆州刺史是守襄陽。魏、晋以後，以江陵爲荆州。節。

吴大年曰：吕蒙城在郢州。其城方，其中又有數重，形址如井，今猶存。義剛。

道州即春陵。武帝封子爲春陵王，後徙居鄧州。至今鄧州亦謂之春陵。義剛。

漢時人仕宦於瓜州者，更極前面亦有人往。長安西門至彼，九千九百九十九里。楊。

朱子語類卷第三 計十九板

鬼神

因説鬼神，曰：鬼神事自是第二著。那箇無形影，是難理會底，未消去理會，且就日用緊切處做工夫。子曰：「未能事人，焉能事鬼。未知生，焉知死。」此説盡了。此便是合理會底理會得，將間鬼神自有見處。若合理會底不理會，只管去理會没緊要底，將間都没理會了。淳。○義剛聞同，別出。

義剛將鬼神問目呈畢，先生曰：此事自是第二著。「未能事人，焉能事鬼。」此説盡了。今且須去理會眼前事，那箇鬼神事，無形無影，莫要枉費心力。理會得那箇來時，將久我着實處皆不曉得。所謂「《詩》、《書》、執禮，皆雅言也」，這箇皆是面前事，做得一件，便是一件。如《易》，便自難理會了。而今只據我恁地推測，不知是與不是，亦須逐一去看。然到極處，不過只是這箇。義剛。

或問鬼神有無。曰：此豈卒乍可説。便説，公亦豈能信得及。須於衆理看得漸明，則此惑自解。樊遲問知。子曰：「務民之義，敬鬼神而遠之，可謂知矣。」人且理會合當理會底事，其理會未得底，且推向一邊。待日用常行處理會得透，則鬼神之理將自見得，乃所以爲知也。「未能事人，焉能事鬼。」意亦如此。必大。

天下大底事，自有箇大底根本；小底事，亦自有箇緊切處。若見得，天下亦無甚事。如鬼神之事，聖賢説得甚分明，只將《禮》熟讀便見。二程初不説無鬼神，但無而今世俗所謂鬼神耳。古來聖人所制祭祀，皆是他見得天地之理如此。去僞。

神，伸也；鬼，屈也。如風雨雷電初發時，神也；及至風止雨過，雷住電息，則鬼也。

鬼神不過陰陽消長而已。亭毒化育，風雨晦冥，皆是。在人則精是魄，魄者，鬼之盛也；氣是魂，魂者，神之盛也。精氣聚而爲物，何物而無鬼神。「遊魂爲變」，魂遊則魄之降可知。升卿。

鬼神只是氣。屈伸往來者，氣也。天地間無非氣，人之氣與天地之氣常相接，無間斷，人自不見。人心才動，必達於氣，便與這屈伸往來者相感通。如卜筮之類，皆是心自有此物，只説你心上事，才動必應也。恪。

問：鬼神便只是此氣否？曰：又是這氣裏面神靈相似。燾。

問：先生説「鬼神自有界分」，如何？曰：如日爲神，夜爲鬼；生爲神，死爲鬼；豈不是界分！義剛。

叔器問：先生前説「日爲神，夜爲鬼」，所以鬼夜出，如何？曰：間有然者，亦不能皆然。夜屬陰。且如妖鳥皆陰類，皆是夜鳴。義剛。淳同。

雨風露雷，日月晝夜，此鬼神之迹也，此是白日公平正直之鬼神。若所謂「有嘯于梁，觸于胸」，此則所謂不正邪暗，或有或無，或去或來，或聚或散者。又有所謂「禱之而應，祈之而獲」，此亦所謂鬼神，同一理也。世間萬事皆此理，但精粗小大之不同爾。又曰：以功用謂之鬼神，即此便見。

道夫。

鬼神死生之理，定不如釋家所云，世俗所見。然又有其事昭昭，不可以理推者，此等處且莫要理會。揚。

因說神怪事，曰：人心平鋪着便好，若做弄，便有鬼怪出來。方。

理有明未盡處，如何得意誠？且如鬼神事，今是有是無？因說張仲隆曾至金沙堤，見巨人迹。此是如何？揚謂：册子說并人傳說皆不可信，須是親見。揚平昔見册子上并人說得滿頭滿耳，只是都不曾自見。先生曰：只是公不曾見。畢竟其理如何？南軒亦只是硬不信，有時戲說一二。如禹鼎鑄魑魅魍魎之屬，便是有這物。深山大澤，是彼所居處，人往占之，豈不爲祟。邵先生語程先生：「世間有一般不有不無底人馬。」程難之，謂：「鞍轡之類何處得？」如邵意，則是亦以爲有之。邵又言：「蜥蜴造雹。」程言：「雹有大者，彼豈能爲之？」豫章曾有一劉道人，嘗居一山頂結庵。一日，衆蜥蜴入來，如手臂大，不怕人，人以手撫之。盡喫庵中水，少頃庵外皆堆成雹。明日，山下果有雹。此則是册子上所載。有一妻伯劉丈，致中兄。其人甚樸實，不能妄語，云：「嘗過一嶺，稍晚了，急行。忽聞溪邊林中響甚，❶往看之，乃無，方蜥蜴在林中，❷各把一物如水晶。看了，去未數里，下雹。」此理又不知如何。造化若用此物爲雹，則造化亦小矣。又南劍鄧德喻嘗爲一人言：「嘗至餘杭大滌山中，常有龍骨，人往來取之。未入山洞，見一陣青煙

❶「聞」，原作「間」，今據萬曆本改。
❷「方」，萬曆本作「止」。

出。少頃，一陣火出。少頃，一龍出，一鬼隨後。」大段盡人事，見得破方是。不然，不信；中有一點疑在，終不得。又如前生後生，死復爲人之説，亦須要見得破。又云：南軒拆廟，次第亦未到此。須是使民知信，末稍無疑，始得。不然，民倚神爲主，拆了轉使民信向怨望。舊有一邑，泥塑一大佛，一方尊信之。後被一無狀宗子斷其首，民聚哭之，頸上泥木出舍利。泥木豈有此物？只是人心所致。先生謂一僧云。

問：龍行雨如何？曰：不是龍口中吐出。只是龍行時，便有雨隨之。劉禹錫亦嘗言，有人在一高山上，見山下雷神龍鬼之類行雨。此等之類無限，實要見得破。問：「敬鬼神而遠之」，則亦是言有，但當敬而遠之，自盡其道，便不相關。曰：聖人便説只是如此。嘗以此理問李先生，曰：「此處不須理會。」先生因曰：蜥蜴爲雹，亦有如此者，非是雹必要此物爲之也。揚。

因論薛士龍家見鬼，曰：世之信鬼神者，皆謂實有在天地間；其不信者，斷然以爲無鬼。然却又有真箇見者。鄭景望遂以薛氏所見爲實理，不知此特虹霓之類耳。必大因問：虹霓只是氣，還有形質？曰：既能啜水，亦必有腸肚。只纔散，便無了。如雷部神物，亦此類。必大。

因説鬼怪，曰：「木之精，夔、魍魎。」夔，只一脚。魍魎，古有此語，若果有，必是此物。淳。

氣聚則生，氣散則死。泳。○以下並在人鬼神，兼論精神、魂魄。

問：死生有無之説，人多惑之。曰：不須如此疑。且作無主張。因問：識環記井之事，古復有此，何也？曰：此又別有説話。力行。

問生死鬼神之理。明作録云：問：鬼神生死，雖知得是一理，然未見得端的。曰：精氣爲物，游魂爲變，便是生死底道理。未達。曰：精氣凝則爲人，散則爲鬼。又問：精氣凝時，此理便附在氣上否？曰：天道流行，發育萬物，有理而後有氣。雖是一時都有，畢竟以理爲主，人得之以有生。明作録云：然氣則有清濁。氣之清者爲氣，濁者爲質。明作録云：清者屬陽，濁者屬陰。知覺運動，陽之爲也；形體，明作録作「骨肉皮毛」。陰之爲也。氣曰魂，體曰魄。高誘《淮南子註》曰：「魂者，陽之神；魄者，陰之神。」所謂神者，以其主乎形氣也。人所以生，精氣聚也。人只有許多氣，須有箇盡時；明作録云：醫家所謂陰陽不升降是也。盡則魂氣歸于天，形魄歸于地而死矣。人將死時，熱氣上出，所謂魂升也；下體漸冷，所謂魄降也。此所以有生必有死，有始必有終也。夫聚散者，氣也。若理，則只泊在氣上，初不是凝結自爲一物。但人分上所合當然者便是理，不可以聚散言也。然人死雖終歸於散，然亦未便散盡，故祭祀有感格之理。先祖世次遠者，氣之有無不可知。然奉祭祀者既是他子孫，必竟只是一氣，所以有感通之理。然已散者不復聚。釋氏却謂人死爲鬼，鬼復爲人。如此，則天地間常只是許多人來來去去，更不由造化生生，必無是理。至如伯有爲厲，伊川謂別是一般道理。蓋其人氣未當盡而强死，自是能爲厲。子産爲之立後，使有所歸，遂不爲厲，亦可謂知鬼神之情狀矣。問：伊川言：「鬼神造化之迹。」此豈亦造化之迹乎？曰：皆是也。若論正理，則似樹上忽生出花葉，此便是造化之迹。又如空中忽然有雷霆風雨，皆是也。但人所常見，故不之怪。忽聞鬼嘯、鬼火之屬，則便以爲怪。不知此亦造化之迹，但不是正理，故爲怪異。如《家語》云：「山之怪曰夔魍魎，水之怪曰龍罔象，土之怪羵羊。」皆是氣之雜揉乖戾所生，亦非理之所無也，專以爲無則不可。如冬寒夏熱，此理之正也。有時忽然夏寒冬熱，豈可謂無此理。但既非理之常，便謂之怪。孔子所以不語，學者亦未須理會也。因舉似南軒不信鬼神而言。○閎祖。○賜録云：問：民受天地之中以生，中是氣否？曰：中是理，理便是仁義禮智，曷嘗有形象來。凡無形者謂之理；若氣，則謂之生也。清者是氣，濁者是形。氣是魂，謂之精；血是魄，謂之質，所謂「精氣爲物」，須是此兩箇相交感，便能成物。「游魂爲變」，則所謂氣至此已盡。魂升于天，魄降于地。陽者氣也，歸于天；陰者質也，魄也，降于地，謂之死也。知生則便知死，只是此理。夫子告子路，非拒之，是先後節次如此。因說：鬼神造化之迹，且如起風做雨，震雷花生，始便有終也。又問：人死則魂魄升降，日漸散而不復聚矣。然人之祀祖先，却有所謂「來假來享」，此理如何？曰：若是誠心感格，彼之魂氣未盡散，豈不來享？又問：如周以后稷爲始祖，以帝嚳爲所自出之帝，子孫相去未遠，尚可感格。至於成、康以後千有餘年，豈復有未散者而來享之乎？曰：夫聚散者，氣也。若理，則只泊在氣上，初不是凝結爲一物而爲性也。但人分上所合當者，便是理。氣有聚散，理則不可以聚散言也。人死，氣亦未便散得盡，故祭祖先有感格之理。若中次久遠，❶氣之有無不可知。然奉祭祀者既是他子孫，必竟只是這一氣相傳下來，若能極其誠敬，則亦有感通之理。釋氏謂人死爲鬼，鬼復爲人。如此，則天地間只是許多人來來去去，更不由造化，生生都廢，却無是理也。曰：然則羊叔子識環之事非邪？曰：史傳此等事極多，要之不足信。便有，也不是正理。又問：世之見鬼神者甚多，不審有無如何？曰：世間人見者極多，豈可謂無，但非正理耳。如伯有爲厲，伊川謂別是一理。蓋其人氣未當盡而强死，魂魄無所歸，自是如此。昔有人在淮上夜行，見無數形象，似人非人，旁午充斥，出没於兩水之間，久之，

❶「中」，四庫本作「世」。

纍纍不絶。此人明知其鬼，不得已，躍跳之，衝之而過之下，却無礙。然亦無他。詢之，此地乃昔人戰場也。彼皆死於非命，銜寃抱恨，固宜未散。又問：「知鬼神之情狀」，何緣知得？曰：伯有爲厲，子産爲之立後，使有所歸，遂不爲厲，可謂「知鬼神之情狀」矣。又問：伊川言：「鬼神者，造化之迹。」此豈爲造化之迹乎？曰：若論正理，則庭前樹木，數日春風便開花，此豈非造化之迹？又如雷霆風雨，皆是也。但人常見，故不知怪。忽聞鬼叫，則以爲怪。不知此亦是造化之迹，但非理之正耳。又問：世人多爲精怪迷惑，如何？曰：《家語》曰：「山之怪曰夔魍魎，水之怪曰龍罔象，土之怪羵羊。」皆是氣之雜揉乖亂所生，專以爲無則不可。如冬寒夏熱，春榮秋枯，此理之正也。忽冬月開一朵花，豈可謂無此理，但非正耳，故謂之怪。孔子所以不語，學者未須理會也。坐間或云：鄉間有李三者，死而爲厲，鄉曲凡有祭祀佛事，必設此人一分。或設黄籙大醮，不曾設他一分，齋食盡爲所污。後因爲人放爆杖，焚其所依之樹，自是遂絶。曰：是他枉死，氣未散，被爆杖驚散了。設醮請天地山川神祇，却被小鬼污却，以此見設醮無此理也。○明作録云：如起風做雨、震雷閃電、花生花結，非有神而何？自不察耳。才見説鬼事，便以爲怪。世間自有箇道理如此，不可謂無，特非造化之正耳。此爲得陰陽不正之氣，不須驚惑。所以夫子不語怪，以其明有此事，特不語耳。南軒説無，便不是。餘同。

才卿問：來而伸者爲神，往而屈者爲鬼。凡陰陽魂魄，人之嘘吸皆然；不獨死者爲鬼，生者爲神。故横渠云：「神祇者歸之始，歸往者來之終。」曰：此二句正如俗語罵鬼云：「你是已死我，我是未死你。」《楚詞》中説終古，亦是此義。去終古之所之兮，今逍遥而來東。羌靈魂之欲歸兮，何須臾而忘反。用之云：既屈之中，恐又自有屈伸。曰：祭祀致得鬼神來格，便是就既屈之氣又能伸也。僩問：魂氣則能既屈而伸，若祭祀來格是也。若魄既死，恐不能復伸矣。曰：也能伸。蓋他來則俱來。如祭祀報魂報魄，求之四方上下，便是皆有感格之理。用之問：「遊魂爲變」，聖愚皆一否？曰：然。

僩問：「天神地祇人鬼。」地何以曰「祇」？曰：「祇」字只是「示」字。蓋天垂三辰以著象，如日月星辰是也。地亦顯山川草木以示人，所以曰「地示」。用之云：人之禱天地山川，是以我之有感彼之有。子孫之祭先祖，是以我之有感他之無。曰：神祇之氣常屈伸而不已，人鬼之氣則消散而無餘矣。其消散亦有久速之異。人有不伏其死者，所以既死而此氣不散，爲妖爲怪。如人之凶死，及僧道既死，多不散。僧道務養精神，所以凝聚不散。若聖賢則安於死，豈有不散而爲神怪者乎！如黄帝、堯、舜，不聞其既死而爲靈怪也。嘗見輔漢卿說：「某人死，其氣温温然，熏蒸滿室，數日不散。」是他氣盛，所以如此。劉元城死時，風雷轟于正寢，雲霧晦冥，少頃辨色，而公已端坐薨矣。他是什麽樣氣魄？用之曰：莫是元城忠誠，感動天地之氣否？曰：只是元城之氣自散爾。他養得此氣剛大，所以散時如此。《祭義》云：「其氣發揚于上，爲昭明、焄蒿、悽愴，此百物之精也。」此數句說盡了。人死時，其魂氣發揚于上。昭明，是人死時自有一般光景；焄蒿，即前所云「温温之氣」也；悽愴，是一般肅然之氣，令人悽愴，如漢武帝時「神君來則風肅然」是也。此皆萬物之精，既死而散也。僩。○淳録云：問：「其氣發揚于上」，何謂也？曰：人氣本騰上，這下面盡，則只管騰上去。如火之煙，這下面薪盡，則煙只管騰上去。淳云：終久必消了。曰：然。

問：鬼神便是精神魂魄，如何？曰：然。且就這一身看，自會笑語，有許多聰明知識，這是如何得恁地？虛空之中，忽然有風有雨，忽然有雷有電，這是如何得恁地？這都是陰陽相感，都是鬼神。看得到這裏，見一身只是箇軀殼在這裏，内外無非天地陰陽之氣。所以夜來説道：「天地之塞，吾其體；天地之帥，吾其性。」思量來只是一箇道理。又云：如魚之在水，外面水便是肚裏面水。鱖魚肚裏水與鯉魚肚裏水，只一般。仁父問：魂魄如何是陰陽？曰：魂如火，魄如水。賀孫。

因言魂魄鬼神之説，曰：只今生人，便自一半是神，一半是鬼了。但未死以前，則神爲主；已死之後，則鬼爲主。縱横在這裏。以屈伸往來之氣言之，則來者爲神，去者爲鬼；以人身言之，則氣爲神，而精爲鬼。然其屈伸往來也，各以漸。僩。〇饒録云：若以對待言，一半是氣，一半是精。

問魂魄。曰：氣質是實底，魂魄是半虛半實底。鬼神是虛分數多，實分數少底。賜。

問魂魄。曰：魄是一點精氣，氣交時便有這神。魂是發揚出來底，如氣之出入息。魄是如水，人之視能明、聽能聰、心能强記底。有這魄，便有這神，不是外面入來。魄是精，魂是氣；魄主静，魂主動。又曰：草木之生自有箇神，它自不能生。在人，則心便是，所謂「形既生矣，神發知矣」，是也。又問生魄死魄。曰：古人只説「三五而盈，三五而闕」。近時人方推得他所以圓闕，乃是魄受光處，魄未嘗無也。人有魄先衰底，有魂先衰底。如某近來覺重聽多忘，是魄先衰。又曰：一片底便是分做兩片底，兩片底便是分作五片底。做這萬物、四時、五行，只是從那太極中來。太極只是一箇氣，迤邐分做兩箇；氣裏面動底是陽，静底是陰。又分做五氣，又散爲萬物。植。

先儒言：「口鼻之嘘吸爲魂，耳目之聰明爲魄。」也只説得大概。却更有箇母子，這便是《坎》《離》水火。煖氣便是魂，冷氣便是魄。魂便是氣之神，魄便是精之神。會思量計度底便是魂，會記當去底便是魄。又曰：見於目而明、耳而聰者，是魄之用。老氏云「載營魄」，營是晶熒之義，魄是一箇晶光堅凝物事。釋氏之地水火風，其説云：人之死也，風火先散，則不能爲祟。蓋魂先散而魄尚存，只是消磨未盡，少間自塌了。若地水先散，而風火尚遲，則能爲祟，蓋魂氣猶存爾。又曰：無魂，則魄不能以自存。今人多思慮役役，魂都與魄相離了。老氏便只要守得相合，所謂「致虛極，守靜篤」，全然守在這裏，不得動。又曰：專氣致柔，不是「守」字，却是「專」字。便只是專在此，全不放出，氣便細。若放些子出，便粗了。

陰陽之始交，天一生水。物生始化曰魄。既生魄，煖者爲魂。先有魄而後有魂，故魄常爲主爲幹。僩。

人生初間是先有氣。既成形，是魄在先。「形既生矣，神發知矣。」既有形後，方有精神知覺。子産曰：「人生始化曰魄，既生魄，陽曰魂。」數句説得好。淳。

動者，魂也；靜者，魄也。「動靜」二字括盡魂魄。凡能運用作爲，皆魂也，魄則不能也。今人之所以能運動，都是魂使之爾。魂若去，魄則不能也。今魄之所以能運，體便死矣。月之黑暈便是魄，其光者乃日加之光耳，他本無光也，所以説「哉生魄」、「旁死魄」。莊子曰：「日火外影，金水内影。」此便是魂魄之説。僩。○有一脱誤。

耳目之聰明爲魄，魄是鬼。某自覺氣盛則魄衰。童男童女死而魄去化。○升卿。

魄是耳目之精，魂是口鼻呼吸之氣。

眼光落地，所謂「體魄則降」也。

或問：口鼻呼吸者爲䰟，耳目之聰明爲鬼？曰：精氣爲物，䰟乃精氣中無形迹底。《淮南子注》云：「魂者，陽之神；魄者，陰之神。」釋氏四大之説亦是竊見這意思。人之一身，皮肉之類皆屬地，涕唾之類皆屬水。暖氣爲火，運動爲風。地水，陰也；火風，陽也。

或問：氣之出入者爲魂，耳目之聰明爲魄。然則魄中復有魂，魂中復有魄耶？曰：精氣周流，充滿於一身之中，噓吸聰明，乃其發而易見者耳。然既周流充滿於一身之中，則鼻之知臭、口之知味，非魄乎？耳目之中皆有暖氣，非魂乎？推之遍體，莫不皆然。佛書論四大處，似亦祖述此意。問：先生嘗言，體魄自是二物。然則魂氣亦爲兩物耶？曰：將魂氣細推之，亦有精粗；但其爲精粗也甚微，非若體魄之懸殊耳。問：以目言之，目之輪，體也；睛之明，魄也。耳則如何？曰：竅即體也，聰即魄也。又問：月魄之魄，豈只指其光而言之，而其輪則體耶？曰：月不可以體言，只有魂魄耳。月魄即其全體，而光處乃其魂之發也。

魂屬木，魄屬金。所以説「三魂七魄」，是金木之數也。

人之能思慮計畫者，魂之爲也；能記憶辨别者，魄之爲也。僩。

人有盡記得一生以來履歷事者，此是智以藏往否？曰：此是魄强，所以記得多。德明。

問：魂氣升于天，莫只是消散，其實無物歸于天上否？曰：也是氣散，只是才散便無。如火將滅，也有煙上，只是便散。蓋緣木之性已盡，無以繼之。人之將死，便氣散，即是這裏無箇主子，一散便死。大率人之氣常上。且如説話，氣都出上去。夔孫。

魂散，則魄便自沉了。今人説虎死則眼光入地，便是如此。

問：人死時，是當初稟得許多氣，氣盡則無否？曰：是。曰：如此，則與天地造化不相干。曰：死生有命，當初稟得氣時便定了，便是天地造化。只有許多氣，能保之亦可延。且如我與人俱有十分，俱已用出二分。我才用出二分便收回，及收回二分時，那人已用出四分了，所以我便能少延。此即老氏作福意。老氏惟見此理，一向自私其身。淳。

問：黄寺丞云：「氣散而非無。」泳切謂人稟得陰陽五行之氣以生，到死後，其氣雖散，只反本還原去。曰：不須如此説。若説無，便是索性無了。惟其可以感格得來，故只説得散。要之，散也是無了。問：燈焰衝上，漸漸無去。要之，不可謂之無，只是其氣散在此一室之内。曰：只是他有子孫在，便是不可謂之無。胡泳。

問：有人死而氣不散者，何也？曰：他是不伏死。如自刑自害者，皆是未伏死，又更聚得這精神。安於死者便自無，何曾見堯、舜做鬼來！

死而氣散，泯然無迹者，是其常。道理恁地。有托生者，是偶然聚得氣不散，又怎生去湊着那生氣，便再生，然非其常也。伊川云：「《左傳》伯有之爲厲，又别是一理。」言非死生之常理也。○人傑録略。

伯有爲厲之事，自是一理，謂非生死之常理。人死則氣散，理之常也。它却用物宏，取精多，族大而强死，故其氣未散耳。㽦。

光祖問：先生所答崧卿書云云。如伊川又云：「伯有爲厲，别是一理。」又如何？曰：亦自有這般底。然亦多是不得其死，故强氣未散。要之，久之亦不會不散。如漳州一件公事：婦殺夫，密埋之。後爲祟，事才發覺，當時便不爲祟。此事恐奏裁免死，遂於申諸司狀上特批了。後婦人斬，與婦人通者絞。以是知刑獄裹面這般事，若不與决罪償命，則死者之冤必不解。又曰：氣久必散。人説神仙，一代説一項。漢世説甚安期生，至唐以來，則不見説了；又説鍾離權、吕洞賓，而今又不見説了。看得來，他也只是養得分外壽考，然終久亦散了。賀孫。

問：伯有之事别是一理，如何？曰：是别是一理。人之所以病而終盡，則其氣散矣。或遭刑，或忽然而死者，氣猶聚而未散，然亦終於一散。釋、道所以自私其身者，便死時亦只是留其身不得，終是不甘心，死銜冤憤者亦然，故其氣皆不散。浦城山中有一道人，常在山中燒丹。後因一日出神，乃祝其人云：「七日不返時，可燒我。」未滿七日，其人焚之。後其道人歸，叫罵取身，亦能於壁間寫字，但是墨較淡，不久又無。揚嘗聞張天覺有一事亦然。鄧隱峰一事亦然。其人只管討身，隱峰云：「説底是甚麽？」其人悟，謝之而去。揚。

問：「遊魂爲變」，間有爲妖孽者，是如何得未散？曰：「遊」字是漸漸散。若是爲妖孽者，多是不得其死，其氣未散，故鬱結而成妖孽。若是尫羸病死底人，這氣消耗盡了方死，豈復更鬱結成妖孽。然不得其死者，久之亦散。如今打麵做糊，中間自有成小塊核不散底，久之漸漸也自會散。

又如其取精多，其用物弘，如伯有者，亦是卒未散也。橫渠曰：「物之初生，氣日至而滋息；物生既盈，氣日反而遊散。至之謂神，以其伸也；反之謂鬼，以其歸也。」天下萬物萬事自古及今，只是箇陰陽消息屈伸。橫渠將屈伸説得貫通。上蔡説，却似不説得循環意思。宰我曰：「吾聞鬼神之名，不知其所謂。」子曰：「氣也者，神之盛也；魄也者，鬼之盛也。合鬼與神，教之至也。」《注》謂口鼻噓吸爲氣，耳目聰明爲魄。氣屬陽，魄屬陰。而今有人説眼光落，這便是魄降。今人將死，有云魄落。若氣，只升而散。故云：「魂氣歸于天，形魄歸于地。」道家修養有這説，與此大段相合。賀孫。

萇弘死三年而化爲碧。此所謂魄也，如虎威之類。弘以忠死，故其氣凝結如此。廣。

鬼神憑依言語，乃是依憑人之精神以發。問：伊川記金山事如何？曰：乃此婢子想出。問：今人家多有怪者。曰：此乃魑魅魍魎之爲。建州有一士人，行遇一人，只有一脚，問某人家安在。與之同行，見一脚者入某人家。數日，其家果死一子。可學。

鄭説：有人寤寐間見鬼通刺甚驗者。曰：如此，則是不有不無底紙筆。淳。

論及巫人治鬼，而鬼亦效巫人所爲以敵之者，曰：後世人心姦詐之甚，感得姦詐之氣，做得鬼也姦巧。淳。

厚之問：人死爲禽獸，恐無此理。然親見永春人家有子，耳上有猪毛及猪皮，如何？曰：此不足怪。向見籍溪借事，一兵胸前有猪毛，睡時作猪鳴。此只是禀得猪氣。可學。

或問鬼神。曰：且類聚前輩説鬼神處

看，要須自理會得。且如祭天地祖考，直是求之冥漠。然祖考却去人未久，求之似易。先生又笑曰：如此説，又是作怪了也。祖道。

○以下論祭祀祖考、神示。

問：性即是理，不可以聚散言。聚而生，散而死者，氣而已。所謂精神魂魄，有知有覺者，氣也。故聚則有，散則無。若理則亘古今常存，不復有聚散消長也。曰：只是這箇天地陰陽之氣，人與萬物皆得之。氣聚則爲人，散則爲鬼。然其氣雖已散，這箇天地陰陽之理生生而不窮。祖考之精神魂魄雖已散，而子孫之精神魂魄自有些小相屬。故祭祀之禮盡其誠敬，便可以致得祖考之魂魄。這箇自是難説。看既散後，一似都無了。能盡其誠敬，便有感格，亦緣是理常只在這裏也。賀孫。

問：鬼神以祭祀而言。天地山川之屬，分明是一氣流通，而兼以理言之。人之先祖，則大概以理爲主，而亦兼以氣魄言之。若上古聖賢，則只是專以理言之否？曰：有是理，必有是氣，不可分説。都是理，都是氣。那箇不是理，那箇不是氣？問：上古聖賢所謂氣者，只是天地間公共之氣。若祖考精神，則畢竟是自家精神否？曰：祖考亦只是此公共之氣。此身在天地間，便是理與氣凝聚底。天子統攝天地，負荷天地間事，與天地相關，此心便與天地相通。不可道他是虚氣，與我不相干。如諸侯不當祭天地，與天地不相關，便不能相通。聖賢道在萬世，功在萬世。今行聖賢之道，傳聖賢之心，便是負荷這物事，此氣便與他相通。如釋奠列許多籩豆，設許多禮儀，不成是無此，姑謾爲之。人家子孫負荷祖宗許多基業，此心便與祖考之心相通。《祭義》所謂「春禘秋嘗」者，亦以春陽來則神亦來，秋陽退則神亦退，故於是時而設祭。初間聖人亦只是略爲禮以達吾之誠意，後來遂加詳密。義剛。

自天地言之，只是一箇氣。自一身言之，我之氣即祖先之氣，亦只是一箇氣，所以才感必應。

周問：何故天曰神，地曰祇，人曰鬼？曰：此又别。氣之清明者爲神，如日月星辰之類是也，此變化不可測。「祇」本「示」字，以有迹之可示，山河草木是也，比天象又差著。至人，則死爲鬼矣。又問：既曰往爲鬼，何故謂「祖考來格」？曰：此以感而言。所謂「來格」，亦略有些神底意思。以我之精神感彼之精神，蓋謂此也。祭祀之禮全是如此。且「天子祭天地，諸侯祭山川，大夫祭五祀」，皆是自家精神抵當得他過，方能感召得他來。如諸侯祭天地，大夫祭山川，便没意思了。雉。

陳後之問：祖宗是天地間一箇統氣，因子孫祭享而聚散。曰：這便是上蔡所謂「若要有時，便有；若要無時，便無」，是皆由乎人矣。鬼神是本有底物事。祖宗亦只是同此一氣，但有箇總腦處。子孫這身在此，祖宗之氣便在此，他是有箇血脉貫通。所以「神不歆非類，民不祀非族」，只爲這氣不相關。如「天子祭天地，諸侯祭山川，大夫祭五祀」，雖不是我祖宗，然天子者天下之主，諸侯者山川之主，大夫者五祀之主。我主得地，便是他氣又總統在我身上，如此便有箇相關處。義剛。○淳同。

問：人之死也，不知魂魄便散否？曰：固是散。又問：子孫祭祀，却有感格者，如何？曰：畢竟子孫是祖先之氣。他氣雖散，他根却在這裏；盡其誠敬，則亦能呼召得他氣聚在此。如水波漾，後水非前水，後波非前波，然却通只是一水波。子孫之氣與祖考之氣，亦是如此。他那箇當下自散了，然他根却在這裏。根既在此，又却能引聚得他那氣在此。此事難說，只要人自看得。問：《下武》詩「三后在天」，先生解云：「在天，言其既没而精神上合于天。」此是如何？曰：便是又有此理。用之云：恐只是此理上合于天耳。曰：既有此理，便有此氣。或曰：想是聖人稟得清明純粹之氣，故其死也，其氣上合于天。曰：也是如此。這事又微妙難說，要人自看得。世間道理有正當易見者，又有變化無常不可窺測者，如此方看得這箇道理活。又如云：「文王陟降，在帝左右。」如今若說文王真箇在上帝之左右，真箇有箇上帝如世間所塑之像，固不可。然聖人如此說，便是有此理。如周公《金縢》中「乃立壇墠」一節，分明是對鬼。「若爾三王是有丕子之責于天，以旦代某之身。」此一段，先儒都解錯了，只有晁以道說得好。他解「丕子之責」如史傳中「責其侍子」之「責」。蓋云上帝責三王之侍子。侍子，指武王也。上帝責其來服事左右，故周公乞代其死，云：「以旦代某之身。」言三王若有侍子之責于天，則不如以我代之。我多才多藝，能事上帝。武王不若我多才多藝，不能事鬼神，不如且留他在世上，定你之子孫與四方之民。文意如此。伊川却疑周公不應自説多才多藝，不是如此，他止是要代武王之死爾。用之問：先生《答廖子晦書》云：「氣之已散者，既化而無有矣，而根於理而日生者，則固浩然而無窮也。故上蔡謂：『我之精神，即祖考之精神。』蓋謂此也。」問：根於理而日生者浩然而無窮，此是說天地氣化之氣否？曰：此氣只一般。《周禮》所謂「天神、地示、人鬼」，雖有三樣，其實只一般。若說有子孫底引得他氣來，則不成無子孫底他氣便絕無了。他血氣雖不流傳，他那箇亦自浩然日生無窮。如《禮》書，諸侯因國之祭，祭其國之無主後者，如齊太公封於齊，便用祭甚爽鳩氏、季萴、逢伯陵、蒲姑氏之屬。蓋他先主此國來，禮合祭他。然聖人制禮，惟繼其國者，則合祭之；非在其國者，便不當祭。便是理合如此，道理合如此，便有此氣，如晉侯夢康叔云：「相奪予饗。」蓋晉後都帝丘，夏后相亦都帝丘，則都其國自合當祭。不祭，宜其如此。又如晉侯夢黃熊入寢門，以爲鯀之神，亦是此類。不成說有子孫底方有感格之理。便使其無子孫，其氣亦未嘗亡也。如今祭勾芒，他更是遠。然既合當祭他，便有些池作「此」。氣。要之，通天地人只是這一氣，所以說：「洋洋然如在其上，如在其左右。」虛空偪塞，無非此理，自要人看得活，難以言曉也。所以明道答人鬼神之問云：「要與賢說無，何故聖人却說有？要與賢說有，賢又來問某討。」說只說到這裏，要人自看得。孔子曰：「未能事人，焉能事鬼。」而今且去理會緊要道理。少間看得道理通時，自然曉得。上蔡所說，已是煞分曉了。僩。

問：鬼神恐有兩樣：天地之間，二氣氤氳，無非鬼神，祭祀交感，是以有感有；人死爲鬼，祭祀交感，是以有感無。曰：是。所以道天神人鬼，神便是氣之神，此是常在底；鬼便是氣之屈，便是已散了底。然以精神去合他，又合得在。問：不交感時常在否？曰：若不感而常有，則是有餒鬼矣。又曰：先輩説魂魄多不同。《左傳》説魄先魂而有，看來也是。以賦形之初言之，必是先有此體象，方有陽氣來附他。

鬼神以主宰言，然以物言不得。又不是如今泥塑底神之類，只是氣。且如祭祀，只是你聚精神以感之。祖考是你所承流之氣，故可以感。揚。

蔡行夫問事鬼神。曰：古人交神明之道，無些子不相接處。古人立尸，便是接鬼神之意。時舉。

問：祭祀之理，還是有其誠則有其神，無其誠則無其神否？曰：鬼神之理，即是此心之理。恪。

祭祀之感格，或求之陰，或求之陽，各從其類，來則俱來。然非有一物積于空虛之中，以待子孫之求也。但主祭祀者既是他一氣之流傳，則盡其誠敬感格之時，此氣固寓此也。僩。

問：子孫祭祀，盡其誠意以聚祖考精神，不知是合他魂魄，只是感格其魂氣？曰：焫蕭祭脂，所以報氣；灌用鬱鬯，所以招魂，便是合他。所謂「合鬼與神，教之至也」。又問：不知常常恁地，只是祭祀時恁地？曰：但有子孫之氣在，則他便在。然不是祭祀時，如何得他聚。

人死，雖是魂魄各自飛散，要之，魄又較定。須是招魂來復這魄，要他相合。復，不獨是要他活，是要聚他魂魄，不教便散了。聖人教人子孫常常祭祀，也是要去聚得他。

問：祖考精神既散，必須「三日齋，七日戒」，「求諸陽，求諸陰」，方得他聚。然其聚也，倏然其聚。到得禱祠既畢，誠敬既散，則又忽然而散。曰：然。子蒙。

問：死者精神既散，必須生人祭祀，盡誠以聚之，方能凝聚。若「相奪予享」事，如伊川所謂「别是一理」否？曰：他夢如此，不知是如何。或是他有這念，便有這夢，也不可知。子蒙。

問：死者魂氣既散，而立主以主之，亦須聚得些子氣在這裏否？曰：古人自始死，弔魂復魄，立重設主，便是常要接續他些子精神在這裏。古者釁龜用牲血，便是覺見那龜久後不靈了，又用些子生氣去接續他。《史記》上《龜筴傳》，占春，將雞子就上面開卦，便也是將生氣去接他，便是釁龜之意。又曰：古人立尸，也是將生人生氣去接他。子蒙。

問：祭天地山川，而用牲幣酒醴者，只是表吾心之誠耶？抑真有氣來格也？曰：若道無物來享時，自家祭甚底？肅然在上，令人奉承敬畏，是甚物？若道真有雲車擁從而來，又妄誕。淳。○以下論祭祀神示。

漢卿問天神地示之義。曰：注疏謂天氣常伸，謂之神；地道常默以示人，謂之示。人傑。

地祇者，《周禮》作「示」字，只是示見著見之義。

地之神，只是萬物發生，山川出雲之類。❶振。

說鬼神，舉明道有無之說，因斷之曰：有。若是無時，古人不如是求。「七日戒，三日齋」，或「求諸陽」，或「求諸陰」，須是見得有。如天子祭天地，定是有箇天，有箇地；諸侯祭境内名山大川，定是有箇名山

❶「雲」，萬曆本作「靈」。

大川；大夫祭五祀，定是有箇門、行、户、竈、中霤。今廟宇有靈底，亦是山川之氣會聚處。久之，被人掘鑿損壞，於是不復有靈，亦是這些氣過了。賀孫。

問：鬼者，陰之靈；神者，陽之靈。司命、中霤、竈與門、行，人之所用者。有動有静，有作有止，故亦有陰陽鬼神之理，古人所以祀之。然否？曰：有此物便有此鬼神，蓋莫非陰陽之所爲也。五祀之神，若細分之，則户、竈屬陽，門、行屬陰，中霤兼統陰陽。就一事之中，又自有陰陽也。壯祖。

或言鬼神之異。曰：世間亦有此等事，無足怪。味道舉以前日「魂氣歸天，體魄降地；人之出入氣即魂也，魄即精之鬼，故氣曰陽，魄曰陰，人之死則氣散於空中」之説，問：人死氣散，是無蹤影，亦無鬼神。今人祭祀，從何而求之？曰：如子祭祖先，以氣類而求。以我之氣感召，便是祖先之氣，故想饒本作「祭」。之如在，此感通之理也。味道又問：子之於祖先，固是如此。若祭其他鬼神，則如之何？有來享之意否？曰：子之於祖先，固有顯然不易之理。若祭其他，亦祭其所當祭。「祭如在，祭神如神在。」如天子則祭天，是其當祭，亦有氣類，烏得而不來歆乎。諸侯祭社稷，故今祭社亦是從氣類而祭，烏得而不來歆乎。今祭孔子必於學，其氣類亦可想。長孺因説：祭孔子不當以塑像，只當用木主。曰：向日白鹿洞欲塑孔子像於殿。某謂不必，但置一空殿，臨時設席祭之。不然，只塑孔子坐於地下，則可用籩、豆、簠、簋。今塑像高高在上，而設器皿於地，甚無義理。恩。

汪德輔問：「祖考精神便是自家精神」，故齋戒祭祀，則祖考來格。若祭旁親及子，亦是一氣，猶可推也。至於祭妻及外親，則其精神非親之精神矣，豈於此但以心感之而不以氣乎？曰：但所祭者，其精神魂魄，無不感通。蓋本從一源中流出，初無間隔，雖天地、山川、鬼神亦然也。壯祖。

問：人祭祖先，是以己之精神去聚彼之精神，可以合聚。蓋爲自家精神便是祖考精神，故能如此。諸侯祭因國之主，與自家不相關，然而也呼喚得他聚。蓋爲天地之氣，便是他氣底母，就這母上聚他，故亦可以感通。曰：此謂無主後者，祭時乃可以感動。若有主後者，祭時又也不感通。用之曰：若理不相關，則聚不得他；若理相關，則方可聚得他。曰：是如此。又曰：若不是因國，也感他不得。蓋爲他元是這國之主，自家今主他國土地，他無主後，合是自家祭他，便可感通。子蒙。

問：天地、山川是有箇物事，則祭之其神可致。人死氣已散，如何致之？曰：只是一氣。如子孫有箇氣在此，畢竟是因何有此？其所自來，蓋自厥初生民氣化之祖相傳到此，只是此氣。問：祭先賢先聖如何？曰：有功德在人，人自當報之。古人祀五帝，只是如此。後世有箇新生底神道，緣衆人心邪，❶向它，它便盛。如狄仁傑只留吳太伯、伍子胥廟，壞了許多廟，其鬼亦不能爲害，緣是它見得無這物事了。因舉上蔡云：可者欲人致生之，故其鬼神；不可者欲人致死之，故其鬼不神。夔孫。○賜録略。

或問：世有廟食之神，緜歷數百年，又何理也？曰：浸久亦能散。昔守南康，緣久旱，不免遍禱於神。忽到一廟，但有三間

❶「邪」，賀本作「都」。

弊屋，狼籍之甚。彼人言：三、五十年前，其靈如響，因有人來，而帷中有神與之言者。昔之靈如彼，今之靈如此，亦自可見。壯祖。

風俗尚鬼，如新安等處，朝夕如在鬼窟。某一番歸鄉里，有所謂五通廟，最靈怪。衆人捧擁，謂禍福立見。居民纔出門，便帶紙片入廟，祈祝而後行。士人之過者，必以名紙稱「門生某人謁廟」。某初還，被宗人煎迫令去，不往。是夜會族人，往官司打酒，有灰，乍飲，遂動臟腑終夜。次日，又偶有一蛇在堦旁。衆人閧然，以爲不謁廟之故。某告以「臟腑是食物不着，關他甚事。莫枉了五通」。中有某人，是向學之人，亦來勸往，云：「亦是從衆。」某告以「從衆何爲？不意公亦有此語。某幸歸此，去祖墓甚近。若能爲禍福，請即葬某於祖墓之旁，甚便」。又云：人做州郡，須去淫祠。若係勑額者，則未可輕去。賀孫。

論鬼神之事，謂：蜀中灌口二郎廟，當初是李冰因開離堆有功，立廟。今來現許多靈怪，乃是他第二兒子出來。初間封爲王，後來徽宗好道，謂他是甚麽真君，遂改封爲真君。向張魏公用兵禱于其廟，夜夢神語云：「我向來封爲王，有血食之奉，故威福用得行。今號爲『真君』，雖尊，凡祭我以素食，無血食之養，故無威福之靈。今須復我封爲王，❶當有威靈。」魏公遂乞復其封。不知魏公是有此夢，還復一時用兵，托爲此說。今逐年人户賽祭，殺數萬來頭羊，廟前積骨如山，州府亦得此一項税錢。利路又有梓潼神，極靈。今二箇神似乎割據了兩川。大抵鬼神用生物祭者，皆是假此

❶「我封」，萬曆本作「封我」。

生氣爲靈。古人釁鍾、釁龜，皆此意。漢卿云：季通說：「有人射虎，見虎後數人隨着。乃是爲虎傷死之人，生氣未散，故結成此形。」先生曰：仰山廟極壯大，亦是占得山川之秀。寺在廟後，却幽静。廟基在山邊。此山亦小，但是來遠。到此溪邊上，外面群山皆來朝。寺基亦好。大抵僧家寺基多是好處。往往佛法入中國，他門自會尋討。今深山窮谷好處，只得做僧寺。若人家居，必不可。因言：僧家虛誕。向過雪峰，見一僧云：「法堂上一木毬，纔施主來做功德，便會熱。」某向他道：「和尚得恁不脱灑。只要戀着這木毬要熱做甚！」因說：路當可向年十歲，道人授以符印，父兄知之，取而焚之。後來又自有。漢卿云：後來也疏脱。先生曰：人只了得每日與鬼做頭底，是何如此無心得則鬼神服。若是此心洞然，無些子私累，鬼神如何不服。賀孫。○淳同。

論及請紫姑神吟詩之事，曰：亦有請得正身出見，其家小女子見，不知此是何物。且如衢州有一箇人事一箇神，只録所問事目於紙，而封之祠前。少間開封，而紙中自有答語。這箇不知是如何。義剛。

問「嘗問紫姑神」云云。曰：是我心中有，故應得。應不得者，是心中亦不知曲折也。方。

問：道理有正則有邪，有是則有非。鬼神之事亦然。世間有不正之鬼神，謂其無此理則不可。曰：老子謂「以道莅天下者，其鬼不神」。若是王道脩明，則此等不正之氣都消鑠了。人傑。○方録云：老子云：「以道治世，則其鬼不神。」此有理。行正當事，人自不作怪。棄常則妖興。

朱子語類卷第四 計二十二板

性理一

人物之性氣質之性

這幾箇字，自古聖賢上下數千年，呼喚得都一般。畢竟是聖學傳授不斷，故能如此。至春秋時，此箇道理其傳猶未泯。如劉定公論人受天地之中以生，鄭子產論伯有爲厲事，其窮理煞精。廣。

天之生物也一，物與一無妄。大雅。

天下無無性之物。蓋有此物，則有此性；無此物，則無此性。若海。

問：五行均得太極否？曰：均。問：人具五行，物只得一行？曰：物亦具有五行，只是得五行之偏者耳。可學。

問：性具仁義禮智？曰：此猶是説「成之者性」。上面更有「一陰一陽」、「繼之者善」。只一陰一陽之道，未知做人做物，已具是四者。雖尋常昆虫之類皆有之，只偏而不全，濁氣間隔。德明。

人物之生，其賦形偏正，固自合下不同。然隨其偏正之中，又自有清濁昏明之異。僩。

物物運動蠢然，若與人無異。而人之仁義禮智之粹然者，物則無也。當時所記，改「人之」「之」字爲「性」字，姑兩存之。○節。

或問：人物之性一源，何以有異？曰：人之性論明暗，物之性只是偏塞。暗者可使之明，已偏塞者不可使之通也。橫渠言：「凡物莫不有是性，由通蔽開塞，所以有人物之別。」而卒謂塞者牢不可開，厚者可以開，而開之也難，薄者開之也易是也。又問：人之習爲不善，其溺已深者，終不可復反矣。曰：勢極重者不可反，亦在乎識之淺深與其用力之多寡耳。大雅。

先生《答黃商伯書》有云：「論萬物之一原，則理同而氣異；觀萬物之異體，則氣猶相近，而理絶不同。」問：「理同而氣異」，此一句是説方付與萬物之初，以其天命流行，只是一般，故理同。以其二五之氣有清濁純駁，故氣異。下句是就萬物已得之後説，以其雖有清濁之不同，而同此二五之氣，故氣相近；以其昏明開塞之甚遠，故理絶不同。《中庸》是論其方付之初，《集注》是看其已得之後。曰：氣相近，如知寒煖，識飢飽，好生惡死，趨利避害，人與物都一般。理不同，如蜂蟻之君臣，只是他義上有一點子明；虎狼之父子，只是他仁上有一點子明；其他更推不去。恰似鏡子，其他處都暗了，中間只有一兩點子光。大凡物事禀得一邊重，便占了其他底。如慈愛底人少斷制，斷制之人多殘忍。蓋仁多，便遮了義；義多，便遮了那仁。問：所以婦人臨事多怕，亦是氣偏了？曰：婦人之仁，只流從愛上去。僩。

問：人物皆禀天地之理以爲性，皆受天地之氣以爲形。若人品之不同，固是氣有昏明厚薄之異。若在物言之，不知是所禀之理便有不全耶，亦是緣氣禀之昏蔽故如此耶？曰：惟其所受之氣只有許多，故其理亦只有許多。如犬馬，他這形氣如此，故只會得如此事。又問：物物具一太極，則是理無不全也。曰：謂之全亦可，謂之偏亦可。以理言之，則無不全；以氣言之，士毅録作「以不能推言之」。則不能無偏。故吕與叔謂物之性有近人之性者，如猫相乳之類。《温公集》載他家一猫，又更差異。人之性有近物之性者。如世上昏愚人。○廣。

問：氣質有昏濁不同，則天命之性有偏全否？曰：非有偏全。謂如日月之光，若在露地，則盡見之；若在蔀屋之下，有所蔽塞，有見有不見。昏濁者是氣昏濁了，故自蔽塞，如在蔀屋之下。然在人則蔽塞有可通之理。至於禽獸，亦是此性，只被他形體所拘，生得蔽隔之甚，無可通處。至於虎狼之仁，豺獺之祭，蜂蟻之義，却只通這些子，譬如一隙之光。至於獼猴，形狀類人，便最靈於他物，只不會説話而已。到得夷狄，便在人與禽獸之間，所以終難改。砥。

性如日光，人物所受之不同，如隙竅之受光有大小也。人物被形質局定了，也是難得開廣。如螻蟻如此小，便只知得君臣之分而已。僩。

或説：人物性同。曰：人物性本同，只氣禀異。如水無有不清，傾放白椀中是一般色，及放黑椀中又是一般色，放青椀中又是一般色。又曰：性最難説，要説同亦得，要説異亦得。如隙中之日，隙之長短大小自是不同，然却只是此日。夔孫。

人物之生，❶天賦之以此理，未嘗不同，但人物之禀受自有異耳。如一江水，你將杓去取，只得一杓；將椀去取，只得一椀；至於一桶一缸，各自隨器量不同，故理亦隨以異。僩。

問：人則能推，物則不能推。曰：謂物

❶「生」，萬曆本作「性」。

無此理不得，只是氣昏，一似都無了。夔孫。

天地間非特人爲至靈，自家心便是鳥獸草木之心，但人受天地之中而生耳。敬仲。

某有疑問呈先生曰：人物之性，有所謂同者，又有所謂異者。知其所以同，又知其所以異，然後可以論性矣。夫太極動而二氣形，二氣形而萬化生。人與物俱本乎此，則是其所謂同者；而二氣五行，絪緼交感，萬變不齊，則是其所謂異者。同者，其理也；異者，其氣也。必得是理，而後有以爲人物之性，則其所謂同然者，固不得而異也；必得是氣，而後有以爲人物之形，則所謂異者，亦不得而同也。是以先生於《大學或問》因謂「以其理而言之，則萬物一原，固無人物貴賤之殊；以其氣而言之，則得其正者、通者爲人，得其偏且塞者爲物；是以或貴或賤而有所不能齊」者，蓋以此也。然其氣雖有不齊，而得之以有生者，在人物莫不皆有理；雖有所謂同，而得之以爲性者，人則獨異於物。故爲知覺、爲運動者，此氣也；爲仁義、爲禮智者，此理也。知覺運動，人能之，物亦能之；而仁義禮智，則物固有之，而豈能全之乎！今告子乃欲指其氣而遺其理，梏於其同者，而不知其所謂異者，此所以見闢於孟子。而先生於《集注》則亦以爲：「以氣言之，則知覺運動人物若不異；以理言之，則仁義禮智之稟，非物之所能全也。」於此，則言氣同而理異者，所以見人之爲貴，非物之所能並；於彼則言理同而氣異者，所以見太極之無虧欠，而非有我之所得爲也。以是觀之，尚何疑哉！有以《集注》、《或問》異同爲疑者，答之如此，未知是否？先生批云：此一條論得甚分明。昨晚朋友正有講及此者，亦已略爲言之，然不及此之有條理也。枅。

子晦問人物清明昏濁之殊，德輔因問：堯、舜之氣常清明冲和，何以生丹朱、商均？曰：氣偶然如此，如瞽瞍生舜是也。某曰：瞽瞍之氣有時而清明，堯、舜之氣無時而昏濁。先生荅之不詳。次日，廖再問：恐是天地之氣一時如此？曰：天地之氣與物相通，只借從人軀殼裏過來。德輔。

問：虎狼之父子，蜂蟻之君臣，豺獺之報本，雎鳩之有別，物雖得其一偏，然徹頭徹尾得義理之正。人合下具此天命之全體，乃爲物欲、氣禀所昏，反不能如物之能通其一處而全盡，何也？曰：物只有這一處通，便却專。人却事事理會得些，便却泛泛，所以易昏。銖。

虎遇藥箭而死也直去不回。虎是剛勁之物，便死得也公正。僩。

有飛蟻争集于燭而死，指而示諸生曰：此飛而亡者，便是屬陰，便是「成之者性」。莊子謂：「一受其成形，不亡以待盡。」道夫。

問：人與物以氣禀之偏全而不同，不知草木如何？曰：草木之氣又別，他都無知了。廣。

一草一木，皆天地和平之氣。人傑。

天下之物，至微至細者，亦皆有心，只是有無知覺處爾。且如一草一木，向陽處便生，向陰處便憔悴，他有箇好惡在裏。至大而天地，生出許多萬物，運轉流通，不停一息，四時晝夜，恰似有箇物事積踏恁地去。天地自有箇無心之心。復卦一陽生於下，這便是生物之心。又如所謂「惟皇上帝降衷于下民」、「天道福善禍淫」，這便自分明有箇人在裏主宰相似。心是他本領，情是他箇意思。又問：如何見天地之情？曰：人正大，便也見得天地之情正大。天地只是正大，未嘗有些子邪處，未嘗有些子小處。又曰：且如今言藥性熱，藥何嘗有性，只是他所主恁地。❶道夫。

徐子融以書問：枯槁之中，有性有氣，故附子熱，大黄寒。此性是氣質之性。陳才卿謂即是本然之性。先生曰：子融認知覺爲性，故以此爲氣質之性。性即是理。有性即有氣，是他稟得許多氣，故亦只有許多理。才卿謂有性無仁。先生曰：此説亦是。是他元不曾稟得此道理。惟人則得其全。如動物，則又近人之性矣。故吕氏云：「物有近人之性，人有近物之性。」蓋人亦有昏愚之甚者。然動物雖有知覺，才死，則其形骸便腐壞；植物雖無知覺，然其質却堅久難壞。廣。

問：曾見《答余方叔書》，以爲枯槁有理。不知枯槁瓦礫，如何有理？曰：且如大黄、附子，亦是枯槁。然大黄不可爲附子，附子不可爲大黄。節。

問：枯槁之物亦有性，是如何？曰：是他合下有此理，故云天下無性外之物。因行街，云：階磚便有磚之理。因坐，云：竹倚便有竹倚之理。❷枯槁之物，謂之無生意，則可；謂之無生理，則不可。如朽木無所用，止可付之爨竈，是無生意矣。然燒甚麽木，則是甚麽氣，亦各不同，這是理元如此。賀孫。

問：枯槁有理否？曰：才有物，便有理。天不曾生箇筆，人把兔毫來做筆。才

❶「主」，萬曆本作「生」。
❷兩「倚」字，萬曆本作「椅」。

有筆，便有理。又問：筆上如何分仁義？曰：小小底，不消恁地分仁義。節。

問：理是人物同得於天者。如物之無情者，亦有理否？曰：固是有理，如舟只可行之於水，車只可行之於陸。祖道。

季通云：在陸者不可以入水，在水者不可以居陸。在陸者陽多而陰少，在水者陰多而陽少。若出水入陸，則龜獺之類是也。端蒙。

草木都是得陰氣，走飛都是得陽氣。各分之，草是得陰氣，木是得陽氣，木堅；走獸是得陰氣，飛鳥是得陽氣，故獸伏草而鳥棲木。然獸又有得陽氣者，如猿猴之類是也；鳥又有得陰氣者，如雉鵰之類是也。唯草木都是得陰氣，然却有陰中陽、陽中陰者。端蒙。

問：物有夏秋間生者。曰：生得較遲，他又自有箇小四時。方子。

問：動物有知，植物無知，何也？曰：動物有血氣，故能知。植物雖不可言知，然一般生意亦可默見。若戕賊之，便枯悴不復悦懌，池本作「澤」。亦似有知者。嘗觀一般花樹，朝日照曜之時，欣欣向榮，有這生意，皮包不住，自迸出來；若枯枝老葉，便覺憔悴，蓋氣行已過也。問：此處見得仁意否？曰：只看戕賊之便彫瘁，亦是義底意思。因舉康節云：植物向下，頭向下。「本乎地者親下」，故濁；動物向上，人頭向上。「本乎天者親上」，故清。獼猴之類能如人立，故特靈怪。如鳥獸頭多横生，故有知、無知相半。德明。○銖録云：「本乎天者親上」，凡動物首向上，是親乎上，人類是也。「本乎地者親下」，凡植物本向下，是親乎下，草木是也。禽獸首多横，所以無智。此康節説。

純叟言：枇杷具四時之氣：秋結苦蕾，❶冬花，春實，夏熟。才熟後，又結蓓蕾。先生顧謂德明曰：如此看去。意謂生理循環也。○德明。

冬間花難謝。如水仙，至脆弱，亦耐久；如梅花蠟梅，皆然。至春花則易謝。若夏間花，則尤甚矣。如葵榴荷花，只開得一日。必竟冬時其氣貞固，故難得謝。若春夏間，才發便發盡了，故不能久。又云：大凡花頭大者易謝，果實亦然。如梨樹，極易得衰，將死時，須猛結一年實了死，此亦是氣將脱也。廣。

看茄子内一粒，是箇生性。方。

問：命之不齊，恐不是真有爲之賦予如此。只是二氣錯綜參差，隨其所值，因各不齊。皆非人力所與，故謂之天所命否？曰：只是從大原中流出來，模樣似恁地，不是真有爲之賦予者。那得箇人在上面分付這箇。《詩》、《書》所説，便似有箇人在上恁地，如「帝乃震怒」之類。然這箇亦只是理如此。天下莫尊於理，故以帝名之。「惟皇上帝降衷于下民」，降，便有主宰意。問：「大哉乾元！萬物資始。乾道變化，各正性命。」萬物盈乎兩間，生生不窮，日往則月來，寒往則暑來，風雷之所以鼓動，山川之所以流峙，皆蒼蒼者實有以主其造化之權邪；抑只是太極爲萬化樞紐，故萬物自然如此？曰：此與前只一意。淳。○以下論氣質之性。

語厚之：昨晚説「造化爲性」，不是。造化已是形而下，所以造化之理是形而上。

蜚卿問：「純亦不已」，是理是氣？曰：是

❶「苦」，朝鮮本作「蓓」。下同。

理。「天命之謂性」，亦是理。天命，如君之命令；性，如受職於君；氣，如有能守職者，有不能守職者。某問：「天命之謂性」，只是主理言。纔説命，則氣亦在其間矣。非氣，則何以爲人物？理何所受？曰：極是，極是。子思且就總會處言，此處最好看。可學。

因看㽞等説性，曰：論性，要須先識得性是箇甚麽樣物事。必大録。此下云：性畢竟無形影，只是心中所有底道理是也。程子「性即理也」，此説最好。今且以理言之，畢竟却無形影，只是這一箇道理。在人，仁義禮智，性也。然四者有何形狀，亦只是有如此道理。有如此道理，便做得許多事出來，所以能惻隱、羞惡、辭遜、是非也。譬如論藥性，性寒、性熱之類，藥上亦無討這形狀處。只是服了後，却做得冷、做得熱底，便是性，便只是仁義禮智。孟子説：「仁義禮智根於心。」如曰「惻隱之心」，便是心上説情。又曰：邵堯夫説：「性者，道之形體；心者，性之郛郭。」此説甚好。蓋道無形體，只性便是道之形體。然若無箇心，却將性在甚處。須是有箇心，便收拾得這性，發用出來。蓋性中所有道理，只是仁義禮智，便是實理。吾儒以性爲實，釋氏以性爲空。若是指性來做心説，則不可。今人往往以心來説性，須是先識得，方可説。必大録云：若指有知覺者爲性，只是説得「心」字。如有天命之性，便有氣質。若以天命之性爲根於心，則氣質之性又安頓在何處。謂如「人心惟危，道心惟微」，都是心，不成只道心是心，人心不是心。又曰：喜怒哀樂未發之時，只是渾然，所謂氣質之性亦皆在其中。至於喜怒哀樂，却只是情。又曰：只管説出語言，理會得。只見事多，却不如都不理會得底。又曰：然亦不可含糊，亦要理會得箇名義著落。甾。○人傑、必大録小異。

「天命之謂性。」命，便是告劄之類；性，便是合當做底職事，如主簿銷注，縣尉巡捕；心，便是官人；氣質，便是官人所習尚，或寬或猛；情，便是當廳處斷事，如縣尉捉得賊。情便是發用處。性只是仁義禮智。所謂天命之與氣質，亦相袞同。才有天命，便有氣質，不能相離。若闕一，便生物不得。既有天命，須是有此氣，方能承當得此理。若無此氣，則此理如何頓放。必大録此云：有氣質之性，無天命之性，亦做人不得；有天命之性，無氣質之性，亦做人不得。天命之性，本未嘗偏。但氣質所稟，却有偏處，氣有昏明厚薄之不同。然仁義禮智，亦無闕一之理。但若惻隱多，便流爲姑息柔懦；若羞惡多，便有羞惡其所不當羞惡者。且如言光：必有鏡，然後有光；必有水，然後有光。光便是性，鏡水便是氣質。若無鏡與水，則光亦散矣。謂如五色，若頓在黑多處，便都黑了；入在紅多處，便都紅了；却看你稟得氣如何，然此理却只是善。既是此理，如何得惡。所謂惡者，却是氣也。孟子之論，盡是說性善。至有不善，說是陷溺，是說其初無不善，後來方有不善耳。若如此，却似「論性不論氣」，有些不備。却得程氏說出氣質來接一接，便接得有首尾，一齊圓備了。又曰：才又在氣質之下。如退之說三品等，皆是論氣質之性，說得儘好。只是不合不說破箇氣質之性，却只是做性說時，便不可。如三品之說，便分將來，何止三品？雖千百可也。若荀、揚則是「論氣而不論性」，故不明。既不論性，便却將此理來昏了。又曰：《皋陶謨》中所論「寬而栗」等九德，皆是論反氣質之意，❶只不曾説破氣質耳。伯豐曰：「康衡《疏》中説治性之道，❷亦是説氣質。」營謂：「寬而栗」等，「而」下一字便是功夫。先生皆然之。或問：若是氣質不善，可以變否？曰：須是變化而反之。如「人一己百，人十己千」，則「雖愚必明，雖柔必强」。營。

人之所以生，理與氣合而已。天理固浩浩不窮，然非是氣，則雖有是理而無所湊泊。故必二氣交感，凝結生聚，然後是理有所附著。凡人之能言語動作，思慮營爲，皆氣也，而理存焉。故發而爲孝弟忠信仁義禮智，皆理也。然而二氣五行，交感萬變，故人物之生，有精粗之不同。自一氣而言之，則人物皆受是氣而生；自精粗而言，則人得其氣之正且通者，物得其氣之偏且塞者。惟人得其正，故是理通而無所塞；物得其偏，故是理塞而無所知。且如人，頭圓象天，足方象地，平正端直，以其受天地之正氣，所以識道理，有知識。物受天地之偏氣，所以禽獸横生，草木頭生向下，尾反在上。物之間有知者，不過只通得一路，如烏之知孝，獺之知祭，犬但能守禦，牛但能耕而已。人則無不知，無不能。人所以與物異者，所争者此耳。然就人之所稟而言，又有昏明清濁之異。故上知、生知之資，是氣清明純粹，而無一豪昏濁，所以生知安行，不待學而能，如堯、舜是也。其次則亞於生知，必學而後知，必行而後至。又其次者，資禀既偏，又有所蔽，須是痛加工夫，「人一

❶「反」，萬曆本作「及」。
❷「康」，當作「匡」，係避宋太祖趙匡胤諱。下同。

己百，人十己千」，然後方能及亞於生知者。及進而不已，則成功一也。孟子曰：「人之所以異於禽獸者幾希。」人物之所以異，只是争這些子。若更不能存得，則與禽獸無以異矣。某年十五六時，讀《中庸》「人一己百，人十己千」一章，因見吕與叔解得此段痛快，讀之未嘗不竦然警厲奮發。人若有向學之志，須是如此做工夫方得。僩。

問氣質之性。曰：纔説性時，便有些氣質在裏。若無氣質，則這性亦無安頓處。所以繼之者只説得善，到成之者便是性。榦。

性只是理。然無那天氣地質，則此理没安頓處。但得氣之清明則不蔽固，此理順發出來。蔽固少者，發出來天理勝；蔽固多者，則私欲勝，便見得本原之性無有不善。孟子所謂「性善」，周子所謂「純粹至善」，程子所謂「性之本」，與夫「反本窮源之性」，是也。只被氣質有昏濁，則隔了，故氣質之性，君子有弗性者焉。學以反之，則天地之性存矣。故説性，須兼氣質説方備。端蒙。

天命之性，若無氣質，却無安頓處。且如一勺水，非有物盛之，則水無歸着。程子云：「論性不論氣，不備；論氣不論性，不明；二之則不是。」所以發明千古聖賢未盡之意，甚爲有功。大抵此理有未分曉處，秦、漢以來傳記所載，只是説夢。韓退之略近似。千有餘年，得程先生兄弟出來，此理益明。且如唐劉知幾之子云：「注述六經之旨，世俗陶陶，知我者希。」不知其書如何説，想亦是擔當不得。如果能曉得此理，如何不與大家知。賀孫。

性只是理。氣質之性，亦只是這裏出。

若不從這裏出，有甚歸着。如云「人心惟危，道心惟微」，道心固是心，人心亦心也。横渠言：「心統性情。」人傑。

論天地之性，則專指理言；論氣質之性，則以理與氣雜而言之。未有此氣，已有此性。氣有不存，而性却常在。雖其方在氣中，然氣自是氣，性自是性，亦不相夾雜。至論其徧體於物，無處不在，則又不論氣之精粗，莫不有是理。

性非氣質，則無所寄；氣非天性，則無所成。道夫。

蜚卿問氣質之性。曰：天命之性，非氣質則無所寓。然人之氣稟有清濁偏正之殊，故天命之正，亦有淺深厚薄之異，要亦不可不謂之性。舊見病翁云：「伊川言氣質之性，正猶佛書所謂水中鹽味，色裏膠清。」又問：孟子言性，與伊川如何？曰：不同。孟子是剔出而言性之本，伊川是兼氣質而言，要之，不可離也，所以程子云：「論性不論氣，不備；論氣不論性，不明。」而某於《太極解》亦云：「所謂太極者，不離乎陰陽而爲言，亦不雜乎陰陽而爲言。」道夫。○閎祖録云：氣稟之偏難除。釋氏云「如水中鹽，色中膠」，取不出也。病翁愛説此。

性即理也。當然之理，無有不善者。故孟子之言性，指性之本而言。然必有所依而立，故氣質之稟不能無淺深厚薄之別。孔子曰「性相近也」，兼氣質而言。砥。

天地間只是一箇道理。性便是理。人之所以有善有不善，只緣氣質之稟各有清濁。去僞。

人所稟之氣，雖皆是天地之正氣，但衮來衮去，便有昏明厚薄之異。蓋氣是有形之物。才是有形之物，便自有美有惡也。廣。

氣質之性，便只是天地之性。只是這箇天地之性却從那裏過。好底性如水，氣質之性如殺些醬與鹽，便是一般滋味。僩。

問：天理變易無窮。由一陰一陽，生生不窮。「繼之者善」，全是天理，安得不善。孟子言性之本體以爲善者是也。二氣相軋相取，相合相乖，有平易處，有傾側處，自然有善有惡。故禀氣形者有惡有善，何足怪。語其本則無不善也。曰：此却無過。丁復之曰「先生解《中庸》大本」云云。曰：既謂之大本，只是理善而已。才説人欲，便是氣也，亦安得無本。但大本中元無此耳。大雅。

問：理無不善，則氣胡爲有清濁之殊？曰：才説着氣，便自有寒有熱，有香有臭。儒用。

二氣五行，始何嘗不正。只衮來衮去，便有不正。如陽爲剛躁、陰爲重濁之類。○士毅。

氣升降，無時止息。理只附氣。惟氣有昏濁，理亦隨而間隔。德明。

人性本善，無許多不美，不知那許多不美是甚麽物事。振。

問：趙書記一日問浩：「如何是性？」浩對以伊川曰：「孟子言『性善』，是極本窮原之性；孔子言『性相近』，是氣質之性。」趙云：「安得有兩樣。只有《中庸》説『天命之謂性』，自分明。」曰：公當初不曾問他：「既謂之善，固無兩般。才説相近，須有兩樣。」便自説不得。因問：「天命之謂性」，還是極本窮原之性，抑氣質之性？曰：是極本窮原之性。天之所以命，只是一般；緣氣質不同，遂有差殊。孟子分明是於人身上挑出天之所命者説與人，要見得本原皆善。浩。

人之性皆善。然而有生下來善底，有生下來便惡底，此是氣稟不同。且如天地之運，萬端而無窮，其可見者，日月清明氣候和正之時，人生而稟此氣，則爲清明渾厚之氣，須做箇好人；若是日月昏暗，寒暑反常，皆是天地之戾氣，人若稟此氣，則爲不好底人，何疑。人之爲學，却是要變化氣稟，然極難變化。如「孟子道性善」，不言氣稟，只言「人皆可以爲堯、舜」。若勇猛直前，氣稟之偏自消，功夫自成，故不言氣稟。看來吾性既善，何故不能爲聖賢，却是被這氣稟害。如氣稟偏於剛，則一向剛暴；偏於柔，則一向柔弱之類。人一向推托道氣稟不好，不向前，又不得；一向不察氣稟之害，只昏昏地去，又不得。須知氣稟之害，要力去用功克治，裁其勝而歸於中乃可。濂溪云：「性者，剛柔善惡中而已。故聖人立教，俾人自易其惡，自至其中而止矣。」《責沈》言：「氣質之用狹，道學之功大。」璘。

問：孟子言「性善」，伊川謂是「極本窮原之性」；孔子言「性相近」，伊川謂是「氣質之性」，固已曉然。《中庸》所謂「天命之謂性」，不知是極本窮原之性，是氣質之性？曰：性也只是一般。天之所命，何嘗有異？正緣氣質不同，便有不相似處，故孔子謂之「相近」。孟子恐人謂性元來不相似，遂於氣質内挑出天之所命者說與人，道性無有不善，即子思所謂「天命之謂性」也。浩。

問：孔子已説「繼之者善，成之者性」，如何人尚未知性？到孟子方才説出，到周先生方説得盡？曰：孔子説得細膩，説不曾了。❶孟子説得麄，説得疏略。孟子不曾推原原頭，不曾説上面一截，只是説「成之者性」也。義剛。

孟子言性，只説得本然底，論才亦然。荀子只見得不好底，揚子又見得半上半下底，韓子所言却是説得稍近。蓋荀、揚説既不是，韓子看來端的見有如此不同，故有三品之説。然惜其言之不盡，少得一箇「氣」字耳。程子曰：「論性不論氣，不備；論氣不論性，不明。」蓋謂此也。力行。

孟子未嘗説氣質之性。程子論性所以有功於名教者，以其發明氣質之性也。以氣質論，則凡言性不同者，皆冰釋矣。退之言性亦好，亦不知氣質之性耳。人傑。

亞夫問：氣質之説，起於何人？曰：此起於張、程。某以爲極有功於聖門，有補於後學，讀之使人深有感於張、程，前此未曾有人説到此。如韓退之《原性》中説三品，説得也是，但不曾分明説是氣質之性耳。性那裏有三品來。孟子説性善，但説得本原處，下面却不曾説得氣質之性，所以亦費分疏。諸子説性惡與善惡混。使張、程之説早出，則這許多説話自不用紛争。故張、程之説立，則諸子之説泯矣。因舉横渠：「形而後有氣質之性。善反之，則天地之性存焉。故氣質之性，君子有弗性者焉。」又舉明道云：「論性不論氣，不備；論氣不論性，不明。二之則不是。」且如只説箇仁義禮知是性，世間却有生出來便無狀底，是如何？只是氣稟如此。若不論那氣，這道理便不周匝，所以不備。若只論氣稟，這箇善，這箇惡，却不論那一原處只是

❶「曾」，朝鮮本作「會」。

這箇道理，又却不明。此自孔子、曾子、子思、孟子理會得後，都無人説這道理。謙之

問：天地之氣，當其昏明駁雜之時，則其理亦隨而昏明駁雜否？曰：理却只恁地，只是氣自如此。又問：若氣如此，理不如此，則是理與氣相離矣。曰：氣雖是理之所生，然既生出，則理管他不得。如這理寓於氣了，日用間運用都由這箇氣，只是氣强理弱。譬如大禮赦文，一時將税都放了相似，有那村知縣硬自捉縛須要他納，緣被他近了，更自叫上面不應，便見得那氣麄而理微。又如父子，若子不肖，父亦管他不得。聖人所以立教，正是要救這些子。時舉。〇柄録云：問：天地之性既善，則氣禀之性如何不善？曰：理固無不善，纔賦於氣質，便有清濁、偏正、剛柔、緩急之不同。蓋氣强而理弱，理管攝他不得。如父子本是一氣，子乃父所生；父賢而子不肖，父也管他不得。又如君臣同心一體，臣乃君所命，上欲行而下沮格，上之人亦不能一一去督責得他。

問：人之德性本無不備，而氣質所賦，鮮有不偏。將性對「氣」字看，性即是此理。理無不善者，因墮在形氣中，故有不同。所謂氣質之性者，是如此否？曰：固是。但氣禀偏，則理亦欠闕了。問：「德不勝氣，性命於氣；德勝其氣，性命於德。」所謂勝者，莫是指人做處否？曰：固是。又問：「性命於氣」，是性命都由氣，則性不能全其本然，命不能順其自然；「性命於德」，是性命都由德，則性能全天性，命能順天理否？曰：固是。又問：横渠論氣質之性，却分曉。明道「生之謂性」一章却難曉。曰：它中間性有兩三説，須子細看。問云：「生之謂性」，它這一句，且是説禀受處否？曰：是。性即氣，氣即性，它這且是衮説；性便

是理，氣便是氣，是未分別說。其實理無氣亦無所附。又問：「人生氣禀，理有善惡云云，善固性也，然惡亦不可不謂之性也。」看來「善固性也」固是。若云「惡亦不可不謂之性」，則此理本善，因氣而鶻突；雖是鶻突，然亦是性也。曰：它原頭處都是善，因氣偏，這性便偏了。然此處亦是性。如人渾身都是惻隱而無羞惡，都羞惡而無惻隱，這箇便是惡德。這箇喚做性邪不是？如墨子之心本是惻隱，孟子推其弊，到得無父處，這箇便是「惡亦不可不謂之性」也。又問：「生之謂性，人生而靜以上云云，便已不是性也。」看此幾句，是人物未生以前，說性不得。「性」字是人物已生，方着得「性」字。故才說性，便是落於氣，而非性之本體矣。曰：它這是合理氣一衮說。到孟子說性，便是從中間斡出好底說，故謂之善。又問：所謂「繼之者善」者，猶水流而就下也。皆水也，有流而至海云云。曰：它這是兩箇譬喻。水之就下處，它這下更欠言語，要須爲它作文補這裏，始得。它當時只是衮說了。蓋水之就下，便是喻性之善。如孟子所謂過顙、在山，雖不是順水之性，然不謂之水不得。這便是前面「惡亦不可不謂之性」之說。到得說水之清，却依舊是譬喻。問：它後面有一句說，「水之清則性善之謂也」，意却分曉。曰：固是。它這一段說得詳了。又問：「此理天命也。」它這處方提起以此理說，則是純指上面天理而言，不雜氣說。曰：固是。又曰：理離氣不得。而今講學用心着力，却是用這氣去尋箇道理。夔孫。

先生言氣質之性，曰：性譬之水，本皆清也。以浄器盛之，則清；以不浄之器盛之，則臭；以污泥之器盛之，則濁。本然之清，未嘗不在。但既臭濁，猝難得便清。故「雖愚必明，雖柔必强」，也煞用氣力，然後能至。某嘗謂《原性》一篇本好，但言三品處，欠箇「氣」字，欠箇來歷處，却成天合下生出三般人相似。孟子性善，似也少箇「氣」字。砥。○伯羽録云：大抵孟子説話，也間或有些子不覩是處。只被他才高，當時無人抵得他，告子口更不曾得開。

性如水，流於清渠則清，流入污渠則濁。氣質之清者、正者，得之則全，人是也；氣質之濁者、偏者，得之則昧，禽獸是也。氣有清濁，則人得其清者，禽獸則得其濁者。人大體本清，故異於禽獸；亦有濁者，則去禽獸不遠矣。節。

有是理而後有是氣，有是氣則必有是理。但稟氣之清者，爲聖爲賢，如寶珠在清冷水中；稟氣之濁者，爲愚爲不肖，如珠在濁水中。所謂「明明德」者，是就濁水中揩拭此珠也。物亦有是理。又如寶珠落在至污濁處，然其所稟亦間有些明處，就上面便自不昧。如虎狼之父子，蜂蟻之君臣，豺獺之報本，雎鳩之有别，曰「仁獸」、曰「義獸」是也。儒用。

理在氣中，如一箇明珠在水裏。理在清底氣中，如珠在那清底水裏面，透底都明；理在濁底氣中，如珠在那濁底水裏面，外面更不見光明處。問：物之塞得甚者，雖有那珠，如在深泥裏面，更取不出。曰：也是如此。胡泳。

敬子謂：「性所發時，無有不善，雖氣稟至惡者亦然。但方發之時，氣一乘之，則有善有不善耳。」僴以爲人心初發，有善有惡，所謂「幾善惡」也。初發之時本善而流入於惡者，此固有之。然亦有氣稟昏愚之極，而所發皆不善者，如子越椒之類是也。且以中人論之，其所發之不善者，固亦多矣。安得謂之無不善邪？曰：不當如此說，如此說得不是。此只當以人品賢愚清濁論。有合下發得善底，也有合下發得不善底，也有發得善而爲物欲所奪，流入於不善底，極多般樣。今有一樣人，雖無事在這裏坐，他心裏也只思量要做不好事，如蛇虺相似，只欲咬人。他有甚麽發得善。明道說水處最好，皆水也，有流而至海，終無所污；有流而未遠，固已漸濁；有流而甚遠，方有所濁。有濁之多者，濁之少者。只可如此說。僩。

或問氣稟有清濁不同。曰：氣稟之殊，其類不一，非但「清、濁」二字而已。今人有聰明，事事曉者，其氣清矣，而所爲未必皆中於理，則是其氣不醇也。有謹厚忠信者，其氣醇矣，而所知未必皆達於理，則是其氣不清也。推此求之可見。

問：季通主張氣質太過。曰：形質也是重。且如水之氣，如何似長江大河，有許多洪流。金之氣，如何似一塊鐵，恁地硬。形質也是重。被此生壞了後，理終是拗不轉來。又曰：孟子言「人所以異於禽獸者幾希」，不知人何故與禽獸異。又言：「犬之性猶牛之性，牛之性猶人之性與？」不知人何故與牛犬異。此兩處似欠中間一轉語。須着說是形氣不同，故性亦少異，始得。恐孟子見得人性同處，自是分曉直截，却於這些子未甚察。又曰：了翁云：「氣質之用狹，道學之功大。」與季通說正相反。若論其至，不可只靠一邊。如了翁之說，則何故自古只有許多聖賢？如季通之說，則人皆委之於生質，更不修爲。須是看人功夫多少如何。若功夫未到，則氣質之性不得不重。若功夫至，則氣質豈得不聽命於義理。也須着如此説，方盡。閎祖。

人性雖同，禀氣不能無偏重。有得木氣重者，則惻隱之心常多，而羞惡、辭遜、是非之心爲其所塞而不發；有得金氣重者，則羞惡之心常多，而惻隱、辭遜、是非之心爲其所塞而不發。水、火亦然。唯陰陽合德，五性全備，然後中正而爲聖人也。閎祖。

性有偏者。如得木氣多者，仁較多；金氣多者，義較多。揚。

先生曰：人有敏於外而内不敏，又有敏於内而外不敏，如何？曰：莫是禀氣强弱？曰：不然。《淮南子》曰：「金水内明，日火外明。」氣偏於内故内明，氣偏於外則外明。可學。

氣禀所拘，只通得一路，極多樣：或厚於此而薄於彼，或通於彼而塞於此。有人能盡通天下利害而不識義理，或工於百工技藝而不解讀書。如虎豹只知父子，蜂蟻只知君臣。惟人亦然，或知孝於親而薄於他人。如明皇友愛諸弟，長枕大被，終身不變，然而爲君則殺其臣，爲父則殺其子，爲夫則殺其妻，便是有所通，有所蔽。是他性中只通得一路，故於他處皆礙，也是氣禀，也是利害昏了。又問：以堯爲父而有丹朱，以鯀爲父而有禹，如何？曰：這箇又是二氣、五行交際運行之際有清濁，人適逢其會，所以如此。如算命推五星陰陽交際之氣，當其好者則質美，逢其惡者則不肖，又非人之氣所能與也。僩。

問：人有强弱，由氣有剛柔。若人有技藝之類，如何？曰：亦是氣。如今人看五行，亦推測得些小。曰：如才不足人，明得理，可爲否？曰：若明得盡，豈不可爲？所謂「克念作聖」是也，然極難。若只明得一二，如何做得？曰：温公論才德如何？曰：他便專把樸者爲德。殊不知聰明、果敢、正直、中和，亦是才，亦是德。可學。

或問：人稟天地五行之氣，然父母所生，與是氣相值而然否？曰：便是這氣須從人身上過來。今以五行枝榦推算人命，與夫地理家推擇山林向背，皆是此理。然又有異處。如磁窑中器物，聞説千百件中，或有一件紅色大段好者，此是異稟。惟人亦然。瞽、鯀之生舜、禹，亦猶是也。人傑。

問：臨漳士友録先生語，論氣之清濁處甚詳。曰：粗説是如此。然天地之氣有多少般。問：堯、舜生丹、均，瞽叟生舜事，恐不全在人，亦是天地之氣？曰：此類不可曉。人氣便是天地之氣，然就人身上透過，如魚在水，水入口出腮。但天地公共之氣，人不得擅而有之。德明。

亞夫曰：性如日月，氣濁者如雲霧。先生以爲然。節。

人性如一團火，煨在灰裏，撥開便明。椿。

問氣稟云云。曰：天理明，則彼如何着得。可學。

問：人有常言，某人性如何，某物性如何，某物性熱，某物性冷。此是兼氣質與所稟之理而言否？曰：然。僩。

問指屋柱云：此理也。曲直，性也；所以爲曲直，命也。曲直是説氣稟。曰：然。可學。

質並氣而言，則是「形質」之「質」，若生質，則是「資質」之「質」。復舉了翁《責沈説》，曰：他説多是禪。不知此數句如何恁説得好。義剛。

性者，萬物之原，而氣稟則有清濁，是以有聖愚之異。命者，萬物之所同受，而陰陽交運，參差不齊，是以五福、六極，值遇不一。端蒙。○以下兼言命。

安卿問：「命」字有專以理言者，有專以氣言者。曰：也都相離不得。蓋天非氣，無以命於人；人非氣，無以受天所命。道夫。

問：先生説：「命有兩種：一種是貧富、貴賤、死生、壽夭，一種是清濁、偏正、智愚、賢不肖。一種屬氣，一種屬理。」以僩觀之，兩種皆似屬氣。蓋智愚、賢不肖、清濁、偏正，亦氣之爲也。曰：固然。性則是命之理而已。僩。

問：性分、命分何以別？曰：性分，是以理言之；命分，是兼氣言之。命分有多寡、厚薄之不同，若性分則又都一般。此理，聖愚賢否皆同。淳。○寓録少異。

「命」之一字，如「天命謂性」之「命」，是言所稟之理也。「性也有命焉」之「命」，是言所稟之分有多寡、厚薄之不同也。伯羽。

問：「天命謂性」之「命」，與「死生有命」之「命」不同，何也？曰：「死生有命」之「命」是帶氣言之，氣便有稟得多少厚薄之不同。「天命謂性」之「命」，是純乎理言之。然天之所命，畢竟皆不離乎氣。但《中庸》此句，乃是以理言之。孟子謂「性也，有命焉」，此「性」是兼氣稟食色言之。「命也，有性焉」，此「命」是帶氣言之。性善又是超出氣説。淳。

問：子罕言命。若仁義禮智五常皆是天所命。如貴賤、死生、壽夭之命有不同，如何？曰：都是天所命。稟得精英之氣，便爲聖、爲賢，便是得理之全，得理之正。稟得清明者，便英爽；稟得敦厚者，便温和；稟得清高者，便貴；稟得豐厚者，便富；稟得久長者，便壽；稟得衰頹薄濁者，一本作：衰落孤單者，便爲貧、爲賤、爲夭。便爲愚、不肖，爲貧，爲賤，爲夭。天有那氣生一箇人出來，便有許多物隨他來。又曰：天之所命，固是均一，到氣稟處便有不齊。看其稟得來如何。稟得厚，道理也備。嘗謂命，譬如朝廷誥敕；心，譬如官人一般，差去做官；性，譬如職事一般，郡守便有郡守職事，縣令便有縣令職事。職事只一般，天生人，教人許多道理，便是付人許多職事。別本云：道理只一般。氣稟，譬如俸給。貴如官高者，賤如官卑者，富如俸厚者，貧如俸薄者，壽如三兩年一任又再任者，夭者如不得終任者。朝廷差人做官，便有許多物一齊趁一作「隨」。後來。橫渠云：「形而後有氣質之性，善反之，則天地之性存焉，故氣質之性，君子有弗性焉。」如稟得氣清明者，這道理只在裏面；稟得昏濁者，這道理也只在裏面，只被昏濁遮蔽了。譬之水，清底裏面纖豪皆見，渾底便見不得。孟子説「性善」，他只見得大本處，未説得氣質之性細碎處。程子謂：「論性不論氣，不備；論氣不論性，不明。二之則不是。」孟子只論性，不論氣，便不全備。論性不論氣，這性説不盡；論氣不論性，性之本領處又不透徹。荀、揚、韓諸人雖是論性，其實只説得氣。荀子只見得不好人底性，便説做惡。揚子見半善半惡底人，便説善惡混。韓子見天下有許多般人，所以立爲三品之説。就三子中，韓子説又較近。他以仁義禮知爲性，以喜怒哀樂爲情，只是中間過接處少箇「氣」字。寓。○淳録自「横渠」以下同。

問：顔淵不幸短命。伯牛死，曰：「命矣夫！」孔子：「得之不得曰有命。」如此之「命」，與「天命謂性」之「命」無分别否？曰：命之正者出於理，命之變者出於氣質。要之，皆天所付予。孟子曰：「莫之致而至者，命也。」但當自盡其道，則所值之命，皆正命也。因問：如今數家之學，如康節之説，謂皆一定而不可易，如何？曰：也只是陰陽盛衰消長之理，大數可見。然聖賢不曾主此説。如今人説康節之數，謂他説一事一物皆有成敗之時，都説得膚淺了。木之。

或問：「亡之，命矣夫！」此「命」是天理本然之命否？曰：此只是氣稟之命。富貴、死生、禍福、貴賤，皆稟之氣而不可移易者。祖道曰：「不知命無以爲君子」與「五十知天命」，兩「命」字如何？曰：「不知命」亦是氣稟之命，「知天命」却是聖人知其性中四端之所自來。如人看水一般，常人但見爲水流，聖人便知得水之發源處。祖道。

聞一問：「亡之，命矣夫！」此「命」字是就氣稟上説？曰：死生、壽夭，固是氣之所稟。只看孟子説「性也，有命焉」處，便分曉。擇之問：「不知命」與「知天命」之「命」，如何？曰：不同。「知天命」，謂知其理之所自來。譬之於水，人皆知其爲水，聖人則知其發源處。如「不知命」處，却是説死生、壽夭、貧富、貴賤之命也。然孟子又説「當順受其正」。若一切任其自然，而「立乎巖牆之下」，則又非其正也。因言：上古天地之氣，其極清者，生爲聖人，君臨天下，安享富貴，又皆享上壽。及至後世，多反其常。衰周生一孔子，終身不遇，壽止七十有餘。其稟得清明者，多夭折；暴横者，多得志。舊看史傳，見盗賊之爲君長者，欲其速死，只是不死，爲其全得壽考之氣也。人傑。

履之説：子温而厲，威而不猛，恭而安。因問：得清明之氣爲聖賢，昏濁之氣爲愚不肖；氣之厚者爲富貴，薄者爲貧賤；此固然也。然聖人得天地清明中和之氣，宜無所虧欠，而夫子反貧賤，何也？豈時運使然邪？抑其所稟亦有不足邪？曰：便是稟得來有不足。他那清明，也只管得做聖賢，却管不得那富貴。稟得那高底則貴，稟得厚底則富，稟得長底則壽，貧賤夭者反是。夫子雖得清明者以爲聖人，然稟得那低底、薄底，所以貧賤。顔子又不如孔子，又稟得那短底，所以又夭。又問：一陰一陽，宜若停匀，則賢不肖宜均。何故君子常少，而小人常多？曰：自是他那物事駁雜，如何得齊？且以撲錢譬之：純者常少，不純者常多，自是他那氣駁雜，或前或後，所以拗，不能得他，恰如何得均平。且以一日言之：或陰或晴，或風或雨，或寒或熱，或清爽，或鶻突，一日之間自有許多變，便可見矣。又問：雖是駁雜，然畢竟不過只是一陰一陽二氣而已，如何會恁地不齊？曰：便是不如此。若只是兩箇單底陰陽，則無不齊。緣是他那物事錯揉萬變，所以不能得他恰好。又問：如此，則天地生聖賢，又只是偶然，不是有意矣。曰：天地那裏説我特地要生箇聖賢出來？也只是氣數到那裏，恰相湊著，所以生出聖賢。及至生出，則若天之有意焉耳。又問：康節云：「陽一而陰二，所以君子少而小人多。」此語是否？曰：也説得來。自是那物事好底少而惡底多。且如面前事，也自是好底事少，惡底事多。其理只一般。僩。

敬子問自然之數。曰：有人稟得氣厚者，則福厚；氣薄者，則福薄。稟得氣之華美者，則富盛；衰颯者，則卑賤。氣長者，則壽；氣短者，則夭折。此必然之理。問：神仙之説有之乎？曰：誰人説無？誠有此理。只是他那工夫大段難做，除非百事棄下，辦得那般工夫，方做得。又曰：某見名寺中所畫諸祖師人物，皆魁偉雄傑，宜其傑然有立如此。所以妙喜贊某禪師有曰：「當初若非這箇，定是做箇渠魁。」觀之信然。其氣貌如此，則世之所謂富貴利達、聲色貨利，如何籠絡得他住？他視之亦無足以動其心者。或問：若非佛氏收拾去，能從吾儒之教，不知如何？曰：他又也未是那「無文王猶興」底，只是也須做箇特立獨行底人，所爲必可觀。若使有聖人收拾去，可知大段好。只是當時吾道黑淬淬地，只有些章句詞章之學。他如龍如虎，這些藝解都束縛他不住，必決去無疑。也煞被他引去了好人，可畏，可畏！僩。

問：富貴有命，如後世鄙夫小人，當堯、舜、三代之世，如何得富貴？曰：當堯、舜、三代之世不得富貴，在後世則得富貴，便是命。曰：如此，則氣稟不一定。曰：以此氣遇此時，是他命好；不遇此時，便是背。所謂資適逢世是也。如長平死者四十萬，但遇白起，便如此。只他相撞着，便是命。可學。

問：前日嘗説鄙夫富貴事。今云富貴、貧賤是前定，如何？曰：恁地時節，氣亦自别。後世氣運漸乖，如古封建，畢究是好人在上。到春秋，乃生許多逆賊。今儒者多歎息封建不行，然行著亦可慮。且如天子，必是天生聖哲爲之。後世如秦始皇在上，乃大無道人；如漢高祖，乃崛起田野，此豈不是氣運顛倒？問：此是天命否？曰：是。可學。

人之稟氣，富貴、貧賤、長短，皆有定數寓其中。稟得盛者，其中有許多物事，其來無窮。亦無盛而短者。若木生於山，取之或貴而爲棟梁，或賤而爲厠料，皆其生時所稟氣數如此定了。楊。

朱子語類卷第五計十三板

性理二

性情心意等名義

問：天與命，性與理，四者之別：天，則就其自然者言之；命，則就其流行而賦於物者言之；性，則就其全體而萬物所得以爲生者言之；理，則就其事事物物各有其則者言之。到得合而言之，則天即理也，命即性也，性即理也，是如此否？曰：然。但如今人説，天非蒼蒼之謂，據某看來，亦捨不得這箇蒼蒼底。賀孫。○以下論性命。

理者，天之體；命者，理之用。性是人之所受，情是性之用。道夫。

命猶誥敕，性猶職事，情猶施設，心則其人也。賀孫。

天所賦爲命，物所受爲性。賦者，命也，所賦者氣也；受者，性也，所受者氣也。寓。

道即性，性即道，固只是一物。然須看因甚喚做性，因甚喚做道。淳。○以下論性。

性即理也。在心，喚做性；在事，喚做理。燾。

生之理謂性。節。

性只是此理。節。

性是合當底。同。

性則純是善底。同。

性是天生成許多道理。同。

性是許多理散在處爲性。同。

問：性既無形，復言以理，理又不可見。曰：父子有父子之理，君臣有君臣之理。節。

性是實理，仁義禮智皆具。德明。

問：性固是理。然性之得名，是就人生稟得言之否？曰：「繼之者善，成之者性。」這箇理在天地間時，只是善，無有不善者。生物得來，方始名曰「性」。只是這理，在天則曰「命」，在人則曰「性」。淳。

鄭問：先生謂性是未發，善是已發，何也？曰：纔成箇人影子，許多道理便都在那人上。其惻隱，便是仁之善；羞惡，便是義之善。到動極復靜處，依舊只是理。曰：這善，也是性中道理，到此方見否？曰：這須就那地頭看。「繼之者善也，成之者性也。」在天地言，則善在先，性在後，是發出來方生人物。發出來是善，生人物便成箇性。在人言，則性在先，善在後。或舉「孟子道性善」。曰：此則「性」字重，「善」字輕，非對言也。文字須活看。此且就此說，彼則就彼說，不可死看。牽此合彼，便處處有礙。淳。

性不是卓然一物可見者。只是窮理、格物，性自在其中，不須求，故聖人罕言性。德明。

諸儒論性不同，非是於善惡上不明，乃「性」字安頓不着。砥。

聖人只是識得性。百家紛紛，只是不識「性」字。揚子鶻鶻突突，荀子又所謂隔靴爬痒。揚。

致道謂「心爲太極」，林正卿謂「心具太極」，致道舉以爲問。先生曰：這般處極細，難說。看來心有動靜：其體，則謂之易；其理，則謂之道；其用，則謂之神。直卿退而發明曰：先生道理精熟，容易説出來，須至極。賀孫問：「其體則謂之易」，體是如何？曰：體不是「體用」之「體」，恰似説「體質」之「體」，猶云「其質則謂之易」。理即是性，這般所在，當活看。如「心」字，各有地頭説。如孟子云：「仁，人心也。」仁便是人心，這説心是合理説。如説「顔子其心三月不違仁」，是心爲主而不違乎理。就地頭看，始得。又云：先生《太極圖解》云：「動静者，所乘之機也。」蔡季通聰明，看得這般處出，謂先生下此語最精。蓋太極是理，形而上者；陰陽是氣，形而下者。然理無形，而氣却有迹。氣既有動静，則所載之理亦安得謂之無動静。又舉《通書·動静篇》云：「動而無静，静而無動，物也；動而無動，静而無静，神也。動而無動，静而無静，非不動不静也。物則不通，神妙萬物。」動静者，所乘之機也。先生因云：某向來分別得這般所在。今心力短，便是這般所在都説不到。因云：向要到雲谷，自下上山，半塗大雨，通身皆濕，得到地頭，因思着：「天地之塞，吾其體；天地之帥，吾其性。」時季通及某人同在那裏。某因各人解此兩句，自亦作兩句解。後來看，也自説得着，所以迤邐便作《西銘》等解。賀孫。〇以下論心。

心之理是太極，心之動静是陰陽。振。

惟心無對。方子。

問：靈處是心，抑是性？曰：靈處只是心，不是性。性只是理。淳。

問：知覺是心之靈固如此，抑氣之爲邪？曰：不專是氣，是先有知覺之理。理未知覺，氣聚成形，理與氣合，便能知覺。譬如這燭火，是因得這脂膏，便有許多光啖。問：心之發處是氣否？曰：也只是知覺。淳。

所知覺者是理。理不離知覺，知覺不離理。節。

問：心是知覺，性是理。心與理如何得貫通爲一？曰：不須去貫通，本來貫通。「如何本來貫通？」曰：理無心，則無着處。節。

所覺者，心之理也；能覺者，氣之靈也。節。

心者，氣之精爽。節。

心官至靈，藏往知來。燾。

發明「心」字，曰：一言以蔽之，曰「生」而已。「天地之大德曰生」，人受天地之氣而生，故此心必仁，仁則生矣。力行。

心須兼廣大流行底意看，又須兼生意看。且如程先生言：「仁者，天地生物之心。」只天地便廣大，生物便流行，生生不窮。端蒙。

心與理一，不是理在前面爲一物。理便在心之中，心包蓄不住，隨事而發。因笑云：説到此，自好笑。恰似那藏相似，除了經函，裏面點燈，四方八面皆如此光明粲爛，但今人亦少能看得如此。廣。

問：心之爲物，衆理具足。所發之善，固出於心。至所發不善，皆氣稟物欲之私，亦出於心否？曰：固非心之本體，然亦是出於心也。又問：此所謂人心否？曰：是。子升因問：人心亦兼善惡否？曰：亦兼説。木之。

或問：心有善惡否？曰：心是動底物事，自然有善惡。且如惻隱是善也，見孺子入井而無惻隱之心，便是惡矣。離着善，便是惡。然心之本體未嘗不善，又却不可説惡全不是心。若不是心，是甚麼做出來？古人學問便要窮理、知至，直是下工夫消磨惡去，善自然漸次可復。操存是後面事，不是善惡時事。問：明善、擇善如何？曰：能擇，方能明。且如有五件好底物事，有五件不好底物事，將來揀擇，方解理會得好底。不擇，如何解明！謙。

心無間於已發未發。徹頭徹尾都是，那處截做已發未發。如放僻邪侈，此心亦在，不可謂非心。淳。

問：形體之動，與心相關否？曰：豈不相關？自是心使他動！曰：喜怒哀樂未發之前，形體亦有運動，耳目亦有視聽，此是心已發，抑未發？曰：喜怒哀樂未發，又是一般。然視聽行動，亦是心向那裏。若形體之行動，心都不知，便是心不在。行動都沒理會了，說甚未發。未發不是漠然全不省，亦常醒在這裏，不恁地困。淳。

問：惻隱、羞惡、喜怒哀樂，固是心之發，曉然易見處。如未惻隱、羞惡、喜怒哀樂之前，便是寂然而靜時，然豈得塊然槁木？其耳目亦必有自然之聞見，其手足亦必有自然之舉動。不審此時喚作如何？曰：喜怒哀樂未發，只是這心未發耳。其手足運動，自是形體如此。淳。

問：先生前日以揮扇是氣，節後思之：心之所思，耳之所聽，目之所視，手之持，足之履，似非氣之所能到。氣之所運，必有以主之者。曰：氣中自有箇靈底物事。節。

虛靈自是心之本體，非我所能虛也。耳目之視聽，所以視聽者即其心也，豈有形象？然有耳目以視聽之，則猶有形象也。若心之虛靈，何嘗有物？人傑。

問：五行在人爲五臟。然心却具得五行之理，以心虛靈之故否？曰：心屬火，緣是箇光明發動底物，所以具得許多道理。僩。

問：人心形而上下如何？曰：如肺肝五臟之心，却是實有一物。若今學者所論操舍存亡之心，則自是神明不測。故五臟之心受病，則可用藥補之；這箇心，則非菖蒲、茯苓所可補也。問：如此，則心之理乃是形而上否？曰：心比性，則微有迹；比氣，則自然又靈。謨。

問：先生嘗言，心不是這一塊。某竊謂，滿體皆心也，此特其樞紐耳。曰：不然，此非心也，乃心之神明升降之舍。人有病心者，乃其舍不寧也。凡五臟皆然。心豈無運用，須常在軀殼之內。譬如此建陽知縣，須常在衙裏，始管得這一縣也。某曰：然則程子言「心要在腔子裏」，謂當在舍之內，而不當在舍之外耶？曰：不必如此。若言心不可在脚上，又不可在手上，只得在這些子上也。義剛。

性猶太極也，心猶陰陽也。太極只在陰陽之中，非能離陰陽也。然至論太極，自是太極；陰陽，自是陰陽。惟性與心亦然。所謂一而二，二而一也。韓子以仁義禮智信言性，以喜怒哀樂言情，蓋愈於諸子之言性。然至分三品，却只説得氣，不曾説得性。砥。○以下總論心性。

問：天之付與人物者爲命，人物之受於天者爲性，主於身者爲心，有得於天而光明正大者爲明德否？曰：心與性如何分別？明如何安頓？受與得又何以異？人與物與身又何間別？明德合是心，合是性。曰：性却實。以感應虛明言之，則心之意亦多。曰：此兩箇説著一箇，則一箇隨到，元不可相離，亦自難與分別。捨心，則無以見性；捨性，又無以見心，故孟子言心性，每每相隨説。仁義禮智是性，又言「惻隱之心，羞惡之心，辭遜、是非之心」，更細思量。大雅。

或問心性之别。曰：這箇極難説，且是難爲譬喻。如伊川以水喻性，其説本好，却使曉不得者生病。心，大概似箇官人；天命，便是君之命；性，便如職事一般。此亦大概如此，要自理會得。如邵子云：「性者，道之形體。」蓋道只是合當如此，性則有一箇根苗，生出君臣之義、父子之仁。性雖虛，都是實理。心雖是一物，却虛，故能包含萬理。這箇要人自體察始得。學蒙。○方子録云：性本是無，却是實理。心似乎有影象，然其體却虛。

舊嘗以論心、論性處，皆類聚看。看熟，久則自見。淳。

性便是心之所有之理，心便是理之所會之地。一「心」字饒録作「性」。○升卿。

性是理，心是包含該載、敷施發用底。夔孫。

問心之動、性之動。曰：動處是心，動底是性。寓。

心以性爲體，心將性做餡子模樣。蓋心之所以具是理者，以有性故也。蓋卿。

心有善惡，性無不善。若論氣質之性，亦有不善。節。

鄭仲履問：先生昨説性無不善，心固有不善。然本心則元無不善。曰：固是本心元無不善，誰教你而今却不善了。今人外面做許多不善，却只説我本心之善自在，如何得？蓋卿。

心、性、理，拈著一箇，則都貫穿，惟觀其所指處輕重如何。如「養心莫善於寡欲，雖有不存焉者寡矣」。「存」雖指理言，然心自在其中。「操則存」，此「存」雖指心言，然理自在其中。端蒙。

或問：人之生，稟乎天之理以爲性，其氣清則爲知覺。而心又不可以知覺言，當如何？曰：難說。以「天命之謂性」觀之，則命是性，天是心，心有主宰之義。然不可無分別，亦不可太說開成兩箇，當熟玩而默識其主宰之意可也。高。

說得出，又名得出，方是見得分明。如心、性，亦難說。嘗曰：「性者，心之理；情者，性之動；心者，性情之主。」德明。

性對情言，心對性情言。合如此是性，動處是情，主宰是心。大抵心與性，似一而二，似二而一，此處最當體認。可學。

有這性，便發出這情；因這情，便見得這性。因今日有這情，便見得本來有這性。方子。

性不可言。所以言性善者，只看他惻隱、辭遜四端之善則可以見其性之善，如見水流之清，則知源頭必清矣。四端，情也，性則理也。發者，情也，其本則性也，如見影知形之意。力行。

在天爲命，稟於人爲性，既發爲情。此其脉理甚實，仍更分明易曉。唯心乃虛明洞徹，統前後而爲言耳。據性上說「寂然不動」處是心，亦得；據情上說「感而遂通」處是心，亦得。故孟子說「盡其心者，知其性也」，文義可見。性則具仁義禮智之端，實而易察。知此實理，則心無不盡，盡亦只是盡曉得耳。如云盡曉得此心者，由知其性也。大雅。

景紹問心、性之別。曰：性是心之道理，心是主宰於身者。四端便是情，是心之發見處。四者之萌皆出於心，而其所以然者，則是此性之理所在也。道夫問：「滿腔子是惻隱之心」，如何？曰：腔子是人之軀殼。上蔡見明道，舉經史不錯一字，頗以自矜。明道曰：「賢却記得許多，可謂玩物喪志矣。」上蔡見明道説，遂滿面發赤，汗流浹背。明道曰：「只此便是惻隱之心。」公要見滿腔子之説，但以是觀之。問：玩物之説主甚事？曰：也只是「矜」字。道夫。

伯豐論性有已發之性，有未發之性。曰：性纔發，便是情。情有善惡，性則全善。心又是一箇包總性情底。大抵言性，便須見得是元受命於天，其所稟賦自有本根，非若心可以一概言也。却是漢儒解「天命之謂性」，云「木神仁，金神義」等語，却有意思，非苟言者。學者要體會親切。又嘆曰：若不用明破，只恁涵養，自有到處，亦自省力。若欲立言示訓，則須契勘教子細，庶不悖於古人。大雅。

履之問未發之前心、性之別。曰：心有體用，未發之前是心之體，已發之際乃心之用，如何指定説得。蓋主宰運用底便是心，性便是會恁地做底理。性則一定在這裏，到主宰運用却在心。情只是幾箇路子，隨這路子恁地做去底，却又是心。道夫。

或問：静是性，動是情？曰：大抵都主於心。「性」字從「心」從「生」，「情」字從「心」從「青」。性是有此理。且如「天命之謂性」，要須天命箇心了，方是性。漢卿問：心如箇藏，四方八面都恁地光明皎潔，如佛家所謂六窗中有一猴，這邊叫也應，那邊叫也應。曰：佛家説心處，儘有好處。

前輩云，勝於楊、墨。賀孫。

叔器問：先生見教，謂「動處是心，動底是性」。竊推此二句只在「底」、「處」兩字上。如穀種然，生處便是穀，生底却是那裏面些子。曰：若以穀譬之，穀便是心，那爲粟、爲菽、爲禾、爲稻底，便是性。康節所謂「心者，性之郛郭」是也。包裹底是心，發出不同底是性。心是箇没思量底，只會生。又如喫藥，喫得會治病是藥力，或涼，或寒，或熱，便是藥性。至於喫了有寒證，有熱證，便是情。義剛。

舊看五峰説，只將心對性説，一箇「情」字都無下落。後來看横渠「心統性情」之説，乃知此話大有功，始尋得箇「情」字着落，與孟子説一般。孟子言：「惻隱之心，仁之端也。」仁，性也；惻隱，情也，此是情上見得心。又曰「仁義禮智根于心」，此是性上見得心。蓋心便是包得那性情，性是體，情是用。「心」字只一箇字母，故「性」、「情」字皆從「心」。僩。

人多説性方説心，看來當先説心。古人制字，亦先制得「心」字，「性」與「情」皆從「心」。以人之生言之，固是先得這道理。然才生這許多道理，却都具在心裏。且如仁義自是性，孟子則曰「仁義之心」；惻隱、羞惡自是情，孟子則曰「惻隱之心，羞惡之心」，蓋性即心之理，情即性之用。今先説一箇心，便教人識得箇情性底總腦，教人知得箇道理存着處。若先説性，却似性中别有一箇心。横渠「心統性情」語極好。又曰：合性與知覺有心之名，則恐不能無病，便似性外别有一箇知覺了。

或問心、情、性。曰：孟子説「惻隱之心，仁之端也」一段，極分曉。惻隱、羞惡、是非、辭遜是情之發，仁義禮智是性之體。性中只有仁義禮智，發之爲惻隱、辭遜、是非，乃性之情也。如今人説性，多如佛、老説，別有一件物事在那裏，至玄至妙，一向説開去，便入虚無寂滅。吾儒論性却不然。程子云：「性即理也。」此言極無病。「孟子道性善」，善是性合有底道理。然亦要子細識得善處，不可但隨人言語説了。若子細下工夫，子細尋究，自然見得。如今人全不曾理會，才見一庸人胡説，便從他去。嘗得項平甫書云，見陳君舉門人説：「儒、釋，只論其是處，不問其同異。」遂敬信其説。此是甚説話！元來無所有底人，見人胡説話，便惑將去。若果有學，如何謾得他。如舉天下説生薑辣，待我喫得真箇辣，方敢信。胡五峰説性多從東坡、子由門見識説去。謙。

問性、情、心、仁。曰：横渠説得最好，言：「心，統性情者也。」孟子言：「惻隱之心，仁之端；羞惡之心，義之端。」極説得性、情、心好。性無不善。心所發爲情，或有不善。説不善非是心，亦不得。却是心之本體本無不善，其流爲不善者，情之遷於物而然也。性是理之總名，仁義禮智皆性中一理之名。惻隱、羞惡、辭遜、是非，是情之所發之名，此情之出於性而善者也。其端所發甚微，皆從此心出，故曰：「心，統性情者也。」性不是別有一物在心裏。心具此性情。心失其主，却有時不善。如「我欲仁，斯仁至」；我欲不仁，斯失其仁矣。「回也三月不違仁」，言不違仁，是心有時乎違仁也。「出入無時，莫知其鄉」。存養主一，使之不失去，乃善。大要在致知，致知在窮理，理窮自然知至。要驗學問工夫，只看所知至與不至，不是要逐件知過，因一事研磨一理，久久自然光明。如一鏡然，今日磨些，明日磨些，不覺自光。若一些子光，工夫又歇，仍舊一塵鏡，已光處會昏，未光處不復光矣。且如「仁」之一字，上蔡只説「知仁」，孔子便説「爲仁」。是要做工夫去爲仁，豈可道知得便休。今學問流而爲禪，上蔡爲之首。今人自無實學，見得説這一般好，也投降；那一般好，也投降。許久南軒在此講學，諸公全無實得處。胡亂有一人入潭州城裏説，人便靡然從之，此是何道理。學問只理會箇是與不是，不要添許多無益説話。今人爲學，多是爲名，又去安排討名，全不顧義理。《説苑》載證父者以爲直，及加刑，又請代受以爲孝。孔子曰：「父一也，而取二名。」此是宛轉取名之弊。學問只要心裏見得分明，便從上面做去。如「殺身成仁」，不是自家計較要成仁方死，只是見得此事生爲不安，死爲安，便自殺身。旁人見得，便説能成仁。此旁人之言，非我之心要如此。所謂「經德不回，非以干禄；哭死而哀，非爲生也」。若有一豪爲人之心，便不是了。南軒云「爲己之學，無所爲而然」，是也。謙。

性、情、心，惟孟子、横渠説得好。仁是性，惻隱是情，須從心上發出來。「心，統性情者也。」性只是合如此底，只是理，非有箇物事。若是有底物事，則既有善，亦必有惡。惟其無此物，只是理，故無不善。蓋卿。

伊川「性即理也」，横渠「心統性情」二句，顛撲不破。砥。

性是未動，情是已動，心包得已動未動。蓋心之未動則爲性，已動則爲情，所謂「心統性情」也。欲，是情發出來底。心如水，性，猶水之静；情，則水之流；欲，則水之波瀾，但波瀾有好底，有不好底。欲之好底，如「我欲仁」之類；不好底，則一向奔馳出去，若波濤飜浪；大段不好底欲則滅却天理，如水之壅決，無所不害。孟子謂情可以爲善，是説那情之正，從性中流出來者，元無不好也。因問：「可欲之謂善」之「欲」，如何？曰：此不是「情欲」之「欲」，乃是可愛之意。銖。○明作録略。

心，主宰之謂也。動静皆主宰，非是静時無所用，及至動時方有主宰也。言主宰，則混然體統自在其中。心統攝性、情，非儱侗與性、情爲一物而不分别也。端蒙。

性以理言，情乃發用處，心即管攝性、情者也。故程子曰「有指體而言者，『寂然不動』是也」，此言性也；「有指用而言者，『感而遂通』是也」，此言情也。端蒙。

「心統性情」，故言心之體用，嘗跨過兩頭未發、已發處説。仁之得名，只專在未發上。惻隱便是已發，却是相對言之。端蒙。

心者，主乎性而行乎情。故「喜怒哀樂未發則謂之中，發而皆中節則謂之和」，心是做功夫處。端蒙。

心之全體湛然虚明，萬理具足，無一豪私欲之間；其流行該遍，貫乎動静，而妙用又無不在焉。故以其未發而全體者言之，則性也；以其已發而妙用者言之，則情也。然「心統性情」，只就渾淪一物之中，指其已發、未發而爲言爾；非是性是一箇地頭，心是一箇地頭，情又是一箇地頭，如此懸隔也。端蒙。

問：人當無事時，其中虚明不昧，此是氣自然動處，便是性。曰：虚明不昧，便是心；此理具足於中，無少欠闕，便是性；感物而動，便是情。横渠説得好，「由太虚有『天』之名，由氣化有『道』之名」，此是總説。「合虚與氣，有『性』之名；合性與知覺，有『心』之名」，是就人物上説。夔孫。

問心、性、情之辨。曰：程子云：「心譬如穀種，其中具生之理是性，陽氣發生處是情。」推而論之，物物皆然。㽦。

因言：心、性、情之分，自程子、張子合下見得定了，便都不差。如程子諸門人傳得他師見成底説，却一齊差却。或曰：程子、張子是他自見得，門人不過只聽得他師見成説底説，所以後來一向差。曰：只那聽得，早差了也。僩。

性主「具」字、「有」字。許多道理。昭昭然者屬性；未發理具，已發理應。則屬心；動發。則情。所以「存其心」，則「養其性」。心該備通貫，主宰運用。吕云：「未發時心體昭昭。」程云：「有指體而言者，有指用而言者。」李先生云：「心者貫幽明，通有無。」方。

心如水，情是動處，愛即流向去處。椿。

問：意是心之運用處，是發處？曰：運用是發了。問：情亦是發處，何以別？曰：情是性之發，情是發出恁地，意是主張要恁地。如愛那物是情，所以去愛那物是意。情如舟車，意如人去使那舟車一般。寓。

○以下兼論意。

心、意猶有痕跡。如性，則全無兆朕，只是許多道理在這裏。砥。

問：意是心之所發，又説有心而後有意。則是發處依舊是心主之，到私意盛時，心也隨去。曰：固然。士毅。

李夢先問情、意之別。曰：情是會做底，意是去百般計較做底。意因有是情而後用。夔孫録云：因是有情而後用其意。○義剛。

問：情、意如何體認？曰：性、情則一。性是不動，情是動處，意則有主向。如好惡是情，「好好色，惡惡臭」，便是意。士毅。

未動而能動者，理也；未動而欲動者，意也。若海。

性者，即天理也，萬物禀而受之，無一理之不具。心者，一身之主宰；意者，心之所發；情者，心之所動；志者，心之所之，比於情、意尤重；氣者，即吾之血氣而充乎體者也，比於他，則有形器而較麄者也。又曰：舍心無以見性，舍性無以見心。椿。○以下兼論志。

心之所之謂之志，日之所之謂之時。「志」字從「之」、從「心」；「旹」字從「之」、從「日」。如日在午時，在寅時，制字之義由此。志是心之所之，一直去底。意又是志之經營往來底，是那志底脚。凡營爲、謀度、往來，皆意也。所以横渠云：「志公而意私。」問：情比意如何？曰：情又是意底骨子。志與意都屬情，「情」字較大。「性、情」字皆從「心」，所以說「心統性情」。心兼體用而言。性是心之理，情是心之用。僩。

問意、志。曰：横渠云：「以『意、志』兩字言，則志公而意私，志剛而意柔，志陽而意陰。」卓。

志是公然主張要做底事，意是私地潛行間發處。志如伐，意如侵。升卿。

問：情與才何別？曰：情只是所發之路陌，才是會恁地去做底。且如惻隱，有懇切者，有不懇切者，是則才之有不同。又問：如此，則才與心之用相類？曰：才是心之力，是有氣力去做底。心是管攝主宰者，此心之所以爲大也。心譬水也。性，水之理也。性所以立乎水之静，情所以行乎水之動，欲則水之流而至於濫也。才者，水之氣力所以能流者，然其流有急有緩，則是才之不同。伊川謂「性禀於天，才禀於氣」，是也。只有性是一定。情與心、與才，便合着氣了。心本未嘗不同，隨人生得來便別了。情則可以善，可以惡。又曰：要見得分曉，但看明道云：「其體則謂之易，其理則謂之道，其用則謂之神。」易，心也；道，性也；神，情也。此天地之心、性、情也。砥。○以下兼論才。

性者，心之理；情者，心之動。才，便是那情之會恁地者。情與才絕相近。但情是遇物而發，路陌曲折恁地去底，才是那會如此底。要之，千頭萬緒，皆是從心上來。道夫。

問：性之所以無不善，以其出於天也；才之所以有善不善，以其出於氣也。要之，性出於天，氣亦出於天，何故便至於此？曰：性是形而上者，氣是形而下者。形而上者全是天理，形而下者只是那查滓。至於形，又是查滓至濁者也。道夫。

問：才出於氣，德出於性？曰：不可。才也是性中出，德也是有是氣而後有是德。人之有才者出來做得事業，也是它性中有了，便出來做得。但溫厚篤實便是德，剛明果敢便是才。只爲它氣之所禀者生到那裏多，故爲才。夔孫。

問：能爲善，便是才。曰：能爲善而本善者是才。若云能爲善便是才，則能爲惡亦是才也。人傑。

論材氣，曰：氣是敢做底，才是能做底。德明。

問：「天命之謂性」，充體謂氣，感觸謂情，主宰謂心，立趨向謂志，有所思謂意，有所逐謂欲。答云：此語或中或否，皆出臆度。要之，未可遽論。且涵泳玩索，久之當自有見。銖嘗見先生云：名義之語極難下。如説性，則有天地之性，氣質之性。説仁，則伊川有專言之仁，偏言之仁。此等且要默識心通。人傑。

問：知與思，於人身最緊要。曰：然。二者也只是一事。知如手相似，❶思是交這手去做事也，思所以用夫知也。卓。○付。

❶「如」，萬曆本作「與」。

朱子語類卷第六 計二十板

性理三

仁義禮智等名義

道者，兼體、用，該隱、費而言也。節。○以下道理。

道是統名，理是細目。可學。

道訓路，大概説人所共由之路。理各有條理界瓣。因舉康節云：夫道也者，道也。道無形，行之則見于事矣。如「道路」之「道」，坦然使千億萬年行之，人知其歸者也。閎祖。

理是有條瓣逐一路子。以各有條，謂之理；人所共由，謂之道。節。

問：道與理如何分？曰：道便是路，理是那文理。問：如木理相似？曰：是。問：如此却似一般？曰：「道」字包得大，理是「道」字裏面許多理脉。又曰：「道」字宏大，「理」字精密。胡泳。

問：萬理粲然，❶還同不同？曰：理只是這一箇，道理則同，其分不同。君臣有君臣之理，父子有父子之理。節。

理者有條理，仁義禮智皆有之。節。

問：既是一理，又謂五常，何也？曰：謂之一理亦可，五理亦可。以一包之則一，分之則五。問分爲五之序。曰：渾然不可分。節。

❶「理」，萬曆本作「物」。

只是這箇理，分做四段，又分做八段，又細碎分將去。四段者，意其爲仁義禮智。當時因言文路子之説而及此。○節。

理，只是一箇理。理舉著，全無欠闕。且如言著仁，則都在仁上；言著誠，則都在誠上；言著忠恕，則都在忠恕上；言著忠信，則都在忠信上。只爲只是這箇道理，自然血脉貫通。端蒙。

理是有條理，有文路子。文路子當從那裏去，自家也從那裏去；文路子不從那裏去，自家也不從那裏去。須尋文路子在何處，只挨着理了行。節。

理如一把線相似，有條理，如這竹籃子相似。指其上行篾曰：一條子恁地去。又別指一條曰：一條恁地去。又如竹木之文理相似，直是一般理，横是一般理。有心，便存得許多理。節。

季通云：理有流行，有對待。先有流行，後有對待。曰：難説先有後有。季通舉《太極説》，以爲道理皆然，且執其説。人傑。

先生與人書中曰：至微之理，至箸之事，一以貫之。節。

理無事，則無所依附。節。

問：仁與道如何分别？曰：道是統言，仁是一事。如「道路」之「道」，千枝百派，皆有一路去。故《中庸》分道德曰：父子、君臣以下爲天下之達道，智仁勇爲天下之達德。君有君之道，臣有臣之道。德便是箇行道底。故爲君主於仁，爲臣主於敬。仁敬可唤做德，不可唤做道。榦。○以下兼論德。

「至德、至道」：道者，人之所共由；德者，己之所獨得。「盛德、至善」：盛德以身之所得而言，至善以身之極致而言。「誠、忠、孚、信」：一心之謂誠，盡己之謂忠，存於中之謂孚，見於事之謂信。端蒙。

存之於中謂理，得之於心爲德，發見於行事爲百行。節。

德是得於天者，講學而得之，得自家本分底物事。節。

問：泛觀天地間，「日往月來，寒往暑來」，「四時行，百物生」，這是道之用流行發見處。即此而總言之，其往來生化，無一息間斷處，便是道體否？曰：此體、用説得是。但「總」字未當，總，便成兼用説了。只就那骨處便是體。如水之或流，或止，或激成波浪，是用；即這水骨可流，可止，可激成波浪處，便是體。如這身，是體；目視，耳聽，手足運動處，便是用。如這手，是體；指之運動提掇處，便是用。淳舉《論語集注》曰：往者過，來者續，無一息之停，乃道體之本然也。❶曰：即是此意。淳。○以下論體、用。

問：前夜説體、用無定所，是隨處説如此。若合萬事爲一大體、用，則如何？曰：體、用也定。見在底便是體，後來生底便是用。此身是體，動作處便是用。❷天是體，「萬物資始」處便是用。地是體，「萬物資生」處便是用。就陽言，則陽是體，陰是用；就陰言，則陰是體，陽是用。寓。

體是這箇道理，用是他用處。如耳聽、目視，自然如此，是理也；開眼看物，着耳聽聲，便是用。江西人説箇虛空底體，涉事物便喚做用。節。

❶「也」，朝鮮本作「處」。
❷「是」字，原脱，今據朝鮮本、萬曆本補。

問：先生昔曰：「禮是體。」今乃曰：「禮者，天理之節文，人事之儀則。」似非體而是用。曰：公江西有般鄉談，才見分段子，便説道是用，不是體。如説尺時，無寸底是體；有寸底不是體，便是用；如秤，無星底是體；有星底不是體，便是用。且如扇子有柄，有骨子，用紙糊，此便是體；人摇之，便是用。楊至之問體。曰：合當底是體。節。

人只是合當做底便是體，人做處便是用。譬如此扇子，有骨，有柄，用紙糊，此則體也；人摇之，則用也。如尺與秤相似，上有分寸星銖，則體也；將去秤量物事，則用也。方子。

問：去歲聞先生曰：「只是一箇道理，其分不同。」所謂分者，莫只是理一而其用不同？如君之仁，臣之敬，子之孝，父之慈，與國人交之信之類是也。曰：其體已略不同。君臣、父子、國人是體；仁敬慈孝與信是用。問：體、用皆異？曰：如這片板，只是一箇道理，這一路子恁地去，那一路子恁地去。如一所屋，只是一箇道理，有廳，有堂。如草木，只是一箇道理，有桃，有李。如這衆人，只是一箇道理，有張三，有李四；李四不可爲張三，張三不可爲李四。如陰陽，《西銘》言「理一分殊」，亦是如此。又曰：分得愈見不同，愈見得理大。節。

誠者，實有此理。節。○以下論誠。

誠只是實。又云：誠是理。一作「只是理」。○去僞。

誠，實理也，亦誠慤也。由漢以來，專以誠慤言誠。至程子乃以實理言，後學皆棄誠慤之説不觀。《中庸》亦有言實理爲誠處，亦有言誠慤爲誠處。不可只以實爲誠，而以誠慤爲非誠也。砥。

問性、誠。曰：性是實，誠是虛；性是理底名，誠是好處底名。性，譬如這扇子相似；誠，譬則這扇子做得好。又曰：五峰曰：「誠者，命之道乎。中者，性之道乎。仁者，心之道乎。」此語分得輕重虛實處却好。某以爲「道」字不若改做「德」字，更親切。「道」字又較疏。植。

先生問諸友：「誠、敬」二字如何分？各舉程子之説以對。先生曰：敬是不放肆底意思，誠是不欺妄底意思。過。○以下誠敬。

誠，只是一箇實；敬，只是一箇畏。端蒙。

妄誕欺詐爲不誠，怠惰放肆爲不敬，此誠敬之別。榦。

問誠、敬。曰：須逐處理會。誠若是有不欺意處，只做不欺意會；敬若是有謹畏意處，只做謹畏意會。《中庸》説誠，作《中庸》看；《孟子》説誠處，作《孟子》看。將來自相發明耳。夔孫。

「謹」字未如敬，敬又未如誠。程子曰：「主一之謂敬，一者之謂誠。」敬尚是着力。銖。○以下雜論。

問誠、信之別。曰：誠是自然底實，信是人做底實。故曰：「誠者，天之道。」這是聖人之信。若衆人之信，只可唤做信，未可唤做誠。誠是自然無妄之謂。如水只是水，火只是火，仁徹底是仁，義徹底是義。夔孫。

叔器問：誠與信如何分？曰：誠是箇自然之實，信是箇人所爲之實。《中庸》説「誠者，天之道也」，便是誠。若「誠之者，人之道也」，便是信。信不足以盡誠，猶愛不足以盡仁。上是，下不是。可學。

誠者實有之理，自然如此。忠信以人言之，須是人體出來方見。端蒙。

「誠」字以心之全體而言，「忠」字以其應事接物而言，此義理之本名也。至曾子所言「忠恕」，則是聖人之事，故其忠與誠、仁與恕，得通言之。如恕本以推己及物得名，在聖人，則以己及物矣。○端蒙。

問：仁與誠何別？曰：仁自是仁，誠自是誠，何消合理會。理會這一件，也看到極處；理會那一件，也看到極處，便都自見得。淳。

或問：誠是體，仁是用否？曰：理一也，以其實有，故謂之誠。以其體言，則有仁義禮知之實；以其用言，則有惻隱、羞惡、恭敬、是非之實，故曰：「五常百行非誠，非也。」蓋無其實矣，又安得有是名乎！植。

或問：誠是渾然不動，仁是此理流出否？曰：自性言之，仁亦未是流出，但其生動之理包得四者。

問：一與中，與誠，浩然之氣，爲一體事否？曰：一只是不雜，不可將做一事。中與誠、與浩然之氣，固是一事，然其分各別：誠是實有此理，中是狀物之體段，浩然之氣只是爲氣而言。去僞。

問：仁、義、禮、智、誠、中庸，不知如何看？曰：仁義禮智，乃未發之性，所謂誠。中庸，皆已發之理。人之性本實，而釋氏以性爲空也。煇。

在天只是陰陽五行，在人得之只是剛柔五常之德。泳。○以下五常。

大而天地萬物，小而起居食息，皆太極陰陽之理也。又曰：仁木，義金，禮火，智水，信土。祖道。

或問：仁義禮智，性之四德，又添「信」字，謂之「五性」，如何？ 曰：信是誠實此四者，實有是仁，實有是義，禮智皆然。 如五行之有土，非土不足以載四者。 又如土於四時各寄王十八日，或謂王於戊己。 然季夏乃土之本宮，故尤王。《月令》載「中央土」，以此。人傑。

問：向蒙戒喻，説仁意思云：「義禮智信上著不得，又須見義禮智信上少不得，方見得仁統五常之意。」大雅今以樹爲喻：夫樹之根固有生氣，然貫徹首尾，豈可謂榦與枝、花與葉無生氣也？ 曰：固然。 只如四時：春爲仁，有箇生意；在夏，則見其有箇亨通意；在秋，則見其有箇成實意；在冬，則見其有箇貞固意。 在夏秋冬，生意何嘗息。 本雖彫零，生意則常存。 大抵天地間只一理，隨其到處，分許多名字出來。 四者於五行各有配，惟信配土，以見仁義禮智實有此理，不是虛説。 又如乾四德，元最重，其次貞亦重，以明終始之義。 非元則無以生，非貞則無以終，非終則無以爲始，不始則不能成終矣。 如此循環無窮，此所謂「大明終始」也。大雅。

得此生意以有生，然後有禮智義信。以先後言之，則仁爲先；以大小言之，則仁爲大。閎祖。

問：先生以爲一分爲二，二分爲四，四分爲八，又細分將去。 程子説：「性中只有仁義禮智四者而已。」只分到四便住，何也？ 曰：周先生亦止分到五行住。 若要細分，則如《易》樣分。節。○以下仁義禮智。

嘗言仁義禮智，而以手指畫扇中心，曰：只是一箇道理，分爲兩箇。 又横畫一畫，曰：兩箇分爲四箇。 又以手指逐一指所分爲四箇處，曰：一箇是仁，一箇是義，一箇是禮，一箇是智，這四箇便是箇種子。惻隱、羞惡、恭敬、是非，便是種子所生底苗。節。

人只是此仁義禮智四種心。如春夏秋冬，千頭萬緒，只是此四種心發出來。銖。

吉甫問：仁義禮智，立名還有意義否？曰：説仁，便有慈愛底意思；説義，便有剛果底意思。聲音氣象，自然如此。直卿云：六經中專言仁者，包四端也；言仁義而不言禮智者，仁包禮，義包智。方子。○節同。佐同。

仁與義是柔軟底，禮智是堅實底。仁義是頭，禮智是尾。一似説春秋冬夏相似，仁義一作「禮」。是陽底一截，禮智一作「義智」。是陰底一截。淵。○方子録云：仁義是發出來嫩底，禮智是堅硬底。

問仁義禮智體、用之别。曰：自陰陽上看下來，仁禮屬陽，義知屬陰；仁禮是用，義智是體。春夏是陽，秋冬是陰。只將仁義説，則「春作夏長」，仁也；「秋斂冬藏」，義也。若將仁義禮智説，則春，仁也；夏，禮也；秋，義也；冬，智也。仁禮是敷施出來底，義是肅殺果斷底，智便是收藏底。如人肚臟有許多事，如何見得。其智愈大，其藏愈深。正如《易》中道：「立天之道，曰陰與陽；立地之道，曰柔與剛；立人之道，曰仁與義。」解者多以仁爲柔，以義爲剛，非也。却是以仁爲剛，義爲柔。蓋仁是箇發出來了，便硬而强；義便是收斂向裹底，外面見之便是柔。僩。

仁禮屬陽，義智屬陰。袁機仲却説：「義是剛底物，合屬陽；仁是柔底物，合屬陰。」殊不知舒暢發達，便是那剛底意思；收斂藏縮，便是那陰底意思。他只念得「於仁也柔，於義也剛」兩句，便如此說。殊不知正不如此。又云：以氣之呼吸言之，則呼爲陽，吸爲陰，吸便是收斂底意。《鄉飲酒義》云：「温厚之氣盛於東南，此天地之仁氣也；嚴凝之氣盛於西北，此天地之義氣也。」僩。

仁禮屬陽，屬健；義知屬陰，屬順。問：義則截然有定分，有收斂底意思，自是屬陰順。不知智如何解？曰：智更是截然，更是收斂。如知得是，知得非，知得便了，更無作用，不似仁義禮三者有作用。知只是知得了，便交付惻隱、羞惡、辭遜三者。他那箇更收斂得快。僩。

生底意思是仁，殺底意思是義，發見會通是禮，收一作「深」。藏不測是智。節。

仁義禮智，便是元亨利貞。若春間不曾發生得，到夏無緣得長，秋冬亦無可收藏。泳。

問：元亨利貞有次第，仁義禮智因發而感，則無次第。曰：發時無次第，生時有次第。佐。

百行皆仁義禮智中出。節。

仁義禮智，性之大目，皆是形而上者，豈可分也。人傑。

問：仁得之最先，蓋言仁具義禮智。曰：先有是生理，三者由此推之。可學。

仁，渾淪言，則渾淪都是一箇生意，義禮智都是仁；對言，則仁與義禮智一般。淳。

鄭問：仁是生底意，義禮智則如何？曰：天只是一元之氣。春生時，全見是生；到夏長時，也只是這底；到秋來成遂，也只是這底；到冬天藏斂，也只是這底。仁義禮智割做四段，一箇便是一箇；渾淪看，只是一箇。淳。

問：仁是天地之生氣，義禮智又於其中分別。然其初只是生氣，故爲全體。曰：然。問：肅殺之氣，亦只是生氣？曰：不是二物，只是斂些。春夏秋冬，亦只是一氣。可學。

仁與智包得，義與禮包不得。方子。

仁所以包三者，蓋義禮智皆是流動底物，所以皆從仁上漸漸推出。仁智、元貞，是終始之事，這兩頭却重。如坎與震，是始萬物、終萬物處，艮則是中間接續處。

味道問：仁包義禮智，惻隱包羞惡、辭遜、是非，元包亨利貞，春包夏秋冬。以五行言之，不如木如是包得火金水。❶ 曰：木是生氣。有生氣，然後物可得而生；若無生氣，則火金水皆無自而能生矣，故木能包此三者。仁義禮智，性也。性無形影可以摸索，只是有這理耳。惟情乃可得而見，惻隱、羞惡、辭遜、是非是也。故孟子言性曰：「乃若其情，則可以爲善矣。」蓋性無形影，惟情可見。觀其發處既善，則知其性之本善必矣。時舉。

問：孟子説仁義禮智，義在第二；《太極圖》以義配利，則在第三。仁禮是陽，故曰亨。仁義禮智，猶言東西南北；元亨利貞，猶言東南西北。一箇是對説，一箇是從一邊説起。夔孫。

四端猶四德。逐一言之，則各自爲界限；分而言之，則仁義又是一大界限，故曰：「仁，人心也；義，人路也。」如《乾文言》

❶「不如」，萬曆本作「不知」；「如是」，萬曆本作「如何」。

既曰「四德」，又曰：「乾元者，始而亨者也；利貞者，性情也。」文蔚。

正淳言：性之四端，迭爲賓主，然仁智其總統也。「恭而無禮則勞」，是以禮爲主也；「君子義以爲質」，是以義爲主也。蓋四德未嘗相離，遇事則迭見層出，要在人默而識之。曰：説得是。大雅。

學者疑問中謂：就四德言之，仁却是動，智却是静。曰：周子《太極圖》中是如此説。又曰：某前日答一朋友書云：「仁體剛而用柔，義體柔而用剛。」人傑。

問：仁義禮智四者皆一理。舉仁，則義禮智在其中；舉義與禮，則亦然。如《中庸》言：「舜其大智也歟。」其下乃云：「好問，好察邇言，隱惡而揚善」，謂之仁亦可；「執其兩端，用其中於民」，謂之義亦可。然統言之，只是發明「智」字。故知理只是一理，聖人特於盛處發明之爾。曰：理固是一貫。謂之一理，則又不必疑其多。自一理散爲萬事，則燦然有條而不可亂，逐事自有一理，逐物自有一名，各有攸當，但當觀當理與不當理耳。既當理後，又何必就上更生疑。大雅。

仁義禮智，才去尋討他時，便動了，便不是本來底。又曰：心之所以會做許多，蓋具得許多道理。又曰：何以見得有此四者？因其惻隱，知其有仁；因其羞惡，知其有義。又曰：伊川穀種之説最好。又曰：冬飲湯，是宜飲湯；夏飲水，是宜飲水。冬飲水，夏飲湯，便不宜。人之所以羞惡者，是觸着這宜，如兩箇物事樣。觸着宜便羞惡，羞惡只是一事。❶節。○末數語疑有脱誤。

❶「羞惡」二字，原爲空格，今據朝鮮本補。

「仁」字須兼義禮智看，方看得出。仁者，仁之本體；禮者，仁之節文；義者，仁之斷制；知者，仁之分别。猶春夏秋冬雖不同，而同出於春：春則生意之生也，夏則生意之長也，秋則生意之成，冬則生意之藏也。自四而兩，兩而一，則統之有宗，會之有元，故曰：「五行一陰陽，陰陽一太極。」又曰：仁爲四端之首，而智則能成始而成終；猶元爲四德之長，然元不生於元而生於貞。蓋天地之化，不翕聚則不能發散也。仁智交際之間，乃萬化之機軸。此理循環不窮，吻合無間，故不貞則無以爲元也。又曰：貞而不固，則非貞。貞，如板築之有幹，不貞則無以爲元。又曰：《文言》上四句說天德之自然，下四句說人事之當然。元者，乃衆善之長也；亨者，乃嘉之會也。嘉會，猶言一齊好也。會，猶齊也，言萬物至此通暢茂盛，一齊皆好也。利者，義之和處也；貞者，乃事之楨幹也。「體仁足以長人」，以仁爲體，而温厚慈愛之理由此發出也。體，猶所謂「公而以人體之」之「體」。嘉會者，嘉其所會也。一一以禮文節之，使之無不中節，乃嘉其所會也。「利物足以和義」，義者，事之宜也；利物，則合乎事之宜矣。此句乃翻轉，「義」字愈明白，不利物則非義矣。貞固以貞爲骨子，則堅定不可移易。銖。

問仁。曰：將仁義禮智四字求。又問：仁是統體底否？曰：且理會義禮知令分明，其空闕一處便是仁。又曰：看公時一般氣象如何，私時一般氣象如何。德明。

蜚卿問：仁恐是生生不已之意。人唯爲私意所汩，故生意不得流行。克去己私，則全體大用，無時不流行矣。曰：此是衆人公共説底，畢竟緊要處不知如何。今要見「仁」字意思，須將仁義禮智四者共看，便見「仁」字分明。如何是義，如何是禮，如何是智，如何是仁，便「仁」字自分明。若只看「仁」字，越看越不出。曰：「仁」字恐只是生意，故其發而爲惻隱，爲羞惡，爲辭遜，爲是非。曰：且只得就「惻隱」字上看。道夫問：先生嘗説「仁」字就初處看，只是乍見孺子入井，而怵惕惻隱之心蓋有不期然而然，便是初處否？曰：恁地靠着也不得。❶大抵人之德性上，自有此四者意思：仁，便是箇温和底意思；義，便是慘烈剛斷底意思；禮，便是宣著發揮底意思；智，便是箇收斂無痕迹意思。性中有此四者，聖門却只以求仁爲急者，緣仁却是四者之先。若常存得温厚底意思在這裏，到宣著發揮時，便自然會宣著發揮；到剛斷時，便自然會剛斷；到收斂時，便自然會收斂。若將別箇做主，便都對副不着了。此仁之所以包四者也。問：仁即性，則「性」字可以言仁否？曰：性是統言。性如人身，仁是左手，禮是右手，義是左脚，智是右脚。蜚卿問：仁包得四者，謂手能包四支可乎？曰：且是譬喻如此。手固不能包四支，然人言手足，亦須先手而後足；言左右，亦須先左而後右。直卿問：此恐如五行之木，若不是先有箇木，便亦自生下面四箇不得。曰：若無木便無火，無火便無土，無土便無金，無金便無水。道夫問：向聞先生語學者：「五行不是相生，合下有時都有。」如何？曰：此難説，若會得底，便自然不相悖，喚做一齊有也得，喚做相生也得。便雖

❶「也」，萬曆本作「他」。

不是相生，他氣亦自相灌注。如人五臟，固不曾有先後，但其灌注時，自有次序。久之，又曰：「『仁』字如人釀酒：酒方微發時，帶些温氣，便是仁；到發得極熱時，便是禮；到得熟時，便是義；到得成酒後，却只與水一般，便是智。又如一日之間，早間天氣清明，便是仁；午間極熱時，便是禮；晚下漸涼，便是義；到夜半全然收斂，無些形迹時，便是智。只如此看，甚分明。」道夫。

今且要識得仁之意思是如何。❶聖賢説仁處最多，那邊如彼説，這處如此説，❷文義各不同。看得箇意思定了，將聖賢星散説體看，處處皆是這意思，初不相背，始得。《集注》説：「愛之理，心之德。」愛是惻隱，惻隱是情，其理則謂之仁。心之德，德又只是愛。謂之心之德，却是愛之本柄。人之所以爲人，其理則天地之理，其氣則天地之氣。理無迹，不可見，故於氣觀之。要識仁之意思，是一箇渾然温和之氣，其氣則天地陽春之氣，其理則天地生物之心。今只就人身己上看有這意思是如何。纔有這意思，便自恁地好，便不恁地乾燥。將此意看聖賢許多説仁處，都只是這意。告顔子以「克己復禮」，克去己私以復於禮，自然都是這意思。這不是待人旋安排，自是合下都有這箇渾全流行物事。此意思纔無私意間隔，便自見得人與己一，物與己一，公道自流行。須是如此看。孔門弟子所問，都只是問做工夫。若是仁之體段意思，也各各自理會得了。今却是這箇未曾理會得，如何説要做工夫。且如程先生云：「偏言則

❶「且」，萬曆本作「日」。
❷「處」，萬曆本作「邊」。

一事，專言則包四者。」上云：「四德之元，猶五常之仁。」恰似有一箇小小底仁，有一箇大大底仁。「偏言則一事」，是小小底仁，只做得仁之一事；「專言則包四者」，是大大底仁，又是包得禮義智底。若如此説，是有兩樣仁。不知仁只是一箇，雖是偏言，那許多道理也都在裏面；雖是專言，那許多道理也都在裏面。致道云：如春是生物之時，已包得夏長、秋成、冬藏意思在。曰：春是生物之時，到夏秋冬，也只是這氣流注去。但春則是方始生榮意思，到夏便是結裏定了，是這生意到後只漸老了。賀孫曰：如温和之氣，固是見得仁。若就包四者意思看，便自然有節文，自然得宜，自然明辨。曰：然。賀孫。

或問《論語》言仁處。曰：理難見，氣易見。但就氣上看便見，如看元亨利貞是也。元亨利貞也難看，且看春夏秋冬。春時盡是温厚之氣，仁便是這般氣象。夏秋冬雖不同，皆是陽春生育之氣行乎其中。故「偏言則一事，專言則包四者」。如知福州是一箇人，此偏言也；及專言之，爲九州安撫，亦是這一箇人，不是兩人也。故明道謂：「義禮智，皆仁也。若見得此理，則聖人言仁處，或就人上説，或就事上説，皆是這一箇道理。」正叔云：滿腔子是惻隱之心。曰：仁便是惻隱之母。又曰：若曉得此理，便見得「克己復禮」，私欲盡去，便純是温和冲粹之氣，乃天地生物之心。其餘人所以未仁者，只是心中未有此氣象。《論語》但云求仁之方者，是其門人必嘗理會得此一箇道理。今但問其求仁之方，故夫子隨其人而告之。趙致道云：李先生云：「仁是天理之統體。」先生曰：是。南升。○疑與上條同聞。

仁有兩般：有作爲底，有自然底。看來人之生便自然如此，不待作爲。如説父子欲其親，君臣欲其義，是他自會如此，不待欲也。父子自會親，君臣自會義，既自會恁地，便活潑潑地，便是仁。因舉手中扇云：只如摇扇，熱時人自會恁地摇，不是欲他摇。孟子説「乍見孺子入井時，皆有怵惕惻隱之心」，最親切。人心自是會如此，不是内交、要譽，方如此。大凡人心中皆有仁義禮智，然元只是一物，發用出來，自然成四派。如破梨相似，破開成四片。如東對着西，便有南北相對；仁對着義，便有禮智相對。以一歲言之，便有寒暑；以氣言之，便有春夏秋冬；以五行言之，便有金木水火土。且如陰陽之間，儘有次第。大寒後，不成便熱，須是且做箇春温，漸次到熱田地。大熱後，不成便寒，須是且做箇秋凉，漸次到寒田地。所以仁義禮智自成四派，各有界限。仁流行到那田地時，義處便成義，禮、智處便成禮、智。且如萬物收藏，何嘗休了，都有生意在裏面。如穀種、桃仁、杏仁之類，種着便生，不是死物，所以名之曰「仁」，見得都是生意。如春之生物，夏是生物之盛，秋是生意漸漸收斂，冬是生意收藏。又曰：春夏是行進去，秋冬是退後去。正如人呵氣，呵出時便熱，吸入時便冷。明作。

百行萬善，固是都合着力，然如何件件去理會得。百行萬善總於五常，五常又總於仁，所以孔、孟只教人求仁。求仁只是「主敬」、「求放心」，若能如此，道理便在這裏。方子。○拱壽同。

學者須是求仁。所謂求仁者，不放此

心。聖人亦只教人求仁。蓋仁義禮智四者，仁足以包之。若是存得仁，自然頭頭做着，不用逐事安排。故曰：「苟志於仁矣，無惡也。」今看《大學》，亦要識此意，所謂「顧諟天之明命」，「無他，求其放心而已」。方子。○拱壽同。

問求仁。曰：看來「仁」字只是箇渾淪底道理。如《大學》致知、格物，所以求仁也；《中庸》博學、審問、謹思、明辨、力行，亦所以求仁也。又問：諸先生皆令人去認仁，必要人體認得這仁是甚物事。曰：而今別把仁做一物事認，也不得；衮説鶻突了，亦不得。燾。

或問：存得此心，便是仁。曰：且要存得此心，不爲私欲所勝，遇事每每着精神照管，不可隨物流去，須要緊緊守着。若常存得此心，應事接物，雖不中，不遠。思慮紛擾於中，都是不能存此心。此心不存，合視處也不知視，合聽處也不知聽。或問：莫在於敬否？曰：敬非別是一事，常喚醒此心便是。人每日只鶻鶻突突過了，心都不曾收拾得在裏面。又曰：仁雖似有剛直意，畢竟本是箇温和之物。但出來發用時有許多般，須得是非、辭遜、斷制三者，方成仁之事。及至事定，三者各退，仁仍舊温和，緣是他本性如此。人但見有是非、節文、斷制，却謂都是仁之本意，則非也。春本温和，故能生物，所以説仁如春。❶明作。

或曰：存得此心，即便是仁。曰：此句甚好。但下面説「合於心者爲之，不合於心者勿爲」，却又從義上去了，不干仁事。今且只以孟子「仁，人心也；義，人路也」，便

❶「如」，萬曆本作「爲」。

見得仁、義之别。蓋仁是此心之德，才存得此心，即無不仁。如説「克己復禮」，亦只是要得私欲去後，此心常存耳，未説到行處也。纔説合於心者行之，便侵過義人路底界分矣。然義之所以能行，却是仁之用處。學者須是此心常存，方能審度事理，而行其所當行也。此孔門之學所以必以求仁爲先。蓋此是萬理之原，萬事之本，且要先識認得，先存養得，方有下手立脚處耳。

夫仁，亦在夫熟之而已矣。❶文蔚。

耳之德聰，目之德明，心之德仁，且將這意去思量體認。○將愛之理在自家心上自體認思量，便見得仁。○仁是箇温和柔軟底物事。老子説：「柔弱者，生之徒；堅强者，死之徒。」見得自是。看石頭上如何種物事出。「藹乎若春陽之温，泛乎若醴酒之醇。」此是形容仁底意思。○當來得於天者只是箇仁，所以爲心之全體。却自仁中分四界子：一界子上是仁之仁，一界子是仁之義，一界子是仁之禮，一界子是仁之智。一箇物事，四脚撑在裏面，唯仁兼統之。心裏只有此四物，萬物萬事皆自此出。○天之春夏秋冬最分曉：春生，夏長，秋收，冬藏。雖分四時，然生意未嘗不貫；縱雪霜之慘，亦是生意。○以「生」字説仁，生自是上一節事。當來天地生我底意，我而今須要自體認得。○試自看一箇物堅硬如頑石，成甚物事。此便是不仁。○試自看温和柔軟時如何，此所以「孝悌爲仁之本」。若如頑石，更下種不得。俗説「硬心腸」可以見。硬心腸，如何可以與他説話？○惻隱、羞惡、辭遜、是非，都是兩意：惻是初頭

❶「夫」，萬曆本作「乎」。

子，隱是痛；羞是羞己之惡，惡是惡人之惡；辭在我，遜在彼；是、非自分明。〇才仁，便生出禮，所以仁配春，禮配夏；義是裁制，到得智便了，所以配秋、配冬。〇既認得仁如此分明，到得做工夫，須是「克己復禮」；「出門如見大賓，使民如承大祭；己所不欲，勿施於人」，方是做工夫處。先生令思「仁」字。至第三夜，方説前三條。以後八條，又連三四夜所説。今依次第，不敢移動。〇泳。

仁兼義言者，是言體；專言仁者，是兼體、用而言。節。

孔子説仁，多説體；孟子説仁，多説用。如「克己復禮」、「惻隱之心」之類。閎祖。〇節同。

直卿云：聖賢言仁，有專指體而言者，有包體、用而言者。先生曰：仁對義、禮、智言之，則爲體；專言之，則兼體、用。此等處，須人自看，如何一一説得？日日將來看，久後須會見得。佐。

周明作問仁。曰：聖賢説話，有説自然道理處，如「仁，人心」是也；有説做工夫處，如「克己復禮」是也。雉。

前輩教人求仁，只説是淵深温粹，義理飽足。榦。

仁在事。若不於事上看，如何見仁。方。

做一方便事，也是仁；不殺一虫，也是仁；「三月不違」，也是仁。節。

「仁則固一，一所以爲仁。」言所以一者是仁也。方。

熟底是仁，生底是恕；自然底是仁，勉强底是恕；無計較、無覩當底是仁，有計較、有覩當底是恕。道夫。

公在前，恕在後，中間是仁。公了方能仁，私便不能仁。可學。

仁是愛底道理，公是仁底道理。故公則仁，仁則愛。端蒙。

公是仁之方法，人身是仁之材料。銖。

公却是仁發處。無公，則仁行不得。可學。

仁，將「公」字體之。及乎脱落了「公」字，其活底是仁。季通語。○方。

或問仁與公之别。曰：仁在内，公在外。又曰：惟仁，然後能公。又曰：仁是本有之理，公是克己工夫極至處。故惟仁然後能公，理甚分明。故程子曰：「公而以人體之。」則是克盡己私之後，只就自身上看，便見得仁也。

公不可謂之仁，但公而無私便是仁。敬不可謂之中，但敬而無失便是中。道夫。

無私以間之則公，公則仁。譬如水，若一些子礙，便成兩截，須是打併了障塞，便滔滔地去。從周。○拱壽同。

做到私欲净盡，天理流行，便是仁。道夫。

余正叔嘗於先生前論仁，曰：仁是體道之全。曰：只是一箇渾然天理。文蔚。

王景仁問仁。曰：無以爲也。須是試去屏疊了私欲，然後子細體驗本心之德是甚氣象，無徒講其文義而已也。壯祖。

周明作謂：私欲去則爲仁。曰：謂私欲去後，仁之體見，則可；謂私欲去後便爲仁，則不可。譬如日月之光，雲霧蔽之，固是不見。若謂雲霧去，則便指爲日月，亦不可。如水亦然。沙石雜之，固非水之本然。然沙石去後，自有所謂水者，不可便謂無沙無石爲水也。雉。

余正叔謂：無私欲是仁。曰：謂之無私欲然後仁，則可；謂無私便是仁，則不可。蓋惟無私欲而後仁始見，如無所壅底而後水方行。方叔曰：與天地萬物爲一體是仁。曰：無私，是仁之前事；與天地萬物爲一體，是仁之後事。惟無私，然後仁；惟仁，然後與天地萬物爲一體。要在二者之間識得。畢竟仁是甚模樣。欲曉得仁名義，須并義、禮、智三字看。欲真箇見得仁底模樣，須是從「克己復禮」做工夫去。今人説仁，如糖，皆道是甜，不曾喫着，不知甜是甚滋味。聖人都不説破，在學者以身體之而已矣。閎祖。

或問：仁當何訓？曰：不必須用一字訓，但要曉得大意通透。

「仁」字説得廣處，是全體。惻隱、慈愛底，是説他本相。高。

仁是根，惻隱是萌芽。親親、仁民、愛物，便是推廣到枝葉處。夔孫。

仁固有知覺，喚知覺做仁，却不得。閎祖。

以名義言之，仁自是愛之體，覺自是智之用，本不相同。但仁包四德。苟仁矣，安有不覺者乎！道夫。

問：以愛名仁，是仁之迹；以覺言仁，是仁之端。程子曰：「仁道難名，惟公近之，不可便以公爲仁。」畢竟仁之全體如何識認？「克己復禮，天下歸仁」，孟子所謂「萬物皆備於我」，是仁之體否？先生曰：覺，決不可以言仁，雖足以知仁，自屬智了。愛分明是仁之迹。浩曰：惻隱是仁情之動處。要識仁，須是兼義、禮、智看。有箇宜底意思是義，有箇讓底意思是禮，有箇別白底意思是智，有箇愛底意思是仁。仁是天理，公是天理。故伊川謂：「惟公近之。」又恐人滯着，隨即曰：「不可便以公爲仁。」

「萬物皆備」固是仁，然仁之得名却不然。「浩曰」二字可疑。○浩。

問：先生答湖湘學者書，以「愛」字言仁，如何？曰：緣上蔡説得「覺」字太重，便相似説禪。問：龜山却推「惻隱」二字。曰：龜山言「萬物與我爲一」云云，説亦太寬。問：此還是仁之體否？曰：此不是仁之體，却是仁之量。仁者固能覺，謂覺爲仁，不可；仁者固能與物爲一，謂萬物爲一爲仁，亦不可。譬如説屋，不論屋是木做柱，竹做壁，却只説屋如此大，容得許多物。如萬物爲一，只是説得仁之量。因舉禪語是説得「量邊事」云云。德明。

問：程門以知覺言仁，《克齋記》乃不取，何也？曰：仁離愛不得。上蔡諸公不把愛做仁，他見伊川言：「博愛非仁也，仁是性，愛是情。」伊川也不是道愛不是仁。若當初有人會問，必説道「愛是仁之情，仁是愛之性」，如此方分曉。惜門人只領那意，便專以知覺言之，於愛之説，若將浼焉，遂蹉過仁地位去説，將仁更無安頓處。「見孺子匍匐將入井，皆有怵惕惻隱之心」，這處見得親切。聖賢言仁，皆從這處説。又問：知覺亦有生意。曰：固是。將知覺説來冷了。覺在知上却多，只些小搭在仁邊。仁是和底意。然添一句，又成一重。須自看得，便都理會得。淳。○寓同。

余景思問仁之與心。曰：「仁」字是虛，「心」字是實。如水之必有冷，「冷」字是虛，「水」字是實。心之於仁，亦猶水之冷、火之熱。學者須當於此心未發時加涵養之功，則所謂惻隱、羞惡、辭遜、是非發而必中。方其未發，此心之體寂然不動，無可分別，且只恁混沌養將去。若必察其所謂四者之端，則既思便是已發。道夫。

仁。○雞雛初生可憐意與之同。○意思鮮嫩。○天理著見，一段意思可愛，發出即皆是。○切脉同體。說多不能記，蓋非言語可喻也。○孟子便說箇樣子。今不消理會樣子，只如顔子學取。○孔子教人仁，只要自尋得了後自知，非言可喻。○只是天理，當其私欲解剥，天理自是完備。只從生意上說仁。○其全體固是仁，所謂專言之也。又從而分，則亦有仁義分言之仁。今不可於名言上理會，只是自到便有知得。○上蔡所謂「飲食知味」也。方。

湖南學者說仁，舊來都是架空說出一片。❶ 頃見王日休解《孟子》云：「麒麟者，獅子也。」仁本是惻隱温厚底物事，却被他門說得擡虚打險，瞠眉努眼，却似說麒麟做獅子，有吞伏百獸之狀，蓋自「知覺」之說起之。麒麟不食生肉，不踐生草；獅子則百獸聞之而腦裂。○甾。

若說得本源，則不犯「仁」字。禪家曹洞有「五位法」，固可笑。以黑爲正位，白爲偏位。若說時，只是形容箇黑白道理，更不得犯「黑白」二字。皆是要從心中流出，不犯紙上語。從周。

義，便作「宜」字看。洽。

不可執定，隨他理去如此，自家行之便是義。節。

義是箇毅然說話，如利刀着物。季札。

義如利刀相似，人傑録云：似一柄快刀相似。都割斷了許多牽絆。祖道。

義如利刀相似，胸中許多勞勞攘攘，到此一齊割斷了。聖賢雖千言萬語，千頭萬

❶「架」，原作「深」，今據朝鮮本改。

項，然一透都透。如孟子言義，伊川言敬，都徹上徹下。

「義」字如一横劍相似，凡事物到前，便兩分去。「君子義以爲質」、「義以爲上」、「義不食也」、「義弗乘也」、「精義入神，以致用也」，是此義十分精熟，用便見也。

「克己復禮爲仁」，善善惡惡爲義。驤。

仁、義，其體亦有先後。節。

仁對義爲體、用。仁自有仁之體、用，義又有義之體、用。伯羽。

趙致道問：仁義體用、動静何如？曰：仁固爲體，義固爲用。然仁義各有體用，各有動静，自詳細驗之。賀孫。

仁義互爲體用、動静。仁之體本静，而其用則流行不窮；義之用本動，而其體則各止其所。

義之嚴肅，即是仁底收斂。淳。

以仁屬陽，以義屬陰。仁主發動而言，義主收斂而言。若揚子云：「於仁也柔，於義也剛。」又自是一義。便是這物事不可一定名之，看他用處如何。僩。

問「於仁也柔，於義也剛」。曰：仁體柔而用剛，義體剛而用柔。銖曰：此豈所謂「陽根陰，陰根陽」邪？曰：然。銖。

先生答叔重疑問曰：仁體剛而用柔，義體柔而用剛。廣請曰：自太極之動言之，則仁爲剛，而義爲柔；自一物中陰陽言之，則仁之用柔，義之用剛。曰：也是如此。便有箇流動發越之意，然其用則慈柔；義便有箇商量從宜之義，然其用則決裂。廣。

尋常人施恩惠底心，便發得易，當刑殺時，此心便疑。可見仁屬陽，屬剛；義屬陰，屬柔。直卿云：只將「舒斂」二字看，便見喜則舒，怒則斂。方子。

仁義如陰陽，只是一氣。陽是正長底氣，陰是方消底氣。仁便是方生底義，義便是收回頭底仁。要之，仁未能盡得道體，道則平鋪地散在裏，仁固未能盡得。然仁却是足以該道之體。若識得陽，便識得陰；識得仁，便識得義。識得一箇，便曉得其餘箇。道夫。

問：義者仁之質？曰：義有裁制、割斷意，是把定處，便發出許多仁來。如非禮勿視、聽、言、動，便是把定處；「一日克己復禮，天下歸仁」，便是流行處。淳。

問：孟子以惻隱爲仁之端，羞惡爲義之端。周子曰：「愛曰仁，宜曰義。」然以其存於心者而言，則惻隱與愛固爲仁心之發。然羞惡乃就耻不義上反説，而非直指義之端也。「宜」字乃是就事物上説。不知義在心上，其體段如何？曰：義之在心，乃是決烈果斷者也。❶柄。

天下之物，未嘗無對：有陰便有陽，有仁便有義，有善便有惡，有語便有默，有動便有静。然又却只是一箇道理。如人行出去是這脚，行歸亦是這脚。譬如口中之氣，嘘則爲温，吸則爲寒耳。雉。

禮者，節文也。禮數。節。

直卿曰：五常中説知有兩般：就知識處看，用着知識者是知；就理上看，所以爲是爲非者，亦知也。一屬理，一屬情。曰：固是。道德皆有體有用。寓。

禮者，仁之發；智者，義之藏。且以人之資質言之，温厚者多謙遜，通曉者多刻剥。燾。

❶「烈」，萬曆本作「裂」。

問仁、敬。曰：上蔡以來，以敬爲小，不足言，須加「仁」字在上。其實敬不須言仁，敬則仁在其中矣。方。○以下兼論恭敬忠信。

恭主容，敬主事。有事著心做，不易其心而爲之，是敬。恭形於外，敬主於中。自誠身而言，則恭較緊；自行事而言，則敬爲切。淳。

初學則不如敬之切，成德則不如恭之安，敬是主事。然專言，則又如「脩己以敬」，敬是直内。只遍言是主事。恭是容貌上説。端蒙。

問：「恭敬」二字，以謂恭在外，功夫猶淺；敬在内，功夫大段細密。曰：二字不可以深淺。❶恭敬，猶「忠信」兩字。文蔚曰：恭即是敬之發見。先生默然良久，曰：本領雖在敬上，若論那大處，恭反大如敬。若不是裏面積盛，無緣發出來做得恭。文蔚。

吉甫問恭敬。曰：「恭」字軟，「敬」字硬。直卿云：恭似低頭，敬似擡頭。至。

因言「恭敬」二字如忠信，或云：敬，主於中者也；恭，發於外者也。曰：凡言發於外，比似主於中者較大。蓋必充積盛滿，而後發於外，則發於外者豈不如主於中者。然主於中者却是本，不可不知。僩。

忠信者，真實而無虚僞也；無些欠闕，無些間斷，樸實頭做去，無停住也。敬者，收斂而不放縱也。祖道。

忠，自裏面發出；信，是就事上説。忠，是要盡自家這箇心；信，❷是要盡自家這箇道理。

❶「淺」下，賀本據《性理大全》補「論」字。
❷「信」，原作「便」，今據朝鮮本改。

朱子語類卷第七 計四板

學一

小學

古者初年入小學，只是教之以事，如禮樂射御書數及孝弟忠信之事。自十六七入大學，然後教之以理，如致知、格物及所以爲忠信孝弟者。驤。

古人自入小學時，已自知許多事了；至入大學時，只要做此工夫。今人全未曾知此。古人只去心上理會，至去治天下，皆自心中流出。今人只去事上理會。泳。

古者小學已自養得小兒子這裏定，已自是聖賢坯璞了，但未有聖賢許多知見。及其長也，令入大學，使之格物、致知，長許多知見。節。

古人小學養得小兒子誠敬善端發見了。然而大學等事，小兒子不會推將去，所以又入大學教之。璘。

小學是直理會那事。大學是窮究那理，因甚恁地。寓。

小學者，學其事；大學者，學其小學所學之事之所以。節。

小學是事，如事君、事父、事兄、處友等事，只是教他依此規矩做去。大學是發明此事之理。銖。

古人便都從小學中學了，所以大來都不費力，如禮樂射御書數，大綱都學了。及至長大，也更不大段學，便只理會窮理、致知工夫。而今自小失了，要補填，實是難。但須莊敬誠實，立其基本，逐事逐物，理會道理。待此通透，意誠心正了，就切身處理會，旋旋去理會禮樂射御書數。今則無所用乎御。如禮樂射書數，也是合當理會底，皆是切用。但不先就切身處理會得道理，便教考究得些禮文制度，又干自家身己甚事。賀孫。

古者，小學已自暗養成了，到長來，已自有聖賢坯模，只就上面加光飾。如今全失了小學工夫，只得教人且把敬爲主，收斂身心，却方可下工夫。又曰：古人小學教之以事，便自養得他心，不知不覺自好了。到得漸長，漸更歷通達事物，將無所不能。今人既無本領，只去理會許多閑汩董，百方措置思索，反以害心。賀孫。

問：大學與小學，不是截然爲二。小學是學其事，大學是窮其理，以盡其事否？曰：只是一箇事。小學是學事親，學事長，且直理會那事。大學是就上面委曲詳究那理，其所以事親是如何，所以事長是如何。古人於小學存養已熟，根基已深厚，到大學，只就上面點化出些精彩。古人自能食能言，便已教了，一歲有一歲工夫。到二十時，聖人資質已自有十分。寓作「三分」。大學只出治光彩。今都蹉過，不能轉去做，只據而今當地頭立定脚做去，補填前日欠闕，栽種後來合做底。寓作「根株」。如二十歲覺悟，便從二十歲立定脚力做去；三十歲覺悟，便從三十歲立定脚力做去。縱待八九十歲覺悟，也當據見定劄住硬寨做去。淳。○寓同。

器遠前夜說：「敬當不得小學。」某看來，小學却未當得敬。敬已是包得小學。

敬是徹上徹下工夫。雖做得聖人田地，也只放下這敬不得。如堯、舜，也終始是一箇敬。如說「欽明文思」，頌堯之德，四箇字獨將這箇「敬」做擗初頭。如說「恭己正南面而已」，如說「篤恭而天下平」，皆是。賀孫。

陸子壽言：古者教小子弟，自能言能食，即有教，以至灑掃應對之類，皆有所習，故長大則易語。今人自小即教做對，稍大即教作虛誕之文，皆壞其性質。某嘗思欲做一小學規，使人自小教之便有法，如此亦須有益。先生曰：只做禪苑清規樣做，亦自好。大雅。

天命，非所以教小兒。教小兒，只說箇義理大概，只眼前事。或以灑掃應對之類作段子，亦可。每嘗疑《曲禮》「衣毋撥，足毋蹶；將上堂，聲必揚；將入户，視必下」等叶韻處，皆是古人初教小兒語。《列女傳》孟母又添兩句曰：「將入門，問孰存。」淳。○義剛同。

教小兒讀《詩》，不可破章。道夫。

先生初令義剛訓二三小子，見教曰：授書莫限長短，但文理斷處便住。若文勢未斷者，雖多授數行，亦不妨。蓋兒時讀書，終身改口不得。嘗見人教兒讀書限長短，後來長大後，都念不轉。如訓詁，則當依古註。問：向來承教，謂小兒子讀書，未須把近代解說底音訓教之。却不知解與他時如何？若依古註，恐他不甚曉。曰：解時却須正說，始得。若大段小底，又却只是粗義，自與古註不相背了。義剛。

余正叔嘗言：今人家不善教子弟。先生曰：風俗弄得到這裏，可哀。文蔚。

小童添炭，撥開火散亂。先生曰：可拂殺了，我不愛人恁地，此便是燒火不敬。

所以聖人教小兒灑掃應對，件件要謹。某外家子姪，未論其賢否如何，一出來便齊整，緣是他家長上元初教誨得如此。只一人外居，氣習便不同。義剛。

問：女子亦當有教。自《孝經》之外，如《論語》，只取其面前明白者教之，如何？曰：亦可。如曹大家《女戒》、温公《家範》，亦好。義剛。

後生初學，且看《小學》之書，那是做人底樣子。廣。

先生下學，見説小學，曰：前賢之言，須是真箇躬行佩服，方始有功。不可只如此説過，不濟事。淳。

和之問《小學》所疑。曰：且看古聖人教人之法如何。而今全無這箇。「天佑下民，作之君，作之師」，蓋作之君，便是作之師也。時舉。

或問：某今看《大學》，如《小學》中有未曉處，亦要理會。曰：相兼看亦不妨。學者於文爲度數，不可存終理會不得之心。須立箇大規模，都要理會得。至於其明其暗，則係乎人之才如何耳。人傑。

問：《小學》載樂一段，不知今人能用得否？曰：姑使知之。古人自小即以樂教之，❶乃是人執手提誨。到得大來涵養已成，稍能自立便可。今人既無此，非志大有所立，因何得成立。可學。

因論《小學》，曰：古者教必以樂，後世不復然。問：此是作樂使之聽，或其自作？曰：自作。若自理會不得，自作何益？古者，國君備樂，士無故不去琴瑟，日用之物，無時不列於前。問：鄭人賂晉以

❶「即」，萬曆本作「皆」。

女樂，乃有歌鍾二肆，何故？曰：所謂「鄭聲」，特其聲異耳，其器則同。今之教坊樂乃胡樂。此等事，久則亡。歐陽公《集古録》載寇萊公好舞《柘枝》，有五十曲。文忠時，其亡已多，舉此可見。舊見升朝官以上，前導一物，用水晶爲之，謂之「主斧」，今亦無之。某云：今之籍妓，莫是女樂之遺否？曰：不知當時女樂如何。通老問「左手執籥，右手秉翟」。曰：所謂「文舞」也。又問：古人舞不回旋？曰：既謂之「舞」，安得不回旋？某問：「漢家周舞」，注云「此舜舞」。曰：遭秦之暴，古帝王樂盡亡，惟《韶樂》獨存，舜舞乃此舞也。又問通老太學祭孔子樂。渠云：亦分堂上堂下，但無大鍾。曰：竟未知今之樂是何樂。可學。

元興問：禮樂射御書數。書，莫只是字法否？曰：此類有數法：如「日月」字，是象其形也；「江河」字，是諧其聲也；「考老」字，是假其類也。如此數法，若理會得，則天下之字皆可通矣。時舉。○論《小學》書，餘見本類。

《弟子職》一篇，若不在《管子》中，亦亡矣。此或是他存得古人底，亦未可知。或是自作，亦未可知。竊疑是他作内政時，士之子常爲士，因作此以教之。想他平日這樣處都理會來。然自身又却在規矩準繩之外。義剛。

《弟子職》「所受是極」，云受業去後，須窮究道理到盡處也。「毋驕恃力」，如恃氣力欲胡亂打人之類。蓋自小便教之以德，教之以尚德不尚力之事。卓。

朱子語類卷第八 記十四板

學 二

總論爲學之方

這道體，饒本作「理」。浩浩無窮。

道體用雖極精微，聖賢之言則甚明白。若海。

聖人之道，如飢食渴飲。人傑。

聖人之道，有高遠處，有平實處。道夫。

夫道若大路然，豈難知哉。人病不由耳。道夫。

道未嘗息，而人自息之。非道亡也，幽、厲不由也。道夫。

聖人教人，大概只是說孝弟忠信日用常行底話。人能就上面做將去，則心之放者自收，性之昏者自著。如心、性等字，到子思、孟子方說得詳。因說象山之學。○儒用。

聖人教人有定本。舜「使契爲司徒，教以人倫。父子有親，君臣有義，夫婦有別，長幼有序，朋友有信」。夫子對顏淵曰：「克己復禮爲仁。」「非禮勿視，非禮勿聽，非禮勿言，非禮勿動。」皆是定本。人傑。

聖門日用工夫，甚覺淺近。然推之理，無有不包，無有不貫，及其充廣，可與天地同其廣大。故爲聖，爲賢，位天地，育萬物，只此一理而已。

常人之學，多是偏於一理，主於一說，故不見四旁，以起爭辯。聖人則中正和平，無所偏倚。人傑。

聖賢所說工夫，都只一般，只是一箇「擇善固執」。《論語》則說「學而時習之」，《孟子》則說「明善誠身」，只是隨他地頭所說不同，下得字來，各自精細。其實工夫只是一般，須是盡知其所以不同，方知其所謂同也。僩。

這箇道理，各自有地頭，不可只就一面說。在這裏時是恁地說，在那裏時又如彼說，其賓主彼此之勢各自不同。僩。

學者工夫，但患不得其要。若是尋究得這箇道理，自然頭頭有箇着落，貫通浹洽，各有條理。如或不然，則處處窒礙。學者常談，多說持守未得其要，不知持守甚底。說廣充，說體驗，說涵養，皆是揀好底言語做箇說話，必有實得力處方可。所謂要於本領上理會者，蓋緣如此。謨。

爲學須先立得箇大腔當了，却旋去裏面修治壁落教綿密。今人多是未曾知得箇大規模，先去脩治得一間半房，所以不濟事。僩。

識得道理原頭，便是地盤。如人要起屋，須是先築教基址堅牢，上面方可架屋。若自無好基址，空自今日買得多少木去起屋，少間只起在別人地上，自家身己自没頓放處。賀孫。

須就源頭看教大底道理透，闊開基，廣開址。如要造百間屋，須着有百間屋基；要造十間屋，須着有十間屋基。緣這道理本同，甲有許多，乙也有許多，丙也有許多。賀孫。

學須先理會那大底。理會得大底了，將來那裏面小底自然通透。今人却是理會那大底不得，只去搜尋裏面小小節目。植。

學問須是大進一番，方始有益。若能

於一處大處攻得破，見那許多零碎，只是這一箇道理，方是快活。然零碎底非是不當理會，但大處攻不破，縱零碎理會得些少，終不快活。「曾點、漆雕開已見大意」，只緣他大處看得分曉。今且道它那大底是甚物事？天下只有一箇道理，學只要理會得這一箇道理。這裏纔通，則凡天理、人欲、義利、公私、善惡之辨，莫不皆通。

或問：氣質之偏，如何救得？曰：才説偏了，又着一箇物事去救他偏，越見不平正了，越討頭不見。要緊只是看教大底道理分明，偏處自見得。如暗室求物，把火來，便照見。若只管去摸索，費盡心力，只是摸索不見。若見得大底道理分明，有病痛處，也自會變移不自知，不消得費力。賀孫。

成己方能成物，成物在成己之中。須是如此推出，方能合義理。聖賢千言萬語，教人且從近處做去。如灑掃大廳大廊，亦只是如灑掃小室模樣；掃得小處浄潔，大處亦然。若有大處開拓不去，即是於小處便不曾盡心。學者貪高慕遠，不肯從近處做去，如何理會得大頭項底。而今也有不曾從裏做得底，外面也做得好。此只是才高，以智力勝將去。《中庸》説細處，只是謹獨，謹言，謹行；大處是武王、周公達孝，經綸天下，無不載。小者便是大者之驗。須是要謹行，謹言，從細處做起，方能充得如此大。又曰：如今爲學甚難，緣小學無人習得。如今却是從頭起。古人於小學小事中，便皆存箇大學大事底道理在。大學，只是推將開闊去。向來小時做底道理存其中，正似一箇坯素相似。明作。

學者做工夫，莫説道是要待一箇頓段

大項目工夫後方做得，即今逐些零碎積累將去。才等待大項目後方做，即今便蹉過了。學者只今便要做去，斷以不疑，鬼神避之。「需者，事之賊也」。至。

如今學問未識箇入路，就他自做，倒不覺。惟既識得箇入頭，却事事須着理會。且道世上多多少少事。江文卿云：只先生一言一語，皆欲爲一世法，所以須着如此。曰：不是説要爲世法。既識得路頭，許多事都自是合着如此，不如此不得。自是天理合下當然。賀孫。

若不見得入頭處，緊也不可，慢也不得。若識得些路頭，須是莫斷了。若斷了，便不成。待得再新整頓起來，費多少力。如雞抱卵，看來抱得有甚煖氣，只被他常常恁地抱得成。若把湯去湯，便死了；若抱才住，便冷了。然而實是見得入頭處，也自不解住了，自要做去，他自得些滋味了。如喫果子相似：未識滋味時，喫也得，不消喫也得；到識滋味了，要住，自住不得。賀孫。

「待文王而後興者，凡民也。若夫豪傑之士，雖無文王猶興。」豪傑質美，生下來便見這道理，何用費力。今人至於沉迷而不反，聖人爲之屢言，方始肯來，已是下愚了。況又不知求之，則終於爲禽獸而已。蓋人爲萬物之靈，自是與物異。若迷其靈而昏之，則與禽獸何別？大雅。

學問是自家合做底。不知學問，則是欠闕了自家底；知學問，則方無所欠闕。今人把學問來做外面添底事看了。廣。

聖賢只是做得人當爲底事盡。今做到聖賢，止是恰好，又不是過外。祖道。

凡人須以聖賢爲己任。世人多以聖賢爲高，而自視爲卑，故不肯進。抑不知，使聖賢本自高，而己別是一樣人，則早夜孜孜，別是分外事，不爲亦可，爲之亦可。然聖賢禀性與常人一同。既與常人一同，又安得不以聖賢爲己任？自開闢以來，生多少人，求其盡己者，千萬人中無一二，只是衮同枉過一世。《詩》曰：「天生烝民，有物有則。」今世學者，往往有物而不能有其則。《中庸》曰：「尊德性而道問學，極高明而道中庸。」此數句乃是徹首徹尾。人性本善，只爲嗜慾所迷，利害所逐，一齊昏了。聖賢能盡其性，故耳極天下之聰，目極天下之明，爲子極孝，爲臣極其忠。某問：明性須以敬爲先？曰：固是。但敬亦不可混淪說，須是每事上檢點。論其大要，只是不放過耳。大抵爲己之學，於他人無一豪干預。聖賢千言萬語，只是使人反其固有而復其性耳。可學。

學者大要立志。所謂志者，不道將這些意氣去蓋他人，只是直截要學堯、舜。「孟子道性善，言必稱堯、舜」，此是真實道理。「世子自楚反，復見孟子。孟子曰：『世子疑吾言乎？夫道一而已矣。』」這些道理，更無走作，只是一箇性善可至堯、舜，別没去處了。下文引成覸、顔子、公明儀所言，便見得人人皆可爲也。學者立志，須教勇猛，自當有進。志不足以有爲，此學者之大病。謨。

世俗之學，所以與聖賢不同者，亦不難見。聖賢直是真箇去做，説正心，直要心正；説誠意，直要意誠；脩身齊家，皆非空言。今之學者説正心，但將正心吟詠一餉；説誠意，又將誠意吟詠一餉；説脩身，又將聖賢許多説脩身處諷誦而已。或掇拾言語，綴緝時文。如此爲學，却於自家身上有何交涉？這裏須用着意理會。今之朋友，固有樂聞聖賢之學，而終不能去世俗之陋者，無他，只是志不立爾。學者大要立志，纔學，便要做聖人是也。謨。

學者須是立志。今人所以悠悠者，只是把學問不曾做一件事看，遇事則且胡亂恁地打過了。此只是志不立。雉。

問：人氣力怯弱，於學有妨否？曰：爲學在立志，不干氣稟强弱事。又曰：爲學何用憂惱，但於令平易寬快去。❶寓舉聖門弟子，唯稱顔子好學，其次方説及曾子，以此知事大難。曰：固是如此。某看來亦有甚難，有甚易。只是堅立着志，順義理做去，他無蹺欹也。寓。

英雄之主所以有天下，只是立得志定，見得大利害。如今學者只是立得志定，講究得義理分明。賀孫。

立志要如飢渴之於飲食。才有悠悠，便是志不立。祖道。

爲學須是痛切懇惻做工夫，使飢忘食，渴忘飲，始得。砥。

這箇物事要得不難。如飢之欲食，渴之欲飲，如救火，如追亡，似此年歲間，看得透，活潑潑地在這裏流轉，方是。僩。

學者做工夫，當忘寢食做一上，使得些入處，自後方滋味接續；浮浮沉沉，半上落下，不濟得事。振。

而今緊要且看聖人是如何，常人是如何，自家因甚便不似聖人，因甚便只是常人。就此理會得透，自可超凡入聖。淳。

爲學，須思所以超凡入聖。如何昨日爲鄉人，今日便爲聖人。須是竦拔，方始有

❶「於」，萬曆本作「須」。

進。砥。

爲學須覺今是而昨非，日改月化，便是長進。砥。

今之學者全不曾發憤。升卿。

爲學不進，只是不勇。燾。

不可倚靠師友。方子。

不要等待。方子。

今人做工夫，不肯便下手，皆是要等待。如今日早間有事，午間無事，則午間便可下手；午間有事，晚間便可下手，却須要待明日。今月若尚有數日，必直待後月。今年尚有數月，不做工夫，必曰今年歲月無幾，直須來年。如此，何緣長進。因康叔臨問致知，先生曰：如此説得，不濟事。○蓋卿。

道不能安坐等其自至，只待別人理會來，放自家口裏。淳。

學者須是奈煩，奈辛苦。方子。

必須端的自省，特達自肯，然後可以用力，莫如「下學而上達」也。去僞。

凡人便是生知之資，也須下困學、勉行底工夫，方得。蓋道理縝密，去那裏捉摸，若不下工夫，如何會了得。敬仲。

今之學者，本是困知、勉行底資質，却要學他生知、安行底工夫。便是生知、安行底資質，亦用下困知、勉行工夫，况是困知、勉行底資質。文蔚。

大抵爲學雖有聰明之資，必須做遲鈍工夫，始得。既是遲鈍之資，却做聰明底樣工夫，如何得。伯羽。

今人不肯做工夫，有是覺得難，❶後遂不肯做；有自知不可爲，公然遜與他人。如退産相似，甘伏批退，自己不願要。蓋卿。

❶「是」，萬曆本作「先」。

爲學勿責無人爲自家剖析出來，須是自家去裏面講究做工夫，要自見得。道夫。

小立課程，大作工夫。可學。

工夫要趲，期限要寬。從周。

且理會去，未須計其得。德明。

纔計於得，則心便二，頭便低了。至。

嚴立功程，寬着意思，久之，自當有味，不可求欲速之功。道夫。

自早至暮，無非是做工夫時節。道夫。

人多言爲事所奪，有妨講學，此爲「不能使船嫌溪曲」者也。遇富貴，就富貴上做工夫；遇貧賤，就貧賤上做工夫。❶《兵法》一言甚佳：「因其勢而利導之」也。人謂齊人弱，田單乃因其弱以取勝，今日三萬竈，明日二萬竈，後日一萬竈。又如韓信特地送許多人安於死地，乃始得勝。學者若有絲豪氣在，必須進力。除非無了此氣，只口不會説話，方可休也。因舉浮屠語曰：「假使鐵輪頂上旋，定慧圓明終不失。」力行。

聖賢千言萬語，無非只説此事。須是策勵此心，勇猛奮發，拔出心肝與他去做。如兩邊擂起戰鼓，莫問前頭如何，只認捲將去。如此，方做得工夫。若半上落下，半沉半浮，濟得甚事！僩。

一如大片石，須是和根拔。今只於石面上薄削，濟甚事。作意向學，不十日五日又懶，孟子曰：「一日暴之，十日寒之。」可學。

宗杲云：「如載一車兵器，逐件取出來弄，弄了一件又弄一件，便不是殺人手段。我只有寸鐵，便可殺人。」畣。

且如項羽救趙，既渡，沈船破釜，持三日糧，示士必死，無還心，故能破秦。若瞻

❶「工」，原作「上」，今據萬曆本改。

前顧後，便做不成。㽦。

如居燒屋之下，如坐漏船之中。可學。

爲學極要求把篙處着力。到工夫要斷絶處，又更增工夫，着力不放令倒，方是向進處。爲學正如撑上水船，方平穩處，儘行不妨。及到灘脊急流之中，舟人來這上一篙，不可放緩，直須着力撑上，不得一步不緊。放退一步，則此船不得上矣。洽。

學者爲學，譬如煉丹，須先將百十斤炭火煅一餉，方好用微微火養教成就。今人未曾將百十斤炭火去煅，便要將微火養將去，如何得會成。恪。

今語學問，正如煮物相似，須爇猛火先煮，方用微火慢煮。若一向只用微火，何由得熟？欲復自家元來之性，乃恁地悠悠，幾時會做得？大要須先立頭緒。頭緒既立，然後有所持守。《書》曰：「若藥弗瞑眩，厥疾弗瘳。」今日學者皆是養病。可學。

譬如煎藥：先猛火煎，教百沸大衮，直至湧坌出來，然後却可以慢火養之。㽦。

須磨厲精神去理會天下事，非燕安暇豫之可得。淳。

萬事須是有精神，方做得。振。

陽氣發處，金石亦透。精神一到，何事不成。驤。

凡做事，須着精神。這箇物事自是剛，有鋒刃。如陽氣發生，雖金石也透過。賀孫。

人氣須是剛，方做得事。如天地之氣剛，故不論甚物事皆透過。人氣之剛，其本相亦如此。若只遇着一重薄物事，便退轉去，如何做得事。從周。○方子録云：天地之氣，雖至堅如金石，無所不透，故人之氣亦至剛，蓋其本相如此。

學者識得箇脉路正，便須剛决向前。若半青半黄，非惟無益。

因舉酒云：未嘗見有衰底聖賢。德明。

學者不立，則一齊放倒了。升卿。

不帶性氣底人，爲僧不成，做道不了。方。

因言，前輩也多是背處做幾年，方成。振。

進取得失之念放輕，却將聖賢格言處研窮考究。若悠悠地似做不做，如捕風捉影，有甚長進？今日是這箇人，明日也是這箇人。季札。

學者只是不爲己，故日間此心安頓在義理上時少，安頓在閑事上時多，於義理却生，於閑事却熟。方子。

今學者要緊且要分別箇路頭，要緊是爲己爲人之際。爲己者直拔要理會這箇物事，欲自家理會得；不是漫恁地理會，且恁地理會做好看，教人説道自家也曾理會來。這假饒理會得十分是當，也都不關自身己事。要須先理會這箇路頭。若分別得了，方可理會文字。賀孫。

學者須是爲己。譬如喫飯，寧可逐些喫，令飽爲是乎？寧可鋪攤放門外，報人道我家有許多飯爲是乎？近來學者，多是以自家合做底事報與人知。又言：此間學者多好高，只是將義理略從肚裏過，却飜出許多説話。舊見此間人做婚書，亦説天命人倫。男婚女嫁，自是常事。蓋有厭卑近之意，故須將日用常行底事裝荷起來。如此者，只是不爲己，不求益；只是好名，圖好看。亦聊以自誑，如南越王黄屋左纛，聊以自娱爾。方子。

近世講學不着實，常有夸底意思。譬如有飯不將來自喫，只管鋪攤在門前，要人知得我家裏有飯。打疊得此意盡，方有進。振。

今人爲學，多只是謾且恁地，不曾真實肯做。方子。

今之學者，直與古異，今人只是强探向上去，古人則逐步步實做將去。廣。

只是實去做工夫。議論多，轉鬧了。德明。

每論諸家學，及己學，大指要下學着實。方。

爲學須是切實爲己，則安静篤實，承載得許多道理。若輕揚淺露，如何探討得道理？縱使探討得，説得去，也承載不住。銖。

入道之門，是將自家身己入那道理中去。漸漸相親，久之與己爲一。而今人道理在這裏，自家身在外面，全不曾相干涉。僩。

或問爲學。曰：今人將作箇大底事説，不切己了，全無益。一向去前人説中乘虚接渺，妄取許多枝蔓，❶只見遠了，只見無益於己。聖賢千言萬語，儘自多了。前輩説得分曉了，如何不切己去理會。如今看文字，且要以前賢程先生等所解爲主，看它所説如何，聖賢言語如何，將己來聽命於它，切己思量體察，就日用常行中着衣喫飯、事親從兄，盡是問學。若是不切己，只是説話。今人只憑一己私意，瞥見些子説話，便立箇主張，硬要去説，便要聖賢從我言語路頭去，如何會有益。此其病只是要説高説妙，將來做箇好看底物事做弄。如人喫飯，方知滋味；如不曾喫，只要攤出在外面與人看，濟人濟己都不得。謙。

或問：爲學如何做工夫？曰：不過是

❶「妄」，原作「妥」，今據萬曆本改。

切己，便的當。此事自有大綱，亦有節目。常存大綱在我，至於節目之間，無非此理。體認省察，一豪不可放過。理明學至，件件是自家物事，然亦須各有倫序。問：如何是倫序？曰：不是安排此一件爲先，此一件爲後，此一件爲大，此一件爲小。隨人所爲，先其易者，闕其難者，將來難者亦自可理會。且如讀書：《三禮》、《春秋》有制度之難明，本末之難見，且放下未要理會，亦得。如《書》、《詩》直是不可不先理會。又如《詩》之名數，《書》之《盤》、《誥》，恐難理會。且先讀《典》、《謨》之書，《雅》、《頌》之詩，何嘗一言一句不説道理，何嘗深潛諦玩，無有滋味，只是人不曾子細看。若子細看，裏面有多少倫序，須是子細參研方得。此便是格物窮理。如遇事亦然，事中自有一箇平平當當道理，只是人討不出，只隨事衮將去，亦做得，却有掣肘不中節處。亦緣鹵莽了，所以如此。聖賢言語，何曾誤天下後世，人自學不至耳。謙。

佛家一向撤去許多事，只理會自身己；其教雖不是，其意思却是要自理會。所以它那下常有人，自家這下自無人。今世儒者，能守經者，理會講解而已；看史傳者，計較利害而已。那人直是要理會身己，從自家身己做去。不理會自身己，説甚别人長短。明道曰：「不立己後，雖向好事，猶爲化物。不得以天下萬物撓己，己立後，自能了當得天下萬物。」只是從程先生後，不再傳而已衰。所以某嘗説自家這下無人。佛家有三門：曰教，曰律，曰禪。禪家不立文字，只直截要識心見性。律本法甚嚴，豪髮有罪。如云不許飲水，纔飲水便有罪過。如今小院號爲律院，乃不律之尤者也。教自有三項：曰天台教，曰慈恩教，曰延壽教。延壽教南方無傳，有此文字，無能通者。其學近禪，故禪家以此爲得。天台教專理會講解。慈恩教亦只是講解。吾儒家若見得道理透，就自家身心上理會得本領，便自兼得禪底；講説辨訂，便自兼得教底；動由規矩，便自兼得律底。事事是自家合理會。顔淵問爲邦。看它陋巷簞瓢如此，又却問爲邦之事，只是合當理會，看得是合做底事。若理會得入頭，意思一齊都轉；若不理會得入頭，少間百事皆差錯。若差了路頭底亦多端：有纔出門便錯了路底，有行過三兩條路了方差底，有略差了便轉底，有一向差了煞遠，終於不轉底。賀孫。

不可只把做面前物事看了，須是向自身上體認教分明。如道家存想，有所謂龍虎，亦是就身上存想。士毅。

爲學須是專一。吾儒惟專一於道理，則自有得。砥。

既知道自家患在不專一，何不便專一去。道遥。

須是在己見得只是欠闕，他人見之却有長進，方可。僩。

人白睚不得，要將聖賢道理扶持。振。

爲學之道，須先存得這箇道理，方可講究事情。

今人口略依稀説過，不曾心曉。淳。

發得早時不費力。升卿。

有資質甚高者，一了一切了，即不須節節用工。也有資質中下者，不能盡了，却須節節用工。振。

博學，謂天地萬物之理，修己治人之方，皆所當學。然亦各有次序，當以其大而急者爲先，不可雜而無統也。

今之學者多好説得高，不喜平。殊不知這箇只是合當做底事。節。

譬如登山，人多要至高處。不知自低處不理會，終無至高處之理。德明。

於顯處平易處見得，則幽微底自在裏許。德明。

且於切近處加功。升卿。

着一些急不得。方子。

學者須是直前做去，莫起計獲之心。如今説底，恰似畫卦影一般。吉凶未應時，一場鶻突，知它是如何。到應後，方始知元來是如此。廣。

某適來因澡浴得一説：大抵揩背，須從頭徐徐用手，則力省，垢可去；若於此處揩，又於彼處揩，用力雜，然則終日勞而無功。學問亦如此，若一番理會不了，又作一番理會，終不濟事。蓋卿。

學者須是熟。熟時，一喚便在目前；不熟時，須着旋思索。到思索得來，意思已不如初了。士毅。

道理生，便縛不住。淳。

見，須是見得確定。淳。

須是心廣大似這箇，方包裹得過，運動得行。方子。

學者立得根脚闊，便好。升卿。

須是有頭有尾，成箇物事。方子。

徹上徹下，無精粗本末，只是一理。賜。

最怕粗看了，便易走入不好處去。士毅。

學問不只於一事一路上理會。振。

貫通，是無所不通。

「未有耳目狹而心廣者。」其説甚好。振。

帖底謹細做去，所以能廣。振。

大凡學者，無有徑截一路可以教它了得；須是博洽，歷涉多，方通。振。

不可涉其流便休。方子。

天下更有大江大河，不可守箇土窟子，謂水專在是。力行。

學者若有本領，相次千枝萬葉，都來湊着這裏，看也須易曉，讀也須易記。方子。

大本不立，小規不正。可學。

刮落枝葉，栽培根本。可學。

大根本流爲小根本。舉前説。因先説：欽夫學大本如此，則發處不能不受病。○方。

學問須嚴密理會，銖分豪析。道夫。

因論爲學，曰：愈細密，愈廣大；愈謹確，愈高明。僩。

開闊中又着細密，寬緩中又着謹嚴。廣。

如其窄狹，則當涵泳廣大氣象；頽惰，❶則當涵泳振作氣象。方子。

學者須養教氣宇開闊弘毅。升卿。

常使截斷嚴整之時多，膠膠擾擾之時少，方好。德明。

只有一箇界分，出則便不是。廣。

義理難者便不是。振。

體認爲病，自在即好。振。

須是玩味。方子。

咬得破時，正好咀味。文蔚。

若只是握得一箇鶻崙底果子，不知裏面是酸，是鹹，是苦，是澀。須是與它嚼破，便見滋味。㽦。

《易》曰：「學以聚之，問以辨之，寬以居之，仁以行之。」《語》曰：「執德不弘，信道不篤，焉能爲有，焉能爲亡。」學問之後，斷以寬居。信道篤而又欲執德弘者，人之爲心不可促迫也。人心須令著得一善，又著一善，善之來無窮，而吾心受之有餘地，

❶「頽」上，朝鮮本有「如其」二字。

方好。若只着得一善，第二般來又未便容得，如此，無緣心廣而道積也。洽。

自家猶不能快自家意，如何他人却能盡快我意。要在虛心以從善。升卿。

「虛心順理」，學者當守此四字。人傑。

聖人與理爲一，是恰好。其它以心處這理，却是未熟，要將此心處理。可學。

今人言道理，説要平易，不知到那平易處極難。被那舊習纏繞，如何便擺脱得去。譬如作文一般，那箇新巧者易作，要平淡便難。然須還它新巧，然後造於平淡。又曰：自高險處移下平易處，甚難。端蒙。

人之資質有偏，則有縫罅。做工夫處，蓋就偏處做將去。若資質平底，則如死水然，終激作不起。謹愿底人，更添些無狀，便是鄉原。不可以爲知得些子便了。燾。

只聞「下學而上達」，不聞「上達而下學」。德明。

今學者之於大道，其未及者雖是遲鈍，却須終有到時。唯過之者，便不肯復回來耳。必大。

或人性本好，不須矯揉。教人一用此，極害理。又有讀書見義理，釋書，義理不見，亦可慮。可學。

學者議論工夫，當因其人而示以用工之實，不必費辭。使人知所適從，以入於坦易明白之域，可也。若泛爲端緒，使人迫切而自求之，適恐資學者之病。人傑。

師友之功，但能示之於始而正之於終爾。若中間三十分工夫，自用喫力去做。既有以喻之於始，又自勉之於中，又其後得人商量是正之，則所益厚矣。不爾，則亦何補於事。道夫。

或論人之資質，或長於此而短於彼。

曰：只要長善救失。或曰：長善救失，不特教者當如此，人自爲學亦當如此。曰：然。燾。

凡言誠實，都是合當做底事；不是説道誠實好了方去做，不誠實不好了方不做。自是合當誠實。僩。

「言必忠信」，言自合着忠信，何待安排。有心去要恁地，便不是活，便不能久矣。若如此，便是剩了一箇字在信見邊，自是着不得。如事親必於孝，事長必於弟，孝弟自是道理合當如此。何須安一箇「必」字在心頭，念念要恁地做。如此，便自辛苦，如何得會長久？又如集義久，然後浩然之氣自生。若着一箇意在這裏等待氣生，便爲害。今日集得許多，又等待氣生，却是私意了。「必有事焉而勿正」，正，便是期必也。爲學者須從窮理上做工夫。若物格、知至，則意自誠；意誠，則道理合做底事自然行將去，自無下面許多病痛也。「擴然而大公，物來而順應」。

切須去了外慕之心。力行。

有一分心向裏，得一分力；有兩分心向裏，得兩分力。文蔚。

須是要打疊得盡，方有進。從周。

看得道理熟後，只除了這道理是真實法外，見世間萬事，顛倒迷妄，耽嗜戀着，無一不是戲劇，真不堪着眼也。又答人書云：世間萬事，須臾變滅，皆不足置胸中，惟有窮理脩身爲究竟法耳。僩。

大凡人只合講明道理而謹守之，以無愧於天之所與者。若乃身外榮辱休戚，當一切聽命而已。驤。

因説索麵，曰：今人於飲食動使之物，日極其精巧。到得義理，却不理會，漸漸昏蔽了，都不知。廣。

朱子語類卷第九 計一十板

學三

論知行

知、行常相須，如目無足不行，足無目不見。論先後，知爲先；論輕重，行爲重。閎祖。

論知之與行，曰：方其知之而行未及之，則知尚淺。既親歷其域，則知之益明，非前日之意味。公謹。

聖賢説知，便説行。《大學》説「如切如磋，道學也」，便説「如琢如磨，自脩也」。《中庸》説「學、問、思、辨」，便説「篤行」。顔子説「博我以文」，謂致知、格物；「約我以禮」，謂「克己復禮」。泳。

致知、力行，用功不可偏。偏過一邊，則一邊受病。如程子云：「涵養須用敬，進學則在致知。」分明自作兩脚説，但只要分先後輕重。論先後，當以致知爲先；論輕重，當以力行爲重。端蒙。

問：南軒云：「致知、力行互相發。」曰：未須理會相發，且各項做將去。若知有未至，則就知上理會；行有未至，則就行上理會，少間自是互相發。今人知不得，便推説我行未到；行得不是，便説我知未至，只管相推，没長進。因説一朋友有書來，見人説他説得不是，却來説我只是踐履未至，涵養未熟，我而今且未須考究，且理會涵養。被他截斷，教人與他説不得，都只是這箇病。胡泳。

汪德輔問：須是先知，然後行？曰：不成未明理，便都不持守了。且如曾點與曾子，便是兩箇樣子：曾點便是理會得底，而行有不揜；曾子便是合下持守，旋旋明理，到一唯處。德明。

聖賢千言萬語，只是要知得、守得。節。

只有兩件事：理會，踐行。節。

學者以玩索、踐履爲先。道夫。

某與一學者言，操存與窮格，不解一上做了。如窮格工夫，亦須銖積寸累，工夫到後，自然貫通。若操存工夫，豈便能常操。其始也，操得一翣，❶旋旋到一食時；或有走作，亦無如之何。能常常警覺，久久自能常存，自然光明矣。人傑。

操存涵養，則不可不緊；進學致知，則不可不寬。祖道。

所謂窮理，大底也窮，小底也窮，少間都成一箇物事。所謂持守者，人不能不牽於物欲，才覺得，便收將來。久之，自然成熟。非謂截然今日爲始也。夔孫。

千言萬語，説得只是許多事。大概在自家操守講究，只是自家存得些在這裏，便在這裏。若放去，便是自家放了。道夫。

思索義理，涵養本原。儒用。

涵養中自有窮理工夫，窮其所養之理；窮理中自有涵養工夫，養其所窮之理，兩項都不相離。纔見成兩處，便不得。賀孫。

擇之問：且涵養去，久之自明。曰：亦須窮理。涵養、窮索，二者不可廢一，如車兩輪，如鳥兩翼。如温公，只恁行將去，無致知一段。德明。

❶「翣」，四库本作「霎」。

人之爲學，如今雨下相似：雨既下後，到處濕潤，其氣易得蒸鬱。才略晴，被日頭略照，又蒸得雨來。前日亢旱時，只緣久無雨下，四面乾枯；縱有些少，都滋潤不得，故更不能蒸鬱得成。人之於義理，若見得後，又有涵養底工夫，日日在這裏面，便意思自好，理義也容易得見，正如雨蒸鬱得成後底意思。若是都不去用力者，日間只恁悠悠，都不曾有涵養工夫。設或理會得些小道理，也滋潤他不得，少間私欲起來，又間斷去，正如亢旱不能得雨相似也。時舉。

學者工夫，唯在居敬、窮理二事。此二事互相發。能窮理，則居敬工夫日益進；能居敬，則窮理工夫日益密。譬如人之兩足，左足行，則右足止；右足行，則左足止。又如一物懸空中，右抑則左昂，左抑則右昂，其實只是一事。廣。

人須做工夫，方有疑。初做工夫時，欲做此一事，又礙彼一事，更没理會處。❶只如居敬、窮理兩事便相礙。居敬是箇收斂執持底道理，窮理是箇推尋究竟底道理。只此二者，便是相妨。若是熟時，則自不相礙矣。廣。

主敬、窮理雖二端，其實一本。

持敬是窮理之本。窮得理明，又是養心之助。夔孫。

學者若不窮理，又見不得道理。然去窮理，不持敬，又不得。不持敬，看道理便都散，不聚在這裏。淳。

持敬觀理，如病人相似。自將息，固是好，也要討些藥來服。泳。

文字講説得行，而意味未深者，正要本

❶「更」，萬曆本作「便」。

源上加功，須是持敬。持敬以靜爲主。此意須要於不做工夫時頻頻體察，久而自熟。但是着實自做工夫，不干別人事。「爲仁由己，而由人乎哉！」此語的當。更看有何病痛。知有此病，必去其病，此便是療之之藥。如覺言語多，便用簡默；意思疏闊，便加細密；覺得輕浮淺易，便須深沉重厚。程先生所謂「矯輕警惰」，蓋如此。謨。

或問：致知必須窮理，持敬則須主一。然遇事則敬不能持，持敬則又爲事所惑，如何？曰：《孟子》云：「操則存，舍則亡。」人才一把捉，心便在這裏。《孟子》云「求放心」，已是説得緩了。心不待求，只警省處便見。「我欲仁，斯仁至矣。」「爲仁由己，而由人乎哉？」其快如此。蓋人能知其心不在，則其心已在了，更不待尋。祖道。

致知、敬、克己，此三事，以一家譬之：敬是守門户之人，克己則是拒盜，致知却是去推察自家與外來底事。伊川言：「涵養須用敬，進學則在致知。」不言克己。蓋敬勝百邪，便自有克，如誠則便不消言閑邪之意。猶善守門户，則與拒盜便是一等事，不消更言別有拒盜底。若以涵養對克己言之，則各作一事亦可。涵養，則譬如將息；克己，則譬如服藥去病。蓋將息不到，然後服藥。將息到則自無病，何消服藥。能純於敬，則自無邪僻，何用克己。若有邪僻，只是敬心不純，只可責敬。故敬則無己可克，乃敬之效。若初學，則須是功夫都到，無所不用其極。端蒙。

學者喫緊是要理會這一箇心，那紙上説底，全然靠不得。或問：「心之體與天地同其大，而其用與天地流通」云云。先生曰：又不可一向去無形迹處尋，更宜於日用事物、經書指意、史傳得失上做工夫。即精粗表裏，融會貫通，而無一理之不盡矣。

爲學先要知得分曉。泳。○以下論知爲先。

問致知涵養先後。曰：須先致知而後涵養。問：伊川言：「未有致知而不在敬。」如何？曰：此是大綱說。要窮理，須是着意。不着意，如何會理會得分曉。文蔚。

堯卿問：窮理、集義孰先？曰：窮理爲先。然亦不是截然有先後。曰：窮是窮在物之理，集是集處物之義否？曰：是。淳。

萬事皆在窮理後。經不正，理不明，看如何地持守，也只是空。道夫。

痛理會一番，如血戰相似，然後涵養將去。因自云：某如今雖便静坐，道理自見得。未能識得，涵養箇甚？德明。

有人專要理會躬行，此亦是孤。去僞。

王子充問：某在湖南，見一先生只教人踐履。曰：義理不明，如何踐履？曰：它說「行得便見得」。曰：如人行路，不見，便如何行？今人多教人踐履，皆是自立標致去教人。自有一般資質好底人，便不須窮理、格物、致知。聖人作箇《大學》，便使人齊入於聖賢之域。若講得道理明時，自是事親不得不孝，事兄不得不弟，交朋友不得不信。榦。

而今人只管說治心、脩身。若不見這箇理，心是如何地治？身是如何地脩？若如此說，資質好底便養得成，只是箇無能底人；資質不好，便都執縛不住了。傅說云：「學于古訓乃有獲。事不師古，以克永世，匪說攸聞。」古訓何消讀它做甚？蓋聖賢說出，道理都在裏，必學乎此，而後可以有得。又云：「惟學遜志，務時敏，厥脩乃來。允懷于玆，道積于厥躬。惟斆學半。念終始典于學，厥德脩罔覺。」自古未有人説「學」字，自傅説説起。它這幾句，水潑不入，便是説得密。若「終始典于學」，則其德不知不覺自進也。夔孫。○義剛録云：人如何不博學得。若不博學，説道脩身行己，也孟憧做不得。《大學》「誠意」，只是説「如好好色，如惡惡臭」。及到説脩身處時，已自寬了。到後面也自無甚事。其大本只是理會致知、格物。若是不致知、格物，便要誠意、正心、脩身；氣質純底，將來只做成一箇無見識底獃人。若是意思高廣底，將來遏不下，便都顛了，如劉淳叟之徒。六經説「學」字，自傅説方説起來：「王，人求多聞，時惟建事。學于古訓，乃有獲。」先生至此，諷誦「念終始典于學，厥德脩罔覺」，曰：這數句，只恁地説，而其曲折意思甚密。便是學時自不知不覺，其德自脩。而今不去講學，要脩身，身如何地脩。

見，不可謂之虚見。見無虚實，行有虚實。見只是見，見了後却有行，有不行。若不見後，只要硬做，便所成者窄狹。㽦。

學者須常存此心，漸將義理只管去灌溉。若卒乍未有進，即且把見成在底道理將去看認。認來認去，更莫放着，便只是自家底。緣這道理，不是外來物事，只是自家本來合有底，只是常常要點檢。如人一家中，合有許多家計，也須常點認過。若不如此，被外人驀然捉將去，也不知。又曰：「温故而知新」，不是離了故底別有一箇新，須是常常將故底只管温習，自有新意：一則向時看與如今看，明晦便不同；一則上面自有好意思；一則因這上面却別生得意思。伊川云：「某二十以前讀《論語》，已自解得文義。到今來讀，文義只一般，只是意思別。」賀孫。

學聚、問辯，明善、擇善，盡心、知性，此皆是知，皆始學之功也。道夫。○以下專論知。

人爲學，須是要知箇是處，千定萬定。

知得這箇徹底是，那箇徹底不是，方是見得徹、見得是，則這心裏方有所主。且如人學射：若志在紅心上，少間有時只射得那帖上；志在帖上，少間有時只射得那垜上；志在垜上，少間都射在別處去了。卓。

只爭箇知與不知，爭箇知得切與不切。且如人要做好事，到得見不好事，也似乎可做。方要做好事，又似乎有箇做不好事底心從後面牽轉去，這只是知不切。賀孫。

許多道理，皆是人身自有底。雖說道昏，然又那曾頑然恁地暗。也都知是善好做，惡不好做。只是見得不完全，見得不的確。所以說窮理，便只要理會這些子。賀孫。

○以下窮理。

這箇道理，與生俱生。今人只安頓放那空處，都不理會，浮生浪老，也甚可惜。要之，理會出來，亦不是差異底事。不知如何理會箇得恁少，看它自是甘於無知了。今既要理會，也須理會取透；莫要半青半黃，下梢都不濟事。道夫。

人生天地間，都有許多道理。不是自家硬把與它，又不是自家鑿開它肚腸，白放在裏面。賀孫。

一心具萬理。能存心，而後可以窮理。季札。

心包萬理，萬理具於一心。不能存得心，不能窮得理；不能窮得理，不能盡得心。陽。

窮理以虛心靜慮爲本。淳。

虛心觀理。方子。

或問：而今看道理不出，只是心不虛靜否？曰：也是不曾去看。會看底，就看處自虛靜，這箇互相發。義剛。

而今看道理不見，不是不知，只是爲物

塞了。而今粗法，須是打疊了胸中許多惡雜，方可。張子云：「義理有疑，則濯去舊見，以來新意。」人多是被那舊見戀不肯舍。除是大故聰明，見得不是，便翻了。夔孫。

理不是在面前別爲一物，即在吾心。人須是體察得此物誠實在我，方可。譬如修養家所謂鉛汞、龍虎，皆是我身内之物，非在外也。廣。

窮理，如性中有箇仁義禮智，其發則爲惻隱、羞惡、辭遜、是非。只是這四者，任是世間萬事萬物，皆不出此四者之内。曹問：有可一底道理否？曰：見多後，自然貫。又曰：會之於心，可以一得，心便能齊。但心安後，便是義理。卓。

器遠問：窮事物之理，還當窮究箇總會處，如何？曰：不消說總會。凡是眼前底，都是事物。只管恁地逐項窮教到極至處，漸漸多，自貫通。然爲之總會者，心也。賀孫。

凡看道理，要見得大頭腦處分明。下面節節，只是此理散爲萬殊。如孔子教人，只是逐件逐事說箇道理，未嘗說出大頭腦處。然四面八方合聚湊來，也自見得箇大頭腦。若孟子，便已指出教人。周子說出太極，已是太煞分明矣。且如惻隱之端，從此推上，則是此心之仁；仁，即所謂天德之元；元，即太極之陽動。如此節節推上，亦自見得大總腦處。若今看得太極處分明，則必能見得天下許多道理條件皆自此出，事事物物上皆有箇道理，元無虧欠也。銖。

今之學者自是不知爲學之要。只要窮得這道理，便是天理。雖聖人不作，這天理自在天地間。「天高地下，萬物散殊；流而不息，合同而化」，天地間只是這箇道理流行周遍。不應説道聖人不言，這道理便不在。這道理自是長在天地間，只借聖人來説一遍過。且如《易》，只是一箇陰陽之理而已。伏羲始畫，只是畫此理；文王、孔子皆是發明此理。吉凶悔吝，亦是從此推出。及孔子言之，則曰：「君子居其室，出其言善，則千里之外應之；出其言不善，則千里之外違之。言行，君子之樞機；樞機之發，榮辱之主也。言行，君子之所以動天地也，可不謹乎。」聖人只要人如此。且如《書》載堯、舜、禹許多事業，與夫都俞吁咈之言，無非是至理。恪。

這道理，若見得到，只是合當如此。如竹倚相似：須着有四隻脚，平平正正，方可坐；若少一隻脚，决定是坐不得。若不識得時，只約摸恁地説，兩隻脚也得，三隻脚也得；到坐時，只是坐不得。如穿牛鼻，絡馬首，這也是天理合當如此。若絡牛首，穿馬鼻，定是不得。如適來説克己，伊川只説箇敬。今人也知道敬，只是不常如此。常常如此，少間自見得是非道理分明。若心下有些子不安穩，便不做。到得更有一項心下習熟底事，却自以爲安；外來卒未相入底，却有不安。這便着將前聖所説道理，所做樣子，看教心下是非分明。賀孫。

人看得義理熟時，自然好。振。

心熟後，自然有見理處。熟則心精微。不見理，只緣是心粗。辭達而已矣。去僞。

今人口略依稀説過，不曾心曉。淳。

學者理會道理，當深沉潛思。從周。

義理儘無窮，前人恁地説，亦未必盡。須是自把來横看竪看，儘入深，儘有在。士毅。

道理既知縫罅，但當窮而又窮，不可安

於小成而遽止也。燾。

今只是要理會道理。若理會得一分，便有一分受用；理會得二分，便有二分受用。理會得一寸，便是一寸；一尺，便是一尺。漸漸理會去，便多。賀孫。

看得一件是，未可便以爲是，且頓放一所，又窮它語。相次看得多，相比並，自然透得。德明。

道理無窮。你要去做，又做不辦；極力做得三五件，又倦了。蓋是不能包括得許多事。人傑。

大凡義理積得多後，貫通了，自然見效。不是今日理會得一件，便要做一件用。譬如富人積財，積得多了，自無不如意。又如人學作文，亦須廣看多後，自然成文可觀。不然，讀得這一件，却將來排湊做。韓昌黎論爲文，便也要讀書涵味多後，自然好。柳子厚云本之於六經云云之意，便是要將這一件做那一件，便不及韓。端蒙。

只守着一些地，做得甚事。須用開闊看去。天下萬事都無阻礙，方可。從周。

大着心胸，不可因一説相礙。看教平闊，四方八面都見。方子。

理會道理，到衆説紛然處，却好定着精神看一看。驤。

看理到快活田地，則前頭自磊落地去。淳。

道理有面前底道理。平易自在説出來底，便好；説得出來崎嶇底，便不好。節。

今日且將自家寫得出、説得出底去窮究。士毅。

今人凡事所以説得恁地支離，只是見得不透。

看道理，須是見得實，方是有功效處。

若於上面添些玄妙奇特，便是見它實理未透。道夫。

理只要理會透徹，更不理會文辭，恐未達而便欲已也。去僞。

或問：如何是反身窮理？曰：反身是着實之謂，向自家體分上求。廣。

今之學者不曾親切見得，而臆度揣摸爲説，皆助長之病也。道理只平看，意思自見，不須先立説。僩。

便是看義理難，又要寬着心，又要緊着心。這心不寬，則不足以見其規模之大；不緊，則不足以察其文理一作「義」。之細密。若拘滯於文義，少間又不見它大規模處。

以聖賢之意觀聖賢之書，以天下之理觀天下之事。人多以私見自去窮理，只是你自家所見，去聖賢之心尚遠在。祖道。

自家既有此身，必有主宰。理會得主宰，然後隨自家力量窮理格物，而合做底事不可放過些子。因引程子言：如行兵，當先做活計。銖。

萬理洞開。○衆理參會。如説「思事親」至「不可不知天」，又事親乃能事天之類，無不互備。○方。

不可去名上理會，須求其所以然。方子。

事要知其所以然。指花斛曰：此兩箇花斛，打破一箇，一箇在。若只恁地，是人知得，説得。須知所以破，所以不破者如何。從周。

思索譬如穿井，不解便得清水。先亦須是濁，漸漸刮將去，却自會清。賀孫。

這箇物事廣録作「道理」。密，分豪間便相争。如不曾下工夫，一時去旋揣摸它，只是疏闊。真箇下工夫見得底人，説出來自是膠粘。旋揣摸得，是亦何補。士毅。○廣同。

只是見不透，所以千言萬語，費盡心

力，終不得聖人之意。《大學》説格物，都只是要人見得透。且如楊氏「爲我」，墨氏「兼愛」，它欲以此教人，它豈知道是不是，只是見不透。如釋氏亦設教授徒，它豈道自不是，只是不曾見得到，但知虚，而不知虚中有理存焉。此《大學》所以貴窮理也。賀孫。

知，只有箇真與不真分别。如説有一項不可言底知，便是釋氏之誤。士毅。

若曰，須待見得箇道理然後做去，則「利而行之，勉强而行之」，工夫皆爲無用矣。頓悟之説，非學者所宜盡心也，聖人所不道。人傑。

務反求者，以博觀爲外馳；務博觀者，以内省爲狹隘，墮於一偏。此皆學者之大病也。道夫。

朱子語類卷第十 計一十二板

學四

讀書法上

讀書乃學者第二事。方子。

讀書已是第二義。蓋人生道理合下完具，所以要讀書者，蓋是未曾經歷見許多。聖人是經歷見得許多，所以寫在册上與人看。而今讀書，只是要見得許多道理。及理會得了，又皆是自家合下元有底，不是外面旋添得來。至。

學問，就自家身己上切要處理會方是，那讀書底已是第二義。自家身上道理都具，不曾外面添得來。然聖人教人，須要讀這書時，蓋爲自家雖有這道理，須是經歷過方得。聖人説底，是他曾經歷過來。佐。

學問，無賢愚，無小大，無貴賤，自是人合理會底事。且如聖賢不生，無許多書册，無許多發明，不成不去理會，也只當理會。今有聖賢言語，有許多文字，却不去做。師友只是發明得。人若不自向前，師友如何着得力。謙。

爲學之道，聖賢教人，説得甚分曉。大抵學者讀書，務要窮究。「道問學」是大事。要識得道理去做人。大凡看書，要看了又看，逐段、逐句、逐字理會，仍參諸解、傳説，教通透，使道理與自家心相肯，方得。讀書要自家道理浹洽透徹。杜元凱云：「優而柔之，使自求之；厭而飫之，使自趨之。

若江海之浸，膏澤之潤，涣然冰釋，怡然理順，然後爲得也。」椿。

今讀書緊要，是要看聖人教人做工夫處是如何。如用藥治病，須看這病是如何發，合用何方治之。方中使何藥材，何者幾兩，何者幾分，如何炮，如何炙，如何製，如何切，如何煎，如何喫，只如此而已。淳。

讀書以觀聖賢之意，因聖賢之意，以觀自然之理。節。

做好將聖人書讀，見得他意思如當面説話相似。賀孫。

聖賢之言，須常將來眼頭過，口頭轉，心頭運。方子。

開卷便有與聖賢不相似處，豈可不自鞭策。祖道。

聖人言語，一重又一重，須入深去看。若只要皮膚，便有差錯，須深沉方有得。從周。

人看文字，只看得一重，更不去討他第二重。僩。

讀書，須是看着他那縫罅處，方尋得道理透徹。若不見得縫罅，無由入得。看見縫罅時，脉絡自開。植。

文字大節目痛理會三五處，後當迎刃而解。學者所患，在於輕浮，不沈着痛快。方子。

學者初看文字，只見得箇渾崙物事。久久看作三兩片，以至於十數片，方是長進。如庖丁解牛，目視無全牛，是也。人傑。

讀書，須是窮究道理徹底。如人之食，嚼得爛，方可嚥下，然後有補。杞。

看文字，須逐字看得無去處。譬如前後門塞定，更去不得，方始是。從周。

關了門，閉了户，把斷了四路頭，此正

讀書時也。道夫。

學者只知觀書，都不知有四邊，方始有味。㽦。

學者讀書，須是於無味處當致思焉。至於群疑並興，寢食俱廢，乃能驟進。因歎：「驟進」二字，最下得好，須是如此。若進得些子，或進或退，若存若亡，不濟事。如用兵相殺，争得些兒小可一二十里地，也不濟事。須大殺一番，方是善勝。爲學之要，亦是如此。賀孫。

看文字，須大段着精彩看。聳起精神，樹起筋骨，不要困，如有刀劍在後一般。就一段中，須要透。擊其首則尾應，擊其尾則首應，方始是。不可按册子便在，掩了册子便忘却；看注時便忘了正文，看正文又忘了注。須這一段透了，方看後板。淳。

看文字，須要入在裏面，猛衮一番。要透徹，方能得脱離。若只略略地看過，恐終久不能得脱離，此心又自不能放下也。時舉。

人言讀書當從容玩味，此乃自怠之一説。若是讀此書未曉道理，雖不可急迫，亦不放下，猶可也。若徜徉終日，謂之從容，却無做工夫處。譬之煎藥，須是以大火煮衮，然後以慢火養之，却不妨。人傑。

須是一棒一條痕，一摑一掌血。看人文字，要當如此，豈可忽略。㽦。

看文字，須是如猛將用兵，直是鏖戰一陣；如酷吏治獄，直是推勘到底；决是不恕他，方得。夔孫。

看文字，正如酷吏之用法深刻，都没人情，直要做到底。若只恁地等閑看過了，有甚滋味？大凡文字有未曉處，須下死工夫，直要見得道理是自家底方住。賜。

看文字如捉賊，須知道盜發處，自一文

以上贓罪情節，都要勘出。若只描摸箇大綱，縱使知道此人是賊，却不知何處做賊。賜。

看文字，當如高艥大艑，順風張帆，一日千里，方得。如今只纔離小港，便着淺了，濟甚事。文字不通如此看。僩。

讀書看義理，須是胸次放開，磊落明快，恁地去。第一不可先責效。纔責效，便有憂愁底意。只管如此，胸中便結聚一餅子不散。今且放置閑事，不要閑思量。只專心去玩味義理，便會心精；心精，便會熟。淳。

讀書，放寬著心，道理自會出來。若憂愁迫切，道理終無緣得出來。

讀書，須是知貫通處，東邊西邊，都觸着這關捩子方得。只認下着頭去做，莫要思前算後，自有至處。而今說已前不曾做得，又怕遲晚，又怕做不及，又怕那箇難，又怕性格遲鈍，又怕記不起，都是閑說。只認下着頭去做，莫問遲速，少間自有至處。既是已前不曾做得，今便用下工夫去補填。莫要瞻前顧後，思量東西，少間擔閣一生，不知年歲之老。僩。

天下書儘多在。只恁地讀，幾時得了。須大段用著工夫，無一件是合少得底。而今只是那一般合看過底文字也未看，何況其他。僩。

讀書，須是遍布周滿。某嘗以爲寧詳毋略，寧下毋高，寧拙毋巧，寧近毋遠。方子。

讀書之法，先要熟讀。須是正看背看，左看右看。看得是了，未可便說道是，更須反覆玩味。時舉。

少看熟讀，反覆體驗，不必想像計獲。只此三事，守之有常。夔孫。

大凡看文字：少看熟讀，一也；不要鑽研立説，但要反覆體驗，二也；埋頭理會，不要求效，三也。三者，學者當守此。人傑。

書宜少看，要極熟。小兒讀書記得，大人多記不得者，只爲小兒心專。一日授一百字，則只是一百字；二百字，則只是二百字。大人一日或看百板，不恁精專。人多看一分之十，今宜看十分之一。寬着期限，緊着課程。淳。

讀書，只逐段逐些子細理會。小兒讀書所以記得，是渠不識後面字，只專讀一進耳。今人讀書，只衮衮讀去。假饒讀得十遍，是讀得十遍不曾理會得底書耳。「得寸，則王之寸也；得尺，則王之尺也。」讀書當如此。璘。

讀書，小作課程，大施功力。如會讀得二百字，只讀得一百字，却於百字中猛施工夫，理會子細，讀誦教熟。如此，不會記性人自記得，無識性人亦理會得。若泛泛然念多，只是皆無益耳。讀書，不可以兼看未讀者。却當兼看已讀者。璘。

讀書不可貪多，且要精熟。如今日看得一板，且看半板，將那精力來更看前半板，兩邊如此，方看得熟。直須看得古人意思出方好。洽。

讀書不要貪多。向見州郡納税，數萬鈔總作一結。忽錯其數，更無推尋處。其後有一某官乃立法，三二十鈔作一結。觀此，則讀書之法可見。可學。

讀書不可貪多，常使自家力量有餘。正淳云：欲將諸書循環看。曰：不可如此，須看得一書徹了，方再看一書。若雜然並進，却反爲所困。如射弓，有五斗力，且用四斗弓，便可拽滿，己力欺得他過。今舉者不忖自己力量去觀書，恐自家照管它不過。䂓。

讀書，只恁逐段子細看，積累去，則一生讀多少書。若務貪多，則反不曾讀得。又曰：須是緊着工夫，不可悠悠，又不須忙。只常抖擻得此心醒，則看愈有力。道夫。

不可都要衮去，如人一日只喫得三碗飯，不可將十數日飯都一齊喫了。一日只看得幾段，做得多少工夫，亦有限，不可衮去都要了。淳。

讀書只看一箇册子，每日只讀一段，方始是自家底。若看此又看彼，雖從眼邊過得一遍，終是不熟。履孫。

今人讀書，看未到這裏，心已在後面；纔看到這裏，便欲舍去了。如此，只是不求自家曉解。須是徘徊顧戀，如不欲去，方會認得。至。

某最不要人摘撮。看文字，須是逐一段、一句理會。賀孫。

讀書是格物一事。今且須逐段子細玩味，反來覆去，或一日，或兩日，只看一段，則這一段便是我底。脚踏這一段了，又看第二段。如此逐旋崖去，崖得多後，却見頭頭道理都到。這工夫須用行思坐想，或將已曉得者再三思省，却自有一箇曉悟處出，不容安排也。書之句法義理，雖只是如此解說，但一次看，有一次見識。所以某書，一番看，有一番改。亦有已說定，一番看，一番見得穩當，愈加分曉。故某說讀書不貴多，只貴熟爾。然用工亦須是勇做近前去，莫思退轉，始得。大雅。

讀書，且就那一段本文意上看，不必又生枝節。看一段，須反覆看來看去，要十分爛熟，方見意味，方快活，令人都不愛去看別段，始得。人多是向前趲去，不曾向後反覆，只要去看明日未讀底，不曾去紬繹前日已讀底。須玩味反覆始得。用力深，便見意味長；意味長，便受用牢固。又曰：不可信口依希略綽説過，須是心曉。寓。

大凡讀書，須是熟讀。熟讀了，自精熟；精熟後，理自見得。如喫果子一般，劈頭方咬開，未見滋味，便喫了。須是細嚼教爛，則滋味自出，方始識得這箇是甜是苦，是甘是辛，始爲知味。又云：園夫灌園，善灌之夫，隨其蔬果，株株而灌之。少間灌溉，溉足，則泥水相和，而物得其潤，自然生長。不善灌者，忙急而治之，擔一擔之水，澆滿園之蔬。人見其治園矣，而物未嘗沾足也。又云：讀書之道，用力愈多，收功愈遠。先難而後獲，先事而後得，皆是此理。又云：讀書之法，須是用工去看。先一書費許多工夫，後則無許多矣。始初一書費十分工夫，後一書費八九分，後則費六七分，又後則費四五分矣。卓。

因説「進德居業」「進」字、「居」字曰：今看文字未熟，所以鶻突，都只見成一片黑淬淬地。須是只管看來看去，認來認去。今日看了，明日又看；早上看了，晚間又看；飯前看了，飯後又看，久之，自見得開，一箇字都有一箇大縫罅。今常説見得，又豈是懸空見得。亦只是玩味之久，自見得。文字只是舊時文字，只是見得開，如織錦上用青絲，用紅絲，用白絲。若見不得，只是一片皂布。賀孫。

讀書須是專一。讀這一句，且理會這一句；讀這一章，且理會這一章。須是見得此一章徹了，方可看別章，未要思量別章別句。只是平心定氣在這邊看，亦不可用心思索太過，少間却損了精神。前輩云：「讀書不可不敬。」敬便精專，不走了這心。

其始也，自謂百事能；其終也，一事不能。言人讀書不專一而貪多廣閱之弊。○僩。

泛觀博取，不若熟讀而精思。道夫。

大抵觀書先須熟讀，使其言皆若出於吾之口；繼以精思，使其意皆若出於吾之心，然後可以有得爾。然熟讀精思既曉得後，又須疑不止如此，庶幾有進。若以爲止如此矣，則終不復有進也。

書須熟讀。所謂書，只是一般。然讀十遍時，與讀一遍時終别；讀百遍時，與讀十遍又自不同也。履孫。

爲人自是爲人，讀書自是讀書。凡人若讀十遍不會，則讀二十遍；又不會，則讀三十遍至五十遍；必有見到處。五十遍暝然不曉，便是氣質不好。今人未嘗讀得十遍，便道不可曉。力行。

李敬子説先生教人讀書云：既識得了，須更讀百十遍，使與自家相乳入，便説得也響。今學者本文尚且未熟，如何會有益。方子。

讀書不可記數，數足則止矣。壽昌。

「誦數以貫之。」古人讀書，亦必是記遍數，所以貫通也。又曰：凡讀書，且從一條正路直去。四面雖有好看處，不妨一看，然非是要緊。佐。

温公答一學者書，説爲學之法，舉《荀子》四句云：「誦數以貫之，思索以通之，爲其人以處之，除其害以持養之。」《荀子》此説亦好。「誦數」云者，想是古人誦書亦記遍數。「貫」字訓「熟」，如「習貫如自然」；又訓「通」，誦得熟，方能通曉。若誦不熟，亦無可得思索。廣。

山谷《與李幾仲帖》云：「不審諸經、諸史，何者最熟。大率學者喜博，而常病不精。泛濫百書，不若精於一也。有餘力，然後及諸書，則涉獵諸篇亦得其精。蓋以我觀書，則處處得益；以書博我，則釋卷而茫然。」先生深喜之，以爲有補於學者。若海。

讀書，理會一件，便要精這一件；看得不精，其他文字便亦都草草看了。一件看得精，其他亦易看。山谷帖説讀書法甚好。淳。

學者貪做工夫，便看得義理不精。讀書須是子細，逐句逐字要見去着。若用工粗鹵，不務精思，只道無可疑處。非無可疑，理會未到，不知有疑爾。大抵爲學老少不同：年少精力有餘，須用無書不讀，無不究竟其義。若年齒向晚，却須擇要用功，讀一書，便覺後來難得工夫再去理會；須沉潛玩索，究極至處，可也。蓋天下義理只有一箇是與非而已。是便是是，非便是非。既有着落，雖不再讀，自然道理浹洽，省記不忘。譬如飲食，從容咀嚼，其味必長；大嚼大咽，終不知味也。謨。

書只貴讀，讀多自然曉。今只思量得寫在紙上底，也不濟事，終非我有。只貴乎讀，這箇不知如何，自然心與氣合，舒暢發越，自是記得牢。縱饒熟看過，心裏思量過，也不如讀。讀來讀去，少間曉不得底，自然曉得；已曉得者，越有滋味。若是讀不熟，都没這般滋味。而今未説讀得注，且只熟讀正經，行住坐卧，心常在此，自然曉得。嘗思之，讀便是學。夫子説「學而不思則罔，思而不學則殆」，學便是讀。讀了又思，思了又讀，自然有意。若讀而不思，又不知其意味；思而不讀，縱使曉得，終是臲䯔不安。一似倩得人來守屋相似，不是自家人，終不屬自家使喚。若讀得熟，而又思得精，自然心與理一，永遠不忘。某舊苦記文字不得，後來只是讀。今之記得者，皆讀之功也。老蘇只取《孟子》、《論語》、韓子與諸聖人之書，安坐而讀之者七八年，後來做出許多文字如此好。他資質固不可及，然亦須着如此讀。只是他讀時，便只要模寫他言語，做文章。若移此心與這樣資質去講究義理，那裏得來。是知書只貴熟讀，別無方法。僩。

讀書之法：讀一遍了，又思量一遍；思量一遍，又讀一遍。讀誦者，所以助其思量，常教此心在上面流轉。若只是口裏讀，心裏不思量，看如何也記不子細。又云：今緣文字印本多，人不着心讀。漢時諸儒以經相授者，只是暗誦，所以記得牢，故其所引書句，多有錯字。如《孟子》所引《詩》、《書》亦多錯，以其無本，但記得耳。僩。

今人所以讀書苟簡者，緣書皆有印本多了。如古人皆用竹簡，除非大段有力底人方做得。若一介之士，如何置。所以後漢吴恢欲殺青以寫《漢書》，其子吴祐諫曰：「此書若成，則載之兼兩。昔馬援以薏苡興謗，王陽以衣囊徼名，正此謂也。」如黄霸在獄中從夏侯勝受書，凡再踰冬而後傳。蓋古人無本，除非首尾熟背得方得。至於講誦者，也是都背得，然後從師受學。如東坡作《李氏山房藏書記》，那時書猶自難得。晁以道嘗欲得《公》、《穀傳》，遍求無之，後得一本，方傳寫得。今人連寫也自厭煩了，所以讀書苟簡。銖。

講論一篇書，須是理會得透。把這一篇書與自家衮作一片，方是。去了本子，都在心中，皆説得去，方好。敬仲。

莫説道見得了便休。而今看一千遍，見得又别；看一萬遍，看得又别。須是無這册子時，許多節目次第都恁地歷歷落落，在自家肚裏，方好。方子。

放下書册，都無書之意義在胸中。升卿。

歐公言：「作文有三處思量：枕上，路上，厠上。」他只是做文字，尚如此，况求道乎。今人對着册子時，便思量；册子不在，心便不在。如此，濟得甚事。義剛。

今之學者，看了也似不曾看，不曾看也似看了。方子。

看文字，於理會得了處更能看過，尤妙。過。

看文字須子細。雖是舊曾看過，重温亦須子細。每日可看三兩段。不是於那疑處看，正須於那無疑處看，蓋工夫都在那上也。廣。

聖人言語如千花，遠望都見好。須端的真見好處，始得。須着力子細看。功夫只在子細看上，别無術。淳。

聖人言語皆枝枝相對，葉葉相當，不知怎生排得恁地齊整。今人只是心粗，不子細窮究。若子細窮究來，皆字字有着落。道夫。

某自潭州來，其他盡不曾説得，只不住地説得一箇教人子細讀書。節。

讀書不精深，也只是不曾專一子細。伯羽。

看文字有兩般病：有一等性鈍底人，向來未曾看，看得生，卒急看不出，固是病；又有一等敏鋭底人，多不肯子細，易得有忽略之意，不可不戒。賀孫。

爲學讀書，須是耐煩細意去理會，切不

可粗心。若曰何必讀書，自有箇捷徑法，便是誤人底深坑也。未見道理時，恰如數重物色包裹在裏許，無緣可以便見得。須是今日去了一重，又見得一重；明日又去了一重，又見得一重。去盡皮，方見肉；去盡肉，方見骨；去盡骨，方見髓。使粗心大氣不得。廣。

觀書初得味，即坐在此處，不復精研。故看義理，則汗漫而不別白；遇事接物，則頹然而無精神。揚。

讀書只要將理會得處，反覆又看。夔孫。

今人讀書，看未到這裏，心已在後面；才看到這裏，便欲捨去。如此，只是不求自家曉解。須是徘徊顧戀，如不欲捨去，方能體認得。又曰：讀書者譬如觀此屋，若在外面見有此屋，便謂見了，即無緣識得。須是入去裏面，逐一看過，是幾多間架，幾多窗櫺。看了一遍，又重重看過，一齊記得，方是。講筵亦云：氣象匆匆，常若有所迫逐。○方子。

看書非止看一處便見道理。如服藥相似，一服豈能得病便好。須服了又服，服多後，藥力自行。道夫。

讀書着意玩味，方見得義理從文字中迸出。季札。

讀得通貫後，義理自出。方子。

讀書，須看他文勢語脉。芝。

看文字，要便有得。

看文字，若便以爲曉得，則便住了。須是曉得後，更思量後面尚有也無。且如今有人把一篇文字來看，也未解盡知得它義，况於義理。前輩説得恁地，雖是易曉，但亦未解便得其意。須是看了又看，只管看，只管有。義剛。

讀者不可有欲了底心，才有此心，便心

只在背後白紙處了，無益。揚。

大抵學者只在是白紙無字處莫看，有一箇字，便與他看一箇。如此讀書三年，無長進處，則如趙州和尚道：「截取老僧頭去。」節。

人讀書，如人飲酒相似。若是愛飲酒人，一盞了，又要一盞喫。若不愛喫，勉强一盞便休。泳。

讀書不可不先立程限。政如農功，如農之有畔。爲學亦然。今之始學者不知此理，初時甚鋭，漸漸懶去，終至都不理會了。此只是當初不立程限之故。廣。

曾裘父《詩話》中載東坡教人讀書小簡，先生取以示學者，曰：讀書要當如是。按：裘父《詩話》載東坡《與王郎書》云：「少年爲學者，每一書皆作數次讀之。當如入海，百貨皆有。人之精力不能兼收盡取，但得其所做求者爾。❶故願學者每次作一意求之。如欲求古今興亡治亂，聖賢作用，且只作此意求之，勿生餘念。又別作一次求事迹文物之類，亦如之。他皆放此。若學成，八面受敵，與涉獵者不可同日而語。」○方子。

尹先生門人言尹先生讀書云：「耳順心得，如誦己言。功夫到後，誦聖賢言語，都一似自己言語。」良久，曰：佛所謂心印是也。印第一箇了，印第二箇，只與第一箇一般。又印第三箇，只與第二箇一般。推堯、舜、孔、顏方能如此。❷堯老，遜位與舜，教舜做。及舜做出來，只與堯一般，此所謂真同也。孟子曰：「得志行乎中國，若合符節。」不是且恁地說。廣。

讀書須教首尾貫穿。若一番只草草看過，不濟事。某記舅氏云：「當《新經》行

❶「做」，朝鮮本作「欲」，萬曆本作「估」。
❷「推」，四庫本作「惟」。

時，有一先生教人極有條理。時既禁了史書，所讀者止是《荀》、《揚》、《老》、《莊》、《列子》等書，他便將諸書劃定次第。初入學，只看一書。讀了，理會得都了，方看第二件。每件須要貫穿，從頭到尾，皆有次第。既通了許多書，斯爲必取科第之計：如刑名度數，也各理會得些；天文地理，也曉得些；五運六氣，也曉得些；如《素問》等書，也略理會得。又如讀得《聖製經》，便須於諸書都曉得些。《聖製經》者，乃是諸書節略本，是昭武一士人作，將去獻梁師成，要覓官爵。及投進，累月不見消息。忽然一日，只見内降一書云：「御製《聖製經》」，令天下皆誦讀。」方伯謨尚能記此士人姓名。又云：是時既禁史學，更無人敢讀史。時奉使叔祖教授鄉里，只就《蒙求》逐事開説本末，時人已相尊敬，謂能通古今。有一士人，以犯法被黥，在都中，因計會在梁師成手裏直書院，與之打併書册甚整齊。師成喜之，因問其故，他以情告，遂與之補官，令常直書院。一日，傳聖駕將幸師成家，師成遂令此人打併裝疊書册。此人以經史次第排，極可觀。師成來點檢，見諸史亦列卓上，因大駭，急移下去，云：「把這般文字將出來做甚麽。」此非獨不好此，想只怕人主取去，看見興衰治亂之端耳。賀孫。

近日真箇讀書人少，也緣科舉時文之弊也，纔把書來讀，便先立箇意思，要討新奇，都不理會他本意着實。纔討得新奇，便準擬作時文使，下梢弄得熟，只是這箇將來使。雖是朝廷甚麽大典禮，也胡亂信手捻合出來使，不知一撞百碎。前輩也是讀書。某曾見大東萊吕居仁。之兄，他於六經、三傳皆通，親手點注，並用小圈點。注所不足者，並將疏楷書，用朱點。無點畫草。某只見他《禮記》如此，他經皆如此。諸吕從來富貴，雖有官，多是不赴銓，亦得安樂讀書。他家這法度却是到伯恭打破了。自後既弄時文，少有肯如此讀書者。賀孫。

精神長者，博取之，所得多。精神短者，但以詞義簡易者涵養。中年以後之人，讀書不要多，只少少玩索，自見道理。

千載而下，讀聖人之書，只看得他箇影象，大概路脉如此。若邊旁四畔，也未易理會得。燾。

朱子語類卷第十一 計十九板

學五

讀書法下

人之爲學，固是欲得之於心，體之於身。但不讀書，則不知心之所得者何事。道夫。

讀書窮理，當體之於身。凡平日所講貫窮究者，不知逐日常見得在心目間否？不然，則隨文逐義，趕趁期限，不見悦處，恐終無益。

人常讀書，庶幾可以管攝此心，使之常存。橫渠有言：「書所以維持此心。一時放下，則一時德性有懈。其何可廢。」蓋卿。

初學於敬不能無間斷，只是才覺間斷，便提起此心。只是覺處，便是接續。某要得人只就讀書上體認義理。日間常讀書，則此心不走作；或只去事物中衮，則此心易得汩没。知得如此，便就讀書上體認義理，便可唤轉來。賀孫。

本心陷溺之久，義理浸灌未透，且宜讀書窮理，常不間斷，則物欲之心自不能勝，而本心之義理自安且固矣。

須是存心與讀書爲一事，方得。方子。

人心不在軀殼裏，如何讀得聖人之書。只是杜撰鑿空説，元與他不相似。僩。

讀書須將心貼在書册上，逐句逐字，各有着落，方始好商量。大凡學者須是收拾此心，令專静純一，日用動静間都無馳走散亂，方始看得文字精審。如此，方是有本領。

今人看文字，多是以昏怠去看，所以不子細。故學者且於静處收拾教意思在裏，然後虛心去看，則其義理未有不明者也。祖道。

昔陳烈先生苦無記性。一日，讀《孟子》「學問之道無他，求其放心而已矣」，忽悟曰：「我心不曾收得，如何記得書。」遂閉門静坐，不讀書百餘日，以收放心，却去讀書，遂一覽無遺。僩。

學者讀書，多緣心不在，故不見道理。聖賢言語本自分曉，只略略加意，自見得。若是專心，豈有不見？文蔚。

心不定，故見理不得。今且要讀書，須先定其心，使之如止水，如明鏡。暗鏡如何照物。伯羽。

立志不定，如何讀書！芝。

讀書有箇法，只是刷刮净了那心後去看。若不曉得，又且放下；待他意思好時，又將來看。而今却說要虛心，心如何解虛得。而今正要將心在那上面。義剛。

讀書，須是要身心都入在這一段裏面，更不問外面有何事，方見得一段道理出。如「博學而篤志，切問而近思」，如何却說箇「仁在其中」？蓋自家能常常存得此心，莫教走作，則理自然在其中。今人却一邊去看文字，一邊去思量外事，只是枉費了工夫。不如放下了文字，待打疊教意思静了，却去看。祖道。

學者觀書多走作者，亦恐是根本上功夫未齊整，只是以紛擾雜亂心去看，不曾以湛然凝定心去看。不若先涵養本原，且將已熟底義理玩味，待其浹洽，然後去看書，便自知。只是如此。老蘇自述其學爲文處有云：「取古人之文而讀之，始覺其出言用意與己大異。及其久也，讀之益精，胸中豁然以明，若人之言固當然者。」此是他於學文上功夫有見處，可取以喻今日讀書，其功夫亦合如此。又曰：看得一兩段，却且放心胸寬閑，不可貪多。又曰：陸子静嘗有旁人讀書之説，亦可且如此。

凡人看文字，初看時心尚要走作，道理尚見得未定，猶没奈他何。到看得定時，方入規矩，又只是在印板上面説相似，都不活。不活，則受用不得。須是玩味反覆，到得熟後，方始會活，方始會動，方有得受用處。若只恁生記去，這道理便死了。時舉。

不可終日思量文字，恐成硬將心去馳逐了。亦須空閑少頃，養精神，又來看。淳。

讀書閑暇，且静坐，教他心平氣定，見得道理漸次分曉。季札録云：庶幾心平氣和，可以思索義理。這箇却是一身總會處。且如看《大學》「在明明德」一句，須常常提醒在這裏。他日長進，亦只在這裏。人只是一箇心做本，須存得在這裏，識得他條理脉絡，自有貫通處。賜。○季札録云：問：伊川見人静坐，如何便歎其善學？曰：這却是一箇總要處。又云：《大學》「在明明德」一句，當常常提撕。能如此，便有進步處。蓋其原自此發見。人只一心爲本，存得此心，於事物方知有脉絡貫通處。

大凡讀書，且要讀，不可只管思。口中讀，則心中閑，而義理自出。某之始學，亦如是爾，更無别法。節。

學者讀書，須要斂身正坐，緩視微吟，虚心涵泳，切己省一作「體」。察。又云：讀一句書，須體察這一句，我將來甚處用得。又云：文字是底固當看，不是底也當看；精底固當看，粗底也當看。震。

讀書須是虛心切己。虛心，方能得聖賢意；切己，則聖賢之言不爲虛說。

看文字須是虛心，莫先立己意，少刻都錯了。又曰：虛心切己。虛心，則見道理明；切己，自然體認得出。舉。

聖人言語，皆天理自然，本坦易明白在那裏。只被人不虛心去看，只管外面捉摸。及看不得，便將自己身上一般意思說出，把做聖人意思。淳。

聖賢言語，當虛心看，不可先自立說去撑拄，便喎斜了。不讀書者，固不足論；讀書者，病又如此。淳。

凡看書，須虛心看，不要先立說。看一段有下落了，然後又看一段。須如人受詞訟，聽其說盡，然後方可決斷。泳。

看前人文字，未得其意，便容易立說，殊害事。蓋既不得正理，又枉費心力。不若虛心靜看，即涵養、究索之功，一舉而兩得之也。時舉。

大抵義理，須是且虛心隨他本文正意看。必大。

讀書遇難處，且須虛心搜討意思。有時有思繹底事，却去無思量處得。敬仲。

問：如先生所言，推求經義，將來到底還別有見處否？曰：若說如釋氏之言有他心通，則無也。但只見得合如此爾。再問：所說「尋求義理，仍須虛心觀之」，不知如何是虛心？曰：須退一步思量。次日，又問退一步思量之旨。曰：從來不曾如此做工夫，後亦自難說。今人觀書，先自立了意後方觀，盡率古人語言入做自家意思中來。如此，只是推廣得自家意思，如何見得古人意思。須得退步者，不要自作意思，只虚此心將古人語言放前面，看他意思倒殺向何處去。如此玩心，方可得古人意，有長進處。且如孟子説《詩》，要「以意逆志，是爲得之」。逆者，等待之謂也。如前途等待一人，未來時且須耐心等待，將來自有來時候。他未來，其心急切，又要進前尋求，却不是「以意逆志」，是以意捉志也。如此，只是牽率古人言語，入做自家意中來，終無進益。大雅。

某嘗見人云：「大凡心不公底人，讀書不得。」今看來，是如此。如解説聖經，一向都不有自家身己，全然虚心，只把他道理自看其是非。恁地看文字，猶更自有牽於舊習，失點檢處。全然把一己私意去看聖賢之書，如何看得出。賀孫。

或問：看文字爲衆説雜亂，如何？曰：且要虚心，逐一説看去，看得一説，却又看一説。看來看去，是非長短，皆自分明。譬如人欲知一箇人是好人、是惡人，且隨他去看。隨來隨去，見他言語動作，便自知他好惡。又曰：只要虚心。又云：濯去舊聞，以來新見。

觀書，當平心以觀之。大抵看書不可穿鑿，看從分明處，不可尋從隱僻處去。聖賢之言，多是與人説話。若是嶢崎，却教當時人如何曉。節。

觀書，須静著心，寬著意思，沈潛反覆，將久自會曉得去。儒用。

放寬心，以他説看他説。以物觀物，無以己觀物。道夫。

以書觀書，以物觀物，不可先立己見。

讀書，須要切己體驗。不可只作文字看，又不可助長。方。

學者當以聖賢之言反求諸身，一一體

察。須是曉然無疑，積日既久，當自有見。但恐用意不精，或貪多務廣，或得少爲足，則無由明耳。祖道。

讀書，不可只專就紙上求理義，須反來就自家身上以手自指。推究。秦、漢以後無人說到此，亦只是一向去書册上求，不就自家身上理會。自家見未到，聖人先說在那裏。自家只借他言語來就身上推究，始得。淳。

今人讀書，多不就切己上體察，但於紙上看，文義上說得去便了。如此，濟得甚事？「何必讀書，然後爲學？」子曰：「是故惡夫佞者。」古人亦須讀書始得。但古人讀書，將以求道。不然，讀作何用？今人不去這上理會道理，皆以涉獵該博爲能，所以有道學、俗學之別。因提案上藥囊起，曰：如合藥，便要治病，終不成合在此看。如此，於病何補？文字浩瀚，難看，亦難記。將已曉得底體在身上，却是自家易曉易做底事。解經已是不得已，若只就注解上說，將來何濟。如畫那人一般，畫底却識那人。別人不識，須因這畫去求那人，始得。今便以畫喚做那人，不得。寓。

或問讀書工夫。曰：這事如今似難說。如世上一等人說道不須就書册上理會，此固是不得。然一向只就書册上理會，不曾體認着自家身己，也不濟事。如說仁義禮智，曾認得自家如何是仁，自家如何是義，如何是禮，如何是智，須是着身己體認得。如讀「學而時習之」，自家曾如何學，自家曾如何習。「不亦說乎」，曾見得如何是說。須恁地認，始得。若只逐段解過去，解得了便休，也不濟事。如世上一等說話，謂不消得讀書，不消理會，別自有箇覺處，有箇悟處，這箇是不得。若只恁地讀書，只恁地理會，又何益。賀孫。

學須做自家底看，便見切己。今人讀書，只要科舉用；已及第，則爲雜文用；其高者，則爲古人用，皆做外面看。淳。

讀書之法，有大本大原處，有大綱大目處，又有逐事上理會處，又其次則解釋文義。雉。

玩索、窮究，不可一廢。升卿。

或問讀書未知統要。曰：統要如何便會知得？近來學者，有一種則舍去册子，却欲於一言半句上便要見道理；又有一種，則一向泛濫不知歸着處，此皆非知學者。須要熟看熟思，久久之間，自然見箇道理四停八當，而所謂統要者自在其中矣。履孫。

凡看文字，專看細密處，而遺却緩急之間者，固不可；專看緩急之間，而遺却細密者，亦不可。今日之看，所以爲他日之用。須思量所以看者何爲。非只是空就言語上理會得多而已也。譬如拭卓子，只拭中心，亦不可；但拭四弦，亦不可。須是切己用功，使將來自得之於心，則視言語誠如糟粕。然今不可便視爲糟粕也，但當自期向到彼田地爾。方子。

學者有所聞，須便行，始得。若得一書，須便讀、便思、便行，豈可又安排停待而後下手。且如得一片紙，便求一片紙上道理行之，❶可也。履孫。

讀書便是做事。凡做事，有是有非，有得有失。善處事者，不過稱量其輕重耳。讀書而講究其義理，判別其是非，臨事即此

❶「求」，萬曆本作「來」。

理。可學。

真理會得底，便道真理會得；真理會不得底，便道真理會不得。真理會得底固不可忘，真理會不得底，須看那處有礙。須記那緊要處，常勿忘。所謂「智者利仁」，方其求時，心固在此；不求時，心亦在此。淳。

學得此事了，不可自以爲了，恐怠意生。如讀得此書，須終身記之。壽昌。

讀書推類反求，固不害爲切己，但却又添了一重事。不若且依文看，逐處各自見箇道理。久之自然貫通，不須如此費力也。

學者理會文義，只是要先理會難底，遂至於易者亦不能曉。《學記》曰：「善問者如攻堅木，先其易者，後其節目。」所謂「攻瑕，則堅者瑕；攻堅，則瑕者堅」，不知道理好處又却多在平易處。璘。

只看自家底。不是自家底，枉了思量。燾。

凡讀書，且須從一條正路直去。四面雖有可觀，不妨一看，然非是緊要。方子。

看書不由直路，只管枝蔓，便於本意不親切。淳。

看文字不可相妨，須各自逐一著地頭看他指意。若牽窒着，則件件相礙矣。端蒙。

看文字，且逐條看。各是一事，不相牽合。

讀書要周遍平正。夔孫。

看文字不可落於偏僻，須是周匝。看得四通八達，無些窒礙，方有進益。又云：某解《語》、《孟》，訓詁皆存。學者觀書，不可只看緊要處，閑慢處，要都周匝。今說「求放心」，未問其它，只此便是「博學而篤志，切問而近思，仁在其中矣」。「博學而篤志，切問近思」，方是讀書，却說「仁在其中」，蓋此便是「求放心」也。人傑。

看文字，且依本句，不要添字。那裏元有縫罅，如合子相似。自家只去抉開，不是渾淪底物，硬去鑿；亦不可先立說，牽古人意來湊。且如「逆詐、億不信」與「先覺」之辨：「逆詐」，是那人不曾詐我，先去揣摩道，那人必是詐我；「億不信」，是那人未有不信底意，便道那人必是不信；「先覺」，則分明見得那人已詐我，不信我。如高祖知人善任使，亦是分明見其才耳。淳。

讀書若有所見，未必便是，不可便執着。且放在一邊，益更讀書，以來新見。若執着一見，則此心便被此見遮蔽了。譬如一片浄潔田地，若上面纔安一物，便須有遮蔽了處。聖人七通八達，事事説到極致處。學者須是多讀書，使互相發明，事事窮到極致處。所謂「本諸身，徵諸庶民，考諸三王而不繆，建諸天地而不悖，質諸鬼神而無疑，百世以俟聖人而不惑」。直到這箇田地，方是。《語》云：「執德不洪。」❶《易》云：「寬以居之。」聖人多説箇廣大寬洪之意，學者要須體之。廣。

看書，不可將自己見硬參入去。須是除了自己所見，看他册子上古人意思如何。如程先生解「直方大」，乃引《孟子》。雖是程先生言，畢竟迫切。節。

看文字先有意見，恐只是私意。謂如粗厲者觀書，必以勇果强毅爲主；柔善者觀書，必以慈祥寬厚爲主，書中何所不有。人傑。

凡讀書，先須曉得他底言詞了，然後看其説於理當否。當於理則是，背於理則非。

❶「洪」，當作「弘」，係避宋宣祖趙弘殷諱。

今人多是心下先有一箇意思了，却將他人説話來説自家底意思；其有不合者，則硬穿鑿之使合。廣。

學者不可用己意遷就聖賢之言。德明。

讀書，如問人事一般。欲知彼事，須問彼人。今却不問其人，只以己意料度，謂必是如此。楊。

看人文字，不可隨聲遷就。我見得是處，方可信。須沈潛玩繹，方有見處。不然，人説沙可做飯，我也説沙可做飯，如何可喫！謙。

大凡讀書，不要般涉。但温尋舊底不妨，不可將新底來攙。道夫。

文字不可硬説，但當習熟，漸漸分明。

凡看聖賢言語，不要迫得太緊。振。

大凡看文字要急迫不得。有疑處，且漸漸思量。若一下便要理會得，也無此理。廣。

看文字，須是退步看，方可見得。若一向近前迫看，反爲所遮蔽，轉不見矣。力行。

學者觀書，病在只要向前，不肯退步看。愈向前，愈看得不分曉。不若退步，却看得審。大概病在執着，不肯放下。正如聽訟：心先有主張乙底意思，便只尋甲底不是；先有主張甲底意思，便只見乙底不是。不若姑置甲乙之説，徐徐觀之，方能辨其曲直。横渠云：「濯去舊見，以來新意。」此説甚當。若不濯去舊見，何處得新意來。今學者有二種病，一是主私意，一是舊有先入之説，雖欲擺脱，亦被他自來相尋。㽦。

學者不可只管守從前所見，須除了，方見新意。如去了濁水，然後清者出焉。力行。

到理會不得處，便當「濯去舊見，以來新意」，仍且只就本文看之。伯羽。

某向時與朋友説讀書，也教他去思索，求所疑。近方見得，讀書只是且恁地虚心就上面熟讀，久之自有所得，亦自有疑處。蓋熟讀後，自有窒礙不通處，是自然有疑，方好較量。今若先去尋箇疑，便不得。又曰：這般也有時候。舊日看《論語》，合下便有疑。蓋自有一樣事，被諸先生説成數樣，所以便着疑。今却有《集注》了，且可傍本看教心熟。少間或有説不通處，自見得疑，只是今未可先去疑着。賀孫。

看文字，且自用工夫，先已切至，方可舉所疑，與朋友講論。假無朋友，久之，自能自見得。蓋蓄積多者忽然爆開，便自然通，此所謂「何天之衢亨」也。蓋蓄極則通，須是蓄之極，則通。僴。○人傑録云：讀書須是先看一件了，然後再看一件。若是蓄積處多，忽然爆開來時，自然所得者大，《易》所謂「何天之衢亨」是也。

讀書無疑者，須教有疑；有疑者，却要無疑，到這裏方是長進。道夫。

問：看理多有疑處。如百氏之言，或疑其爲非，又疑其爲是，當如何斷之？曰：不可强斷，姑置之可也。人傑。

人之病，只知他人之説可疑，而不知己説之可疑。試以詰難他人者以自詰難，庶幾自見得失。必大。

因求講學言論傳之，答曰：聖賢之言，明如日月。又曰：人有欲速之病。舊嘗與一人讀詩集，每略過題一行，不看題目，却成甚讀詩也。又嘗見龔實之轎中只着一册文字看，此其專静也。且云：「尋常出外，轎中着三四册書，看一册厭，又看一册，此是甚功夫也。」方。

因僉出文字，偶失僉子，遂不能記，

云：舊有人老不識字，然隔年瑣瑣出入，皆心記口數之，既爲寫下，覆之無差。蓋其人忠寔，又專一無他事，所以記得。今學者不能記，又往往只靠着筆墨文字，所以愈忘之也。方。

先生戲引禪語云：一僧與人讀碑，云：「賢讀著，總是字；某讀著，總是禪。」溈山作一書戒僧家整齊。有一川僧最藞苴，讀此書，云：「似都是説我。」善財五十三處見善知識，問皆如一，云：「我已發三藐三菩提心，而未知如何行菩薩行，成菩薩道。」

問讀諸經之法。❶曰：亦無法，只是虛心平讀去。淳。○以下讀諸經法。

學不可躐等，不可草率，徒費心力。須依次序，如法理會。一經通熟，他書亦易看。閎祖。

聖人千言萬語，只是説箇當然之理。恐人不曉，又筆之於書。自書契以來，《二典》、《三謨》、伊尹、武王、箕子、周公、孔、孟都只是如此，可謂盡矣。只就文字間求之，句句皆是。做得一分，便是一分工夫，非茫然不可測也，但患人不子細求索之耳。須要思量聖人之言是説箇甚麽，要將何用。若只讀過便休，何必讀。明作。

讀六經時，只如未有六經，只就自家身上討道理，其理便易曉。敬仲。

讀書只就一直道理看，剖析自分曉，不必去偏曲處看。《易》有箇陰陽，《詩》有箇邪正，《書》有箇治亂，皆是一直路逕，可見別無蹺崎。寓。

人惟有私意，聖賢所以留千言萬語，以掃滌人私意，使人人全得惻隱、羞惡之心。

❶「讀諸」，原作「諸讀」，今據朝鮮本及下文小字注乙正。

六經不作可也，裏面着一點私意不得。節。

許多道理，孔子恁地説一番，孟子恁地説一番，子思又恁地説一番，都恁地懸空掛在那裏。自家須自去體認，始得。賀孫。

爲學須是先立大本。其初甚約，中間一節甚廣大，到末梢又約。孟子曰：「博學而詳説之，將以反説約也。」故必先觀《論》、《孟》、《大學》、《中庸》，以考聖賢之意；讀史，以考存亡治亂之迹；讀諸子百家，以見其駁雜之病。其節目自有次序，不可踰越。近日學者多喜從約，而不於博求之。不知不求於博，何以考驗其約。如某人好約，今只做得一僧，了得一身。又有專於博上求之，而不反其約，今日考一制度，明日又考一制度，空於用處作工夫，其病又甚於約而不博者。要之，均是無益。可學。

學者只是要熟，工夫純一而已。讀時熟，看時熟，玩味時熟。如《孟子》、《詩》、《書》，全在讀時工夫。《孟子》每章説了，又自解了。蓋他直要説得盡方住，其言一大片，故後來老蘇亦拖他來做文章説。須熟讀之，便得其味。今觀《詩》，既未寫得《傳》，且除了《小序》而讀之。亦不要將做好底看，亦不要將做惡底看，只認本文語意，亦須得八九。㽦。

人做功課若不專一，東看西看，則此心先已散漫了，如何看得道理出。須是看《論語》，專只看《論語》；看《孟子》，專只看《孟子》。讀這一章，更不看後章；讀這一句，更不得看後句；這一字理會未得，更不得看下字。如此，則專一而功可成。若所看不一，泛濫無統，雖卒歲窮年，無有透徹之期。某舊時文字，只是守此拙法，以至於今思之，只有此法，更無他法。僩。

凡讀書，須有次序。且如一章三句，先理會上一句，待通透；次理會第二句、第三句，待分曉；然後將全章反覆紬繹玩味。如未通透，却看前輩講解，更第二番讀過。須見得身分上有長進處，方爲有益。如《語》、《孟》二書，若便恁地讀過，只一二日可了。若要將來做切己事玩味體察，一日多看得數段，或一兩段耳。又云：看講解，不可專徇他説，不求是非，便道前賢言語皆的當。如《遺書》中語，豈無過當失實處，亦有説不及處。又云：初看時便先斷以己意，前聖之説皆不可入。此正當今學者之病，不可不知。寓。

人只讀一書不得，謂其傍出多事。《禮記》、《左傳》最不可不讀。揚。

看經書與看史書不同：史是皮外物事，没緊要，可以劄記問人。若是經書有疑，這箇是切己病痛。如人負痛在身，欲斯須忘去而不可得。豈可比之看史，遇有疑，則記之紙邪！僩。

浩曰：趙書記云：「自有見後，只是看六經、《語》、《孟》，其他史書雜學皆不必看。」其説謂「買金須問賣金人，雜賣店中那得金銀」，不必問也。曰：如此，即不見古今成敗，便是荆公之學。書那有不可讀者？只怕無許多心力讀得。六經是三代以上之書，曾經聖人手，全是天理。三代以下文字有得失，然而天理却在這邊自若也。要有主，覷得破，皆是學。浩。

向時有一截學者，貪多務得，要讀《周禮》、諸史、本朝典故，一向盡要理會得許多没緊要底工夫，少刻身己都自恁地顛顛倒倒没頓放處。如喫物事相似：將甚麼雜物事，不是時節，一頓都喫了，便被他撑腸拄肚，没奈何他。賀孫。

看經傳有不可曉處，且要旁通。待其浹洽，則當觸類而可通矣。人傑。

經旨要子細看上下文義。名數制度之類，略知之便得，不必大段深泥，以妨學問。理明後，便讀申、韓書，亦有得。方子。

○以下雜論。

諸先生立言有差處，如横渠《知言》。當知其所以差處，不宜一切委之，所以自廣其志，自進其知也。

讀書理會道理，只是將勤苦睚將去，不解得不成。「文王猶勤，而况寡德乎！」今世上有一般議論，成就後生懶惰。如云不敢輕議前輩，不敢妄立論之類，皆中怠惰者之意。前輩固不敢妄議，然論其行事之是非何害？固不可鑿空立論，然讀書有疑，有所見，自不容不立論。其不立論者，只是讀書不到疑處耳。將《精義》諸家説相比並，求其是，便自有合辨處。璘。

因言讀書法，曰：且先讀十數過，已得文義四五分；然後看解，又得三二分；又却讀正文，又得一二分。向時不理會得《孟子》，以其章長故也。因如此讀。元來它章雖長，意味却自首末相貫。又問讀書心多散亂。曰：便是心難把捉處。知得此病者，亦早少了。向時舉《中庸》「誠者物之終始，不誠無物」，説與直卿云：且如讀十句書，上九句有心記得，心不走作，則是心在此九句内，是誠，是有其物，故終始得此九句用。若下一句心不在焉，便是不誠，便無物也。明作。○以下論看注解。

大凡人讀書，且當虚心一意，將正文熟讀，不可便立見解。看正文了，却着深思熟讀，便如已説，如此方是。今來學者一般是專要作文字用，一般是要説得新奇，人説得不如我説得較好，此學者之大病。譬如聽人説話一般，且從它説盡，不可勦斷它説，便以己意抄説。若如此，全不見得它説是非，只説得自家底，終不濟事。久之，又曰：須是將本文熟讀，字字咀嚼教有味。若有理會不得處，深思之；又不得，然後却將注解看，方有意味。如人飢而後食，渴而後飲，方有味。不飢不渴而强飲食之，終無益也。又曰：某所集注《論語》，至於訓詁皆子細者，蓋要人字字與某着意看，字字思索到，莫要只作等閑看過了。又曰：讀書，第一莫要先立箇意去看它底；莫要才領略些大意，不耐煩，便休了。祖道。

學者觀書，先須讀得正文，記得注解，成誦精熟。注中訓釋文意、事物、名義，發明經指，相穿紐處，一一認得，如自己做出來底一般，方能玩味反覆，向上有透處。若不如此，只是虛設議論，如舉業一般，非爲己之學也。曾見有人説《詩》，問他《關雎》篇，於其訓詁名物全未曉，便説：「樂而不淫，哀而不傷。」某因説與他道：公而今説《詩》，只消這八字，更添「思無邪」三字，共成十一字，便是一部《毛詩》了。其他三百篇，皆成查滓矣。因憶頃年見汪端明説：沈元用問和静：「伊川《易傳》何處是切要？」尹云：「『體用一源，顯微無間。』此是切要處。」後舉似李先生，先生曰：「尹説固好。然須是看得六十四卦、三百八十四爻都有下落，方始説得此話。若學者未曾子細理會，便與他如此説，豈不誤他。」某聞之悚然。始知前日空言無實，不濟事，自此讀書益加詳細云。此一段，係先生親書示書堂學者。

凡人讀書，若窮得到道理透處，心中也

替它饒本作「替他」。快活。若有疑處，須是參諸家解熟看。看得有差互時，此一段終是不穩在心頭，不要放過。敬仲。

凡看文字，諸家說有異同處，最可觀。謂如甲說如此，且挦扯住甲，窮盡其詞；乙說如此，且挦扯住乙，窮盡其詞。兩家之說既盡，又參考而窮究之，必有一真是者出矣。學蒙。

經之有解，所以通經。經既通，自無事於解，借經以通乎理耳。理得，則無俟乎經。今意思只滯在此，則何時得脫然會通也。且所貴乎簡者，非謂欲語言之少也，乃在中與不中爾。若句句親切，雖多何害。若不親切，愈少愈不達矣。某嘗說：讀書須細看得意思通融後，都不見注解，但見有正經幾箇字在方好。大雅。

句心。方子。

看注解時，不可遺了緊要字。蓋解中有極散緩者，有緩急之間者，有極緊要者。某下一字時，直是稱輕等重，方敢寫出。上言「句心」，即此意。○方子。

且尋句內意。方子。

凡讀書，須看上下文意是如何，不可泥着一字。如《揚子》：「於仁也柔，於義也剛。」到《易》中，又將剛來配仁，柔來配義。如《論語》：「學不厭，智也；教不倦，仁也。」到《中庸》又謂：「成己，仁也；成物，智也。」此等須是各隨本文意看，便自不相礙。淳。

問：一般字，却有淺深輕重，如何看？曰：當看上下文。節。

讀書，須從文義上尋，次則看注解。今人却於文義外尋索。蓋卿。

傳注，惟古注不作文，却好看。只隨經句分說，不離經意最好。疏亦然。今人解書，且圖要作文，又加辨說，百般生疑。故其文雖可讀，而經意殊遠。程子《易傳》亦成作文，說了又說。故今人觀者更不看本經，只讀《傳》，亦非所以使人思也。大雅。○以下附論解經。

解經謂之解者，只要解釋出來。將聖賢之語解開了，庶易讀。泳。

聖經字若箇主人，解者猶若奴僕。今人不識主人，且因奴僕通名，方識得主人，畢竟不如經字也。泳。

隨文解義。方子。

解經當如破的。方子。

經書有不可解處，只得闕。若一向去解，便有不通而謬處。

今之談經者，往往有四者之病：本卑也，而抗之使高；本淺也，而鑿之使深；本近也，而推之使遠；本明也，而必使至於晦。此今日談經之大患也。蓋卿。

後世之解經者有三：一、儒者之經；一、文人之經，東坡、陳少南輩是也；一、禪者之經，張子韶輩是也。

解書，須先還它成句，次還它文義。添無緊要字却不妨，添重字不得。今人所添者，恰是重字。端蒙。

聖賢說出來底言語，自有語脉，安頓得各有所在，豈似後人胡亂說了。也須玩索其旨，所以學不可以不講。講學固要大綱正，然其間子細處，亦不可以不講。只緣當初講得不子細，既不得聖賢之意，後來胡亂執得一說，便以爲是，只胡亂解將去。㽦。○必大録此下云：古人似未嘗理會文義，今觀其說出底言語，不曾有一字用不當者。

解經，若於舊說一向人情它，改三字不若改兩字，改兩字不若且改一字，至於甚不得已乃始改，這意思終爲害。升卿。

凡學者解書，切不可與它看本。看本，則心死在本子上。只教它恁地説，則它心便活，亦且不解失忘了。壽昌。

學者輕於著書，皆是氣識淺薄，使作得如此，所謂「聖雖學作兮，❶所貴者資；便儇皎厲兮，去道遠而」。蓋此理醲厚，非便儇皎厲、不克負荷者所能當。子夏謂「執德不弘」，❷人多以寬大訓「弘」字，大無意味，如何接連得「焉能爲有，焉能爲亡」，文義相貫。蓋「弘」字有深沈重厚之意。横渠謂：「義理，深沈方有造，非淺易輕浮所可得也。」此語最佳。問：《集注》解此，謂「守所得而心不廣，則德孤」，如何？曰：孤，只是孤單。所得只是這些道理，別無所有，故謂之德孤。謨。○論著書。

編次文字，須作草簿，抄記項頭。如此則免得用心去記它。《兵法》有云：「車載糗糧兵仗，以養力也。」編次文字，用簿抄記，此亦養心之法。廣。○論編次文字。

今人讀書未多，義理未至融會處，若便去看史書，考古今治亂，理會制度典章，譬如作陂塘以溉田，須是陂塘中水已滿，然後決之，則可以流注滋殖田中禾稼。若是陂塘中水方有一勺之多，遽決之以溉田，則非徒無益於田，而一勺之水亦復無有矣。讀書既多，義理已融會，胸中尺度一一已分明，而不看史書，考治亂，理會制度典章，則是猶陂塘之水已滿，而不決以溉田。若是讀書未多，義理未有融會處，而汲汲焉以看史爲先務，是猶決陂塘一勺之水以溉田也，

❶「兮」，原作「方」，今據萬曆本改。

❷「夏」，萬曆本作「張」。

其涸也可立而待也。廣。○以下讀史。

先看《語》、《孟》、《中庸》，更看一經，却看史，方易看。先讀《史記》，《史記》與《左傳》相包。次看《左傳》，次看《通鑑》，有餘力則看全史。只是看史，不如今之看史有許多嶢崎。看治亂如此，成敗如此，「與治同道罔不興，與亂同事罔不亡」，知得次第。節。

今人只爲不曾讀書，秖是讀得粗書。凡讀書，先讀《語》、《孟》，然後觀史，則如明鑑在此，而妍醜不可逃。若未讀徹《語》、《孟》、《中庸》、《大學》，便去看史，胸中無一箇權衡，多爲所惑。又有一般人都不曾讀書，便言我已悟得道理，如此便是惻隱之心，如此便是羞惡之心，如此便是是非之心，渾是一箇私意，如近時祧廟可見。杞。

問讀史之法。曰：先讀《史記》及《左氏》，却看《西漢》、《東漢》及《三國志》。次看《通鑑》。温公初作編年，起於威烈王；後又添至共和後，又作《稽古録》，始自上古。然共和以上之年，已不能推矣。獨邵康節却推至堯元年，《皇極經世》書中可見。編年難得好者。前日周德華所寄來者亦不好。温公於本朝又作《大事記》。若欲看本朝事，當看《長編》。若精力不及，其次則當看《國紀》。《國紀》只有《長編》十分之二耳。時舉。

史亦不可不看。看《通鑑》固好，然須看正史一部，却看《通鑑》。一代帝紀，更逐件大事立箇綱目，其間節目疏之于下，恐可記得。人傑。

饒宰問看《通鑑》。曰：《通鑑》難看，不如看《史記》、《漢書》。《史記》、《漢書》事多貫穿，紀裏也有，傳裏也有，表裏也有，志裏也有。《通鑑》是逐年事，逐年過了，更無討頭處。道夫録云：更無蹤跡。饒廷老曰：《通鑑》歷代具備。看得大概，且未免求速耳。曰：求速，却依舊不曾看得。須用大段有記性者方可。且如東晉以後，有許多小國夷狄姓名，頭項最多。若是看正史後，却看《通鑑》，見它姓名，却便知得它是某國人。某舊讀《通鑑》，亦是如此。且草草看正史一上，然後却來看它。芝。

問：讀《通鑑》與正史如何？曰：好且看正史，蓋正史每一事關涉處多。只如高祖鴻門一事，《本紀》與張良、灌嬰諸傳互載，又却意思詳盡，讀之使人心地灌洽，❶便記得起。《通鑑》則一處説便休，直是如法，有記性人方看得。又問：致堂《管見》，初得之甚喜。後見《南軒集》中云：「病敗不可言。」又以爲專爲檜設。豈有言天下之理而專爲一人者。曰：儘有好處，但好惡不相掩爾。曰：只如頭一章論三晉事，人多不以爲然。自今觀之，只是怕温公爾。曰：誠是怕。但如周王不分封，也無箇出場。道夫。

讀史當觀大倫理、大機會、大治亂得失。節。

凡觀書史，只有箇是與不是。觀其是，求其不是；觀其不是，求其是；然後便見得義理。壽昌。

史且如此看讀去，待知首尾稍熟後，却下手理會。讀書皆然。

讀史有不可曉處，劄出待去問人，便且讀過。有時讀别處，撞着有文義與此相關，便自曉得。義剛。

❶「灌」，四庫本作「歡」，中華本作「懽」。

問觀史。曰：只是以自家義理斷之。大概自漢以來，只是私意，其間有偶合處爾。只如此看它，已得大概。范《唐鑑》亦是此法，然稍疏。更看得密如它，尤好。然得似它，亦得了。端蒙。

讀史亦易見作史者意思，後面成敗處，它都說得意思在前面了。如陳蕃殺宦者，但讀前面，許多疏脫都可見了。「甘露」事亦然。賀孫。

問芝：史書記得熟否？蘇丞相頌看史，都在手上輪得。它那資性直是會記。芝曰：亦緣多忘。曰：正緣如此，也須大約記得某年有甚麼事，某年有甚麼事。纔記不起，無緣會得浹洽。芝云：正緣是不浹洽。曰：合看兩件，且看一件，若兩件是四百字，且二百字，有何不可。芝。

人讀史書，節目處須要背得，始得。如讀《漢書》，高祖辭沛公處，義帝遣沛公入關處，韓信初說漢王處，與史贊《過秦論》之類，皆用背得，方是。若只是略蹉看過，心下似有似無，濟得甚事。讀一件書，須心心念念只在這書上，令徹頭徹尾，讀教精熟，這說是如何，那說是如何，這說同處是如何，不同處是如何，安有不長進。而今人只辦得十日讀書，下着頭不與閑事，管取便別。莫說十日，只讀得一日，便有功驗。人若辦得十來年讀書，世間甚書讀不了。今公門自正月至臘月三十日，管取無一日專心致志在書上。又云：人做事，須是專一。且如張旭學草書，見公孫大娘舞劍器而悟。若不是它專心致志，如何會悟。

楊志之患讀史無記性，須三五遍方記得，而後又忘了。曰：只是一遍讀時，須用功，作相別計，止此更不再讀，便記得。有一士人，讀《周禮疏》，讀第一板訖，則焚了；讀第二板，則又焚了；便作焚舟計。若初且草讀一遍，準擬三四遍讀，便記不牢。又曰：讀書須是有精力。至之曰：亦須是聰明。曰：雖是聰明，亦須是静，方運得精神。昔見延平説：「羅先生解《春秋》也淺，不似胡文定。後來隨人入廣，在羅浮山住三兩年，去那裏心静，須看得較透。」淳録云：那裏静，必做得工夫有長進處。只是歸來道死，不及叩之。某初疑解《春秋》于心静甚事，後來方曉。蓋静則心虚，道理方看得出。義剛曰：前輩也多是在背後處做幾年，方成。曰：也有不恁地底。如明道自二十歲及第，一向出來做官，自恁地便好了。義剛。

朱子語類卷第十二 計一八板

學六

持守

自古聖賢皆以心地爲本。士毅。

聖賢千言萬語，只要人不失其本心。夔孫。

古人言志帥、心君，須心有主張，始得。升卿。

心若不存，一身便無所主宰。祖道。

纔出門，便千歧萬徹，❶若不是自家有箇主宰，如何得是。道夫。

心在，群妄自然退聽。文蔚。

人只有箇心，若不降伏得，更做甚麼人。一作：如何做得事成。○僩。

人只一心，識得此心，使無走作，雖不加防閑，此心常在。季札。

人精神飛揚，心不在殼子裏面，便害事。節。

未有心不定而能進學者。人心萬事之主，走東走西，如何了得？砥。

只外面有些隙罅，便走了。問：莫是功夫間斷，心便外馳否？曰：只此心纔向外，便走了。端蒙。

人昏時，便是不明；纔知那昏時，便是明也。廣。

人心常炯炯在此，則四體不待羈束，而

❶「徹」，四庫本作「轍」。

自入規矩。只爲人心有散緩時，故立許多規矩來維持之。但常常提警，教身入規矩內，則此心不放逸，而炯然在矣。心既常惺惺，又以規矩繩檢之，此內外交相養之道也。升卿。

今人心聳然在此，尚無惰慢之氣，况心常能惺惺者乎。故心常惺惺，自無客慮。升卿。

古人瞽史誦詩之類，是規戒警誨之意，無時不然。便被它恁地炒，自是使人住不着。大抵學問須是警省。且如瑞巖和尚每日間常自問：「主人翁惺惺否？」又自答曰：「惺惺。」今時學者却不如此。文蔚。

人之本心不明，一如睡。人都昏了，不知有一身。❶須是喚醒方知。恰如磕睡，彊自喚醒，喚之不已，終會醒。某看來，大要工夫只在喚醒上。然如此等處，須是體驗教自分明。士毅。

人有此心，便知有此身。人昏昧不知有此心，便如人困睡，不知有此身。人雖困睡，得人喚覺，則此身自在。心亦如此，方其昏蔽，得人警覺，則此心便在這裏。廣。

學者工夫只在喚醒上。或問：人放縱時，自去收斂，便是喚醒否？曰：放縱只爲昏昧之故。能喚醒，則自不昏昧；不昏昧，則自不放縱矣。廣。

心只是一箇心，非是以一箇心治一箇心。所謂存，所謂收，只是喚醒。廣。

人惟有一心是主，要常常喚醒。敬仲。

須是猛省。淳。

人不自知其病者，是未嘗去體察警省也。升卿。

❶「一」，萬曆本作「此」。

只是頻頻提起，久之自熟。文蔚。

學者常用提省此心，使如日之升，則群邪自息。它本自光明廣大，自家只着些子力去提省照管它，便了。不要苦着力，着力則反不是。伯羽。

試定精神看一看，許多暗昧魍魎，各自冰散瓦解。太祖《月詩》曰：「未離海底千山黑，才到天中萬國明。」日未上時，黑漫漫地；才一絲線，路上便明。伯羽。

人常須收斂箇身心，使精神常在這裏。似擔百十斤擔相似，須硬着筋骨擔。賀孫。

大抵是且收斂得身心在這裏，便已有八九分了。却看道理有窒礙處，却於這處理會。爲學且要專一。理會這一件，便只且理會這一件。若行時，心便只在行上；坐時，心便只在坐上。賀孫。

學者須常收斂，不可恁地放蕩。只看外面如此，便見裏面意思。如佛家説，只於□□都看得見。才高，須着實用工，少間許多才都爲我使，都濟事。若不細心用工收斂，則其才愈高，而其爲害愈大。又曰：昔林艾軒在臨安，曾見一僧與説話。此僧出入常頂一笠，眼視不曾出笠影外。某所以常道，它下面有人，自家上面没人。賀孫。

學者爲學，未問真知與力行，且要收拾此心，令有箇頓放處。若收斂都在義理上安頓，無許多胡思亂想，則久久自於物欲上輕，於義理上重。須是教義理心重於物欲，如秤令有低昂，即見得義理自端的，自有欲罷不能之意，其於物欲，自無暇及之矣。苟操舍存亡之間無所主宰，縱説得，亦何益。銖。

今於日用間空閑時，收得此心在這裏截然，這便是「喜怒哀樂未發之中」，便是渾然天理。事物之來，隨其是非，便自見得分曉。是底，便是天理；非底，便是逆天理。常常恁地收拾得這心在，便如執權衡以度物。賀孫。

人若要洗刷舊習都净了，却去理會此道理者，無是理。只是收放心，把持在這裏，便須有箇真心發見，從此便去窮理。敬仲。

大概人只要求箇放心，日夕常照管令在。力量既充，自然應接從容。敬仲。

今説求放心，説來説去，却似釋、老説入定一般。但彼到此便死了，吾輩却要得此心主宰得定，方賴此做事業，所以不同也。如《中庸》説「天命之謂性」，即此心也；「率性之謂道」，亦此心也；「修道之謂教」，亦此心也；以至於「致中和」、「贊化育」，亦只此心也。致知，即心知也；格物，即心格也；克己，即心克也。非禮勿視、聽、言、動，勿與不勿，只争豪髮地爾。所以明道説：「聖賢千言萬語，只是欲人將已放之心收拾入身來，自能尋向上去。」今且須就心上做得主定，方驗得聖賢之言有歸着，自然有契。如《中庸》所謂「尊德性」、「致廣大」、「極高明」，蓋此心本自如此廣大，但爲物欲隔塞，故其廣大有虧；本自高明，但爲物欲係累，故於高明有蔽。若能常自省察警覺，則高明廣大者常自若，非有所增損之也。其「道問學」、「盡精微」、「道中庸」等工夫，皆自此做，儘有商量也。若此心上工夫，則不待商量賭當，即今見得如此，則更無閑時。行時，坐時，讀書時，應事接物時，皆有着力處。大抵只要見得，收之甚易而不難也。大雅。

學者須是求放心，然後識得此性之善。

人性無不善，只緣自放其心，遂流於惡。「天命之謂性」，即天命在人，便無不善處。發而中節，亦是善；不中節，便是惡。人之一性，完然具足，二氣五行之所稟賦，何嘗有不善。人自不向善上去，茲其所以爲惡爾。韓愈論孟子之後不得其傳，只爲後世學者不去心上理會。堯、舜相傳，不過論人心道心，精一執中而已。天下只是善惡兩端。譬如陰陽在天地間，風和日暖，萬物發生，此是善底意思；及群陰用事，則萬物彫瘁。惡之在人亦然。天地之理固是抑遏陰氣，勿使常勝。學者之於善惡，亦要於兩夾界處攔截分曉，勿使纖惡間絶善端。動静日用，時加體察，持養久之，自然成熟。謨。

求放心，乃是求這物；克己，則是漾着這一物也。端蒙。

許多言語，雖隨處説得有淺深大小，然而下工夫只一般。如存其心與持其志，亦不甚争。存其心，語雖大，却寬；持其志，語雖小，却緊。只存其心，❶便收斂；只持其志，便内外肅然。又曰：持其志，是心之方漲處便持着。賀孫。

再問存心。曰：非是別將事物存心。賜録云：非是活捉一物來存着。孔子曰「居處恭，執事敬，與人忠」，便是存心之法。如説話覺得不是，便莫説；做事覺得不是，便莫做；亦是賜録作「只此便是」。存心之法。季札。○賜同。

存得此心，便是要在這裏常常照管。若不照管，存養要做甚麼用。

問存心。曰：存心不在紙上寫底，且體認自家心是何物。聖賢説得極分曉，孟

❶「存其心」，原作「持其志」，今據朝鮮本改。

子恐後人不識，又說四端，於此尤好玩索。季札。

或問存心。曰：存心只是知有此身。謂如對客，但知道我此身在此對客。方子。

記得時，存得一霎時，濟得甚事。文蔚。

但操存得在時，少間它喜怒哀樂，自有一箇則在。祖道。

心存時少，亡時多。存養得熟後，臨事省察不費力。祖道。

平日涵養之功，臨事持守之力。涵養、持守之久，則臨事愈益精明。平日養得根本，固善；若平日不曾養得，臨事時便做根本工夫，從這裏積將去。若要去討平日涵養，幾時得。又曰：涵養之則，凡非禮勿視、聽、言、動，禮儀三百，威儀三千，皆是。僩。

明底人便明了，其它須是養。養，非是如何椎鑿用工，只是心虛靜，久則自明。士毅。

持養之說，言之，則一言可盡；行之，則終身不窮。榦。

或言靜中常用存養。曰：說得有病。一動一靜，無時不養。僩。

惜取那無事底時節。因說存養。○儒用。

人之一心，當應事時常如無事時，便好。人傑。

平居須是儼然若思。升卿。

三國時，朱然終日欽欽，如在行陣。學者持此，則心長不放矣。升卿。

或問：初學恐有急迫之病？曰：未要如此安排，只須常恁地執持。侍到急迫時，❶又旋理會。賀孫。

❶「侍」，萬曆本作「待」。

學者須敬守此心，不可急迫，當栽培深厚。栽，只如種得一物在此。但涵養持守之功繼繼不已，是謂栽培深厚。如此而優游涵泳於其間，則浹洽而有以自得矣。苟急迫求之，則此心已自躁迫紛亂，只是私己而已，終不能優游涵泳以達於道。端蒙。

大凡氣俗不必問，心平則氣自和。惟心粗一事，學者之通病。橫渠云：「顏子未至聖人，猶是心粗。」一息不存，即爲粗病。要在精思明辨，使理明義精；而操存涵養無須臾離，無豪髮間；則天理常存，人欲消去，其庶幾矣哉！大雅。

人能操存此心，卓然而不亂，亦自可與入道。況加之學問探討之功，豈易量耶。蓋卿。

人心本明，只被物事在上蓋蔽了，不曾得露頭面，故燭理難。且徹了蓋蔽底事，待它自出來行兩匝看。它既喚做心，自然知得是非善惡。伯羽。

或問：此心未能把得定，如何？曰：且論是不是，未須論定不定。此人曾學禪。○柄。

心須常令有所主。做一事未了，不要做別事。心廣大如天地，虛明如日月。要閑，心却不閑，隨物走了；不要閑，心却閑，有所主。

人須將那不錯底心去驗它那錯底心。不錯底是本心，錯底是失其本心。廣。

心得其正，方能知性之善。祖道。

今說性善。一日之間，動多少思慮，萌多少計較，如何得善。可學。

學者工夫，且去翦截那浮泛底思慮。文蔚。

人心無不思慮之理。若當思而思，自

不當苦苦排抑，反成不静。異端之學，以性自私，固爲大病。然又不察氣質情欲之偏，率意妄行，便謂無非至理，此尤害事。近世儒者之論，亦有流入此者，不可不察。

凡學須要先明得一箇心，然後方可學。譬如燒火相似，必先吹發了火，然後加薪，則火明矣。若先加薪而後吹火，則火滅矣。如今時人不求諸六經而貪時文是也。壽昌。

人亦須是通達萬變，方能湛然純一。砥。

一者，其心湛然，只在這裏。伯羽。

把定生死路頭。方子。

扶起此心來鬬。方子。

聖人相傳，只是一箇字。堯曰「欽明」，舜曰「温恭」。「聖敬日躋」。「君子篤恭而天下平」。節。○以下論敬。

堯是初頭出治第一箇聖人。《尚書·堯典》是第一篇典籍，説堯之德，都未下别字，「欽」是第一箇字。如今看聖賢千言萬語，大事小事，莫不本於敬。收拾得自家精神在此，方看得道理盡。看道理不盡，只是不曾專一。或云：「主一之謂敬。」敬莫只是主一？曰：主一又是「敬」字注解。要之，事無小無大，常令自家精神思慮盡在此。遇事時如此，無事時也如此。賀孫。

孔子所謂「克己復禮」，《中庸》所謂「致中和」、「尊德性」、「道問學」，《大學》所謂「明明德」，《書》曰「人心惟危，道心惟微，惟精惟一，允執厥中」，聖賢千言萬語，只是教人明天理，滅人欲。天理明，自不消講學。人性本明，如寶珠沉溷水中，明不可見；去了溷水，則寶珠依舊自明。自家若得知是人欲蔽了，便是明處。只是這上便緊緊着力主定，一面格物。今日格一物，明日格一物，正如游兵攻圍拔守，人欲自消鑠去。所以程先生說「敬」字，只是謂我自有一箇明底物事在這裏。把箇「敬」字抵敵，常常存箇敬在這裏，則人欲自然來不得。夫子曰：「爲仁由己，而由人乎哉！」緊要處正在這裏。銖。

聖賢言語，大約似乎不同，然未始不貫。只如夫子言非禮勿視、聽、言、動，「出門如見大賓，使民如承大祭」，「言忠信，行篤敬」，這是一副當說話。到孟子又却說「求放心」、「存心養性」。《大學》則又有所謂格物、致知、正心、誠意。至程先生又專一發明一箇「敬」字。若只恁看，似乎參錯不齊，千頭萬緒，其實只一理。道夫曰：泛泛於文字間，秖覺得異。實下工，則貫通之理始見。曰：然。只是就一處下工夫，則餘者皆兼攝在裏。聖賢之道，如一室然，雖門户不同，自一處行來便入得，但恐不下工夫爾。道夫。

因歎「敬」字工夫之妙，聖學之所以成始成終者，皆由此，故曰：「脩己以敬。」下面「安人」、「安百姓」，皆由於此。只緣子路問不置，故聖人復以此答之。要之，只是箇「脩己以敬」，則其事皆了。或曰：自秦、漢以來，諸儒皆不識這「敬」字，直至程子方說得親切，學者知所用力。曰：程子說得如此親切了，近世程沙隨猶非之，以爲聖賢無單獨說「敬」字時，只是敬親、敬君、敬長，方着箇「敬」字。全不成說話。聖人說「脩己以敬」，曰「敬而無失」，曰「聖敬日躋」，何嘗不單獨說來？若說有君、有親、有長時用敬，則無君親、無長之時，將不敬乎？都不思量，只是信口胡說。僩。

問：二程專教人持敬，持敬在主一。浩熟思之：若能每事加敬，則起居語嘿在規矩之内，久久精熟，有「從心所欲，不踰矩」之理。顏子請事四者，亦只是持敬否？曰：學莫要於持敬，故伊川謂「敬則無己可克，省多少事」。然此事甚大，亦甚難。須是造次顛沛必於是，不可須臾間斷，如此方有功，所謂「敏則有功」。若還今日作，明日輟，放下了又拾起，幾時得見效。脩身、齊家、治國、平天下，都少箇敬不得。如湯之「聖敬日躋」，文王「小心翼翼」之類，皆是。只是它便與敬爲一。自家須用持著，稍緩則忘了，所以常要惺惺地。久之成熟，可知道「從心所欲，不踰矩」。顏子止是持敬。浩。

因説敬，曰：聖人言語，當初未曾關聚。如説「出門如見大賓，使民如承大祭」等類，皆是敬之目。到程子始關聚説出一箇「敬」來教人，然敬有甚物？只如「畏」字相似。不是塊然兀坐，耳無聞，目無見，全不省事之謂。只收斂身心，整齊純一，不恁地放縱，便是敬。浩。

程子只教人持敬。孔子告仲弓亦只是説「如見大賓，如承大祭」。此心常存得，便見得仁。夔孫。

敬，只是收斂來。程夫子亦説敬。孔子説「行篤敬」，「敬以直内，義以方外」。聖賢亦是如此，只是工夫淺深不同。聖賢説得好：「人生而静，天之性也；感物而動，性之欲也。」「物至知知，然後好惡形焉。好惡無節於内，知誘於外，不能反躬，天理滅矣。」節。

爲學有大要。若論看文字，則逐句看將去。若論爲學，則自有箇大要。所以程子推出一箇「敬」字與學者説，要且將箇「敬」字收斂箇身心，放在模匣子裏面，不走作了，然後逐事逐物看道理。嘗愛古人説得「學有緝熙于光明」，此句最好。蓋心地本自光明，只被利欲昏了。今所以爲學者，要令其光明處轉光明，所以下「緝熙」字。緝，如「緝麻」之「緝」，連緝不已之意。熙，則訓「明」字。心地光明，則此事有此理，此物有此理，自然見得。且如人心何嘗不光明。見它人做得是，便道是；做得不是，便知不是，何嘗不光明。然只是才明便昏了。又有一種人自謂光明，而事事物物元不曾照見。似此光明，亦不濟得事。今釋氏自謂光明，然父子則不知其所謂親，君臣則不知其所謂義。説它光明，則是亂道。雉。

今説此話，却似險，難説。故周先生只説「一者，無欲也」。然這話頭高，卒急難湊泊。尋常人如何便得無欲。故伊川只説箇「敬」字，教人只就這「敬」字上崖去，庶幾執捉得定，有箇下手處。縱不得，亦不至失。要之，皆只要人於此心上見得分明，自然有得爾。然今之言敬者，乃皆裝點外事，不知直截於心上求功，遂覺累墜不快活。不若眼下於求放心處有功，則尤省力也。但此事甚易，只如此提惺，莫令昏昧，一二日便可見效，且易而省力。只在念不念之間耳，何難而不爲。大雅。

「敬」字，前輩多輕説過了，唯程子看得重。人只是要求放心。何者爲心？只是箇敬。人纔敬時，這心便在身上了。義剛。

人之爲學，千頭萬緒，豈可無本領。此程先生所以有「持敬」之語。只是提撕此心，教它光明，則於事無不見，久之自然剛健有力。驤。

而今只是理會箇敬，一日則有一日之效，一月則有一月之效。因問《或問》中程子、謝、尹所説敬處。曰：譬如此屋，四方皆入得。若從一方入到這裏，則那三方入處都在這裏了。夔孫。

程先生所以有功於後學者，最是「敬」之一字有力。人之心性，敬則常存，不敬則不存。如釋、老等人，却是能持敬。但是它只知得那上面一截事，却没下面一截事。覺而今恁地做工夫，却是有下面一截，又怕没那上面一截。那上面一截，却是箇根本底。卓。

今人皆不肯於根本上理會。如「敬」字，只是將來説，更不做將去。根本不立，故其它零碎工夫無湊泊處。明道、延平皆教人静坐。看來須是静坐。蓋卿。

「敬」字工夫，乃聖門第一義，徹頭徹尾，不可頃刻間斷。

「敬」之一字，真聖門之綱領，存養之要法。一主乎此，更無内外精粗之間。

先立乎其大者。持敬。○方。

敬則萬理具在。節。

仲思問「敬者，德之聚」。曰：敬則德聚，不敬則都散了。伯羽。

敬勝百邪。泳。

只敬，則心便一。賀孫。

敬，只是此心自做主宰處。

人常恭敬，則心常光明。道夫。

敬則天理常明，自然人欲懲窒消治。方。

人能存得敬，則吾心湛然，天理粲然，無一分着力處，亦無一分不着力處。方。

敬是箇扶策人底物事。人當放肆怠惰時，才敬，便扶策得此心起。常常會恁地，雖有些放僻邪侈意思，也退聽。賀孫。

敬不是只恁坐地。舉足動步，常要此

心在這裏。淳。

敬非是塊然兀坐，耳無所聞，目無所見，心無所思，而後謂之敬。只是有所畏謹，不敢放縱。如此，則身心收斂，如有所畏。常常如此，氣象自別。存得此心，乃可以爲學。砥。

敬不是萬事休置之謂，只是隨事專一，謹畏，不放逸耳。

敬，只是一箇「畏」字。燾。

敬無許多事。方。

敬只是收斂來。又曰：敬是始終一事。節。

問敬。曰：一念不存，也是間斷；一事有差，也是間斷。

問：敬何以用工？曰：只是內無妄思，外無妄動。柄。

心走作不在此，便是放。夫人終日之間，如是者多矣。「博學、審問、謹思、明辨、力行」，皆求之之道也。須是敬。問敬。曰：不用解說，只整齊嚴肅便是。升卿。

持敬之說，不必多言。但熟味「整齊嚴肅」、「嚴威儼恪」、「動容貌，整思慮」、「正衣冠，尊瞻視」此等數語，而實加工焉，則所謂直內，所謂主一，自然不費安排，而身心肅然，表裏如一矣。升卿。

或問：主敬只存之於心，少寬四體亦無害否？曰：心無不敬，則四體自然收斂，不待十分着意安排，而四體自然舒適。着意安排，則難久而生病矣。

何丞說：敬不在外，但存心便是敬。先生曰：須動容貌，整思慮，則生敬。已而曰：各說得一邊。方。

「坐如尸，立如齊」，「頭容直，目容端，足容重，手容恭，口容止，氣容肅」，皆敬之目也。升卿。

今所謂持敬，不是將箇「敬」字做箇好物事樣塞放懷裹。只要胸中常有此意，而無其名耳。振。

元思問：持敬易散漫，如何？曰：只喚着，便在此。可學。

或問：持敬患不能久，當如何下功夫？曰：某舊時亦曾如此思量，要得一箇直截道理。元來都無它法，只是習得熟，熟則自久。銖。

問：人於誠敬有作輟。曰：只是在人，人須自責。如「爲仁由己」，作與輟都不干別人事，須是自家肯做。又問：如此時須是勉强？曰：然。去僞。

或問：先持敬，令此心惺惺了，方可應接事物，何如？曰：不然。伯静又問：須是去事物上求？曰：亦不然。若無事物時，不成須去求箇事物來理會。且無事物之時，要你做甚麽？賀孫。

動出時也要整齊，平時也要整齊。方問：乃是敬貫動静？曰：到頭底人，言語無不貫動静者。方。

問：敬通貫動静而言。然静時少，動時多，恐易得撓亂。曰：如何都静得。有事須着應。人在世間，未有無事時節；要無事，除是死也。自早至暮，有許多事。不成説事多撓亂，我且去静坐。敬不是如此。若事至前，而自家却要主静，頑然不應，便是心都死了。無事時敬在裹面，有事時敬在事上。有事無事，吾之敬未嘗間斷也。且如應接賓客，敬便是應接上；賓客去後，敬又在這裹。若厭苦賓客，而爲之心煩，此却是自撓亂，非所謂敬也。故程子説：「學到專一時方好。」蓋專一，則有事無事皆是如此。程子此段，這一句是緊要處。僩。

學者當知孔門所指求仁之方，日用之間，以敬爲主。不論感與未感，平日常是如此涵養，則善端之發，自然明著。少有間斷，而察識存養，擴而充之，皆不難乎爲力矣。造次顛沛，無時不習。此心之全體皆貫乎動静語默之間，而無一息之間斷，其所謂仁乎。

敬且定下，如東西南北各有去處，此爲根本，然後可明。若與萬物並流，則如眯目播糠，上下四方易位矣。如伊川説：「聰明睿知，皆由是出。」方曰：敬中有誠立明通道理。曰：然。方。

大率把捉不定，皆是不仁。人心湛然虚定者，仁之本體。把捉不定者，私欲奪之，而動摇紛擾矣。然則把捉得定，其惟篤於持敬乎。直卿。○端蒙。

問：主敬時私欲全不萌，此固是仁。或於物慾中打一覺悟，是時私慾全無，天理盡見，即此便是仁之全體否？曰：便是不如此。且如在此静坐時固敬，應事接物，能免不差否？只才被人叫時，自家便隨它去了。須於應事接物上不錯，方是。這箇便是難。僩。

問：人如何發其誠敬，消其欲？曰：此是極處了。誠，只是去了許多僞；敬，只是去了許多怠慢；欲，只是要窒。去僞。

誠、敬、寡欲，不可以次序做工夫。數者雖則未嘗不串，然其實各是一件事。不成道敬則欲自寡，却全不去做寡欲底功夫，則是廢了克己之功也。但恐一旦發作，又却無理會。譬如平日慎起居，節飲食，養得如此了，固是無病。但一日意外病作，豈可不服藥？敬只是養底功夫。克己是去病，須是俱到，無所不用其極。端蒙。

敬如治田而灌溉之功，克己，則是去其惡草也。端蒙。

問持敬與克己工夫。曰：敬，是涵養操持不走作；克己，則和根打併了，教它盡净。又問《敬齋箴》。曰：此是敬之目，説有許多地頭去處。僩。

問：且如持敬，豈不欲純一於敬？然自有不敬之念，固欲與己相反，愈制則愈甚。或謂只自持敬，雖念慮妄發，莫管它，久將自定，還如此得否？曰：要之，邪正本不對立，但恐自家胸中無箇主。若有主，邪自不能入。又問：不敬之念，非出於心。如忿慾之萌，學者固當自克，雖聖賢亦無如之何。至於思慮妄發，欲制之而不能。曰：纔覺恁地，自家便挈起了。但莫先去防它。然此只是自家見理不透，做主不定，所以如此。《大學》曰：「物格，而后知至；知至，而后意誠。」才意誠，則自然無此病。

問：嘗學持敬。讀書，心在書；爲事，心在事；如此頗覺有力。只是瞑目静坐時，支遣思慮不去。或云，只瞑目時已是生妄想之端。讀書心在書，爲事心在事，只是收聚得心，未見敬之體。曰：静坐而不能遣思慮，便是静坐時不曾敬。敬只是敬，更尋甚敬之體。似此支離，病痛愈多，更不曾做得工夫，只了得安排杜撰也。人傑。

大凡學者須先理會「敬」字，敬是立脚去處。程子謂：「涵養須用敬，進學則在致知。」此語最妙。或問：持敬易間斷，如何？曰：常要自省得。才省得，便在此。或以爲此事最難。曰：患不省察爾。覺得間斷，便已接續，何難之有？「操則存，舍則亡」，只在操、舍兩字之間。要之，只消一箇「操」字。到緊要處，全不消許多文字言語。若此意成熟，雖「操」字亦不須用。「習矣不察」，人多錯看此一語。人固有事親孝，事兄弟，交朋友亦有信，而終不識其所以然者，「習矣，而不察也」。此「察」字，非「察物」之「察」，乃識其所以然也。習是用功夫處，察是知識處。今人多於「察」字用功，反輕了「習」字。才欲作一事，却又分一心去察一心，胸中擾擾，轉覺多事。如張子韶說《論語》，謂「察其事親從兄之心，靄然如春，則爲仁；肅然似秋，則爲義」。只要自察其心，反不知其事親、從兄爲如何也。故夫子教人，只說習。如「克己復禮」，是說習也；視、聽、言、動，亦是習；「請事斯語」，亦是習。孟子恐人不識，方說出「察」字。而「察」字最輕，「習」字最重也。次日，陳人之求先生書「涵養須用敬，進學則在致知」字，❶以爲觀省之益。曰：持敬不用判公憑。終不肯寫。○謨。

或問：一向把捉，待放下便覺恁衰颯，不知當如何？曰：這箇也不須只管恁地把捉。若要去把捉，又添一箇要把捉底心，是生許多事。公若知得放下不好，便提掇起來，便是敬。曰：静坐久之，一念不免發動，當如何？曰：也須看一念是要做甚麼事。若是好事，合當做底事，須去幹了。或此事思量未透，須着思量教了。若是不好底事，便不要做。自家纔覺得如此，這敬便在這裏。賀孫。

敬，莫把做一件事看，只是收拾自家精神，專一在此。今看來諸公所以不進，緣是但知說道格物，却於自家根骨上煞欠闕，精

❶「人」，萬曆本作「一」。「字」，原作「子」，今據朝鮮本改。

神意思都恁地不專一，所以工夫都恁地不精鋭。未説道有甚底事分自家志慮，只是觀山玩水，也煞引出了心，那得似教它常在裏面好。如世上一等閑物事，一切都絶意，雖似不近人情，要之，如此方好。賀孫。

敬有死敬，有活敬。若只守着主一之敬，遇事不濟之以義，辨其是非，則不活。若熟後，敬便有義，義便有敬。静則察其敬與不敬，動則察其義與不義。如「出門如見大賓，使民如承大祭」，不敬時如何？「坐如尸，立如齊」，不敬時如何？須敬義夾持，循環無端，則内外透徹。從周。

涵養須用敬，處事須是集義。道夫。

敬、義只是一事。如兩脚立定是敬，才行是義；合目是敬，開眼見物便是義。從周。

方未有事時，只得説「敬以直内」。若事物之來，當辨別一箇是非，不成只管敬去。敬、義不是兩事。德明。

敬者，守於此而不易之謂；義者，施於彼而合宜之謂。夔孫。

敬要回頭看，義要向前看。壽昌。

敬、○義。義是其間物來能名、❶事至能斷者是。○方。

明道教人静坐，李先生亦教人静坐。蓋精神不定，則道理無湊泊處。又云：須是静坐，方能收斂。佐。○以下論静。

静坐無閑雜思慮，則養得來便條暢。淳。

或問：疲倦時静坐少頃，可否？曰：也不必要似禪和子樣去坐禪，方爲静坐，但只令放教意思静便了。僩。

始學工夫，須是静坐。静坐則本原定，

❶「名」，萬曆本作「應」。

雖不免逐物，及收歸來，也有箇安頓處。譬如人居家熟了，便是出外，到家便安。如茫茫在外，不曾下工夫，便要收斂向裏面，也無箇着落處。士毅。

或問：不拘静坐與應事，皆要專一否？曰：静坐非是要如坐禪入定，斷絶思慮。只收斂此心，莫令走作閑思慮，則此心湛然無事，自然專一。及其有事，則隨事而應；事已，則復湛然矣。不要因一事而惹出三件兩件。如此，則雜然無頭項，何以得它專一。只觀文王「雝雝在宫，肅肅在廟，不顯亦臨，無射亦保」，便可見敬只是如此。古人自少小時便做了這工夫，故方其灑掃時，加帚之禮。至於學《詩》，學樂舞，學弦誦，皆要專一。且如學射時，心若不在，何以能中。學御時，心若不在，何以使得它馬。書、數皆然。今既自小不曾做得，不奈何，須着從今做去方得。若不做這工夫，却要讀書看義理，恰似要立屋無基地，且無安頓屋柱處。今且説那營營底心會與道理相入否？會與聖賢之心相契否？今求此心，正爲要立箇基址，得此心光明，有箇存主處，然後爲學，便有歸着不錯。若心雜然昏亂，自無頭當，却學從那頭去？又何處是收功處？故程先生須令就「敬」字上做工夫，正爲此也。大雅。

人也有静坐無思念底時節，也有思量道理底時節，豈可畫爲兩塗，説静坐時與讀書時工夫迥然不同。當静坐涵養時，正要體察思繹道理，只此便是涵養。不是説喚醒提撕，將道理去却那邪思妄念。只自家思量道理時，自然邪念不作。「言忠信，行篤敬」，「立則見其參於前，在輿則見其倚於衡」，只是常常見這忠信篤敬在眼前，自然邪妄無自而入，非是要存這忠信篤敬，去除那不忠不敬底心。今人之病，正在於静坐讀書時二者工夫不一，所以差。僴。

一之問：存養多用静否？曰：不必然。孔子却都就用處教人做工夫。今雖説主静，然亦非棄事物以求静。既爲人，自然用事君親，交朋友，撫妻子，御僮僕。不成捐棄了，只閉門静坐，事物之來，且曰「候我存養」。又不可只茫茫隨它事物中走。二者須有箇思量倒斷始得。頃之，復曰：動時，静便在這裏。動時也有静，順理而應，則雖動亦静也。故曰：「知止而後有定，定而後能静。」事物之來，若不順理而應，則雖塊然不交於物以求静，心亦不能得静。惟動時能順理，則無事時能静；静時能存，則動時得力。須是動時也做工夫，静時也做工夫，兩莫相靠，使工夫無間斷，始得。若無間斷，静時固静，動時心亦不動，動亦静也。若無工夫，則動時固動，静時雖欲求静，亦不可得而静，静亦動也。動、静如船之在水，潮至則動，潮退則止；有事則動，無事則静。此段，徐居甫録。説此次日，見徐，云：事來則動，事過了静。如潮頭高，船也高；潮頭下，船也下。雖然，「動静無端」，亦無截然爲動爲静之理。如人之氣，吸則静，嘘則動。又問答之際，答則動也，止則静矣。凡事皆然。且如涵養、致知，亦何所始？但學者須自截從一處做去。程子謂：「學莫先於致知。」是知在先。又曰：「未有致知而不在敬者。」則敬也在先。從此推去，只管恁地。砥。

心於未遇事時須是静，及至臨事方用，重道此二字。便有氣力。如當静時不静，思慮散亂，及至臨事，已先倦了。伊川解「静專」處云：「不專一則不能直遂。」閑時須是收斂定，做得事便有精神。㽦。

心要精一。方静時，須湛然在此，不得困頓，如鏡樣明，遇事時方好。心要收拾得緊。如顔子「請事斯語」，便直下承當。及「犯而不校」，却別。從周。

静便定，熟便透。義剛。

静爲主，動爲客。静如家舍，動如道路。不翕，則不能直遂。○僩。

静時不思動，動時不思静。文蔚。

静中動，起念時。動中静，是物各付物。方。

人身只有箇動、静。静者，養動之根；動者，所以行其静。動中有静，如「發而皆中節」處，便是動中之静。祖道。

問：動、静兩字，人日間静時煞少，動時常多。曰：若聖人動時亦未嘗不静，至衆人動時却是膠擾亂了。如今人欲爲一事，未嘗能專此一事，處之從容不亂。其思慮之發，既欲爲此，又欲爲彼，此是動時却無那静也。端蒙。

「爲人君，止於仁；爲人臣，止於敬。」止於仁、敬者，静也；要止於仁與敬者，便是動。只管是一動一静，循環無端，所以謂「動極復静，静極復動」。如人嘘吸，若嘘而不吸，則須絶；吸而不嘘，亦必壅滯著不得。嘘者，所以爲吸之基。「尺蠖之屈，以求信也；龍蛇之蟄，以存身也；精義入神，以致用也；利用安身，以崇德也。」大凡這箇都是一屈一信，一消一息，一往一來，一闔一闢。大底有大底闔闢消息，小底有小底闔闢消息，皆只是這道理。砥。

古人唯如此，所以其應事敏，不失機。今人躁擾，却失機。○今隨事匆匆，是以動應動，物交物也。○以静應。兵家亦言。主静，點着便有。方。

因看「心，生道也」，云：不可以湖南之偏而廢此意。但當於安静深固中涵養出來。此以静應動，湖南以動應動。動静相涵。○應物。物與我心中之理本是一物，兩無少欠，但要我應之爾。方謂「沖漠無朕」一章通此。物心共此理。定是静，應者是動。○《通書》云：「無欲，則静虚動直。静虚則明，明則通；動也。動直則公，公則溥。」其致公平，静也。不可無應者。動處亦是仁，定者是義。亦是各正性命，所謂貞也。如木開花結實，實成脱離，則又是本來一性命，元無少欠。方云：人自是一箇天地。木實不能自知，而物則如此。人靈，能知之者矣。方。

吳公濟云：「逐日應接事物之中，須得一時辰寧静，以養衛精神。要使事愈繁而心愈暇，彼不足而我有餘。」其言雖出於異説，然試之亦略有驗，豈周夫子所謂主静者邪？❶道夫。

被異端説虚静了後，直使今學者忙得更不敢睡。方。

問：心存時也有邪處。曰：如何？泳曰：有人心、道心。如佛氏所謂「作用是性」，也常常心存。曰：人心是箇無揀擇底心，道心是箇有揀擇底心。佛氏也不可謂之邪，只是箇無揀擇底心。到心存時，已無大段不是處了。胡泳。

要得坐忘，便是坐馳。道夫。

静坐久時，昏困不能思；起去，又鬧了，不暇思。德明。

與好諧戲者處，即自覺言語多，爲所引也。方。

❶「主」，原作「王」，今據朝鮮本、萬曆本改。

朱子語類卷第十三計二十二板

學七

力行

學之之博，未若知之之要；知之之要，未若行之之實。祖道。○以下踐行。

善在那裏，自家却去行它。行之久，則與自家爲一；爲一，則得之在我。未能行，善自善，我自我。節。

人言匹夫無可行，便是亂說。凡日用之間，動止語默，皆是行處。且須於行處警省，須是戰戰兢兢，方可。若悠悠泛泛地過，則又不可。升卿。

若不用躬行，只是說得便了，則七十子之從孔子，只用兩日說便盡，何用許多年隨着孔子不去。不然，則孔門諸子皆是敳無能底人矣。❶恐不然也。古人只是日夜皇皇汲汲，去理會這箇身心。到得做事業時，只隨自家分量以應之。如由之果，賜之達，冉求之藝，只此便可以從政，不用它求。若是大底功業，便用大聖賢做；小底功業，便用小底賢人做。各隨它分量做出來，如何强得。僩。

這箇事，說只消兩日說了，只是工夫難。

人於道理不能行，只是在我之道理有未盡耳。不當咎其不可行，當反而求盡其

❶「敳」，朝鮮本作「獃」。

道。璘。

爲學就其偏處着工夫，亦是。其平正道理自在。若一向矯枉過直，又成偏去。如人偏於柔，自可見。只就這裏用工，須存平正底道理。雖要致知，然不可恃。《書》曰：「知之非艱，行之惟艱。」工夫全在行上。振。

問：大抵學便要踐履，如何？曰：固然是。《易》云：「學以聚之，問以辨之。」既探討得是當，又且放頓寬大田地，待觸類自然有會合處。故曰「寬以居之」。何嘗便説「仁以行之」？謨。

某此間講説時少，踐履時多，事事都用你自去理會，自去體察，自去涵養。書用你自去讀，道理用你自去究索。某只是做得箇引路底人，做得箇證明底人，有疑難處同商量而已。僩。

書册中説義理，只説得一面。今人之所謂踐履者，只做得箇皮草。如居屋室中，只在門户邊立地，不曾深入到後面一截。人傑。

放教脚下實。文蔚。

人所以易得流轉，立不定者，只是脚跟不點地。點，平聲。○僩。

問學如登塔，逐一層登將去。上面一層，雖不問人，亦自見得。若不去實踏過，却懸空妄想，便和最下底層不曾理會得。升卿。

學者如行路一般，要去此處，只直去此處，更不可去路上左過右過，相將一齊到不得。壽昌。

有箇天理，便有箇人欲。蓋緣這箇天理須有箇安頓處，才安頓得不恰好，便有人欲出來。夔孫。○以下理欲、義利、是非之辨。

天理、人欲分數有多少。天理本多，人欲便也是天理裏面做出來。雖是人欲，人欲中自有天理。問：莫是本來全是天理否？曰：人生都是天理，人欲却是後來没巴鼻生底。榦。

人之一心，天理存，則人欲亡；人欲勝，則天理滅，未有天理、人欲夾雜者。學者須要於此體認省察之。椿。

大抵人能於天理、人欲界分上立得脚住，則儘長進在。祖道。

天理、人欲之分，只争些子，故周先生只管説「幾」字。然辨之又不可不早，故横渠每説「豫」字。大雅。

天理、人欲，幾微之間。燾。

或問：先生言天理、人欲，如硯子，上面是天理，下一面是人欲？曰：天理、人欲常相對。節。

問：飲食之間，孰爲天理，孰爲人欲？曰：飲食者，天理也；要求美味，人欲也。節。

有天理自然之安，無人欲陷溺之危。燾。

不爲物欲所昏，則渾然天理矣。道夫。

天理、人欲，無硬定底界，至是兩界分上功夫。這邊功夫多，那邊不到占過來。若這邊功夫少，那邊必侵過來。燾。

人只有箇天理、人欲，此勝則彼退，彼勝則此退，無中立不進退之理。凡人不進便退也。譬如劉、項相拒於滎陽、成皐間，彼進得一步，則此退一步；此進一步，則彼退一步。初學者則要牢劄定脚與它捱，捱得一豪去，則逐旋捱將去。此心莫退，終須有勝時。勝時甚氣象！祖道。○儒用略。

人只是此一心。今日是，明日非，不是

將不是底換了是底。今日不好，明日好，不是將好底換了不好底。只此一心，但看天理私欲之消長如何爾。以至千載之前、千載之後，與天地相爲始終，只此一心。讀書亦不須牽連引證以爲工。如此纏繞，皆只是爲人；若實爲己，則須是將己心驗之。見得聖賢説底與今日此心無異，便是工夫。大雅。

學者須是革盡人欲，復盡天理，方始是學。今去讀書，要去看取句語相似不相似，便方始是讀書。讀書須要有志，志不立，便衰。而今只是分別人欲與天理，此長，彼必短；此短，彼必長。壽昌。

未知學問，此心渾爲人欲。既知學問，則天理自然發見，而人欲漸漸消去者，固是好矣。然克得一層，又有一層。大者固不可有，而纖微尤要密察。謨。

凡一事便有兩端：是底即天理之公，非底乃人欲之私。須事事與剖判極處，即克治廣充功夫隨事著見。然人之氣禀有偏，所見亦往往不同。如氣禀剛底人，則見剛處多，而處事必失之太剛；柔底人，則見柔處多，而處事必失之太柔。須先就氣禀偏處克治。閎祖。

義理身心所自有，失而不知所以復之。富貴身外之物，求之唯恐不得。縱使得之，於身心無分豪之益，況不可必得乎。若義理，求則得之。能不喪其所有，可以爲聖爲賢，利害甚明。人心之公，每爲私欲所蔽，所以更放不下。但常常以此兩端體察，若見得時，自須猛省，急擺脱出來。閎祖。

徐子融問：水火，明知其可畏，自然畏之，不待勉强。若是人欲，只緣有愛之之意，雖知之而不能不好之，奈何？曰：此亦未能真知而已。又問：真知者，還當真知人欲是不好物事否？曰：如「克、伐、怨、欲」，却不是要去就「克、伐、怨、欲」上面要知得到，只是自就道理這邊看得透，則那許多不待除而自去。若實是看得大底道理，要去求勝做甚麼？要去矜夸它人做甚麼？「求仁而得仁，又何怨！」怨箇甚麼？耳目口鼻四肢之欲，惟分是安，欲箇甚麼？見得大處分明，這許多小小病痛，都如冰消凍解，無有痕迹矣。賀孫。

今人日中所爲，皆苟而已。其實只將講學做一件好事，求異於人。然其設心，依舊只是爲利，其視不講者，又何以大相遠。天下只是「善惡」兩言而已。於二者始分之中，須着意看教分明。及其流出去，則善者一向善，但有淺深爾。如水清泠，便有極清處，有稍清處。惡者一向惡，惡亦有淺深。如水渾濁，亦有極渾處，有稍渾處。問：此善惡分處，只是天理之公，人欲之私耳。曰：此却是已有説後，方有此名。只執此爲説，不濟事。要須驗之此心，真知得如何是天理，如何是人欲。幾微間極索理會。此心常常要惺覺，莫令頃刻悠悠憒憒。大雅云：此只是持敬爲要。曰：敬不是閉眼默坐便爲敬，須是隨事致敬，要有行程去處。如今且未論齊家、治國、平天下，只截自格物、致知、誠意、正心、脩身爲説，此行程也。方其當格物時，便敬以格之；當誠意時，便敬以誠之；以至正心、脩身以後，節節常要惺覺執持，令此心常在，方是能持敬。今之言持敬者，只是説敬，非是持敬。若此心常在軀殼中爲主，便須常如烈火在身，有不可犯之色。事物之來，便成兩畔去，又何至如是纏繞。大雅。

學無淺深，並要辯義利。祖道。

看道理，須要就那箇大處看。須要前面開闊，不要就那壁角裏去。而今須要天理人欲、義利公私，分別得明白。將自家日用底與它勘驗，須漸漸有見處。若不去那大壇場上行，理會得一句透，只是一句，道理小了。義剛。

人貴剖判，心下令其分明，善理明之，惡念去之。若義利，若善惡，若是非，毋使混殽不別於其心。譬如處一家之事，取善舍惡；又如處一國之事，取得舍失；處天下之事，進賢退不肖。蓄疑而不决者，其終不成。洽。

或問義利之別。曰：只是爲己爲人之分。纔爲己，這許多便自做一邊去。義也是爲己，天理也是爲己。若爲人，那許多便自做一邊去。

須於日用間，令所謂義了然明白。或言心安處便是義。亦有人安其所不當安，豈可以安爲義也。升卿。

義利之辨，初時尚相對在。若少間主義功深後，那利如何着得。如小小竊盜，不勞而却矣。祖道。

事無小大，皆有義利。今做好底事了，其間更包得有多少利私在，所謂「以善爲之而不知其道」，皆是也。祖道。

才卿問：應事接物別義利，如何得不錯？曰：先做切己工夫。喻之以物，且須先做了本子。本子既成，便只就這本子上理會。❶不然，只是懸空説《易》。器之問：義利之分，臨事如何辨？曰：此須是工夫到，義理精，方曉。然未能至此，且據眼前

❶ 三「本」字，原均作「不」，今據萬曆本改。

占取義一邊，放令分數多，占得過。這下來，縱錯亦少。大雅。

才有欲順適底意思，即是利。祖道。

仁義根於人心之固有，利心生於物我之相形。燾。

人只有一箇公私，天下只有一箇邪正。敬仲。

將天下正大底道理去處置事，便公；以自家私意去處之，便私。僩。

且以眼前言，虚實真僞是非處，且要剔脱分明。祖道。

只是理會箇是與不是，便了。又曰：是，便是理。節。

凡事只去看箇是非。假如今日做得一件事，自心安而無疑，便是是處；一事自不信，便是非處。壽昌。

閑居無事，且試自思之。其行事有於所當是而非，當非而是，當好而惡，當惡而好，自察而知之，亦是工夫。士毅。

講學固不可無，須是更去自己分上做工夫。若只管説，不過一兩日都説盡了。只是工夫難。且如人雖知此事不是，不可爲，忽然無事又自起此念。又如臨事時雖知其不義，不要做，又却不知不覺自去做了，是如何？又如好事，初心本自要做，又却終不肯做，是如何？蓋人心本善，方其見善欲爲之時，此是真心發見之端。然纔發，便被氣稟物欲隨即蔽固之，不教它發。此須自去體察存養，看得此最是一件大工夫。廣。

學者工夫只求一箇是。天下之理，不過是與非兩端而已。從其是則爲善，徇其非則爲惡。事親須是孝，不然，則非事親之道；事君須是忠，不然，則非事君之道。凡事皆用審箇是非，擇其是而行之。聖人教人，諄諄不已，只是發明此理。「十五志學」，所志只在此；「三十而立」，所立只在此；「四十而不惑」，又不是別有一般道理，只是見得明，行得到。爲賢爲聖，皆只在此。聖人恐人未悟，故如此說，又如彼說；這裏既說，那裏又說，學者可不知所擇哉。今讀書而不能盡見其理，❶只是心粗意廣。凡解釋文義，須是虛心玩索。聖人言語，義理該貫，如絲髮相通，若只恁大綱看過，何緣見得精微出來。所以失聖人之意也。謨。

所謂道，不須別去尋討，只是這箇道理。非是別有一箇道，被我忽然看見，攫拏得來，方是見道。只是如日用底道理，恁地是，恁地不是，事事理會得箇是處，便是道也。近時釋氏便有箇忽然見道底說話。道又不是一件甚物，可撲得入手。❷僩。

學，大抵只是分別箇善惡而去就之爾。道夫。

論陰陽，則有陰必有陽；論善惡，則一豪着不得。節。

學者要學得不偏，如所謂無過不及之類，只要講明學問。如善惡兩端，便要分別理會得善惡分明後，只從中道上行，何緣有差。子思言中，而謂之中庸者，庸只訓常。日用常行，事事要中，所以謂「中庸不可能」。謨。

凡事莫非心之所爲，雖放僻邪侈，亦是此心。善惡但如反覆手，翻一轉便是惡。只安頓不着，亦便是不善。道夫。

人未說爲善，先須疾惡。能疾惡，然後

❶「見」，萬曆本作「知」。
❷「撲」，萬曆本作「摸」。

能爲善。今人見不好事，都只恁不管它。「民之秉彝，好是懿德」，不知這秉彝之良心做那裏去，也是可怪。與立。

有問好惡。曰：好惡是情，好善惡惡是性。性中當好善，當惡惡。泛然好惡，乃是私也。謙。

聖人之於天地，猶子之於父母。○以下係人倫。

佛經云：「佛爲一大事因緣出現於世。」聖人亦是爲這一大事出來。這箇道理，雖人所固有，若非聖人，如何得如此光明盛大。你不曉得底，我説在這裏，教你曉得；你不會做底，我做下樣子在此，與你做。只是要扶持這箇道理，教它常立在世間，上拄天，下拄地，常如此端正。才一日無人維持，便傾倒了。少間脚拄天，頭拄地，顛倒錯亂，便都壞了。所以説：「天佑下民，作之君，作之師，惟其克相上帝，寵綏四方。」天只生得你，付得這道理。你做與不做，却在你。做得好，也由你；做得不好，也由你。所以又爲之立君師以作成之，既撫養你，又教導你，使無一夫不遂其性。如堯、舜之時，真箇是「寵綏四方」。只是世間不好底人，不定疊底事，才遇堯、舜，都安怗平定了。❶所以謂之「克相上帝」，蓋助上帝之不及也。自秦、漢以來，講學不明。世之人君，固有因其才智做得功業，然無人知明德、新民之事。君道間有得其一二，而師道則絶無矣。卓。○僩同。

問：聖人「兼三才而兩之」。曰：前日正與學者言，佛經云：「我佛爲一大事因緣出現於世。」聖人亦是爲一大事出現於世。

❶「怗」，萬曆本作「帖」。

上至天，下至地，中間是人。塞于兩間者，無非此理。須是聖人出來，左提右挈，原始要終，無非欲人有以全此理，而不失其本然之性。「天佑下民，作之君，作之師」，只是爲此道理。所以作箇君師以輔相裁成，左右民，使各全其秉彝之良，而不失其本然之善而已。故聖人以其先得諸身者與民共之，只是爲這一箇道理。如老、佛窺見這箇道理。莊子「神鬼神帝，生天生地」，釋氏所謂「能爲萬象王，❶不逐四時凋」，它也窺見這箇道理。只是它說得驚天動地。聖人之學，則其作用處與它全不同。聖人之學，則至虛而實實，至無而實有，有此物則有此理。僩録此下云：須一一與它盡得。佛氏則只見得如此便休了，所以不同。又問：「輔相裁成」，若以學者言之，日用處也有這樣處否？曰：有之。如饑則食，渴則飲，寒則裘，鑿井而飲，耕田而食，作爲耒耜網罟之類，皆輔相左右民事。卓。○僩同。

道者，古今共由之理，如父之慈、子之孝、君仁、臣忠，是一箇公共底道理。德，便是得此道於身，則爲君必仁，爲臣必忠之類，皆是自有得於己，方解恁地。堯所以修此道而成堯之德，舜所以修此道而成舜之德。自天地以先，羲、黄以降，都即是這一箇道理，亘古今未嘗有異，只是代代有一箇人出來做主。做主，便即是得此道理於己，不是堯自是一箇道理，舜又是一箇道理，文王、周公、孔子又別是一箇道理。老子說：「失道而後德。」它都不識，分做兩箇物事，便將道做一箇空無底物事看。吾儒說只是一箇物事，以其古今公共是這一箇，不着人

❶「王」，四庫本作「主」。

身上説，謂之道。德，即是全得此道於己。它説：「失道而後德，失德而後仁，失仁而後義。」若離了仁義，便是無道理了，又更如何是道。賀孫。

聖人萬善皆備，有一豪之失，此不足爲聖人。常人終日爲不善，偶有一豪之善，此善心生也。聖人要求備，故大舜無一毫釐不是，此所以爲聖人。不然，又安足謂之舜哉！壽昌。

聖人不知己是聖人。振。

天下之理，至虛之中，有至實者存；至無之中，有至有者存。夫理者，寓於至有之中，而不可以目擊而指數也。然而舉天下之事，莫不有理。且臣之事君，便有忠之理；子之事父，便有孝之理；目之視，便有明之理；耳之聽，便有聰之理；貌之動，便有恭之理；言之發，便有忠之理。只是常常恁地省察，則理不難知也。壯祖。

學者實下功夫，須是日日爲之，就事親、從兄、接物、處事理會取。其有未能，益加勉行。如此之久，則日化而不自知，遂只如常事做將去。端蒙。

「父子欲其親」云云，曰：非是欲其如此。蓋有父子，則便自然有親；有君臣，則便自然有敬。因指坐間搖扇者曰：❶人熱時，自會搖扇，不是欲其搖扇也。○雉。

問：父母之於子，有無窮憐愛，欲其聰明，欲其成立。此謂之誠心邪？曰：父母愛其子，正也；愛之無窮，而必欲其如何，則邪矣。此天理、人欲之間，正當審決。

葉誠之問：人不幸處繼母異兄弟不相容，當如何？曰：從古來自有這樣子。公

❶「間」，原作「門」，今據朝鮮本改。

看舜如何。後來此樣事多有。只是「爲人子，止於孝」。賀孫。

君臣之際，權不可略重，纔重則無君。且如漢末，天下唯知有曹氏而已；魏末，唯知有司馬氏而已。魯當莊、僖之際，也得箇季友整理一番。其後季氏遂執其權，歷三四世，魯君之勢全無了，但有一季氏而已。賀孫問：也是合下君臣之間，其識慮不遠？曰：然。所以聖人垂戒，謂：「臣弑君，子弑父，非一朝一夕之故，其所由來者漸矣。由辨之不早辨也。」這箇事體，初間只争些小，到後來全然只有一邊。聖人所以「一日二日萬幾」，常常戒謹恐懼。《詩》稱文王之盛，於後便云：「殷之未喪師，克配上帝。宜鑒于殷，峻命不易。」此處甚多。賀孫。

用之問：忠，只是實心，人倫日用皆當用之，何獨只於事君上説「忠」字？曰：父子、兄弟、夫婦，皆是天理自然，人皆莫不自知愛敬。君臣雖亦是天理，然是義合。世之人便自易得苟且，故須於此説「忠」，却是就不足處説。如莊子説：「命也，義也，天下之大戒。」看這説，君臣自是有不得已意思。賀孫。

問：君臣父子，同是天倫，愛君之心終不如愛父，何也？曰：離畔也只是庶民，賢人君子便不如此。韓退之云：「臣罪當誅兮，天王聖明。」此語，何故程子道是好？文王豈不知紂之無道，却如此説？是非欺誑衆人，直是有説。須是有轉語，方説得文王心出。看來臣子無説君父不是底道理，此便見得是君臣之義處。莊子云：「天下之大戒二：命也，義也。子之於父，無適而非命也；臣之於君，無適而非義也；無所逃於天地之間。」舊嘗題跋一文字，曾引此語，以爲莊子此説，乃楊氏無君之説。似它這意思，便是没奈何了，方恁地有義，却不知此是自然有底道理。又曰：「臣之視君如寇讎」，孟子説得來怪差，却是那時説得。如云「三月無君則弔」等語，似是逐旋去尋箇君，與今世不同。而今却是只有進退，如有去之之理，只得退去。又有一種退不得底人，如貴戚之卿是也。賈生《弔屈原文》云：「歷九州而相其君兮，何必懷此都也。」又爲懷王傅，王墜馬死，誼自傷傅王無狀，悲泣而死。張文潛有詩譏之。當時誼何不去？直是去不得。看得誼當初年少，也只是胡説。賜。

臣子無愛身自佚之理。升卿。

問：妻有七出，此却是正當道理，非權也。曰：然。卓。

蜚卿問：安卿問目，以孝弟推説君臣等事，不須如此得否？曰：惟有此理，固當有此事。如人入於水則死，而魚生於水，此皆天然合當如此底道理。問：朋友之義，自天子至於庶人，皆須友以成，而安卿只説以類聚，莫未該朋友之義否？曰：此亦只説本來自是如此。自天子至於庶人，未有不須友以成，乃是後來事，説朋友功效如此。人自與人同類相求，牛羊亦各以類相從。朋友乃彝倫之一。今人不知有朋友之義者，只緣但知有四箇要緊，而不知朋友亦不可闕。賀孫。

朋友之於人倫，所關至重。驤。

問：與朋友交，後知其不善，欲絶，則傷恩；不與之絶，則又似「匿怨而友其人」。曰：此非匿怨之謂也。心有怨於人，而外與之交，則爲匿怨。若朋友之不善，情意自是當疏，但疏之以漸。若無大故，則不必峻絶之，所謂「親者毋失其爲親，故者毋失其爲故」者也。淳。

問：人倫不及師，何也？曰：師之義，即朋友，而分則與君父等。朋友多而師少，以其多者言之。又問：服中不及師，何也？曰：正是難處。若論其服，則當與君父等，故《禮》謂「若喪父而無服」，又曰「平居則絰」。卓。

李問人倫不及師。曰：師與朋友同類，而勢分等於君父，唯其所在而致死焉。曾云：如在君旁，則爲君死；在父旁，則爲父死。曰：也是如此。如在君，雖父有罪，不能爲父死。賀孫。

教導後進，須是嚴毅。然亦須有以興起開發之，方得。只恁嚴，徒拘束之，亦不濟事。道夫。

某嘗言，今教導之法，皆失真，無一箇人曉得。説道理底，盡説錯了，説從別處去。做文章底，也只學做那不好底文章；做詩底，也不識好詩；以至説禪底，也不是它元來佛祖底禪；修養者，也非老、莊之道，無有是者。僩。

古人上下之分雖嚴，然待臣僕如子弟，待子弟如臣僕。伯玉之使，孔子與之坐。陶淵明籃輿，用其子與門人。子路之負米，子貢之埋馬，夫子之釣弋，有若之三踊於魯大夫之庭，冉有用干却齊以入其軍，而樊須雖少能用命也，古之人執干戈衛社稷，躬耕稼與陶漁之事，皆是也。後世驕侈日甚，反以臣子之職爲耻。此風日變，不可復也。士君子知此，爲學者言之，以漸率其子弟，庶幾可少變乎。人傑。

耳目口鼻之在人，尚各有攸司，況人在

天地間，自農商工賈等而上之，不知其幾階？其所當盡者，小大雖異，界限截然。本分當爲者，一事有闕，便廢天職。「居處恭，執事敬，與人忠。」推是心以盡其職者，無以易諸公之論。但必知夫所處之職，乃天職之自然，而非出於人爲，則各司其職以辦其事者，不出於勉强不得已之意矣。大雅。

○以下雜論處心立事。

有是理，方有這物事。如草木有箇種子，方生出草木。如人有此心去做這事，方始成這事。若無此心，如何會成這事。夔孫。

事無非學。文蔚。

或說事多。曰：世事無時是了。且揀大段無甚緊要底事，不要做；又逐旋就小者又揀出無緊要底，不要做。先去其粗，却去其精，磨去一重，又磨一重。天下事都是如此。且如《中庸》說：「戒謹乎其所不覩，恐懼乎其所不聞。」先且就睹處與聞處做了，然後就不睹不聞處用工，方能細密。而今人每每跳過一重做事，睹處與聞處元不曾有工夫，却便去不睹不聞處做，可知是做不成，下梢一齊擔閣。且如屋漏暗室中工夫，如何便做得？須從「十目所視，十手所指」處做起，方得。明作。

且須立箇粗底根脚，却正好着細處工夫。今人於無義理底言語儘說了，無義理底事儘做了。是於粗底根脚猶未立，却求深微。縱理會得，干己甚事！升卿。

多是要求濟事，而不知自身己不立，事決不能成。人自心若一豪私意未盡，皆足以敗事。如上有一點黑，下便有一撲黑；上有一豪差，下便有尋丈差。今若見得十分透徹，待下梢遇事轉移，也只做得五六分。若今便只就第四五着理會，下梢如何。

賀孫。

聖賢勸人做底，必是人有欠闕處；戒人莫爲底，必是自家占得一分在其間。祖道。

要做好事底心是實，要做不好事底心是虛。被那虛底在裏夾雜，便將實底一齊打壞了。賀孫。

須是信得及。這件物事好笑，不信，便了不得。士毅。

這一邊道理熟，那一邊俗見之類自破。

常先難而後易，不然，則難將至矣。如樂毅用兵，始常懼難，乃心謹畏，不敢忽易，故戰則雖大國堅城，無不破者。及至勝，則自驕膽大，而恃兵强，因去攻二城亦攻不下。壽昌。

今人未有所見時，直情做去，都不見得。一有所見，始覺所爲多有可寒心處。砥。

今人多是安於所不安。做些事，明知是不好，只説恁地也不妨，正所謂「月攘一雞，以待來年」者也。賀孫。

作事若顧利害，其終未有不陷於害者。可學。

無所爲於前，無所冀於後。壽。

古人臨事所以要回互時，是一般國家大事，係死生存亡之際，有不可直情徑行處，便要權其輕重而行之。今則事事用此，一向回互。至於「枉尋直尺而利，亦可爲歟」？是甚意思。璘。

問：學者講明義理之外，亦須理會時政。凡事當一一講明，使先有一定之説，庶它日臨事，不至牆面。曰：學者若得胸中義理明，從此去量度事物，自然泛應曲當。人若有堯、舜許多聰明，自做得堯、舜許多事業。若要一一理會，則事變無窮，難以逆料，隨機應變，不可預定。今世文人才士，開口便説國家利害，把筆便述時政得失，終濟得甚事。只是講明義理以淑人心，使世間識義理之人多，則何患政治之不舉耶！柄。

因論人好習古今治亂典故等學，曰：亦何必苦苦於此用心。古今治亂，不過進君子，退小人，愛人利物之類，今人都看巧去了。揚。

某看人也須是剛，雖則是偏，然較之柔不同。《易》以陽剛爲君子，陰柔爲小人。若是柔弱不剛之質，少間都不會振奮，只會困倒了。賀孫。

天下事亦要得危言者，亦要得寬緩者，皆不可少。隨其人所見，看其人議論。如狄梁公辭雖緩，意甚懇切。如中邊皆緩，則不可「翕受敷施，九德咸事」，聖人便如此做。去僞。

今人大抵皆先自立一箇意見。若其性寬大，便只管一向見得一箇寬大底路；若性嚴毅底人，便只管見得一箇廉介底路，更不平其心。看事物，自有合寬大處，合嚴毅處。賀孫。

人最不可曉：有人奉身儉嗇之甚，充其操「上食槁壤，下飲黄泉」底，却只愛官職；有人奉身清苦而好色。它只緣私欲不能克，臨事只見這箇重，都不見别箇了。或云：似此等人，分數勝已下底。曰：不得如此説。才有病，便不好，更不可以分數論。它只愛官職，便弑父與君也敢。夔孫。

李問：世間有一種人，慈惠温厚，而於義不足，作事無斷制，是如何？曰：人生得多般樣，這箇便全是氣禀。如唐明皇爲人，它於父子、夫婦、君臣分上，極忍無狀，然終始於兄弟之情不衰。這只緣寧王讓它位，所以如此。寧王見它有功，自度不可居儲嗣，遂力讓它。緣這一節感動得它，所以終始恩重不衰。胡兄説：它見它兄讓它，所以如此友重。曰：不是如此，自是它裏面有這箇道理，得它兄感動發出來，得一箇物事承接得在耳。若其中元無此道理，如何會感動得來。人之氣禀極多般樣，或有餘於此，不足於彼。這箇不干道理事，皆氣禀所爲也。

古人尊貴，奉之者愈備，則其養德也愈善。後之奉養備者，賊之而已矣。方。

容貌辭氣，乃德之符也。燾。

血氣之怒不可有，義理之怒不可無。燾。

爲氣血所使者，只是客氣。惟於性理説話涵泳，自然臨事有別處。季札。

須是慈祥和厚爲本。如勇決剛果，雖不可無，然用之有處所。因論仁及此。○德明。

周旋回護底議論最害事。升卿。

事至於過當，便是僞。楊丞通老云：陸子静門人某人，常裹頭巾洗面。先生因言此。○燾。

學常要親細務，莫令心粗。江西人大抵用心粗。祖道。

向到臨安，或云建本誤，宜用浙本。後來觀之，不如用建本。謂浙俗好作長厚。○可學。

避俗，只是見不透。方。

問：避嫌是否？曰：合避豈可不避！如「瓜田不納履，李下不整冠」，豈可不避？如「君不與同姓同車，與異姓同車不同服」，皆是合避處。又問：世有刑人不娶，如上世不賢，而子孫賢，則如何？曰：「犁牛之子騂且角，雖欲勿用，山川其舍諸。」所謂不娶者，是世世爲惡不能改者，非指一世而言。如「喪父長子不娶」一句，却可疑。若然，則無父之女不復嫁，此不可曉。義剛。

叔蒙問：程子説：「避嫌之事，賢者且不爲，況聖人乎！」若是有一項合委曲而不可以直遂者，這不可以爲避嫌。曰：自是道理合如此。如避嫌者，却是又怕人道如何，這却是私意。如十起與不起，便是私，這便是避嫌。只是它見得這意思，已是大段做工夫，大段會省察了。又如人遺之千里馬，雖不受，後來薦人未嘗忘之，後亦竟不薦。不薦自是好，然於心終不忘，便是喫它取奉意思不過，這便是私意。又如如今立朝，明知這箇是好人，當薦舉之，却緣平日與自家有恩意往來，不是説親戚，親戚自是礙法，但以相熟，遂避嫌不舉它。又如有某人平日與自家有怨，到得當官，彼却有事當治，却怕人説道因前怨治它，遂休了。如此等，皆蹉過多了。賀孫。

因説人心不可狹小，其待人接物，胸中不可先分厚薄，有所別異，曰：惟君子爲能「通天下之志」，放令規模寬闊，使人人各得盡其情，多少快活。大雅。

問：待人接物，隨其情之厚薄輕重而爲酬酢邪？一切不問而待之以厚邪？曰：知所以處心持己之道，則所以接人待物，自有準則。人傑。

事有不當耐者，豈可全學耐事。升卿。

學耐事，其弊至於苟賤不廉。升卿。

學者須要有廉隅牆壁，便可擔負得大事去。如子路世間病痛都没了，親於其身爲不善，直是不入，此大者立也。問：子路此箇病何以終在？曰：當時也須大段去做工夫來，只打疊不能得盡。冉求比子路大爭。升卿。

恥，有當忍者，有不當忍者。升卿。

人須是有廉恥。孟子曰：「恥之於人大矣。」恥便是羞惡之心。人有恥，則能有所不爲。今有一樣人不能安貧，其氣銷屈，以至立脚不住，不知廉恥，亦何所不至。因舉吕舍人詩云：「逢人即有求，所以百事非。」因言：❶今人只見曾子唯一貫之旨，遂得道統之傳。此雖固然，但曾子平日是箇剛毅有力量、壁立千仞底人，觀其所謂「士不可以不弘毅」，「可以託六尺之孤，可以寄百里之命，臨大節而不可奪」，「晉、楚之富不可及也，彼以其富，我以吾仁，彼以其爵，我以吾義，吾何慊乎哉」底言語，可見。雖是做工夫處比顔子覺粗，然緣它資質剛毅，先自把捉得定，故得卒傳夫子之道。後來有子思、孟子，其傳亦永遠。又如《論語》必先説：「富與貴，是人之所欲也，不以其道得之，不處也；貧與賤，是人之所惡也，不以其道得之，不去也。」然後説：「君子去仁，惡乎成名。」必先教取舍之際界限分明，然後可做工夫。不然，則立脚不定，安能有進。又云：學者不於富貴貧賤上立定，則是入門便差了也。廣。

人之所以戚戚於貧賤，汲汲於富貴，只緣不見這箇道理。若見得這箇道理，貧賤不能損得，富貴不曾添得，只要知這道理。

若沮人之輕富貴者，下梢便愈更卑下，一齊衰了。升卿。

學者當常以「志士不忘在溝壑」爲念，則道義重，而計較死生之心輕矣。況衣食至微末事，不得未必死，亦何用犯義犯分，役心役志，營營以求之耶？某觀今人因不

❶「因」，萬曆本作「人」。

能咬菜根而至於違其本心者衆矣，可不戒哉！大雅。

困厄有輕重，力量有小大。若能一日十二辰點撿自己，念慮動作，睹是合宜，❶仰不愧，俯不怍，如此而不幸填溝壑，喪軀殞命，有不暇恤，只得成就一箇是處。如此，則方寸之間全是天理，雖遇大困厄，有致命遂志而已，亦不知有人之是非向背，惟其是而已。大雅。

因説貧，曰：朋友若以錢相惠，不害道理者可受。分明説：「其交也以道，其接也以禮，斯孔子受之。」若以不法事相委，却以錢相惠，此則斷然不可。明作。

味道問：死生是大關節處。須是日用間雖小事亦不放過，一一如此用工夫，當死之時，方打得透。曰：然。

貪生畏死，一至於此。可學。

以小惠相濡沫，覺見氣象不好。方。

某人立説：不須作同異。見人作事，皆入一分。先生曰：不曾參得此無礙禪。天下事，安可必同？安可必異？且如爲子須孝，爲臣須忠，我又如何異於人？若是不好事，又安可必同？只是有理在。可學。

作事先要成，所以常匆匆。方。

每常令兒子門作事，只是説箇大綱與它，以爲那小小處置處也易曉，不須説也得。後來做得有不滿人意處，未有不由那些子説不要區處處起。義剛。

問：見有吾輩臨終，多以不能終養與卒學爲恨。若大段以爲恨，也是不順理否？曰：也是如此。因言：「悔」字難説。

❶「睹」，萬曆本作「都」。

既不可常存在胸中以爲悔，又不可不悔。若只説不悔，則今番做錯且休，明番做錯又休，不成説話。問：如何是著中底道理？曰：不得不悔，但不可留滯。既做錯此事，它時更遇此事，或與此事相類，便須懲戒，不可再做錯了。胡泳。

輕重是非它人，最學者大病。是，是它是；非，是它非；於我何所預。且管自家。可學。

品藻人物，須先看它大規模，然後看它好處與不好處，好處多與少，不好處多與少。又看某長某短，某有某無，所長所有底是緊要與不緊要，所短所無底是緊要與不緊要。如此互將來品藻，方定得它分數優劣。燾。

今來專去理會時文，少間身己全做不是，這是一項人。又有一項人，不理會時文，去理會道理。少間所做底事，却與所學不相關。又有依本分，就所見定是要躬行，也不須去講學。這箇少間只是做得會差，亦不至大狼狽。只是如今如這般人，已是大段好了。賀孫。○以下論科舉之學。

義理，人心之所同然，人去講求，却易爲力。舉業，乃分外事，倒是難做。可惜舉業壞了多少人。賀孫。

士人先要分别科舉與讀書兩件，孰輕孰重。若讀書上有七分志，科舉上有三分，猶自可；若科舉七分，讀書三分，將來必被它勝却，况此志全是科舉。所以到老全使不着，蓋不關爲己也。聖人教人，只是爲己。泳。

或以不安科舉之業請教。曰：「道二：仁與不仁而已。」二者不能兩立。知其所不安，則反其所不安，以就吾安爾。聖賢千言萬語，只是教人做人而已。前日科舉之習，蓋未嘗不談孝弟忠信，但用之非爾。若舉而反之於身，見於日用，則安矣。又問：初學當讀何書？曰：六經、《語》、《孟》皆聖賢遺書，皆當讀，但初學且須知緩急。《大學》、《語》、《孟》最是聖賢爲人切要處。然《語》、《孟》却是隨事答問，難見要領。唯《大學》是曾子述孔子說古人爲學之大方，門人又傳述以明其旨，體統都具。玩味此書，知得古人爲學所鄉，讀《語》、《孟》便易入。後面工夫雖多，而大體已立矣。大雅。

專做時文底人，它說底都是聖賢說話。且如說廉，它且會說得好；說義，它也會說得好。待它身做處，只自不廉，只自不義，緣它將許多話只是就紙上說。廉，是題目上合說廉；義，是題目上合說義；都不關自家身己些子事。賀孫。

告或人曰：看今人心下自成兩樣。如何却專向功名利禄底心去，却全背了這箇心，不向道理邊來。❶公今赴科舉是幾年？公文字想不爲不精。以公之專一理會做時文，宜若一舉便中高科，登顯仕都了。到今又却不得，亦可自見得失不可必如此。若只管没溺在裏面，都出頭不得，下梢只管衰榻。❷若將這箇自在一邊，須要去理會道理是要緊，待去取功名，却未必不得。孟子曰：「自暴者不可與有言也，自棄者不可與有爲也。言非禮義，謂之自暴也。」非禮義，是專道禮義是不好。世上有這般人，惡人做好事，只道人做許多模樣是如何。這是它自恁地粗暴了，這箇更不通與它說。到

❶「來」，萬曆本作「求」。
❷「榻」，朝鮮本作「塌」。

得自棄底，也自道義理是好，也聽人說，也受人說，只是我做不得。任你如何，只是我做不得。這箇是自棄，終不可與有爲。故伊川說：「自暴者，拒之以不信；自棄者，絶之以不爲。」拒之以不信，只是說道沒這道理；絶之以不爲，是知有道理，自割斷了，不肯做。自暴者，有强悍意；自棄者，有懦弱意。今按：自暴謂粗暴。及再問，所答不然。○賀孫。

語或人曰：公且道不去讀書，專去讀些時文，下梢是要做甚麽人？赴試屢試不得，到老只恁地衰颯了，沉浮鄉曲間。若因時文做得一箇官，只是恁地鹵莽，都不說着要爲國爲民興利除害，盡心奉職。心心念念，只要做得向上去，便逐人背後鑽刺，求舉覓薦，無所不至。賀孫。

專一做舉業功夫，不待不得後枉了氣力，便使能竭力去做，又得到狀元時，亦自輸却這邊工夫了。人於此事，從來只是强勉，不能捨命去做，正似今人强勉來學義理。然某平生窮理，惟不敢自以爲是。伯羽。

若欲學俗儒作文字，縱攫取大魁，因撫所坐倚曰：已自輸了一着。力行。

或謂科舉害人。曰：此特一事耳。若自家工夫到後，那邊自輕。自脩。

士人亦有略知向者。然那下重，掉不得，如何知此下事。如今凝神静慮，積日累月如此，尚只今日見得一件，明日見得一件，未有廓然貫通處。况彼千頭萬緒，支離其心，未嘗一日用其力於此者耶。方。

說修身應舉重輕之序，因謂：今有恣爲不忠不孝，冒廉耻，犯條貫，非獨它自身不把作差異事，有司也不把作差異事，到得鄉曲鄰里也不把作差異事。不知風俗如何壞到這裏，可畏！某都爲之寒心。賀孫。

不赴科舉，也是匹似閑事。如今人纔說不赴舉，便把做掀天底大事。某看來，才着心去理會道理，少間於那邊便自没要緊。不知是如何，看許多富貴榮達都自輕了。如郭子儀二十四考中書，做許大功名，也只是如此。賀孫。

科舉累人不淺，人多爲此所奪。但有父母在，仰事俯育，不得不資於此，故不可不勉爾。其實甚奪人志。道夫。

問科舉之業妨功。曰：程先生有言：「不恐妨功，惟恐奪志。」若一月之間着十日事舉業，亦有二十日修學。若被它移了志，則更無醫處矣。大雅。

以科舉爲爲親，而不爲爲己之學，只是無志。以舉業爲妨實學，不知曾妨飲食否，只是無志也。方。

或以科舉作館廢學自咎者。曰：不然，只是志不立，不曾做工夫爾。孔子曰：「不怨天，不尤人。」自是不當怨尤，要你做甚耶。伊川曰：「學者爲氣所勝，習所奪，只可責志。」正爲此也。若志立，則無處無工夫，而何貧賤患難與夫夷狄之間哉。伯羽。

舉業亦不害爲學。前輩何嘗不應舉，只緣今人把心不定，所以有害。才以得失爲心，理會文字，意思都别了。閎祖。

嘗論科舉云：非是科舉累人，自是人累科舉。若高見遠識之士，讀聖賢之書，據吾所見而爲文以應之，得失利害置之度外，雖日日應舉，亦不累也。居今之世，使孔子復生，也不免應舉，然豈能累孔子邪！自有天資不累於物，不須多用力以治之者。

某於科舉，❶自小便見得輕，初亦非有所見而輕之也。正如人天資有不好啖酒者，見酒自惡，非知酒之爲害如何也。又人有天資不好色者，亦非是有見如何，自是它天資上看見那物事無緊要。若此者，省得工夫去治此一項。今或未能知此，須用力勝治方可。伯羽。

宜之云：許叔重太貪作科舉文字。曰：既是家貧親老，未免應舉，亦當好與它做舉業。舉業做不妨，只是先以得失橫置胸中，却害道。可學。

父母責望，不可不應舉。如遇試則入去，據己見寫了出來。節。

或問科舉之學。曰：做舉業不妨，只是把它格式檃括自家道理，都無那追逐時好、回避、忌諱底意思，便好。學蒙。

譚兄問作時文。曰：略用體式，而檃括以至理。節。

南安黃謙，父命之入郡學習舉業，而徑來見先生。先生曰：既是父要公習舉業，何不入郡學？日則習舉業，夜則看此書，自不相妨。如此則兩全。硬要咈父之命，如此則兩敗，父子相夷矣，何以學爲？讀書是讀甚底，舉業亦有何相妨？一旬便做五日修舉業，亦有五日得暇及此。若説踐履涵養，舉業儘無相妨。只是精神昏了，不得講究思索義理，然也怎奈之何。淳。

向來做時文，只粗疏恁地直説去，意思自周足，且是有氣魄。近日時文屈曲纖巧，少刻墮在裏面，只見意氣都衰塌了。也是教化衰，風俗壞到這裏，是怎生。賀孫。

今人皆不能脩身。方其爲士，則役役

❶「某」，原作「甚」，今據萬曆本改。

求仕；既仕，則復患禄之不加。趨走奔馳，無一日閑。何如山林布衣之士，道義足於身。道義既足於身，則何物能嬰之哉。壽昌。○以下論仕。

諸葛武侯未遇先主，只得退藏，一向休了，也没奈何。孔子弟子不免事季氏，亦事勢不得不然，捨此則無以自活。如今世之科舉亦然。如顔、閔之徒自把得住，自是好，不可以一律看。人之出處最可畏。如漢、晉之末，漢末則所事者，❶止有箇曹氏；晉末所事者，❷止有箇司馬氏，皆逆賊耳。

直卿問：子路之事，輒與樂正子從子敖相似。曰：不然。從子敖更無説。賀孫。

當官勿避事，亦勿侵事。升卿。

人須辨得去。托身於人仕宦。○升卿。

名義不正，則事不可行。無可爲者，有去而已。然使聖人當之，又不知如何？恐於義未精也。方。

三哥問：汀寇姜大老捉四巡檢以去，人當此時如何？曰：「事君則致其身」，委質爲臣，身非我有矣。有道理殺得它時，即殺之。如被它拘一處，都不問，亦須問它：「朝廷差我來，你拘我何爲？」如全無用智力處，只是死。孟子言捨生而取義，只看義如何，當死便須死。古人當此，即是尋常，今人看着是大事。揚。

❶「則」，萬曆本作「之」。
❷「末」下，萬曆本有「之」。

朱子語類卷第十四 計二十七板

大學一

綱領

學問須以《大學》爲先，次《論語》，次《孟子》，次《中庸》。《中庸》工夫密，規模大。德明。

讀書，且從易曉易解處去讀。如《大學》、《中庸》、《語》、《孟》四書，道理粲然。人只是不去看。若理會得此四書，何書不可讀，何理不可究，何事不可處。蓋卿。

某要人先讀《大學》，以定其規模；次讀《論語》，以立其根本；次讀《孟子》，以觀其發越；次讀《中庸》，以求古人之微妙處。《大學》一篇有等級次第，總作一處，易曉，宜先看。《論語》却實，但言語散見，初看亦難。《孟子》有感激興發人心處。《中庸》亦難讀，看三書後，方宜讀之。寓。

先看《大學》，次《語》、《孟》，次《中庸》。果然下工夫，句句字字，涵泳切己，看得透徹，一生受用不盡。只怕人不下工，雖多讀古人書，無益。書只是明得道理，却要人做出書中所説聖賢工夫來。若果看此數書，他書可一見而決矣。謙。

《論》、《孟》、《中庸》，待《大學》通貫浹洽，無可得看後方看，乃佳。道學不明，元來不是上面欠却工夫，乃是下面元無根脚。若信得及，脚踏實地，如此做去，良心自然不放，踐履自然純熟。非但讀書一事也。

人之爲學，先讀《大學》，次讀《論語》。《大學》是箇大坯模。《大學》譬如買田契，《論語》如田畝，闊狹去處，逐段子耕將去。或曰：亦在乎熟之而已。曰：然。去僞。○人傑同。

問：欲專看一書，以何爲先？曰：先讀《大學》，可見古人爲學首末次第。且就實處理會却好，不消得專去無形影處理會。淳。

可將《大學》用數月工夫看去。此書前後相因，互相發明，讀之可見，不比他書。他書非一時所言，非一人所記。惟此書首尾具備，易以推尋也。力行。

今且須熟究《大學》作間架，却以他書填補去。如此看得一兩書，便自占得分數多，❶後却易爲力。聖賢之言難精。難者既精，則後面粗者却易曉。大雅。

亞夫問《大學》大意。曰：《大學》是脩身治人底規模。如人起屋相似，須先打箇地盤。地盤既成，則可舉而行之矣。時舉。

或問：《大學》之書，即是聖人做天下根本？曰：此譬如人起屋，是畫一箇大地盤在這裏。理會得這箇了，他日若有材料，却依此起將去，只此一箇道理。明此以南面，堯之爲君也；明此以北面，舜之爲臣也。

《大學》一書，如行程相似。自某處到某處幾里，自某處到某處幾里。識得行程，須便行始得。若只讀得空殼子，亦無益也。履孫。

《大學》如一部行程曆，皆有節次。今人看了，須是行去。今日行得到何處，明日行得到何處，方可漸到那田地。若只把在

❶「自」，萬曆本作「是」。

手裏翻來覆去，欲望之燕之越，豈有是理。自脩。

《大學》是一箇腔子，而今却要去填教實着。如他説格物，自家須是去格物後，填教實着；如他説誠意，自家須是去誠意後，亦填教實着。節。

《大學》重處都在前面。後面工夫漸漸輕了，只是揩磨在。士毅。○廣録云：後面其失亦漸輕，❶只是下揩磨底工夫在。❷

看《大學》前面初起許多，且見安排在這裏。如今食次册相似，都且如此呈説後，方是可喫處。初間也要識許多模樣。賀孫。

《大學》一字不胡亂下，亦是古人見得這道理熟，信口所説，便都是這裏。淳。

《大學》總説了，又逐段更説許多道理。聖賢怕有些子照管不到，節節覺察將去，到這裏有恁地病，到那裏有恁地病。節。

明德，如八窗玲瓏，致知、格物，各從其所明處去。今人不曾做得小學工夫，一旦學《大學》，是以無下手處。今且當自持敬始，使端確純一静專，然後能致知、格物。椿。

而今無法。嘗欲作一説，教人只將《大學》一日去讀一遍，看他如何是大人之學，如何是小學，如何是「明明德」，如何是「新民」，如何是「止於至善」。日日如是讀，月來日去，自見所謂「温故而知新」。須是知新，日日看得新方得。却不是道理解新，但自家這箇意思長長地新。義剛。

才仲問《大學》。曰：人心有明處，於其間得一二分，即節節推上去。又問：小

❶「亦」，萬曆本無。
❷「只」，萬曆本作「亦」。

學、大學如何？曰：小學涵養此性，大學則所以實其理也。忠信孝弟之類，須於小學中出。然正心、誠意之類，小學如何知得。須其有識後，以此實之。大抵《大學》一節一節恢廓展布將去，然必到於此而後進。既到而不進，固不可；未到而求進，亦不可。且如國既治，又却絜矩，則又欲其四方皆準之也。此一卷書甚分明，不是衮作一塊物事。可學。

《大學》是爲學綱目。先通《大學》，立定綱領，其他經皆雜説在裏許。通得《大學》了，去看他經，方見得此是格物、致知事，此是正心、誠意事，此是脩身事，此是齊家、治國、平天下事。

問：《大學》一書，皆以脩身爲本。正心、誠意、致知、格物，皆是脩身内事。曰：此四者成就那脩身。脩身推出，做許多事。椿。

致知、格物，《大學》中所説，不過「爲人君，止於仁；爲人臣，止於敬」之類。古人小學時都曾理會來。不成小學全不曾知得。然而雖是「止於仁，止於敬」，其間却有多少事。如仁必有所以爲仁者，敬必有所以爲敬者，故又來《大學》致知、格物上窮究教盡。如入書院，只到書院門裏，亦是到來，亦唤做格物、致知得，然却不曾到書院築底處，終不是物格、知至。畬。

人多教踐履，皆是自立標置去教人。自有一般資質好底人，便不須窮理、格物、致知。此聖人作今《大學》，便要使人齊入於聖人之域。榦。

《大學》所載，只是箇題目如此。要須自用工夫做將去。賀孫。

《大學》教人，先要理會得箇道理。若

不理會得，見聖賢許多言語都是硬將人制縛，❶剩許多工夫。若見得了，見得許多道理，都是天生自然鐵定底道理，更移易分豪不得。而今讀《大學》，須是句句就自家身上看過。少間自理會得，不待解説。如《語》、《孟》、六經，亦須就自家身上看，便如自家與人對説一般，如何不長進。聖賢便可得而至也。賀孫。

今人都是爲人而學。某所以教諸公讀《大學》，且看古人爲學是如何，是理會甚事。諸公願爲古人之學乎？願爲今人之學乎？敬仲。

讀《大學》，且逐段崖。看這段時，似得無後面底。看第二段，却思量前段，令文意聯屬，却不妨。榦。

看《大學》，固是着逐句看去。也須先統讀傳文教熟，方好從頭子細看。若全不識傳文大意，便看前頭亦難。賀孫。

或問讀《大學》。曰：讀後去，須更温前面，不可只恁地茫茫看去。❷「温故而知新」，須是温故，方能知新。若不温故，便要求知新，則新不可得而知，亦不可得而求矣。賀孫。

讀《大學》，初間也只如此讀，後來也只如此讀。只是初間讀得，似不與自家相關；後來看熟，見許多説話須着如此做，不如此做自不得。賀孫。

謂任道弟讀《大學》，云：須逐段讀教透，默自記得，使心口相應。古時無多書，人只是專心暗誦。且以竹簡寫之，尋常人如何辦得竹簡如此多，所以人皆暗誦而後

❶「賢」，萬曆本作「人」。
❷「去」，萬曆本作「須」，則當屬下。

已。伏生亦只是口授《尚書》二十餘篇。黄霸就獄，夏侯勝受《尚書》於獄中，獄中又安得本子。❶只被他讀得透徹。後來著述，諸公皆以名聞。漢之經學所以有用。賀孫。

或問《大學》。曰：大概是如此。只是更要熟讀，熟時，滋味自別。且如喫果子，生時將來喫，也是喫這果子；熟時將來喫，也是喫這果子，只是滋味別。胡泳。

問賀孫：讀《大學》如何？曰：稍通，方要讀《論語》。曰：且未要讀《論語》。《大學》稍通，正好着心精讀。前日讀時，見得前未見得後面，見得後未接得前面。今識得大綱統體，正好熟看。如喫果實相似，初只恁地硬咬嚼。待嚼來嚼去，得滋味，如何便住却。讀此書功深，則用博。昔和靖見伊川，半年方得《大學》、《西銘》看。今人半年要讀多少書，某且要人讀此，是如何？緣此書却不多，而規模周備。凡讀書，初一項須着十分工夫了，第二項只費得九分工夫，第三項便只費六七分工夫。少刻讀漸多，自貫通他書，自不着得多工夫。賀孫。

諸生看《大學》未曉，而輒欲看《論語》者，責之曰：公如喫飯一般，未曾有顆粒到口，如何又要喫這般、喫那般。這都是不曾好生去讀書。某嘗謂人看文字曉不得，只是未曾着心。文字在眼前，他心不曾着上面，只是恁地略綽將過，這心元不曾伏殺在這裏。看他只自恁地豹跳，不肯在這裏理會，又自思量做別處去。這事未了，又要別尋一事做，❷這如何要理會得。今學者看文

❶「獄中又安」，萬曆本作「又豈」。
❷「別」，萬曆本無。

字，❶且須壓這心在文字上。逐字看了，又逐句看；逐句看了，又逐段看；未有曉不得者。賀孫。

子淵説《大學》。曰：公看文字，不似味道只就本子上看，看來看去，久之浹洽，自應有得。公便要去上面生意，只討頭不見。某所成《章句》、《或問》之書，已是傷多了。當初只怕人曉不得，故説許多。今人看，反曉不得。此一書之間，要緊只在「格物」兩字，認得這裏着，❷則許多説自是閑了。初看須用這本子，認得要害處，本子自無可用。某説十句在裏面，看得了，只做一句説了方好。某《或問》中已説多了，却不説到這般處。看這一書，又自與看《語》、《孟》不同。《語》、《孟》中只一項事是一箇道理。如孟子説仁義處，只就仁義上説道理；孔子答顔淵以「克己復禮」，只就「克己復禮」上説道理。若《大學》，却只統説。論其功用之極，至於平天下。然天下所以平，却先須治國；國之所以治，却先須齊家；家之所以齊，却先須脩身；身之所以脩，却先須正心；心之所以正，却先須誠意；意之所以誠，却先須致知；知之所以至，却先須格物。本領全只在這兩字上。又須知如何是格物。許多道理，自家從來合有、不合有。定是合有，定是人人都有。人之心便具許多道理：見之於身，便見身上有許多道理；行之於家，便是一家之中有許多道理；施之於國，便是一國之中有許多道理；施之於天下，便是天下有許多道理。「格物」兩字，只是指箇路頭，須是自去格那物始得。

❶「今」下，萬曆本有「之」。
❷「着」，萬曆本作「看」。

只就紙上說千千萬萬，不濟事。賀孫。

答林子淵說《大學》，曰：聖人之書，做一樣看不得。有只說一箇下工夫規模，有首尾只說道理。如《中庸》之書，劈初頭便說「天命之謂性」。若是這般書，全著得思量義理。如《大學》，只說箇做工夫之節目，自不消得大段思量，纔看過，便自曉得。只是做工夫全在自家身己上，却不在文字上。文字已不着得思量。說窮理，只就自家身上求之，都無別物事。只有箇仁義禮智，看如何千變萬化，也離這四箇不得。公且自看，日用之間如何離得這四箇。如信者，只是有此四者，故謂之信。信，實也，實是有此。論其體，則實是有仁義禮智；論其用，則實是有惻隱、❶羞惡、恭敬、是非，更假僞不得。試看天下豈有假做得仁、假做得義，假做得禮、假做得智。所以說信者，以言其實有而非僞也。更自一身推之於家，實是有父子、有夫婦、有兄弟；推之天地之間，實是有君、有臣、有朋友。都不是待後人旋安排，是合下元有此。又如一身之中，裏面有五臟六腑，外面有耳目口鼻四肢，這是人人都如此。存之爲仁義禮智，發出來爲惻隱、羞惡、恭敬、是非。人人都有此。以至父子、兄弟、夫婦、朋友、君臣，亦莫不皆然。至於物，亦莫不然。但其拘於形、拘於氣而不變。然亦就他一角子有發見處：看他也自有父子之親；有牝牡，便是有夫婦；有大小，便是有兄弟；就他同類中各有群衆，便是有朋友；亦有主腦，便是有君臣。只緣本來都是天地所生，共這根蔕，所以大率多同。聖賢出來撫臨萬物，各因其性而導之。

❶「惻」，原作「測」，今據萬曆本改。

如昆蟲草木，未嘗不順其性，如取之以時，用之有節。當春生時「不殀夭，不覆巢，不殺胎；草木零落，然後入山林；獺祭魚，然後虞人入澤梁；豺祭獸，然後田獵」。所以能使萬物各得其所者，惟是先知得天地本來生生之意。賀孫。

問《大學》。曰：看聖賢説話，所謂坦然若大路然。緣後來人説得崎嶇，所以聖賢意思難見。賀孫。

聖賢形之於言，所以發其意。後人多因言而失其意，又因注解而失其主。凡觀書，且先求其意，有不可曉，然後以注解通之。❶如看《大學》，先看前後經亦自分明，然後看傳。可學。

《大學》諸傳，有解經處，有只引經傳贊揚處。其意只是提起一事，使人讀着常惺惺地。道夫。

伊川舊日教人先看《大學》，那時未有解説，想也看得鶻突。而今有注解，❷覺大段分曉了，只在子細去看。賀孫。

看《大學》，且逐章理會。須先讀本文，念得，次將《章句》來解本文，又將《或問》來參《章句》。須逐一令記得，反覆尋究，待他浹洽。既逐段曉得，將來統看温尋過，這方始是。須是靠他這心，若一向靠寫底，如何得。又曰：只要熟，不要多貪。道夫。

聖人不令人懸空窮理，須要格物者，是要人就那上見得道理破，便實。只如《大學》一書，有正經，有解，有《或問》。看來看去，不用《或問》，只看注解便了；久之，又只看正經便了；又久之，自有一部《大學》

❶「解」，萬曆本無。
❷「有」，萬曆本作「看」。

在我胸中，而正經亦不用矣。然不用某許多工夫，亦看某底不出；不用聖賢許多工夫，亦看聖賢底不出。大雅。

或問：《大學解》已定否？曰：據某而今自謂穩矣。只恐數年後又見不穩，這箇不由自家。問《中庸解》。曰：此書難看。《大學》本文未詳者，某於《或問》則詳之。此書在《章句》，其《或問》中皆是辨諸家說，恐未必是。❶有疑處，皆以「蓋」言之。淳。

《大學章句》次序得皆明白易曉，❷不必《或問》。但致知、格物與誠意較難理會，不得不明辨之耳。人傑。

子淵問《大學或問》。曰：且從頭逐句理會，到不通處，却看《章句》。《或問》乃注脚之注脚，亦不必深理會。賀孫。

學者且去熟讀《大學》正文了，又子細看《章句》。《或問》未要看，俟有疑處，方可去看。又曰：某解書不合太多。又先準備學者，爲他設疑說了。他未曾疑到這上，先與說了，所以致得學者看得容易了。聖人云：「不憤不啓，不悱不發，舉一隅不以三隅反，則不復也。」須是教他疑三朝五日了，方始與說，他便通透。更與從前所疑慮，也會因此觸發，工夫都在許多思慮不透處。而今却是看見成解底，都無疑了。吾儒與老、莊學皆無傳，惟有釋氏常有人。蓋他一切辨得不說，都待別人自去敲搕，自有箇通透處。只是吾儒又無這不說底，若如此，少間差異了。又曰：解文字，下字最難。某解書所以未定，常常更改者，只爲無那恰好底字子。把來看，又見不穩當，又着改幾

❶「恐」，萬曆本作「理」。
❷「序」，萬曆本作「第」。

字。所以横渠説命辭爲難。賀孫。

某作《或問》，恐人有疑，所以設此，要他通曉。而今學者未有疑，却反被這箇生出疑。賀孫。

或問朱敬之：有異聞乎？曰：平常只是在外面聽朋友問答，或時裏面亦只説某病痛處得。一日，教看《大學》，曰：我平生精力盡在此書。先須通此，方可讀書。賀孫。

某於《大學》用工甚多。温公作《通鑑》，言「臣平生精力，盡在此書」。某於《大學》亦然。《論》、《孟》、《中庸》，却不費力。友仁。

《大學》一日只看二三段時，便有許多修處。若一向看去，便少。不是少，只是看得草草。

某解注書，不引後面説來證前説，却引前説去證後説。蓋學者方看此，有未曉處，又引他處，只見難曉。《大學》都是如此。僩。

説《大學》、《啓蒙》畢，因言：某一生只看得這兩件文字透，見得前賢所未到處。若使天假之年，庶幾將許多書逐件看得恁地，煞有工夫。賀孫。

序

亞夫問：《大學序》云：「既與之以仁義禮知之性，又有氣質之稟。」所謂氣質，便是剛柔、强弱、明快、遲鈍等否？曰：然。又云：氣，是那初稟底；質，是成這模樣了底。如金之礦、木之萌芽相似。又云：只是一箇陰陽五行之氣，衮在天地中，精英者爲人，查滓者爲物；精英之中又精英者，爲聖，爲賢；精英之中查滓者，爲愚，爲不肖。恪。

問：「一有聰明睿智能盡其性者，則天必命之以爲億兆之君師」，何處見得天命處？曰：此也如何知得。只是才生得一箇恁地底人，定是爲億兆之君師，便是天命之也。他既有許多氣魄才德，決不但已，必統御億兆之衆，人亦自是歸他。如三代已前聖人都是如此。及至孔子，方不然。然雖不爲帝王，也閑他不得，也做出許多事來，以教天下後世，是亦天命也。僩。

問：「天必命之以爲億兆之君師」，天如何命之？曰：只人心歸之，便是命。

問：孔子如何不得命？曰：《中庸》云「大德必得其位」，孔子却不得。氣數之差至此極，故不能反。可學。

問「繼天立極」。曰：天只生得許多人物，與你許多道理。然天却自做不得，所以必得聖人爲之脩道立教，❶以教化百姓，所謂「裁成天地之道，輔相天地之宜」是也。蓋天做不得底，却須聖人爲他做也。僩。

問：「各俛焉以盡其力」，下此「俛」字何謂？曰：「俛」字者，乃是刺着頭，只管做將去底意思。友仁。

問：外有以盡其規模之大，❷內有以盡其節目之詳。曰：這箇須先識得外面一箇規模如此大了，而內做工夫以實之。所謂規模之大，凡人爲學，便當以「明明德，新民，止於至善」，及「明明德於天下」爲事，不成只要獨善其身便了。須是志於天下，所謂「志伊尹之所志，學顏子之所學」也。所以《大學》第二句便說「在新民」。僩。

❶ 「必」，萬曆本作「立」。
❷ 「盡」，萬曆本作「極」。

明德、新民，便是節目；止於至善，便是規模之大。道夫。

仁甫問：釋氏之學，何以說爲「高過於《大學》而無用」？曰：吾儒更着讀書，逐一就事物上理會道理。他便都掃了這箇，他便恁地空空寂寂，恁地便道事都了。只是無用。德行道藝，藝是一箇至末事，然亦皆有用。釋氏若將些子事付之，便都没奈何。又曰：古人志道，據德，而游於藝。禮樂射御書數，數尤爲最末事。若而今行經界，則算法亦甚有用。若時文整篇整卷，要作何用，即徒然壞了許多士子精神。賀孫。

經　上

《大學》首三句說一箇體統，用力處却在致知、格物。端蒙。

天之賦於人物者謂之命，人與物受之者謂之性，主於一身者謂之心，有得於天而光明正大者謂之明德。敬仲。○以下明明德。

或問：明德便是仁義禮智之性否？曰：便是。

或問：所謂仁義禮智是性，明德是主於心而言？曰：這箇道理在心裏光明照徹，無一豪不明。

明德是指全體之妙，下面許多節目，皆是靠明德做去。

「明明德」，明只是提撕也。士毅。

學者須是爲己。聖人教人，只在《大學》第一句「明明德」上。以此立心，則如今端己斂容，亦爲己也；讀書窮理，亦爲己也；做得一件事是實，亦爲己也。聖賢教人持敬，❶只是須着從這裏説起。其實若知爲己後，即自然着敬。方子。

「明明德」乃是爲己工夫。那箇事不是分内事，明德在人，非是從外面請入來底。蓋卿。

爲學只在「明明德」一句。君子存之，存此而已；小人去之，去此而已。一念竦然，自覺其非，便是明之之端。儒用。

《大學》「在明明德」一句，當常常提撕。能如此，便有進步處。蓋其原自此發見。人只一心爲本。存得此心，於事物方知有脉絡貫通處。季札。

「在明明德」，須是自家見得這物事光明燦爛，常在目前，始得。如今都不曾見得。須是勇猛着起精神，拔出心肝與他看，始得。正如人跌落大水，浩無津涯，須是勇猛奮起這身，要得出來，始得。而今都只泛泛聽他流將去。

或以「明明德」譬之磨鏡。曰：鏡猶磨而後明。若人之明德，則未嘗不明。雖其昏蔽之極，而其善端之發，終不可絶。但當於其所發之端，而接續光明之，令其不昧，則其全體大用可以盡明。且如人知己德之不明而欲明之。只這知其不明而欲明之者，便是明德，就這裏便明將去。僩。

「明明德」如人自云，天之所與我，未嘗昏。只知道不昏，便不昏矣。僩。

「明明德」，是明此明德，只見一點明，便於此明去。正如人醉醒，初間少醒，至於大醒，亦只是一醒。學者貴復其初，至於已到地位，則不着箇「復」字。可學。

問「明明德」。曰：人皆有箇明處，但

❶「賢」，萬曆本作「人」。

爲物欲所蔽，剔撥去了。只就明處漸明將去。然須致知、格物，方有進步處，識得本來是甚麽物。季札。

明德未嘗息，時時發見於日用之間。如見非義而羞惡，見孺子入井而惻隱，見尊賢而恭敬，見善事而歎慕，皆明德之發見也。如此推之，極多。但當因其所發而推廣之。僩。

明德，謂得之於己，至明而不昧者也。如父子則有親，君臣則有義，夫婦則有別，長幼則有序，朋友則有信，初未嘗差也。苟或差焉，則其所得者昏，而非固有之明矣。履孫。

人本來皆具此明德，德内便有此仁義禮智四者。只被外物汩没了不明，便都壞了。所以《大學》之道，必先明此明德。若能學，則能知覺此明德，常自存得，便去刮剔，不爲物欲所蔽。推而事父孝、事君忠，推而齊家、治國、平天下，皆只此理。《大學》一書，若理會得這一句，便可迎刃而解。椿。

明德，也且就切近易見處理會，也且慢慢自見得。如何一日便都要識得。如出必是告，反必是面，昏定晨省，必是昏定晨省，這易見。「徐行後長者謂之弟，疾行先長者謂之不弟」，這也易見，有甚不分明。如「九族既睦」，是堯一家之明德；「百姓昭明」，是堯一國之明德；「黎民於變時雍」，是堯天下之明德。如「博奕好飲酒，不顧父母之養」，是不孝；到能昏定晨省，冬温夏凊，❶可以爲孝。然而「從父之令」，今看孔子說，却是不孝。須是知父之命當從，也有不可

❶「凊」，原作「清」，今據萬曆本改。

從處。蓋「與其得罪於鄉黨州閭，寧熟諫」，「諭父母於道」，方是孝。賀孫。

曾興宗問：如何是「明明德」？曰：明德是自家心中具許多道理在這裏。本是箇明底物事，初無暗昧，人得之則爲德。如惻隱、羞惡、辭遜、是非，❶皆從自家心裏出來，❷觸着那物，便是那箇物出來，何嘗不明。緣爲物欲所蔽，故其明易昏。如鏡本明，被外物點污，則不明了。少間磨起，則其明又能照物。又云：人心惟定則明。所謂定者，非是定於這裏，全不修習，待他自明。惟是定後，却好去學。看來看去，久後自然徹。又有人問：自覺胸中甚昧。曰：這明德亦不甚昧。如適來說惻隱、羞惡、辭遜、是非等，此是心中元有此等物。發而爲惻隱，這便是仁；發而爲羞惡，這便是義；發而爲辭遜、是非，便是禮、智。看來這箇亦不是甚昧，但恐於義理差互處有似是而非者，未能分別耳。且如冬溫夏凊爲孝，人能冬溫夏凊，這便是孝。至如子從父之令，本似孝，孔子却以爲不孝。與其得罪於鄉閭，不若且諫父之過，使不陷於不義，這處方是孝。恐似此處，未能大故分別得出，方昧。且如齊宣王見牛之觳觫，便有不忍之心，欲以羊易之。這便見惻隱處，只是見不完全。及到「興甲兵，危士臣」處，便欲快意爲之。是見不精確，不能推愛牛之心而愛百姓。只是心中所見所好如此，且恁地做去。又如胡侍郎《讀史管見》，其爲文字與所見處甚好，到他自做處全相反。不知是如何，却似是兩人做事一般，前日所見是一

❶「遜」，萬曆本作「讓」。
❷「皆」，萬曆本作「是」。

人，今日所行又是一人。是見不真確，致得如此。卓。

或問：「明明德」，是於静中本心發見，學者因其發見處從而窮究之否？曰：不特是静，雖動中亦發見。孟子將孺子將入井處來明這道理。蓋赤子入井，人所共見，能於此發端處推明，便是明。蓋人心至靈，有什麼事不知，有什麼事不曉，有什麼道理不具在這裏。何緣有不明？爲是氣稟之偏，又爲物欲所亂。如目之於色，耳之於聲，口之於味，鼻之於臭，四肢之於安佚，所以不明。然而其德本是至明物事，終是遮不得，必有時發見。便教至惡之人，亦時乎有善念之發。學者便當因其明處下工夫，一向明將去。致知、格物，皆是事也。且如今人做得一件事不是，有時都不知，便是昏處；然有時知得不是，這箇便是明處。孟子發明赤子入井。蓋赤子入井出於倉猝，人都主張不得，見之者莫不有怵惕惻隱之心。又曰：人心之靈莫不有知，所以不知者，但氣稟有偏，故知之有不能盡。所謂致知者，只是教他展開使盡。又曰：看《大學》，先將經文看教貫通。如看《或問》，須全段相參酌，看教他貫通，如看了隻手，將起便有五指頭，始得。今看《或問》，只逐些子看，都不貫通，如何得。子蒙。

或問「明明德」。云云。曰：不消如此説，他那注得自分曉了。只要你實去體察，行之於身。須是真箇明得這明德是怎生地明，是如何了得它虚靈不昧。須是真箇不昧，具得衆理，應得萬事。只恁地説，不濟得事。又曰：如格物、致知、誠意、正心、脩身五者，皆「明明德」事。格物、致知，便是要知得分明；誠意、正心、脩身，便是要行得分明。若是格物、致知有所未盡，便是知得這明德未分明；意未盡誠，便是這德有所未明；心有不正，則德有所未明；身有不脩，則德有所未明。須是意不可有頃刻之不誠，心不可有頃刻之不正，身不可有頃刻之不脩，這明德方常明。問：所謂明德，工夫也只在讀書上？曰：固是在讀書上。然亦不專是讀書，事上也要理會。書之所載者，固要逐件理會。也有書所不載，而事上合當理會者；也有古所未有底事，而今之所有當理會者，極多端。僩。○燾録別出。

問：或謂「虛靈不昧」，是精靈底物事；「具衆理」，是精靈中有許多條理；「應萬事」，是那條理發見出來底。曰：不消如此解説。但要識得這明德是甚物事，便切身做功夫，去其氣禀物欲之蔽。能存得自家箇虛靈不昧之心，足以具衆理，可以應萬事，便是明得自家明德了。若只是解説「虛靈不昧」是如何，「具衆理」是如何，「應萬事」又是如何，却濟得甚事。又問：明之之功，莫須讀書爲要否？曰：固是要讀書。然書上有底，便可就書理會；若書上無底，便着就事上理會；若古時無底，便着就而今理會。蓋所謂明德者，只是一箇光明底物事。如人與我一把火，將此火照物，則無不燭。自家若滅息着，便是暗了明德；能吹得着時，又是明其明德。所謂明之者，致知、格物、誠意、正心、脩身，皆明之之事，五者不可闕一。若闕一，則德有所不明。蓋致知、格物，是要知得分明；誠意、正心、脩身，是要行得分明。然既明其明德，又要功夫無間斷，使無時而不明，方得。若知有一之不盡，物有一之未窮，意有頃刻之不誠，心有頃刻之不正，身有頃刻之不脩，則明德又暗了。惟知無不盡，物無不格，意無不誠，心無不正，身無不脩，即是盡明明德之功夫也。燾。

問：《大學注》言：「其體虛靈而不昧，其用鑒照而不遺。」此二句是説心，説德？曰：心、德皆在其中，更子細看。又問：德是心中之理否？曰：便是心中許多道理，光明鑒照，豪髮不差。寓。○按：《注》是舊本。

「明德者，人之所得乎天，而虛靈不昧，以具衆理而應萬事者也。」禪家則但以虛靈不昧者爲性，而無以具衆理以下之事。僩。

問：「學者當因其所發而遂明之」，是如何？曰：人固有理會得處，如孝於親，友於弟，如水之必寒，火之必熱，不可謂他不知。但須去致極其知，因那理會得底，推之於理會不得底，自淺以至深，自近以至遠。又曰：因其已知之理而益窮之，以求至乎其極。廣。

問：「大學之道，在明明德。」此「明德」，莫是「天生德於予」之「德」？曰：莫如此問，只理會明德是我身上甚麽物事。某若理會不得，便應公「是『天生德於予』之『德』」，公便兩下都理會不得。且只就身上理會，莫又引一句來問。如此，只是紙上去討。又曰：此明德是天之予我者，莫令污穢，當常常有以明之。驤。

問：「明德」意思，❶以平旦驗之，亦見得於天者未嘗不明。曰：不要如此看。且就明德上説，如何又引别意思證？讀書最不要如此。賀孫遂就明德上推説。曰：須是更子細，將心體驗。不然，皆是閑説。賀孫。

❶「明德」，萬曆本作「明明德」。

傅敬子説「明明德」。曰：大綱也是如此。只是説得恁地孤單，也不得。且去子細看。聖人説這三句，也且大概恁地説，到下面方説平天下至格物八者，便是明德、新民底工夫。就此八者理會得透徹，明德、新民都在這裏。而今且去子細看，都未要把自家言語意思去攙他底。公説胸中有箇分曉底，少間捉摸不着，私意便從這裏生，便去穿鑿。而今且去熟看那解，看得細字分曉了，便曉得大字，便與道理相近。道理在那無字處自然見得。而今且説格物這箇事理，當初甚處得來？如今如何安頓它？逐一只是虛心去看萬物之理，看日用常行之理，看聖賢所言之理。夔孫。

明德，謂本有此明德也。「孩提之童，無不知愛其親；及其長也，無不知敬其兄。」其良知、良能，本自有之，只爲私欲所蔽，故暗而不明。所謂「明明德」者，求所以明之也。譬如鏡焉：本是箇明底物，緣爲塵昏，故不能照；須是磨去塵垢，然後鏡復明也。「在新民」，明德而後能新民。德明。

○以下明德、新民。

或問：明德、新民，還須自家德十分明後，方可去新民？曰：不是自家德未明，便都不管着别人，又不是硬要去新他。若大段新民，須是德十分明，方能如此。若小小效驗，自是自家這裏如此，他人便自觀感。「一家仁，一國興仁；一家讓，一國興讓」，自是如此。子蒙。

問：明德、新民，在我有以新之。至民之明其明德，却又在他？曰：雖説是明己德，新民德，然其意自可參見「明明德於天下」，自新以新其民，可知。寓。

蜚卿問：新民，莫是「脩道之謂教」，有

以新之否？曰：「道之以德」，是「明明德」；「齊之以禮」，是以禮新民，也是「修道之謂教」。有禮樂、法度、政刑，使之去舊污也。驤。

至善，只是十分是處。賀孫。○以下止至善。

至善，猶今人言極好。方子。

凡曰善者，固是好。然方是好事，未是極好處。必到極處，便是道理十分盡頭，無一豪不盡，故曰至善。僩。

至善是極好處。且如孝：冬温夏凊，昏定晨省，雖然是孝底事，然須是能「聽於無聲，視於無形」，方始是盡得所謂孝。履孫。

至善是箇最好處。若十件事做得九件是，一件不盡，亦不是至善。震。

説一箇「止」字，又説一箇「至」字，直是要到那極至處而後止。故曰：「君子無所不用其極」也。德明。

善，須是至善始得。如《通書》「純粹至善」，亦是。泳。

問：「必至於是而不遷」，如何？曰：未至其地，則求其至；既至其地，則不當遷動而之它也。德明。

問：「止於至善」，向承教，以爲君止於仁，臣止於敬，各止其所而行其所止之道。知此而能定。今日先生語竇文卿，又云：『坐如尸』，坐時止也；『立如齊』，立時止也。」豈以自君臣、父子推之於萬事，無不各有其止？曰：固然。「定公問君使臣，臣事君。子曰：『君使臣以禮，臣事君以忠。』」君與臣，是所止之處；禮與忠，是其所止之善。又如「視思明，聽思聰，色思温，貌思恭」之屬，無不皆然。德明。

問至善。先生云：事理當然之極也。

恐與伊川説「艮其止，止其所也」之義一同。謂有物必有則，如父止於慈，子止於孝，君止於仁，臣止於敬，萬物庶事莫不各得其所。得其所則安，失其所則悖。所謂「止其所」者，即止於至善之地也。曰：只是要如此。卓。

或問：何謂明德？曰：我之所得以生者，有許多道理在裏，其光明處，乃所謂明德也。「明明德」者，是直指全體之妙。下面許多節目，皆是靠明德做去。又問：既曰明德，又曰至善，何也？曰：明得一分，便有一分；明得十分，便有十分；明得二十分，乃是極至處也。又曰：明德是下手做，至善是行到極處。又曰：至善雖不外乎明德，然明德亦有略略明者，須是止於那極至處。銖。○以下明德止至善。

《大學》只前面三句是綱領。如「孩提之童，無不知愛其親；及其長也，無不知敬其兄」，此良心也。良心便是明德，止是事事各有箇止處。如「坐如尸，立如齊」，坐立上須得如此，方止得。又如「視思明」以下，皆「止於至善」之意。大學須自格物入，格物從敬入最好。只敬，便能格物。敬是箇瑩徹底物事。今人却塊坐了，相似昏倦，要須提撕看。❶提撕便敬，昏倦便是肆，肆便不敬。德明。

問：明德、至善，莫是一箇否？曰：至善是明德中有此極至處。如君止於仁，臣止於敬，父止於慈，子止於孝，與國人交止於信，此所謂「在止於至善」。只是又當知如何而爲止於仁，如何而止於敬，如何而止於慈孝，與國人交之信。這裏便用究竟一

❶「看」，萬曆本作「有」。

箇下工夫處。景紹曰：止，莫是止於此而不過否？曰：固是。過與不及，皆不濟事。但仁敬慈孝，誰能到得這裏？聞有不及者矣，未聞有過於此者也。如舜之命契，不過是欲使「父子有親，君臣有義，夫婦有別，長幼有序，朋友有信」，只是此五者。至於後來聖賢千言萬語，只是欲明此而已。這箇道理，本是天之所以與我者，不爲聖賢而有餘，不爲愚不肖而不足。但其間節目，須當講學以明之，此所以讀聖賢之書，須當知他下工夫處。今人只據他説一兩字，便認以爲聖賢之所以爲聖賢者止此而已，都不窮究着實，殊不濟事。且如《論語》相似：讀「學而時習之」，須求其所謂學者如何？如何謂之時習？既時習，如何便能説？「有朋自遠方來」，朋友因甚而來自遠方？我又何自而樂？須著一一與他考究。似此用工，初間雖覺得生受費力，久後讀書甚易爲工，却亦濟事。道夫。

「明明德」是知，「止於至善」是守。夫子曰：「知及之，仁能守之。」聖賢未嘗不爲兩頭底説話。如《中庸》所謂「擇善固執」，擇善，便是理會知之事；固執，便是理會守之事。至《書》論堯之德，便説「欽明」，舜便説「濬哲文明，温恭允塞」。欽，是欽敬以自守；明，是其德之聰明。「濬哲文明」，便有知底道理；「温恭允塞」，便有守底道理。此條所録恐有誤。○一道夫。❶

問：新民如何止於至善？曰：事事皆有至善處。又曰：「善」字輕，「至」字重。節。○以下新民止至善。

問：新民止於至善，只是要民修身行

❶「一」，萬曆本無。

己，應事接物，無不曲當？曰：雖不可使知之，亦當使由之，不出規矩準繩之外。節。

「止於至善」，是包「在明明德，在新民」。己也要止於至善，人也要止於至善。蓋天下只是一箇道理，在他雖不能，在我之所以望他者，則不可不如是也。道夫。○以下明德、新民、至善。

明德、新民，二者皆要至於極處。明德，不是只略略地明得便了；新民，不是只略略地新得便休。須是要至於極至處。賀孫。

問：至善，不是明德外別有所謂善，只就明德中到極處便是否？曰：是。明德中也有至善，新民中也有至善，皆要到那極處。至善，隨處皆有。脩身中也有至善，必要到那盡處；齊家中也有至善，亦要到那盡處。至善，只是以其極言。不特是理會到極處，亦要做到極處。如「爲人君，止於仁」，固是一箇仁，然仁亦多般，須是隨處看。如這事合當如此，是仁；那一事又合當如彼，亦是仁。若不理會，只管執一，便成一邊去。如「爲人臣，止於敬」，敬亦有多少般，不可只道擎跽曲拳便是敬。如盡忠不欺，陳善閉邪，納君無過之地，皆是敬，皆當理會。若只執一，亦成一邊去，安得謂之至善。至善只是些子恰好處。韓文公謂：「軻之死，不得其傳。」自秦、漢以來豈無人。亦只是無那至善，見不到十分極好處，做亦不做到十分極處。淳。○寓同。

明德，是我得之於天，而方寸中光明底物事。統而言之，仁義禮智。以其發見而言之，如惻隱、羞惡之類；以其見於實用言之，如事親、從兄是也。如此等德，本不待自家明之。但從來爲氣稟所拘，物欲所蔽，一向昏昧，更不光明。而今却在挑剔揩磨出來，以復向來得之於天者，此便是「明明德」。我既是明得箇明德，見他人爲氣禀物欲所昏，自家豈不惻然欲有以新之，使之亦如我挑剔揩磨，以革其向來氣禀物欲之昏而復其得之於天者。此便是「新民」。然明德、新民，初非是人力私意所爲，本自有一箇當然之則，過之不可，不及亦不可。且以孝言之，孝是明德，然亦自有當然之則。不及則，固不是；若是過其則，必有刲股之事。須是要到當然之則田地而不遷，此方是「止於至善」。泳。

明德、新民，皆當止於至善。不及於止，則是未當止而止；當止而不止，則是過其所止；能止而不久，則是失其所止。僩。

明德、新民，皆當止於極好處。止之爲言，未到此便住，不可謂止；到得此而不能守，亦不可言止。止者，止於是而不遷之意。或問：「明明德」是自己事，可以做得到極好處。若「新民」則在人，如何得他到極好處？曰：且教自家先明得盡，然後漸民以仁，摩民以義。如孟子所謂「勞之，來之，匡之，直之，輔之，翼之，又從而振德之」。如此變化他，自然解到極好處。銖。

或問：明德可以止於至善，新民如何得他止於至善？曰：若是新民而未止於至善，亦是自家有所未到。若使聖人在上，便自有箇處置。又問：夫子非不明德，其歷諸國，豈不欲春秋之民皆止於至善？到他不從，聖人也無可奈何。曰：若使聖人得位，則必須綏來動和。又云：此是説理，理必須是如此。且如「致中和，天地位，萬物育」。然堯有九年之水，想有多少不育之物。大德必得名位福壽，也豈箇箇如此？

只是理必如此。胡泳。

明明德，便要如湯之日新；新民，便要如文王之「周雖舊邦，其命維新」。各求止於至善之地而後止也。德明。

欲新民，而不止於至善，是「不以堯之所以治民者治民」也。明明德，是欲去長安；止於至善，是已到長安也。拱壽。

劉源問「知止而後有定」。曰：此一節，只是說大概效驗如此。「在明明德，在新民，在止於至善」，却是做工夫處。雉。○以下知止有定。

「在止於至善」。至者，天理人心之極致。蓋其本於天理，驗於人心，即事即物而無所不在。吾能各知其所止，則事事物物莫不各有定理，而分位、界限爲不差矣。端蒙。

須是灼然知得物理當止之處，心自會定。砥。

問：「知止而後有定」，須是物格、知至以後，方能如此。若未能物格、知至，只得且隨所知分量而守之否？曰：物格、知至也無頓斷。都知到盡處了，方能知止有定。只這一事上知得盡，則此一事便知得當止處。無緣便要盡底都曉得了，方知止有定。不成知未到盡頭，只恁地鶻突獃在這裏，不知箇做工夫處。這箇各隨人淺深。固是要知到盡處方好，只是未能如此，且隨你知得者，只管定去。如人行路，今日行得這一條路，則此一條路便知得熟了，便有定了。其它路皆要如此知得分明。所以聖人之教，只要人只管理會將去。又曰：這道理無他，只怕人等待。事到面前，便理會得去做，無有不得者，只怕等待。所以說：「需者，事之賊也。」又曰：「需者，事之下也。」若是等待，終誤事去。又曰：事事要理會。

便是人說一句話，也要思量他怎生如此說；做一篇没緊要文字，也須思量他怎生如此做。僩。

「知止而後有定」，須是事事物物都理會得盡，而後有定。若只理會得一事一物，明日別有一件，便理會不得。這箇道理須是理會得五六分以上，方見得這邊重，那邊輕，後面便也易了。而今未理會到半截以上，所以費力。須是逐一理會，少間多了，漸會貫通，兩箇合做一箇，少間又七八箇合做一箇，便都一齊通透了。伊川說「貫通」字是妙。若不是它自曾如此，如何說出這字。賀孫。

「知止而後有定」，必謂有定，不謂能定，故知是物有定說。振。

未知止，固用做，但費把捉。已知止，則爲力也易。僩。

定亦自有淺深：如學者思慮凝定，亦是定；如道理都見得徹，各止其所，亦是定。只此地位已高。端蒙。

問「定而能静」。曰：定，是見得事事物物上千頭百緒皆有定理；静，只就自家一箇心上說。賀孫。○以下定静。

定以理言，故曰有；静以心言，故曰能。義剛。

定是理，静在心。既定於理，心便會静。若不定於理，則此心只是東去西走。泳。

問：《章句》云：「外物不能摇，故静。」舊說又有「異端不能惑」之語。竊謂將二句參看，尤見得静意。曰：此皆外來意。凡立說須寬，方流轉，不得局定。德明。

問：《大學》之静與伊川「静中有動」之「静」，同否？曰：未須如此說。如此等處，未到那裏，不要理會。少頃都打亂了，和理會得處，也理會不得去。士毅。

問「靜而後能安」。曰：安，只是無臲卼之意。才不紛擾，便安。問：如此，則靜與安無分別？曰：二字自有淺深。德明。○以下靜安。

問：「安，謂所處而安。」莫是把捉得定時，處事自不爲事物所移否？曰：這箇本是一意。但靜是就心上説，安是就身上説。而今人心才不靜時，雖有意去安頓那物事，自是不安。若是心靜，方解去區處，方解穩當。義剛。

既靜，則外物自然無以動其心；既安，則所處而皆當。看扛做那裏去，❶都移易他不得。道夫。

問：「靜而後能安」，是在貧賤、在患難皆安否？曰：此心若不靜，這裏坐也坐不得，那裏坐也坐不得。寓。

能安者，以地位言之也。在此則此安，在彼則彼安；在富貴亦安，在貧賤亦安。節。

問：知止章中所謂定、靜、安，終未深瑩。曰：知止，只是識得一箇去處。既已識得，即心中便定，更不他求。如求之彼，又求之此，即是未定。「定而後能靜，靜而後能安」，亦相去不遠，但有深淺耳。與《中庸》動、變、化相類，皆不甚相遠。問：先生於此段詞義，望加詳數語，使學者易曉。曰：此處亦未是緊切處，其他亦無可說。德明。○定、靜、安。

定、靜、安頗相似。定，謂所止各有定理；靜，謂遇物來能不動；安，謂隨所寓而

❶「扛」，萬曆本作「打」。

安。安蓋深於静也。去僞。

定、静、安三字大略相類。然定是心中知「爲人君，止於仁，爲人臣，止於敬」。心下有箇定理，便別無膠擾，自然是静。如此，則隨所處而安。㽦。

知止而後有定，如行路一般。若知得是從那一路去，則心中自是定，更無疑惑。既無疑惑，則心便静；心既静，便貼貼地，便是安。既安，則自然此心專一，事至物來，思慮自無不通透。若心未能静安，則總是胡思亂想，如何是能慮。賀孫。○知止、定、静、安、慮。

定，對動而言。初知所止，是動底方定，方不走作，如水之初定。静則定得來久，物不能撓，處山林亦静，處廛市亦静。安，則静者廣，無所適而不安。静固安，動亦安，看處甚事皆安然不撓。安然後能慮。今人心中摇漾不定疊，還能處得事否？慮者，思之精審也。人之處事，於叢冗急遽之際而不錯亂者，非安不能。聖人言雖不多，推出來便有許多説話，在人細看之耳。僩。

問「安而後能慮」。曰：先是自家心安了，有些事來，方始思量區處得當。今人先是自家這裏鶻突了，到事來都區處不下。既欲爲此，又欲若彼；既欲爲東，又欲向西；便是不能慮。然這也從知止説下來。若知其所止，自然如此，這却不消得工夫。若知所止，如火之必熱，水之必深，如食之必飽，飲之必醉。若知所止，便見事事決定是如此，決定着做到如此地位，欠闕些子，便自住不得。如説「事父母能竭其力，事君能致其身」，人多會説得。只是不曾見得決定着竭其力處，決定着致其身處。若決定見得着如此，看如何也須要到竭其力處，須要到致其身處。且如事君，若不見得決定着致其身，則在内親近，必不能推忠竭誠，有犯無隱；在外任使，必不能展布四體，有殞無二。「無求生以害仁，有殺身以成仁。」這若不是見得到，如何會恁地。賀孫。○知止、安、慮。

李德之問：「安而後能慮。」既首言知止矣，如何於此復説能慮？曰：既知此理，更須是審思而行。且如知孝於事親，須思所以爲事親之道。又問：「知至而後意誠」，如何知既盡後，意便能實？先生指燈臺而言：如以燈照物，照見處所見便實；照不見處便有私意，非真實。又問：持敬、居敬如何？曰：且如此做將去，不須先安排下樣子，後却旋求來合。蓋卿。

子升問：知止與能慮，先生昨以比《易》中深與幾。《或問》中却兼下「極深研幾」字，覺未穩。曰：當時下得也未子細。要之，只着得「研幾」字。木之。

李約之問「安而後能慮」。曰：若知至了，及臨時不能慮，則安頓得不恰好。且如知得事親當孝，也知得恁地是孝。及至事親時不思慮，則孝或不行，而非孝者反露矣。學蒙。○安、慮。

問「安而後能慮」。曰：若不知此，則自家先已紛擾，安能慮。德明。

能安者，隨所處而安，無所擇地而安。能慮，是見於應事處能慮。節。

慮是思之重複詳審者。方子。

慮是研幾。閎祖。

問：到能得處，學之工夫盡否？曰：在己之功亦備矣。又要「明明德於天下」，不止是要了自家一身。淳。○得。

因説知止至能得：上云「止於至善」

矣，此又提起來説。言能知止，則有所定；有所定，則知其理之確然如是。一定，則不可移易，任是千動萬動，也動摇他不得。既定，則能静；静，則能安；安，則能慮；慮，則能得其所止之實矣。卓。○知止至能得。

知止至能得，蓋才知所止，則志有定向；才定，則自能静；静，則自能安；安，則自能慮；慮，則自能得。要緊在「能」字。蓋滔滔而去，自然如此者。慮，謂會思量事。凡思天下之事，莫不各得其當，是也。履孫。

知止，只是先知得事理如此，便有定。能静，能安，及到事來，乃能慮。「能」字自有道理。是事至物來之際，思之審，處之當，斯得之矣。夔孫。

問：據知止，已是思慮了，何故静、安下復有箇「慮」字？既静、安了，復何所慮？曰：知止，只是先知得事理如此，便有定。能静、能安，及到事至物來，乃能慮。「能」字自有意思。謂知之審而後能慮，慮之審而後能得。賜。

或問定、静、安、慮四節。曰：物格、知至，則天下事事物物皆知有箇定理。定者，如寒之必衣，飢之必食，更不用商量。所見既定，則心不動摇走作，所以能静。既静，則隨所處而安。看安頓在甚處，如處富貴、貧賤、患難，無往而不安。静者，主心而言；安者，主身與事而言。若人所見未定，則心何緣得静。心若不静，則既要如彼，又要如此，身何緣得安。能慮，則是前面所知之事到得，會行得去。如平時知得爲子當孝，爲臣當忠，到事親、事君時，則能思慮其曲折精微而得所止矣。胡泳。

琮曰：上面已自知止，今慮而得者，依

舊是知底意思，云云。先生曰：只上面是方知，下面是實得耳。問：如此，何用更過定、静、安三箇節目？曰：不如此，不實得。曰：如此，上面知止處，其實未有知也。通此五句，纔做得「致知在格物」一句。曰：今人之學，却是敏底不如鈍底。敏底只是從頭呼揚將去，只務自家一時痛快，終不見實理。鈍底循循而進，終有得處。琮。

問：定，即心有所向，不至走作，便静；静，便可以慮；何必待安？曰：安主事而言，不安便不能思。譬如静坐，有件事來撓，思便不得專一。定、静、安都相似。未到安處，思量未得。知止，是知箇慈，知箇孝。到得時，方是得箇慈，得箇孝底道理。慮，是慮箇如何是慈，如何是孝。又問：至於安時，無勉强意思否？曰：在貧賤也安，在富貴也安；在這裏也安，在那裏也安。今人有在這裏不安了，在那裏也不會安。心下無理會，如何會去思慮？問：《章句》中「慮謂思無不審」，莫是思之熟否？曰：慮是思之周密處。芝。

王子周問知止至能得。曰：這數句，只是要曉得知止。不知止，則不能得所止之地。如「定、静、安」數字，恰如今年二十一歲，來年二十二歲，自是節次如此來，自不可遏。如「在明明德，在新民，在止於至善」這三句，却緊要只是「在止於至善」；而不説知止，則無下工夫處。震。

游子蒙問：知止，得止，莫稍有差别否？曰：然。知止，如射者之於的；得止，是已中其的。問：定、静、安矣，如之何而復有慮？曰：慮是事物之來，略審一審。劉淮、叔通問：慮與格物、致知不相干。曰：致知，便是要知父止於慈，子止於孝之類。慮，便是審其如何而爲孝，如何而爲慈。至言仁則當如堯，言孝則當如舜，言敬則當如文王，這方是得止。子蒙言：開欲以「明德」之「明」爲如人之失其所有，而一旦復得，以喻之。至「慮」字，則說不得。曰：知止而有定，便如人撞著所失，而不用終日營營以求之。定而静，便如人既不用求其所失，自爾寧静。静而安，便如人既知某物在甚處，某物在甚處，心下怙然，❶無復不安。安而慮，便如自家金物都自在這裏，及人來問自家討甚金物，自家也須將上手審一審，然後與之。慮而得，則秤停輕重，皆相當矣。或又問：何故知止而定、静、安了，又復言慮？曰：且如「可以予，可以無予；可以取，可以無取；可以死，可以無死」，這上面有幾許商量在。道夫。

問「知止而後有定」。曰：須是灼然知得物理當止之處，心自會定。又問：上既言知止了，何更待慮而後能得？曰：知止是知事事物物各有其理。到慮而後能得處，便是得所以處事之理。知止，如人之射，必欲中的，終不成要射做東去，又要射做西去。慮而後能得，便是射而中的矣。且如人早間知得這事理如此，到晚間心裏定了，便會處置得這事。若是不先知得這道理，到臨事時便脚忙手亂，豈能慮而有得。問：未格物以前，如何致力？曰：古人這處，已自有小學了。砥。○寓同。

子升問知止能慮之別。曰：知止，是知事物所當止之理。到得臨事，又須研幾審處，方能得所止。如《易》所謂「惟深也故能通天下之志」，此似知止；「惟幾也故能

---

❶「怗」，萬曆本作「恬」。

成天下之務」，此便是能慮。聖人言語自有不約而同處。木之説：如此則知止是先講明工夫，能慮是臨事審處之功。曰：固是。再問：「知止而後有定」，《注》謂「知之則志有定向」。《或問》謂「能知所止，則方寸之間，事事物物皆有定理矣」。語似不同，何也？曰：也只一般。木之。

知止，只是知有這箇道理，也須是得其所止方是。若要得其所止，直是能慮方得。能慮却是緊要。知止，如知爲子而必孝，知爲臣而必忠。能得，是身親爲忠孝之事。若徒知這箇道理，至於事親之際，爲私欲所汩，不能盡其孝；事君之際，爲利禄所汩，不能盡其忠：這便不是能得矣。能慮，是見得此事合當如此，便如此做。道夫。

人本有此理，但爲氣稟物欲所蔽。若不格物、致知，事至物來，七顛八倒。若知止，則有定，能慮，得其所止。節。

問知止至能得。曰：真箇是知得到至善處，便會到能得地位。中間自是效驗次第如此。學者工夫却在「明明德，新民，止於至善」上。如何要去明明德，如何要去新民，如何要得止於至善，正當理會。知止、能得，這處却未甚要緊。聖人但説箇知止、能得樣子在這裏。寓。

陳子安問：知止至能得，其間有工夫否？曰：有次序，無工夫。纔知止，自然相因而見。只知止處，便是工夫。又問：至善須是明德否？曰：至善雖不外乎明德，然明德亦有略略明者。須是止那極至處。銖。

真知所止，則必得所止，雖若無甚間隔，其間亦有少過度處。健步勇往，勢雖必至，然移步亦須略有漸次也。

林子淵問知止至能得。曰：知與行，工夫須着並到。知之愈明，則行之愈篤；行之愈篤，則知之益明。二者皆不可偏廢。如人兩足相先後行，便會漸漸行得到。若一邊軟了，便一步也進不得。然又須先知得，方行得。所以《大學》先説致知，《中庸》説知先於仁、勇，而孔子先説「知及之」。然學問、謹思、明辨、力行，皆不可闕一。賀孫。

問「知止能得」一段。曰：只是這箇物事，滋長得頭面自各別。今未要理會許多次第，且要先理會箇知止。待將來熟時，便自見得。先生論看文字，只要虛心，濯去舊聞，以來新見。時舉。

黄去私問知止至能得。曰：工夫全在知止。若能知止，則自能如此。人傑。

知止至能得，譬如喫飯，只管喫去，自會飽。德明。

問知止至能得。曰：如人飲酒，終日只是喫酒。但酒力到時，一柸深如一柸。儒用。

知止至能得，是説知至、意誠中間事。閎祖。

《大學章句》説靜處，若兼動，即便到「得」地位，所以細分。方。

問：知與得如何分別？曰：知只是方知，得便是在手。問：得莫是行所知了時？曰：也是如此。又曰：只是分箇知與得。知在外，得便在我。士毅。○知、得。

朱子語類卷第十五計二十六板

大學二

經下

器遠問：致知者，推致事物之理。還當就甚麽樣事推致其理？曰：眼前凡所應接底都是物。事事都有箇極至之理，便要知得到。若知不到，便都没分明；若知得到，便決定着恁地做，更無第二着、第三着。止緣人見道理不破，便恁地苟簡，且恁地做也得，都不做得第一義。曹問：如何是第一義？曰：如「爲人君，止於仁；爲人臣，止於敬；爲人子，止於孝」之類，決定着恁地，不恁地便不得。又如在朝，須着進君子，退小人，這是第一義。有功決定着賞，有罪決定着誅。更無小人可用之理，更無包含小人之理。惟見得不破，便道小人不可去，也有可用之理。這都是第二義、第三義，如何會好。若事事窮得盡道理，事事占得第一義，做甚麽樣剛方正大。且如爲學，決定是要做聖賢，這是第一義，便漸漸有進步處。若便道自家做不得，且隨分依稀做些子，這是見不破。所以説道：「不以舜之所以事堯事君，賊其君者也；不以堯之所以治民治民，賊其民者也。」謂吾身不能者，自賊者也。賀孫。○卓録云：曹兄問：格物、窮理，須是事事物物上理會？曰：也須是如此，但窮理上須是見得十分徹底，窮到極處，須是見得第一着，方是，不可只到第三、第四着便休了。若窮不得，只道我未窮得到底，只得如此，這是自恕之言，亦非善窮理也。且如事君，便須是「進思盡忠，退思補過」，道合則從，不合則去。也有義不可得而去者，不可不知。又云：如「不以舜之所以事堯事君，賊其君者也；不以堯之所以治民治民，賊其民者也」，這皆是極處。○以下致知。

致知所以求爲真知。真知，是要徹骨都見得透。道夫。

問：致知莫只是致察否？曰：如讀書而求其義，處事而求其當，接物存心察其是非、邪正，皆是也。寓。

因鄭仲履之問而言曰：致知乃本心之知。如一面鏡子，本全體通明，只被昏翳了，而今逐旋磨去，使四邊皆照見，其明無所不到。蓋卿。

致知有甚了期。方。

致知工夫，亦只是且據所已知者，玩索推廣將去。具於心者，本無不足也。

格物者，格，盡也，須是窮盡事物之理。若是窮得三兩分，便未是格物。須是窮盡得到十分，方是格物。賀孫。○以下格物，兼論窮理。

居甫問：格物工夫，覺見不周給。曰：須是四方八面去格。可學。

格物。格，猶至也，如「舜格于文祖」之「格」，是至于文祖處。芝。

問：格物，還是事未至時格，事既至然後格？曰：格是到那般所在。也有事至時格底，也有事未至時格底。芝。

格物者，如言性，則當推其如何謂之性；如言心，則當推其如何謂之心，只此便是格物。砥。

窮理格物，如讀經看史，應接事物，理會箇是處，皆是格物。只是常教此心存，莫教他閑没勾當處。公且道如今不去學問時，此心頓放那處？賀孫。

格物，須是從切己處理會去。待自家者已定疊，然後漸漸推去，這便是能格物。道夫。

「格物」二字最好。物，謂事物也。須窮極事物之理到盡處，便有一箇是，一箇非，是底便行，非底便不行。凡自家身心上，皆須體驗得一箇是非。若講論文字、應接事物，各各體驗，漸漸推廣，地步自然寬闊。如曾子三省，只管如此體驗去。德明。

文振問：物者，理之所在，人所必有而不能無者，何者爲切？曰：君臣、父子、兄弟、夫婦、朋友，皆人所不能無者。但學者須要窮格得盡。事父母，則當盡其孝；處兄弟，則當盡其友。如此之類，須是要見得盡。若有一毫不盡，便是窮格不至也。人傑。

格物，莫先於五品。方子。

格物，是窮得這事當如此，那事當如彼。如爲人君，便當止於仁；爲人臣，便當止於敬。又更上一着，便要窮究得爲人君，如何要止於仁；爲人臣，如何要止於敬，乃是。銖。

格物者：格其孝，當考《論語》中許多論孝；格其忠，必「將順其美，匡救其惡」，不幸而伏節死義。❶古人愛物，而伐木亦有時，無一些子不到處，無一物不被其澤。蓋緣是格物得盡，所以如此。節。

格物，須真見得決定是如此。爲子豈不知是要孝？爲臣豈不知是要忠？人皆知得是如此。然須當真見得子決定是合當孝，臣決定是合當忠，決定如此做，始得。寓。

如今説格物，只晨起開目時，便有四件

❶「伏」，萬曆本作「伏」。

在這裏，不用外尋，仁義禮智是也。如才方開門時，便有四人在門裏。僩。

子淵說：格物，先從身上格去。如仁義禮智，發而爲惻隱、羞惡、辭遜、是非，須從身上體察，常常守得在這裏，始得。曰：人之所以爲人，只是這四件，須自認取意思是如何。所謂惻隱者，是甚麽意思？且如赤子入井，一井如彼深峻，入者必死，而赤子將入焉。自家見之，此心還是如何？有一事不善，在自家身上做出，這裏定是可羞；在别人做出，這裏定是惡他。利之所不當得，或雖當得，而吾心有所未安，便自謙遜辭避，❶不敢當之。以至等閑禮數，人之施於己者，或過其分，便要辭將去，遜與别人，定是如此。事事物物上各有箇是，有箇非，是底自家心裏定道是，非底自家心裏定道非。就事物上看，是底定是是，非底定是非。到得所以是之，所以非之，却只在自家。此四者，人人有之，同得於天，不待問别人假借。堯、舜之所以爲堯、舜，也只是這四箇，桀、紂本來亦有這四箇。如今若認得這四箇分曉，方可以理會别道理。只是孝有多少樣，有如此爲孝，如此而爲不孝；忠固是忠，有如此爲忠，又有如此而不唤做忠，一一都着斟酌理會過。賀孫。

問：格物最難。日用間應事處，平直者却易見。如交錯疑似處，要如此則彼礙，要如彼則此礙，不審何以窮之？曰：如何一頓便要格得恁地。且要見得大綱，且看箇大胚模是恁地，方就裏面旋旋做細。如樹，初間且先斫倒在這裏，逐旋去皮，方始出細。若難曉易曉底，一齊都要理會得，也

❶「自」，萬曆本作「是」。

不解恁地。但不失了大綱，理會一重了，裏面又見一重；一重了，又見一重。以事之詳略言，理會一件又一件；以理之淺深言，理會一重又一重。只管理會，須有極盡時。「博學之，審問之，謹思之，明辨之」，成四節次第，恁地方是。寓。

或問：格物是學者始入道處，當如何着力？曰：遇事接物之間，各須一一去理會始得。不成是精底去理會，粗底又放過了；大底去理會，小底又不問了。如此，終是有欠闕。但隨事遇物，皆一一去窮極，自然分明。又問：世間有一種小有才底人，於事物上亦能考究得子細，如何却無益於己？曰：他理會底，聖人亦理會，但他理會底意思不是。彼所爲者，但欲人說，「他人理會不得者，我理會得；他人不能者，我能之」，却不切己也。又曰：「文、武之道，未墜於地，在人。賢者識其大者，不賢者識其小者，莫不有文、武之道焉。」聖人何事不理會，但是與人自不同。祖道。

傅問：而今格物，不知可以就吾心之發見理會得否？曰：公依舊是要安排，而今只且就事物上格去。如讀書，便就文字上格；聽人說話，便就說話上格；接物，便就接物上格。精粗大小，都要格它。久後會通，粗底便是精，小底便是大，這便是理之一本處。而今只管要從發見處理會。且如見赤子入井，便有怵惕、惻隱之心，這箇便是發了，更如何理會。若須待它自然發了，方理會它，一年都能理會得多少。聖賢不是教人去黑淬淬裏守着。而今且大着心胸，大開着門，端身正坐以觀事物之來，便格它。夔孫。

世間之物，無不有理，皆須格過。古人

自幼便識其具。且如事親、事君之禮，鍾鼓鏗鏘之節，進退揖遜之儀，皆目熟其事，躬親其禮。及其長也，不過只是窮此理，因而漸及於天地鬼神、日月陰陽、草木鳥獸之理，所以用工也易。今人皆無此等禮數可以講習，只靠先聖遺經自去推究，所以要人格物主敬，便將此心去體會古人道理，循而行之。如事親孝，自家既知所以孝，便將此孝心依古禮而行之；事君敬，便將此敬心依聖經所説之禮而行之。一一須要窮過，自然浹洽貫通。如《論語》一書，當時門人弟子記聖人言行，動容周旋，揖遜進退，至爲纖悉。如《鄉黨》一篇，可見當時此等禮數皆在。至孟子時，則漸已放棄。如《孟子》一書，其説已寬，亦有但論其大理而已。僩。

問竇從周：曾看「格物」一段否？因言：聖人只説「格物」二字，便是要人就事物上理會。且自一念之微，以至事事物物，若静若動，凡居處飲食言語，無不是事，無不各有箇天理、人欲。須是逐一驗過，雖在静處坐，亦須驗箇敬、肆。敬，便是天理；肆，便是人欲。如居處，便須驗得恭與不恭；執事，便須驗得敬與不敬。有一般人專要就寂然不動上理會，及其應事，却七顛八倒，到了，又牽動他寂然底。又有人專要理會事，却於根本上全無工夫。須是徹上徹下，表裏洞徹，如居仁，便自能由義；由義，便是居仁。「敬以直内」，便能「義以方外」；能「義以方外」，便是「敬以直内」。德明。

才仲問：格物，是小學已有開明處了，便從大學做將去，推致其極。曰：人也不解無箇發明處。才有些發見處，便從此挨將去，漸漸開明。只如一箇事，我才發心道「我要做此事」，只此便是發見開明處了，便從此做將去。五代時，有一將官，年大而不識字。既貴，遂令人於每件物事上書一名字帖之，渠子細看，久之，漸漸認得幾箇字。從此推將去，遂識字。璘。

問：格物則恐有外馳之病？曰：若合做，則雖治國平天下之事，亦是己事。「周公思兼三王，以施四事。其有不合者，仰而思之，夜以繼日，幸而得之，坐以待旦。」不成也說道外馳。又問：若如此，則恐有身在此而心不在此，「視而不見，聽而不聞，食而不知其味」，有此等患。曰：合用他處，也着用。又問：如此，則不當論內外，但當論合爲與不合爲。先生頷之。節。

若格物，而雖不能盡知，❶而事至物來，大者增些子，小者減些子，雖不中，不遠矣。節。

問：格物工夫未到得貫通，亦未害否？曰：這是甚說話。而今學者所以學，便須是到聖賢地位，不到不肯休，方是。但用工做向前去，但見前路茫茫地白，莫問程途，少間自能到。如何先立一箇不解做得便休底規模放這裏了，如何做事。且下手要做十分，到了只做得五六分；下手做五六分，到了只做得三四分；下手做三四分，便無了。且諸公自家裏來到建陽，直到建陽方休。未到建陽，半路歸去，便是不到建陽。聖賢所爲，必不如此。如所謂：「君子鄉道而行，半塗而廢。忘身之老也，不知年數之不足也，俛焉日有孳孳，斃而後已。」又曰：舜爲法於天下，可傳於後世，我由未免

❶「而」，萬曆本作「則」。

如舜爲鄉人也，是則可憂也，憂之如何？如舜而已矣。卓。

人多把這道理作一箇懸空底物。《大學》不説窮理，只説箇格物，便是要人就事物上理會，如此方見得實體。所謂實體，非就事物上見不得。且如作舟以行水，作車以行陸。今試以衆人之力共推一舟於陸，必不能行，方見得舟果不能以行陸也，此之謂實體。德明。

問：道之不明，蓋是後人舍事迹以求道。曰：所以古人只道格物。有物便有理，若無事親、事君底事，何處得忠孝？節。

「窮理」二字不若格物之爲切，便就事物上窮格。如漢人多推秦之所以失，漢之所以得，故得失易見。然彼亦無那格底意思。若格之而極其至，則秦猶有餘失，漢亦當有餘得也。又云：格，謂至也，所謂實行到那地頭。如南劍人往建寧，須到得郡廳上，方是至，若只到建陽境上，即不謂之至也。德明。

格物，不説窮理，却言格物。蓋言理，則無可捉摸，物有時而離；言物，則理自在，自是離不得。釋氏只説見性，下梢尋得一箇空洞無稽底性，亦由他説，於事上更動不得。賀孫。

所謂窮理者，事事物物，各自有箇事物底道理，窮之須要周盡。若見得一邊，不見一邊，便不該通。窮之未得，更須款曲推明。蓋天理在人，終有明處。「大學之道，在明明德」，謂人合下便有此明德。雖爲物欲掩蔽，然這些明底道理未嘗泯絶。須從明處漸漸推將去，窮到是處，吾心亦自有準則。窮理之初，如攻堅物，必尋其罅隙可入之處，乃從而擊之，則用力爲不難矣。孟子論四端，便各自有箇柄靶，仁義禮智皆有頭緒可尋。即其所發之端，而求其可見之體，莫非可窮之理也。謨。

格物、窮理，有一物便有一理。窮得到後，遇事觸物皆撞着這道理，事君便遇忠，事親便遇孝，居處便恭，執事便敬，與人便忠，以至參前倚衡，無往而不見這箇道理。若窮不至，則所見不真，外面雖爲善，而內實爲惡，是兩箇人做事了。外面爲善是一箇人，裏面又有一箇人説「是我不好」。如今須勝得那一箇不好底人去方是。豈有學聖人之書，爲市井之行，這箇窮得箇甚道理？而今説格物、窮理，須是見得箇道理親切了，未解便能脱然去其舊習。其始且見得箇道理如此，那事不是，亦不敢爲；其次，見得分曉，則不肯爲；又其次，見得親切，則不爲之，而舊習都忘之矣。子蒙。

不是要格那物來長我聰明見識了，方去理會，自是不得不理會。僩。

《大學》説一「格物」在裏，却不言其所格者如何。學者欲見下工夫處，但看《孟子》便得。如説仁義禮智，便窮到惻隱、羞惡、辭遜、是非之心；説好貨好色好勇，便窮到太王、公劉、文、武；説古今之樂，便窮到與民同樂處；説性，便格到纖豪未動處。這便見得他孟子胸中無一豪私意蔽窒得他，故其知識包宇宙，大無不該，細無不燭。道夫。

居甫問：格物、窮理，但理自有可以彼此者。曰：不必如此看。理有正，有權。今學者且須理會正。如娶妻必告父母，學者所當守。至於不告而娶，自是不是，到此處别理會。如事君匡救其惡，是正理。伊川説「納約自牖」，又是一等。今於此一段未分明，却先爲彼引走。如孔子説「危行言孫」，當春秋時亦自如此。今不理會正當處，纔見聖人書中有此語，便要守定不移，駸駸必至於行孫矣。此等風俗，浙江甚盛，殊可慮。可學。

問：格物之義，固要就一事一物上窮格。然如吕氏、楊氏所發明大本處，學者亦須兼考。曰：識得，即事事物物上便有大本。不知大本，是不曾窮得也。若只説大本，便是釋、老之學。德明。

致知、格物，只是一箇。道夫。○以下致知、格物。

致知、格物，一胯底事。先生舉左右指來比並。泳。

格物，是逐物格將去；致知，則是推得漸廣。賜。

剡伯問格物、致知。曰：格物，是物物上窮其至理；致知，是吾心無所不知。格物，是零細説；致知，是全體説。時舉。

張仁叟問致知、格物。曰：物莫不有理，人莫不有知。如孩提之童，知愛其親；及其長也，知敬其兄；以至於飢則知求食，渴則知求飲，是莫不有知也。但所知者止於大略，而不能推致其知以至於極耳。致之爲義，如以手推送去之義。凡經傳中云致者，其義皆如此。時舉。

問：知如何致？物如何格？曰：「孩提之童，莫不知愛其親；及其長也，莫不知敬其兄。」人皆有是知，而不能極盡其知者，人欲害之也。故學者必須先克人欲以致其知，則無不明矣。「致」字，如推開去。譬如暗室中見些子明處，便尋從此明處去。忽然出到外面，見得大小大明。人之致知，亦如此也。格物是「爲人君，止於仁；爲人臣，止於敬」之類。事事物物，各有箇至極之處。所謂「止」者，即至極之處也。然須是極盡其理，方是可止之地。若得八分，猶有二分未盡，也不是。須是極盡，方得。又曰：知在我，理在物。祖道。

黄去私問致知、格物。曰：「致」字有推出之意，前輩用「致」字多如此。人誰無知！爲子知孝，爲父知慈。只是知不盡，須是要知得透底。且如一穴之光，也喚做光，然逐旋開劃得大，則其光愈大。物皆有理，人亦知其理，如當慈孝之類，只是格不盡。但物格於彼，則知盡於此矣。又云：知得此理盡，則此箇意便實。若有知未透處，這裏面便黑了。人傑。

劉圻父説格物、致知。曰：他所以下「格」字、「致」字者，皆是爲自家元有是物，但爲他物所蔽耳。而今便要從那知處推開去，是因其所已知而推之，以至於無所不知也。義剛。

郭叔雲問：爲學之初，在乎格物。物物有理，第恐氣稟昏愚，不能格至其理。曰：人箇箇有知，不成都無知，但不能推而致之耳。格物理至徹底處。又云：致知、格物，只是一事，非是今日格物，明日又致知。格物，以理言也；致知，以心言也。恪。

問：致知，是欲於事理無所不知；格物，是格其所以然之故。此意通否？曰：不須如此說。只是推極我所知，須要就那事物上理會。致知，是自我而言；格物，是就物而言。若不格物，何緣得知。而今人也有推極其知者，却只泛泛然竭其心思，都不就事物上窮究。如此，則終無所止。義剛曰：只是説所以致知，必在格物。曰：正是如此。若是極其所知去推究那事物，則我方能有所知。義剛。

致知、格物，固是合下工夫，到後亦離這意思不得。學者要緊在求其放心。若收拾得此心存在，已自看得七八分了。如此，則本領處是非善惡，已自分曉。惟是到那變處方難處，到那裏便用子細研究。若那分曉底道理却不難見，只是學者見不親切，故信不及，如漆雕開所謂「吾斯之未能信」。若見得親切，自然信得及。看得《大學》了，閑時把史傳來看，見得古人所以處事變處，儘有短長。賀孫。

人之一心，本自光明。常提撕他起，莫爲物欲所蔽，便將這箇做本領，然後去格物、致知。如《大學》中條目，便是材料。聖人教人，將許多材料來脩治平。此心，令常常光明耳。按：「脩治」字疑。伊川云「我使他思時便思」，如此方好。儻臨事不醒，只争一餉時，便爲他引去。且如我兩眼光晻晻，又白日裏在大路上行，如何會別被人引去草中。只是我自昏睡，或暗地裏行，便被別人胡亂引去耳。但只要自家常醒得他做主宰，出乎萬物之上，物來便應。易理會底，便理會得；難理會底，思量久之也理會得。若難理會底便理會不得，是此心尚昏未明，便用提醒他。驤。

問「致知在格物」。曰：知者，吾自有此知。此心虛明廣大，無所不知，要當極其至耳。今學者豈無一斑半點，只是爲利欲所昏，不曾致其知。孟子所謂四端，此四者在人心，發見於外。吾友還曾平日的見其有此心，須是見得分明，則知可致。今有此心而不能致，臨事則昏惑，有事則膠擾，百種病根皆自此生。又問：凡日用之間作事接人，皆是格物窮理？曰：亦須知得要本。若不知得，只是作事，只是接人，何處爲窮理。

致知分數多。如博學、審問、謹思、明辨，四者皆致知，只力行一件是行。言致，言格，是要見得到盡處。若理有未格處，是於知之之體尚有未盡。格物不獨是仁孝慈敬信五者，此只是大約説耳。且如説父子，須更有母在，更有夫婦在。凡萬物萬事之理皆要窮。但窮到底，無復餘藴，方是格物。大雅。

致知、格物，便是「志於道」。「據於德」，却是討得箇匡格子。義剛。

格物、致知，是極粗底事；「天命之謂性」，是極精底事；但致知、格物，便是那「天命之謂性」底事。下等事，便是上等工夫。義剛。

曹又問致知、格物。曰：此心愛物，是我之仁；此心要愛物，是我之義；若能分別此事之是，此事之非，是我之智；若能別尊卑上下之分，是我之禮。以至於萬物萬事，皆不出此四箇道理。其實只是一箇心，一箇根柢出來抽枝長葉。卓。

蔣端夫問：「致知在格物。」胸中有見，然後於理無不見。曰：胸中如何便有所見？譬如嬰兒學行，今日學步，明日又步，積習既久，方能行。天地萬物莫不有理。手有手之理，足有足之理，手足若不舉行，安能盡其理？格物者，欲究極其物之理，使無不盡，然後我之知無所不至。物理即道理，天下初無二理。震。

問：知至、意誠，求知之道，必須存神索至，不思則不得誠。是否？曰：致知、格物，亦何消如此説。所謂格物，只是眼前處置事物，酌其輕重，究極其當處，便是，亦安用存神索至。只如吾胸中所見，一物有十分道理，若只見三二分，便是見不盡。須是推來推去，要見盡十分，方是格物。既見盡十分，便是知止。震。

或問：致知須要誠。既是誠了，如何又說誠意？曰：致知上本無「誠」字，如何强安排「誠」字在上面說？爲學之始，須在致知。不致其知，如何知得。欲致其知，須是格物。格物云者，要窮到九分九釐以上，方是格。謙。

若不格物、致知，那箇誠意、正心，方是捺在這裏，不是自然。若是格物、致知，便自然不用强捺。

元昭問：致知、格物，只作窮理說？曰：不是只作窮理說。格物，所以窮理。又問：格物是格物與人。知物與人之異，然後可作工夫。曰：若作致知在格物論，只是胡說。既知人與物異後，待作甚合殺。格物，是格盡此物。如有一物，凡十瓣，已知五瓣，尚有五瓣未知，是爲不盡。如一鏡焉，一半明，一半暗，是一半不盡。格盡物理，則知盡。如元昭所云，物格、知至當如何說？子上問：向見先生《答江德功書》如此說。曰：渠如何說，已忘却。子上云：渠作接物。曰：又更錯。

陳問：《大學》次序，在聖人言之，合下便都能如此，還亦須從致知、格物做起？但他義理昭明，做得來恐易。曰：也如此學。只是聖人合下體段已具，義理都曉得，略略恁地勘驗一過。其實大本處都盡了，不用學，只是學那没緊要底。如《中庸》言：「及其至也，雖聖人有所不知不能焉。」人多以至爲道之精妙處。若是道之精妙處有所不知不能，便與庸人無異，何足以爲聖人。這至，只是道之盡處，所不知不能，是没緊要底事。他大本大根元無欠闕，只是古今事變，禮樂制度，便也須學。寓。

子善問物格。曰：物格是要得外面無不盡，裏面亦清徹無不盡，方是不走作。恪。○以下物格。

上而無極、太極，下而至於一草、一木、一昆蟲之微，亦各有理。一書不讀，則闕了一書道理；一事不窮，則闕了一事道理；一物不格，則闕了一物道理。須着逐一件與他理會過。道夫。

叔文問：格物莫須用合内外否？曰：不須恁地説。物格後，他内外自然合。蓋天下之事，皆謂之物，而物之所在，莫不有理。且如草木禽獸，雖是至微至賤，亦皆有理。如所謂「仲夏斬陽木，仲冬斬陰木」，自家知得這箇道理，處之而各得其當便是。且如鳥獸之情，莫不好生而惡殺，自家知得是恁地，便須「見其生不忍見其死，聞其聲不忍食其肉」方是。要之，今且自近以及遠，由粗以至精。道夫。○寓録别出。

問：格物須合内外始得？曰：他内外未嘗不合。自家知得物之理如此，則因其理之自然而應之，便見合内外之理。目前事事物物，皆有至理。如一草一木，一禽一獸，皆有理。草木春生秋殺，好生惡死。「仲夏斬陽木，仲冬斬陰木」，皆是順陰陽道理。砥録作「皆是自然底道理」。自家知得萬物均氣同體，「見生不忍見死，聞聲不忍食肉」，非其時不伐一木，不殺一獸，「不殺胎，不妖夭，不覆巢」，此便是合内外之理。寓。○砥録略。

知至，謂天下事物之理知無不到之謂。若知一而不知二，知大而不知細，知高遠而不知幽深，皆非知之至也。要須四至八到，無所不知，乃謂至耳。因指燈曰：亦如燈燭在此，而光照一室之内，未嘗有一些不到也。履孫。○以下知至。

知至，謂如親其所親，長其所長，而不能推之天下，則是不能盡之於外；欲親其所親，欲長其所長，而自家裏面有所不到，則是不能盡之於内。須是其外無不周，内無不具，方是知至。履孫。

子升問：知止便是知至否？曰：知止就事上説，知至就心上説。知止，知事之所當止；知至，則心之知識無不盡。木之。

知止，就事上説；知至，就心上説。舉其重而言。閎祖。

問：「致知」之「致」，「知至」之「至」，有何分別？曰：上一「致」字，是推致，方爲也。下一「至」字，是已至。先着「至」字，旁着「人」字，爲「致」。是人從旁推至。○節。

格物，只是就事上理會；知至，便是此心透徹。廣。

格物，便是下手處；知至，是知得也。德明。

致知未至，譬如一箇鐵片，亦割得物事，只是不如磨得芒刃十分利了，一鍤便破。若知得切了，事事物物至面前，莫不迎刃而解。賀孫。

未知得至時，一似捕龍蛇、捉虎豹相似。到知得至了，却恁地平平做將去，然節次自有許多工夫。到後來絜矩，雖是自家所爲，皆足以興起斯民。又須是以天下之心審自家之心，以自家之心審天下之心，使之上下四面都平均齊一而後可。賀孫。

鄭仲履問：某觀《大學》知至，見得是

乾知道理。曰：何用說乾知。只理會自家知底無不盡，便了。蓋卿。

知至，如《易》所謂極深；「惟深也，故能通天下之志」，這一句略相似。能慮，便是研幾；如所謂「惟幾也，故能成天下之務」，這一句却相似。夔孫。

問：定、靜、安、慮、得與知至、意誠、心正是兩事，只要行之有先後。據先生解安、定、慮、得與知至似一般，如何？曰：前面只是大綱且如此說，後面却是學者用力處。去僞。

致知，不是知那人不知底道理，只是人面前底。且如義、利兩件，昨日雖看義當爲然，而却又說未做也無害；見得利不可做，却又說做也無害；這便是物未格，知未至。今日見得義當爲，決爲之；利不可做，決定是不做，心下自肯自信得及，這便是物格，便是知得至了。此等說話，爲無恁地言語，册子上寫不得。似恁地說出，却較見分曉。植。○以下物格、知至。

問：格物、窮理之初，事事物物也要見到那裏了？曰：固是要見到那裏。然也約摸是見得，直到物格、知至，那時方信得及。寓。

守約問：物格、知至，到曾子悟忠恕於一唯處，方是知得至否？曰：亦是如此。只是就小處一事一物上理會得到，亦是知至。賀孫。

或問：「物格而後知至」一句，或謂物格而知便至。如此，則與下文「而後」之例不同。曰：看他文勢，只合與下文一般說。但且謂之物格，則不害其爲一事一物在。到知，則雖萬物亦只是一箇知。故必理無不窮，然後知方可盡。今《或問》中却少了他這意思。

《大學》物格、知至處，便是凡聖之關。物未格，知未至，如何殺也是凡人。須是物格、知至，方能循循不已，而入於聖賢之域，縱有敏鈍遲速之不同，頭勢也都自向那邊去了。今物未格，知未至，雖是要過那邊去，頭勢只在這邊。如門之有限，猶未過得在。問：伊川云「非樂不足以語君子」，便是物未格，知未至，未過得關否？曰：然。某嘗謂，物格、知至後，雖有不善，亦是白地上黑點；物未格，知未至，縱有善，也只是黑地上白點。伯羽。○以下論格物、致知、誠意是學者之關。

格物是夢覺關。格得來是覺，格不得只是夢。誠意是善惡關。誠得來是善，誠不得只是惡。過得此二關，上面工夫却一節易如一節了。到得平天下處，尚有些工夫。只爲天下闊，須着如此點檢。又曰：誠意是轉關處。又曰：誠意是人鬼關。誠得來是人，誠不得是鬼。○夔孫。

致知、誠意，乃學者兩箇關。致知乃夢與覺之關，誠意乃惡與善之關。透得致知之關則覺，不然則夢；透得誠意之關則善，不然則惡。致知、誠意以上工夫較省，逐旋開去，至於治國、平天下地步愈闊，却須要照顧得到。人傑。

知至、意誠，是凡聖界分關隘。未過此關，雖有小善，猶是黑中之白；已過此關，雖有小過，亦是白中之黑。過得此關，正好着力進步也。道夫。

《大學》所謂「知至、意誠」者，必須知至，然後能誠其意也。今之學者只說操存，而不知講明義理，則此心憒憒，何事於操存也。某嘗謂誠意一節，正是聖凡分別關隘去處。若能誠意，則是透得此關；透此關後，滔滔然自在去爲君子。不然，則崎嶇反側，不免爲小人之歸也。「致知所以先於誠意者如何？」曰：致知者，須是知得盡，尤要親切。尋常只將「知至」之「至」作「盡」字說，近來看得合作「切至」之「至」。知之者切，然後貫通得誠意底意思，如程先生所謂真知者是也。謨。

論誠意，曰：過此一關，方是人，不是賊。又曰：過此一關，方會進。一本云：過得此關，道理方牢固。○方子。

鍾唐傑問意誠。曰：意誠只是要情願做工夫，若非情願，亦强不得。未過此一關，猶有七分是小人。蓋卿。

意誠、心正，過得此關，義理方穩。不然，七分是小人在。又曰：意不誠底，是私過；心不正底，是公過。方子。

深自省察以致其知，痛加剪落以誠其意。升卿。○致知、誠意。

知與意皆出於心。知是知覺處，意是發念處。閎祖。

致知，無豪釐之不盡。守其所止，無須臾之或離。致知，如一事只知得三分，這三分知得者是真實，那七分不知者是虛僞。爲善，須十分知善之可好，若知得九分，而一分未盡，只此一分未盡，便是鶻突苟且之根。少間說便爲惡也不妨，便是意不誠。所以貴致知，窮到極處謂之「致」。或得於小而失於大，或得於始而失於終，或得於此而失於彼，或得於己而失於人，極有深淺。惟致知，則無一事之不盡，無一物之不知。以心驗之，以身體之，逐一理會過，方堅實。僩。

說爲學次第，曰：本末精粗，雖有先

後，然一齊用做去。且如致知、格物而後誠意，不成説自家物未格，知未至，且未要誠意，須待格了、知了，却去誠意。安有此理？聖人亦只説大綱自然底次序是如此。拈着底，須是逐一旋旋做將去始得。常説田子方説文侯聽樂處，亦有病。不成只去明官，不去明音，亦須略去理會始得。不能明音，又安能明官？或以宮爲商，以角爲徵，自家緣何知得。且如「籩豆之事，則有司存」，非謂都不用理會籩豆，但比似容貌、顔色、辭氣爲差緩爾。又如官名，在孔子有甚緊要處。聖人一聽得郯子會，便要去學。蓋聖人之學，本末精粗，無一不備，但不可輕本而重末耳。今人閑坐過了多少日子，凡事都不肯去理會。且如儀禮一節，自家立朝不曉得禮，臨事有多少利害。雉。

吳仁甫問：誠意在致知、格物後，如何？曰：源頭只在致知。知至之後如從上面放水來，已自迅流湍決，只是臨時又要略略撥剔，莫令壅滯爾。銖。

問：誠意莫只是意之所發，制之於初否？曰：若説制，便不得。須是先致知、格物，方始得。人莫不有知，但不能致其知耳。致其知者，自裏面看出，推到無窮盡處；自外面看入來，推到無去處；方始得了，意方可誠。致知、格物是原頭上工夫。看來知至便自心正，不用「誠意」兩字也得。然無此又不得，譬如過水相似，無橋則過不得。意有未誠，也須著力。不應道知已至，不用力。

知若至，則意無不誠。若知之至，欲着此物亦留不住，東西南北中央皆着不得。若是不誠之人，亦不肯盡去，亦要留些子在。泳。○知至、意誠。

問：知至到意誠之間，意自不聯屬。須是別識得天理、人欲分明，盡去人欲，全是天理，方誠。曰：固是。這事不易言。須是格物精熟，方到此。居常無事，天理實然，有纖豪私欲，便能識破他，自來點檢慣了。譬有賊來，便識得，便捉得他。不曾用工底，與賊同眠同食也不知。大雅。

周震亨問知至、意誠，云：有知其如此，而行又不如此者，是如何？曰：此只是知之未至。問：必待行之皆是，而後驗其知至歟？曰：不必如此説。而今説與公是知之未至，公不信，且去就格物、窮理上做工夫。窮來窮去，末後自家真箇見得此理是善彼是惡，❶自心甘意肯不去做，此方是意誠。若猶有一豪疑貳底心，便是知未至，意未誠，久後依舊去做。然學者未能便得會恁地，須且致其知，工夫積累，方會知至。雉。

「知至而後意誠」，須是真知了，方能誠意。知苟未至，雖欲誠意，固不得其門而入矣。惟其胸中了然，知得路逕如此，知善之當好，惡之當惡，然後自然意不得不誠，心不得不正。因指燭曰：如點一條蠟燭在中間，光明洞達，無處不照，雖欲將不好物事來，亦没安頓處，自然着它不得。若是知未至，譬如一盞燈，用罩子蓋住，則光之所及者固可見，光之所不及處則皆黑暗無所見，雖有不好物事安頓在後面，固不得而知也。炎録云：知既至，則意可誠。如燈在中間，纔照不及處，便有賊潛藏在彼，不可知。若四方八面都光明了，他便無著身處。所以貴格物，如佛、老之學，它非無長處，但它只知得一路。其知之所及者，則路

❶「彼」，萬曆本作「與」。

逕甚明，無有差錯；其知所不及處，則皆顛倒錯亂，無有是處，緣無格物工夫也。問：物未格時，意亦當誠。曰：固然。豈可説物未能格，意便不用誠。自始至終，意常要誠。如人適楚，當南其轅。豈可謂吾未能到楚，且北其轅。但知未至時，雖欲誠意，其道無由。如人夜行，雖知路從此去，但黑暗，行不得。所以要得致知。知至則道理坦然明白，安而行之。今人知未至者，也知道善之當好，惡之當惡。然臨事不如此者，只是實未曾見得。若實見得，自然行處無差。僩。

欲知知之真不真，意之誠不誠，只看做不做如何。真箇如此做底，便是知至、意誠。道夫。

問「知至而後意誠」。曰：知則知其是非。到意誠實，則無不是，無有非，無一豪錯，此已是七八分人。然又不是今日知至，意亂發不妨，待明日方誠。如言孔子「七十而從心」，不成未七十心皆不可從。只是説次第如此。白居易詩云：「行年三十九，歲暮日斜時。孟子心不動，吾今其庶幾。」詩人玩弄至此。可學。○璘録別出。

舜功問：致知、誠意是如何先後？曰：此是當初一發同時做底工夫，及到成時，知至而後意誠耳。不是方其致知，則脱空妄語，猖狂妄行，及到誠意方始旋收拾也。孔子「三十而立」，亦豈三十歲正月初一日乃立乎？白樂天有詩：「吾年三十九，歲暮日斜時。孟子心不動，吾今其庶幾。」此詩人滑稽耳。璘。

學者到知至、意誠，便如高祖之關中，光武之河内。芝。

問：「知至而後意誠」，故天下之理，反

求諸身，實有於此。似從外去討得來。云云。曰：仁義禮智，非由外鑠我也，我固有之也，弗思耳矣。厲聲言「弗思」二字。又笑曰：某常說，人有兩箇兒子，一箇在家，一箇在外去幹家事。其父却說道在家底是自家兒子，在外底不是。節。

或問：知至以後，善惡既判，何由意有未誠處？曰：克己之功，乃是知至以後事。「惟聖罔念作狂，惟狂克念作聖」。一念纔放下，便是失其正。自古無放心底聖賢，然一念之微，所當深謹，纔說知至後不用誠意，便不是。「人心惟危，道心惟微」，豪釐間不可不子細理會。纔說太快，便失却此項功夫也。銖。

問椿：知極其至，有時意又不誠，是如何？椿無對。曰：且去這裏子細窮究。一日，稟云：是知之未極其至。先生曰：是則是。今有二人：一人知得這是善，這是惡；又有一人真知得這是善當爲，惡不可爲。然後一人心中，如何見得他是真知處？椿亦無以應。先生笑曰：且放下此一段，緩緩尋思，自有超然見到處。椿。

誠意，方能保護得那心之全體。○以下誠意。

問「實其心之所發，欲其一於理而無所雜」。曰：只爲一，便誠；二，便雜。「如惡惡臭，如好好色」，一故也。「小人閒居爲不善，止著其善」，二故也。只要看這些便分曉。二者，爲是真底物事，却着些假攙放裏，便成詐僞。如這一盞茶，一味是茶，便是真。才有些別底滋味，便是有物夾雜了，便是二。夔孫。

意誠後，推盪得查滓靈利，心盡是義理。閎祖。○以下意誠。

意誠，如蒸餅，外面是白麵，透裏是白麪。意不誠，如蒸餅外面雖白，裏面却只是粗麪一般。閎祖。

心，言其統體；意，是就其中發處。正心，如戒懼不睹不聞；誠意，如謹獨。又曰：由小而大。意小心大。閎祖。○正心、誠意。

康叔臨問：意既誠矣，心安有不正？曰：誠只是實。雖是意誠，然心之所發有不中節處，依舊未是正。亦不必如此致疑，大要只在致知、格物上。如物格、知至上鹵莽，雖見得似小，其病却大。自脩身以往，只是如破竹然，逐節自分明去。今人見得似難，其實却易。人入德處，全在致知、格物。譬如適臨安府，路頭一正，着起草鞋，便會到。未須問所過州縣那箇在前，那箇在後，那箇是繁盛，那箇是荒索。工夫全在致知、格物上。謙。○論格物、致知、誠意、正心以下。

問：心，本也。意，特心之所發耳。今欲正其心，先誠其意，似倒說了。曰：心無形影，教人如何撑拄。須是從心之所發處下手，先須去了許多惡根。如人家裏有賊，先去了賊，方得家中寧。如人種田，不先去了草，如何下種？須去了自欺之意，意誠則心正。誠意最是一段中緊要工夫，下面一節輕一節。或云：致知、格物也緊要。曰：致知，知之始；誠意，行之始。夔孫。

或問：意者心之所發，如何先誠其意？曰：小底却會牽動了大底。心之所以不正，只是私意牽去。意纔實，心便自正。聖賢下語，一字是一字，不似今人作文字，用這箇字也得，改做那一字也得。

格物者，知之始也；誠意者，行之始

也。意誠則心正，自此去，一節易似一節。拱壽。

致知、誠意兩節，若打得透時，已自是箇好人。其它事一節大如一節，病敗一節小如一節。自脩。

格物者，窮事事物物之理；致知者，知事事物物之理。無所不知，知其不善之必不可爲，故意誠。意既誠，則好樂自不足以動其心，故心正。格。

格物、致知、正心、誠意，不可着纖豪私意在其中。椿録云：便不是矣。致知、格物，十事格得九事通透，一事未通透，不妨；一事只格得九分，一分不透，最不可。凡事不可着箇「且」字。「且」字，其病甚多。

格物、致知、誠意、正心，雖是有許多節次，然其進之遲速，則又隨人資質敏鈍。履孫。

大學於格物、誠意，都煅煉成了，到得正心、脩身處，只是行將去，都易了。夔孫。

致知、誠意、正心，知與意皆從心出來。知則主於別識，意則主於營爲。知近性，近體；意近情，近用。端蒙。

敬之問誠意、正心、脩身。曰：若論淺深意思，則誠意工夫較深，正心工夫較淺；若以小大看，則誠意較緊細，而正心、脩身地位又較大，又較施展。賀孫。

誠意、正心、脩身，意是指已發處看，心是指體看。意是動，心又是該動静。身對心而言，則心正是内。能如此身脩是内外都盡。若不各自做一節功夫，不成説我意已誠矣，心將自正。則恐懼、好樂、忿懥引將去，又却邪了。不成説心正矣，身不用管。則外面更不顧，而遂心迹有異矣。須是「無所不用其極」。端蒙。

或問：意者，聽命於心者也。今曰「欲正其心，先誠其意」，意乃在心之先矣。曰：「心」字卒難摸索。心譬如水：水之體本澄湛，却爲風濤不停，故水亦摇動。必須風濤既息，然後水之體静。人之無狀污穢，皆在意之不誠。必須去此然後能正其心。及心既正後，所謂好惡哀矜，與脩身齊家中所説者，皆是合有底事。但當時時省察其固滯偏勝之私耳。僩。○壯祖録疑同聞别出。

問：心者，身之主；意者，心之發。意發於心，則意當聽命於心。今曰「意誠而後心正」，則是意反爲心之管束矣，何也？曰：心之本體何嘗不正。所以不得其正者，蓋由邪惡之念勃勃而興，有以動其心也。譬之水焉，本自瑩净寧息，❶蓋因波濤洶湧，水遂爲其所激而動也。更是大學次序，誠意最要。學者苟於此一節分别得善惡、是非、取舍分明，則自此以後，凡有忿懥、好樂、親愛、畏敬等類，皆是好事。大學之道，始不可勝用矣。壯祖。

問：心如何正？曰：只是去其害心者。端蒙。

或問正心、脩身。曰：今人多是不能去致知處着力，此心多爲物欲所陷了。惟聖人能提出此心，使之光明，外來底物欲皆不足以動我，内中發出底又不陷了。祖道。

心纔不正，其終必至於敗國亡家。僩。

「誠意正心」章，一説能誠其意，而心自正；一説意誠矣，而心不可不正。問：脩身、齊家亦然否？曰：此是交會處，不可

❶「瑩」，萬曆本作「瑩」。

不看。又曰：誠意以敬爲先。泳。

或問：正心、誠意，莫有淺深否？曰：正心是就心上説，脩身是就應事接物上説。那事不自心做出來。如脩身，如絜矩，都是心做出來。但正心，却是萌芽上理會。若脩身與絜矩等事，却是各就地頭上理會。

毅然問：「家齊，而後國治，天下平。」如堯有丹朱，舜有瞽瞍，周公有管、蔡，却能平治，何也？曰：堯不以天下與丹朱而與舜，舜能使瞽瞍不格姦，周公能致辟于管、蔡，使不爲亂，便是措置得好了。然此皆聖人之變處。想今人家不解有那瞽瞍之父，丹朱之子，管、蔡之兄，都不須如此思量，且去理會那常處。淳。

「壹是」，一切也。《漢書·平帝紀》「一切」，顔師古注：「猶如以刀切物，取其整齊。」泳。

李從之問：「壹是皆以脩身爲本」，何故只言脩身？曰：脩身是對天下國家説。脩身是本，天下國家是末。凡前面許多事，便是理會脩身。「其所厚者薄，所薄者厚」，又是以家對國説。僩。

問：《大學解》：「所厚，謂家。」若誠意、正心，亦可謂之厚否？曰：不可。此只言先後緩急。所施則有厚薄。節。

問：《大學》之書，不過明德、新民二者而已。其自致知、格物以至平天下，乃推廣二者，爲之條目以發其意，而傳意則又以發明其爲條目者。要之，不過此心之體不可不明，而致知、格物、誠意、正心，乃其明之之工夫耳。曰：若論了得時，只消「明明德」一句便了，不用下面許多。聖人爲學者難曉，故推説許多節目。今且以明德、新民互言之，則明明德者，所以自新也；新民者，所以使人各明其明德也。然則雖有彼此之間，其爲欲明之德，則彼此無不同也。譬之明德却是材料，格物、致知、誠意、正心、脩身，却是下工夫以明其明德耳。於格物、致知、誠意、正心、脩身之際，要得常見一箇明德隱然流行於五者之間，方分明。明德如明珠，常自光明，但要時加拂拭耳。若爲物欲所蔽，即是珠爲泥涴，然光明之性依舊自在。大雅。○以下總論綱領、條目。

《大學》「在明明德，在新民，在止於至善」，此三箇是大綱，做功夫全在此三句内。下面知止五句是説效驗如此。上面是服藥，下面是説藥之效驗。正如説服到幾日效如此，又服到幾日效又如此。看來不須説效亦得，服到日子滿時，自然有效。但聖人須要説到這田地，教人知「明明德」三句。後面又分析開八件：致知至脩身五件，是明明德事；齊家至平天下三件，是新民事。至善只是做得恰好。後面傳又立八件，詳細剖析八件意思。大抵閑時喫緊去理會，須要把做一件事看，横在胸中，不要放下。若理會得透徹，到臨事時，一一有用處。而今人多是閑時不喫緊理會，及到臨事時，又不肯下心推究道理，只説且放過一次亦不妨。只是安於淺陋，所以不能長進，終於無成。大抵是不曾立得志，枉過日子。且如知止，只是閑時窮究得道理分曉，臨事時方得其所止。若閑時不曾知得，臨事如何了得。事親固是用孝，也須閑時理會如何爲孝，見得分曉，及到事親時，方合得這道理。事君亦然。以至凡事都如此。又問：知止，是萬事萬物皆知得所止，或只指一事而言？曰：此徹上徹下，知得一事，亦可謂之知止。又問：上達天理，便是事物當然之則至善處否？曰：只是合禮處，便是天理。所以聖人教人致知、格物，亦只要人理會得此道理。又問：《大學》所謂表裏精粗如何？曰：自是如此。粗是大綱，精是裏面曲折處。又曰：外面事要推闡，故齊家而后治國、平天下；裏面事要切己，故脩身、正心，必先誠意。致知愈細密。又問真知。曰：曾被虎傷者，便知得是可畏。未曾被虎傷底，須逐旋思量箇被傷底道理，見得與被傷者一般，方是。明作。

格物，致知，是求知其所止；誠意、正心、脩身、齊家、治國、平天下，是求得其所止。物格、知至，是知所止；意誠、心正、身脩、家齊、國治、天下平，是得其所止。《大學》中大抵虛字多。如所謂「欲」、「其」、「而后」，皆虛字；「明明德、新民、止於至善」，「致知、格物、誠意、正心、脩身、齊家、治國、平天下」，是實字。今當就其緊要實處着工夫。如何是致知、格物以至於治國、平天下，皆有節目，須要一一窮究着實，方是。道夫。

自「欲明明德於天下」至「先致其知」，皆是隔一節，所以言欲如此者，必先如此。「致知在格物」，知與物至切近，正相照在。格物所以致知，物才格，則知已至，故云在，更無次第也。閎祖。

《大學》「明明德於天下」以上，皆有等級。到致知、格物處，便較親切了，故文勢不同，不曰「致知者先格其物」，只曰「致知在格物」也。「意誠而后心正」，不說是意誠了便心正，但無詐僞便是誠。心不在焉，便不正。或謂但正心，不須致知、格物，便可以脩身、齊家，却恐不然。聖人教人窮理，只道是人在善惡中，不能分別得，故善或以爲惡，惡或以爲善；善可以不爲不妨，惡可以爲亦不妨。聖人便欲人就外面攔截得緊，見得道理分明，方可正得心，誠得意。不然則聖人告顏子，如何不道非禮勿思，却只道勿視、聽、言、動？如何又先道「居處恭，執事敬」，而後「與人忠」？「敬」字要體得親切，似得箇「畏」字。銖記先生嘗因諸生問敬宜何訓，曰：是不得而訓也。惟「畏」庶幾近之。銖云：以「畏」訓「敬」，平淡中有滋味。曰：然。○榦。

「欲明明德於天下者先治其國，至致知在格物。」「欲」與「先」字，謂如欲如此，必先如此，是言工夫節次。若「致知在格物」，則致知便在格物上。看來「欲」與「先」字，差慢得些子，「在」字又緊得些子。履孫。

《大學》言「物格而後知至」，止「天下平」。聖人說得寬，不說道能此即能彼，亦不說道能此而後可學彼。只是如此寬說，後面逐段節節更說，只待人自看得如何。振。

蔡元思問：《大學》八者條目，若必待行得一節了，旋進一節，則沒世窮年，亦做不徹。看來日用之間，須是隨其所在而致力：遇着物來面前，便用格；知之所至，便用致；意之發，便用誠；心之動，便用正；身之應接，便用脩；家便用齊；國便用治，方得。曰：固是。他合下便說「古之欲明明德於天下」，便是就這大規模上說起。只是細推他節目緊要處，則須在致知、格物、誠意迤邐做將去云云。又曰：有國家者，不成說家未齊，未能治國，且待我去齊得家了，却來治國；家未齊者，不成說身未脩，且待我脩身了，却來齊家。無此理。但細推其次序，須着如此做。若隨其所遇，合當做處，則一齊做，始得。僩。

《大學》自致知以至平天下，許多事雖

是節次如此，須要一齊理會。不是説物格後方去致知，意誠後方去正心。若如此説，則是當意未誠、心未正時，有家也不去齊，如何得。且如「在下位不獲乎上」數句，意思亦是如此。若未獲乎上，更不去治民，且一向去信朋友；若未信朋友時，且一向去説親，❶掉了朋友不管。須是多端理會，方得許多節次。聖人亦是略分箇先後與人知，不是做一件净盡無餘，方做一件。若如此做，何時得成？又如喜怒上做工夫，固是；然亦須事事照管，不可專於喜怒。如《易》《損》卦「懲忿窒慾」，《益》卦「見善則遷，有過則改」，似此説話甚多。聖人却去四頭八面説來，須是逐一理會。身上許多病痛，都要防閑。明作。

問：知至了意便誠，抑是方可做誠意工夫？曰：也不能恁地説得。這箇也在人。一般人自便能如此。一般人自當循序做。但知至了，意誠便易。且如這一件事知得不當如此做，末梢又却如此做，便是知得也未至。若知得至時，便決不如此。如人既知烏喙之不可食，水火之不可蹈，豈肯更試去食烏喙，蹈水火。若是知得未至時，意決不能誠。問：知未至之前，所謂謹獨，亦不可忽否？曰：也不能恁地説得。規模合下皆當齊做。然這裏只是説學之次序如此，説得來快，無恁地勞攘，且當循此次序。初間「欲明明德於天下」時，規模便要恁地了。既有恁地規模，當有次序工夫；既有次序工夫，自然有次序功效：「物格，而后知至；知至，而后意誠；意誠，而后心正；心正，而后身脩；身脩，而后家齊；家

❶「説」，萬曆本作「悦」。

齊，而后國治；國治，而后天下平。」只是就這規模恁地廣開去，如破竹相似，逐節恁地去。寓。

說《大學》次序，曰：致知、格物，是窮此理；誠意、正心、脩身，是體此理；齊家、治國、平天下，只是推此理。要做三節看。雉。

《大學》一篇却是有兩箇大節目：物格、知至是一箇，誠意、脩身是一箇。纔過此二關了，則便可直行將去。泳。

物格、知至，是一截事；意誠、心正、身脩，是一截事；家齊、國治、天下平，又是一截事。自知至交誠意，又是一箇過接關子；自脩身交齊家，又是一箇過接關子。賀孫。

自格物至脩身，自淺以及深；自齊家至平天下，自內以及外。敬仲。

或問：格物、致知，到貫通處，方能分別取舍。初間亦未嘗不如此，但較生澀勉强否？曰：格物時是窮盡事物之理，這方是區處理會。到得知至時，却已自有箇主宰，會去分別取舍。初間或只見得表，不見得裏；只見得粗，不見得精。到知至時，方知得到；能知得到，方會意誠，可者必爲，不可者决不肯爲。到心正，則胸中無些子私蔽，洞然光明正大，截然有主而不亂，此身便脩，家便齊，國便治，而天下可平。賀孫。

格物、致知，比治國、平天下，其事似小。然打不透，則病痛却大，無進步處。治國、平天下，規模雖大，然這裏縱有未盡處，病痛却小。格物、致知，如「知及之」；正心、誠意，如「仁能守之」。到得「動之不以禮」處，只是小小未盡善。蓋卿。○方子録云：格物、誠意，其事似乎小。然若打不透，却是大病痛。治國、平天下，規模雖大，然若有未到處，其病却小，蓋前面大本領已自正了。學者若做到物格、知至處，此是七分以上底人。

問：看來《大學》自格物至平天下，凡八事，而心是在當中，擔着兩下者。前面格物、致知、誠意，是理會箇心；後面身脩、家齊、國治、天下平，是心之功用。曰：據他本經，去脩身上截斷。然身亦是心主之。士毅。

自明明德至於治國、平天下，如九層寶塔，自下至上，只是一箇塔心。四面雖有許多層，其實只是一箇心。明德、正心、誠意、脩身，以至治國、平天下，雖有許多節次，其實只是一理。須逐一從前面看來，看後面，又推前面去。故曰：「知至而後意誠，意誠而後心正」也。子蒙。

問：「古之欲明明德於天下者」，至「致知在格物」，詳其文勢，似皆是有爲而後爲者。曰：皆是合當爲者。經文既自明明德説至新民，止於至善，下文又却反覆明辨，以見正人者必先正己。孟子曰：「天下之本在國，國之本在家，家之本在身。」亦是此意。道夫。

問：「古之欲明明德於天下」，至「致知在格物」，向疑其似於爲人。今觀之，大不然。蓋大人，以天下爲度者也。天下苟有一夫不被其澤，則於吾心爲有慊；而吾身於是八者有一豪不盡，則亦何以明明德於天下耶？夫如是，則凡其所爲，雖若爲人，其實則亦爲己而已。先生曰：爲其職分之所當爲也。道夫。

圖

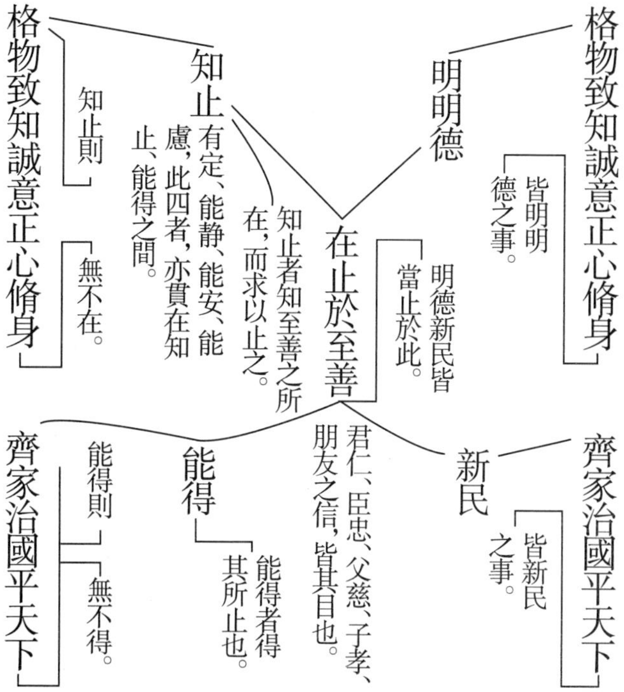
格物致知誠意正心脩身
皆明明德之事。
明明德
齊家治國平天下
皆新民之事。
新民
在止於至善
明德新民皆當止於此。
君仁、臣忠、父慈、子孝、朋友之信，皆其目也。
知止者知至善之所在，而求以止之。
知止
有定、能靜、能安、能慮，此四者，亦貫在知止、能得之間。
能得
能得者得其所止也。
格物致知誠意正心脩身
知止則
無不在。
齊家治國平天下
能得則
無不得。

朱子語類卷第十六

大學三

傳一章釋明明德

問「克明德」。曰：德之明與不明，只在人之克與不克耳。克，只是真箇會明其明德。節。

問明德、明命。曰：便是天之所命謂性者。人皆有此明德，但爲物欲之所昏蔽，故暗塞爾。甾。

自人受之，喚做「明德」；自天言之，喚做「明命」。今人多鶻鶻突突，一似無這箇明命。若常見其在前，則凜凜然不敢放肆，見許多道理都在眼前。又曰：人之明德，即天之明命。雖則是形骸間隔，然人之所以能視、聽、言、動，非天而何。問「苟日新，日日新」。曰：這箇道理，未見得時，若無頭無面，如何下工夫。纔剔撥得有些通透處，便須急急躡蹤趲鄉前去。又曰：「周雖舊邦，其命維新。」文王能使天下無一民不新其德，即此便是天命之新。又云：天視自我民視，天聽自我民聽。或問：此若有不同，如何？曰：天豈曾有耳目以視聽。只是自我民之視聽，便是天之視聽。如帝命文王，豈天諄諄然命之。只是文王要恁地，便是理合恁地，便是帝命之也。又曰：若一件事，民人皆以爲是，便是天以爲是；若人民皆歸往之，便是天命之也。又曰：此處甚微，故其理難看。賀孫。

「顧諟天之明命」，諟，是詳審顧諟，見得子細。僩。

「顧諟天之明命」，只是照管得那本明底物事在。燾。

「顧諟天之明命」，便是常見這物事，不教昏着。今看《大學》，亦要識此意。所謂「顧諟天之明命」，「無他，求其放心而已」。方子。○佐同。

先生問：「顧諟天之明命」，如何看？答云：天之明命，是天之所以命我，而我之所以爲德者也。然天之所以與我者，雖曰至善，苟不能常提撕省察，使大用全體昭晰無遺，則人欲益滋，天理益昏，而無以有諸己矣。曰：此便是至善。但今人無事時，又却恁昏昏地；至有事時，則又隨事逐物而去，都無一箇主宰。這須是常加省察，真如見一箇物事在裏，不要昏濁了他，則無事時自然凝定，有事時隨理而處，無有不當。道夫。

「顧諟天之明命」，古注云：「常目在之。」説得極好。非謂有一物常在目前可見也，只是長存此心，知得有這道理光明不昧。方其静坐未接物也，此理固湛然清明；及其遇事而應接也，此理亦隨處發見。只要人常提撕省察，念念不忘，存養久之，則是理愈明，雖欲忘之而不可得矣。孟子曰：「學問之道無他，求其放心而已矣。」所謂求放心，只常存此心便是。存養既久，自然信向。決知堯、舜之可爲，聖賢之可學，如菽粟之必飽，布帛之必煖，自然不爲外物所勝。若是若存若亡，如何會信，如何能必行。又曰：千書萬書，只是教人求放心。聖賢教人，其要處皆一。苟通得一處，則觸處皆通矣。僩。

問：「顧諟天之明命」，言「常目在之」，如何？曰：顧諟，是看此也。目在，是如目存之，常知得有此理，不是親眼看。「立則見其參於前，在輿則見其倚於衡」，便是這模樣。只要常常提撕在這裏，莫使他昏昧了。子常見得孝，父常見得慈，與國人交，常見得信。寓。

問：顧，謂「常目在之」。天命至微，恐不可目在之，想只是顧其發見處。曰：只是見得長長地在面前模樣。「立則見其參於前，在輿則見其倚於衡」。豈是有物可見？義剛。

問「常目在」之意。先生以手指曰：如一件物在此，惟恐人偷去，兩眼常常覷在此相似。友仁。

問：如何目在之？曰：常在視瞻之間，蓋言存之而不忘。寓。

因説「天之明命」，曰：這箇物事，即是氣，便有許多道理在裏。人物之生，都是先有這箇物事，便是天當初分付底。既有這物事，方始具是形以生，便有皮包裹在裏。若有這箇，無這皮殼，亦無所包裹。如草木之生，亦是有箇生意了，便會生出芽蘗；芽蘗出來，便有皮包裹着。而今儒者只是理會這箇，要得順性命之理。佛、老也只是理會這箇物事。老氏便要常把住這氣，不肯與他散，便會長生久視。長生久視也未見得，只是做得到，也便未會死。佛氏也只是見箇物事，便放得下，所以死生禍福都不動。只是他去作弄了。又曰：各正性命，保合太和，聖人於乾卦發此兩句最好。人之所以爲人，物之所以爲物，都是正箇性命。保合得箇和氣性命，便是當初合下分付底。保合，便是有箇皮殼包裹在裏。如人以刀破其腹，此箇物事便散却，便死。夔孫。

而今人會說話行動，凡百皆是天之明命。「人心惟危，道心惟微」，也是天之明命。夔孫。

傳二章釋新民

「苟日新」一句是爲學入頭處。而今爲學，且要理會「苟」字。苟能日新如此，則下面兩句工夫方能接續做去。而今學者只管要日新，却不去「苟」字上面着工夫。「苟日新」，苟者，誠也。泳。

苟，誠也。要緊在此一字。賀孫。

「苟日新」。須是真箇日新，方可「日日新，又日新」。泳。

舊來看《大學》日新處，以爲重在後兩句，今看得重在前一句。「苟」字多訓「誠」字。璘。

「苟」字訓「誠」，古訓釋皆如此。乍看覺差異。人誠能有日新之功，則須日有進益。若暫能日新，不能接續，則前日所新者，却間斷衰頽了，所以不能「日日新，又日新」也。人傑。

「苟日新」，新是對舊染之汙而言。「日日新，又日新」，只是要常常如此，無間斷也。新與舊，非是去外面討來。昨日之舊，乃是今日之新。道夫云：這正如《孟子》「操存舍亡」，說存與亡，非是有兩物。曰：然。只是在一念間爾。如「顧諟天之明命」，上下文都說明德，這裏却說明命。蓋天之所以與我，便是明命；我之所以得以爲性者，便是明德。命與德皆以明爲言，是這箇物本自光明，顯然在裏，我却去昏蔽了他，須用日新。説得來，又只是箇存心。所以明道云：「聖賢千言萬語，只是欲人將已放之心約之使反復入身來，自能尋向上去，下學而上達也。」道夫。

湯「日日新」。《書》云：「終始惟一，時乃日新。」這箇道理須是常接續不已，方是日新；才有間斷，便不可。《盤銘》取沐浴之義。蓋爲早間盥濯才了，晚下垢污又生，所以常要日新。德明。

徐仁父問：湯之《盤銘》曰：「日日新。」繼以「作新民」。日新是明德事，而今屬之「作新民」之上。意者，申言新民必本於在我之自新也。曰：然。莊子言：「語道而非其序，則非道矣。」横渠云：「如《中庸》文字，直須句句理會過，使其言互相發。」今讀《大學》亦然。某年十七八時讀《中庸》、《大學》，每早起須誦十遍。今《大學》可且熟讀。賀孫。

鼓之舞之之謂作。如擊鼓然，自然使人跳舞踴躍。然民之所以感動者，由其本有此理。上之人既有以自明其明德，時時提撕警策，則下之人觀瞻感發，各有以興起其同然之善心，而不能已耳。僩。

「周雖舊邦，其命維新。」自新新民，而至於天命之改易，可謂極矣。必如是而後爲「止於至善」也。僩。

「其命維新」，是新民之極，和天命也新。大雅。

傳三章釋止於至善

「緡蠻黄鳥，止于丘隅」。物亦各尋箇善處止，「可以人而不如鳥乎」！德明。

「於緝熙敬止。」緝熙，是工夫；敬止，

是功效收殺處。寓。

或言：《大學》以知止爲要。曰：如君便要止於仁，臣便要止於敬，子便止於孝，父便止於慈。若不知得，何緣到得那地位。只這便是至善處。道夫問：至善，是無過不及恰好處否？曰：只是這夾界上些子。如君止於仁，若依違牽制，懦而無斷，便是過，便不是仁。臣能陳善閉邪，便是敬；若有所畏懼，不敢正君之失，便是過，便不是敬。道夫。

問：至善，如君之仁，臣之敬，父之慈，子之孝者，固如此。就萬物中細論之，則其類如何？曰：只恰好底便是。「坐如尸」，便是坐恰好底；「立如齊」，便是立恰好底。淳。○寓同。

周問：《注》云：「究其精微之蘊，而又推類以通其餘」，何也？曰：大倫有五，此言其三，蓋不止此。「究其精微之蘊」，是就三者裏面窮究其蘊；「推類以通其餘」，是就外面推廣，如夫婦、兄弟之類。淳。○謨録云：須是就君仁臣敬、子孝父慈、與國人信上推究精微，各無不盡之理。❶此章雖人倫大目，亦只舉得三件。必須就此上推廣所以事上當如何，所以待下又如何。尊卑小大之間，處之各要如此。

問：「如切如磋者，道學也；如琢如磨者，自脩也。」此是詩人美武公之本旨耶？姑借其詞以發學問自脩之義邪？曰：武公大段是有學問底人。《抑》之一詩，義理精密。詩中如此者甚不易得。僩用。

「至善」一章，工夫都在「切磋琢磨」上。泳。

既切而復磋之，既琢而復磨之，方止於

❶「無」，萬曆本作「有」。

至善。不然，雖善非至也。節。

《傳》之三章，緊要只是「如切如磋，如琢如磨」。如切，可謂善矣，又須當磋之，方是至善；如琢，可謂善矣，又須當磨之，方是至善。一章主意，只是說所以「止於至善」工夫，爲下「不可諠兮」之語拖帶說。到「道盛德至善，民不能忘」，又因此語一向引去。大概是反覆嗟咏，其味深長。他經引《詩》或未甚切，只《大學》引得極細密。賀孫。

魏元壽問切磋琢磨之說。曰：恰似剥了一重，又有一重。學者做工夫，消磨舊習，幾時便去教盡。須是只管磨礲，教十方净潔。❶最怕如今於眼前道理略理會得些，便自以爲足，更不着力向上去，這如何會到至善田地。賀孫。

骨，角，却易開解；玉、石，儘着得磨揩工夫。賀孫。

瑟，矜莊貌；僩，武貌；恂慄，嚴毅貌。古人直是如此嚴整，然後有那威儀烜赫著見。德明。

問：解瑟爲嚴密，是就心言，抑就行言？曰：是就心言。問：心如何是密處？曰：只是不粗疏，恁地縝密。寓。

「僩，武毅之貌。」能剛强卓立，不如此怠惰闒颯。僩。

問：瑟者，武毅之貌；恂慄，戰懼之貌。不知人當戰懼之時，果有武毅之意否？曰：人而懷戰懼之心，則必齋莊嚴肅，又烏可犯。壯祖。

問：恂慄，何以知爲戰懼？曰：莊子云：「木處，則恂慄危懼。」廣。

❶「方」，四庫本作「分」。

大率切而不磋，亦未到至善處；琢而不磨，亦未到至善處。「瑟兮僩兮」，則誠敬存於中矣。未至於「赫兮烜兮」，威儀輝光著見於外，亦未爲至善。此四句是此段緊切處，專是説至善。蓋不如此，則雖善矣，未得爲至善也。至於「民之不能忘」，若非十分至善，何以使民久而不能忘。古人言語精密有條理如此。銖。

「民之不能忘也」，只是一時不忘，亦不是至善。又曰：「瑟兮僩兮，赫兮諠兮」者，有所主於中，而不能發於外，亦不是至善；務飾於外，而無主於中，亦不是至善。銖。

問「前王不忘」云云。曰：前王遠矣，盛德至善，後人不能忘之。「君子賢其賢」，如堯、舜、文、武之德，後世尊仰之，豈非賢其所賢乎！「親其親」，如周后稷之德，子孫宗之，以爲先祖先父之所自出，豈非親其所親乎！寓。

問「君子賢其賢而親其親」。曰：如孔子仰文、武之德，是「賢其賢」，成、康以後，思其恩而保其基緒，便是「親其親」。木之。

或問「至善」章。曰：此章前三節是説「止」字，中一節説至善，後面「烈文」一節，又是咏歎此至善之意。銖。

傳四章釋本末

問「聽訟吾猶人也，必也使無訟乎」。曰：固是以脩身爲本，只是公別底言語多走作。如云：「凡人聽訟，以曲爲直，以直爲曲，所以人得以盡其無實之辭。聖人理無不明，明無不燭，所以人不敢。」如此，却是聖人善聽訟，所以人不敢盡其無實之辭，正與經意相反。聖人正是說聽訟我也無異於人，當使其無訟之可聽，方得。若如公言，則當云「聽訟吾過人遠矣，故無情者不敢盡其辭」，始得。聖人固不會錯斷了事。只是它所以無訟者，却不在於善聽訟，在於意誠、心正，自然有以薰炙漸染，大服民志，故自無訟之可聽耳。如成人有其兄死而不爲衰者，聞子皐將至，遂爲衰。子皐何嘗聽訟，自有以感動人處耳。僩。

使他無訟，在我之事，本也。恁地看，此所以聽訟爲末。泳。

「無情者不得盡其辭」，便是說那無訟之由。然惟先有以服其心志，所以能使之不得盡其虛誕之辭。義剛。

「大畏民志」者，大有以畏服斯民自欺之志。卓。

傳五章釋格物致知

劉圻父說：「人心之靈，莫不有知；而天下之物，莫不有理。」恐明明德便是性。曰：不是如此。心與性自有分別。靈底是心，實底是性。靈便是那知覺底。如向父母則有那孝出來，向君則有那忠出來，這便是性。如知道事親要孝，事君要忠，這便是心。張子曰：「心，統性情者也。」此說得最精密。次日，圻父復說過。先生曰：性便是那理，心便是盛貯該載、敷施發用底。問：表裏精粗無不到。曰：表便是外面理會得底，裏便是就自家身上至親至切、至隱至密、貼骨貼肉處。今人處事多是自說道：「且恁地也不妨。」這箇便不是。這便只是理會不曾到那貼底處。若是知得那貼底時，自是決然不肯恁地了。義剛。○子寰同。

問：「因其已知之理推而致之，以求至乎其極」，是因定省之孝以至於色難養志，因事君之忠以至於陳善閉邪之類否？曰：此只説得外面底，須是表裏皆如此。若是做得大者而小者未盡，亦不可；做得小者而大者未盡，尤不可。須是無分豪欠闕，方是。且如陸子静説「良知良能，四端根心」，只是他弄這物事。其他有合理會者，渠理會不得，却禁人理會。鵝湖之會，渠作詩云：「易簡工夫終久大。」彼所謂易簡者，苟簡容易爾，全看得不子細。「乾以易知」者，乾是至健之物；至健者，要做便做，直是易。坤是至順之物，順理而爲，無所不能，故曰簡。此言造化之理。至於「可久則賢人之德」，可久者，日新而不已；「可大則賢人之業」，可大者，富有而無疆。易簡有幾多事在，豈容易苟簡之云乎。人傑。

任道弟問：「致知」章，前説窮理處云：「因其已知之理而益窮之。」且經文「物格，而後知至」，却是知至在後。今乃云因「其已知而益窮之」，則又在格物前。曰：知元自有。❶纔要去理會，便是這些知萌露。若懵然全不向着，便是知之端未曾通。纔思量着，便這箇骨子透出來。且如做些事錯，纔知道錯，便是向好門路，却不是方始去理會箇知。只是如今須着因其端而推致之，使四方八面、千頭萬緒，無有些不知，無有豪髮窒礙。孟子所謂「知皆廣而充之，若火之始然，泉之始達」。「廣而充之」，便是「致」字意思。賀孫。

致知，則理在物，而推吾之知以知之

❶「元」，萬曆本作「先」。

也；知至，則理在物，而吾心之知已得其極也。或問：「理之表裏精粗無不盡，而吾心之分別取舍無不切。」既有箇定理，如何又有表裏精粗？曰：理固自有表裏精粗，人見得亦自有高低淺深。有人只理會得下面許多，都不見得上面一截，這喚做知得表，知得粗。又有人合下便看得大體，都不就中間細下工夫，這喚做知得裏，知得精。二者都是偏，故《大學》必欲格物、致知。到物格、知至，則表裏精粗無不盡。賀孫。

或問表裏精粗。曰：須是表裏精粗無不到。有一種人只就皮殼上做功夫，却於理之所以然者全無是處。又有一種人思慮向裏去，又嫌眼前道理粗，於事物上都不理會。此乃談玄說妙之病，其流必入於異端。銖。

問表裏。曰：表者，人物之所共由；裏者，吾心之所獨得。表者，如父慈子孝，雖九夷八蠻，也出這道理不得。裏者，乃是至隱至微、至親至切，切要處。因舉子思云：「語大，天下莫能載；語小，天下莫能破。」又說「裏」字云：「莫見乎隱，莫顯乎微。」此箇道理，不惟一日間離不得，雖一時間亦離不得，以至終食之頃亦離不得。夔孫。

傅問表裏之說。曰：所說「博我以文，約我以禮」，便是。「博我以文」，是要四方八面都見得周匝無遺，是之謂表。至於「約我以禮」，又要逼向身己上來，無一豪之不盡，是之謂裏。子升云：自古學問亦不過此二端。曰：是。但須見得通透。木之。

問精粗。曰：如管仲之仁，亦謂之仁，此是粗處。至精處，則顔子三月之後或違之。又如「充無欲害人之心，則仁不可勝用；充無欲穿窬之心，則義不可勝用」。害人與穿窬固爲不仁不義，此是粗底。然其實一念不當，則爲不仁不義處。夔孫。

周問《大學補亡》「心之分別取舍無不切」。曰：只是理徹了，見善，端的如不及；見不善，端的如探湯。好善，便端的「如好好色」；惡不善，便端的「如惡惡臭」。此下須連接誠意看。此未是誠意，是醞釀誠意來。淳。○謨録云：此只是連着誠意説。知之者切，則見善真如不及，見不善真如探湯，而無纖豪不實故爾。

李問「吾之所知無不切」。曰：某向説得較寬，又覺不切；今説較切，又少些寬舒意；所以又説道「表裏精粗無不盡」也。自見得「切」字，却約向裏面。賀孫。

安卿問「全體大用」。曰：體用元不相離。如人行坐：坐則此身全坐，便是體；行則此體全行，便是用。道夫。

問：「格物」章補文處不入敬意，何也？曰：敬已就小學處做了。此處只據本章直説，不必雜在這裏；壓重了，不净潔。寓。

問：所補「致知」章何不效其文體？曰：亦曾效而爲之，竟不能成。劉原父却會效古人爲文，其集中有數篇論，全似《禮記》。必大。

傳六章釋誠意

「誠其意」，只是實其意。只作一箇虛字看，如「正」字之類。端蒙。

説許多病痛，都在「誠意」章，一齊格物了。下面有些小爲病痛，亦輕可。若不除去，恐因此滋蔓，則病痛自若。泳。

問：誠意是如何？曰：心只是有一帶路，更不着得兩箇物事。如今人要做好事，都自無力。其所以無力是如何？只爲他有箇爲惡底意思在裏面牽繫。要去做好事底心是實，要做不好事底心是虚。被那虚底在裏面夾雜，便將實底一齊打壞了。賀孫。

詣學升堂，云云。教授請講説大義。曰：大綱要緊只是前面三兩章。君子小人之分，却在「誠其意」處。誠於爲善，便是君子；不誠底便是小人，更無别説。琮。

器遠問：物格、知至了，如何到誠意又説「毋自欺也」？毋者，禁止之辭？曰：物既格，知既至，到這裏方可着手下工夫。不是物格、知至了，下面許多一齊掃了。若如此，却不消説下面許多，看下面許多，節節有工夫。賀孫。○自欺。

亞夫問：「欲正其心者，先誠其意。」此章當説所以誠意工夫當如何。曰：此繼於物格、知至之後，故特言所謂「誠其意者，毋自欺也」。若知之已至，則意無不實。惟是知之有豪末未盡，必至於自欺。且如做一事當如此，决定只着如此做，而不可以如彼。若知之未至，則當做處便夾帶這不當做底意在。當如此做，又被那要如彼底心牽惹，這便是不實，便都做不成。賀孫。

問：知不至與自欺者如何分？曰：「小人閒居爲不善，無所不至。見君子而後厭然，揜其不善，而著其善。」只爲是知不至耳。問：當其知不至時，亦自不知其至於此。然其勢必至於自欺。曰：勢必至此。頃之，復曰：不識不知者却與此又别。論他箇，又却只是見錯，故以不善爲善，而不自知耳。其與知不至而自欺者，固是「五十步笑百步」，然却又别。問：要之，二者其病源只是欠了格物工夫。曰：然。道夫。

問劉棟：看《大學》自欺之説如何？

曰：不知義理，却道我知義理，是自欺。先生曰：自欺是箇半知半不知底人。知道善我所當爲，却又不十分去爲善；知道惡不可作，却又是自家所愛，舍他不得，這便是自欺。不知不識，只唤做不知不識，却不唤做「自欺」。道夫。

或問「誠其意者毋自欺」。曰：譬如一塊物，外面是銀，裏面是鐵，便是自欺。須是表裏如一，便是不自欺。然所以不自欺，須是見得分曉。譬如今人見烏喙之不可食，知水火之不可蹈，則自不食不蹈。如寒之欲衣，飢之欲食，則自是不能已。今人果見得分曉，如烏喙之不可食，水火之不可蹈，見善如飢之欲食，寒之欲衣，則此意自實矣。祖道。

自欺，非是心有所慊。外面雖爲善事，其中却實不然，乃自欺也。譬如一塊銅，外面以金裹之，便不是真金。人傑。

「所謂誠其意者，毋自欺也。」《注》云：「心之所發，陽善陰惡，則其好善惡惡，皆爲自欺，而意不誠矣。」而今説自欺，未説到與人説時，方謂之自欺。只是自家知得善好，要爲善，然心中却覺得微有些没緊要底意思，便是自欺，便是虚僞不實矣。正如金，已是真金了，只是鍛煉得微不熟，微有些查滓去不盡，顔色或白、或青、或黄，便不是十分精金矣。顔子「有不善未嘗不知」，便是知之至；「知之未嘗復行」，便是意之實。又曰：如顔子地位，豈有不善。所謂不善，只是微有差失，便能知之；才知之，便更不萌作。只是那微有差失，便是知不至處。僩。

所謂自欺者，非爲此人本不欲爲善去惡。但此意隨發，常有一念在内阻隔住，不放教表裏如一，便是自欺。但當致知。分別善惡了，然後致其謹獨之功，而力割去物欲之雜，而後意可得其誠也。壯祖。

只今有一豪不快于心，便是自欺也。道夫。

看如今未識道理人，説出道理，便恁地包藏隱伏，他元不曾見來。這亦是自欺，亦是不實。想他當時發出來，心下必不安穩。賀孫。

國秀問：《大學》誠意，看來有三樣：一則內全無好善惡惡之實，而專事掩覆於外者，此不誠之尤也；一則雖知好善惡惡之爲是，而隱微之際，又苟且以自瞞底；一則知有未至，隨意應事，而自不覺陷於自欺底。曰：這箇不用恁地分，只是一路，都是自欺，但有深淺之不同耳。燾。

次早，云：夜來國秀説自欺有三樣底，後來思之，是有這三樣意思。然却不是三路，只是一路，有淺深之不同。又因論以「假託」換「掩覆」字云：「假託」字又似重了，「掩覆」字又似輕，不能得通上下底字。又因論：誠與不誠，不特見之於外，只裏面一念之發，便有誠僞之分。譬如一粒粟，外面些皮子好，裏面那些子不好。如某所謂：「其好善也，陰有不好者以拒於內；其惡惡也，陰有不惡者以挽其中。」蓋好惡未形時，已有那些子不好、不惡底藏在裏面了。燾。

人固有終身爲善而自欺者。不特外面有，心中欲爲善，而常有箇不肯底意思，便是自欺也。須是要打疊得盡，蓋意誠而後心可正。過得這一關後，方可進。拱壽。

問「自慊」。曰：人之爲善，須是十分真實爲善，方是自慊。若有六七分爲善，又有兩三分爲惡底意思在裏面相牽，便不是自慊。須是「如惡惡臭，好好色」方是。卓。○自慊。

「如惡惡臭，如好好色，此之謂自慊。」慊者，無不足也。如有心爲善，更別有一分心在主張他事，即是橫渠所謂「有外之心，不可以合天心」也。祖道。

「自慊」之「慊」，大意與《孟子》「行有不慊」相類。子細思之，亦微有不同：《孟子》慊訓滿足意多，《大學》訓快意多。橫渠云：「有外之心，蜀録作「自慊」。不足以合天心。」初看亦只一般。然橫渠亦是訓足底意思多，《大學》訓快意多。問：《大學》説「自慊」，且説合做處便做，無牽滯於己私，且只是快底意，少間方始心下充滿。孟子謂「行有不慊」，只説行有不滿足，則便餒耳。曰：固是。夜來説此極子細。若不理會得誠意意思親切，也説不到此。今看來，誠意「如惡惡臭，如好好色」，只是苦切定要如此，不如此，自不得。賀孫。

字有同一義而二用者。「慊」字訓「足」也，「吾何慊乎哉」，謂心中不以彼之富貴而懷不足也；「行有不慊於心」，謂義須充足於中，不然則餒也。如「忍」之一字，自容忍而爲善者言之，則爲忍去忿慾之氣；自殘忍而爲惡者言之，則爲忍了惻隱之心。「慊」字一從「口」，如胡、孫兩「嗛」，皆本虛字，看懷藏何物於內耳。如「銜」字，或爲銜恨，或爲銜恩，亦同此義。畨。

「誠意」章皆在兩箇「自」字上用功。人傑。○自欺、自慊。

問：「毋自欺」是誠意，「自慊」是意誠否？「小人閒居」以下，是形容自欺之情狀，「心廣體胖」是形容自慊之意否？曰：

然。後段各發明前説。但此處是箇牢關。今能致知，知至而意誠矣。驗以日用間誠意，十分爲善矣。有一分不好底意思潛發以間於其間，此意一發，便由斜徑以長，這箇却是實，前面善意却是虚矣。如見孺子入井，救之是好意，其間有些要譽底意思以雜之；如薦好人是善意，有些要人德之之意隨後生來；治惡人是好意，有些很疾之意隨後來，❶前面好意都成虚了。如垢卦上五爻皆陽，下面只一陰生，五陽便立不住了。《荀子》亦言：「心卧則夢，偷則自行，使之則謀。」見《解蔽篇》。彼言「偷」者，便是説那不好底意。若曰「使之則謀」者，則在人使之如何耳。謀善、謀惡，都由人，只是那偷底可惡，故須致知，要得早辨而豫戒之耳。大雅。

或問「自慊」、「自欺」之辨。曰：譬如作蒸餅，一以極白好麵自裹包出，内外更無少異，所謂「自慊」也；一以不好麵做心，却以白麵作皮，務要欺人。然外之白麵雖好而易窮，内之不好者終不可揜，則乃所爲「自欺」也。壯祖。

問「誠其意者，毋自欺也」。近改注云：「自欺者，心之所發若在於善，而實則未能，不善也。」「若」字之義如何？曰：「若」字只是外面做得來一似都善，其實中心有些不愛，此便是自欺。前日得孫敬甫書，他説「自慊」字，似差了。其意以爲，好善「如好好色」，惡惡「如惡惡臭」，如此了然後自慊。看經文，語意不是如此。「此之謂自慊」，謂「如好好色，惡惡臭」，只此便是自慊。是合下好惡時便是要自慊了，非是做

❶「很」，萬曆本作「狼」。

得善了，方能自慊也。自慊正與自欺相對，不差豪髮。所謂「誠其意」，便是要「毋自欺」，非至誠其意了，方能不自欺也。所謂不自欺而慊者，只是要自快足我之志願，不是要爲他人也。誠與不誠，自慊與自欺，只爭這些子豪髮之間耳。又曰：自慊則一，自欺則二。自慊者，外面如此，中心也是如此，表裏一般。自欺者，外面如此做，中心其實有些子不願，外面且要人道好。只此便是二心，誠僞之所由分也。僩。

問「誠意」章。曰：過此關，方得道理牢固。或云：須無一豪自欺，方能自慊。必十分自慊，方能不自欺。故君子必謹獨。曰：固是。然「欲誠其意者，先致其知」。知若未至，何由得如此？蓋到物格、知至後，已是誠意八九分了。只是更就上面省察，如用兵禦寇，寇雖已盡翦除了，猶恐林谷草莽間有小小隱伏者，或能間出爲害，更當搜過，始得。銖。

問：「知至而後意誠」，則知至之後，無所用力，意自誠矣。《傳》猶有謹獨之說，何也？曰：知之不至，則不能謹獨，亦不肯謹獨。惟知至者見得實是實非，灼然如此，則必戰懼以終之，此所謂能謹獨也。如顏子「請事斯語」，曾子「戰戰兢兢」，終身而後已，彼豈知之不至。然必如此，方能意誠。蓋無放心底聖賢，「惟聖罔念作狂」。一豪少不謹懼，則已墮於意欲之私矣。此聖人教人徹上徹下，不出一「敬」字也。蓋「知至而後意誠」，則知至之後，意已誠矣。猶恐隱微之間有所不實，又必提撕而謹之，使無豪髮妄馳，則表裏隱顯無一不實，而自快慊也。銖。○謹獨。

問：或言知至後煞要著力做工夫。竊

意致知是着力做工夫處。到知至，則雖不能無工夫，然亦無大段着工夫處。曰：雖不用大段着工夫，但恐其間不能無照管不及處，故須着防閑之，所以説「君子謹其獨也」。行夫問：先生常言知既至後，又可以驗自家之意誠不誠。先生久之曰：知至後，意固自然誠。但其間雖無大段自欺不誠處，然亦有照管不着所在，所以貴於謹其獨。至於有所未誠，依舊是知之未真。若到這裏更加工夫，則自然無一豪之不誠矣。道夫。

光祖問：物格、知至，則意無不誠，而又有謹獨之説。莫是當誠意時，自當更用工夫否？曰：這是先窮得理，先知得到了，更須於微細處用工夫。若不真知得到，都恁地鶻鶻突突，雖十目視，十手指，衆所共知之處，亦自七顛八倒了，更如何地謹獨。賀孫。

「知至而後意誠」，已有八分。恐有照管不到，故曰謹獨。節。

致知者，誠意之本也；謹獨者，誠意之助也。致知，則意已誠七八分了，只是猶恐隱微獨處尚有些子未誠實處，故其要在謹獨。銖。

「誠意」章上云「必慎其獨」者，欲其自慊也；下云「必慎其獨」者，防其自欺也。蓋上言「如惡惡臭，如好好色，此之謂自慊，故君子必慎其獨」者，欲其察於隱微之間，必吾所發之意，好善必「如好好色」，惡惡必「如惡惡臭」，皆以實而無不自慊也。下言「小人閒居爲不善」，而繼以「誠於中，形於外，故君子必慎其獨」者，欲其察於隱微之間，必吾所發之意，由中及外，表裏如一，皆以實而無少自欺也。銖。

誠意者，好善「如好好色」，惡惡「如惡惡臭」，皆是真情。既是真情，則發見於外者，亦皆可見。如種麻則生麻，種穀則生穀，此謂「誠於中，形於外」。又恐於獨之時有不到處，故必謹獨。節。

或說謹獨。曰：公自是看錯了。「如惡惡臭，如好好色，此之謂自慊」，已是實理了。下面「故君子必謹其獨」，是別舉起一句致戒，又是一段工夫。至下一段，又是反說小人之事以致戒。君子亦豈可謂全無所爲。且如着衣喫飯，也是爲飢寒。《大學》看來雖只恁地滔滔地說去，然段段致戒，如一下水船相似，也要柂，要楫。夔孫。

或問：在謹獨，只是欲無間。先生應。節。

問「誠意」章句所謂「必致其知，方肯謹獨，方能謹獨」。曰：知不到田地，心下自有一物與他相爭鬭，故不會肯謹獨。銖。

問：自欺與「厭然揜其不善而著其善」之類，有分別否？曰：自欺只是於理上虧欠不足，便胡亂且欺謾過去。如有得九分義理，雜了一分私意，九分好善、惡惡，一分不好、不惡，便是自欺。到得厭然揜著之時，又其甚者。原其所以自欺，又是知不至，不曾見得道理精至處。所以向來說「表裏精粗」字。如知「爲人子止於孝」，這是表；到得知所以必着孝是如何，所以爲孝當如何，這便是裏。見得到這般處，方知決定是着孝，方可以用力於孝，又方肯決然用力於孝。人須是掃去氣稟私欲，使胸次虛靈洞徹。木之。○論「揜其不善」以下。

問意誠。曰：表裏如一便是，但所以要得表裏如一却難。今人當獨處時，此心非是不誠，只是不奈何他。今人在靜處非是此心要馳鶩，但把捉他不住。此已是兩般意思。至如見君子而後厭然詐善時，已是第二番罪過了。祖道。

誠意，只是表裏如一。若外面白，裏面黑，便非誠意。今人須於静坐時見得表裏有不如一，方是有工夫。如小人見君子則掩其不善，已是第二番過失。人傑。

此一箇心，須每日提撕，令常惺覺。頃刻放寬，便隨物流轉，無復收拾。如今《大學》一書，豈在看他言語，正欲驗之於心如何。「如好好色，如惡惡臭」，試驗之吾心，好善、惡惡，果能如此乎？閒居爲不善，見君子則掩其不善而著其善，是果有此乎？一有不至，則勇猛奮躍不已，必有長進處。今不知爲此，則書自書，我自我，何益之有！大雅。

問：「『誠於中，形於外』，是實有惡於中，便形見於外。然誠者，真實無妄，安得有惡。有惡，不幾於妄乎？」曰：「此便是惡底真實無妄，善便虚了。誠只是實，而善惡不同。實有一分惡，便虚了一分善；實有二分惡，便虚了二分善。」淳。

「誠於中，形於外。」《大學》和「惡」字説。此「誠」只是「實」字也。惡者却是無了天理本然者，但實有其惡而已。方。

凡惡惡之不實，爲善之不勇，外然而中實不然，或有所爲而爲之，或始勤而終怠，或九分爲善，尚有一分苟且之心，皆不實而自欺之患也。所謂「誠其意」者，表裏内外，徹底皆如此，無纖豪絲髮苟且爲人之弊。如飢之必欲食，渴之必欲飲，皆自以求飽足於己而已，非爲他人而食飲也。又如一盆水，徹底皆清瑩，無一豪砂石之雜。如此，則其好善也必誠好之，惡惡也必誠惡之，而無一豪强勉自欺之雜。所以説自慊，但自滿足而已，豈有待於外哉！是故君子謹其獨，非特顯明之處是如此，雖至微至隱，人所不知之地，亦常謹之。小處如此，大處亦如此；顯明處如此，隱微處亦如此。表裏内外，精粗隱顯，無不謹之，方謂之「誠其意」。孟子曰：「人能充無欲害人之心，而仁不可勝用也。」夫無欲害人之心，人皆有之。閑時皆知惻隱，及到臨事有利害時，此心便不見了。且如一堆金寶，有人曰：「先争得者與之。」自家此心便欲争奪推倒那人，定要得了方休。又如人皆知穿窬之不可爲，雖稍有識者，亦不肯爲。及至顛冥於富貴而不知耻，或無義而受萬鍾之禄，便是到利害時有時而昏。所謂誠意者，須是隱微顯明，小大表裏，都一致方得。孟子所謂：「見孺子入井時，怵惕惻隱，非惡其聲而然，非爲内交要譽而然。」然却心中有内交要譽之心，却向人説「我實是惻隱、羞惡」。所謂爲惡於隱微之中，而詐善於顯明之地，是所謂自欺以欺人也。然人豈可欺哉！❶「人之視己，如見其肺肝然」，則欺人者適所以自欺而已。「誠於中，形於外」，那箇形色氣貌之見於外者自别，决不能欺人，秖自欺而已。這樣底，永無緣做得好人，爲其無爲善之地也。外面一副當雖好，然裏面却踏空，永不足以爲善，永不濟事，更莫説誠意、正心、脩身。至於治國、平天下，越没干涉矣。僩。○以下全章之旨。

問：「誠意」章「自欺」注，今改本恐不如舊注好。曰：何也？曰：今注云：「心之所發，陽善陰惡，則其好善惡惡皆爲自

❶「人」，原作「又」，今據朝鮮本、萬曆本改。

欺，而意不誠矣。」恐初讀者不曉。❶又此句，《或問》中已言之，却不如舊注云：「人莫不知善之當爲，然知之不切，則其心之所發，必有陰在於惡而陽爲善以自欺者。故欲誠其意者無他，亦曰禁止乎此而已矣。」此言明白而易曉。曰：不然。本經正文只説「所謂誠其意者，毋自欺也」；初不曾引致知兼説。今若引致知在中間，則相牽不了，却非解經之法。又况經文「誠其意者，毋自欺也」，這説話極細。蓋言爲善之意稍有不實，照管少有不到處，便爲自欺。未便説到心之所發，必有陰在於惡，而陽爲善以自欺處。若如此，則大故無狀，有意於惡，非經文之本意也。所謂「心之所發，陽善陰惡」，乃是見理不實，不知不覺地陷於自欺；非是陰有心於爲惡，而詐爲善以自欺也。如公之言，須是鑄私錢，假官會，方爲自欺，大故是無狀小人，此豈自欺之謂邪。又曰：所謂「毋自欺」者，正當於幾微毫釐處做工夫。只幾微之間少有不實，便爲自欺。豈待如此狼當，至於陰在爲惡，而陽爲善，而後謂之自欺邪。此處語意極細，不可草草看。此處工夫極細，未便説到那粗處。所以前後學者多説差了，蓋爲賺連下文「小人閒居爲不善」一段看了，❷所以差也。又問：今改注下文云：「則無待於自欺，而意無不誠也。」據經文方説「毋自欺」。毋者，禁止之辭。若説無待於自欺，恐語意太快，未易到此。曰：既能禁止其心之所發，皆有善而無惡，實知其理之當然，使無待於自欺，非勉强禁止而猶有時而發也。若好善惡惡之意有一豪之未實，則其發於外也必不能掩。既是打疊得盡，實於爲善，便無待

❶「初讀」，萬曆本作「讀書」。
❷「賺」，中華本作「牽」。

於自欺矣。如人腹痛，畢竟是腹中有些冷積，須用藥驅除去這冷積，則其痛自止。不先除去冷積，而但欲痛之自止，豈有此理！僩。

敬子問：「所謂誠其意者，毋自欺也。」注云：「外爲善，而中實未能免於不善之雜。」某意欲改作「外爲善，而中實容其不善之雜」，如何？蓋所謂不善之雜，非是不知，是知得了，又容著在這裏，此之謂自欺。曰：不是知得了容着在這裏，是不奈他何了，不能不自欺。公合下認錯了，只管說箇「容」字，不是如此。「容」字又是第二節，緣不奈他何，所以容在這裏。此一段文意，公不曾識得它源頭在，只要硬去捺他，所以錯了。大概以爲有纖豪不善之雜，便是自欺。自欺，只是自欠了分數，恰如淡底金，不可不謂之金，只是欠了分數。如爲善，有八分欲爲，有兩分不爲，此便是自欺，是自欠了這分數。或云：如此，則自欺却是自欠。曰：公且去看。又曰：自欺非是要如此，是不奈他何底。荀子曰：「心卧則夢，偷則自行，使之則謀。」某自十六七讀時，便曉得此意。蓋偷心是不知不覺自走去底，不由自家使底，倒要自家去捉他。「使之則謀」，這却是好底心，由自家使底。李云：某每常多是去捉他，如在此坐，心忽散亂，又用去捉他。曰：公又說錯了。公心粗，都看這說話不出。所以說格物、致知而後意誠，裏面也要知得透徹，外面也要知得透徹，便自是無那箇物事。譬如果子爛熟後，皮核自脱落離去，不用人去咬得了。如公之說，這裏面一重不曾透徹在。只是認得箇容，着硬遏捺將去，不知得源頭工夫在。「所謂誠其意者，毋自欺也」，此是聖人言語之最精處，如箇尖銳底物事。如公所説，只似箇樁頭子，都粗了。公只是硬要去强捺，如水恁地滚出來，却硬要將泥去塞他，如何塞得住。又引《中庸》論誠處而曰：一則誠，雜則僞。只是一箇心，便是誠；纔有兩箇心，便是自欺。好善「如好好色」，惡惡「如惡惡臭」，他徹底只是這一箇心，所以謂之自慊。若纔有些子間雜，便是兩箇心，便是自欺。如自家欲爲善，後面又有箇人在這裏拗你莫去爲善；欲惡惡，又似有箇人在這裏拗你莫要惡惡，此便是自欺。因引《近思録》「如有兩人焉，欲爲善」云云一段，正是此意。如人説十句話，九句實，一句脱空，那九句實底被這一句脱空底都壞了。如十分金，徹底好，方謂之真金；若有三分銀，便和那七分底也壞了。又曰：佛家看此亦甚精，被他分析得項數多，如云有十二因緣，只是一心之發，便被他推尋得許多，察得來極精微。又有所謂「流注想」，他最怕這箇。所以潙山禪師云：「某參禪幾年了，至今不曾斷得這流注想。」此即荀子所謂「偷則自行」之心也。僩。

次早，又曰：昨夜思量，敬子之言自是，但傷雜耳。某之言，却即説得那箇自欺之根。自欺却是敬子「容」字之意。「容」字却説得是，蓋知其爲不善之雜，而又蓋庇以爲之，此方是自欺。謂如人有一石米，却只有九斗，欠了一斗，此欠者便是自欺之根，自家却自蓋庇了，嚇人説是一石，此便是自欺。謂如人爲善，他心下也自知有箇不滿處，他却不説是他有不滿處，却遮蓋了，硬説我做得是，這便是自欺。却將那虛假之善來蓋覆這真實之惡。某之説却説高了，移了這位次了，所以人難曉。大率人難曉處，不是道理有錯處時，便是語言有病；不是語言有病時，便是移了這步位了。今若只恁地説時，便與那「小人閒居爲不善」處，都説得貼了。僩。

次日，又曰：夜來説得也未盡。夜來歸去又思，看來「如好好色，如惡惡臭」一段，便是連那「毋自欺也」説。言人之毋自欺時，便要「如好好色，如惡惡臭」樣方得。若好善不「如好好色」，惡惡不「如惡惡臭」，此便是自欺。毋自欺者，謂如爲善，若有些子不善而自欺時，便當斬根去之，真箇是「如惡惡臭」，始得。如「小人閒居爲不善」底一段，便是自欺底，只是反説。「閒居爲不善」，便是惡惡不「如惡惡臭」；「見君子而後厭然，揜其不善，而著其善」，便是好善不「如好好色」。若只如此看，此一篇文義都貼實平易，坦然無許多屈曲。某舊説忒説闊了、高了、深了。然又自有一樣人如舊説者，欲節去之又可惜。但終非本文之意耳。僩。

看「誠意」章有三節：兩「必謹其獨」，一「必誠其意」。「十目所視，十手所指」，言「小人閒居爲不善」，其不善形於外者不可揜如此。「德潤身，心廣體胖」，言君子謹獨之至，其善之形於外者證驗如此。銖。

問「十目所視，十手所指」。曰：此承上文「人之視己，如見其肺肝」底意。不可道是人不知，人曉然共見如此。淳。○十目所視以下。

魏元壽問「十目所視」止「心廣體胖」處。曰：「十目所視，十手所指」，不是怕人見。蓋人雖不知，而我已自知，自是甚可皇恐了，其與十目十手，所視所指，何以異哉？「富潤屋」以下，却是説意誠之驗如此。時舉。

「心廣體胖」，心本是闊大底物事，只是因愧怍了，便卑狹，便被他隔礙了。只見得一邊，所以體不能得舒泰。❶僩。

伊川問尹氏：「讀《大學》如何？」對曰：「只看得『心廣體胖』一句甚好。」又問如何，尹氏但長吟「心廣體胖」一句。尹氏必不會嚇人，須是它自見得。今人讀書，都不識這樣意思。

問：尹和靖云：「『心廣體胖』只是樂。」伊川云：「這裏着『樂』字不得。」如何？曰：是不勝其樂。德明。

問「心廣體胖」。曰：無愧怍，是無物欲之蔽，所以能廣大。指前面燈云：且如此燈，後面被一片物遮了，便不見一半了；更從此一邊用物遮了，便全不見此屋了，如何得廣大。夔孫。

問：「誠意」章結注云：「此《大學》一篇之樞要。」曰：此自知至處便到誠意，兩頭截定箇界分在這裏，此便是箇君子、小人分路頭處。從這裏去，便是君子；從那裏去，便是小人。這處立得脚，方是在天理上行。後面節目未是處，却旋旋理會。寓。

居甫問：「誠意」章結句云：「此《大學》之樞要。」樞要説誠意，是説致知？曰：上面關着致知、格物，下面關着四五項上。須是致知。能致其知，知之既至，方可以誠得意。到得意誠，便是過得箇大關，方始照管得箇身心。若意不誠，便自欺，便是小人；過得這箇關，便是君子。又云：意誠，便全然在天理上行。意未誠以前，尚汩在人欲裏。賀孫。

因説「誠意」章，曰：若如舊説，是使初

❶「得」，萬曆本作「常」。

學者無所用其力也。《中庸》所謂明辨，「誠意」章而今方始辨得分明。夔孫。

讀「誠意」一章，炎謂：過此一關，終是省事。曰：前面事更多，自齊家以下至治國，則其事已多；自治國至平天下，則其事愈多；只是源頭要從這裏做去。又曰：看下章，須通上章看，可見。炎。

傳七章釋正心脩身

或問：「正心」章説忿懥等語，恐通不得「誠意」章？曰：這道理是一落索。纔説這一章，便通上章與下章。如説正心、誠意，便須通格物、致知説。

《大學》於「格物」、「誠意」章，都是鍊成了，到得正心、脩身處，都易了。夔孫。

問：先生近改「正心」一章，方包括得盡。舊來説作意或未誠，則有是四者之累，却只説從誠意去。曰：這事連而却斷，斷而復連。意有善惡之殊，意或不誠，則可以爲惡。心有得失之異，心有不正，則爲物所動，却未必爲惡。然未有不能格物、致知而能誠意者，亦未有不能誠意而能正心者。人傑。

或問「正心」、「誠意」章。先生令他説。曰：意誠則心正。曰：不然。這幾句連了又斷，斷了又連，雖若不相粘綴，中間又自相貫。譬如一竿竹，雖只是一竿，然其間又自有許多節。意未誠，則全體是私意，更理會甚正心。然意雖誠了，又不可不正其心。意之誠不誠，直是有公、私之辨，君子、小人之分。意若不誠，則雖外面爲善，其意實不然，如何更問他心之正不正。意既誠了，而其心或有所偏倚，則不得其正，故方可做那正心底工夫。廣。

亞夫問致知、誠意。曰：心是大底，意是小底。心要恁地做，却被意從後面牽將去。且如心愛做箇好事，又被一箇意道不須恁地做也得。且如心要孝，又有不孝底意思牽了。所謂誠意者，譬如飢時便喫飯，飽時便休，自是實要如此。到飽後，又被人請去，也且胡亂與他喫些子，便是不誠。須是誠，則自然表裏如一，非是爲人而做，求以自快乎己耳。如飢之必食，渴之必飲，無一豪不實之意。這箇知至、意誠，是萬善之根。有大底地盤，方立得脚住。若無這箇，都靠不得。心無好樂，又有箇不無好樂底在後；心無忿懥，又有箇不無忿懥底在後。知至後，自然無。恪。

敬之問：誠意、正心。誠意，是去除得裏面許多私意，正心是去除得外面許多私意。誠意是檢察於隱微之際，正心是體驗於事物之間。曰：到得正心時節，已是煞好了。只是就好裏面又有許多偏。要緊最是誠意時節，正是分別善惡，最要着力，所以重複説道「必謹其獨」。若打得這關過，已是煞好了。到正心，又怕於好上要偏去。如水相似，那時節已是淘去了濁，十分清了，又怕於清裏面有波浪動蕩處。賀孫。

問：意既誠，而有憂患之類，何也？曰：誠意是無惡。憂患、忿懥之類却不是惡。但有之，則是有所動。節。

意既誠矣，後面忿懥、恐懼、好樂、憂患、親愛、賤惡，只是安頓不著在。便是「苟志於仁矣，無惡也」。泳。

問：心體本正，發而爲意之私，然後有不正。今欲正心，且須誠意否？未能誠意，且須操存否？曰：豈容有意未誠之先，且放他喜怒憂懼不得其正，不要管他，直要意誠後心却自正，如此，則意終不誠矣。所以伊川說：「未能誠意，且用執持。」大雅。

誠意，是真實好善惡惡，無夾雜。又曰：意不誠，是私意上錯了；心不正，是公道上錯了。又曰：好樂之類，是合有底，只是不可留滯而不消化。無留滯，則此心便虛。節。

問：忿懥、恐懼、憂患、好樂，皆不可有否？曰：四者豈得皆無。但要得其正耳，如《中庸》所謂「喜怒哀樂發而中節」者也。去僞。

心有喜怒憂樂，則不得其正，非謂全欲無此，此乃情之所不能無。但發而中節，則是；發不中節，則有偏而不得其正矣。端蒙。

好、樂、憂、懼四者，人之所不能無也，但要所好所樂皆中理。合當喜，不得不喜；合當怒，不得不怒。節。

四者人所不能無也，但不可爲所動。若順應將去，何「不得其正」之有。如顏子「不遷怒」，可怒在物，顏子未嘗爲血氣所動，而移於人也，則豈怒而心有不正哉！端蒙。

正心，却不是將此心去正那心。但存得此心在這裏，所謂忿懥、恐懼、好樂、憂患自來不得。賀孫。

問：忿懥、恐懼、好樂、憂患，皆以「有所」爲言，則是此心之正不存，而是四者得以爲主於内。曰：四者人不能無，只是不要他留而不去。如所謂「有所」，則是被他爲主於内，心反爲他動也。道夫。

《大學》七章，看「有所」二字。「有所憂患」，憂患是合當有，若因此一事而常留在胸中，便是有。「有所忿懥」，因人之有罪而撻之，才撻了，其心便平，是不有；若此心常又不平，便是有。恐懼、好樂亦然。泳。

「心有所忿懥，則不得其正。」忿懥已自粗了。有事當怒，如何不怒？只是事過，便當豁然，便得其正。若只管忿怒滯留在這裏，如何得心正。「心有所好樂，則不得其正。」如一箇好物色到面前，真箇是好，也須道是好，或留在這裏。若將去了，或是不當得他底，或偶然不得他底，便休，不可只管念念着他。賀孫。

問：伊川云：「忿懥、恐懼、好樂、憂患，人所不能無者，但不以動其心。」既謂之忿懥、憂患，如何不牽動他心？曰：事有當怒當憂者，但過了則休，不可常留在心。顏子未嘗不怒，但不遷耳。因舉柈中果，怒在此，不可遷之於彼。德明。

心不可有一物。喜怒哀樂固欲得其正，然過後須平了。且如人有喜心，若以此應物，便是不得其正。人傑。

看「心有所喜怒説」，曰：喜怒哀樂固欲中節，然事過後便須平了。謂如事之可喜者，固須與之喜，然別遇一事，又將此意待之，便不得其正。蓋心無物，然後能應物。如一量稱稱物，固自得其平。若先自添著些物在上，而以之稱物，則輕重悉差矣。心不可有一物，亦猶是也。甾。

四者心之所有，但不可使之有所私爾。纔有所私，便不能化，梗在胸中。且如忿懥、恐懼，有當然者。若定要他無，直是用死方得，❶但不可先有此心耳。今人多是纔忿懥，雖有可喜之事亦所不喜；纔喜，雖有

❶「用」，中華本作「至」。

當怒之事亦不復怒，便是蹉過事理了，便「視而不見，聽而不聞，食而不知其味」了。蓋這物事纔私，便不去，只管在胸中推盪，終不消釋。設使此心如太虛然，則應接萬務，各止其所，而我無所與，則便視而見、聽而聞、食而真知其味矣。看此一段，只是要人不可先有此心耳。譬如衡之爲器，本所以平物也，今若先有一物在上，則又如何稱？頃之，復曰：要之，這原頭却在那致知上。知至而意誠，則「如好好色，如惡惡臭」，好者端的是好，惡者端的是惡。某常云，此處是學者一箇關。過得此關，方始是實。又曰：某嘗謂此一節甚異。若知不至，則方説惡不可作，又有一箇心以爲爲之亦無害；以爲善不可不爲，又有一箇心以爲不爲亦無緊要。譬如草木，從下面生出一箇芽子，這便是不能純一，這便是知不至之所爲。或問公私之別。曰：今小譬之：譬如一事，若係公衆，便心下不大段管；若係私己，便只管横在胸中，念念不忘。只此便是公私之辨。道夫。

忿懥、好樂、恐懼、憂患，這四者皆人之所有，不能無。然有不得其正者，只是應物之時不可夾帶私心。如有一項事可喜，自家正喜，驀見一可怒底事來，是當怒底事，却以這喜心處之，和那怒底事也喜了，便是不得其正。可怒事亦然。惟誠其意，真箇如鑑之空，如衡之平，妍媸高下，隨物定形，而我無與焉，這便是正心。因説：前在漳州，見屬官議一事，數日不決，却是有所挾。後忽然看破了，道：「這箇事不可如此。」一向判一二百字，盡皆得這意思。此是因事上見這心親切。賀孫録别出。

先之問：心有所好樂，則不得其正。

曰：心在這一事，不可又夾帶那一事。若自家喜這一項事了，更有一事來，便須放了前一項，只平心就後一項理會，不可又夾帶前喜之之心在這裏。有件喜事，不可因怒心來，忘了所當喜處；有件怒事，不可因喜事來，便忘了怒。且如人合當行大門出，却又有些回避底心夾帶在裏面，却要行便門出。雖然行向大門出，念念只有箇行便門底心在這裏，少刻或自拗向便門去。學者到這裏，須是便打殺那要向便門底心，心如何不會端正。這般所在，多是因事見得分明。前在漳州，有一公事，合恁地直截斷。緣中間情有牽制，被他撓數日。忽然思量透，便斷了，集同官看，覺當時此心甚正。要知此正是正心處。賀孫。

敬之問：「正心」章云：「人之心要當不容一物。」曰：這説便是難。纔説不容一物，却又似一向全無相似。只是這許多好樂、恐懼、忿懥、憂患，只要從無處發出，不可先有在心下。看來非獨是這幾項如此，凡是先安排要恁地便不得。如人立心要恁地嚴毅把捉，少間只管見這意思，到不消恁地處也恁地，便拘逼了。有人立心要恁地慈祥寬厚，少間只管見這意思，到不消恁地處也恁地，便流入於姑息苟且。如有心於好名，遇着近名底事，便愈好之；如有心於爲利，遇着近利底事，便貪欲。賀孫。

人心如一箇鏡，先未有一箇影象，有事物來，方始照見妍醜。若先有一箇影象在裏，如何照得？人心本是湛然虛明，事物之來，隨感而應，自然見得高下輕重。事過便當依前恁地虛，方得。若事未來，先有一箇忿懥、好樂、恐懼、憂患之心在這裏，及忿懥、好樂、恐懼、憂患之事到來，又以這心相與衮合，便失其正。事了，又只苦留在這裏，如何得正？賀孫。

葉兄又問「忿懥」章。曰：這心之正，却如秤一般。未有物時，秤無不平。纔把一物在上面，便不平了。如鏡中先有一人在裏面了，別一箇來，便照不得。這心未有物之時，先有箇主張説道：「我要如何處事。」纔遇着事，便以是心處之，便是不正。且如今人説：「我做官，要抑强扶弱。」及遇着當强底事，也去抑他，這便也是不正。卓。

喜怒憂懼，都是人合有底。只是喜所當喜，怒所當怒，便得其正。若欲無這喜怒憂懼，而後可以爲道，則無是理。小人便只是隨這喜怒憂懼去，所以不好了。義剛。

問「忿懥」章。曰：只是上下有不恰好處，便是偏。可學。

問「忿懥」。曰：是怒之甚者。又問：忿懥比恐懼、憂患、好樂三者，覺得忿懥又類過於怒者。曰：其實也一般。古人既如此説，也不須如此去尋討。履孫。

問：喜怒憂懼，人心所不能無。如忿懥乃戾氣，豈可有也？曰：忿又重於怒心。然此處須看文勢大意。但此心先有忿懥時，這下面便不得其正。如鏡有人形在裏面，第二人來，便照不得。如秤子釘盤星上加一錢，則稱一錢物便成兩錢重了。心若先有怒時，更有當怒底事來，便成兩分怒了。有當喜底事來，又減却半分喜了。先有好樂，也如此；先有憂患，也如此。若把忿懥做可疑，則下面憂患、好樂等皆可疑。問：八章謂：「五者有當然之則。」如敖惰之心，則豈可有也？曰：此處亦當看文勢大意。敖惰，只是一般人所爲得人厭棄，不起人敬畏之心。若把敖惰做不當有，則親愛、敬畏等也不當有。淳。○寓録略。

劉圻父説「正心」章，謂：不能存之，則四者之來，反動其心。曰：是當初説時添了此一節。若據經文，但是説四者之來，便撞翻了這坐子耳。又曰：只争箇動不動。又曰：若當初有此一節時，傳文須便説在那裏了。他今只恁地説，便是無此意。却是某於解處，説絜着這些子。義剛。

今不是就静中動將去，却是就第二重動上動將去，如忿懥、好樂之類。德明。

敬之問「心有所好樂則不得其正」章，云：心不可有一豪偏倚。纔有一豪偏倚，便是私意，便浸淫不已，私意反大似身已，所以「視而不見，聽而不聞，食而不知其味」。曰：這下是説心不正不可以脩身，與下章「身不脩不可以齊家」意同，故云：「莫知其子之惡，莫知其苗之碩。」視聽是就身上説。心不可有一物，外面酬酢萬變，都只是隨其分限應去，都不關自家心事。纔係於物，心便爲其所動。其所以係於物者有三：或是事未來，而自家先有這箇期待底心；或事已應去了，又却長留在胸中不能忘；或正應事之時，意有偏重，便只見那邊重，這都是爲物所係縛。既爲物所係縛，便是有這箇物事，到别事來到面前，應之便差了，這如何會得其正。聖人之心，瑩然虚明，無纖豪形迹。一看事物之來，若小若大，四方八面，莫不隨物隨應，此心元不曾有這箇物事。且如敬以事君之時，此心極其敬。當時更有親在面前，也須敬其親。終不成説敬君但只敬君，親便不須管得。事事都如此。聖人心體廣大虚明，物物無遺。賀孫。

正叔見先生，言明心、定心等説，因言：心不在焉，則視而不見，聽而不聞，食而不知其味。曰：這箇三歲孩兒也道得，八十翁翁行不得。伯羽。

黄丈云：舊嘗問：「視而不見，聽而不聞」，只是説知覺之心，却不及義理之心。先生曰：才知覺，義理便在此；才昏，便不見了。方子。○學蒙録别出。

直卿云：舊嘗問：視之不見，聽之不聞處，此是收拾知覺底心，收拾義理底心？先生曰：知覺在，義理便在，只是有深淺。學蒙。

夜來説：「心有喜怒不得其正。」如某夜間看文字，要思量改甚處，到上床時擦脚心，都忘了數。天明擦時，便記得。蓋是早間未有一事上心，所以記得。孟子説：「平旦之氣，其好惡與人相近者幾希。」幾希，不遠也。言人都具得此，但平日不曾養得，猶於夜間歇得許多時不接於事，天明方惺，便恁地虚明光静。然亦只是些子發出來，少間又被物欲梏亡了。孟子説得話極齊整當對。如這處他一向説後去，被後人來就幾希字下注開了，便覺意不連。賀孫。

問「誠意、正心」二段，只是存養否？曰：然。寓。

説「心不得其正」章，曰：心，全德也。欠了些箇，德便不全，故不得其正。又曰：心包體用而言。又問：意與情如何？曰：欲爲這事，是意；能爲這事，是情。子蒙。

傳八章釋脩身齊家

忿懥、恐懼、好樂、憂患皆不能無，而親

愛、畏敬、哀矜、敖惰、賤惡亦有所不可無者。但此心不爲四者所動，乃得其正，而五者皆無所偏，斯足以爲身之脩也。人傑。

或問：「正心」章説忿懥、恐懼、好樂、憂患，「脩身」章説親愛、賤惡、畏敬、哀矜、敖惰，如何？曰：是心卓然立乎此數者之外，則平正而不偏辟，自外來者必不能以動其中，自内出者必不至於溺於彼。或問：畏敬如何？曰：如家人有嚴君焉，吾之所當畏敬者也。然當不義則爭之，若過於畏敬而從其令，則陷於偏矣。若夫賤惡者固當賤惡，然或有長處，亦當知之。下文所謂「好而知其惡，惡而知其美者，天下鮮矣」。此是指點人偏處，最切當。人傑。

心須卓立在八九者之外，謂忿懥之類。而勿陷於八九者之中，方得其正。聖人之心，周流應變而不窮，只爲在内而外物入不得，及其出而應接，又不陷於彼。夔孫。

問：七章、八章頗似一意，如何？曰：忿懥之類，心上理會；親愛之類，事上理會。心上理會者，是見於念慮之偏；事上理會者，是見於事爲之失。去僞。

正卿問：《大學》傳正心、脩身，莫有深淺否？曰：正心是就心上説，脩身是就應事接物上説。那事不從心上做出來，如脩身，如絜矩，都是心做得出。但正心是萌芽上理會。若脩身及絜矩等事，却是各就地頭上理會。恪。

問：「正心」章既説忿懥四者，「脩身」章又説「之其所親愛」之類，如何？曰：忿懥等是心與物接時事，親愛等是身與物接時事。廣。

正心、脩身，今看此段大概差錯處，皆未在人欲上。這箇皆是人合有底事，皆恁地差錯了。况加之以放辟邪侈，分明是官街上錯了路。賀孫。

子升問：「脩身齊家」章所謂「親愛、畏敬」以下，説凡接人皆如此，不特是一家之人否？曰：固是。問：如何脩身却專指待人而言？曰：脩身以後，大概説向接物待人去，又與只説心處不同。要之，根本之理則一，但一節説闊一節去。木之。

第八章：人，謂衆人；之，猶於也。之其，亦如於其，人即其所向處。泳。

「之其所親愛」之「之」，猶「往」也。銖。

問：《大學》譬音改僻，如何？曰：只緣人心有此偏僻。問：似此，恐於「脩身在正其心」處相類否？曰：略相似。寓。

問：古注「辟」作「譬」，似窒礙不通。曰：公亦疑及此。某正以他説「之其所敖惰而譬焉」，敖惰非美事，如何譬得？故今只作「僻」字説，便通。况此篇自有「僻」字，如「辟則爲天下僇矣」之類是也。大雅。

親愛、賤惡、畏敬、哀矜、敖惰，各自有當然之則，只不可偏。如人飢而食，只合當食，食纔過些子，便是偏；渴而飲，飲才過些子，便是偏。如愛其人之善，若愛之過，則不知其惡，便是因其所重而陷於所偏；惡惡亦然。下面説：「人莫知其子之惡，莫知其苗之碩。」上面許多偏病不除，必至於此。泳。

「人之其所親愛而僻焉」，如父子是當主於愛，然父有不義，子不可以不争；如爲人父雖是止於慈，若一向僻將去，則子有不肖，亦不知責而教焉，不可。「人之其所賤惡而僻焉」，人固自有一種可厭者，然猶未至於可賤惡處，或尚可教，若一向僻將去，便賤惡他，也不得。「人之所畏敬而僻焉」，如事君固是畏敬，然「説大人則藐之」，又不甚畏敬。孟子此語雖稍粗，然古人正救其惡，與「陳善閉邪」、「責難於君」，也只管畏敬不得。賀孫。

問：「齊家」段，「辟」作「僻」。曰：人情自有偏處，所親愛莫如父母，至於父母有當幾諫處，豈可以親愛而忘正救。所敬畏莫如君父，至於當直言正諫，豈可專持敬畏而不敢言。所敖惰處，如見那人非其心之所喜，自懶與之言，即是忽之之意。問：敖惰，❶惡德也，豈君子宜有？曰：讀書不可泥，且當看其大意。縱此語未穩，亦一兩字失耳。讀書專留意小處，失其本領所在，最不可。寓。

問：《章句》曰：「人於五者本有當然之則。」然敖之與惰，則氣習之所爲，實爲惡德。至若哀、矜之形，正良心苗裔，偏於哀矜，不失爲仁德之厚，又何以爲「身不脩，而不可以齊其家」者乎？曰：敖惰，謂如孔子之不見孺悲，孟子不與王驩言。哀矜，謂如有一般大姦大惡，方欲治之，被他哀鳴懇告，却便恕之。道夫云：這只是言流爲姑息之意。曰：這便是哀矜之不得其正處。道夫。

或問「之其所敖惰而辟焉」。曰：親者則親愛之，賢者則畏敬之，不率者則賤惡之，無告者則哀矜之。有一般人，非賢非親，未見其爲不率，又不至於無告，則是泛然没緊要底人，見之豈不敖惰。雖聖賢亦有此心，然亦豈可一向敖惰他。一向敖惰，便是辟了。畏敬、親愛、賤惡、哀矜，莫不皆然。故下文曰：「愛而知其惡，惡而

❶「惰」，原作「隋」，今據朝鮮本、萬曆本改。

知其美。」如所敖惰之人，又安知其無善之可愛敬。所謂敖惰者，只是闊略過去。高。

問敖惰。曰：大抵是一種没要緊底，半上落下底人。且如路中撞見如此等人，是不足親愛畏敬者，不成强與之相揖，而致其親愛畏敬。敖惰是人之所不能無者。又問：「敖惰」二字，恐非好事。曰：此如明鑑之懸，妍者自妍，醜者自醜，隨所來而應之。不成醜者至前，須要换作妍者。又敖惰是輕，賤惡是重。既得賤惡，如何却不得敖惰？然聖人猶戒其僻，則又須點檢，不可有過當處。履孫。

蔡問「敖惰」之説。曰：有一般人，上未至於可親愛，下未至於可賤惡，只是所爲也無甚好處，令人懶去接他，是謂敖惰。此敖惰，不是惡德。淳。○文蔚録云：非如常人傲忽惰慢，只是使人見得他懶些。

或問：敖惰是凶德，而曰「有當然之則」，何也？曰：古人用字不如此。敖惰，未至可賤可惡，但見那一等没緊要底人，自是恁地。然一向去敖惰他，也不可如此。

問：君子亦有敖惰於人者乎？曰：人自有苟賤可厭棄者。德明。

問敖惰。曰：敖便是惰，敖了便惰。敖了都不管他，便是惰。義剛。

因學者問《大學》「敖惰」處，而曰：某嘗説，如有人問《易》不當爲卜筮書，《詩》不當去《小序》，不當叶韻，及《大學》敖惰處，❶皆在所不答。僩。

或問：「之其所親愛、哀矜、畏敬而辟焉」，莫是君子用心過於厚否？曰：此可將來「觀過知仁」處説，不可將來此説。蓋

❶「及」，原作「反」，今據朝鮮本改。

不必論近厚、近薄。大抵一切事，只是才過便不得。「觀過知仁」乃是因此。是其用心之厚，故可知其仁，然過則終亦未是也。大凡讀書，須要先識認本文是説箇甚麽。須全做不曾識他相似，虚心認他字字分明。復看數過，自然會熟，見得分明。譬如與人乍相見，其初只識其面目，再見則可以知其姓字、鄉貫，又再見則可以知其性行如何。只恁地識認，久後便一見理會得。今學者讀書，亦且未要便懸空去思他。《中庸》云「博學之，審問之」，方言「謹思之」。若未學未問，便去思他，是空勞心耳。又云：切須記得「識認」兩字。時舉。

問：《大學》釋「脩身齊家」章，不言脩身，何也？曰：好而不知其惡，惡而不知其美，是以好爲惡，以曲爲直，可謂之脩身乎。節。

《大學》最是兩章相接處好看，如所謂「脩身在正其心」者。且如心不得其正，則「視而不見，聽而不聞，食而不知其味」。若視而見，聽而聞，食而知味，則心得其正矣。然於親愛、敖惰五者有所僻焉，則身亦不可得而脩矣。嘗謂脩身更多少事不説，却説此五者，何謂？子細看來，身之所以不脩者，無不是被這四五箇壞。又云：意有不誠時，則私意爲主，是主人自爲賊了。到引惹得外底人來，四方八面無關防處，所以要得先誠其意。子蒙。

「欲脩其身者，先正其心；欲正其心者，先誠其意；欲誠其意者，先致其知；致知在格物。」五者，其實則相串，而以做功夫言之，則各自爲一事。故「物格，而後知至；知至，而後意誠；意誠，而後心正；心正，而後身脩」。著「而」字，則是先爲此，而後能爲彼也。蓋逐一節自有一節功夫，非是儱侗言知至了意便自誠，意誠了心便自脩，中間更不着功夫。然但只是上面一截功夫到了，則下面功夫亦不費力耳。先生曰：亦有天資高底人，只頭正了，便都正去。若夾雜多底，也不能如此。端蒙。

問：「正心脩身」章後注，云「此亦當通上章推之，蓋意或不誠，則無能實用其力以正其心者」云云。曰：《大學》所以有許多節次，正欲學者逐節用工。非如一無節之竹，使人纔能格物，則便到平天下也。夫人蓋有意誠而心未正者，蓋於忿懥、恐懼等事，誠不可不隨事而排遣也。蓋有心正而身未脩者，故於好惡之間，誠不可不隨人而節制也。至於齊家以下，皆是教人節節省察用功。故經序但言心正者必自誠意而來，脩身者必自正心而來。非謂意既誠而心無事乎正，心既正而身無事乎脩也。且以《大學》之首章便教人「明明德」，又爲格物以下事目，皆爲明明德之事也。而平天下，方且言先謹乎德等事，亦可見矣。壯祖。

《大學》如「正心」章已說盡了，至「脩身」章又從頭說起，至「齊家治國」章又依前說教他，何也？蓋要節節去照管。不成却說自家在這裏，心正、身脩了，便都只聽其自治。夔孫。

說《大學》「誠意」章，曰：如今人雖欲爲善，又被一箇不欲爲善之意來妨了，雖欲去惡，又被一箇尚欲爲惡之意來妨了。蓋其知之不切，故爲善不是他心肯意肯，去惡亦不是他心肯意肯。這箇便是自欺，便是不誠。意纔不誠，則心下便有許多忿懥、恐懼、憂患、好樂而心便不正。心既不正，則凡有愛惡等事，莫不倚於一偏。如此，如何要家齊、國治、天下平？惟是知得切，則好善必「如好好色」，惡惡必「如惡惡臭」。是非爲人而然，蓋胸中實欲如此，而後心滿意愜。賀孫。

傳九章釋家齊國治

或問：「齊家」一段，是推將去時較切近否？曰：此是言一家事，然而自此推將去，天下國家皆只如此。又問：所畏敬在家中，則如何？曰：一家之中，尊者可畏敬，但是有不當處，亦合有幾諫時。不可道畏敬之，便不可說着。若如此唯知畏敬，却是辟也。祖道。

或問「不出家而成教於國」。曰：孝以事親，而使一家之人皆孝；弟以事長，而使一家之人皆弟；慈以使衆，而使一家之人皆慈；是乃成教於國者也。人傑。

李德之問：「不出家而成教於國」，不待推也。曰：不必言不待推。玩其文義，亦未嘗有此意。只是身脩於家，雖未嘗出，而教自成於國爾。蓋卿。

「孝者所以事君，弟者所以事長，慈者所以使衆。」此道理皆是我家裏做成了，天下人看着自能如此，不是我推之於國。泳。

劉潛夫問：「齊家」章並言孝、弟、慈三者，而下言《康誥》，以釋「使衆」一句，不及孝、弟，何也？曰：孝、弟二者雖人所固有，然守而不失者亦鮮。唯有保赤子一事，罕有失之者。故聖賢於此，特發明夫人之所易曉者以示訓，正與孟子言見赤子入井之意同。壯祖。

「心誠求之」者，求赤子之所欲也。於民，亦當求其有不能自達。此是推其慈幼之心以使衆也。節。

問「治國在齊其家」。曰：且只說動化爲功，未説到推上。後章方全是説推。「如保赤子」一節，只是說「慈者所以使衆」一句。保赤子，慈於家也；「如保赤子」，慈於國也。保赤子是慈，「如保赤子」是使衆。直卿云：這箇慈，是人人自然有底。慈於家，便能慈於國，故言：「一家仁，一國興仁；一家讓，一國興讓。」寓。

「一家仁」以上，是推其家以治國；「一家仁」以下，是人自化之也。節。

問：九章本言治國，何以曰「堯、舜率天下以仁而民從之」，都是説治天下之事也？至言「君子有諸己而後求諸人，無諸己而後非諸人」，又似説脩身，如何？曰：聖人之言，簡暢周盡。脩身是齊家之本，齊家又治國之本。如言「一家仁，一國興仁；一家讓，一國興讓」之類，自是相關，豈可截然不相入也。謨。○去僞同。

問「有諸己而後求諸人」。曰：只從頭讀來，便見得分曉。這箇只是「躬自厚而薄責於人」，「攻其惡，無攻人之惡」。卓。

問：「有諸己而後求諸人」，雖曰推己以及人，是亦示人以反己之道。曰：這是言己之爲法於人處。道夫。

吳仁甫問：有諸己而後求諸人，無諸己而後非諸人。曰：此是退一步説，猶言「温故知新而可以爲人師」，以明未能如此，則不可如此；非謂温故知新便要求爲人師也。池本「不可」下云：爲人師耳。若曰「有諸己而後非諸人」，❶以明無諸己不可求諸人也；「無諸己而後非諸人」，以明有諸己即不可非諸人也。然此意正爲治

❶「非」，萬曆本作「求」。

國者言。大凡治國禁人爲惡，而欲人爲善，便求諸人，非諸人。然須是在己有善無惡，方可求人、非人也。或問：范忠宣「以恕己之心恕人」，此語固有病。但上文先言「以責人之心責己」，則連下句亦未害。曰：上句自好，下句自不好。蓋才説恕己，便已不是。若横渠云：「以愛己之心愛人，則盡仁；以責人之心責己，則盡道。」語便不同。蓋「恕己」與「愛己」字不同。大凡知道者出言自别。近觀聖賢言語與後世人言語自不同，此學者所以貴於知道也。銖。

「有諸己而後求諸人，無諸己而後非諸人」，是責人之恕；絜矩與「己所不欲，勿施於人」，是愛人之恕。又曰：推己及物之謂恕。聖人則不待推，而發用於外者皆恕也。「己所不欲，勿施於人」，則就愛人上説。聖人之恕，則不專在愛人上見，如絜矩之類是也。高。

問：「所藏乎身不恕」處，「恕」字還只就接物上説，如何？曰：是就接物上見得。忠只是實心，直是真實不僞。到應接事物，也只是推這箇心去。直是忠，方能恕。若不忠，便無本領了，更把甚麽去及物。程子説：「『維天之命，於穆不已』，忠也，便是實理流行；『乾道變化，各正性命』，恕也，便是實理及物。」守約問：恁地説，又與「夫子之道，忠恕而已矣」之「忠恕」相似。曰：只是一箇忠恕，豈有二様。❶聖人與常人忠恕也不甚相遠。又曰：盡己，不是説盡吾身之實理，自盡便是實理。此處切恐有脱誤。若有些子未盡處，便是不實。如欲爲孝，雖有七分孝，只中間有三分未盡，

❶「様」，萬曆本作「分」。

固是不實。雖有九分孝，一作「弟」。只略略有一分未盡，亦是不實。賀孫。

李德之問：「齊家」、「治國」、「平天下」三章，看來似皆是恕之功用。曰：如「治國」、「平天下」兩章是此意。「治國」章乃責人之恕，「平天下」章乃愛人之恕。「齊家」一章但説人之偏處。蓋卿。

仁甫問「治國在齊其家」。曰：這箇道理，却急迫不得。待到他日數足處，自然通透。這箇物事，只是看得熟，自然有條理。上面説「不出家而成教於國」，此下便説其所以教者如此，這三者便是教之目。後面却是説須是躬行，方會化得人。此一段只此兩截如此。賀孫。

因講「禮讓爲國」，曰：「一家仁，一國興仁；一家讓，一國興讓。」自家禮讓有以感之，故民亦如此興起。自家好争利，却責民間禮讓，如何得他應。東坡策别「敦教化」中一段，説得也好，雖説得粗，道理却是如此。「敦教化」云「欲民之知信，莫若務實其言；欲民之知義，莫若務去其貪」云云。看道理不要玄妙，只就粗處説得出便是。如今官司不會制民之産，民自去買田，又取他牙税錢。古者群飲者殺。今置官誘民飲酒，惟恐其不來，如何得民興於善。淳。

問：齊家、治國之道，斷然「是父子、兄弟足法，而後人法之」。然堯、舜不能化其子，而周公則上見疑於君，下不能和其兄弟，是如何？曰：聖人是論其常，堯、舜是處其變。看他「烝烝乂，不格姦」，至於「瞽瞍底豫」，便是他有以處那變處。且如他當時被那兒子恁地，他處得好，不將天下與兒子，却傳與賢，便是他處得那兒子好。若堯當時把天下與丹朱，舜把天下與商均，則天下如何解安，他那兒子如何解寧貼。如周公被管、蔡恁地，他若不去致辟于商，則周如何不擾亂。他後來盡死做這一着時，也是不得已着恁地。但是而今且去理會常倫。而今如何便解有箇父如瞽瞍，有箇兄弟如管、蔡。未論到那變處。賀孫。

傳十章釋治國平天下

或問：《大學》既格物、致知了，又却逐件各有許多工夫在。曰：物格、知至後，其理雖明，到得後來齊家、治國、平天下，逐件事又自有許多節次，須逐件又徐徐做將去。如人行路，行到一處了，又行一處。先來固是知其所往了，到各處又自各有許多行步。若到一處而止不進，則不可；未到一處而欲踰越頓進一處，亦不可。璘。

味道問「平天下在治其國」。曰：此節見得上行而下效，又見得上下雖殊而心則一。道夫。

問「平天下在治其國」章。曰：此三節見上行下效，理之必然，又以見人心之所同。「是以君子有絜矩之道」，所以以己之心度人之心，使皆得以自盡其興起之善心。若不絜矩，則雖躬行於上，使彼有是興起之善心，而不可得遂，亦徒然也。又曰：因何恁地上行下效？蓋人心之同然。所以絜矩之道：我要恁地，也使彼有是心者亦得恁地。全章大意，只反覆説絜矩。如專利於上，急征横斂，民不得以自養，我這裏雖能興起其善心，濟甚事。若此類，皆是不能絜矩。賀孫。

才卿問：「上老老而民興孝」，恐便是連那老衆人之老説？曰：不然。此老老、長長、恤孤方是就自家身上切近處説，所謂家齊也。民興孝、興弟，不倍此方是就民之感發興起處，説治國而國治之事也。緣爲上行下效，捷於影響，可以見人心之所同者如此。「是以君子必有絜矩之道也」，此一句方是引起絜矩事。下面方解説絜矩，而結之云：「此之謂絜矩之道。」蓋人心感發之同如此，所以君子須用推絜矩之心以平天下，此幾多分曉。若如才卿説，則此便是絜矩，何用下面更絮説許多。才卿不合誤曉老老、長長爲絜矩，所以差也。所謂「文王之民無凍餒之老者」，此皆是絜矩已後事，如何將做老老説得。僩。

老老興孝，長長興弟，恤孤不倍，這三句是説上行下效底道理。「是以君子有絜矩之道」，這却是説到政事上。「是以」二字，是結上文，猶言君子爲是之故，所以有絜矩之道。既恁地了，却須處置教他得所，使之各有以遂其興起之心，始得。

所謂絜矩者，矩者，心也，我心之所欲，即他人之所欲也。我欲孝弟而慈，必欲他人皆如我之孝弟而慈。「不使一夫之不獲」者，無一夫不得此理也。只我能如此，而他人不能如此，則是不平矣。人傑。

問：絜矩之道，語脉貫穿如何？久思未通。「上面説人心之所同者既如此，是以君子見人之心與己之心同，故必以己度人之心，使皆得其平。下面方説所以絜矩如此。」賀孫。

問：「上老老而民興孝」，下面接「是以君子有絜矩之道也」，似不相續，如何？曰：這箇便是相續。絜矩是四面均平底道理，教他各得老其老，各得長其長，各得幼其幼。不成自家老其老，教他不得老其老；長其長，教他不得長其長；幼其幼，教他不得幼其幼，便不得。寓。

仁甫問絜矩。曰：上之人老老、長長、恤孤，則下之人興孝、興弟、不倍，此是說上行下效。到絜矩處，是就政事上言。若但興起其善心，而不有以使之得遂其心，則雖能興起，終亦徒然。如政煩賦重，不得以養其父母，又安得以遂其善心？須是推己之心以及於彼，使之「仰足以事父母，俯足以育妻子」，方得。如《詩》裏說大夫行役無期度，不得以養其父母。到得使下，也須教他內外無怨，始得。如《東山》、《出車》、《杕杜》諸詩說行役，多是序其室家之情，亦欲使凡在上者有所感動。又曰：這處正如齊宣王愛牛處一般：見牛之觳觫，則不忍之心已形於此。若其以釁鍾爲不可廢而復殺之，則自家不忍之心又只是空。所以以羊易之，則已形之良心不至於窒塞，而未見之羊，殺之亦無害，是乃仁術也。術，是做得巧處謂之術。又曰：「己欲立而立人，己欲達而達人」，是兩摺說，只以己對人而言。若絜矩，上之人所以待己，己又所以待人，是三摺說，如《中庸》「所求乎子以事父未能也，所求乎臣以事君未能也」一類意。又曰：晁錯言「人情莫不欲壽」，「三王能生之而不傷」云云，漢詔云云，「孝心闕焉」，皆此意。賀孫。

問：絜矩一條，此是上下四方度量，而知民之好惡否？曰：知在前面，這處是推。「老老而民興孝，長長而民興弟，恤孤而民不倍」，這處便已知民之好惡與己之好惡相似。「是以君子有絜矩之道」，便推將去，緊要在「毋以」字上。又曰：興，謂興起其善心；遂，謂成遂其事。又曰：爲國，絜矩之大者又在於財用，所以後面只管説財。如今茶鹽之禁，乃是人生日用之常，却反禁之，這箇都是不能絜矩。賀孫。

「上老老而民興孝」，是化；絜矩處，是處置功用處。振。

問絜矩之道。曰：能使人興起者，聖人之心也；能遂其人之興起者，聖人之政事也。廣。

平天下，謂均平也。「所惡於上，毋以使下；所惡於下，毋以事上。」此與《中庸》所謂「所求乎臣以事君未能」者同意。但《中庸》是言其所好者，此言其所惡者也。問：前後左右何指？曰：譬如交代官相似。前官之待我者既不善，吾毋以前官所以待我者待後政也。❶左右，如東鄰西鄰。以鄰國爲壑，是所惡於左而以交於右也。俗語所謂「將心比心」，如此，則各得其平矣。問：《章句》中所謂「絜矩之道，是使之各得盡其心而無不平也」，如何？曰：此是推本「上老老而民興孝，上長長而民興弟，上恤孤而民不倍」。須是留那地位，❷使人各得自盡其孝弟不倍之心。如「八十者其家不從政，廢疾非人不養者，一子不從政」，是使其各得自盡也。又如生聚蕃息，無令父子、兄弟離散之類。德明。

「所惡於上」、「所惡於下」、「所惡於前」、「所惡於後」、「所惡於右」、「所惡於左」，此數句，❸皆是就人身切近處説。如上

❶「政」，萬曆本作「官」。
❷「那」，萬曆本作「他」。
❸「數」，原作「是」，今據朝鮮本、萬曆本改。

文老老、長長、恤孤之意。至於「毋以使下」、「毋以事上」、「毋以先後」、「毋以從前」、「毋以交於左」、「毋以交於右」，❶方是推以及物之事。僩。

問絜矩。曰：只把「上下」、「前後」、「左右」等句看，便見。絜，度也。不是真把那矩去量度，只是自家心裏暗度那箇長、那箇短。所謂度長絜大，上下、前後、左右，都只一樣。心無彼己之異，只是將那頭折轉來比這頭。在我之上者使我如此，而我惡之，則知在我下者心亦似我如此，故更不將所責上底人之心來待下人。如此，則自家在中央，上面也占許多地步，下面也占許多地步，便均平正方。若將所責上底人之心來待下，便上面長，下面短，不方了。下之事我如此，而我惡之，則知在我之上者心亦似我如此。若將所責下底人之心更去事上，便又下面長，上面短了。左右、前後皆然。待前底心，便折轉來待後；待左底心，便折轉來待右，如此便方。每事皆如此，則無所不平矣。寓。

所謂絜矩者，如以諸侯言之，上有天子，下有大夫。天子擾我，使我不得行其孝悌，我亦當察此，不可有以擾其大夫，使大夫不得行其孝悌。且如自家有一丈地，左家有一丈地，右家有一丈地。左家侵着我五尺地，是不矩，我必去訟他取我五尺。我若侵着右家五尺地，亦是不矩，合當還右家。只是我也方，上也方，下也方，左也方，右也方，前也方，後也方，不相侵越。如「伐冰之家，不畜牛羊」。亞夫云：務使上下四方一齊方，不侵過他人地步。曰：

❶「毋」，原作「右」，今據朝鮮本、萬曆本改。

然。節。

或問絜矩。曰：譬之，如左邊有一人侵我地界，是他不是了；我又不可去學他，侵了右邊人底界。前人行擁住我，我行不得；我又不可學他擁了後人；後人趕逐我不了，又不可學他去趕前人。上下亦然。椿云：此一人却是中立也。曰：是。椿。

絜矩，如自家好安樂，便思他人亦欲安樂，當使無「老稚轉乎溝壑，壯者散而之四方」之患。「制其田里，教之樹畜」，皆自此以推之。閎祖。

問：論上下四旁，長短廣狹，彼此如一，而無不方。在矩，則可以如此。在人，則有天子、諸侯、大夫、士、庶人之分，何以使之均平？曰：非是言上下之分欲使之均平。蓋事親事長，當使之均平，上下皆得行。上之人得事其親，下之人也得以事其親；上之人得長其長，下之人也得以事其長。節。

問：「絜矩」六節，如「所惡於上，無以使下」，及左右前後，常指三處，上是一人，下是一人，我居其中。故解云：「如不欲上之無禮於我，則我亦不以無禮使其下。」其下五節意皆類此。先生曰：見曾子之傳發明「恕」字，上下四旁，無不該也。過。

恕，亦是絜矩之意。振。

陶安國問：絜矩之道，是廣其仁之用否？曰：此乃求仁工夫，此處正要着力。若仁者，則是舉而措之，不待絜矩，而自無不平者矣。銖曰：仁者，則「己欲立而立人，己欲達而達人」，不待推矣。若絜矩，正恕者之事也。先生頷之。銖。

德元問：「我不欲人加諸我，吾亦欲無加諸人」，與絜矩同否？曰：然。但子貢所問，是對彼我説，只是兩人；絜矩則是三人爾。後世不復知絜矩之義，惟務竭民財以自豐利，自一孔以上，官皆取之，故上愈富而下愈貧。夫以四海而奉一人，不爲不厚矣。使在上者常有厚民之心而推與共之，猶慮有不獲者，況皆不恤，而惟自封殖，❶則民安得不困極乎！《易》「損上益下」曰益，「損下益上」曰損。所以然者，蓋邦本厚則邦寧而君安，乃所以益也。否則反是。僩。

李文問：盡得絜矩，是仁之道？恕之道？曰：未可説到那裏。且理會絜矩是如何。問：此是「我不欲人之加諸我，吾亦欲無加諸人」意否？曰：此是兩人，須把三人看，便見。人莫不有在我之上者，莫不有在我之下者，如親在我之上，子孫在我之下。我欲子孫孝於我，而我却不能孝於親；我欲親慈於我，而我却不能慈於子孫；便是一畔長，一畔短，不是絜矩。寓。

絜矩，非是外面别有箇道理，只是前面正心、脩身，推而措之，又不是其他機巧、變詐、權謀之説。賀孫。

絜矩之説，不在前數章，却在「治國」、「平天下」之後。到這裏也是節次成了，方用得。道夫。

「君子先慎乎德」一條，德便是「明德」之「德」。自家若意誠、心正、身脩、家齊了，則天下之人安得不歸於我。如湯、武之東征西怨，則自然有人有土。賀孫。

或問「爭鬭其民而施以劫奪之教」。曰：民本不是要如此。惟上之人以德爲外，而急於貨財，暴征横斂，民便效尤，相攘

❶「封」，萬曆本作「豐」。

相奪，則是上教得他如此。賀孫。

或問「争民施奪」。曰：是争取於民，而施之以劫奪之教也。「媢疾以惡之」，是徇其好惡之私。節。

斷斷者是絜矩，媢疾者是不能。❶「唯仁人放流之」，是大能絜矩底人；「見賢而不能舉，舉而不能先」，是稍能絜矩；「好人之所惡」者，是大不能絜矩。節。

「舉而不能先」，先，是早底意思，不能速用之意。泳。

「君子有大道，必忠信以得之，驕泰以失之。」「平天下」一章，其事如此廣闊。然緊要處只在這些子，其粗説不過如此。若細説，則如「操則存」、「克己復禮」等語，皆是也。僩。

趙唐卿問：十章三言得失，而《章句》云：「至此而天理存亡之機決矣。」何也？曰：他初且言得衆、失衆，再言善、不善，意已切矣。終之以忠信、驕泰，分明是就心上説出得失之由以決之。忠信乃天理之所以存，驕泰乃天理之所以亡。寓。

問「仁者以財發身」。曰：不是特地散財以取名，買教人來奉己。只是不私其有，則人自歸之而身自尊。只是言其散財之效如此。賀孫。

「仁者以財發身」，但是財散民聚，而身自尊，不在於財。不仁者只管多聚財，不管身之危亡也。卓。

蜚卿問：「未有上好仁而下不好義」，如何上仁而下便義？曰：這只是一箇。在上便唤做仁，在下便唤做義，在父便謂之慈，在子便謂之孝。直卿云：也如「孝慈則

---

❶「媢」，原作「娼」，今據朝鮮本、萬曆本改。

忠」。曰：然。道夫。

「雖有善者」，善，如而今說會底。閎祖。

「國不以利爲利」。如秦發閭左之戍，也是利；隳名城，殺豪傑，銷鋒鏑，北築長城，皆是自要他利。利不必專指財利。所以孟子從頭截斷，只說仁義。說到「未有仁而遺其親，未有義而後其君」，這裏利却在裏面。所以說義之所安，即利之所在。蓋惟義之安，則自無不利矣。泳。

問：末章說財處太多。曰：後世只此一事不能與民同。可學。

第九章、十章齊家、治國，既已言化，平天下只言措置之理。絜，度也；矩，所以爲方也。方者，如用曲尺爲方者也。何謂「是以君子有絜矩之道」？上面人既自有孝弟，下面民亦有孝弟，只要使之自遂其孝弟之心於其下，便是絜矩。若拂其良心，重賦橫斂以取之，使他不得自遂其心，便是不方。左右前後皆然。言是以者，須是如此。後面說民之父母，所好所惡，皆是要與民同利之一字。且如食祿之家，又畜雞豚牛羊，却是與民爭利，便是不絜矩。所以道「以義爲利」者，「義以方外」也。泳。

問：絜矩以好惡、財用、媢疾彥聖爲言，何也？曰：如桑弘羊聚許多財，以奉武帝之好。若是絜矩底人，必思許多財物，必是侵過着民底，滿得我好，民必惡。言財用者，蓋如自家在一鄉之間，却專其利，便是侵過着他底，便是不絜矩。言媢疾彥聖者，蓋有善人，則合當舉之，使之各得其所。今則不舉他，便失其所，是侵善人之分，便是不絜矩。此特言其好惡、財用之類，當絜矩。事事亦當絜矩。節。

問：自致知至於平天下，其道至備，其節目至詳至悉，而反覆於終篇者，乃在於財利之説。得非義利之辨，其事尤難，而至善之止，於此尤不可不謹歟？不然，則極天命人心之向背，以明好惡從違之得失，其丁寧之意，何其至深且切邪？曰：此章大概是專從絜矩上來。蓋財者，人之所同好也，而我欲專其利，則民有不得其所好者矣。大抵有國有家所以生起禍亂，皆是從這裏來。道夫云：古注，絜音户結反。云結也。曰：作「結」字解，亦自得。蓋《荀子》《莊子》注云：「絜，圍束也。」是將一物圍束以爲之則也。又曰：某十二三歲時，見范丈所言如此。他甚自喜，以爲先儒所未嘗到也。道夫。

或問：絜矩之義，如何只説財利？曰：必竟人爲這箇較多。所以生養人者，所以殘害人者，亦只是這箇。且如今官司皆不是絜矩。自家要賣酒，便教人不得賣酒；自家要榷鹽，便教人不得賣鹽。但事勢相迫，行之已久，人不爲怪，其實理不如此。學蒙。

因論「治國平天下」章財用處，曰：財者，人之所好，自是不可獨占，須推與民共之。未論爲天下，且以作一縣言之：若寬其賦斂，無征誅之擾，民便歡喜愛戴；若賦斂稍急，又有科敷之擾，民便生怨，決然如此。又曰：寧過於予民，不可過於取民。且如居一鄉，若屑屑與民争利，便是傷廉。若饒潤人些子，不害其爲厚。孟子言：「可以取，可以無取，取傷廉；可以與，可以無與，與傷惠。」他主意只是在「取傷廉」上，且將那「與傷惠」來相對説。其實與之過厚些子，不害其爲厚；若纔過取，便傷廉，便不好。過與，必竟當下是好意思。❶與了，再看之，方見得是傷惠，與傷廉不同。所以「子華使於齊，冉子與之粟五秉」，聖人雖說他不是，然亦不大故責他。只是纔過取，便深惡之，如冉求爲之聚斂而欲攻之，是也。僩。

問：「平天下」章言財用特詳，當是民生日用最要緊事耳。曰：然。《孟子》首先所言，其原出此。子升問此章所言反覆最詳之意。曰：要之，始終本末只一理。但平天下是一件最大底事，所以推廣說許多。如明德、新民、至善之理極精微。至治國、平天下，只就人情上區處，又極平易，蓋至於平而已耳。後世非無有志於天下國家之人，却只就末處布置，於本原上全不理會。因言：莊子，不知他何所傳授，却自見得道體。蓋自孟子之後，荀卿諸公皆不能及。如說：「語道而非其序，非道也。」此等議論甚好。度亦須承接得孔門之徒，源流有自。後來佛氏之教有說得好處，皆出於莊子。但其知不至，無細密工夫，少間都說得流了，所謂「賢者過之」也。今人亦須自理會教自家本領通貫，却去看他此等議論，自見得高下分曉。若一向不理會得他底破，少間却有見識低似他處。因說：曾點之徒，氣象正如此。又問：《論語集注》說曾點是「雖堯、舜事業亦優爲之」。莫只是堯、舜事業亦不足以芥蔕其心否？曰：堯、舜事業也只是這箇道理。又問：他之所爲，必不中節。曰：本領處同了，只是無細密工夫。木之。

人治一家一國，尚且有照管不到處，況天下之大。所以反反覆覆說。不是大着箇心去理會，如何照管得。泳。

❶「必」，萬曆本作「畢」。

朱子語類卷第十七 計一十六板

大學四

或問上

或問吾子以爲大人之學一段

問友仁：看《大學或問》如何？曰：粗曉其義。曰：如何是「收其放心，養其德性」？曰：放心者，或心起邪思，意有妄念，耳聽邪言，目觀亂色，口談不道之言，至於手足動之不以禮，皆是放也。收者，便於邪思妄念處截斷不續，至於耳目言動皆然，此乃謂之收。既能收其放心，德性自然養得。不是收放心之外，又養箇德性也。曰：看得也好。友仁。

問：《或問》：「以七年之病，求三年之艾，非百倍其功，不足以致之。」人於已失學後，須如此勉强奮勵方得。曰：失時而後學，必着如此趲補得前許多欠闕處。「人一能之，己百之；人十能之，己千之。」若不如是，悠悠度日，一日不做得一日工夫，只見没長進，如何要填補前面。賀孫。

持敬以補小學之闕。小學且是拘檢住身心，到後來「克己復禮」，又是一段事。德明。

問：《大學》首云明德，而不曾説主敬，莫是已具於小學？曰：固然。自小學不傳，伊川却是帶補一「敬」字。可學。

「敬」字是徹頭徹尾工夫。自格物、致知至治國、平天下，皆不外此。人傑。

問《或問》説敬處。曰：四句不須分析，只做一句看。次日，又曰：夜來説敬，不須只管解説，但整齊嚴肅便是敬，散亂不收斂便是不敬。四句只行着，皆是敬。燾。

或問：《大學》論敬所引諸説有内外之分。曰：不必分内外，都只一般，只認行著都是敬。❶僩。

問：敬，諸先生之説各不同。然總而言之，❷常令此心常存，是否？曰：其實只一般。若是敬時，自然「主一無適」，自然「整齊嚴肅」，自然「常惺惺」，「其心收斂不容一物」。但程子「整齊嚴肅」與謝氏、尹氏之説，又更分曉。履孫。

或問：先生説敬處，舉伊川「主一」與「整齊嚴肅」之説與謝氏「常惺惺」之説。就其中看，謝氏尤切當。曰：如某所見，伊川説得切當。且如整齊嚴肅，此心便存，便能惺惺。若無整齊嚴肅，却要惺惺，恐無捉摸，不能常惺惺矣。人傑。

問：《或問》舉伊川及謝氏、尹氏之説，只是一意説敬。曰：「主一無適」，又説箇「整齊嚴肅」；「整齊嚴肅」，亦只是「主一無適」意。且自看整齊嚴肅時如何這裏便敬。常惺惺也便是敬。收斂此心，不容一物，也便是敬。此事最易見。試自體察看，便見。只是要教心下常如此。因説到放心：如惻隱、羞惡、是非、辭遜是正心，才差去，便是放。若整齊嚴肅，便有惻隱、羞惡、是非、辭遜。某看來，四海九州，無遠無近，人人心都是放心，也無一箇不放。如小兒子才有智識，此心便放了，這裏便要講學存養。

❶「認」，中華本作「恁」。
❷「言」，萬曆本作「行」。

賀孫。

光祖問：「主一無適」與「整齊嚴肅」不同否？曰：如何有兩樣？只是箇敬。極而至於堯、舜，也只常常是箇敬。若語言不同，自是那時就那事説，自應如此。且如《大學》、《論語》、《孟子》、《中庸》都説敬；《詩》也，《書》也，《禮》也，亦都説敬。各就那事上説得改頭换面。要之，只是箇敬。又曰：或人問：「出門、使民時是敬，未出門、使民時是如何？」伊川答：「此『儼若思』時也。」要知這兩句只是箇「毋不敬」。又須要問未出門、使民時是如何。這又何用問，這自可見。如未出門、使民時，是這箇敬；當出門、使民時，也只是這箇敬。到得出門、使民了，也只是如此。《論語》如此樣儘有，最不可如此看。賀孫。

或問「整齊嚴肅」與「嚴威儼恪」之别。曰：只一般。整齊嚴肅雖非敬，然所以爲敬也。嚴威儼恪，亦是如此。燾。

問：上蔡説：「敬者，常惺惺法也。」此説極精切。曰：不如程子「整齊嚴肅」之説爲好。蓋人能如此，其心即在此，便惺惺。未有外面整齊嚴肅，而内不惺惺者。如人一時間外面整齊嚴肅，便一時惺惺；一時放寬了，便昏怠也。祖道曰：此箇是氣。須是氣清明時，便整齊嚴肅。昏時便放過了，如何捉得定？曰：「志者，氣之帥也。」此只當責志。孟子曰：「持其志，毋暴其氣。」若能持其志，氣自清明。或曰：程子曰：「學者爲習所奪，氣所勝，只可責志。」又云：「只這箇也是私，學者不恁地不得。」此説如何？曰：涉於人爲，便是私。但學者不如此，如何着力。此程子所以下面便救一句云：❶「不如此不得也。」祖道。

因看《涪陵記善録》，問：和靖説敬，就整齊嚴肅上做；上蔡却云「是惺惺法」，二者如何？厚之云：先由和靖之説，方到上蔡地位。曰：各有法門，和靖是持守，上蔡却不要如此，常要喚得醒。要之，和靖底是上蔡底。横某曰：❷「《易》曰：『敬以直内。』」伊川云「主一」。却與和靖同。大抵敬有二：有未發，有已發。所謂「毋不敬」、「事思敬」，是也。曰：雖是有二，然但一本，只是見於動静有異，學者須要常流通無間。又如和靖之説固好，但不知集義，又却欠工夫。曰：亦是渠才氣去不得，只得如此。大抵有體無用，便不渾全。又問：南軒説敬，常云「義已森然於其中」。曰：渠好如此説，如仁智動静之類皆然。可學。

問謝子惺惺之説。曰：惺惺，乃心不昏昧之謂，只此便是敬。今人説敬，却只以「整齊嚴肅」言之，此固是敬，然心若昏昧，燭理不明，雖强把捉，豈得爲敬。又問孟子、告子不動心。曰：孟子是明理合義，告子只是硬把捉。砥。

或問：謝氏「常惺惺」之説，佛氏亦有此語。曰：其喚醒此心則同，而其爲道則異。吾儒喚醒此心，欲他照管許多道理；佛氏則空喚醒在此，無所作爲，其異處在此。僩。

問：和靖説：「其心收斂，不容一物。」曰：這心都不着一物，便收斂。他上文云：「今人入神祠，當那時直是更不着得些子

❶「救」，萬曆本作「放」。
❷「某」，萬曆本作「渠」。

事，只有箇恭敬。」此最親切。今人若能專一此心，便收斂緊密，都無些子空罅。若這事思量未了，又走做那邊去，心便成兩路。賀孫。

問尹氏「其心收斂不容一物」之說。曰：心主這一事，不爲他事攙亂，❶便是不容一物也。問：此只是説静時氣象否？曰：然。又問：只静時主敬，便是「必有事」否？曰：然。僩。

此篇所謂在明明德一段

問：《或問》説「仁義禮智之性」，添「健順」字，如何？曰：此健順，只是那陰陽之性。義剛。

問：健順仁義禮智之性。曰：此承上文陰陽五行而言。健，陽也；順，陰也；四者，五行也。分而言之：仁禮屬陽，義智屬陰。問：「立天之道，曰陰與陽；立地之道，曰柔與剛；立人之道，曰仁與義。」仁何以屬陰？曰：仁何嘗屬陰。袁機仲正來争辨。他引「君子於仁也柔，於義也剛」爲證。殊不知論仁之定體，則自屬陽。至於論君子之學，則又各自就地頭説，如何拘文牽引得。今只觀天地之化，草木發生，自是條暢洞達，無所窒礙，此便是陽剛之氣。如云：「采薇采薇，薇亦陽止。」「薇亦剛止。」蓋薇之生也，挺直而上，此處皆可見。問：禮屬陽。至《樂記》，則又以禮屬陰，樂屬陽。曰：固是。若對樂説，則自是如此。蓋禮是箇限定裁節，粲然有文底物事；樂是和動底物事，自當如此分。如云「禮主其減，

❶「攙」，萬曆本作「所」。

樂主其盈」之類，推之可見。僩。

問：健順在四端何屬？曰：仁與禮是陽，義與智屬陰。問：《小學》「《詩》、《書》、《禮》、《樂》以造士」。注云：「禮，陰也。」曰：此以文明言，彼以節制言。問：義、知是束斂底意思，故屬陰否？曰：然。或問：知未見束斂處。曰：義猶略有作爲，知一知便了，愈是束斂。孟子曰：「是非之心，知也。」纔知得是而愛，非而惡，便交過仁義去了。胡泳。

問陰陽五行健順五常之性。曰：健是稟得那陽之氣，順是稟得那陰之氣，五常是稟得五行之理。人物皆稟得健順五常之性。且如狗子，會咬人底，便是稟得那健底性；不咬人底，是稟得那順底性。又如草木，直底硬底，是稟得剛底；軟底弱底，是稟得那順底。僩。

問：《或問》「氣之正且通者爲人，氣之偏且塞者爲物」，如何？曰：物之生，必因氣之聚而後有形，得其清者爲人，得其濁者爲物。假如大鑪鎔鐵，其好者在一處，其查滓又在一處。又問：氣則有清濁，而理則一同，如何？曰：固是如此。理者，如一寶珠。在聖賢，則如置在清水中，其輝光自然發見；在愚不肖者，如置在濁水中，須是澄去泥沙，則光方可見。今人所以不見理，合澄去泥沙，此所以須要克治也。至如萬物，亦有此理。天何嘗不將此理與他。只爲氣昏塞，如置寶珠於濁泥中，不復可見。然物類中亦有知君臣母子、知祭、知時者，亦是其中有一線明處。然而不能如人者，只爲他不能克治耳。且蚤、虱亦有知，如飢則噬人之類是也。祖道。

問：《或問》云：「於其正且通者之中，

又或不能無清濁之異，故其所賦之質，又有智愚賢不肖之殊。」世間有人聰明通曉，是稟其氣之清者矣，然却所爲過差，或流而爲小人之歸者；又有爲人賢，而不甚聰明通曉，是如何？曰：《或問》中固已言之，所謂「又有智愚賢不肖之殊」，是也。蓋其所賦之質，便有此四樣。聰明曉了者，❶智也，而或不賢，便是稟賦中欠了清和温恭之德。又有人極温和而不甚曉事，便是賢而不智。爲學便是要克化，教此等氣質令恰好耳。僴。

舜功問：《序》引參天地事，如何？曰：初言人之所以異於禽獸者，至下須是見己之所以參化育者。又問：此是到處，如何？曰：到，大有地步在。但學者須先知其如此，方可以下手。今學者多言待發見處下手，此已遲。却纔思要得善時，便是善。可學。

問：《或問》「自其有生之初」以下是一節；「顧人心稟受之初，又必皆有以得乎陰陽五行之氣」以下是一節；「苟於是焉而不值其清明純粹之會」，這又轉一節；下又轉入一節物欲去，是否？曰：初間說人人同得之理，次又說人人同受之氣。然其間却有撞着不好底氣以生者，這便被他拘滯了，要變化却難。問：如何是不好底氣？曰：天地之氣，有清有濁。若值得晦暗昏濁底氣，這便稟受得不好了。既是如此，又加以應接事物，逐逐於利欲，故本來明德只管昏塞了。故《大學》必教人如此用工，到後來却會復得初頭渾全底道理。賀孫。

林安卿問：「介然之頃，一有覺焉，則

❶「了」，萬曆本作「事」。

其本體已洞然矣。」須是就這些覺處，便致知充廣將去。曰：然。昨日固已言之。如擊石之火，只是些子，纔引着，便可以燎原。若必欲等大覺了，方去格物、致知，如何等得這般時節。林先引《或問》中「至於久而後有覺」之語爲比，先生因及此。那箇覺，是物格、知至了，大徹悟。到恁地時，事都了。若是介然之覺，一日之間，其發也無時無數，只要人識認得操持充養將去。又問：「真知」之「知」與「久而後有覺」之「覺」字，同否？曰：大略也相似，只是各自所指不同。真知是知得真箇如此，不只是聽得人説，便喚做知。覺，則是忽然心中自有所覺悟，曉得道理是如此。人只有兩般心：一箇是是底心，一箇是不是底心。只是才知得這箇是不是底心，只這知得不是底心底心，便是是底心。便將這知得不是底心去治那不是底心。知得不是底心便是主，那不是底心便是客。便將這箇做主去治那箇客，便常守定這箇知得不是底心做主，莫要放失，更那別討箇心來喚做是底心。如非禮勿視、聽、言、動，只才知得這箇是非禮底心，此便是禮底心，便莫要視。如人瞌睡，方其睡時，固無所覺。莫教纔醒，便抖擻起精神，莫要更教他睡，此便是醒。不是已醒了，更別去討箇醒，説如何得他不睡。程子所謂「以心使心」，便是如此。人多疑是兩箇心，不知只是將這知得不是底心去治那不是底心而已。元思云：上蔡所謂「人須是識其真心」，方乍見孺子入井之時，其怵惕、惻隱之心，乃真心也。曰：孟子亦只是討譬喻，就這親切處説仁之心是如此，欲人易曉。若論此心發見，無時而不發見，不特見孺子之時爲然也。若必待見孺子入井之時，怵惕、惻隱之發而後用功，則終身無緣有此等時節也。元思云：舊見五峰《答彪居仁書》，說齊王愛牛之心云云，先生辨之，正是此意。曰：然。齊王之良心，想得也常有發見時。只是常時發見時，不曾識得，都放過去了。偶然愛牛之心，有言語說出，所以孟子因而以此推廣之也。又問：自非物欲昏蔽之極，未有不醒覺者。曰：便是物欲昏蔽之極，也無時不醒覺。只是醒覺了，自放過去，不曾存得耳。僩。

友仁說「明明德」：此「明德」乃是人本有之物，只爲氣稟與物欲所蔽而昏。今學問進脩，便如磨鏡相似。鏡本明，被塵垢昏之，用磨擦之工，其明始現。及其現也，乃本然之明耳。曰：公說甚善。但此理不比磨鏡之法。先生略擡身，露開兩手，如閃出之狀，曰：忽然閃出這光明來，不待磨而後現，但人不自察耳。如孺子將入於井，不拘君子、小人，皆有怵惕、惻隱之心，便可見。友仁云：《或問》中說「是以雖其昏蔽之極，而介然之頃，一有覺焉，則即此空隙之中而其本體已洞然」，便是這箇道理。先生頷之，曰：於大原處不差，正好進修。友仁。

問：《或問》：「所以明而新之者，非可以私意苟且爲也。」私意，是說着不得人爲；苟且，是說至善。曰：才苟且，如何會到極處。賀孫舉程子義理精微之極。曰：大抵至善只是極好處，十分端正恰好，無一豪不是處，無一豪不到處。且如事君，必當如舜之所以事堯，而後喚做敬；治民，必當如堯之所以治民，而後喚做仁。不獨如此，凡事皆有箇極好處。今人多是理會得半截，便道了。待人看來，喚做好也得，喚做不好也得。自家本不曾識得到，少刻也會入於老，也會入於佛，也會入於申、韓之刑名。止緣初間不理會到十分，少刻便没理會那箇是白，那箇是皂，那箇是酸，那箇是鹹。故《大學》必使人從致知直截要理會透，方做得。不要恁地半間半界，含含糊糊。某與人商量一件事，須是要徹底教盡。若有些子未盡處，如何住得。若有事到手，未是處，須着極力辨别教是。且看孟子，那箇事恁地含糊放過。有一字不是，直争到底。這是他見得十分極至，十分透徹，如何不説得。賀孫。

問：《或問》説明德處云：「所以應乎事物之間，莫不各有當然之則。」其説至善處，又云：「所以見於日用之間者，莫不各有本然一定之則。」二處相類，何以别？曰：都一般。至善只是明德極盡處，至纖至悉，無所不盡。淳。

仁甫問：以其義理精微之極，有不可得而名者，故姑以至善目之。曰：此是程先生説。至善，便如今人説極是。且如説孝：孟子説「博奕好飲酒，不顧父母之養」，此是不孝。到得會奉養其親，也似煞强得這箇，又須着如曾子之養志，而後爲能養。這又似好了，又當如所謂「先意承志，諭父母於道，不遺父母惡名」，使國人稱願道「幸哉有子如此」，方好。又云：孝莫大於尊親，其次能養。直是到這裏，方唤做極是處，方唤做至善處。賀孫。

郭德元問：《或問》：「有不務明其明德，而徒以政教法度爲足以新民者；又有自謂足以明其明德，而不屑乎新民者；又有略知二者之當務，而不求止於至善之所在者。」此三者，求之古今人物，是有甚人相似？曰：如此等類甚多。自謂能明其德而不屑乎新民者，如佛、老便是；不務明其明德，而以政教法度爲足以新民者，如管仲之徒便是；略知明德新民，而不求止於至善者，如前日所論王通便是。卓録云：又有略知二者之當務，顧乃安於小成，因於近利，而不求止於至善之所在者，如前日所論王通之事是也。看他於己分上亦甚脩飭，其論爲治本末，亦有條理，甚有志於斯世。只是規模淺狹，不曾就本原上着功，便做不徹。須是無所不用其極，方始是。看古之聖賢别無用心，只這兩者是喫緊處：明明德，便欲無一豪私欲；新民，便欲人於事事物物上皆是當。正如佛家説「爲此一大事因緣出見於世」，此亦是聖人一大事也。千言萬語，只是説這箇道理。若還一日不扶持，便倒了。聖人只是常欲扶持這箇道理，教他撑天拄地。文蔚。

問：明德而不能推之以新民，可謂是自私。曰：德既明，自然是着新民。❶然亦有一種人不如此，此便是釋、老之學。此箇道理，人人有之，不是自家可專獨之物。既是明得此理，須當推以及人，使各明其德。豈可説我自會了，我自樂之，不與人共。因説，曾有學佛者王天順，與陸子静辨論云：「我這佛法，和耳目鼻口髓腦，皆不愛惜。要度天下人，各成佛法，豈得是自私。」先生笑曰：待度得天下人各成佛法，却是教得他各各自私。陸子静從初亦學佛，嘗言：「儒佛差處是義利之間。」某應曰：「此猶是第二着，只它根本處便不是。當初釋迦爲太子時，出遊，見生老病死苦，遂厭惡之，入雪山修行。從上一念，便一切作空看，惟恐割棄之不猛，屏除之不盡。吾儒却不然。蓋見得

❶「着」，萬曆本作「能」。

無一物不具此理，無一理可違於物。佛説萬理俱空，吾儒説萬理俱實。從此一差，方有公私、義利之不同。」今學佛者云「識心見性」，不知是識何心，是見何性。德明。

知止而後有定以下一段

問：能知所止，則方寸之間，事事物物皆有定理矣。曰：定、静、安三項若相似，説出來煞不同。有定，是就事理上説，言知得到時，見事物上各各有箇合當底道理。静，只就心上説。問：「無所擇於地而安」，莫是「素富貴行乎富貴，素貧賤行乎貧賤」否？曰：這段須看意思接續處。如「能得」上面帶箇「慮」字，「能慮」上面帶箇「安」字，「能安」上面帶箇「静」字，「能静」上面帶箇「定」字，「有定」上面帶箇「知止」字，意思都接續。既見得事物有定理，而此心恁地寧静了，看處在那裏：在這邊也安，在那邊也安，在富貴也安，在貧賤也安，在患難也安。不見事理底人，有一件事，如此區處不得，恁地區處又不得，這如何會有定。才不定，則心下便營營皇皇，心下才恁地，又安頓在那裏得？看在何處，只是不安。賀孫。

能慮則隨事觀理，極深研幾。曰：到這處又更須審一審。「慮」字看來更重似「思」字。聖人下得言語恁地鎮重，恁地重三疊四，不若今人只説一下便了，此聖人所以爲聖人。賀孫。

安卿問：「知止是始，能得是終。」《或問》言：「非有等級之相懸。」何也？曰：也不是無等級，中間許多只是小階級，無那大階級。如志學至從心，中間許多便是大階級，步却闊。知止至能得，只如志學至立相似，立至不惑相似。定、静、安皆相類，只是中間細分別恁地。問：到能得處是學之大成，抑後面更有工夫？曰：在己已盡了，更要去齊家、治國、平天下，亦只是自此推去。寓。

古之欲明明德於天下一段

問：《或問》「自誠意以至於平天下，所以求得夫至善而止之」，是能得已包齊家、治國說了。前晚何故又云：能得後，更要去齊家、治國、平天下？曰：以脩身言之，都已盡了。但以明明德言之，在己無所不盡，萬物之理亦無所不盡。如至誠惟能盡性，只盡性時萬物之理都無不盡了。故盡其性，便盡人之性；盡人之性，便盡物之性。寓。

蜚卿言：《或問》云：「人皆有以明其明德，則各誠其意，各正其心，各脩其身，各親其親，各長其長，而天下無不平矣。」明德之功果能若是，不亦善乎？然以堯、舜之聖，閨門之內或未盡化，況謂天下之大，能服堯、舜之化而各明其德乎？曰：《大學》「明明德於天下」，只是且說箇規模如此。學者須是有如此規模，却是自家本來合如此，不如此便是欠了他底。且如伊尹思匹夫不被其澤，如己推而納之溝中，伊尹也只大概要恁地，又如何使得無一人不被其澤。又如說「比屋可封」，也須有一家半家不恁地者。只是見得自家規模自當如此，不如此不得。到得做不去處，却無可奈何。規模自是着恁地，工夫便却用寸寸進。若無規模次第，只管去細碎處走，便入世之計功謀利處去；若有規模而又無細密工夫，又只是一箇空規模。外極規模之大，內推至於事事物物處，莫不盡其工夫，此所以爲聖賢之學。道夫。

《或問》「心之神明，❶妙衆理而宰萬物」。曰：神，是恁地精彩；明，是恁地光明。又曰：心無事時，都不見；到得應事接物，便在這裏；應事了，又不見恁地神出鬼没。又曰：理是定在這裏，心便是運用這理底，須是知得到。知若不到，欲爲善，也未肯便與你爲善；欲不爲惡，也未肯便不與你爲惡。知得到了，直是如飢渴之於飲食。而今不讀書時，也須收斂身心教在這裏，乃程夫子所謂敬也。「整齊嚴肅」，雖只是恁地，須是下工夫，方見得。賀孫。

德元問：何謂「妙衆理」？曰：大凡道理皆是我自有之物，非從外得。所謂知者，或録此下云：便只是理，才知得。便只是知得我底道理，非是以我之知去知彼道理也。道理固本有，用知，方發得出來。若無知，道理何從而見。或録云：才知得底，便是自家先有之道理也。只是無知，則道無安頓處。故須知，然後道理有所湊泊也。如冬寒夏熱，❷君仁臣敬，非知，如何知得。所以謂之「妙衆理」，猶言能運用衆理也。「運用」字有病，故只下得「妙」字。或録云：蓋知得此理也。又問：知與思，於身最切緊。曰：然。二者只是一事。知如手，思是使那手去做事，思所以用夫知也。僩。

問：知如何宰物？曰：無所知覺，則不足以宰制萬物。要宰制他，也須是知覺。道夫。

或問：「宰萬物」，是「主宰」之「宰」，「宰制」之「宰」？曰：主便是宰，宰便是制。又問：《孟子集注》言：「心者，具衆理而應萬事。」此言「妙衆理而宰萬物」如何？

❶「或」上，萬曆本有「問」字。

❷「冬寒夏熱」，萬曆本作「夏熱冬寒」。

曰：「妙」字便稍精彩，但只是不甚穩當，「具」字便平穩。履孫。

郭兄問「莫不有以知夫所以然之故，與其所當然之則」。曰：所以然之故，即是更上面一層。如君之所以仁，蓋君是箇主腦，人民、土地皆屬它管，它自是用仁愛。試不仁愛看，便行不得。非是說爲君了，不得已用仁愛，自是理合如此。試以一家論之：爲家長者便用愛一家之人，惜一家之物，自是理合如此，若天使之然。每常思量着，極好笑，自那原頭來便如此了。又如父之所以慈，子之所以孝，蓋父子本同一氣，只是一人之身，分成兩箇，其恩愛相屬，自有不期然而然者。其它大倫皆然，皆天理使之如此，豈容强爲哉！且以仁言之：只天地生這物時便有箇仁，它只知生而已。從他原頭下來，自然有箇春夏秋冬，金木水火土。初有陰陽，有陰陽，便有此四者。故賦於人物，便有仁義禮智之性。仁屬春，屬木。且看春間天地發生，藹然和氣，如草木萌芽，初間僅一針許，少間漸漸生長，以至枝葉花實，變化萬狀，便可見他生生之意。非仁愛，何以如此。緣他本原處有箇仁愛温和之理如此，所以發之於用，自然慈祥惻隱。孟子說「惻隱之端」，惻隱又與慈仁不同，惻隱是傷痛之切。蓋仁，本只有慈愛，緣見孺子入井，所以傷痛之切。義屬金，是天地自然有箇清峻剛烈之氣。所以人稟得，自然有裁制，便自然有羞惡之心。禮、智皆然。蓋自本原而已然，非旋安排教如此也。昔龜山問一學者：「當見孺子入井時，其心怵惕、惻隱，何故如此？」學者曰：「自然如此。」龜山曰：「豈可只說自然如此了便休？須是知其所自來，則仁不遠矣。」龜山此語極好。又或人問龜山曰：「『以先知覺後知』，知、覺如何分？」龜山曰：「知是知此事，覺是覺此理。」且如知得君之仁、臣之敬、子之孝、父之慈，是知此事也；又知得君之所以仁、臣之所以敬、父之所以慈、子之所以孝，是覺此理也。僩。

或問「格物」章本有所以然之句。❶曰：後來看得，且要見得「所當然」是要切處。若果見得不容已處，則自可嘿會矣。

治國平天下者諸侯之事一段

問：南軒謂：「爲己者，無所爲而然也。」曰：只是見得天下事皆我所合當爲而爲之，非有所因而爲也。然所謂天下之事皆我之所當爲者，只恁地强信不得。須是學到那田地，經歷磨鍊多後，方信得過。道夫。

問爲己。曰：這須要自看，逐日之間，小事大事，只是道我合當做，便如此做，這便是無所爲。且如讀書，只道自家合當如此讀，合當如此理會身己。才説要人知，便是有所爲。如世上人才讀書，便安排這箇好做時文，此又爲人之甚者。賀孫。

「爲己者，無所爲而然。」無所爲，只是見得自家合當做，不是要人道好。如甲兵、錢穀、籩豆、有司，到當自家理會便理會，不是爲别人了理會。如割股、廬墓，一則是不忍其親之病，一則是不忍其親之死，這都是爲己。若因要人知了去恁地，便是爲人。

器遠問：子房以家世相韓故，從少年結士，欲爲韓報仇，這是有所爲否？曰：他當初只一心欲爲國報仇。只見這是箇臣子合當

❶「句」，萬曆本作「故」。

做底事，不是爲別人，不是要人知。賀孫。

行夫問「爲己者無所爲而然」。曰：有所爲者，是爲人也。這須是見得天下之事實是己所當爲，非吾性分之外所能有，然後爲之，而無爲人之弊耳。且如「哭死而哀，非爲生者」。今人弔人之喪，若以爲亡者平日與吾善厚，真箇可悼，哭之發於中心，此固出於自然者。又有一般人欲亡者家人知我如此而哭者，便不是，這便是爲人。又如人做一件善事，是自家自肯去做，非待人教自家做，方勉强做，此便不是爲人也。道夫曰：先生所説錢穀、甲兵、割股、廬墓，已甚分明，在人所見如何爾。又問：割股一事如何？曰：割股固自不是。若是誠心爲之，不求人知，亦庶幾。「今有以此要譽者」。因舉一事爲問。先生詢究，駭愕者久之。乃始正色直辭曰：只是自家過計了。設使後來如何，自家也未到得如此，天下事惟其直而已。試問鄉鄰，自家平日是甚麽樣人。官司推究亦自可見。行夫曰：亦著下獄使錢，得箇費力去。曰：世上那解免得全不霑濕。如先所説，是不安於義理之慮。若安於義理之慮，但見義理之當爲，便恁滴水滴凍做去，都無後來許多事。道夫。

傳一章

然則其曰克明德一段

問：「克明德」，「克，能也」。《或問》中却作能「致其克之之功」，又似「克治」之「克」，如何？曰：此「克」字雖訓「能」字，然「克」字重如「能」字。「能」字無力，「克」

字有力。便見得是他人不能，而文王獨能之。若只作「能明德」，語意便都弱了。凡字有訓義一般，而聲響頓異，便見得有力、無力之分，如「克」之與「能」是也。如云「克宅厥心」，「克明俊德」之類，可見。僩。

顧諟天之明命一段

問：「全體大用，無時不發見於日用之間。」如何是體？如何是用？曰：體與用不相離。且如身是體，要起行去，便是用。「赤子匍匐將入井，皆有怵惕、惻隱之心」，只此一端，體、用便可見。如喜怒哀樂是用，所以能喜怒哀樂是體。❶淳録云：所以能喜怒者，便是體。○寓。

問：《或問》「常目在之，真若見其『參於前，倚於衡』也，則『成性存存』，而道義出矣」。不知所見者，果何物邪？曰：此豈有物可見。但是凡人不知省察，常行日用，每與是德相忘，亦不自知其有是也。今所謂顧諟者，只是心裏常常存着此理在。一出言，則言必有當然之則，不可失也；一行事，則事必有當然之則，不可失也。不過如此耳，初豈實有一物可以見其形象邪！壯祖。

問：引「『成性存存』，道義出矣」，何如？曰：自天之所命，謂之明命，我這裏得之於己，謂之明德，只是一箇道理。人只要存得這些在這裏。才存得在這裏，則事君必會忠，事親必會孝；見孺子入井，則怵惕之心便發；見穿窬之類，則羞惡之心便發；合恭敬處，便自然會恭敬；合辭遜處，

❶「能」字，原脱，今據朝鮮本補。

便自然會辭遜。須要常存得此心，則便見得此性發出底都是道理。若不存得這些，待做出，那箇會合道理。賀孫。

是三者固皆自明之事一段

問：「顧諟」一句，《或問》復以爲見「天之未始不爲人，而人之未始不爲天」，何也？曰：只是言人之性本無不善，而其日用之間莫不有當然之則。則，所謂天理也。人若每事做得是，則便合天理。天人本只一理。若理會得此意，則天何嘗大，人何嘗小也。壯祖。

問「天未始不爲人，而人未始不爲天」。曰：天即人，人即天。人之始生，得於天也；既生此人，則天又在人矣。凡語言、動作、視聽，皆天也。只今説話，天便在這裏。顧諟，是常要看教光明粲爛，照在目前。僩。

傳二章

或問盤之有銘一段

德元問：湯之《盤銘》，見於何書？曰：只見於《大學》。又曰：成湯工夫全是在「敬」字上。看來大段是一箇脩飭底人，故當時人説他做工夫處亦説得大段地着。如禹「克勤于邦，克儉于家」之類，却是大綱説。到湯，便説「檢身若不及」。文蔚云：「以義制事，以禮制心」，「不邇聲色，不殖貨利」等語，可見日新之功。曰：固是。某於《或問》中所以特地詳載者，非道人不知，亦欲學者經心耳。文蔚。

問：《丹書》曰：❶「敬勝怠者吉，怠勝敬者滅；義勝欲者從，欲勝義者凶。」「從」字意如何？曰：從，順也。敬便豎起，怠便放倒。以理從事，是義；不以理從事，便是欲。這處敬與義，是箇體、用，亦由坤卦説敬、義。寓。

傳三章

復引淇奧之詩一段

「瑟兮僩兮者，恂慄也。」「僩」字，舊訓寬大。某看經子所載，或從「小」、或從「才」之不同，然皆云有武毅之貌，所以某注中直以武毅言之。道夫云：如此注，則方與「瑟」字及下文「恂慄」之説相合。曰：且如「恂」字，鄭氏讀爲「峻」。某始者言，此只是「恂恂如也」之「恂」，何必如此。及讀《莊子》，見所謂「木處則惴慄恂懼」，然後知鄭氏之音爲當。如此等處，某於《或問》中不及載也。要之，如這般處，須是讀得書多，然後方見得。道夫。

問：切磋琢磨，是學者事，而「盛德至善」，《或問》乃指聖人言之，何也？曰：後面説得來大，非聖人不能。此是連上文「文王於緝熙敬止」説。然聖人也不是插手掉臂做到那處，也須學始得。如孔子所謂：「德之不脩，學之不講，聞義不能徙，不善不能改，是吾憂也。」此有甚緊要？聖人却憂者，何故？惟其憂之，所以爲聖人。所謂「生而知之者」，便只是知得此而已。故曰：「惟聖罔念作狂，惟狂克念作聖。」淳。○

❶「丹」，萬曆本作「周」。

寓同。

「如切如磋者，道學也；如琢如磨者，自脩也。」既學而猶慮其未至，則復講習討論以求之，猶治骨角者，既切而復磋之。切得一箇樸在這裏，似亦可矣，又磋之使至於滑澤，這是治骨角者之至善也。既脩而猶慮其未至，則又省察克治以終之，猶治玉石者，既琢而復磨之。琢，是琢得一箇樸在這裏，似亦得矣，又磨之使至於精細，這是治玉石之至善也。取此而喻君子之於至善，既格物以求知所止矣，又且用力以求得其所止焉。正心、誠意，便是道學、自脩。「瑟兮僩兮，赫兮咺兮」，到這裏，睟面盎背，發見於外，便是道學、自脩之驗也。道夫云：所以《或問》中有始終條理之別者，良爲此爾。曰：然。道夫。

「『如切如磋』，道學也」，却以爲始條理之事；「『如琢如磨』，自脩也」，却以爲終條理之事，皆是要工夫精密。道學是起頭處，脩身是成就處。中間工夫，既講求又復講求，既克治又復克治，此所謂已精而求其益精，已密而求其益密也。謨。

周問：切磋是始條理，琢磨是終條理。終條理較密否？曰：始終條理都要密，講貫而益講貫，脩飭而益脩飭。淳。

問：琢磨後，更有瑟僩赫咺，何故爲終條理之事？曰：那不是做工夫處，是成就了氣象恁地。「穆穆文王」，亦是氣象也。寓。

朱子語類卷第十八 計三十二板

大學五

或問下

獨其所謂格物致知者一段

先生爲道夫讀《格物説》，舉《遺書》「或問學何爲而可以有覺」一段，曰：「能致其知，則思自然明，至於久而後有覺」，是積累之多，自有箇覺悟時節。「勉强學問」，所以致其知也。「聞見博而智益明」，則其效著矣。「學而無覺，則亦何以學爲也哉？」此程子曉人至切處。道夫。

問：致知下面更有節次。程子説知處，只就知上説，如何？曰：既知則自然行得，不待勉强。却是「知」字上重。可學。

伊川云「知非一概，其爲淺深有甚相絶者」云云。曰：此語説得極分明。至論知之淺深，則從前未有人説到此。道夫。

知，便要知得極。致知，是推致到極處，窮究徹底，真見得决定如此。程子説虎傷人之譬，甚好。如這一箇物，四陲四角皆知得盡，前頭更無去處，外面更無去處，方始是格到那物極處。淳。

人各有箇知識，須是推致而極其至。不然，半上落下，終不濟事。須是真知。問：固有人明得此理，而涵養未到，却爲私意所奪。曰：只爲明得不盡。若明得盡，私意自然留不得。若半青半黃，未能透徹，便是尚有查滓，非所謂真知也。問：須是涵養到心體無不盡處，方善。不然知之雖至，行之終恐不盡也。曰：只爲知不至。今人行到五分，便是它只知得五分，見識只識到那地位。譬諸穿窬，稍是箇人，便不肯做，蓋真知穿窬之不善也。虎傷事亦然。德明。

「致知，是推極吾之知識無不切至」，「切」字亦未精，只是一箇「盡」字底道理。見得盡，方是真實。如言喫酒解醉，喫飯解飽，毒藥解殺人。須是喫酒，方見得解醉人；喫飯，方見得解飽人。不曾喫底，見人説道是解醉解飽，他也道是解醉解飽，只是見得不親切。見得親切時，須是如伊川所謂曾經虎傷者一般。卓。

問：進脩之術何先者？云云。曰：物理無窮，故他説得來亦自多端。如讀書以講明道義，則是理存於書；如論古今人物以別其是非邪正，則是理存於古今人物；如應接事物而審處其當否，則是理存於應接事物。所存既非一物能專，則所格亦非一端而盡。如曰：「一物格而萬理通，雖顔子亦未至此，但當今日格一件，明日又格一件，積習既多，然後脱然有箇貫通處。」此一項尤有意味。向非其人善問，則亦何以得之哉？道夫。

問：「一理通則萬理通」，其説如何？曰：伊川嘗云：「雖顔子亦未到此。」天下豈有一理通，便解萬理皆通？也須積累將去。如顔子高明，不過聞一知十，亦是大段聰明了。學問却有漸，無急迫之理。有人嘗説，學問只用窮究一箇大處，則其他皆通。如某正不敢如此説，須是逐旋做將去。不成只用窮究一箇，其他更不用管，便都理會得，豈有此理。爲此説者，將謂是天理，不知却是人欲。明作。

叔文問：正心、誠意，莫須操存否？曰：也須見得後，方始操得。不然，只恁空守，亦不濟事。蓋謹守則在此，一合眼則便走了。須是格物。蓋物格則理明，理明則誠一而心自正矣。不然，則戢戢而生，如何守得他住。曰：格物最是難事，如何盡格得？曰：程子謂：「今日格一件，明日又格一件，積習既多，然後脱然有貫通處。」某嘗謂，他此語便是真實做工夫來。他也不説格一件後便會通，也不説盡格得天下物理後方始通。只云：「積習既多，然後脱然有箇貫通處。」又曰：今却不用慮其他，只是箇「知至而後意誠」，這一轉較難。道夫。

問：伊川説：「今日格一件，明日格一件。」工夫如何？曰：如讀書，今日看一段，明日看一段。又如今日理會一事，明日理會一事，積習多後，自然通貫。德明。○德功云：釋氏説斫樹木，今日斫，明日斫，到樹倒時，只一斫便了。

問：伊川云：「今日格得一件，明日格得一件。」莫太執着否？曰：人日用間自是不察耳。若體察當格之物，一日之間儘有之。寓。

窮理者，因其所已知而及其所未知，因其所已達而及其所未達。人之良知，本所固有。然不能窮理者，只是足於已知已達，而不能窮其未知未達，故見得一截，不曾又見得一截，此其所以於理未精也。然仍須工夫日日增加。今日既格得一物，明日又格得一物，工夫更不住地做。如左脚進得一步，右脚又進一步；右脚進得一步，左脚又進，接續不已，自然貫通。洽。

黄毅然問：程子説「今日格一件，明日格一件」，而先生説要隨事理會。恐精力短，如何？曰：也須用理會。不成精力短後，話便信口開，行便信脚步，冥冥地去，都不管他。又問：無事時見得是如此，臨事又做錯了，如何？曰：只是斷置不分明。所以格物便要閑時理會，不是要臨時理會。閑時看得道理分曉，則事來時斷置自易。格物只是理會未理會得底，不是從頭都要理會。如水火，人自是知其不可蹈，何曾有錯去蹈水火。格物只是理會當蹈水火與不當蹈水火，臨事時斷置教分曉。程子所謂「今日格一件，明日格一件」，亦是如此。且如看文字，聖賢説話粹，無可疑者。若後世諸儒之言，唤做都不是，也不得；有好底，有不好底；好底裏面也有不好處，不好底裏面也有好處；有這一事説得是，那一件説得不是；有這一句説得是，那一句説得不是；都要恁地分别。如臨事，亦要如此理會那箇是，那箇不是。若道理明時，自分曉。有一般説，漢、唐來都是；有一般説，漢、唐來都不是；恁地也不得。且如董仲舒、賈誼説話，何曾有都不是底，何曾有都是底。須是要見得他那箇議論是，那箇議論不是。如此，方唤做格物。如今將一箇物事來，是與不是見得不定，便是自家這裏道理不通透。若道理明，則這樣處自通透。淳。○黄自録詳，别出。

問：陸先生不取伊川格物之説。若以爲隨事討論，則精神易弊，不若但求之心，心明則無所不照，其説亦似省力。曰：不去隨事討論後，聽他胡做，話便信口説，脚便信步行，冥冥地去，都不管他。義剛曰：平時明知此事不是，臨時却做錯了，隨即又悔。此畢竟是精神短後，照燭不逮。曰：只是斷制不下。且如有一人牽你出去街上行，不成不管後，只聽他牽去。須是知道那裏不可去，我不要隨他去。義剛曰：事卒然在面前，卒然斷制不下，這須是精神强，始得。曰：所以格物，便是要閑時理會，不是要臨時理會。如水火，人知其不可蹈，自是不去蹈，何曾有人錯去蹈水火來。若是平時看得分明時，卒然到面前，須解斷制。若理會不得時，也須臨事時與盡心理會。十分斷制不下，則亦無奈何。然亦豈可道曉不得後但聽他。如今有十人，須看他那箇好，那箇不好。好人也有做得不是，不好人也有做得是底。如有五件事，看他處得那件是，那件不是。處得是，又有曲折處。而今人讀書，全一例說好底，固不是。但取聖人書，而以爲後世底皆不足信，也不是。如聖人之言，自是純粹。但後世人也有說得是底，如漢仲舒之徒。說得是底還他是。然也有不是處，也自可見。須是如此去窮方是。但所謂格物，也是格未曉底，已自曉底又何用格。如伊川所謂「今日格一件，明日格一件」，也是說那難理會底。義剛。

「積習既多，自當脱然有貫通處」，乃是零零碎碎湊合將來，不知不覺，自然醒悟。其始固須用力，及其得之也，又却不假用力。此箇事不可欲速，「欲速則不達」，須是慢慢做去。人傑。

問：自一身之中以至萬物之理，理會得多，自當豁然有箇覺處。曰：此一段，尤其要切，學者所當深究。道夫曰：自一身以至萬物之理，則所謂「由中而外，自近而遠，秩然有序而不迫切」者。曰：然到得豁然處，是非人力强勉而至者也。道夫。

行夫問：明道言致知云：「夫人一身之中以至萬物之理，理會得多，自然有箇覺悟處。」曰：一身之中是仁義禮智、惻隱羞惡、辭遜是非，與夫耳目手足、視聽言動，皆所當理會。至若萬物之榮悴與夫動植小大，這底是可以如何使，那底是可以如何用，車之可以行陸，舟之可以行水，皆所當理會。又問：天地之所以高深，鬼神之所以幽顯。曰：公且説，天是如何後高？❶ 蓋天只是氣，非獨是高。只今人在地上，便只見如此高。要之，他連那地下亦是天。天只管轉來旋去，天大了，故旋得許多查滓在中間。世間無一箇物事恁地大。故地恁地大，地只是氣之查滓，故厚而深。鬼神之幽顯，自今觀之，他是以鬼爲幽，以神爲顯。鬼者，陰也；神者，陽也。氣之屈者謂之鬼，氣之只管恁地來者謂之神。「洋洋然如在其上」，「焄蒿悽愴，此百物之精也，神之著也」，這便是那發生之精神。神者是生底，以至長大，故見其顯，便是氣之伸者。今人謂人之死爲鬼，是死後收斂，無形無跡，不可理會，便是那氣之屈底。道夫問：橫渠所謂「二氣之良能」，良能便是那會屈伸底否？曰：然。道夫。

明道云：「窮理者，非謂必盡窮天下之理；又非謂止窮得一理便到。但積累多後，自當脱然有悟處。」又曰：「自一身之中以至萬物之理，理會得多，自當豁然有箇覺處。」今人務博者却要盡窮天下之理，務約者又謂「反身而誠」，則天下之物無不在我者，皆不是。如一百件事，理會得五六十件了，這三四十件雖未理會，也大概是如此。

❶「後」，萬曆本作「獨」。

向來某在某處，有訟田者，契數十本，中間一段作僞。自崇寧、政和間，至今不決。將正契及公案藏匿，皆不可考。某只索四畔衆契比驗，前後所斷情僞更不能逃者。窮理亦只是如此。淳。

問：窮理者非謂必盡窮天下之理，又非謂止窮得一理便到，但積累多後，自當脱然有悟處。曰：程先生言語氣象自活，與衆人不同。道夫。

器遠問：格物當窮究萬物之理令歸一，如何？曰：事事物物各自有理，如何硬要捏合得。只是才遇一事，即就一事究竟其理，少間多了，自然會貫通。如一案有許多器用，逐一理會得，少間便自見得都是案上合有底物事。若是要看一件曉未得，又去看一樣；看那箇未了，又看一樣，到後一齊都曉不得。如人讀書，初未理會得，却不去究心理會。問他《易》如何，便説中間説話與《書》甚處相類。問他《書》如何，便云與《詩》甚處相類。一齊都没理會。所以程子説：「所謂窮理者，非欲盡窮天下之理，又非是止窮得一理便到。但積累多後，自當脱然有悟處。」此語最親切。賀孫。

問：知至若論極盡處，則聖賢亦未可謂之知至。如孔子不能證夏、商之禮，孟子未學諸侯喪禮，與未詳周室班爵之制之類否？曰：然。如何要一切知得。然知至只是到脱然貫通處，雖未能事事知得，然理會得已極多。萬一有插生一件差異底事來，也都識得他破。只是貫通，便不知底亦通將去。某舊來亦如此疑，後來看程子説「格物非謂欲盡窮天下之物，又非謂只窮得一理便到，但積累多後，自脱然有悟處」，方理會得。僩。

問程子格物之説。曰：須合而觀之，所謂「不必盡窮天下之物」者，如十事已窮得八九，則其一二雖未窮得，將來凑會，都自見得。又如四旁已窮得，中央雖未窮得，畢竟是在中間了，將來貫通，自能見得。程子謂「但積累多後，自當脱然有悟處」，此語最好。若以爲一草一木亦皆有理，今日又一一窮這草木是如何，明日又一一窮這草木是如何，則不勝其繁矣。蓋當時也只是逐人告之如此。夔孫。

問：程子言：「今日格一件，明日格一件，積習既久，自當脱然有貫通處。」又言：「格物非謂盡窮天下之理，但於一事上窮盡，其他可以類推。」二説如何？曰：既是教類推，不是窮盡一事便了。且如孝，盡得箇孝底道理，故忠可移於君，又須去盡得忠。以至於兄弟、夫婦、朋友，從此推之無不盡窮，始得。且如炭，又有白底，又有黑底，只窮得黑，不窮得白，亦不得。且如水，雖是冷而濕者，然亦有許多樣，只認冷濕一件，也不是格。但如今下手，且須從近處做去。若幽奥紛拏，却留向後面做。所以先要讀書，理會道理。蓋先學得在這裏，到臨時應事接物，撞着便有用處。且如火爐，理會得一角了，又須都理會得三角，又須都理會得上下四邊，方是物格。若一處不通，便非物格也。又曰：格物不可只理會文義，❶須實下工夫格將去始得。夔孫。

問：伊川論致知處云：「若一事上窮不得，且別窮一事。」竊謂致之爲言，推而至之以至於盡也。於窮不得處正當努力，豈可遷延逃避，別窮一事邪？至於所謂「但得

❶「文」，原作「又」，今據朝鮮本、萬曆本改。

一道而入，則可以類推而通其餘矣」。夫專心致志，猶慮其未能盡知，况敢望以其易而通其難者乎？曰：這是言隨人之量，非曰遷延逃避也。蓋於此處既理會不得，若專一守在這裏，却轉昏了。須着別窮一事，又或可以因此而明彼也。道夫。

問：程子「若一事上窮不得，且別窮一事」之説，與《中庸》「弗得弗措」相發明否？曰：看來有一樣底，若「弗得弗措」，一向思量這箇，少間便會擔閣了。若謂窮一事不得，便掉了別窮一事，又輕忽了，也不得。程子爲見學者有恁地底，不得已説此話。夔孫。

仁甫問：伊川説「若一事窮不得，須別窮一事」，與延平之説如何？曰：這説自有一項難窮底事，如造化、禮樂、度數等事，是卒急難曉，只得且放住。且如所説《春秋》書「元年春王正月」，這如何要窮曉得？若使孔子復生，也便未易理會在。須是且就合理會易所在理會。延平説，是窮理之要。若平常遇事，這一件理會未透，又理會第二件；第二件理會未得，又理會第三件；恁地終身不長進。賀孫。

陶安國問：「千蹊萬徑，皆可適國。」國，恐是譬理之一源處。不知從一事上便可窮得到一源處否？曰：也未解便如此，只要以類而推。理固是一理，然其間曲折甚多，須是把這箇做樣子，却從這裏推去，始得。且如事親，固當盡其事之之道，若得於親時是如何，不得於親時又當如何。以此而推之於事君，則知得於君時是如何，不得於君時又當如何。推以事長，亦是如此。自此推去，莫不皆然。時舉。

德元問：萬物各具一理，而萬理同出

一原。曰：萬物皆有此理，理皆同出一原。但所居之位不同，則其理之用不一。如爲君須仁，爲臣須敬，爲子須孝，爲父須慈。物物各具此理，而物物各異其用，然莫非一理之流行也。聖人所以「窮理盡性而至於命」，凡世間所有之物，莫不窮極其理，所以處置得物物各得其所，無一事一物不得其宜。除是無此物，方無此理；既有此物，聖人無有不盡其理者。所謂「惟至誠贊天地之化育，則可與天地參者也」。僩。

行夫問：萬物各具一理，而萬理同出一源，此所以可推而無不通也。曰：近而一身之中，遠而八荒之外，微而一草一木之衆，莫不各具此理。如此四人在坐，各有這箇道理，某不用假借於公，公不用求於某，仲思與廷秀亦不用自相假借。然雖各自有一箇理，又却同出於一箇理爾。如排數器水相似：這盂也是這樣水，那盂也是這樣水，各各滿足，不待求假於外。然打破放裏，却也只是箇水。此所以可推而無不通也。所以謂格得多後自能貫通者，只爲是一理。釋氏云：「一月普現一切水，一切水月一月攝。」這是那釋氏也窺見得這些道理。濂溪《通書》只是説這一事。道夫。

或問：萬物各具一理，萬理同出一原。曰：一箇一般道理，只是一箇道理。恰如天上下雨：大窩窟便有大窩窟水，小窩窟便有小窩窟水，木上便有木上水，草上便有草上水。隨處各别，只是一般水。胡泳。

又問「物必有理，皆所當窮」。云云。曰：此處是緊切。學者須當知夫天如何而能高，地如何而能厚，鬼神如何而爲幽顯，山岳如何而能融結，這方是格物。道夫。

問：「觀物察己，還因見物反求諸己。」

此説亦是。程子非之，何也？曰：這理是天下公共之理，人人都一般，初無物我之分。不可道我是一般道理，人又是一般道理。將來相比，如赤子入井，皆有怵惕。知得人有此心，便知自家亦有此心，更不消比並自知。寓。

格物、致知，彼我相對而言耳。格物所以致知。於這一物上窮得一分之理，即我之知亦知得一分；於物之理窮二分，即我之知亦知得二分；於物之理窮得愈多，則我之知愈廣。其實只是一理，「才明彼，即曉此」。所以《大學》説「致知在格物」，又不説「欲致其知者在格其物」。蓋致知便在格物中，非格之外別有致處也。又曰：格物之理，所以致我之知。僩。

程子云：「天地之所以高厚，一物之所以然，學者皆當理會。」只是舉其至大與其至細者，言學者之窮理，無一物而在所遺也。至於言「講明經義，論古今人物及應接事物」，則上所言亦在其中矣。但天地高厚，則資次未到這裏，亦未易知爾。端蒙。

問「致知之要當知至善之所在」。云云。曰：天下之理，偪塞滿前，耳之所聞，目之所見，無非物也，若之何而窮之哉，須當察之於心，使此心之理既明，然後於物之所在從而察之，則不至於泛濫矣。道夫。

周問：程子謂「一草一木，皆所當窮」。又謂「恐如大軍遊騎，出太遠而無所歸」。何也？曰：便是此等語説得好，平正，不向一邊去。淳。

問：程子謂「如大軍遊騎無所歸」，莫只是要切己看否？曰：只要從近去。士毅。

且窮實理，令有切己工夫。若只泛窮天下萬物之理，不務切己，即是《遺書》所謂

「遊騎無所歸」矣。德明。

問：格物，莫是天下之事皆當理會，然後方可？曰：不必如此。聖人正怕人如此。聖人云：「吾少也賤，故多能鄙事。」又云：「君子多乎哉？不多也。」又云：「多聞，擇其善者而從之，多見而識之，知之次也。」聖人恐人走作這心無所歸着。故程子云：「如大軍之遊騎，出太遠而無所歸也。」卓。

《或問》格物問得太煩。曰：若只此聯纏説，濟得自家甚事。某最怕人如此。人心是箇神明不測物事，今合是如何理會？這耳目鼻口手足，合是如何安頓？如父子、君臣、夫婦、朋友，合是如何區處？就切近處，且逐旋理會。程先生謂：「一草一木亦皆有理，不可不察。」又曰：「徒欲泛然觀萬物之理，恐如大軍之遊騎，出太遠而無所歸。」又曰：「格物莫若察之於身，其得尤切。」莫急於教人，然且就身上理會。凡纖悉細大，固着逐一理會。然更看自家力量了得底如何。寓。

問：格物雖是格天下萬物之理，天地之高深，鬼神之幽顯，微而至於一草一木之間，物物皆格，然後可也。然而用工之始，伊川所謂「莫若察之吾身者爲急」。不知一身之中，當如何用力，莫亦隨事而致察否？曰：次第亦是如此。但如今且從頭做將去。若初學，又如何便去討天地高深、鬼神幽顯得？且如人説一件事，明日得工夫時，也便去做了。逐一件理會去，久之自然通貫。但除了不是當閑底物事，皆當格也。又曰：物既格，則知自至。履孫。

問：格物莫若察之於身，其得之尤切。曰：前既説當察物理，不可專在性情；此又言莫若得之於身爲尤切，皆是互相發處。道夫。

問「格物窮理，但立誠意以格之」。曰：立誠意，只是樸實下工夫，與經文「誠意」之説不同。道夫。

問「立誠意以格之」。曰：此「誠」字説較淺，未説到深處，只是確定徐録作「堅確」。其志，樸實去做工夫，如胡氏「立志以定其本」，便是此意。淳。○寓同。

李德之問「立誠意以格之」。曰：這箇誠意，只是要着實用力，所以下「立」字。蓋卿。

誠意不立，如何能格物。所謂「立誠意」者，只是要着實下工夫，不要若存若亡。遇一物，須是真箇即此一物究極得箇道理了，方可言格。若「物格而後知至，知至而後意誠」，《大學》蓋言其所止之序，其始則必在於立誠。佐。

問：《中庸》言自明而誠，今先生教人以誠格物，何故？曰：誠只是一箇誠，只争箇緩頓。❶去僞。

問「入道莫如敬，未有致知而不在敬者」。曰：敬則此心惺惺。道夫。

伊川謂「學莫先於致知，未有致知而不在敬者」。致知，是主善而師之也；敬是克一而協之也。伯羽。

敬則心存，心存，則理具於此而得失可驗，故曰：「未有致知而不在敬者。」道夫。

問：程子云：「未有致知而不在敬者。」蓋敬則胸次虛明，然後能格物而判其是非。曰：雖是如此，然亦須格物，不使一豪私欲得以爲之蔽，然後胸次方得虛明。只一箇

❶「頓」，萬曆本作「頰」。

持敬，也易得做病。若只持敬，不時時提撕着，亦易以昏困。須是提撕，才見有私欲底意思來，便屏去。且謹守着，到得復來，又屏去。時時提撕，私意當自去也。德明。

問：春間幸聞格物之論，謂事至物來，便格取一箇是非，覺有下手處。曰：春間説得亦太迫切。只是伊川説得好。問：如何迫切？曰：取效太速，相次易生出病。伊川教人只説敬，敬則便自見得一箇是非。德明。

問：春間所論致知格物，便見得一箇是非，工夫有依據。秋間却以爲太迫切，何也？曰：看來亦有病，侵過了正心、誠意地步多。只是一「敬」字好。伊川只説敬，又所論格物、致知，多是讀書講學，不專如春間所論偏在一邊。今若只理會正心、誠意，池録作「四端情性」。却有局促之病；只説致知、格物，池録作「讀書講學」。一作「博窮衆理」。又却似泛濫。古人語言自是周浹。兼今日學者所謂格物，却無一箇端緒，只似尋物去格。如齊宣王因見牛而發不忍之心，此蓋端緒也，便就此廣充，直到無一物不被其澤，方是。致與格，只是推致窮格到盡處。凡人各有箇見識，不可謂他全不知。如「孩提之童，無不知愛其親；及其長也，無不知敬其兄」，以至善惡是非之際，亦甚分曉。但不推致充廣，故其見識終只如此。須是因此端緒從而窮格之。未見端倪發見之時，且得恭敬涵養；有箇端倪發見，直是窮格去。亦不是鑿空尋事物去格也。又曰：涵養於未發見之先，窮格於已發見之後。德明。

問：格物，敬爲主，如何？曰：敬者，徹上徹下工夫。祖道。

問：格物，《或問》論之已詳。不必分大小先後，但是以敬爲本後，遇在面前底便格否？曰：是。但也須是從近處格將去。義剛。

問：程先生所説，格物之要，在以誠敬爲主。胡氏説致知、格物，又要「立志以定其本」，如何？曰：此程先生説得爲人切處。古人由小便學來，如「視無誑」，如「洒掃、應對、進退」，皆是小年從小學，教他都是誠敬。今人小學都不曾去學，却欲便從大學做去。且如今格一物，若自家不誠不敬，誠，是不欺不妄；敬，是無怠慢放蕩。纔格不到，便棄了，又如何了得。工夫如何成得。又云：程先生云：「主一之謂敬。」此理又深。又説：今人所作所爲，皆緣是不去立志。若志不立，又如何去學，又如何去致知、格物中做得事。立志之説甚好。非止爲讀書説，一切之事皆要立志。椿。

問「涵養須用敬，進學則在致知」。曰：二者偏廢不得。致知須用涵養，涵養必用致知。道夫。

任道弟問：《或問》，涵養又在致知之先？曰：涵養是合下在先。古人從小以敬涵養，父兄漸漸教之讀書、識義理。今若説待涵養了方去理會致知，也無期限。須是兩下用工，也着涵養，也着致知。伊川多説敬，敬則此心不放，事事皆從此做去。因言：此心至靈，細入豪芒纖芥之間，便知便覺，六合之大，莫不在此。又如古初去今是幾千萬年，若此念纔發，便到那裏；下而方來，❶又不知是幾千萬年，若此念纔發，便也到那裏。這箇神明不測，至虛至靈，是甚次

❶「而」，萬曆本作「面」。

第。然人莫不有此心，多是但知有利欲，被利欲將這箇心包了。起居動作，只是有甚可喜物事，有甚可好物事，一念纔動，便是這箇物事。賀孫。○廣録云：或問存養、致知先後。曰：程先生謂：「存養須是敬，進學則在致知。」又曰：「未有致知而不在敬者。」蓋古人才生下兒子，便有存養他底道理。父兄漸漸教他讀書、識義理。今人先欠了此一段，故學者先須存養。然存養便當去窮理。若説道，俟我存養得，却去窮理，則無期矣。因言：人心至靈，雖千萬里之遠，千百世之上，一念纔發，便到那裏。神妙如此，却不去養他，自旦至暮，只管展轉於利欲中，都不知覺。

問竇：看格物之義如何？曰：須先涵養清明，然後能格物。曰：亦不必專執此説。事到面前，須與他分別去。到得無事，又且持敬。看自家這裏敬與不敬如何，若是不敬底意思來，便與屏徹去。久之，私欲自留不得。且要切己做工夫。且如今一坐之頃，便有許多語話，豈不是動。才不語話，便是静。一動一静，循環無已，便就此窮格，無有空闕時，不可作二事看。某向時亦曾説，未有事時且涵養，到得有事却將此去應物，却成兩截事。今只如此格物，便只是一事。且如「言忠信，行篤敬」，只見得言行合如此；下一句「蠻貊之邦行矣」，便未須理會。及其久也，只見得合如此言，合如此行，亦不知其爲忠信篤敬如何，而忠信篤敬自在裏許，方好。德明。○從周録云：先生問：如何理會致知、格物？曰：涵養主一之義，使心地虚明，物來當自知未然之理。曰：恁地則兩截了。

又問「致知在乎所養，養知莫過於寡欲」。道夫云：「養知莫過於寡欲」，此句最爲緊切。曰：便是這話難説，又須是格物方得。若一向靠着寡欲，又不得。道夫。

行夫問「致知在乎所養，養知莫過於寡欲」。曰：二者自是箇兩頭説話，本若無相干。但得其道，則交相爲養；失其道，則交相爲害。道夫。

楊子順問：「養知莫過於寡欲」，是既知後，便如此養否？曰：此不分先後。未知之前，若不養之，此知如何發得。既知之，後若不養，則又差了。淳。○寓同。

「致知在乎所養，養知莫過於寡欲」二句，致知者，推致其知識而至於盡也。將致知者，必先有以養其知。有以養之，則所見益明，所得益固。欲養其知者，惟寡欲而已矣。欲寡則無紛擾之雜，❶而知益明矣；無變遷之患，而得益固矣。直卿。○端蒙。

《遺書·晁氏客語》卷中，張思叔記程先生語云「思欲格物，則固已近道」一段甚好，當收入《近思録》。僩。

問：《暢潛道記》一篇，多有不是處，如説格物數段。如云「思欲格物，則固已近道」，言皆緩慢。曰：它不合作文章，意思亦是，只是走作。又問：如云「可以意得，不可以言傳」，此乃學佛之過。下一段云「因物有遷」數語，似得之。曰：然。先生舉一段云：極好。記夜氣。又問：它把致知爲本，亦未是。曰：他便把終始本末作一事了。可學。

問：看《致知説》如何？曰：程子説得確實平易，讀着意味愈長。先生曰：且是教人有下手處。道夫。

問《大學》致知、格物之方。曰：程子與門人言亦不同：或告之讀書窮理，或告之就事物上體察。炎。

先生既爲道夫讀程子《致知説》，復曰：「格物」一章，正《大學》之頭首，宜熟，

❶「雜」字，原闕，今據萬曆本補。

復將程先生説更逐段研究。大抵程先生説與其門人説，大體不同。不知當時諸公身親聞之，却因甚恁地差了。道夫。

問：兩日看何書？對：看《或問》「致知」一段，猶未了。曰：此是最初下手處，理會得此一章分明，後面便容易。程子於此段節目甚多，❶皆是因人資質説，故有説向外處，有説向内處。要知學者用功，六分内面，四分外面便好，一半已難，若六分外面，則尤不可。今有一等人甚明，且於道理亦分曉，却只恁地者，只是向外做工夫。士毅。○廣録詳。

「致知」一章，此是《大學》最初下手處。若理會得透徹，後面便容易。故程子此處説得節目甚多，皆是因人之資質耳。雖若不同，其實一也。見人之敏者太去理會外事，則教之使去父慈、子孝處理會。曰：「若不務此，而徒欲泛然以觀萬物之理，則吾恐其如大軍之遊騎，出太遠而無所歸。」若是人專只去裏面理會，則教之以「求之情性，固切於身，然一草一木，亦皆有理」。要之，内事、外事，皆是自己合當理會底，但須是六七分去裏面理會，三四分去外面理會方可。若是工夫中半時，已自不可。況在外工夫多，在内工夫少耶。此尤不可也。廣。

或問程子致知、格物之説不同。曰：當時答問，各就其人而言之。今須是合就許多不同處，來看作一意爲佳。且如既言「不必盡窮天下之物」，又云「一草一木亦皆有理」。今若於一草一木上理會，有甚了期。但其間有「積習多後自當脱然有貫通

❶「甚」，萬曆本作「最」。

處」者爲切當耳。今以十事言之，若理會得七八件，則那兩三件觸類可通。若四旁都理會得，則中間所未通者，其道理亦是如此。蓋長短小大，自有準則。如忽然遇一件事來時，必知某事合如此，某事合如彼，則此方來之事亦有可見者矣。聖賢於難處之事，只以數語盡其曲折，後人皆不能易者，以其於此理素明故也。又云：所謂格物者，常人於此理，或能知一二分，即其一二分之所知者推之，直要推到十分，窮得來無去處，方是格物。人傑。

問：伊川説格物、致知許多項，當如何看？曰：説得已自分曉。如初間説知覺及誠敬，固不可不勉。然「天下之理，必先知之而後有以行之」，這許多説不可不格物、致知。中間説物物當格，及反之吾身之説，却是指出格物箇地頭如此。又云：此項兼兩意，又見節次格處。自「立誠意以格之」以下，却是做工夫合如此。又云：用誠敬涵養爲格物致知之本。賀孫。

問：程子謂致知節目如何？曰：如此理會也未可。須存得此心，却逐節子思索，自然有箇覺處，如諺所謂「冷灰裏豆爆」。季札。

問：二程説格物，謂當從物物上格之，窮極物理之謂也。或謂格物不當從外物上留意，特在吾一身之内，是「有物必有則」之謂，如何？曰：外物亦是物。格物當從伊川之説，不可易。洒掃應對中，要見得精義入神處，如何分内外。浩。

先生問：公讀《大學》了，如何是「致知、格物」？説不當意。先生曰：看文字，須看他緊要處。且如大段落，自有箇緊要處，正要人看。如作一篇詩，亦自有箇緊要處。「格物」一章，前面説許多，便是藥料。它自有箇炮爁炙煿道理，這藥方可合，若不識箇炮爁炙煿道理，如何合得藥。藥方亦爲無用。次日稟云：夜來蒙舉藥方爲喻，退而深思，因悟致知、格物之旨。《或問》首叙程夫子之説，中間條陳始末，反覆甚備，末後又舉延平之教。千言萬語，只是欲學者此心常在道理上窮究。若此心不在道理上窮究，則心自心，理自理，邈然更不相干。所謂道理者，即程夫子與先生已説了。試問如何是窮究？先生《或問》中間一段「求之文字，索之講論，考之事爲，察之念慮」等事，皆是也。既是如此窮究，則仁之愛、義之宜、禮之理、智之通，皆在此矣。推而及於身之所用，則聽聰、視明、貌恭、言從。又至於身之所接，則父子之親、君臣之義、夫婦之别、長幼之序、朋友之信，以至天之所以高，地之所以厚，鬼神之所以幽顯，又至草木鳥獸，一事一物，莫不皆有一定之理。今日、明日積累既多，則胸中自然貫通。如此，則心即理，理即心，動容周旋，無不中理矣。先生所謂「衆理之精粗無不到」者，詣其極而無餘之謂也；「吾心之光明照察無不周」者，全體大用無不明，隨所詣而無不盡之謂。《書》之所謂睿，董子之所謂明，伊川之所謂説虎者之真知，皆是。此謂格物，此謂知之至也。先生曰：是如此。泳。

蜚卿問：誠敬寡欲以立其本，如何？曰：但將不誠處看，便見得誠；將不敬處看，便見得敬；將多欲來看，便見得寡欲。道夫。

然則吾子之意亦可得而悉聞一段

問：天道流行，發育萬物，人物之生，莫

不得其所以生者以爲一身之主，是此性隨所生處便在否？曰：一物各具一太極。問：此生之道，其實也是仁義禮智信？曰：只是一箇道理，界破看，以一歲言之，有春夏秋冬；以乾言之，有元亨利貞；以一月言之，有晦朔弦望；以一日言之，有旦晝暮夜。節。

問：《或問》中謂「口鼻耳目四肢之用」，是如何？曰：「貌曰恭，言曰從」，視明，聽聰。又問：「君臣、父子、夫婦、長幼、朋友之常」，如何？曰：事君忠，事親孝。節。

問「由中而外，自近而遠」。曰：某之意，只是説欲致其知者，須先存得此心。此心既存，却看這箇道理是如何。又推之於身，又推之於物，只管一層展開一層，又見得許多道理。又曰：如「足容重，手容恭，目容端，❶口容止，聲容静，頭容直，氣容肅，立容德，色容莊」，這便是一身之則所當然者。曲禮三百，威儀三千，皆是人所合當做而不得不然者，非是聖人安排這物事約束人。如《洪範》亦曰「貌曰恭，言曰從，視曰明，聽曰聰，思曰睿」，以至於「睿作聖」。夫子亦謂「君子有九思」，此皆人之所不可已者。道夫。

問「上帝降衷」。曰：衷，只是中也。又曰：是恰好處。如折衷，是折兩者之半而取中之義。卓。

陶安國問：「降衷」之「衷」與「受中」之「中」，二字義如何？曰：《左氏》云：「始終而衷舉之。」又曰：「衷甲以見。」看此「衷」字義，本是「衷甲以見」之義，爲其在裏而當中也。然「中」字大概因過、不及而立名，如「六藝折衷於夫子」，蓋是折兩頭而取其中

❶「端」，原作「瑞」，今據萬曆本改。

之義。後人以衷爲善，却説得未親切。銖。

德元問：《詩》所謂「秉彝」，《書》所謂「降衷」一段，其名雖異，要之皆是一理。曰：誠是一理，豈可無分別。且如何謂之降衷？曰：衷是善也。曰：若然，何不言降善而言降衷？「衷」字看來只是箇無過不及、恰好底道理。天之生人物，箇箇有一副當恰好、無過不及底道理降與你。與程子所謂天然自有之中、劉子所謂民受天地之中相似；與《詩》所謂秉彝、張子所謂萬物之一原又不同。須各曉其名字訓義之所以異，方見其所謂同。一云：若説降衷便是秉彝，則不可。若説便是萬物一原，則又不可。萬物一原，自説萬物皆出此也。若統論道理，固是一般，聖賢何故説許多名字？衷，只是中。今人言折衷去聲。者，以中爲準則而取正也。「天生烝民，有物有則」，「則」字却似「衷」字。天之生此物，必有箇當然之則，故民執之以爲常道，所以無不好此懿德。物物有則，蓋君有君之則，臣有臣之則。「爲人君，止於仁」，君之則也；「爲人臣，止於敬」，臣之則也。如耳有耳之則，目有目之則。「視遠惟明」，目之則也；「聽德惟聰」，耳之則也。「從作乂」，言之則也；「恭作肅」，貌之則也。四肢百骸，萬物萬事，莫不各有當然之則，子細推之，皆可見。又曰：凡看道理，須是細心看他名義分位之不同。通天下固同此一理，然聖賢所説有許多般樣，須是一一通曉分別得出，始得。若只儱侗説了，盡不見他裏面好處。如一爐火，四人四面同向此火，火固只一般，然四面各不同。若説我只認曉得這是一堆火便了，這便不得，他裏面玲瓏好處無由見。如「降衷于下民」，這緊要字却在「降」字上。故自天而言，則謂之降衷；自人受此衷而言，則謂之性。如云「天所賦爲命，物所受爲性」，命，便是那「降」字；至物所受，則謂之性，而不謂之衷。所以不同，緣各據他來處與所受處而言也。「惟皇上帝降衷于下民」，此據天之所與物者而言。「若有常性」，是據民之所受者而言。「克綏厥猷」，猷即道。道者，性之發用處，能安其道者惟后也。如「天命之謂性，率性之謂道，脩道之謂教」三句，亦是如此。古人説得道理如此縝密，處處皆合。今人心粗，如何看得出。佛氏云：「如來爲一大事因緣，故出現於世。」某嘗説，古之諸聖人亦是爲此一大事也。前聖後聖，心心一符，如印記相合，無纖豪不似處。劉用之曰：「衷」字是兼心説，如云衷誠、丹衷是也，言天與我以是心也。曰：恁地説不得。心、性固只一理，然自有合而言處，又有析而言處。須知其所以析，又知其所以合，乃可。然謂性便是心，則不可；謂心便是性，亦不可。孟子曰「盡其心，知其性」；又曰「存其心，養其性」。聖賢説話自有分別，何嘗如此儱侗不分曉。固有儱侗一統説時，然名義各自不同。心、性之別，如以碗盛水，水須碗乃能盛，然謂碗便是水，則不可。後來横渠説得極精，云「心統性、情者也」。如「降衷」之「衷」，同是此理。然此字但可施於天之所降而言，不可施於人之所受而言也。僩。池録作二段。

天降衷者，衷降此。以降言，爲命；以受言，爲性。節。

陳問：劉子所謂天地之中，即周子所謂太極否？曰：只一般，但名不同。中，只是恰好處。上帝降衷，亦是恰好處。極不是中，極之爲物，只是在中。如這燭臺，中央簪處便是極。從這裏比到那裏，也恰好，不曾加些；從那裏比到這裏，也恰好，不曾減些。寓。

問：天地之中與程子天然自有之中，是一意否？曰：只是一意，蓋指大本之中也。此處《中庸》説得甚分明，他日自考之。銖。

問：天地之中，天然自有之中，同否？曰：天地之中，是未發之中；天然自有之中，是時中。曰：然則天地之中是指道體，天然自有之中是指事物之理？曰：然。祖道。

問：以其理之一，故於物無不能知；以其稟之異，故於理或不能知。曰：氣稟之偏者，自不求所以知。若或有這心要求，便即在這裏。緣本來箇仁義禮智，人人同有，只被氣稟物欲遮了。然這箇理未嘗亡，才求便得。又曰：這箇便是難説。喚做難，又不得；喚做易，又不得。喚做易時，如何自堯、舜、禹、湯、文、武、周、孔以後，如何更無一箇人與相似？喚做難，又才知覺，這箇理又便在這裏。這箇便須是要子細講究，須端的知得，做將去自容易。若不知得，雖然恁地把捉在這裏，今夜捉住，明朝又不見了；明朝捉住，後日又不見了。若知得到，許多蔽翳都没了。如氣稟物欲一齊打破，便日日朝朝，只恁地穩穩做到聖人地位。賀孫。

問：《或問》中云，知有未至，是氣稟、私欲所累。曰：是被這兩箇阻障了，所以知識不明，見得道理不分曉。聖人所以將格物、致知教學者，只是要教你理會得這箇道理，便不錯。一事上皆有一箇理。當處事時，便思量體認得分明。久而思得熟，只見理而不見事了。如讀聖人言語，讀時研窮子細，認得這言語中有一箇道理在裏面分明，久而思得熟，只見理而不見聖人言語。不然，只是冥行，都顛倒錯亂了。且如漢高帝做事，亦有合理處，如寬仁大度、約法三章，豈不是合理處甚多。有功諸將，嫚駡待他，都無禮數，所以今日一人叛，明日一人叛，以至以愛惡易太子。如此全錯，更無些子道理，前後恰似兩人，此只是不曾真箇見得道理合如此做。中理底，是他天資高明，偶然合得；不中理處多，亦無足怪。只此一端，推了古今青史人物，都只是如此。所以聖人教學者理會道理，要他真箇見得了，方能做得件件合道理。今日格一件，明日格一件。遇事時，捉把教心定，子細體認，逐旋睚將去，不要放過。積累功夫，日久自然見這道理分曉，便處事不錯，此與偶合者天淵不同。問「去私欲、氣稟之累」。曰：只得逐旋戰退去。若要合下便做一次排遣，無此理，亦不濟得事。須是當事時子細思量，認得道理分明，自然勝得他。次第這邊分明了，那邊自然容着他不得。如今只窮理爲上。又問：客氣暴怒，害事爲多，不知是物欲耶，氣稟耶？曰：氣稟、物欲亦自相連着。且如人稟得性急，於事上所欲必急，舉此一端，可以類推。又曰：氣稟、物欲生來便有，要無不得，只逐旋自去理會消磨。大要只是觀得理分明，便勝得他。明作。

問：「或考之事爲之著，或察之念慮之微。」看來關於事爲者，不外乎念慮；而入於念慮者，往往皆是事爲。此分爲二項，意如何？曰：固是都相關，然也有做在外底，也有念慮方動底。念慮方動，便須辨別那箇是正，那箇是不正。這只就始末上大約如此説。問：只就著與微上看？曰：有箇顯，有箇微。問：所藉以爲從事之實者，初不外乎人生日用之近；其所以爲精微要妙不可測度者，則在乎真積力久，默識心通之中。是乃夫子所謂「下學而上達」者。曰：只是眼前切近起居、飲食、君臣、父子、兄弟、夫婦、朋友處，便是這道理。只就近處行到熟處，見得自高。有人説，只且據眼前這近處行，便是了，這便成苟簡卑下。又有人説掉了這箇，上面自有一箇道理，亦不是，下梢只是謾人。聖人便只説「下學上達」，即這箇便是道理，別更那有道理。只是這箇熟處，自見精微。又曰：「堯、舜之道，孝弟而已矣。」亦只是就近處做得熟，便是堯、舜。聖人與庸凡之分，只是箇熟與不熟。庖丁解牛，莫不中節。古之善書者亦造神妙。賀孫。

問：《或問》云：「天地鬼神之變，鳥獸草木之宜，莫不有以見其所當然而不容已。」所謂「不容已」，是如何？曰：春生了便秋殺，他住不得。陰極了，陽便生。如人在背後，只管來相趲，如何住得。淳。○寓録云：春生秋殺，陽開陰閉，趲來趲去，自住不得。

或問：理之不容已者如何？曰：理之所當爲者，自不容已。孟子最發明此處。如曰：「孩提之童，無不知愛其親；及其長也，無不知敬其兄。」自是有住不得處。人傑。

今人未嘗看見「當然而不容已」者，只是就上較量一箇好惡爾。如真見得這底是我合當爲，則自有所不可已者矣。如爲臣而必忠，非是謾説如此，蓋爲臣不可以不忠；爲子而必孝，亦非是謾説如此，蓋爲子不可以不孝也。道夫。

問：《或問》，物有當然之則，亦必有所以然之故，如何？曰：如事親當孝、事兄當弟之類，便是當然之則。然事親如何却須要孝，從兄如何却須要弟，此即所以然之故。如程子云「天所以高，地所以厚」。若只言天之高，地之厚，則不是論其所以然矣。謨。

《或問》：「莫不有以見其所當然而不容已，與其所以然而不可易者。」先生問：每常如何看？廣曰：「所以然而不可易」者，是指理而言；「所當然而不容已」者，是指人心而言。曰：下句只是指事而言，凡事固有「所當然而不容已」者，然又當求其所以然者，何故？其所以然者，理也。理如此，故不可易。❶又如人見赤子入井，皆有怵惕、惻隱之心，此其事「所當然而不容已」者也。然其所以如此者，何故？必有箇道理之不可易者。今之學者但止見一邊。如去見人，只見得他冠冕衣裳，却元不曾識得那人。且如爲忠、爲孝、爲仁、爲義，但只據眼前理會得箇皮膚便休，都不曾理會得那徹心徹髓處。以至於天地間造化，固是陽長則生，陰消則死，然其所以然者是如何？又如天下萬事，一事各有一理，須是一一理會教徹。不成只説道：「天，吾知其高而已；地，吾知其深而已；萬物萬事，吾知其爲萬物萬事而已。」明道詩云：「道通天地有形外，思入風雲變態中。」觀他此語，須知有極至之理，非册子上所能載者。廣曰大至於陰陽造化，皆是「所當然而不容已」者。所謂太極，則是「所以然而不可易」者。曰：固是。人須是自向裏入深去理

❶「故」，萬曆本作「固」。

會。此箇道理才理會到深處，又易得似禪。須是理會到深處，又却不與禪相似，方是。今之不爲禪學者，只是未曾到那深處，才到那深處，定走入禪去也。譬如人在淮河上立，不知不覺走入番界去定也。只如程門高第游氏，則分明是投番了。雖上蔡、龜山也只在淮河上游游漾漾，終看他未破；時時去他那下探頭探腦，心下也須疑它那下有箇好處在。大凡爲學，須是四方八面都理會教通曉，仍更理會向裏來。譬如喫菓子一般，先去其皮殼，然後食其肉，又更和那中間核子都咬破，始得。若不咬破，又恐裏頭別更有滋味在。❶若是不去其皮殼，固不可；若只去其皮殼了，不管裏面核子，亦不可，恁地則無緣到得極至處。《大學》之道，所以在致知、格物。格物，謂於事物之理各極其至，窮到盡頭。若是裏面核子未破，便是未極其至也。如今人於外面天地造化之理都理會得，而中間核子未破，則所理會得者亦未必皆是，終有未極其至處。因舉五峰之言，曰："「身親格之以精其知」，雖於「致」字得向裏之意，然却恐遺了外面許多事。如某，便不敢如此說。須是內外本末，隱顯精粗，一一周遍，方是儒者之學。廣。

問："「格物」章《或問》中如何說表裏精粗？"曰："窮理須窮究得盡。得其皮膚，是表也；見得深奧，是裏也。知其粗不曉其精，皆不可謂之格。故云「表裏精粗，無所不盡」。過。

問「以類而推」之說。曰："是從已理會得處推將去。如此，便不隔越。若遠去尋

❶「更有」，萬曆本作「有多」。

討，則不切於己。格物。○必大。

問：《或問》云：「心雖主乎一身，而其體之虛靈，足以管乎天下之理；理雖散在萬物，而其用之微妙，實不外乎一人之心。」不知用是心之用否？曰：理必有用，何必又説是心之用。夫心之體具乎是理，而理則無所不該，而無一物不在，然其用，實不外乎人心。蓋理雖在物，而用實在心也。又云：理遍在天地萬物之間，而心則管之；心既管之，則其用實不外乎此心矣。然則理之體在物，而其用在心也。次早，先生云：此是以身爲主，以物爲客，故如此説。要之，理在物與在吾身，只一般。燾。

《或問》云：「萬物生於天地之間，不能一日而相無，而亦不可相無也。」如何？曰：萬物生於天地，人如何少得它，亦如何使它無得？意只是如此。舊去。❶

近世大儒有爲格物致知之説一段

《或問》中近世大儒格物致知之説曰：「格，猶扞也，禦也，能扞禦外物，而後能知至道。」温公。「必窮物之理同出於一爲格物。」吕與叔。窮理只是尋箇是處。」上蔡。「天下之物不可勝窮，然皆備於我而非從外得。」龜山。「『今日格一件，明日格一件』，爲非程子之言。」和靖。「物物致察，宛轉歸己。」胡文定。「即事即物，不厭不棄，而身親格之。」五峰。

吕與叔謂：「凡物皆出於一，又格箇甚麽？」固是出於一，只緣散了，千岐萬徑。今日窮理，所以要收拾歸於一。泳。

❶「去」，萬曆本作「夫」。

呂與叔説許多一了，理自無可得窮，説甚格物。泳。

「窮理是尋箇是處，然必以恕爲本。」但恕乃求仁之方。試看窮理如何着得「恕」字？窮理蓋是合下工夫，恕則在窮理之後。胡文定載顯道語云：「恕則窮理之要。」某理會，安頓此語不得。賀孫。

上蔡説：「窮理只尋箇是處，以恕爲本。」窮理自是我不曉這道理，所以要窮，如何説得「恕」字？他當初説「恕」字，大概只是説要推我之心以窮理，便礙理了。龜山説「反身而誠」，却大段好。須是反身，乃見得道理分明。如孝，如弟，須見得孝、弟，我元有在這裏。若能反身，争多少事。他又却説「萬物皆備於我，不須外面求」，此却錯了。「身親格之」，説得「親」字急迫。格，自是自家格，不成倩人格？賜。

以「今日格一件，明日格一件」爲非伊川之言者，和靖也。和靖且是深信程子者。想是此等説話不曾聞得，或是其心不以爲然，故於此説有所不領會耳。謝子「尋箇是處」之説甚好，與呂與叔「必窮萬物之理同出於一，爲格物；知萬物同出乎一理，爲知至」，其所見大段不同。但「尋箇是處」者，須是於其一二分是處，直窮到十分是處，方可。人傑。

張元德問以「今日格一件，明日格一件」爲非程子之言者。曰：此和靖之説也。大抵和靖爲人淳，故他不聽得而出於衆人之録者，皆以爲非伊川之言。且如伊川論《春秋》之「傳爲案，經爲斷」，它亦以爲伊川無此言。且以此兩句即「以傳考經之事迹，以經別傳之真僞」之意，非伊川之言而何。恪。

「今日格一件，明日格一件」，乃楊遵道所録，不應龜山不知。泳。

龜山說：「只『反身而誠』，便天地萬物之理在我。」胡文定却言：「物物致察，宛轉歸己。見雲雷，知經綸；見山下出泉，知果行之類。」惟伊川言「不可只窮一理，亦不能遍窮天下萬物之理」。某謂，須有先後緩急，久之亦要窮盡。如《正蒙》，是盡窮萬物之理。德明。

胡文定「宛轉歸己」之說，這是隔陌多少。記得一僧徒作一文，有此一語。泳。

問：觀物察己，其說如何？曰：其意謂「察天行以自强，察地勢以厚德」。如此只是一死法。子蒙。

問：物物致察與物物而格何別？曰：文定所謂「物物致察」，只求之於外。如所謂「察天行以自强，察地勢以厚德」，只因其物之如是而求之耳。初不知天如何而健，地如何而順也。道夫曰：所謂「宛轉歸己」，此等言語似失之巧。曰：若宛轉之說，則是理本非己有，乃强委曲牽合，使入來爾。許多說，只有上蔡所謂「窮理只是尋箇是處」爲得之。道夫曰：龜山「反身而誠」之說，只是摸空說了。曰：都無一箇着實處。道夫曰：却似甚快。曰：若果如此，則聖賢都易做了。又問：他既如此說，其下工夫時亦須有箇窒礙。曰：也無做處。如龜山於天下事極明得，如言治道與官府政事，至纖至細處，亦曉得。到這裏却恁說，次第他把來做兩截看了。道夫。

《知言》要「身親格之」。天下萬事，如何盡得。龜山「反身而誠」，則萬物在我矣。太快。伊川云：「非是一理上窮得，亦非是盡要窮。窮之久，當有覺處。」此乃是。○方。

格物以身，伊川有此一説。然大都説非一。五峰既出於一偏而守之，亦必有一切之效，然不曾熟看伊川之意也。方。

五峰説「立志以定其本，居敬以持其志。志立乎事物之表，敬行乎事物之内，而知乃可精」者，這段語本説得極精。然却有病者，只説得向裏來，不曾説得外面，所以語意頗傷急迫。蓋致知本是廣大，須用説得表裏内外周遍兼該方得。其曰「志立乎事物之表，敬行乎事物之内」，此語極好。而曰「而知乃可精」，便有局蹙氣象。❶他便要就這裏便精其知。殊不知致知之道不如此急迫，須是寬其程限，大其度量，久久自然通貫。他言語只説得裏面一邊極精，遺了外面一邊，所以其規模之大不如程子。且看程子所説：「今日格一件，明日格一件，積久自然貫通。」此言該内外，寬緩不迫，有涵泳從容之意，所謂「語小天下莫能破，語大天下莫能載」也。僩。

黄問「立志以定其本，居敬以持其志」。曰：人之爲事，必先立志以爲本，志不立則不能爲得事。雖能立志，苟不能居敬以持之，此心亦泛然而無主，悠悠終日，亦只是虚言。立志必須高出事物之表，而居敬則常存於事物之中，令此敬與事物皆不相違。言也須敬，動也須敬，坐也須敬，頃刻去他不得。卓。

問：「立志以定其本」，莫是言學便以道爲志，言人便以聖爲志之意否？曰：固是。但凡事須當立志，不可謂今日做些子，明日便休。又問「敬行乎事物之内」。曰：這箇便是細密處，事事要這些子在。「志立

❶「蹙」，萬曆本作「促」。

乎事物之表」，立志便要卓然在這事物之上。看是甚麽，都不能奪得他，又不恁地細細碎碎，這便是「志立乎事物之表」。所以今江西諸公多説甚大志，開口便要説聖説賢，説天説地，傲睨萬物，目視霄漢，更不肯下人。問：如此，則「居敬以持其志」都無了。曰：豈復有此。據他纔説甚敬，便壞了那箇。又曰：五峰説得這數句甚好，但只不是正格物時工夫，却是格物已前事。而今却須恁地。道夫。

伊川只云：「漸漸格去，積累多自有貫通處。」説得常寬。五峰之説雖多，然似乎責效太速，所以傳言其急迫。璘。

問：先生舊解致知，欲人明心之全體。新改本却削去，只説理，何也？曰：理即是此心之理，檢束此心，使無紛擾之病，即此理存也。苟惟不然，豈得爲理哉！問：先生説格物，引五峰《復齋記》曰「格之之道，必立志以定其本，居敬以持其志」云云，以爲不免有急迫意思，何也？曰：五峰只説立志居敬，至於格物，却不説。其言語自是深險，而無顯然明白氣象，非急迫而何？問：思量義理，易得有苦切意思，如何？曰：古人格物、致知，何曾教人如此。若看得滋味，自是歡喜，要住不得。若只以狹心求之，易得如此。若能高立着心，不牽惹世俗一般滋味，以此去看義理，但見有好意思了。問：所謂「一草一木亦皆有理」，不知當如何格？曰：此推而言之，雖一草木亦有理存焉。一草一木，豈不可以格。如麻、麥、稻、粱，甚時種，甚時收，地之肥，地之磽，厚薄不同，此宜植某物，亦皆有理。問：致知自粗而推至於精，自近而推至於遠。不知所推之事，如世間甚事？曰：自

「無穿窬之心」推之，至於「以不言餂」之類；自「無欲害人之心」推之，舉天下皆在所愛。至如一飯以奉親，至於保四海、通神明，皆此心也。寓。

先生問：《大學》看得如何？曰：大綱只是明明德，而着力在格物上。曰：着力處大段在這裏，更熟看，要見血脉相貫穿。程子格物幾處，更子細玩味，他說更不可易。某當初亦未曉得。如呂，如謝，如楊、尹諸公說，都見好。後來都段段録出，排在那裏，句句將來比對，逐字秤停過，方見得程子說攧撲不破。諸公說，挨着便成粉碎了。問：胡氏說，何謂太迫？曰：說得來局蹙，不恁地寬舒，如將繩索絣在這裏一般，也只看道理未熟。如程子說，便寬舒。他說「立志以定其本」，是始者立箇根基。「居敬以持其志，志立乎事物之表，敬行乎事物之內，而知乃可精」。知未到精處，方是可精，此是說格物以前底事。後面所說，又是格物以後底事。中間正好用工曲折處，都不曾說，便是局蹙了。寓。

格物須是到處求。「博學之，審問之，謹思之，明辨之」，皆格物之謂也。若只求諸己，亦恐見有錯處，不可執一。伊川說得甚詳：或讀書，或處事，或看古人行事，或求諸己，或即人事。復曰：「於人事上推測，自有至當處。」如楊、謝、游、尹諸公，非不見伊川，畢竟說得不曾透，不知如何。今人多說傳聞不如親見。看得如此時，又却傳聞未必不如親見。蓋當時一問一對，只說得一件話。而今却鬬合平日對問講論作一處，所以分明好看。浩。

這箇道理，自孔、孟既没，便無人理會得。只有韓文公曾說來，又只說到正心、誠意，而遺了格物、致知。及至程子，始推廣其説，工夫精密，無復遺慮。然程子既没，諸門人説得便差，都説從别處去，與致知、格物都不相干，是不曾精曉得程子之説耳。❶只有五峰説得精，其病猶如此。亦緣當時諸公所聞於程子者語意不全，或只聞一時之語，或只聞得一邊，所以其説多差。後來却是集諸家語録，湊起衆説，此段工夫方始渾全。則當時門人親炙者未爲全幸，生于先生之後者未爲不幸。蓋得見諸家記録全書，得以詳考，所以其法畢備。又曰：格物、致知，其次上蔡説得稍好。僩。

諸公致知、格物之説，皆失了伊川意，此正是入門款。於此既差，則他可知矣。營。

問：延平謂：「爲學之初，且當常存此心，勿爲他事所勝。凡遇一事，即當且就此事反復推尋以究其極。待此一事融釋脱落，然後别窮一事，久之自當有洒然處。」與伊川「今日格一件，明日格一件」之語不同，如何？曰：這話不如伊川説「今日、明日」恁地急。卓録但云：伊川説得較快。這説是教人若遇一事，即且就上理會教爛熟離析，不待擘開，自然分解。久之自當有洒然處，自是見得快活。某常説道，天下事無他，只是箇熟與不熟。若只一時恁地約摸得，都不與自家相干，久後皆忘却。只如借得人家事一般，少間被人取將去，又濟自家甚事。賀孫。卓同。

李堯卿問：延平言窮理工夫，先生以爲不若伊川規模之大，條理之密。莫是延平教人窮此一事，必待其融釋脱落，然後别

❶「是」，萬曆本作「只」。

窮一事；設若此事未窮，遂爲此事所拘，不若程子「若窮此事未得，且別窮」之言爲大否？曰：程子之言誠善。窮一事未透，又便別窮一事，亦不得。彼謂有甚不通者，不得已而如此耳。不可便執此說，容易改換，却致工夫不專一也。壯祖。

廷老問：李先生以爲爲學之初，凡遇一事，當且就此事反復推尋以究其理。此說如何？曰：爲學之初，只得如此。且如楊之爲我，墨之兼愛，顔子居陋巷，禹、稷之三過其門而不入。禹、稷則似乎墨氏之兼愛；顔子當天下如此壞亂時節，却自簞瓢陋巷，則似乎楊氏之爲我。然也須知道聖賢也有處與他相似，其實却不如此，中間有多少商量。舉此一端，即便可見。道夫。

傳六章

因說自欺、欺人，曰：欺人亦是自欺，此又是自欺之甚者。便教盡大地只有自家一人，❶也只是自欺，如此者多矣。到得那欺人時，大故郎當。❷若論自欺細處，且如爲善，自家也知得是合當爲，也勉强去做，只是心裏又有些便不消如此做也不妨底意思；如不爲不善，心裏也知得不當爲而不爲，雖是不爲，然心中也又有些便爲也不妨底意思。此便是自欺，便是好善不如「好好色」，惡惡不如「惡惡臭」。便做九分九釐九豪要爲善，只那一豪不要爲底，便是

❶「大」，朝鮮本作「天」。
❷「郎」，萬曆本作「即」。

自欺，便是意不實矣。《或問》中說得極分曉。僩。

問：《或問》「誠意」章末，舊引程子自慊之說，今何除之？曰：此言說得亦過。淳。

先之問：「誠意」章《或問》云：「孟子所論浩然之氣，其原蓋出於此。」何也？曰：人只是慊快充足，仰不愧，俯不怍，則其氣自直，便自日長，以至于充塞天地。雖是刀鋸在前，鼎鑊在後，也不怕。賀孫。

傳七章

陳問：《或問》云：「此心之體，寂然不動，如鏡之空，如衡之平，何不得其正之有。」此是言其體之正。又：「心之應物，皆出於至公，而無不正矣。」此又是言其用之正。所謂心正者，是兼體、用言之否？曰：不可。只道體正，應物未必便正。❶此心之體，如衡之平。所謂正，又在那下。衡平在這裏，隨物而應，無不正。又云：「如衡之平」下，少幾箇字：「感物而發無不正。」寓。

問：正心必先誠意。而《或問》有云：「必先持志、守氣以正其心。」何也？曰：此只是就心上說。思慮不放肆，便是持志；動作不放肆，便是守氣。守氣是「無暴其氣」，只是不放肆。寓。

鍾唐傑問：《或問》云：「意既誠矣，而心猶有動焉，然後可以責其不正而復乎正。」意之既誠，何爲心猶有動？曰：意雖已誠，而此心持守之不固，是以有動。到這

❶「正」上，朝鮮本有「不」字。

裏，猶自三分是小人，正要做工夫。且意未誠時，譬猶人之犯私罪也；意既誠而心猶動，譬猶人之犯公罪也，亦甚有問矣。蓋卿。

《或問》「意既誠矣，而心猶有動焉，然後可以責其不正而復乎正」，是如何？曰：若是意未誠時，只是一箇虛僞無實之人，更問甚心之正與不正。唯是意已誠實，然後方可見得忿懥、恐懼、好樂、憂患有偏重處，即便隨而正之也。廣。

問「意既誠矣」一段。曰：不誠是虛僞無實之人，更理會甚正。正如水渾，分甚清濁？不虛僞無實，是箇好人了，這裏方擇得正不正做事。如水清了，只是微動。故忿懥四者，已是好人底事。事至不免爲氣動，則不免差了。因舉《左氏傳》云：「正曲爲直，正直爲正。」曲是體段不直，既爲整直，只消安排教端正，故云正直。士毅。○過録云：先生因子洪問意誠矣，而心猶有動之意，而曰：如「正直爲正，正曲爲直」兩句，「正曲爲直」，如出成界方，已直矣；「正直爲正」，則如安頓界方，得是當處。

傳九章

問：赤子之心是已發。《大學或問》云「人之初生，固純一而未發」，何也？曰：赤子之心雖是已發，然也有未發時。如飢便啼，渴便叫，恁地而已，不似大人恁地勞攘。赤子之心亦涵兩頭意。程子向來只指一邊言之。寓。

問：仁讓言家，貪戾言人，《或問》以爲「善必積而後成，惡雖小而可懼」，發明此意，深足以警人當爲善而去惡矣。然所引《書》云：「德罔小，不德罔大。」則疑下一句正合本文，而上一句不或反乎？曰：「爾惟德罔小」，正言其不可小也，則庶乎「萬邦惟慶」。正與《大學》相合。壯祖。

或問：先吏部說：「有諸己而後求諸人，無諸己而後非諸人。」曰：這是說尋常人，若自家有諸己，又何必求諸人；無諸己，又何必非諸人。如孔子說「躬自厚而薄責於人」，「攻其惡，毋攻人之惡」。至於《大學》之說，是有天下國家者，勢不可以不責他。然又須自家有諸己，然後可以求人之善；無諸己，然後可以非人之惡。賀孫。

范公「恕己之心恕人」這一句自好。只是聖賢說恕，❶不曾如是倒說了。不若横渠說「以責人之心責己，愛己之心愛人」，則是見他人不善，我亦當無是不善；我有是善，亦要他人有是善。推此計度之心，此乃恕也。於己，不當下「恕」字。泳。

范公「以恕己之心恕人」，此句未善。若曰「以愛己之心愛人」，方無病。蓋恕是箇推出去底，今收入來做恕己，便成忽略了。道夫。

蜚卿問：《大學或問》，近世名卿謂「以恕己之心恕人」，是不忠之恕，如何？曰：這便是自家本領不正。古人便先自本領上正了，却從此推出去。如「己欲立」也不是阿附得立，到得立人處，便也不要由阿附而立；「己欲達」，也不是邪枉得達，到得達人處，便也不要由邪枉而達。今人却是自家先自不正當了，阿附權勢，討得些官職富貴去做了，便見別人阿附討得富貴底，便欲以所以恕己者而恕之。却不知「恕」之一字，只可說出去，不可說入來；只可以接物，不可以處己。蓋自家身上元着不得箇「恕」

❶「賢」，萬曆本作「人」。

字，只「恕己」兩字便不是了。問：今人言情恕，恕以待人，是否？曰：似如此說處，也未見他邪正之所在。若說道自家不合去穿窬，切望情恕，這却着不得。若說道偶忙不及寫書，切望情恕，這却無害，蓋自家有忙底時節。榦。

問：《大學或問》以近世名卿「恕」字之說爲不然矣，而復録其語於《小學》者，何也？曰：《小學》所取寬。若欲脩潤其語，當曰「以愛己之心愛人」，可也。必大。

傳十章

問：《或問》以所占之地言之，則隨所在如此否？曰：上下也如此，前後也如此，左右也如此。古人小處亦可見，如「並坐不橫肱」，恐妨礙左邊人，又妨礙右邊人。如此，則左右俱不相妨，此便是以左之心交於右，以右之心交於左。如「户開亦開，户闔亦闔，有後入者，闔而勿遂」。前人之開，所以待後之來，自家亦當依他恁地開；前人之闔，恐後人有妨所議，自家亦當依他恁地闔，此是不以後來而變乎前之意。如後面更有人來，則吾不當盡闔了門，此又是不以先入而拒乎後之意。如此，則前後處得都好，便是以前之心先於後，以後之心從於前。問：凡事事物物皆要如此否？曰：是。如我事親，便也要使人皆得事親；我敬長慈幼，便也要使人皆得敬長慈幼。此章上面說：「上老老而民興孝，上長長而民興弟，上恤孤而民不倍。」是民之感化如此，可見天下人人心都一般。君子既知人都有此心，所以有絜矩之道，要人人都得盡其心。若我之事其親，備四海九州之美味，却使民之父母凍餓，藜藿糟糠不給；我之敬長慈幼，却使天下之人兄弟妻子離散，便不是絜矩。《中庸》一段所求乎子之事我如此，而我之事父却未能如此；所求乎臣之事我如此，而我之事君却未能如此；及所求乎弟，所求乎朋友，亦是此意。上下、左右、前後及中央做七箇人看，便自分曉。淳。〇寓同。

朱子語類卷第十九計十五板

論語一

語孟綱領

《語》、《孟》工夫少，得效多；六經工夫多，得效少。大雅。○以下六經四子。

《語》、《孟》用三二年工夫看，亦須兼看《大學》及《書》、《詩》，所謂「興於詩」。諸經諸史，大抵皆不可不讀。德明。

某《論語集注》已改，公讀令《大學》十分熟了，却取去看。《論語》、《孟子》都是《大學》中肉菜，先後淺深，參差互見。若不把《大學》做箇匡綱了，卒亦未易看得。賀孫。

或云：《論語》不如《中庸》。曰：只是一理，若看得透，方知無異。《論語》是每日零碎問，譬如大海也是水，一勺也是水。所說千言萬語，皆是一理。須是透得，則推之其它，道理皆通。又曰：聖賢所說只一般，只是一箇「擇善固執之」。《論語》則說「學而時習之」，《孟子》則說「明善誠身」，下得字各自精細，真實工夫只一般。須是知其所以不同，方知其所謂同也。而今須是窮究得一物事透徹方知。如入箇門，方知門裏房舍間架。若不親入其門户，在外遥望，說我皆知得，則門裏事如何知得？僩。

《論語》只說仁，《中庸》只說智。聖人拈起來底便說，不可以例求。泳。

《論語》易曉，《孟子》有難曉處。《語》、《孟》、《中庸》、《大學》是熟飯，看其它經，是打禾爲飯。節。

古書多至後面便不分曉。《語》、《孟》亦然。節。

夫子教人，零零星星，説來説去，合來合去，合成一箇大物事。節。○以下孔、孟教人。

且如孔門教人，亦自有等。聖人教人，何不都教他做顔、曾底事業？而子貢、子路之徒所以止於子貢、子路者，是其才止於此。且如「克己復禮」，雖止是教顔子如此説，然所以教他人，亦未嘗不是「克己復禮」底道理。卓。

孔門教人甚寬，今日理會些子，明日又理會些子，久則自貫通。如耕荒田，今日耕些子，明日又耕些子，久則自周匝。雖有不到處，亦不出這理。節。

問：孔子教人就事上做工夫，孟子教人就心上做工夫，何故不同？曰：聖賢教人，立箇門户，各自不同。節。

孟子教人多言理義大體，孔子則就切實做工夫處教人。端蒙。

孔子教人只從中間起，使人便做功夫去，久則自能知向上底道理，所謂「下學上達」也。孟子始終都舉先要人識心性着落，却下功夫做去。端蒙。

《論語》不説心，只説實事。節録作「只就事實上説」。《孟子》説心，後來遂有求心之病。方子。

孟子所謂集義，只是一箇「是」字；孔子所謂「思無邪」，只是一箇「正」字。不是便非，不正便邪。聖賢教人，只是求箇是底道理。夔孫。

孔子教人極直截，孟子較費力。孟子必要充廣。孔子教人，合下便有下手處。

問：孔子何故不令人充廣？曰：「居處恭，

執事敬」，非充廣而何？節。

孔子教人，只言「居處恭，執事敬，與人忠」，含畜得意思在其中，使人自求之。到孟子，便指出了「性善」，早不似聖人了。祖道。

孔子只說「忠信篤敬」，孟子便發出「性善」，直是漏洩。德明。

孟子言存心養性，便說得虛。至孔子教人「居處恭，執事敬，與人忠」等語，則就實行處做功夫。如此，則存心養性自在。端蒙。

孔子之言，多且是泛說做工夫。如「居處恭，執事敬」、「言忠信，行篤敬」之類，未說此是要理會甚麽物，待學者自做得工夫透徹，却就其中見得體段是如此。至孟子，則恐人不理會得，又趲進一着說，如惻隱之心與學問之道求放心之類，說得漸漸親切。今人將孔、孟之言都只恁地草率看過了。雉。

問：《論語》一書未嘗說一「心」字。至孟子，只管拈「人心」字說來說去，曰「推是心」，曰「求放心」，曰「盡心」，曰「赤子之心」，曰「存心」。莫是孔門學者自知理會箇心，故不待聖人苦口；到孟子時，世變既遠，人才漸漸不如古，故孟子極力與言，要他從箇本原處理會否？曰：孔門雖不曾說心，然答弟子問仁處，非理會心而何？仁即心也，但當時不說箇「心」字耳。此處當自思之，亦未是大疑處。枅。

蜚卿問：《論語》之言，無所不包，而其所以示人者，莫非操存涵養之要。《七篇》之指，無所不究，而其所以示人者，類多體驗充廣之端。曰：孔子體面大，不用恁地說，道理自在裏面。孟子多是就發見處盡説與人，終不似夫子立得根本住。所以程子謂「其才高，學之無可依據」。要之，夫子所説包得孟子，孟子所言却出不得聖人疆域。且如夫子都不説出，但教人恁地去做，則仁便在其中。如言「居處恭，執事敬，與人忠」，果能此，則心便在。到孟子則不然，曰：「惻隱之心，仁之端也。」今人乍見孺子將入井，皆有怵惕、惻隱之心。」都教人就事上推究。道夫問：如孟子所謂「求放心」、「集義所生」，莫是立根本處否？曰：他有恁地處，終是説得來寬。曰：他莫是以其所以做工夫者告人否？曰：固是。也是他所見如此。自後世觀之，孔、顔便是漢文帝之躬修玄默，而其效至於幾致刑措。孟子便如唐太宗，天下之事無所不爲，極力去做，而其效亦幾致刑措。道夫。○端蒙録一條，疑同聞。見《集注·讀語孟法》。

看文字，且須看其平易正當處。孔、孟教人，句句是樸實頭。「人能充無受爾汝之實」，「實」字將作「心」字看。須是我心中有不受爾汝之實處，如仁義是也。祖道。

孟子比孔子時説得高。然孟子道性善，言必稱堯、舜，又見孟子説得實。因論南軒奏議有過當處。○方子。

或問：孟子説「仁」字，義甚分明，孔子都不曾分曉説，是如何？曰：孔子未嘗不説，只是公自不會看耳。譬如今沙糖，孟子但説糖味甜耳。孔子雖不如此説，却只將那糖與人喫。人若肯喫，則其味之甜，自不待説而知也。廣。

聖人説話，磨稜合縫，盛水不漏。如云「一言喪邦」，「以直報怨」，自是細密。孟子説得便粗，如云「今樂猶古樂」、「大王好色」、「公劉好貨」之類。横渠説：「孟子比聖人自是粗。顏子所以未到聖人處，亦只是心粗。」夔孫。

《孟子》要熟讀，《論語》却費思索。《孟子》熟讀易見，蓋緣是它有許多答問發揚。賀孫。○讀《語》、《孟》。

看《孟子》，與《論語》不同，《論語》要冷看，《孟子》要熟讀。《論語》逐文逐意各是一義，故用子細静觀。《孟子》成大段，首尾通貫，熟讀文義自見，❶不可逐一句一字上理會也。雉。

沉浸專一於《論》、《孟》，必待其自得。讀《論語》，如無《孟子》；讀前一段，如無後一段。不然，方讀此，又思彼，擾擾於中。這般人不惟無得於書，胸中如此，做事全做不得。

大凡看經書，看《論語》，如無《孟子》；看上章，如無下章；看「學而時習之」未得，不須看「有朋自遠方來」。且專精此一句，得之而後已。又如方理會此一句未得，不須雜以別説相似者。次第亂了，和此一句亦曉不得。振。

人有言：❷理會得《論語》，便是孔子；理會得《七篇》，便是孟子。子細看，亦是如此。蓋《論語》中言語，真能窮究極其纖悉，無不透徹，如從孔子肚裏穿過，孔子肝肺盡知了，豈不是孔子！《七篇》中言語真能窮究透徹無一不盡，如從孟子肚裏穿過，孟子肺肝盡知了，豈不是孟子！淳。

講習孔、孟書。孔、孟往矣，口不能言。須以此心比孔、孟之心，將孔、孟心作自己心。要須自家説時，孔、孟點頭道是方得。

❶「自」，原作「目」，今據朝鮮本、萬曆本改。
❷「人有言」，朝鮮本作「有人言」。

不可謂孔、孟不會説話，一向任己見説將去。若如此説孟子時，不成説孟子，只是説「王子」也！又若更不逐事細看，但以一箇字包括，此又不可。此名「包子」，又不是孟子也。力行。

《論語》多門弟子所集，故言語時有長長短短不類處。《孟子》疑自著之書，故首尾文字一體，無些子瑕疵。不是自下手，安得如此好？若是門弟子集，則其人亦甚高，不可謂「軻死不傳」。

孔門問答，曾子聞得底話，顏子未必與聞；顏子聞得底話，子貢未必與聞。今却合在《論語》一書，後世學者豈不幸事！但患自家不去用心。儒用。○讀《論語》。

問：❶《論語》近讀得如何？昨日所讀底，今日再讀，見得如何？榦曰：尚看未熟。❷曰：這也使急不得，也不可慢。所謂急不得者，功效不可急；所謂不可慢者，工夫不可慢。榦。

問叔器：《論語》讀多少？曰：兩日只雜看。曰：恁地如何會長進！看此一書，且須專此一書。便待此邊冷如冰，那邊熱如火，亦不可捨此而觀彼。淳。

問林恭甫：看《論語》至何處？曰：至《述而》。曰：莫要恁地快，這箇使急不得。須是緩緩理會，須是逐一章去搜索。候這一章透徹後，却理會第二章，久後通貫，却事事會看。如喫飯樣，喫了一口，又喫一口，喫得滋味後，方解生精血。若只恁地吞下去，則不濟事。義剛。

《論語》難讀。日只可看一二段，不可只

❶「問」，朝鮮本作「先生問」。按此宜增「先生」二字。
❷「熟」，原作「熱」，今據萬曆本改。

道理會文義得了便了。須是子細玩味，以身體之，見前後晦明生熟不同，方是切實。賀孫。

論讀書之法。擇之云：嘗作課程，看《論語》日不得過一段。曰：明者可讀兩段或三段。如此，亦所以治躁心。近日學者病在好高：讀《論語》未問學而時習，便説一貫；《孟子》未言梁王問利，便説盡心；《易》未看六十四卦，便先讀《繫辭》。德明。

人讀書，不得攙前去，下梢必無所得。如理會《論語》，只得理會《論語》，不得存心在《孟子》。如理會《里仁》一篇，且逐章相挨理會了，然後從《公冶長》理會去，如此便是。去僞。

《論語》一日只看一段，大故明白底，則看兩段。須是專一，自早至夜，雖不讀，亦當涵泳，常在胸次，如有一件事未了相似，到晚却把來商量。但一日積一段，日日如此，年歲間自是裏面通貫，道理分明。榦。

問：看《論語》了未？廣云：已看一遍了。曰：太快。若如此看，只是理會文義，不見得他深長底意味。所謂深長意味，又也別無説話，❶只是涵泳，久之自見得。廣。

《論語》，愈看愈見滋味出。❷若欲草草去看，儘説得通，恐未能有益。凡看文字，須看古人下字意思是如何。且如前輩作文，一篇中，須看它用意在那裏。舉杜子美詩云：「更覺良工用心苦。」一般人看畫，只見得是畫一般；識底人看，便見得它精神妙處，知得它用心苦也。寓。

王子充問學。曰：聖人教人，只是箇《論語》。漢、魏諸儒只是訓詁。《論語》須

❶「也」，萬曆本作「他」。
❷「見」下，朝鮮本有「得」字。

是玩味。今人讀書傷快，須是熟方得。曰：《論語》莫也須揀箇緊要底看否？曰：不可。須從頭看，無精無粗，無淺無深，且都玩味得熟，道理自然出。曰：讀書未見得切，須見之行事方切。曰：不然。且如《論語》第一便教人學，便是孝弟求仁，❶便戒人巧言令色，便三省，也可謂甚切。榦。

莫云《論語》中有緊要底，有泛説底，且要着力緊要底，便是揀別。若如此，則《孟子》一部，可删者多矣！聖賢言語，粗説細説，皆著理會教透徹。蓋道體至廣至大，故有説得易處，説得難處，説得大處，説得小處。若不盡見，必定有窒礙處。若謂只「言忠信，行篤敬」便可，則自漢、唐以來，豈是無此等人，因甚道統之傳却不曾得？亦可見矣。㽦。

先生問：《論語》如何看？淳曰：見得聖人言行，極天理之實而無一豪之妄。學者之用工，尤當極其實而不容有一豪之妄。曰：大綱也是如此。然就裏面詳細處，須要十分透徹，無一不盡。淳。

或講《論語》，因曰：聖人説話，開口見心，必不只説半截，藏着半截。學者觀書，且就本文上看取正意，不須立説別生枝蔓。唯能認得聖人句中之意，乃善。必大。

聖人之言，雖是平説，自然周遍，亭亭當當，都有許多，四方八面，不少了些子意思。若門人弟子之言，便有不能無偏處。如夫子言「文質彬彬」，自然亭當恰好。❷子貢「文猶質也，質猶文也」，便説得偏。夫子言「行有餘力，則以學文」，自然有先後輕

❶「弟」，原作「第」，今據朝鮮本、萬曆本改。
❷「亭」，萬曆本作「停」。

重。而子夏「雖曰未學，吾必謂之學」，便有廢學之弊。端蒙。

人之爲學，也是難。若不從文字上做工夫，又茫然不知下手處；若是字字而求，句句而論，不於身心上著切體認，則又無所益。且如說「我欲仁，斯仁至矣」，何故孔門許多弟子，聖人竟不曾以仁許之？雖以顏子之賢，而尚不違於三月之後，聖人乃曰「我欲斯至」。盍亦於日用體驗，我若欲仁，其心如何？仁之至不至，其意又如何？又如說非禮勿視、聽、言、動，盍亦每事省察何者爲非禮，❶而吾又何以能勿視、勿聽？若每日如此讀書，庶幾看得道理自我心而得，不爲徒言也。壯祖。

德先問《孟子》。曰：《孟子》說得段段痛切。如檢死人相似，必有箇致命痕；《孟子》段段有箇致命處。看得這般處出，方有精神。須看其說與我如何，與今人如何，須得其切處。今一切看得都困了。揚。○讀《孟子》。

「學問之道無它，求其放心而已。」又曰：「有是四端於我者，知皆廣而充之。」孟子說得最好。人之一心，在外者又要收入來，在內者又要推出去。《孟子》一部書皆是此意。又以手作推之狀，曰：推，須是用力如此。又曰：立天之道，曰陰與陽；立地之道，曰柔與剛；立人之道，曰仁與義。又曰：世間只有箇闔闢內外，人須自體察取。祖道。○人傑錄云：心在外者，要收向裏；心在內者，却推出去。孟子云，學問求放心，四端廣而充之。一部《孟子》皆是此意。大抵一收一放、一闔一闢，道理森然。○賜錄云：因說仁義，曰：只有孟子說得好。如曰：「學問之道無他，求其放心而已。」此是從外面收入裏來。如曰：

❶「察」下，朝鮮本有「何者爲禮」四字。

「人之有是四端，知皆廣而充之。」又要從裏面發出去。凡此出入往來，皆由箇心。又曰：所謂立天之道，曰陰與陽；立地之道，曰柔與剛；立人之道，曰仁與義，都是恁地。

讀《孟子》，非惟看它義理，熟讀之，便曉作文之法。首尾照應，血脉通貫，語意反覆，明白峻潔，無一字閑。人若能如此作文，便是第一等文章。僩。

《孟子》之書，明白親切，無甚可疑者。只要日日熟讀，須教它在吾肚中先千百轉，便自然純熟。某初看時，要逐句去看它，便覺得意思淺迫。到後來放寬看，❶却有條理。然此書不特是義理精明，又且是甚次第文章。某因讀，亦知作文之法。植。

《孟子》，全讀方見得意思貫。某因讀《孟子》，見得古人作文法，亦有似今人間架。淳。

《孟子》文章妙不可言。文蔚曰：他每段自有一二句綱領，其後只是解此一二句。曰：此猶是淺者，其他自有妙處。惟老蘇文深得其妙。文蔚。

《孟子》之文，恐一篇是一人作。又疑孟子親作，不然，何其妙也。豈有如是人出孟子之門，而没世不聞耶！方。

《集注》且須熟讀，記得。方子。○《集注》。

語吴仁父曰：某《語孟集注》，添一字不得，減一字不得，公子細看。又曰：不多一箇字，不少一箇字。節。

《論語集注》如秤上稱來無異，不高些，不低些。自是學者不肯用工看，如看得透，存養熟，可謂甚生氣質。友仁。

某於《論》、《孟》，四十餘年理會，中間

❶「到」，萬曆本作「至」。

逐字稱等，不教偏些子。學者將注處，宜子細看。又曰：解説聖賢之言，要義理相接去，如水相接去，則水流不礙。後又云：《中庸解》每番看過，不甚有疑。《大學》則一面看，一面疑，未甚愜意，所以改削不已。過。

讀書别無法，只管看，便是法。正如獃人相似，捱來捱去。自家都未要先立意見，且虚心只管看。看來看去，自然曉得。某那《集注》都詳備，只是要人看。無一字閑。那箇無緊要閑底字，越要看。自家意裏説是閑字，那箇正是緊要字。上蔡云「人不可無根」，便是難。所謂根者，只管看，便是根，不是外面别討箇根來。僩。

前輩解説，恐後學難曉，故《集注》盡撮其要，已説盡了，不須更去注脚外又添一段説話。只把這箇熟看，自然曉得，莫枉費心去外面思量。

問：《集注》引前輩之説，而增損改易本文，其意如何？曰：其説有病，不欲更就下面安注脚。又問：解文義處，或用「者」字，或用「謂」字，或用「猶」字，或直言，其輕重之意如何？曰：直言，直訓如此。猶者，猶是如此。又問「者」、「謂」如何。曰：是恁地。節。

《集注》中有兩説相似而少異者，亦要相資。有説全别者，是未定也。淳。

或問：《集注》有兩存者，何者爲長？曰：使某見得長底時，豈復存其短底？只爲是二説皆通，故并存之。然必有一説合得聖人之本意，但不可知爾。復曰：大率兩説，前一説勝。拱壽。

問：《語解》胡氏爲誰？曰：胡明仲也。向見張欽夫殊不取其説，某以爲不然。

他雖有未至處，若是說得是者，豈可廢？廣。

《集注》中曾氏是文清公，黄氏是黄祖舜，晁氏是晁以道，李氏是李光祖。廣。

程先生《經解》，理在解語内。某集注《論語》，只是發明其辭，使人玩味經文，理皆在經文内。《易傳》不看本文，亦是自成一書。杜預《左傳解》，不看經文，亦自成一書。鄭《箋》不識經大旨，故多隨句解。

《論語集注》蓋某十年前本，爲朋友間傳去，鄉人遂不告而刊。及知覺，則已分裂四出，而不可收矣。其間多所未穩，煞誤看讀。要之，聖賢言語，正大明白，本不須恁地傳注。正所謂「記其一而遺其百，得其粗而遺其精」者也。道夫。

或述《孟子集注》意義以問。曰：大概如此，只是要熟，須是日日認過。述《大學》以問。曰：也只如此，只是要日日認過。讀新底了，反轉看舊底，教十分熟後，自别有意思。又曰：如雞伏卵，只管日日伏，自會成。賀孫。

初解《孟子》時，見自不明。隨着前輩說，反不自明，不得其要者多矣。方。

《集注》乃《集義》之精髓。道夫。○《集注》、《集義》。

問：《孟子》比《論語》却易看，但其間數段極難曉。曰：只《盡心篇》語簡了，便難理會。且如「養氣」一章，被它說長了，極分曉，只是人不熟讀。問：《論語》浩博，須作年歲間讀，然中間切要處先理會，如何？曰：某近來作《論語略解》，以《精義》太詳，說得没緊要處多，似空費工夫，故作此書。而今看得，若不看《精義》，只看《略解》，終是不浹洽。因舉五峰舊見龜山，問爲學之方。龜山曰：且看《論語》。五峰問：《論語》中何者爲要？龜山不對。久之，曰：熟讀。先生因曰：如今且只得挨將去。榦。

諸朋友若先看《集義》，恐未易分別得，又費工夫。不如看《集注》，又恐太易了。這事難説。不奈何，且須看《集注》教熟了，可更看《集義》。《集義》多有好處，某却不編出者，這處却好商量，却好子細看所以去取之意如何。須是看得《集義》，方始無疑。某舊日只恐《集義》中有未曉得義理，費盡心力，看來看去，近日方始都無疑了。賀孫。

因説「吾與回言」一章，曰：便是許多緊要底言語，都不曾説得出。且説《精義》是許多言語，而《集注》能有幾何言語？一字是一字。其間有一字當百十字底，公都把做等閑看了。聖人言語本自明白，不須解説。只爲學者看不見，所以做出注解，與學者省一半力。若注解上更看不出，却如何看得聖人意出？又曰：凡看文字，端坐熟讀，久久於正文邊自有細字注脚迸出來，方是自家見得親切。若只於外面捉摸箇影子説，終不濟事。聖人言語，只熟讀玩味，道理自不難見。若果曾著心，而看他道理不出，則聖賢爲欺我矣！如老蘇輩，只讀孟、韓二子，便翻繹得許多文章出來。且如攻城，四面牢壯，若攻得一面破時，這城子已是自家底了，不待更攻得那三面，方入得去。初學固是要看《大學》、《論》、《孟》。若讀得《大學》一書透徹，其他書都不費力，觸處便見。喟然嘆者久之，曰：自有這箇道理，説與人不信。

問：近看《論語精義》，不知讀之當有何法？曰：别無方法，但虛心熟讀而審擇之耳。人傑。○《集義》。

因論《集注論語》。曰：於學者難說。看衆人所説七縱八横，如相戰之類，於其中分別得甚妙。然精神短者，又難教如此。只教看《集義》，又皆平易了，興起人不得。振。

問：要看《精義》，不知如何看？曰：只是逐段子細玩味。公記得書否？若記不得，亦玩味不得。横渠云：「讀書須是成誦。」又曰：某近看學者須是專一。譬如服藥，須是專服一藥，方見有效。榦。

問：《精義》有説得高遠處，不知如何看？曰：也須都子細看，取予却在自家。若以爲高遠而略之，便鹵莽了。榦。

讀書，且須熟讀玩味，不必立説，且理會古人説教通透。如《語孟集義》中所載諸先生語，須是熟讀，一一記放心下，時時將來玩味，久久自然理會得。今有一般學者，見人恁麽説，不窮究它説是如何，也去立一説來攙説，何益於事？只贏得一箇理會不得爾。廣。

讀書，須痛下工夫，須要細看。心粗性急，終不濟事。如看《論語精義》，且只將諸説相比並看，自然比得正道理出來。如識高者，初見一條，便能判其是非。如未能，且細看，如看按款相似。雖未能便斷得它按，然已是經心盡知其情矣。只管如此，將來粗急之心亦磨礲得細密了。横渠云：「文欲密察，心欲洪放。」若不痛做工夫，終是難入。德明。

看《精義》，須寬着心，不可看殺了。二先生説，自有相關透處，如伊川云：「有主則實。」又云：「有主則虚。」如孟子云：「生於其心，害於其政；發於其政，害於其事。」又云：「作於其心，害於其事；作於其事，害於其政。」自當隨文隨時隨事看，各有通徹處。德明。

讀《論語》，須將《精義》看。先看一段，次看第二段。將兩段比較，孰得孰失，孰是孰非。又將第三段比較如前。又總一章之說而盡比較之。其間須有一說合聖人之意，或有兩說，有三說，有四、五說皆是，又就其中比較疏密。如此，便是格物。及看得此一章透徹，則知便至。或自未有見識，只得就這裏挨。一章之中，程子之說多是，門人之說多非。然初看時，不可先萌此心，門人所說亦多有好處。蜚卿曰：只將程子之說爲主，如何？曰：不可，只得以理爲主，然後看它底。看得一章直是透徹了，然後看第二章，亦如此法。若看得三四篇，此心便熟，數篇之後，迎刃而解矣。某嘗苦口與學者說得口破，少有依某去着力做工夫者。且如「格物致知」之章，程子與門人之說，某初讀之，皆不敢疑。後來編出細看，見得程子諸說雖不同，意未嘗不貫。其門人之說，與先生蓋有大不同者矣。驤。

讀書考義理，似是而非者難辨。且如《精義》中，惟程先生說得確當。至其門人，非惟不盡得夫子之意，雖程子之意，亦多失之。今讀《語》、《孟》，不可便道《精義》都不是，都廢了。須借它做階梯去尋求，將來自見道理。知得它是非，方是自己所得處。如張無垢文字淺近，却易見也。問：如何辨得似是而非？曰：《遺書》所謂義理栽培者是也。如此用工，久之自能辨得。德明。

《論語》中，程先生及和靖說，只於本文添一兩字，甚平淡，然意味深長，須當子細看。要見得它意味方好。淳。

問：《精義》中，尹氏說多與二程同，何

也？曰：二程説得已明，尹氏只説出。問：謝氏之説多華掞。曰：胡侍郎嘗教人看謝氏《論語》，以其文字上多有發越處。敬仲。

先生問：尋常《精義》，自二程外孰得？曰：自二程外，諸説恐不相上下。又問蜚卿。答曰：自二程外，惟龜山勝。曰：龜山好引證，未説本意，且將別説折過。人若看它本説未分明，併連所引失之。此亦是一病。又問仲思。答曰：據某，恐自二程外，惟和靖之説爲簡當。曰：以某觀之，却是和靖説得的當。雖其言短淺，時説不盡，然却得這意思。頃之，復曰：此亦大綱，偶然説到此，不可以爲定也。驤。

明道説道理，一看便好，愈看而愈好。伊川猶不無難明處，然愈看亦愈好。上蔡過高，多説人行不得底説話。楊氏援引十件，也要做十件引上來。范氏一箇寬大氣象，然説得走作，便不可曉。端蒙。

上蔡《論語解》，言語極多。看得透時，它只有一兩字是緊要。賜。

問：謝氏説多過，不如楊氏説最實。曰：尹氏語言最實，亦多是處。但看文字，亦不可如此先懷權斷於胸中。如謝氏説，十分有九分過處，其間亦有一分説得恰好處，豈可先立定説。今且須虛心玩理。大雅問：理如何玩？曰：今當以小説明之：一人欲學相氣色，其師與五色線一串，令入暗室中認之，云：「辨得此五色出，方能相氣色。」看聖人意旨，亦要如此精專，方得之。到自得處，不從説來，雖人言亦不信。蓋開導雖假人言，得處須是自得，人則無如之何也。孔子言語簡，若欲得之，亦非用許多工夫不得。孟子之言多，若欲得之，亦合用許多工夫。孔子言簡，故意廣無失。孟子言多意長，前呼後喚，事理俱明，亦無失。若他人語多即有失。❶某今接士大夫，答問多，轉覺辭多無益。大雅。

原父《論語解》，緊要處只是莊、老。必大。○諸家解。

先生問：曾文清有《論語解》，曾見否？曰：嘗見之，其言語簡。曰：其中極有好處，亦有先儒道不到處。某不及識之，想是一精確人，故解書言多簡。某曰：聞之，文清每日早，必正衣冠，讀《論語》一篇。曰：此所謂「學而時習之」，與今日學者讀《論語》不同。可學。

建安吴才老作《論語十説》，世以爲定夫作者，非也。其功淺，其害亦淺。又爲《論語考異》，其功漸深，而有深害矣。至爲《語解》，即以己意測度聖人，謂聖人爲多許、輕薄人矣。徐蕆爲刊其書越州以行。❷方。

學者解《論語》，多是硬説。須習熟，然後有箇入頭處。季札。

《孟子疏》乃邵武士人假作。蔡季通識其人。當孔穎達時，未尚《孟子》，只尚《論語》、《孝經》爾。其書全不似疏樣，不曾解出名物制度，只繞纏趙岐之説耳。璘。

問：伊川説「讀書當觀聖人所以作經之意，與聖人所以用心」一條。曰：此條，程先生説讀書，最爲親切。今人不會讀書是如何？只緣不曾求聖人之意，纔拈得些

❶「即」，萬曆本作「則」。
❷「蕆」，萬曆本作「蔵」。

小，便把自意硬入放裏面胡説亂説。故教它就聖人意上求，看如何。問：「易其氣」是如何？曰：只是放教寬慢。今人多要硬把捉教住，如有箇難理會處，便要刻畫百端討出來，枉費心力。少刻只説得自底，那裏見聖人意！又曰：固是要思索，思索那曾恁地。又舉「闕其疑」一句，歎美之。賀孫。○《集注・讀論孟法》。

先生嘗舉程子讀《論》《孟》切己之説，且如「學而時習之」，切己看時，曾時習與否？句句如此求之，則有益矣。余正甫云：看《中庸》、《大學》，只得其綱而無目，如衣服只有領子。過當時不曾應。後欲問：謂之綱者，以其目而得名；謂之領者，以其衣而得名。若無目，則不得謂之綱矣。故先生編《禮》，欲以《中庸》、《大學》、《學記》等篇置之卷端，爲禮本。正甫未之從。過。

問：孔子言語句句是自然，孟子言語句句是事實。曰：孔子言語一似没緊要説出來，自是包含無限道理，無些滲漏。如云「道之以政，齊之以刑；道之以德，齊之以禮」數句，❶孔子初不曾着氣力，只似没緊要説出來，自是委曲詳盡，説盡道理，更走它底不得。若孟子，便用着氣力，依文按本，據事實説無限言語，方説得出。此所以爲聖賢之別也。孟子説話，初間定用兩句説起箇頭，下面便分開兩段説去，正如而今人做文字相似。僩。

《論語》之書，無非操存涵養之要；《七篇》之書，莫非體驗擴充之端。蓋孔子大概使人優游饜飫，涵泳諷味；孟子大概是要人探索力討，反己自求。故伊川曰：「孔子

❶「禮」，原作「理」，今據朝鮮本及《論語・爲政》改。

句句是自然，孟子句句是事實。」亦此意也。如《論語》所言「居處恭，執事敬，與人忠」，「出門如見大賓，使民如承大祭」，非禮勿視、聽、言、動之類，皆是存養底意思。孟子言性善、存心、養性，孺子入井之心，四端之發，若火始然，泉始達之類，皆是要體認得這心性下落，擴而充之。於此等類語玩味，便自可見。端蒙。

問：齊景公欲封孔子以尼谿之田，晏嬰不可。楚昭王欲封孔子以書社之地，子西不可。使無晏嬰、子西，則夫子還受之否？❶曰：既仕其國，則須有采地，受之可也。人傑。○《集注·序說》。

楚昭王招孔子，孔子過陳、蔡被圍。昭王之招無此事。鄒、魯間陋儒尊孔子之意如此。設使是昭王招，陳、蔡乃其下風耳，豈敢圍？張無垢所謂者非。

❶「否」，原作「子」，今據朝鮮本改。萬曆本作「乎」。

朱子語類卷第二十 計三十板

論語二

學而篇上

今讀《論語》，且熟讀《學而》一篇，若明得一篇，其餘自然易曉。壽昌。

《學而》篇皆是先言自脩，而後親師友。「有朋自遠方來」，在「時習」之後；「而親仁」，在「入則孝，出則弟」之後；「就有道而正焉」，在「食無求飽，居無求安」之後；「毋友不如己者」，在「不重則不威」之後。今人都不去自脩，只是專靠師友説話。璘。

入道之門，是將自家身己入那道理中去，漸漸相親，久之與己爲一。而今人道理在這裏，自家身在外面，全不曾相干涉。僩。

學而時習之章

劉問「學而時習之」。曰：今且理會箇「學」，是學箇甚底，然後理會「習」字、「時」字？蓋人只有一箇心，天下之理皆聚於此，此是主張自家一身者。若心不在，那裏得理來！惟學之久，則心與理一，而周流泛應，無不曲當矣。且説爲學有多少事，孟子只説「學問之道，求其放心而已矣」。蓋爲學之事雖多有頭項，而爲學之道，則只在求放心而已。心若不在，更有甚事？雉。○學習。

書也只是熟讀，常記在心頭，便得。雖

孔子教人，也只是「學而時習之」。若不去時習，則人都不奈你何。這是孔門弟子編集，❶把這箇作第一件。若能時習，將次自曉得，十分難曉底也解曉得。義剛。

或謂：「學而時習」，不是《詩》、《書》、禮樂。固不是《詩》、《書》、禮樂。然無《詩》、《書》、禮樂，亦不得。聖人之學與俗學不同，亦只争這些子。聖賢教人讀書，只要知所以爲學之道。俗學讀書，便只是讀書，更不理會爲學之道是如何。淳。

問：注云：「學之爲言效也。」「效」字所包甚廣。曰：是如此。博學，謹思，審問，明辨，篤行，皆學效之事也。驤。○容録云：人凡有可效處，皆當效之。

吴知先問「學習」二字。曰：「學」，是未理會得時便去學。「習」，是已學了，又去重學，非是學得了，頓放在一處，却又去習也。只是一件事。如鳥數飛，只是飛了又飛，所謂「鷹乃學習」是也。先生因言：此等處，添入《集注》中更好。銖。

未知未能而求知求能之謂學，已知已能而行之不已之謂習。義剛。

讀書、講論、修飭，皆要時習。銖。

「學而時習之」，雖是講學、力行平説，然看他文意，講學意思終較多。觀「則以學文」、「雖曰未學」，則可見。伯羽。

或問「學而時習之」。曰：學是學別人，行是自家行。習是行未熟，須在此習行之也。履。

問：時習，是温尋其義理，抑習其所行？曰：此句所包廣。只是學做此一件事，便須習此一件事。且如學「克己復禮」，

❶「這」，萬曆本作「只」。

便須朝朝暮暮習這「克己復禮」。學，效也，是效其人。未能孔子，便效孔子；未能周公，便效周公。巫、醫亦然。淳。

學習，須是只管在心常常習。若習得專一，定是脱然通解。賀孫。

且如今日説這一段文字了，明日又思之；一番思了，又第二、第三番思之，便是時習。今學者才説了便休。學蒙。

問：如何是時習？曰：如寫一箇「上」字，寫了一箇，又寫一箇，又寫一箇。當時先生亦逐一書此「上」字於掌中。節。

國秀問：格物、致知是學，誠意、正心是習，學是知，習是行否？曰：伊川云：「時復思繹，❶浹洽於中，則説也。」這未説到行。知，自有知底學，自有知底習。行，自有行底學，自有行底習。如小兒寫字，知得字合恁地寫，這是學；便須將心思量安排，這是習。待將筆去寫成幾箇字，這是行底學；今日寫一紙，明日寫一紙，又明日寫一紙，這是行底習。人於知上不習，便要去行，如何得？人於知上不習，非獨是知得不分曉，終不能有諸己。賀孫。

問：程子二説：一云「時復思繹」，是就知上習；「所學在我」，是就行上習否？曰：是如此。柄。

「浹洽」二字，宜子細看。凡於聖賢言語思量透徹，乃有所得。譬之浸物於水：水若未入，只是外面稍濕，裏面依前乾燥；必浸之久，則透内皆濕。程子言「時復思繹，浹洽於中，則説」，極有深意。先生令諸生同講「學而時習之，不亦説乎」。須以近者譬得分曉乃可。如小子初授讀書，是學也。令讀百數十遍，是時習也。既

❶「思」，原作「紬」，今據萬曆本及下文改。

熟，則不煩惱，覆不得，❶此便是說也。書字亦然。《或問》中云：「學是未知而求知底工夫，習是未能而求能底功夫。」以此推之，意可得矣。《雜説》載：「魏帝三三横，兩兩縱，誰能辨之賜金鍾」之令，答者云：「吴人没水自云工，屠兒割肉與稱同，伎兒擲繩在虚空。」蓋有此類三句。陳思王見三人答後，却云：臣解得是「習」字。亦善謔矣。皆説習熟之意。先生然之。○過。

「學而時習之」，若伊川之説，則專在思索而無力行之功；如上蔡之説，則專於力行而廢講究之義，似皆偏了。道夫。

問程云：「習，重習也。時復思繹，浹洽於中，則説也。」看來只就義理處説。後添入上蔡「坐如尸」一段，此又就躬行處説，然後盡時習之意。曰：某備兩説，某意可見。兩段者，各只説得一邊，尋繹義理與居處皆當習，可也。後又問：「習，鳥數飛也」，如何是數飛之義？曰：此是《説文》「習」字從「羽」。《月令》：「鷹乃學習。」只是飛來飛去也。寓。

問：「學而時習之」，伊川説「習」字，就思上説；范氏、游氏説，都就行上説。《集注》多用「思」意，而附謝氏「坐如尸，立如齊」一段，爲習於行。據賀孫看，不思而行，則未必中道；思得慣熟了，却行無不當者。曰：伊川意是説習於思。天下事若不先思，如何會行得！説習於行者，亦不是外於思。思與行亦不可分説。賀孫。

「坐如尸，立如齊。」學時是知得「坐如尸，立如齊」。及做時，坐常是如尸，立常是如齊，此是習之事也。卓。

上蔡謂：「『坐如尸』，坐時習；『立如齊』，立時習。」只是儱侗説成一箇物，恁地

❶「不」，四庫本作「背」。

習，以見立言最難。某謂須坐常常照管教如尸，方始是習；立常常照管教如齊，方始是習。逐件中各有一箇習，若恁散説，便寬了。淳。

「坐如尸，立如齊。」謝氏説得也疏率。這箇須是説坐時常如尸，立時常如齊，便是。今謝氏却只將這兩句來儱侗説了。不知這兩句裏面尚有多少事，逐件各有箇習在。立言便也是難。義剛。

方叔弟問：平居時習，而習中每覺有愧，何也？曰：如此，只是工夫不接續也。要習，須常令工夫接續則得。又問尋求古人意思。曰：某嘗謂學者須是信，又須不信。久之，却自尋得箇可信底道理，則是真信也。大雅。

「學而時習之」，須是自己時習，然後知心裏説處。祖道。○説。

或問「不亦説乎」。曰：不但只是學道有説處。今人學寫字，初間寫不好，到後來一旦寫得好時，豈不歡喜！又如人習射，初間都射不中，到後來射得中時，豈不歡喜！大抵學到説時，已是進一進了。只説後，便自住不得。且如人過險處過不得，得人扶持將過。纔過得險處了，見一條平坦路，便自歡喜行將去矣。時舉。

問：《集注》謂「中心喜悦，其進自不能已」。曰：所以欲諸公將文字熟讀，方始經心，方始謂之習。❶習是常常去習。今人所以或作或輟者，只緣是不曾到説處。若到説處，自住不得。看來夫子只用説「學而時習」一句，下面事自節節可見。明作。

問：「有朋自遠方來」，莫是爲學之驗

❶「始」，朝鮮本作「是」。

否？曰：不必以驗言。大抵朋友遠來，能相信從，吾既與他共知得這箇道理，自是樂也。或問：說與樂如何？曰：說是自家心裏喜說，人却不知；樂則發散於外也。謨。

○朋自遠方來。

鄭齊卿問「以善及人而信從者衆，故可樂」。曰：舊嘗看「信從者衆，❶足以驗己之有得」。然已既有得，何待人之信從，始爲可樂？須知己之有得，亦欲他人之皆得。然信從者但一二，亦未能愜吾之意。至於信之從之者衆，則豈不可樂！又曰：此段工夫專在時習上做。時習而至於說，則自不能已，後面工夫節節自有來。人傑。

問：「以善及人而信從者衆」，是樂其善之可以及人乎？是樂其信從者衆乎？曰：樂其信從者衆也。大抵私小底人或有所見，則不肯告人，持以自多。君子存心廣大，己有所得，足以及人。若己能之，以教諸人而人不能，是多少可悶！今既信從者自遠而至，其衆如是，安得不樂！又云：緊要在「學而時習之」，到說處自不能已。今人學而不能久，只是不到可說處。到學而不能自已，則久久自有此理。祖道。

問「以善及人而信從者衆」。曰：須是自家有這善，方可及人；無這善，如何及得人？看聖人所言，多少寬大氣象！常人褊迫，但聞得些善言，寫得些文字，便自寶藏之，以爲己物，皆他人所不得知者，成甚模樣！今不必說朋來遠方是以善及人。如自家寫得片文隻字而歸，人有求者，須當告之，此便是以善及人處。只是待他求方可告之，不可登門而告之。若登門而告之，

❶「看」，萬曆本作「有」。

是往教也，便不可如此。卓。

問「以善及人而信從者衆」，語初學，將自謀不暇，何以及得人？曰：謂如傳得師友些好説話、好文字，歸與朋友，亦喚做及人。如有好説話，得好文字，緊緊藏在籠篋中，如何得及人？容。

或問：「有朋自遠方來」，程先生云「推己之善以及人」。有舜「善與人同」底意。曰：不必如此思量推廣添將去，且就此上看。此中學問，大率病根在此，不特近時爲然。自彪德美來已如此，蓋三十餘年矣。向來記得與他説《中庸》鬼神之事，他須要説此非功用之鬼神，❶乃妙用之鬼神，衮纏説去，更無了期。只是向高乘虚接渺説了。此正如看屋，不向屋裏看其間架如何，好惡如何，堂奥如何，只在外略一綽過，便説更有一箇好屋在，又説上面更有一重好屋在。又如喫飯，不喫在肚裏，却向上家討一椀來比，下家討一椀來比，濟得甚事！且如讀書，直是將一般書子細沈潛去理會。有一看而不曉者，有再看而不曉者，其中亦有再看而可曉者。看得來多，不可曉者自可曉。果是不曉致疑，方問人。今來所問，皆是不曾子細看書，又不曾從頭至尾看，只是中間接起一句一字來備禮發問。此皆是應故事來問底，於己何益？將來何用？此最學者大病。謙。

程氏云：「以善及人而信從者衆，故樂。」此説是。若楊氏云「與共講學」之類，皆不是。我既自未有善可及人，方資人相共講學，安得「有朋自遠方來」！璘。

吴仁父問「非樂不足以語君子」。曰：

❶「他」，萬曆本作「也」。

惟樂後，方能進這一步。不樂則何以爲君子？時舉云：說在己，樂有與衆共之之意。曰：要知只要所學者在我，故說。人只争這一句。若果能悦，則樂與不愠，自可以次而進矣。時舉。

「說在心，樂主發散在外。」說是中心自喜說，樂便是說之發於外者。僩。○說、樂。

說是感於外而發於中，樂則充於中而溢於外。道夫。

「人不知而不愠，不亦君子乎！」自是不相干涉，要他知做甚！自家爲學之初，便是不要人知了，至此而後真能不要人知爾。若煅鍊未能得十分如此成熟，心裏固有時被它動。及到這裏，方真箇能人不我知而不愠也。僩。○人不知不愠。

「人不知而不愠。」爲善乃是自己當然事，於人何與？譬如喫飯，乃是要得自家飽。我既在家中喫飯了，何必問外人知與不知。蓋與人初不相干也。拱壽。❶

問「人不知而不愠」。曰：今有一善，便欲人知；不知，則便有不樂之意。不特此也，人有善而人或不知之，初不干己事，而亦爲之不平，况其不知己乎！此則不知不愠，所以爲難。時舉。

尹氏云：「學在己，知不知在人，何愠之有！」此等句極好。君子之心如一泓清水，更不起些微波。人傑。

問：學者稍知爲己，則人之知不知，自不相干。而《集注》何以言「不知不愠者逆而難」？曰：人之待己，平平恁地過亦不覺。若被人做箇全不足比數底人看待，心下便不甘，便是愠。愠非忿怒之謂。賀孫。

❶「拱壽」，朝鮮本作「壽仁」。

或問「不亦樂乎」與「人不知而不慍」。曰：樂公而慍私。君子有公共之樂，無私己之怨。時舉。○樂、不慍。

有朋自遠方來而樂者，天下之公也；人不知而慍者，一己之私也。以善及人而信從者衆，則樂；人不己知，則不慍。樂、慍在物不在己，至公而不私也。銖。

《或問》謂朋來講習之樂爲樂。曰：不似伊川説得大。蓋此箇道理天下所公共，我獨曉之，而人曉不得，也自悶人。若「有朋自遠方來」，則信向者衆，故可樂。若以講習爲樂，則此方有資於彼而後樂，則其爲樂也小矣。這箇地位大故是高了。「人不知而不慍」，説得容易，只到那地位自是難。不慍，不是大故怒，但心裏略有些不平底意思便是慍了。此非得之深、養之厚者，何能如此。❶ 夔孫。○義剛録同，見訓揚。

聖賢言語平鋪地説在裏。如夫子説「學而時習之」，自家是學何事，便須著時習。習之果能説否？「有朋自遠方來」，果能樂不樂？今人之學，所以求人知之。不見知，果能不慍否？道夫。○總論。

問：「學而時習之，不亦説乎！」到熟後，自然説否？曰：見得漸漸分曉，行得漸漸熟，便説。又問：「人不知而不慍」，此是所得深後，外物不足爲輕重。學到此方始是成否？曰：此事極難。慍，非勃然而怒之謂，只有些小不快活處便是。正叔曰：上蔡言，此一章是成德事。曰：習亦未是成德事。到「人不知而不慍」處，方是成德。文蔚。

吴子常問「學而時習」一章。曰：學只

❶「何」，萬曆本作「不」。

是要一箇習，習到熟後，自然喜説不能自已。今人學所以便住了，只是不曾習熟，不見得好。此一句却係切己用功處，下句即因人矣。又曰：「以善及人而信從者衆。」善，不是自家獨有，人皆有之。我習而自得，未能及人，雖説未樂。銖。

黄問：《學而》首章是始、中、終之序否？曰：此章須看：如何是「學而時習之」，便「不亦説乎」；如何是「有朋自遠方來」，便「不亦樂乎」；如何是「人不知而不愠」，便「不亦君子乎」。裏面有許多意思曲折，如何只要將三字來包了？若然，則只消此三字，更不用許多話。向日君舉在三山請某人學中講説此，謂第一節是心與理一，第二節是己與人一，第三節是人與天一，以爲奇論。可謂作怪！淳。○黄録詳，別出。

問：《學而》首章把作始、中、終之序看時，如何？曰：道理也是恁地，然也不消恁地説。而今且去看「學而時習之」是如何，「有朋自遠方來」是如何。若把始、中、終三箇字括了時便是了，更讀箇甚麽！公有一病，好去求奇。如適間説文子，只是它有這一長，故謚之以「文」，未見其它不好處。今公却恁地去看。這一箇字，如何解包得許多意思？大概江西人好拗，人説臭，它須要説香。如告子不如孟子，若只恁地説時，便人與我一般，我須道告子强似孟子。王介甫嘗作一篇《兵論》，在書院中硯下。是時他已參政。劉貢父見之，值客直入書院，見其文。遂言庶官見執政，不應直入其書院。且出。少頃廳上相見，問劉近作，劉遂將適間之文意换了言語答它。王大不樂，退而碎其紙。蓋有兩箇道此，則是我説不奇，故如此。因言福州嘗有姓林者，解「學而時習」，是心與理爲一；「有朋自遠方來」，是己與人爲一；「人不知而不愠」，是人與天爲一。君舉大奇之，這有甚好處，要是它門科舉之習未除，故説得如此。義剛。

問：横渠解「學而時習之」云：「潛心於學，忽忽爲他慮引去者，此氣也。」震看得爲他慮所引，必是意不誠，心不定，便如此。横渠却以爲氣，如何？曰：人誰不要此心定。到不定時，也不奈何得。如人擔一重擔，盡力擔到前面，忽擔不去。緣何如此？只爲力量不足。心之不定，只是合下無工夫。曰：所以不曾下得工夫，病痛在何處？曰：須是有所養。曰：所謂養者，「以直養」否？曰：未到「以直養」處，且「持其志無暴其氣」可也。若我不放縱此氣，自然心定。震又云：其初用力把捉此心時，未免難，不知用力久後自然熟否？曰：心是把捉人底，人如何去把捉得他！只是以義理養之，久而自熟。震。○諸説。

范説云：「習在己而有得於内，朋友在人而有得於外。」恐此語未穩。先生問：如何？卓云：得雖在人，而得之者在我，又安有内外之别？曰：此説大段不是，正與告子義外之説一般。卓。

再見，因呈所撰《論語精義備説》。觀一二章畢，即曰：大抵看聖賢語言，不須作課程。但平心定氣熟看，將來自有得處。今看老兄此書，只是拶成文字，元不求自得。且如「學而時習」一章，諸家説各有長處，亦有短處。如云「『鷹乃學習』之謂」，與「時復思繹浹洽於中則説矣」，此程説最是的當處。如云「以善及人而信從者衆，故可樂」，此程説正得夫子意。如云「學在己，知不知在人」，尹子之言當矣。如游説「宜其令聞廣譽施其身，而人乃不知焉。是有命，『不知命無以爲君子』」。此最是語病。果如此説，則是君子爲人所不知，退而安之於命，付之無可奈何，却如何見得真不愠處出來。且聖人之意儘有高遠處，轉窮究，轉有深義。今作就此書，則遂不復看《精義》矣。自此隔下了，見識止如此，上面一截道理更不復見矣。大抵看聖賢語言，須徐徐俟之，待其可疑而後疑之。如庖丁解牛，他只尋罅隙處，游刃以往，而衆理自解，芒刃亦不鈍。今一看文字，便就上百端生事，謂之起疑。且解牛而用斧鑿，鑿開成痕，所以刃屢鈍。如此，如何見得聖賢本意。且前輩講求非不熟，初學須是自處於無能，遵禀他前輩説話，漸見實處。今一看未見意趣，便争手奪脚，近前争説一分。以某觀之，今之作文者，但口不敢説耳，其意直是謂聖賢説有未至，他要説出聖賢一頭地。曾不知於自己本無所益。鄉令老兄虚心平氣看聖人語言，不意今如此支離！大抵中年以後爲學，且須愛惜精神。如某在官所，亦不敢屑屑留情細務者，正恐耗了精神，忽有大事來，則無以待之。大雅。

問「學而」一章。曰：看《精義》，須看諸先生説「學」字誰説得好；「時習」字誰説得好；「説」字誰説得好。須恁地看。林擴之問：多把「習」字作「行」字説，如何？曰：看古人説「學」字、「習」字，大意只是講習，亦不必須是行。榦問：謝氏、游氏説「習」字，似分曉。曰：據正文意，只是講習。游、謝説乃推廣「習」字，畢竟也在裏面。游氏説得雖好，取正文便較迂曲些。問：伊川解「不亦説」作「説在心」，范氏作

「説自外至」，似相反。曰：這在人自忖度。幹曰：既是「思繹浹洽於中」，則説必是在内。曰：范氏這一句較疏。説自是在心，説便如暗歡喜相似。樂便是箇發越通暢底氣象。問：范氏下面「樂由中出」與伊川「發散在外」之説却同。曰：然。問：范氏以「不亦説乎」作「比於説，猶未正夫説」，如何？曰：不必如此説。問：范氏、游氏皆以「人不知而不愠，不亦君子乎」，作「不知命，無以爲君子」説。❶如何？曰：此也是小可事，也未説到命處。爲學之意，本不欲人知。「學在己，知不知在人，何愠之有！」問：謝氏「知我者希」之説如何？曰：此老子語也。亦不必如此説。幹。

蕭定夫説：胡致堂云：「學者何？仁也。」曰：「學」字本是無定底字，若止云仁，則漸入無形體去了。所謂「學」者，每事皆當學，便實。如上蔡所謂「坐如尸」，坐時習也；「立如齊」，立時習也。以此推之，方是學。某到此，見學者都無南軒鄉來所説一字，幾乎斷絶了。蓋緣學者都好高，説空、説悟。定夫又云：南軒云：「致堂之説未的確。」曰：便是南軒主胡五峰而抑致堂。❷某以爲不必如此，致堂亦自有好處。凡事好中有不好，不好中又有好。沙中有金，玉中有石，要自家辨别始得。震。

致堂謂「學所以求仁也」。仁是無頭面底，若將「實」字來解求仁則可；❸若以求仁解「學」字，又没理會了。直卿云：若如此説，一部《論語》，只將「求仁」二字説便了

❶「説」，萬曆本作「乎」。
❷「胡」，原爲空格，今據萬曆本補。
❸「實」，中華本作「學」。

也。先生又曰：南軒只說五峰說底是，致堂說底皆不是，安可如此！致堂多有說得好處，或有文定、五峰說不到處。蓋卿。

有子曰其爲人也孝弟章

問有子言孝悌處。先生謂：有子言語似有些重複處，然是其誠實踐履之言，細咀嚼之，益有味。振。

因說陸先生每對人說，有子非後學急務。又云，以其說不合有節目，多不直截。某因謂，是比聖人言語較緊。且如孝弟之人豈尚解犯上，又更作亂？曰：人之品不同，亦自有孝弟之人解犯上者，自古亦有作亂者。聖賢言語寬平，不消如此急迫看。振。

陸伯振云：象山以有子之說爲未然。仁，乃孝弟之本也。有子說：「君子務本，本立而道生。」起頭說得重，却得。「孝弟也者，其爲仁之本與」，却說得輕了。先生曰：上兩句泛說，下兩句却說行仁當自孝弟始。所以程子云：「謂孝弟爲行仁之本，則可；謂是仁之本，則不可。」所謂「親親而仁民」也。聖賢言仁不同。此是說「爲仁」，若「巧言令色，鮮矣仁」，却是近裏說。因言有子說數段話，都說得反覆曲折，惟「盍徹」一段說得直截耳。想是一箇重厚和易底人，當時弟子皆服之，所以夫子没後，「欲以所事夫子者事之」也。人傑。

「其爲人也孝弟」，此說資質好底人，其心和順柔遜，必不好犯上，仁便從此生。鮮，是少，對下文「未之有也」，上下文勢如此。若「巧言令色，鮮矣仁」，「鮮」字則是絶無。「君子務本，本立而道生」，此兩句泛說凡事是如此，與上下不相干。下文却言「孝弟也者」，方是應上文也，故《集注》着箇「大凡」也。明作。

或說：世間孝弟底人，發於他事，無不和順。曰：固是。人若不孝弟，便是這道理中間斷了，下面更生不去，承接不來，所以說孝弟仁之本。李敬子曰：世間又有一種孝慈人，却無剛斷。曰：人有幾多般，此屬氣禀。如唐明皇爲人，於父子、夫婦、君臣分上煞無狀，却終始愛兄弟不衰，只緣寧王讓他位，所以如此。這一節感動，終始友愛不衰。或謂：明皇因寧王而後能如此。曰：也是他裏面有這道理，方始感發得出來。若其中元無此理，如何會感發得？僩。

問：干犯在上之人，如「疾行先長者」之類？曰：然。干犯便是那小底亂，到得「作亂」，則爲争鬭悖逆之事矣！問：人子之諫父母，或貽父母之怒，此不爲干犯否？曰：此是孝裏面事，安得爲犯？然諫時又自「下氣怡色，柔聲以諫」，亦非凌犯也。又問：諫争於君，如「事君有犯無隱」，如「勿欺也而犯之」，此「犯」字如何？曰：此「犯」字又說得輕。如君有不是，須直與他說，此之謂「犯」。然人臣之諫君，❶亦有箇宛轉底道理。若暴揚其惡，言語不遜，叫喚狂悖，此便是干犯矣。故曰：「人臣之事君當熟諫。」僩。

問：有犯上者，已自不好，又何至「作亂」？可見其益遠孝弟之所爲。曰：只言其無此事。論來犯上，乃是少有拂意便是犯，不必至陵犯處乃爲犯也。若作亂，謂之「未之有也」，絶無可知。寓。

「犯上者鮮矣」，是對那「未之有」而言，故有淺深。若「鮮矣仁」，則是專言。這非

❶「然」，萬曆本作「上」，則當屬上。

只是少，直是無了。但聖人言得慢耳。義剛。

「犯上者鮮矣」之「鮮」，與「鮮矣仁」之「鮮」不同。「鮮矣仁」是絶無了。「好犯上者鮮」，則猶有在；下面「未之有也」，方是都無。僩。

問：「君子務本」，注云：「凡事專用力於根本。」如此，則「孝弟爲仁之本」，乃是舉其一端而言否？曰：本是説孝弟，上面「務本」，是且引來。上面且泛言，下面是收入來説。曰：君臣、父子、夫婦、兄弟皆是本否？曰：孝弟較親切。「事親孝，故忠可移於君；事兄弟，故順可移於長」，便是本。寓❶。

問：合當説「本立而末生」，有子何故却説「本立而道生」？曰：本立則道隨事而生，如「事親孝，故忠可移於君；事兄弟，故順可移於長」。節。

問「本立道生」。曰：此甚分明。曰：如人能孝能弟，漸漸和於一家，以至親戚，以至故舊，漸漸通透。賀孫。

孝弟固具於仁。❷以其先發，故是行仁之本。可學。○以下孝弟仁之本。

子上説：孝弟仁之本，是良心。曰：不須如此説，只平穩就事上觀。有子言其爲人孝弟，則必須柔恭。柔恭，則必無犯上作亂之事。是以君子專致力於其本。然不成如此便止，故曰：「本立而道生，孝弟也者，其爲仁之本歟！」蓋能孝弟了，便須從此推去，故能愛人利物也。昔人有問：孝弟爲仁之本，不知義禮智之本。先生答曰：只

❶「寓」，朝鮮本作「淳」。
❷「具」，朝鮮本作「見」。

孝弟是行仁之本，義禮智之本皆在此。使其事親從兄得宜者，行義之本也；事親從兄有節文者，行禮之本也；知事親從兄之所以然者，智之本也。「不愛其親而愛他人者，謂之悖德；不敬其親而敬他人者，謂之悖禮。」舍孝弟則無以本之矣。璘。○可學録別出。

問：孝弟是良心之發見，因其良心之發見，爲仁甚易。曰：此説固好，但無執着。觀此文意，只是云其爲人孝弟，則和遜温柔，必能齊家，則推之可以仁民。務者，朝夕爲此，且把這一箇作一把頭處。可學。

或問「孝弟爲仁之本」。曰：這箇仁，是愛底意思。行愛自孝弟始。又曰：親親、仁民、愛物，三者是爲仁之事。親親是第一件事，故「孝弟也者，其爲仁之本歟」。又曰：知得事親不可不孝，事長不可不弟，是爲義之本；知事親事長之節文，爲禮之本；知事親事長，爲智之本。張仁叟問：義亦可爲心之德？曰：義不可爲心之德。仁是專德，便是難説，某也只説到這裏。又曰：行仁之事。又曰：此「仁」字是偏言底，不是專言底。又曰：此仁是仁之一事。❶節。

胡兄説：嘗見世間孝弟底人，少間發出來，於他事無不和順，慈愛處自有箇次第道理。曰：固是。人若不孝弟，便是這箇道理中間跌斷了，下面生不去，承接不來了，所以説「孝弟也者，其爲仁之本歟」！

問「孝弟爲仁之本」，是事父母兄既盡道，乃立得箇根本，則推而仁民愛物，方行得有條理。曰：固是。但孝弟是合當底

❶ 下「仁」字，朝鮮本作「心」。

事，不是要仁民愛物方從孝弟做去。可學云：如草木之有本根，方始枝葉繁茂。曰：固是。但有本根，則枝葉自然繁茂。不是要得枝葉繁茂，方始去培植本根。南升。

陳敬之説「孝弟爲仁之本」一章，三四日不分明。先生只令子細看，全未與説。數日後，方作一圖示之：中寫「仁」字，外一重寫「孝弟」字，又外一重寫「仁民愛物」字。謂行此仁道，先自孝弟始，親親長長，而後次第推去，非若兼愛之無分別也。過。

問「孝弟爲仁之本」。曰：此是推行仁道，如「發政施仁」之「仁」同，非「克己復禮爲仁」之「仁」，故伊川謂之「行仁」。學者之爲仁，只一念相應便是仁。然也只是這一箇道理。「爲仁之本」，就事上説；「克己復禮」，就心上説。又論「本」字云：此便只是《大學》「其本亂而末治者否矣」意思。理一而分殊，雖貴乎一視同仁，然不自親始也不得。伯羽。

問：孝弟仁之本。今人亦有孝弟底而不盡仁，何故？莫是志不立？曰：亦其端本不究，所謂「由之而不知，習矣而不察」。彼不知孝弟便是仁，却把孝弟作一般善人，且如此過，却昏了。又問：伊川言「仁是本，孝弟是用」，所謂用，莫是孝弟之心油然而生，發見於外？曰：仁是理，孝弟是事。有是仁，後有是孝弟。可學。

直卿説「孝弟爲仁之本」云：孔門以求仁爲先，學者須是先理會得一箇「心」字。上古聖賢，自堯、舜以來，便是説「人心道心」。《集注》所謂「心之德，愛之理」，須理會得是箇甚底物，學問方始有安頓處。先生曰：仁義禮智，自天之生人，便有此四件，如火爐便有四角，天便有四時，地便有四方，日便有晝夜昏旦。天下道理千枝萬葉，千條萬緒，都是這四者做出來。四者之用，便自各有許多般樣。且如仁主於愛，便有愛親、愛故舊、愛朋友底許多般道理。義主於敬，如貴貴，則自敬君而下，以至與上大夫、下大夫言許多般；如尊賢，便有師之者、友之者許多般。禮、智亦然。但是愛親、愛兄是行仁之本。仁便是本了，上面更無本。如水之流，必過第一池，然後過第二池、第三池。未有不先過第一池，而能及第二、第三者。仁便是水之原，而孝弟便是第一池。不惟仁如此，而爲義、禮、智亦必以此爲本也。夔孫。

仁如水之源，孝弟是水流底第一坎，仁民是第二坎，愛物則第三坎也。銖。

問：「孝弟爲仁之本」，便是「物有本末，事有終始，知所先後」之意？曰：然。過。

問：「孝弟爲仁之本」，此是專言之仁，偏言之仁？曰：此方是偏言之仁，然二者亦都相關。說著偏言底，專言底便在裏面；說專言底，則偏言底便在裏面。雖是相關，又要看得界限分明。如此章所言，只是從愛上說。如云「惻隱之心仁之端」，正是此類。至於說「克己復禮爲仁」、「仁者其言也訒」、「居處恭，執事敬，與人忠」、「仁，人心也」，此是說專言之仁，又自不同。然雖說專言之仁，所謂偏言之仁亦在裏面。孟子曰：「仁之實，事親是也。」此便是都相關說，又要人自看得界限分明。僩。

問「孝弟爲仁之本」。曰：論仁，則仁是孝弟之本；行仁，則當自孝弟始。又云：孟子曰：「仁之實，事親是也；義之實，從兄是也；智之實，知斯二者弗去是也；禮之實，節文斯二者是也；樂之實，樂斯二者是也。」以此觀之，豈特孝弟爲仁之本？四端皆本於孝弟而後見也。然四端又在學者子細省察。祖道。

問：有子以「孝弟爲仁之本」，是孝弟皆由於仁矣。孟子却説「仁之實，事親是也；義之實，從兄是也」，却以弟屬義，何也？曰：孝於父母，更無商量。僩。

「仁者愛之理」，只是愛之道理，猶言生之性，愛則是理之見於用者也。蓋仁，性也，性只是理而已。愛是情，情則發於用。性者指其未發。故曰「仁者愛之理」。情即已發，故曰「愛者仁之用」。端蒙。○《集注》。○愛之理。

「仁者愛之理」，理是根，愛是苗。仁之愛，如糖之甜、醋之酸，愛是那滋味。方子。

仁是根，愛是苗，不可便喚苗做根。然而這箇苗，却定是從那根上來。佐。

仁是未發，愛是已發。節。

仁父問「仁者愛之理」。曰：這一句，只將心性情看，便分明。一身之中，渾然自有箇主宰者，心也；有仁義禮智，則是性；發爲惻隱、羞惡、辭遜、是非，則是情。惻隱，愛也，仁之端也。仁是體，愛是用。又曰：「愛之理」，愛自仁出也。然亦不可離了愛去説仁。問韓愈「博愛之謂仁」。曰：是指情爲性了。問：周子説「愛曰仁」，與博愛之説如何？曰：「愛曰仁」，猶曰「惻隱之心，仁之端也」。是就愛處指出仁。若「博愛之謂仁」，之謂，便是把博愛做仁了，終不同。問：張無垢説「仁者，覺也」。曰：覺是智，以覺爲仁，則是以智爲仁。覺也是仁裏面物事，只是便把做仁不得。賀孫。

説「仁者，愛之理」曰：仁自是箇和柔

底物事。譬如物之初生，自較和柔；及至夏間長茂，方始稍堅硬；秋則收結成實，冬則斂藏。然四時生氣無不該貫。如程子說生意處，非是說以生意爲仁，只是說生物皆能發動，死物則都不能。譬如穀種，蒸殺則不能生也。又曰：以穀種譬之，一粒穀，春則發生，夏則成苗，秋則結實，冬則收藏，生意依舊包在裏面。每箇穀子裏有一箇生意藏在裏面，種而後生也。仁義禮智亦然。又曰：仁與禮，自是有箇發生底意思；義與智，自是有箇收斂底意思。雉。

「愛之理」能包四德，如孟子言四端，首言「不忍人之心」，便是「不忍人之心」能包四端也。伯羽。

仁是愛之理，愛是仁之用。未發時，只喚做仁，仁却無形影；既發後，方喚做愛，愛却有形影。未發而言仁，可以包義、禮、智；既發而言惻隱，可以包恭敬、辭遜、是非。四端者，端如萌芽相似，惻隱方是從仁裏面發出來底端。程子曰：「因其惻隱，知其有仁。」因其外面發出來底，便知是性在裏面。植。

問：先生前日以「爲仁之本」之「仁」是偏言底，是愛之理。以節觀之，似是仁之事，非愛之理。曰：親親、仁民、愛物，是做這愛之理。又問：節常以「專言則包四者」推之，於體上推不去，於用上則推得去。如無春，則無夏、秋、冬。至於體，則有時合下齊有，却如何包得四者？曰：便是難說。又曰：用是恁地時，體亦是恁地。問：直卿已前說：「仁義禮智皆是仁，仁是仁中之切要底。」❶此說如何？曰：全謂之仁亦可。

❶「之」，朝鮮本作「至」。

只是偏言底是仁之本位。節。

問：「仁者心之德」，義、禮、智亦可爲心之德否？曰：皆是心之德，只是仁專此心之德。淳。○心之德。

知覺便是心之德。端蒙。

仁只是箇愛底道理，此所以爲「心之德」。泳。○愛之理，心之德。

問「心之德，愛之理」。曰：愛是箇動物事，理是箇静物事。賀孫。

愛是惻隱。惻隱是情，其理則謂之仁。「心之德」，德又只是愛。謂之心之德，却是愛之本柄。賀孫。

「心之德」是統言，「愛之理」是就仁義禮智上分說。如義便是宜之理，禮便是別之理，智便是知之理。但理會得愛之理，便理會得心之德。又曰：愛雖是情，愛之理是仁也。仁者，愛之理；愛者，仁之事。仁者，愛之體；愛者，仁之用。道夫。

「心之德」，是兼四端言之。「愛之理」，只是就仁體段說。其發爲愛，其理則仁也。仁兼四端者，都是這些生意流行。賀孫。

「其爲人也孝弟」章，「心之德，愛之理」。戴云：❶「仁者，仁此者也；義者，宜此者也；禮者，履此者也；智者，知此者也。」只是以孝弟爲主。仁義禮智，只是行此孝弟也。先生曰：某尋常與朋友說，仁爲孝弟之本，義禮智亦然。義只是知事親如此孝，事長如此弟，禮亦是有事親事長之禮，知只是知得孝弟之道如此。然仁爲心之德，則全得三者而有之。又云：此言「心之德」，如程先生「專言則包四者」是也；「愛之理」，如所謂「偏言則一事」者也。又

❶「戴」下，朝鮮本有「禮記」二字。

云：仁之所以包四者，只是感動處便見。有感而動時，皆自仁中發出來。仁如水之流，及流而成大池、小池、方池、圓池。池雖不同，皆由水而爲之也。卓。

「愛之理」，是「偏言則一事」；「心之德」，是「專言則包四者」。故合而言之，則四者皆心之德，而仁爲之主；分而言之，則仁是愛之理，義是宜之理，禮是恭敬、辭遜之理，知是分別是非之理也。時舉。

以「心之德」而專言之，則未發是體，已發是用；以「愛之理」而偏言之，則仁便是體，惻隱是用。端蒙。

問：「仁者，心之德，愛之理。」聖賢所言，又或不同，如何？曰：聖賢言仁，有就「心之德」説者，如「巧言令色，鮮矣仁」之類；有就「愛之理」説者，如「孝弟爲仁之本」之類。過。

楊問：「仁者，愛之理。」看孔門答問仁多矣，如克己等類，「愛」字恐未足以盡之。曰：必着許多，所以全得那愛，所以能愛。如「克己復禮」，如「居處恭，執事敬」，這處豈便是仁？所以喚醒那仁。這裏須醒覺，若私欲昏蔽，這裏便死了，没這仁了。又問：「心之德」，義禮智皆在否？曰：皆是。但仁專一心之德，所統又大。安卿問：「心之德」，以專言；「愛之理」，以偏言。曰：固是。「愛之理」，即是「心之德」。不是「心之德」了，又別有箇「愛之理」。偏言、專言，亦不是兩箇仁。小處也只在大裏面。淳録云：仁只是一箇仁，不是有一箇大底仁，其中又有一箇小底仁。嘗粗譬之：仁，恰似今福州太守兼帶福建路安撫使。以安撫使言之，則統一路州軍；以太守言之，泉州太守、漳州太守，都是一般太守，但福州較大耳。然太守即是這安撫使，隨地施用而見。寓。

或問「仁者，心之德，愛之理」。曰：「愛之理」，便是「心之德」。公且就氣上看。如春夏秋冬，須看他四時界限，又却看春如何包得三時。四時之氣，温涼寒熱，涼與寒既不能生物，夏氣又熱，亦非生物之時。惟春氣温厚，乃見天地生物之心。到夏是生氣之長，秋是生氣之斂，冬是生氣之藏。若春無生物之意，後面三時都無了。此仁所以包得義禮智也，明道所以言義禮智皆仁也。今且粗譬喻：福州知州，便是福建路安撫使，更無一箇小底做知州，大底做安撫也。今學者須是先自講明得一箇仁，若理會得後，在心術上看也是此理，在事物上看也是此理。若不先見得此仁，則心術上言仁，與事物上言仁，判然不同了。又言：學者「克己復禮」上做工夫，到私欲盡後，便粹然是天地生物之心，須常要有那温厚底意思方好。時舉。

「仁者愛之理」，是將仁來分作四段看。仁便是「愛之理」，至於愛人、愛物，皆是此理。義便是宜之理，禮便是恭敬之理，智便是分別是非之理。理不可見，因其愛與宜、恭敬與是非，而知有仁義禮智之理在其中，乃所謂「心之德」，乃是仁能包四者，便是流行處，所謂「保合大和」是也。仁是箇生理，若是不仁，便死了。人未嘗不仁，只是爲私欲所昏，才「克己復禮」，仁依舊在。直卿曰：私欲不是別有箇私欲，只心之偏處便是。汪正甫問：三仕三已未爲仁，❶管仲又却稱仁，是如何？曰：三仕三已是獨自底，管仲出來，畢竟是做得仁之功。且如一

❶「未」，萬曆本作「不」。

箇人坐亡立化，有一箇人伏節死義。❶畢竟還伏節死義底是。❷坐亡立化，濟得甚事！

曼亞夫問「殺身成仁，求生害仁」。曰：求生，畢竟是心不安。理當死，即得殺身。身雖死，而理即在。亞夫云：要將言仁處類聚看。曰：若如此，便是趕縛得急，却不好。只依次序看，若理會得一段了，相似忘却，忽又理會一段，覺見得意思轉好。南升。

或問「仁者心之德」。曰：義禮智，皆心之所有，仁則渾然。分而言之，仁主乎愛；合而言之，包是三者。或問：仁有生意，如何？曰：只此生意。心是活物，必有此心，乃能知辭遜；必有此心，乃能知羞惡；必有此心，乃能知是非。此心不生，又烏能辭遜、羞惡、是非？且如春之生物也，至於夏之長，則是生者長；秋之遂，亦是生者遂；冬之成，亦是生者成也。百穀之熟，方及七八分，若斬斷其根，則生者喪矣，其穀亦只得七八分；若生者不喪，須及十分。收而藏之，生者似息矣，只明年種之，又復有生。諸子問仁不同，而今曰「愛之理」云者，「克己復禮」亦只要存得此愛，非以「克己復禮」是仁。「友其士之仁者，事其大夫之賢者」，亦只是要見得此愛。其餘皆然。力行。

問「愛之理，心之德」。曰：理便是性。緣裏面有這愛之理，所以發出來無不愛。程子曰：「心如穀種，其生之性，乃仁也。」生之性，便是「愛之理」也。嘗譬如一箇物有四面，一面青，一面紅，一面白，一面黑。青屬東方，則仁也；紅屬南方，禮也；白屬

❶「伏」，萬曆本作「仗」。
❷「伏」，萬曆本作「仗」。

西方，義也；黑屬北方，智也。然這箇物生時，却從東方左邊生起。故寅卯辰屬東方，便是這仁，萬物得這生氣方生。及至巳午未南方，萬物盛大，便是這生氣已充滿。及申酉戌西方，則物又只有許多限量，生滿了，更生不去，故生氣到此自是收斂。若更生去，則無收殺了。又至亥子丑北方，生氣都收藏。然雖是收斂，早是又在裏面發動了，故聖人説「復見天地之心」。可見生氣之不息也。所以仁貫四端，只如此看便見。僩。

問：渾然無私，便是「愛之理」；行仁而有得於己，便是「心之德」否？曰：如此解釋文義亦可，但恐本領上未透徹爾。少頃，問濂溪「中正仁義」之説。先生遽曰：義理才覺有疑，便劄定脚步，且與究竟到底。謂如説仁，便要見得仁是甚物。如義、如智、如禮，亦然。識得道理一一分曉了然，如在目中，則自然浹洽融會，形之言語自別。若只仿像測度，才説不通，便走作向別處去，是終不能貫通矣。且如「仁」字有多少好商量處，且子細玩索。謨退而講曰：一性稟於天，而萬善皆具，仁義禮智，所以分統萬善而合爲一性者也。方「寂然不動」，此理完然，是爲性之本體。及因事感發而見於中節之時，則一事所形，一理隨著，一理之當，一善之所由得。仁固性也，而見於事親從兄之際，莫非仁之發也。有子謂孝弟行仁之本，説者於是以愛言仁，而愛不足以盡之；以心喻仁，而心實宰之。必曰「仁者愛之理」，然後仁之體明；曰「仁者心之德」，然後仁之用顯。學者識是「愛之理」，而後可以全此「心之德」。如何？曰：大意固如此，然説得未明。只看文字意脉不接續處，便是見得未親切。曰：莫是不合分體、用言之否？曰：然。只是一箇心，便自具了仁之體、用。喜怒哀樂未發處是體，發於惻隱處，便却是情。因舉天地萬物同體之意，極問其理，曰：須是近裏著身推究，未干天地萬物事也。須知所謂「心之德」者，即程先生穀種之説；所謂「愛之理」者，則正謂仁是未發之愛，愛是已發之仁爾。只以此意推之，不須外邊添入道理。若於此處認得「仁」字，即不妨與天地萬物同體。若不會得，便將天地萬物同體爲仁，却轉無交涉矣。孔門之教，説許多仁，却未曾正定説出。蓋此理直是難言，若立下一箇定説，便該括不盡。且只於自家身分上體究，久之自然通達。程先生曰：「四德之元，猶五常之仁，偏言則一事，專言則包四者。」須是統看仁如何却包得數者，又却分看義禮智信如何亦謂之仁。大抵於仁上見得盡。須知發於剛果處亦是仁，發於辭遜是非亦是仁，且款曲研究，識盡全體。正猶觀山所謂「横看成嶺，直看成峰」，若自家見他不盡，初謂只是一嶺，及少時又見一峰出來，便是未曾盡見全山，到底無定據也。此是學者緊切用功處，宜加意焉。【此一條，中間初未看得分明，後復以書請問，故發明緊切處，兼載書中之語。○謨。】

問：「愛之理」實具于心，「心之德」發而爲愛否？曰：解釋文義則可，實下功夫當如何？曰：據其已發之愛，則知其爲「心之德」；指其未發之仁，則知其爲「愛之理」。曰：某記少時與人講論此等道理，見得未真，又不敢斷定，觸處問人，自爲疑惑，皆是臆度所致，至今思之，可笑。須是就自己實做工夫處，分明見得這箇道理，意味自别。如「克己復禮」則如何爲仁？「居處恭，執事敬」，與「出門如見大賓」之類，亦然。「克己復禮」本非仁，却須從「克己復禮」中尋究仁在何處，親切貼身體驗出來，不須向外處求。謨曰：平居持養，只克去己私，便是本心之德；流行發見，無非愛而已。曰：此語近之。正如疏導溝渠，初爲物所壅蔽，才疏導得通，則水自流行。「克己復禮」，便是疏導意思；流行處，便是仁。謨。

先生嘗曰：「仁者，心之德，愛之理。」《論》、《孟》中有專就「心之德」上説者，如「克己復禮」、「承祭、見賓」，與答樊遲「居處恭」、「仁人心也」之類；有就「愛之理」上説者，如「孝弟爲仁之本」，與「愛人」、「惻隱之心」之類。過續與朋友講此，因曰就人心之德説者，有是「心之德」。陳廉夫云：如此轉語方得。先生嘗説：如有所譬者，其有所試矣。蔡季通曰：如「雍也可使南面」是也。先生極然之。楊至之嘗疑先生「君子而時中」解處，恐不必説「而又」字，先生曰：只是未理會此意。過曰：正如程子《易傳》云「正不必中，中重於正」之意。曰：固是。既君子，又須時中；彼既小人矣，又無忌憚。先生語輔漢卿曰：所看文字，於理會得底更去看，又好。過。

「孝弟爲仁之本」注中，程子所説三段，須要看得分曉。仁就性上説，孝弟就事上説。僩。○《集注》程子説。

孝弟如何謂之順德？且如義之羞惡，羞惡則有違逆處。惟孝弟則皆是順。義剛。

伊川説：「爲仁以孝弟爲本，論性則以仁爲孝弟之本。」此言最切，須子細看，方知得是解經密察處。非若今人自看得不子細，只見於我意不合，便胡罵古人也。銖。

仁是性，孝弟是用。用便是情，情是發

出來底。論性，則以仁爲孝弟之本；論行仁，則孝弟爲仁之本。如親親、仁民、愛物，皆是行仁底事，但須先從孝弟做起，舍此便不是本。所載「程子曰」兩段，分曉可觀。《語録》所載他説，却未須看。如《語録》所載，「盡得孝弟便是仁」，此一段最難曉，不知何故如此説。明作。

「爲仁以孝弟爲本」，即所謂「親親而仁民，仁民而愛物」。「論性則以仁爲孝弟之本」。「孩提之童，無不知愛其親；及其長也，無不知敬其兄」，是皆發於心德之自然，故「論性以仁爲孝弟之本」。「爲仁以孝弟爲本」，這箇「仁」字，是指其周遍及物者言之。「以仁爲孝弟之本」，這箇「仁」字是指其本體發動處言之否？曰：是。道理都自仁裏發出，首先是發出爲愛。愛莫切於愛親，其次便到弟其兄，又其次便到事君以及於他，皆從這裏出。如水相似，愛是箇源頭，漸漸流出。賀孫。

問：孝根原是從仁來。仁者，愛也。愛莫大於愛親，於是乎有孝之名。既曰孝，則又當知其所以孝。子之身得之於父母，「父母全而生之，子全而歸之」，故孝不特是承順養志爲孝，又當保其所受之身體，全其所受之德性，無忝乎父母所生，始得。所以「爲人子止於孝」。曰：凡論道理，須是論到極處。以手指心曰：本只是一箇仁，愛念動出來便是孝。程子謂：「爲仁以孝弟爲本，論性則以仁爲孝弟之本。仁是性，孝弟是用。性中只有箇仁義禮智，曷嘗有孝弟來。」譬如一粒粟，生出爲苗。仁是粟，孝弟是苗，便是仁爲孝弟之本。又如木有根，有榦，有枝葉，親親是根，仁民是榦，愛物是枝葉，便是行仁以孝弟爲本。淳。

「由孝弟可以至仁」一段，是劉安節記，最全備。問：把孝弟喚做仁之本，却是把枝葉做本根。曰：然。賀孫。

「由孝弟可以至仁」，則是孝弟在仁之外也。孝弟是仁之一事也。如仁之發用三段，孝弟是第一段也。仁是箇全體，孝弟却是用。凡愛處皆屬仁。愛之發，必先自親親始。「親親而仁民，仁民而愛物」，是行仁之事也。

問：「孝弟爲仁之本。」或人之問：「由孝弟可以至仁」，是仁在孝弟之中；程子謂「行仁自孝弟始」，是仁在孝弟之外。曰：如何看此不子細！程先生所答煞分曉。據或人之問，仁不在孝弟之中，乃在孝弟之外。如自建陽去，❶方行到信州。程子正説在孝弟之中，只一箇物事。如公所説程子之意，孝弟與仁却是兩箇物事，豈有此理！直卿曰：正是倒看却。曰：孝弟不是仁，更把甚麽做仁？前日戲與趙子欽説，須畫一箇圈子，就中更畫大小次第作圈。中間圈子寫一「性」字，自第二圈以下，分界作四去，各寫「仁、義、禮、智」四字。「仁」之下寫「惻隱」，「惻隱」下寫「事親」，「事親」下寫「仁民」，「仁民」下寫「愛物」。「義」下寫「羞惡」，「羞惡」下寫「從兄」，「從兄」下寫「尊賢」，「尊賢」下寫「貴貴」。於「禮」下寫「辭遜」，「辭遜」下寫「節文」。「智」下寫「是非」，「是非」下寫「辨别」。直卿又謂：但將仁作愛看，便可見。程子説「仁主於愛」，此語最切。曰：要從裏面説出來。仁是性，發出來是情，便是孝弟。孝弟，仁之用，以至仁民、愛物，只是這箇仁。「行仁自孝弟始」，便是從裏面行將去，這只是一箇物事。今人看道

❶「自」，萬曆本作「此」。

理，多要説做裏面去，不要説從外面來，不可曉。深處還他深，淺處還他淺。寓。

「行仁自孝弟始。」蓋仁自事親、從兄，以至親親、仁民，仁民、愛物，無非仁。然初自事親、從兄行起，非是便能以仁遍天下。只見孺子入井，這裏便有惻隱欲救之心，只恁地做將去。故曰「安土敦乎仁，故能愛」，只是就這裏當愛者便愛。蓋卿。

問節：如何仁是性，孝弟是用？曰：所以當愛底是仁。曰：不是。曰：仁是孝弟之母，子有仁，方發得孝弟出來；無仁，則何處得孝弟！先生應。次日問曰：先生以節言所以當愛底不是，未達。曰：「當」字不是。又曰：未説着愛，在他會愛。如目能視，雖瞑目不動，他却能視。仁非愛，他却能愛。又曰：愛非仁，愛之理是仁；心非仁，心之德是仁。節。

舉程子説云：「性中只有箇仁義禮智，何嘗有孝弟來？」説得甚險。自未知者觀之，其説亦異矣。然百行各有所屬，孝弟是屬於仁者也。因問仁包四者之義。曰：仁是箇生底意思，如四時之有春。彼其長於夏，遂於秋，成於冬，雖各具氣候，然春生之氣皆通貫於其中。仁便有箇動而善之意。如動而有禮，凡其辭遜皆禮也；然動而爲禮之善者，則仁也。曰義，曰智，莫不皆然。又如慈愛、恭敬、果毅、知覺之屬，則又四者之小界分也。譬如「普天之下，莫非王土」，固也。然王畿之内是王者所居，大而諸路，王畿之所轄也；小而州縣市鎮，又諸路之所轄也。若王者而居州鎮，亦是王土，然非其所居矣。又云：智亦可以包四者，知之在先故也。人傑。

孝弟便是仁。仁是理之在心，孝弟是

心之見於事。性中只有箇仁義禮智，曷嘗有孝弟？見於愛親，便喚做孝；見於事兄，便喚做弟。如「親親而仁民，仁民而愛物」，都是仁。性中何嘗有許多般，只有箇仁。自「親親」至於「愛物」，乃是行仁之事，非是仁之本也。❶故仁是孝弟之本。推之，則義爲羞惡之本，禮爲恭敬之本，智爲是非之本。自古聖賢相傳，只是理會一箇心，心只是一箇性。性只有箇仁義禮智，❷都無許多般樣，見於事，自有許多般樣。

仁是理之在心者，孝弟是此心之發見者。孝弟即仁之屬，但方其未發，則此心所存，只是有愛之理而已，未有所謂孝弟名件，❸故程子曰：「何曾有孝弟來！」必大。

問：明道曰：「孝弟有不中理，或至犯上。」既曰孝弟，如何又有不中理？曰：且如父有争子，一不中理，則不能承意，遂至於犯上。問：明道曰「孝弟本其所以生，乃爲仁之本」，如何？曰：此是不忘其所由生底意，故下文便接「孰不爲事，事親事之本」來説。其他「愛」字，皆推向外去；此箇「愛」字，便推向裏來。玩味此語儘好。

問：或人問伊川曰：「孝弟爲仁之本」，此是由孝弟可以至仁否？伊川曰：「非也。」不知如何？曰：仁不可言至。仁者，義理之言，不是地位之言，地位則可以言至。又不是孝弟在這裏，仁在那裏，便由孝弟以至仁，無此理。如所謂「何事於仁，必也聖乎」，聖却是地位之言。程先生便只説道：「盡得仁，斯盡得孝弟；盡得孝弟，便是

❶「是」下，萬曆本有「行」字。
❷「只」下，萬曆本有「是」字。
❸「名」，萬曆本作「各」字。

仁。」又曰：「孝弟，仁之一事。」問：曰仁是義理之言，蓋以仁是自家元本有底否？曰：固是。但行之亦有次序，所以莫先於孝弟。問：伊川曰：「仁是性也。」仁便是性否？曰：「仁，性也。」「仁，人心也。」皆如所謂《乾卦》相似。卦便有《乾》、《坤》之類，❶性與心便有仁義禮智，却不是把性與心便作仁看。性，其理；情，其用。心者，兼性、情而言；兼性、情而言者，包括乎性、情也。孝弟者，性之用也。惻隱、羞惡、辭遜、是非，❷皆情也。問：伊川何以謂「仁是性」？孟子何以謂「仁，人心」？曰：要就人身上説得親切，莫如就「心」字説。心者，兼體、用而言。程子曰：「仁是性，惻隱是情。」若孟子，便只説心。程子是分別體、用而言；孟子是兼體、用而言。問：伊川曰「仁主乎愛」，愛便是仁否？曰：「仁主乎愛」者，仁發出來便做那慈愛底事。某嘗説「仁主乎愛」，仁須用「愛」字説，被諸友四面攻道不是。吕伯恭亦云「説得來太易了」。愛與惻隱，本是仁底事。仁本不難見，緣諸儒説得來淺近了，故二先生便説道，❸仁不是如此説。後人又却説得來高遠没理會了。又曰：天之生物，便有春夏秋冬，陰陽剛柔，元亨利貞。以氣言，則春夏秋冬；以德言，則元亨利貞。在人，則爲仁義禮智，是箇坯樸裏便有這底。天下未嘗有性外之物。仁則爲慈愛之類；義則爲剛斷之類；禮則爲謙遜；智則爲明辨；信便是真箇有仁義禮智，不是假，謂之信。問：如何不道

❶「便」，萬曆本作「自」。
❷「遜」，萬曆本作「讓」。
❸「二」下，朝鮮本有「程」字。

「鮮矣義禮智」，只道「鮮矣仁」？曰：程先生《易傳》説：「四德之元，猶五常之仁，專言則包四者，偏言之則主一事。」如「仁者必有勇」，便義也在裏面；「知覺謂之仁」，便智也在裏面。如「孝弟爲仁之本」，便只是主一事，主愛而言。如「巧言令色，鮮矣仁」、「泛愛衆，而親仁」，皆偏言也。如「克己復禮爲仁」，却是專言。纔有私欲，則義禮智都是私，愛也是私愛。譬如一路數州，必有一帥，自一路而言，便是一帥；自一州而言，只是一州之事。然而帥府之屬縣，便較易治。若要治屬郡之縣，却隔一手了。故仁只主愛而言。又曰：仁義禮智共把來看，便見得仁。譬如四人分作四處住，看了三箇，則那一箇定是仁。不看那三箇，只去求一箇，如何討得着！又曰：「仁主乎愛」，如燈有光。若把光做燈，又不得。謝氏説曰：「若不知仁，則只知『克己復禮』而已。」豈有知「克己復禮」而不知仁者？謝氏這話都不甚穩。問：知覺是仁否？曰：仁然後有知覺。問：知覺可以求仁否？曰：不可。問：謝氏曰：「試察吾事親、從兄時此心如之何，知此心則知仁。」何也？曰：便是這些話心煩人，二先生却不如此説。問：謝氏曰：「人心之不僞者，莫如事親、從兄。」如何？曰：人心本無僞，如何只道事親、從兄是不僞？曰：恐只以孝弟是人之誠心否？曰：也不然。人心那箇是不誠底？皆是誠。如四端不言信，蓋四端皆是誠實底。問：四肢痿痺爲不仁，莫把四肢喻萬物否？曰：不特喻萬物，他有數處説，有喻萬物底，有只是頃刻不相應，便是不仁。如病風人一肢不仁，兩肢不仁，爲其不省悟也。似此等語，被上蔡説，便似忒過了。他專把省察做事。省察固是好，如「三省吾身」，只是自省，看這事合恁地，不合恁地，却不似上蔡諸公説道去那上面察探。要見這道理，道理自在那裏，何用如此等候察探他？且如上蔡説仁「曰試察吾事親、從兄時此心如之何」，便都似剩了。仁者便有所知覺，不仁者便無所知覺，恁地却説得。若曰「心有知覺之謂仁」，却不得。「仁」字最難言，故孔子罕言仁。仁自在那裏，夫子却不曾説，只是教人非禮勿視、聽、言、動與「居處恭，執事敬，與人忠」，便是説得仁前面話；「仁者其言也訒」、「仁者先難而後獲」、「仁者樂山」之類，便是説得仁後面話。只是這中間便着理會仁之體。仁義禮智，只把元亨利貞、春夏秋冬看，便見。而知覺自是智之事，在四德是「貞」字。而知所以近乎仁者，便是四端循環處。若無這智，便起這仁不得。問：先生作《克己齋銘》有曰：「求之於機警危迫之際。」想正爲此設。曰：後來也改却，不欲説到那裏。然而他説仁，説知覺，分明是説禪。又曰：如湖南五峰多説「人要識心」。心自是箇識底，却又把甚底去識此心？且如人眼自是見物，却如何見得眼？故學者只要去其物欲之蔽，此心便明。如人用藥以治眼，然後眼明。他而今便把《孟子》愛牛入井做主説。却不知孟子他此説，蓋爲有那一般極愚昧底人，便着恁地向他説道是心本如此，不曾把做主説。諸公於此，便要等候探知這心，却恐不如此。榦。○《集義》。

或疑上蔡「孝弟非仁也」一句。先生曰：孝弟滿體是仁。内自一念之微，以至萬物各得其所，皆仁也。孝弟是其和合做底事。若説孝弟非仁，不知何從得來。上蔡之意，蓋謂别有一物是仁。如此，則是性外有物也。或曰：「知此心，則知仁矣。」此語好。曰：聖門只説爲仁，不説知仁。或録云：上蔡説仁，只從知覺上説，不就爲仁處説。聖人分明説「克己復禮爲仁」，不曾説知覺底意。上蔡一變。云云。○蓋卿録云：孔門只説爲仁，上蔡却説知仁。只要見得此心，便以爲仁。上蔡一轉。云云。上蔡一變而爲張子韶。上蔡所不敢衝突者，張子韶出來，盡衝突了。蓋卿録云：子韶一轉而爲陸子静。近年陸子静又衝突，出張子韶之上。蓋卿録云：子韶所不敢衝突者，子静盡衝突。○方子。

問：「孝弟是行仁之本」，則上面「生」字恐著不得否？曰：亦是仁民愛物，都從親親上生去。孝弟也是仁，仁民愛物也是仁。只孝弟是初頭事，從這裏做起。問：「爲仁」只是推行仁愛以及物，不是去做那仁否？曰：只是推行仁愛以及物，不是就這上求仁。如謝氏説「就良心生來」，便是求仁。程子説，初看未曉，似悶人；看熟了，真攧撲不破。淳。

問「孝弟爲仁之本」。曰：上蔡謂：「事親、從兄時，可以知得仁。」是大不然。蓋爲仁，便是要做這一件事，從孝弟上做將去。若曰「就事親、從兄上知得仁」，却是只借孝弟來，要知箇仁而已，不是要爲仁也。上蔡之病，患在以覺爲仁。但以覺爲仁，只將針來刺股上，才覺得痛，亦可謂之仁矣。此大不然也。時舉。

巧言令色鮮矣仁章

或問「巧言令色，鮮矣仁」。曰：只心在外，便是不仁也。祖道録云：他自使去了。此心在外，如何得仁？不是別更有仁。雉。

「巧言令色，鮮矣仁」，只争一箇爲己、爲人。且如「動容貌，正顔色」，是合當如此，何害於事？若做這模樣，務以悦人，則不可。

或以巧言爲言不誠。曰：據某所見，巧言即所謂花言巧語，如今世舉子弄筆端做文字者便是。看做這般模樣時，其心還在腔子裏否？文蔚。

問「巧言令色，鮮矣仁」，《記》言「辭欲巧」，《詩》言「令儀令色」者，何也？曰：看文字不當如此。《記》言「辭欲巧」，非是要人機巧，蓋欲其辭之委曲耳。如《語》言：「夫子爲衛君乎？」答曰：「吾將問之。」入曰：「伯夷、叔齊何人也？」之類是也。詩人所謂令色者，仲山甫之正道，自然如此，非是做作恁地。何不看取上文：「仲山甫之德，令儀令色。」此德之形於外者如此，與「鮮矣仁」者不干事。去僞。

問：巧言令色是詐僞否？曰：諸家之説，都無詐僞意思。但馳心於外，便是不仁。若至誠巧令，尤遠於仁矣！人傑。

「巧言令色，鮮矣仁。」聖人説得直截。專言鮮，則絶無可知，但辭不迫切，有含容之意。若云「鮮矣仁」者猶有些在，則失聖人之意矣。人傑。

問：「鮮矣仁」，《集注》以爲絶無仁，恐未至絶無處否？曰：人多解作尚有些箇仁，便粘滯，咬不斷了。子細看，巧言令色，心皆逐物於外，大體是無仁了。縱有些箇仁，亦成甚麽？所以程子以巧言令色爲非仁。「絶無」二字，便是述程子之意。淳。

問：「鮮矣仁」，先生云「絶無」，何也？曰：只是心在時，便是仁。若巧言令色之人，一向逐外，則心便不在，安得謂之仁！「顏子三月不違仁」，也只是心在。伊川云：「知巧言令色之非仁，則知仁矣。」謂之非仁，則絶無可知。南升。

問：「鮮矣仁」，程子却説非仁，何也？曰：「鮮」字若對上面説，如「不好犯上而好作亂者鮮」，這便是少。若只單説，便是無了。巧言令色，又去那裏討仁？道夫。

人有此心，以其有是德也。此心不在，便不是仁。巧言令色，此雖未是大段姦惡底人，然心已務外，只求人悦，便到惡處亦不難。程子曰：「知巧言令色之非仁，則知仁矣。」此説極盡。若能反觀此心，才收拾得不走作務外，便自可。與前章「程子曰」兩條若理會得，則《論語》一書，凡論仁處皆可通矣。《論語》首章載時習，便列兩章説仁次之，其意深矣。明作。

問：「鮮矣仁」章，諸先生説都似迂曲，不知何説爲正？曰：便是這一章都生受。❶惟楊氏後説近之，然不似程説好，更子細玩味。問：游氏説「誠」字，如何？曰：他却説成「巧言令色，鮮矣誠」，不是「鮮矣仁」。説仁，須到那仁處，便安排一箇「仁」字，安頓放教恰好，只消一字，亦得。不然，則三四字亦得。又須把前後説來相參，子細玩味，看道理貫通與不貫通，便見得。如《洙泗言仁》一書，却只總來恁地看，却不如逐段看了來相參，自然見得。先生因問曰：曾理會得伊川曰「論性則仁爲孝弟之本」否？榦曰：有這性，便有這仁。仁發出來，方做孝弟。曰：但把這底看「巧言令色，鮮矣仁」，便見得。且如巧言令色

❶「生受」，朝鮮本作「主愛」。

人，盡是私欲，許多有底，便都不見了。私慾之害，豈特是仁，和義禮智都不見了。問：何以不曰「鮮矣義禮智」，而只曰「鮮矣仁」？曰：程先生曰：「五常之仁，如四德之元。偏言之，則主一事；專言之，則包四者。」先生又曰：仁與不仁，只就向外、向裏看，便見得。且如這事合恁地方中理，必可以求仁，亦不至於害仁。如只要人知得恁地，便是向外。問：謝氏説如何？曰：謝氏此一段如亂絲，須逐一剔撥得言語異同，「巧令」字如何不同，❶又須見得有箇總會處。且如「辭欲巧」，便與「遜以出之」一般。「逞顔色」與仲山甫之「令儀令色」，都是自然合如此，不是旋做底。「惡訐以爲直」，也是箇巧言令色底意思。巧言令色，便要人道好，他便要人道直。「色厲而内荏」，又是令色之尤者也。榦。

❶「令」，萬曆本作「言」。

朱子語類卷第二十一 計二十板

論語三

學而篇中

曾子曰吾日三省吾身章

周伯壽問：「爲人謀而不忠」三句，不知是此三事最緊要，或是偶於此照管不到？曰：豈不是緊要。若爲人謀而不忠，既受人之託，若不盡心與他理會，則不惟欺人，乃是自欺。且説道爲人謀而不忠後，這裏是幾多病痛！此便是謹獨底道理。蓋卿。

伯壽問：曾子只以此三者自省，如何？曰：蓋是來到這裏打不過。又問忠信。曰：忠，以心言；信，以事言。青是青，黄是黄，這便是信。未有忠而不信，信而不忠，故明道曰：「忠信，内外也。」這内外二字極好。節。

問曾子三省。曰：此三省自是切己底事。爲人處如何不要忠？一才不忠，便是欺矣。到信，却就事上去看，❶謂如一件事如此，爲人子細斟酌利害，直似己事，至誠理會，此便是忠。如這事我看得如此，與他説亦是如此，只此便是信。程先生云：「循物無違之謂信。」極好。不須做體、用説。謙。

蜚卿言：曾子三省，固無非忠信、學習

❶「却」，萬曆本作「知」。

之事。然人之一身，大倫之目，自爲人謀、交朋友之外，得無猶在所省乎？曰：曾子也不是截然不省別底，只是見得此三事上，實有纖豪未到處。其他處固不可不自省，特此三事較急耳。大凡看文字，須看取平，莫有些小偏重處。然也用時候到。曾子三省，只是他這些未熟。如今人記書，熟底非全不記，但未熟底比似這箇較用着心力照管。這也是他打不過處。又云：爲人謀而忠，也自是難底事。大凡人爲己謀便盡，爲人謀便未必盡。直卿因舉先生舊説云：人在山路避人，必須立己於路後，讓人於路前，此爲人謀之不忠也。如此等處，蹉過多少！道夫。

問曾子三省。曰：此是他自見得身分上有欠闕處。或録云：他自覺猶於此欠闕。故將三者省之。若今人欠闕處多，却不曾自知得。恪。

曾子三省，看來是當下便省得，才有不是處便改，不是事過後方始去改，省了却又休也。只是合下省得，便與它改。銖。

三省固非聖人之事，然是曾子晚年進德工夫，蓋微有這些子查滓去未盡耳。在學者則當隨事省察，非但此三者而已。鎬。

問：三省忠信，是聞一貫之後，抑未聞之前？曰：不見得。然未一貫前也要得忠信，既一貫後也要忠信。此是徹頭徹尾底。淳。

爲人謀時，竭盡自己之心，這箇便是忠。問：如此，則忠只是箇待人底道理？曰：且如自家事親有不盡處，亦是不忠。節。○爲人謀不忠。

「爲人謀而不忠乎？」爲他人謀一件事，須盡自家伎倆與他思量，便盡己之心。

不得鹵莽滅裂，姑爲它謀。如烏喙是殺人之藥，須向他道是殺人，不得説道有毒。如火，須向他道會焚灼人，不得説道只是熱。如今人爲己謀必盡，爲他人謀便不曾着心，謾爾如此，便是不忠。泳。

問：爲人謀有二意：一是爲人謀那事；一是這件事爲己謀則如此，爲人謀則如彼。曰：只是一箇爲人謀，那裏有兩箇？文勢只説爲人謀，何須更將爲己來合插此項看。爲人謀不忠，如何便有罪過？曾子便知人於爲己謀，定是忠，更不必説。只爲人謀易得不忠。爲人謀如爲己謀，便是忠；不如爲己謀，便是不忠。如前面有虎狼，不堪去，説與人不須去，便是忠。若道去也得，不去也得，便是不忠。文勢如此，何必拗轉枝蔓。看文字自理會一直路去。豈不知有千蹊萬徑，不如且只就一直路去，久久自然通透。如《精義》，諸老先生説非不好，只是説得忒寬，易使人向別處去。某所以做箇《集注》，便要人只恁地思量文義，曉得了，只管玩味，便見聖人意思出來。寓。

「爲人謀而不忠」，謀是主一事説。「朋友交而不信」，是泛説。人自爲謀，必盡其心；到得爲他人謀，便不子細，致誤他事，便是不忠。若爲人謀事一似爲己，爲盡心。夔孫。○爲人謀不忠，與朋友交不信。

問「爲人謀而不忠，與朋友交」云云。曰：人之本心，固是不要不忠信。但才見是別人事，便自不如己事切了。若是計較利害，猶只是因利害上起，這箇病猶是輕。惟是未計較利害時，已自有私意，這箇病却最重。往往是才有這箇軀殼了，便自私了，佛氏所謂流注想者是也。所謂流注者，便是不知不覺，流射做那裏去。但其端甚微，直是要省察。時舉。○寓録同，别出。

子善問云云。曰：未消説計較，只是爲别人做事，自不着意，這箇病根最深於計較。伊川云：「人才有形，便有彼己，所以難與道合。」釋氏所謂流注想，如水流注下去。才有形，便有此事，這處須用省察。寓。

「爲人謀而不忠乎？」人以事相謀，須是子細量度，善則令做，不善則勿令做，方是盡己。若胡亂應去，便是不忠。或謂人非欲不忠於人，緣計較利之所在，才要自家利，少間便成不忠於人。曰：未説到利處。大率人情，處自己事時甚着緊，把他人便全不相干，大段緩了，所以爲不忠。人須是去却此心，方可。明作。

問：爲人謀、交朋友，是應接事物之時。若未爲人謀、未交朋友之時，所謂忠信，便如何做工夫？曰：程子謂「舜『雞鳴而起，孳孳爲善』，若未接物時，如何爲善？只是主於敬」。此亦只是存養此心在這裏，照管勿差失，寓録作「令勿偏倚」。便是「戒謹乎其所不覩，恐懼乎其所不聞」，「不動而敬，不言而信」處。淳。○寓録略。

「與朋友交而不信乎？」凡事要實，❶用自家實底心與之交。有便道有，無便道無。泳。○與朋友交。

忠信，實理也。道夫。○忠信。

忠信，以人言之。蓋忠信以理言，只是一箇實理；以人言之，則是忠信。蓋不因人做出來，不見得這道理。端蒙。

信者，忠之驗。忠只是盡己。因見於事而爲信，又見得忠如此。端蒙。

❶「實」，萬曆本作「當」。

忠信只是一字。❶但是發於心而自盡，則爲忠；驗於理而不違，則爲信。忠是信之本，信是忠之發。義剛。

忠信只是一事，而相爲内外，始終本末，有於己爲忠，見於物爲信。做一事説也得，做兩字説也得。❷僩。

問：曾子忠信，却於外面理會？曰：此是「修辭立其誠」之意。曰：莫是内面工夫已到？曰：内外只是一理。事雖見於外，而心實在内。告子義外，便錯了。可學。

問「忠信」二字。曰：忠則只是盡己，與事上忠同體。信不過是一箇「實」字意思，但説處不同。若只將做有諸己説，未是。祖道。

信是言行相顧之謂。道夫。

林子武問「盡己之謂忠」。曰：「盡己」字本是「忠」字之注脚。今又要討「盡己」注脚，如此是隔幾重？何不試思，自家爲人謀時，己曾盡不曾？便須見得盡己底意思也。閎祖。○盡己之謂忠。

問：「盡己之謂忠」，不知盡己之甚麽？曰：盡己之心。又曰：今人好説「且恁地」，便是不忠。節。

問「盡己之謂忠」。曰：盡時須是十分盡得，方是盡。若七分盡得，三分未盡，也不是忠。又問：忠是人心實理。於事父謂之孝，處朋友謂之信，獨於事君謂之忠，何也？曰：父子、兄弟、朋友，皆是分義相親。至於事君，則分際甚嚴，人每若有不得已之意，非有出於忠心之誠者，❸故聖人以

❶「字」，中華本作「事」。
❷「字」，中華本作「事」。
❸「忠」，朝鮮本作「中」。

事君盡忠言之。又問：忠與誠如何？曰：忠與誠，皆是實理。一心之謂誠，盡心之謂忠。誠是心之本主，忠又是誠之用處。用者，只是心中微見得用。卓。

問：盡己之忠，此是學者之忠，聖人莫便是此忠否？曰：固是。學者是學聖人而未至者，聖人是爲學而極至者。只是一箇自然，一箇勉强爾。惟自然，故久而不變；惟勉强，故有時而放失。因舉程子説：「孟子若做孔子事，儘做得，只是未能如聖人。」龜山言：「孔子似知州，孟子似通判權州。」此喻甚好。通判權州，也做得，只是不久長。壯祖。

或問：學者盡己之忠，如何比得聖人至誠不息？曰：只是這一箇物，但有精粗。衆人有衆人底忠，學者有學者底忠，賢者有賢者底忠，聖人有聖人底忠。衆人只是樸實頭，不欺瞞人，亦謂之忠。直卿云：「己」字便是「至誠」字，「盡」字便是「不息」字。「至誠」便是「維天之命」，「不息」便是「於穆不已」。學蒙。

未有忠而不信，未有信而不忠者。「盡己之謂忠，以實之謂信。」以，用也。泳。○盡己謂忠，以實謂信。

文振問「盡己之謂忠，以實之謂信」。曰：忠信只是一理。自中心發出來便是忠，著實便是信。謂與人説話時，説到底，見得恁地了。若説一半，不肯盡説，便是不忠。有這事説這事，無這事便説無，便是信。只是一箇理，自其發於心謂之忠，驗於事謂之信。又，文振説「發己自盡爲忠，循物無違謂信」。發己自盡，便是盡己。循物無違，譬如香爐只喚做香爐，卓只喚做卓，便着實不背了。若以香爐爲卓，卓爲香爐，便是背了它，便是不着實。恪。

問「盡己之謂忠」。曰：盡己只是盡自家之心，不要有一豪不盡。如爲人謀一事，須直與它説這事合做與否。若不合做，則直與説這事決然不可爲。不可説道，這事恐也不可做，或做也不妨。此便是不盡忠。信即是忠之見於事者。所以説「忠信，内外也」，只是一物。未有忠而不信者，亦未有信而不出於忠者。只是忠則專就發己處説，信則説得來周遍，事上都要如此。問「忠信爲傳習之本」。曰：人若不忠信，更無可得説，習箇甚麽！僩。

林正卿問「盡己之謂忠，以實之謂信」。曰：自中心而發出者，忠也；施於物而無不實者，信也。且如甲謂之甲，乙謂之乙，信也；以甲爲乙，則非信矣。與「發己自盡，循物無違」之義同。又問：「維天之命，於穆不已，忠也」，與盡己之忠如何？曰：不同。曾子答門人一貫之問，借此義以形容之耳。人傑。

問：「盡己之謂忠，以實之謂信。」信既是實，先生前又説道忠是實心，不知如何分别？曰：忠是就心上説，信是指事上説。如今人要做一件事，是忠；做出在外，是信。如今人問火之性是如何，向他説熱，便是忠。火性是熱，便是信。心之所發既實，則見於事上皆是實。若中心不實，則見於事上便不實，所謂「不誠無物」。若心不實，發出來更有甚麽物事！賀孫。

忠就心上看，信就事上看。「忠信，内外也。」《集注》上除此一句，甚害事。方子。

○《集注》諸説。

某一日看曾子三省處，《集注》説亦有病，如省察已做底事。曾子省察，只當下便省察，俯視拱手而曰：「爲人謀而不忠乎？」節。

問：《集注》云，三句又以忠信爲本。竊謂傳習以忠信爲本，少間亦自堅固。曰：然。但此一篇，如説「則以學文」，「就有道而正焉」之類，都是先説一箇根本，而後説講學。燾。

伯豐舉程先生曰：人道惟在忠信，「不誠無物」。誠便是忠信否？曰：固是。至之問：《集注》説「三者之序，又以忠信爲傳習之本」。曰：大抵前面許多話，皆是以忠信爲本之意。若無忠信，便不是人，如何講學！恪。

問：《集注》：「三者之序，又以忠信爲本。」人若不誠實，便傳也傳箇甚底。言未畢，先生繼云：習也習箇甚底。南升。

問：尹氏謂：「曾子守約，故動必求諸身。」莫也須博學而後守之以約否？曰：「參也魯。」其爲人質實，心不大段在外，故雖所學之博，而所守依舊自約。道夫。

曾子之學，大率力行之意多。守約，是於樸實頭省氣力處用功。方子。○佐同。

問：「諸子之學，愈遠而失真」，莫是言語上做工夫，不如曾子用心於内，所以差否？曰：只爲不曾識得聖人言語。若識得聖人言語，便曉得天下道理；曉得理，便能切己用工如曾子也。明作。

問：伊川謂「曾子三省，忠信而已」。不知此説盡得一章意否？伊川之意，似以「傳不習」爲不習而傳與人是亦不忠信者。問：如此説，莫倒了語意否？曰：然。但以上文例推之，也却恁地。要之，亦不須如此説。大抵《學而》篇數章，皆是以忠信爲本，而後濟之以學。道夫。○《集義》。

或問「發己自盡爲忠，循物無違謂信」。曰：忠信只是一事，只是就這一物上見有兩端。如人問自家這件事是否，此事本是，則答之以是，則是發己自盡，此之謂忠。其事本是，而自家答之以是，則是循物無違，是之謂信。不忠不信者，反是。只是發於己者既忠，則見於物者便信，一事而有兩端之義也。僩。

問：「發己自盡爲忠，循物無違爲信。」如何循物無違？曰：只是依物而實言之。忠信只是一箇道理。發於己者自然竭盡，便是忠；見諸言者以實，便是信。循物無違，如這卓子，黃底便道是黃，黑者便道是黑，這便是無違。程子曰：「一心之謂誠，盡心之謂忠，存於中者之謂孚，見於事者之謂信。」卓。

問「發己自盡爲忠」。曰：發己是從這己上發生出來。盡是盡己之誠，不是盡己之理，與《孟子》盡心不同。如十分話，對人只説七分，便是不盡。問「循物無違謂信」，此語已都包了。曰：「盡己之謂忠，以實之謂信」。若將楪喚做盞，便違背了。忠是體，信是用。自發己自盡者言之，則名爲忠，而無不信矣；自循物無違者言之，則名爲信，而無不出於忠矣。淳。

問：「發己自盡爲忠」，何以不言反己？曰：若言反己，是全不見用處，如何接得下句來。推發此心，更無餘蘊，便是忠處，恕自在其中。如今俗語云「逢人只説三分話」，只此便是不忠。循體事物而無所乖違，是之謂信。後來伊川往往見此説尚晦，故更云：「盡己之謂忠，以實之謂信。」便是穩當分明。大雅。

問：何謂「發己自盡」？曰：且如某今

病得七分，對人説只道三兩分，這便是發於己者不能盡。何謂「循物無違」？曰：正如恰方説病相似。他本只是七分，或添作十分，或減作五分，這便不是循物，便是有違。要之，兩箇只是一理。忠是存諸内，❶信是形諸外。忠則必信，信則必是曾忠，池本作「不信必是不曾忠」。所以謂「表裏之謂」也。忠問：伊川謂「盡己之謂忠，以實之謂信。忠信，内外也」，只是這意。曰：然。明道之語周於事物之理，便恁地圓轉；伊川之語嚴，故截然方正。大抵字義到二程説得方釋然。只如「忠信」二字，先儒何嘗説得到此。伊川《語解》有一處云：「一心之謂誠，盡心之謂忠，存於中之謂孚，見於事之謂信。」被他秤停得也不多半箇字，也不少半箇字。如他平時不喜人説文章，如《易傳序》之類，固是説道理。如其他小小記文之類，今取而讀之，也不多一箇字，也不少一箇字。居父曰：「盡己之謂忠」，今有人不可以盡告，則又當如何？曰：聖人到這裏，又却有義。且如有人對自家説那人，那人復自來問自家，儻其人凶惡，若盡己告之，必至殺人，夫豈可哉！到這裏，又却是一箇道理。所以聖人道「信近於義，言可復也」。蓋信不近義，則不可以復。道夫。○寓録别出。

仲思問：如何是「發己自盡」？曰：發於己而自盡其實。先生因足疾，舉足言曰：足有四分痛，便説四分痛。與人説三分，便不是發己自盡。又問「循物無違」。曰：亦譬之足。實是病足，行不得，便説行不得；行得，便説行得。此謂循其物而無違。楊舉伊川言「盡己之謂忠，以實之謂

❶ 「存」，萬曆本作「有」。

信」。曰：伊川之説，簡潔明通，較又發越也。寓因問：忠信實有是事，故實有是言，則謂之忠信。今世間一等人，不可與露心腹處，只得隱護其語，如此亦爲忠信之權乎？曰：聖人到這處，却有箇義存焉。有可説與不可説，又當權其輕重。如不當説而説，那人好殺，便與説這人當殺，須便去殺他始得。「信近於義，言可復也。」信不近義，豈所謂信！因説：伊川講解，一字不苟。如《論語》中一項有四説，極的當：「一心之謂誠，盡心之謂忠，存於中之謂孚，見於事之謂信。」直是不可移易。如忠恕處，前輩説甚多，惟程先生甚分曉。因問：《集注》説忠恕，謂「盡己之謂忠，推己之謂恕」，此借學者之事以明之。在聖人則「至誠無息」，而萬物各得其所也。如此，則忠恕却有兩用，不知如何？曰：皆只是這一箇。學者是這箇忠恕，聖人亦只是這箇忠恕，天地亦只是這箇忠恕。但聖人熟，學者生。聖人自胸中流出，學者須着勉强。然看此「忠恕」二字，本爲學者做工夫處説。子思所謂「違道不遠」，正謂此也。曾子懼門人不知夫子之道，故舉學者之事以明之，是即此之淺近，而明彼之高深也。寓。

「循物無違」，即是「以實」，但説得較詳。閎祖。

「循物無違爲信。」循此事物，不違其實。銖。

「循物無違謂信。」物之大曰大，小曰小，此之謂循物無違。物之大曰小，小曰大，此之謂違於物。僩。

問「循物無違謂信」。曰：物便是事物。信主言而言，蓋對忠而説。在己，無不盡之心爲忠；在人，無不實之言爲信。木之。

或問：「循物無違謂信」，物是性中之物否？曰：那箇是性外之物。凡言物，皆是面前物。今人要高似聖人了，便嫌聖人說眼前物爲太卑，須要擡起了說。如所謂「有物有則」之「物」，亦只是這眼前物。語言，物也；而信，乃則也。君臣，物也；仁與忠，乃則也。學蒙。

問：明道、伊川以忠信爲表裏、內外，何也？曰：「盡己之謂忠」，見於事而爲信，將彼己看，亦得。發於我而自盡者，忠也。他人見得，便是信。問：莫只是一事否？曰：只是一箇道理。問：有說「信」字，又不說「忠」字，如何？曰：便兼表裏而言。問：有說「忠」字而不說「信」字，如何？曰：信非忠不能，忠則必信矣。又曰：且如這事，自家見得十分，只向人說三分，不說那七分，便是不信。如何是循物無違。有人問今日在甚處來，便合向他說在大中寺來。故程先生曰：「一心之謂誠，盡心之謂忠，存於中之謂孚，見於事之謂信。」問：伊川曰「以實之謂信」，何也？曰：此就事而言。故曾子言信，便就交際上說。問：范氏以不忠作「有我與人」，以不信作「誠意不至」；游氏以忠爲「操心」，以信爲「立行」；楊氏以不忠作「違仁」，以不信作「違道」。三說皆推廣，非正意。先生曰：三說不同，然「操心、立行」底較得。「誠意不至，有我與人」底寬；「違道、違人」底疏。問「傳不習乎」。曰：傳人以己所未嘗習之事。然有兩說。榦。

謝先生解《論語》有過處。如曾子「爲人謀而不忠」，只說「爲人謀」，而上蔡更說「平居靜慮所以處人」，使學者用工不專。故說《論語》、《孟子》，惟明道、伊川之言無弊。和靖雖差低，而却無前弊。《易》曰：「學以聚之，問以辨之，寬以居之，仁以行之。」子張曰：「執德不弘，信道不篤。」學聚、問辨矣，而繼之以寬居；信道篤矣，而先之以執德弘。人心不可促迫，須令着得一善，又着得一善。善之來無窮，而吾心受之有餘地，方好。若着一般，第二般來便未着得，如此則無緣心廣而道積也。洽。

問：曾子用心於内，工夫已到，又恐爲人謀而未忠，朋友交而不信，傳而未習，日加省察，求欲以盡乎人也。先生細思少定，曰：如何分内外得。游氏之説正如此。爲人謀不忠，便是己有未盡處，去那裏分作内外。果如此，則「多學而識之者歟」！容。

盡己之謂忠，盡物之謂信，只是一理。但忠是盡己，信却是於人無所不盡。猶曰「忠信，内外也」。端蒙。

問：「盡物之謂信」，盡物只是「循物無違」意否？曰：是。淳。

道千乘之國章

「道千乘之國。」道，治也。作開導，無義理。「道之以政」，方可訓開導。人傑。

因説「千乘之國」疏云，方三百一十六里，有畸零，算不徹。曰：此等只要理會過，識得古人制度大意。如至微細，亦不必大段費力也。閎祖。

問：「敬事而信」，疑此「敬」是小心畏謹之謂，非「主一無適」之謂。曰：遇事臨深履薄而爲之，不敢輕，不敢慢，乃是「主一無適」。伯羽。

「敬事而信」，是「節用、愛人、使民以

時」之本。敬又是信之本。閎祖。

問「道千乘之國」一章。曰：這五句，自是五句事。只當逐句看：是合當有底，無底；合當做底，不當做底。不消如做時文，要着兩句來包說。又問：程先生云：「聖人之言，兼通上下。」恐是聖人便見得道理始終，故發言自是該貫。衆人緣不見得，所以說得一頭，又遺了一頭。曰：這箇也不干見事。但衆人說得，自是不及聖人說話。聖人說得自別。便是大賢說話，也自是不及聖人。蓋聖人說得來自是與人別。若衆人非無見，如這五事，衆人豈不見得？但說時定自是別有關竅，決不及聖人也。燾。

問「道千乘之國」章。曰：龜山說此處極好看。今若治國不本此五者，則君臣上下漠然無干涉，何以爲國？又問：須是先有此五者，方可議及禮樂刑政。曰：且要就此五者反覆推尋，看古人治國之勢要。此五者極好看。若每章翻來覆去看得分明，若看十章，敢道便有長進。南升。○賀孫録別出。○《集注》。

文振說「道千乘之國」。曰：龜山最說得好。須看此五者是要緊。古聖王所以必如此者，蓋有是五者，而後上之意接於下，下之情方始得親於上。上下相關，方可以爲治。若無此五者，則君抗然於上，而民蓋不知所向。有此五者，方始得上下交接。賀孫。

問：「道千乘之國」，楊氏云「未及爲政也」。曰：然此亦是政事。如「敬事而信」，便是敬那政事也。節用，有節用之政事；愛人，有愛人之政事；使民，有使民之政事。這一段，是那做底。子細思了，若無敬，看甚事做不成。❶不敬，則不信；不信，則不能「節用愛人」；不「節用愛人」，則不能「使民以時」矣。所以都在那「敬」字上。若不敬，則雖欲信不可得。如出一令，發一號，自家把不當事忘了，便是不信。然又敬須信，若徒能敬，而號令施於民者無信，則爲徒敬矣。不信固不能節用，然徒信而不能節用，亦不濟事。不節用固不能愛人，然徒能節用而不愛人，則此財爲誰守邪？不愛人固不能「使民以時」，然徒能愛人，而不能「使民以時」，雖有愛人之心，而人不被其惠矣。要之，根本工夫都在「敬」字。若能敬，則下面許多事方照管得到。自古聖賢，自堯、舜以來便説這箇「敬」字。孔子曰：「修己以敬。」此是最緊處。僴。

子升問：《集注》云：「五者相因，各有次序。」曰：聖人言語，自是有倫序，不應胡亂説去。敬了，方會信；信了，方會節用；節用了，方會愛人；愛人了，方會「使民以時」。又敬了，須是信；信了，須是節用；節用了，須是愛人；愛人，須是「使民以時」。如後面「弟子入則孝，出則弟，謹而信」之類，皆似此有次第。又問：《學而》一篇，多是務本之意。獨此章言及爲政，是如何？曰：此便是爲政之本。如「尊五美，屏四惡」，「行夏之時，乘殷之輅，服周之冕」之類，無此基本，如何做去。木之。

子升問：如何信了方能節用？曰：無信，如何做事？如朝更夕改，雖商鞅之徒亦不可爲政。要之，下面三事須以敬信爲主。木之云：如此，凡事都着信，不止與節用相繫屬。曰：固是。木之。

❶「不」，萬曆本作「得」。

問「五事反復相因，各有次第」。曰：始初須是敬，方能信；能敬信，方真箇是節用；真箇節用，方是愛人；能真箇愛人，方能「使民以時」。然世固有能敬於己而失信於人者，故敬了又有信；亦有能信於人而自縱奢侈者，故信了又用節用；亦有自儉嗇而不能推愛他人者，故節用了又用愛人；愛人了，又用「使民以時」，使民不以時，却是徒然也。明作。

「道千乘之國」，五者相因，這只消從上順説。人須是事事敬，方會信。纔信，便當定如此，若恁地慢忽，便没十成。❶今日恁地，明日不恁地，到要節用，今日儉，明日奢，便不是節用。不會節用，便急征重斂，如何得愛民？既無愛民之心，如何自會「使民以時」？這是相因之説。又一説：雖則是敬，又須着信於民，只恁地守箇敬不得。雖是信，又須着務節儉。雖會節儉，又須着有愛民之心，終不成自儉嗇而愛不及民，如隋文帝之所爲。雖則是愛民，又須着課農業，不奪其時。賀孫。

吳伯遊問「道千乘之國」三句，反覆相因，各有次第。曰：不敬於事，没理没會，雖有號令，何以取信於人？無信，則朝儉暮奢，焉能節用？不節用則傷財害民，焉能愛人？若不愛人，則不能「使民以時」。又説：既敬了，須用信，或有敬而不能信者。時舉録作：世固有能敬於己而或失信於民者。信又用節用，有能示信於人而自縱欲奢侈者。節用又用愛人，有愛惜官物時舉録作：有自鄙吝慳儉。而不能施惠於百姓者。愛人，又用「使民以時」；使不以時，亦徒愛耳。又問：

❶「十」，萬曆本作「有」。

楊氏謂「未及爲政」，今觀「使民以時」，又似爲政。曰：孟子説「不違農時」，只言王道之始，未大段是政事在。銖。○時舉同。

問：「敬事而信」章，五者相承，各有次序。是能如此而後能如彼，抑既如此，更要如彼耶？曰：能恁地敬，便自然信。下句又是轉説。節用了，更須當愛人；愛人了，更當「使民以時」。有一般人敬而不能信，有一般人能節用，只是吝嗇，却不能愛人。故能敬，便自然信；而敬又不可以不信。聖人言語，自上説下來，也恁地；自下説上去，也恁地。聖人言語都如此。曰：信與節用，有何相關？曰：信是的確。若不的確，有時節，有時又不節。淳。

陳希真問：須先敬了，方可以信；先節用了，方可以愛人；又須是「使民以時」。是如此否？曰：這般處從上説下，固是一般意思；從下説上，又是一般意思。如敬事而信，固是有人凡事要誠信；然未免有不敬處，便是不實。有人却知節用，然不知愛民，則徒然鄙吝於己，本不爲民。有人知所以愛人，却不知勿奪其時。這般處，與「君子不重則不威」一章，都用恁地看。賀孫。

弟子入則孝章

問：「弟子入則孝」一章，力行有餘暇，便當學六藝之文。要知得事父兄如何而爲孝弟，言行如何而能謹信。語尚未終，先生曰：下面説得支離了。聖人本意重處在上面，言弟子之職須當如此。下面言餘力則學文。大凡看文字，須認聖人語脉，不可分豪走作。若説支離，將來又生出病。南升。

問「泛愛衆」。曰：人自是當愛人，無

憎嫌人底道理。又問：人之賢不肖，自家心中自須有箇辨别。但交接之際，不可不泛愛爾。曰：他下面便説「而親仁」了。仁者自當親，其它自當泛愛。蓋仁是箇生底物事。既是生底物，便具生之理，生之理發出便是愛。纔是交接之際，便須自有箇恭敬，自有箇意思，池本作「思意」。如何漠然無情，不相親屬得。聖人説出話，兩頭都平。若只説泛愛，又流於兼愛矣。僩。

問「而親仁」。曰：此亦是學文之本領。蓋不親仁，則本末是非何從而知之。燾。

問：「行有餘力」，所謂有餘，莫是入孝出弟之理，行之綽綽然有餘裕否？曰：誰敢便道行之有餘裕？如「泛愛衆，而親仁」，何曾便時時有衆之可愛，便有仁者於此，得以時時親之？居常無事，則學文講義。❶至事與吾接，則又出而應之。出孝入弟，❷亦是當孝當弟之時。行謹言信，亦是如此。他時有餘力，自當學文。寓。

問「則以學文」。曰：此論本末，先本後末。今人只是先去學文。又且驗平日果能孝弟、恭謹、誠信、愛衆、親仁乎？如此了，方學文。此五句，又以孝弟爲本。不孝，則不能弟。不孝而能弟，弟亦何用！不孝不弟，縱行謹言信，愛衆、親仁，亦何用！銖。

歐陽希遜問：「行有餘力，則以學文」，學文在後；「博學於文，約之以禮」，文又在先。如何？曰：「博學於文」，也不説道未有「行有餘力」以上許多事。須是先有許多

❶「義」，朝鮮本作「藝」。
❷「出」，萬曆本作「入」；「入」，萬曆本作「出」。

了，方可以學文。且如世上有人入不孝，出不弟，執事不謹，出言不信，於衆又無愛，於仁又不能親，道要去學文，實是要去學不得。賀孫。

「泛愛」，不是人人去愛他。如群居不將一等相擾害底事去聒噪他，及自占便宜之類是也。無弟子之職以爲本，學得文濟甚事？此言雖近，真箇行得，亦自大段好。文是《詩》、《書》、六藝之文。《詩》、《書》是大概《詩》、《書》，六藝是禮、樂、射、御、書、數。古人小學便有此等，今皆無之，所以難。問：《集注》：「力行而不學文，則無以考聖賢之成法，識事理之當然。」六藝如何考究得成法？曰：小學中，一事具得這事之理。禮樂，如知所以爲禮樂者如此，從此上推將去，如何不可考成法？緣今人都無此學，所以無考究處。然今《詩》、《書》中可考，或前言往行亦可考。如前輩有可法者，都是。人須是知得古人之法，方做不錯。若不學文，任意自做，安得不錯？只是不可先學文耳。子夏矯枉過正，放重一邊，又忒重了，不似此章聖人説得兩無欠闕。如棘子成矯當時文弊，❶説得質太重。子貢又矯棘子成之弊，却道「文猶質也，質猶文也」，都偏了。惟聖人之心和平，所謂高下小大皆宜，左右前後不相悖，説得如此盡。明作。〇《集注》。

問：《集注》云：「力行而不學文，則無以識事理之當然。」且上五件條目，皆天理人倫之極致，❷能力行，則必能識事理之當然矣。如《集注》之説，則是學文又在力行

❶「文」，萬曆本作「之」。
❷「皆」下，萬曆本有「是」字。

之先。曰：若不學文，則無以知事理之當否。如爲孝、爲弟亦有不當處。孝於事親，然事父之敬，與事母之愛便別了。卓。

不學文，則事事做不得。節。

胡氏解「則以學文」，謂古者有業文之家。今觀《微子之命》、《蔡仲之命》、《左傳》中數處誥命，大抵文意相類。及以《閟宮》、《殷武》末章觀之，誠恐古人作文，亦須有箇格様遞相祖述。必大。

賢賢易色章

問：「賢賢易色」有兩説。曰：只變易顔色亦得，但覺説得太淺。斯須之間，人誰不能，未知他果有誠敬之心否。須從好色之説，便見得賢賢之誠處。明作。

問：變易顔色，莫是待臨時易色未善？曰：亦不必如此説。只是下面「致其身、竭其力」太重，變易顔色太輕耳。可學。

敬之問：「賢賢易色」有二説。曰：變易顔色，有僞爲之者。不若從上蔡説，易其好色之心，方見其誠也。德明。

問「賢賢易色」。曰：「吾未見好德如好色者」，「去讒遠色，賤貨而貴德，所以勸賢也」，已分明説了。儒用。

「事父母能竭其力」，凡事當盡力爲之，不可挨推，只做七八分，留兩三分。淳。

或問「事君致其身」。曰：致身，一如送這身與他，便看他將來如何使。時舉。

「事君能致其身」，《集注》謂「不有其身」，是不爲己之私計也。明作。

袁子節問「賢賢易色」章。曰：資質好底，也會恁地。問學也只是理會許多事。時舉。

漢臣説「雖曰未學，吾必謂之學矣」。先生曰：此還是已學邪？蓋人固是資禀自好，不待學而自能盡此數條者。然使其爲學，則亦不過學此數者耳。故曰，人雖以爲未學，而吾必以爲已學也。時舉。

問：「賢賢易色」章。爲學之道，只要就人倫上做得是當。今既能如此，雖或以爲未學，我必以爲已學。曰：必竟是曾學未學？曰：先生所謂「非其生質之美，必其務學之至」。曰：看得是。曰：今日本欲看「君子不重不威」一章，又見稍長，不敢貪多。曰：慢看不妨，只要常反覆玩味聖人旨要，尋見落着處。又云：近覺多病，恐來日無多，欲得朋友勇猛近前，也要相傳。某之心便是公之心一般。南升。

子夏之言，不免有弊。蓋孔子上章但是平説，子夏此章皆是説到誠處，説得重了。然今有這樣人，若不是他學問來，又不是天資高，安能如此？但子夏説得太粗了，故謂其「辭氣抑揚太過」也。夔孫。

「雖曰未學」。世間也有資禀高，會做許多事底。但子夏此兩句被他説殺了，所以吴氏謂其言之有弊。明作。

「易色」，須作「好德如好色」説。若作變易顔色，恐裏面欠了字多。這也只是敬賢之誠。問：此四事，莫是箇處得極至，只得如此否？曰：這地位儘高。問：伊川曰「學求如是而已」，如何？曰：這却和「學」字説在裏面。子夏本言，却作不須學底意思。吴才老以子夏此言，與子路「何必讀書」之説同，其意固善，然其弊皆至於廢學。若「行有餘力，則以學文，就有道而正焉，可謂好學」之類，方爲聖人之言。此説却好。子夏既説殺了，雖是上面説務本，終不如聖人之言。幹。

「吾必謂之學矣」，子夏此話説得激，有矯枉過直意思。聖人便不如此，且看「行有餘力，則以學文」，是多少渾成。他意只欲反本，故説得如此激。如棘子成説：「君子質而已矣，何以文爲？」這便全是有激之論。子貢説：「文猶質也，質猶文也。」這也有病。質與文似不同。「一言可以喪邦，有諸？」聖人便説「言不可若是其幾」。如「唯其言而莫予違也」，又説，如其善而莫之違，固是好；如不善而莫之違，不幾乎一言而喪邦。如「禮，與其奢也，寧儉；喪，與其易也，寧戚」，雖都是偏，就其間論之，便須説奢與易有輕重。聖人説話，都自恁地平。向伯恭見此説，甚以爲看得出。賀孫。

林一之問「賢賢易色」章。曰：他是重其所重，輕其所輕，固爲激切之辭，覺得那一邊偏重。聖人言語便平，如曰：「禮，與其奢也，寧儉；喪，與其易也，寧戚。」不説禮只專是儉，喪只專是戚也。砥。

義剛説「賢賢易色」一章。先生接《集注》所言云：此不若上章。但竭力等事，比上面出孝入弟之類較重，❶所以子夏謂「吾必謂之學矣」。義剛。

或問夫子言「則以學文」，子夏言「吾必謂之學矣」兩章。曰：聖人之言，由本及末，先後有序。其言平正，無險絶之意。子夏則其言傾側而不平正，險絶而不和易，狹隘而不廣大，故未免有弊。然子夏之意欲人務本，不可謂之不是。但以夫子之言比之，則見其偏之若此也。人傑。

❶「出孝入弟」，萬曆本作「入孝出弟」。

君子不重則不威章

「君子不重則不威」。既曰君子，何以不重、不威？此是大概説君子之道如此。「主忠信」是誠實無僞，樸實頭。「主」字最重，凡事靠他做主。程子曰：「不誠無物。」謂如去水南，却説去水北。實不曾去水北，便無這去水北一事。明作。

輕最害事。飛揚浮躁，所學安能堅固？故「學則不固」，與不重、不威，只一套事。砥。

「主忠信」，忠以心言，信以事言。以實之謂信。振。

「主忠信」。人道惟在忠信，「不誠無物」。人若不忠信，如木之無本，水之無原，更有甚底？一身都空了。今當反看自身，能盡己心乎，❶能不違於物乎？若未盡己之心而不違於物，則是不忠信。凡百處事接物，皆是不情實，且謾爲之。如此四者，皆是身修之要。就其中「主忠信」，又是最要。若不「主忠信」，便「正衣冠，尊瞻視」，只是色莊，爲學亦是且謾爲學，取朋友未必盡情，改過亦未必真能改過。故爲人須是「主忠信」。《學而》一篇，再三言之。南升。

問：明道曰「不誠則無物」，如何？曰：實有此理，便實有此事。且如今向人説，我在東，却走西去那一邊，便成妄誕了。

問：伊川曰「忠信者，以人言之，要之則實理」，何也？曰：以人言之，則爲忠信；不以人言之，則只是箇實理。如「誠者天之道」，則只是箇實理；如「惟天下之至誠」，

❶「心乎」，萬曆本作「之心」。

便是以人言之。榦。

問《集注》「不誠無物」一節。曰：心無形影，惟誠時方有這物事。今人做事，若初間有誠意，到半截後意思孏散，謾做將去，便只是前半截有物，後半截無了。若做到九分，這一分無誠意，便是這一分無物。時舉。

問「人道惟在忠信，不誠無物」。曰：凡應干事物之來，❶皆當盡吾誠心以應之，方始是有這箇物事。且幹一件事，自家心不在這上，這一事便不成，便是没了這事。如讀書，自家心不在此，便是没這書。賀孫。

「人道惟在忠信，不誠無物。」物，只是眼前事物，都喚做物。若誠實，方有這物。若口裏説莊敬，肚裏自慢忽；口裏説誠實，肚裏自狡僞，則所接事物還似無一般。須是實見得是，實見得非，截定而不可易，方有這物。且如欲爲善，又有箇爲惡意思；欲爲是，又有爲非意思，這只是不實，如何會有物。賀孫。

問「人道惟在忠信，不誠無物」。曰：説道恁地，又不曾真箇恁地，便是「不誠無物」。説道爲善，又不曾爲得善；説道惡惡，又不曾不爲惡，便是無此物。「誠者物之終始，不誠無物」。如人做事，只至誠處，便有始有末；才間斷處，以後便皆無物。「忠信所以進德」，是有這骨子，然後能進德。如顔子「三月不違仁」，只未違以前便有始末；才失照管處，便無物矣，又須到再接續處，方有終始。惟天地聖人未嘗有一息間斷。「維天之命，於穆不已」，何嘗間斷？間斷，造化便死了。故天生箇人，便

❶「干」，四庫本作「接」。

是箇人；生出箇物，便是箇物，且不曾生箇假底人物來。仲思問：如陰陽舛錯，雨暘失時，亦可謂之誠乎？曰：只是乖錯，不是假底，依舊是實在。人只是不要外面有，裏面無。且如讀書十遍，初四遍心在，後六遍心不在，只是口頭讀過，便只第一遍至第四遍是始是終。第六遍後，便只似不曾讀一般，便是無物也。又問：「吾不與祭，如不祭」，是「不誠無物」否？曰：然。伯羽。○道夫録略云：蜚卿問「人道唯在忠信，不誠無物」。曰：説道爲善，又不曾爲得善；説道惡惡，又不曾不爲惡，便是無物。如人做事，只至誠做處，便有始有末；才間斷處，便無物。天地造化，聖人德業，未嘗有一息之間。「維天之命，於穆不已」，曷嘗間斷？有些間斷，則造化便死了。故生出一箇人，便是一箇人；生出一箇物，便是一箇物，更無些假。道夫問：陰陽舛錯，雨暘不時，亦可謂之誠否？曰：雖恁地，亦只是舛錯，不是假，依舊是實在。人則不要外面有，裏面無。

「無友不如己者」，與勝己者處也。人傑。

問：「毋友不如己」，作不與不勝己友，則他人勝己者，亦不與之友。曰：不然。人自是要得臨深以爲高。榦。

問：「無友不如己者」與「勝己」字如何？曰：勝己，便是如己之意。人交朋友，須求有益。若不如我者，豈能有益？仍是朋友才不如我時，便無敬畏之意，而生狎侮之心。如此則無益。義剛。

友不如己者，自是人一箇病。周恭叔看得太過了。上焉者，吾師之；下焉者，若是好人，吾教之；中焉者，勝己則友之，不及者亦不拒也，但不親之耳。若便佞者，須却之方可。璘。

問：《集注》謂「友以輔仁，不如己，則有損而無益」。今欲擇勝己者與之爲友，則彼必以我爲不及，而不肯與我友矣。雖欲友之，安得而友之？曰：無者，禁止之辭。我但不可去尋求不如己者，及其來也，又焉得而却之？推此，則勝己者亦自可見。道夫。

趙兄問「無友不如己者」。曰：凡人取友，須是求勝己者，始有益。且如人學作文，須是與勝己者商量，然後有所發明。若只與不如己者商量，則好者彼或不知，不是彼或不識。我又只見其不勝己，渾無激厲之意，豈不爲害？趙曰：然則有不勝我者，終不可與處乎？曰：若不勝者來求於我，則不當拒之也。聖人此言，但教人求友之法耳。壯祖。

問：「無友不如己者」，伊川以爲同志，何如？曰：此求之過。大凡師則求其賢於己者，友則求其勝者，至於不肖者，則當絶之。聖人此言，非謂必求其勝己者。今人取友，見其勝己者則多遠之；而不及己則好親之。此言乃所以救學者之病。可學。

問「無友不如己者」。曰：這是我去求勝己者爲友。若不如我者，他又求來我，這便是「童蒙求我，匪我求童蒙」也。前輩説這一句，多是被不如己者不與爲友底意思礙却，便説差了。其實本不相背。時舉。

吴知先問「過則勿憚改」。曰：程子所謂「知其不善則速改以從善」，曲折專在「速改」字上着力。若今日不改，是壞了兩日事；明日不改，是壞了四日事。今人只是憚難，過了日子。銖。○時舉録云：最要在「速」字上着力。凡有過，若今日過愈深，則善愈微。若從今日便改，則善可自此而積。

今爲學約而易操者，莫如敬，敬則凡病皆可去。如「不重則不威」章，敬是總腦，不渾在散句裏，必敬而後能不輕。如「主忠信」，亦先因敬，不敬則誕謾而已，何以主之。「毋友不如己」，亦然。重亦不難見，如人言語簡重，舉動詳緩，則厚重可知。言語輕率，聽得便説，説則無能得了。舉動輕肆，飛揚淺露，其人輕易可知。伯羽。

朱子語類卷第二十二計廿一板

論語四

學而篇下

慎終追遠章

「謹終追遠」，伊川云：「不止爲喪祭。」推之是如此，但本意只是爲喪祭。❶

王問：伊川謂「不止喪祭」。此説如何？曰：指事而言，恐曾子當初只是説喪祭。推此意，則每事都要存這些子。雉。

「謹終追遠」，專主喪祭而言。若看得喪祭事重時，亦自不易。只就喪祭上推，亦是多少事。或説天下事皆要謹終追遠，亦得。明作。

胡叔器問：「追遠」是親否？曰：言追，則不是親了。包顯道問：遠祖時人不解更有追念之意，想只是親。曰：只江南來不如此。湖北人上墳，不問遠祖也哭，這却好。人之一身，推其所自，則必有本，便是遠祖，畢竟我是它血脉。若念及此，則自不能無追感之情。且如今老人不能得見箇孫子，今若便見十世孫時，也惜，畢竟是自家骨肉。人只得不思量到這裏，❷所以追感之誠不至也。義剛。

陳仲亨説「民德歸厚」。先生問：如何

❶「祭」下，朝鮮本有小字注「庚」。

❷「得」，萬曆本作「是」。

謂厚？是有餘之意？陳未達。曰：謂如此已自得了，更添些子。恰似着衣，如此已暖了，更加一件，是之謂厚。厚對薄而言，若我未厚，民自是趨從薄處去。義剛。

問：程子云：「推而至于天下之事，皆能慎其終，不忘於遠。」如何？曰：事事皆要如此。謹終，則末梢須是理會教盡，❶不忘於遠。遠是人易忘。且如今追封人及祖父等事，這是久遠恩澤。人多是據眼前有功者有賞，而無久而不忘底意思。這般事若能追念起來，在己之德既厚，而民心亦有所興起。賀孫。

夫子至於是邦章❷

敬子問「夫子温、良、恭、儉、讓」。曰：此子貢舉夫子可親之一節，温之一事耳。若論全體，須如「子温而厲，威而不猛，恭而安」。德明。

問：温是恁地温和深厚，良是恁地簡易正直，恭是端嚴恭敬，儉是省約有節，讓是謙遜自卑。曰：「良」字説未是。良即是良善，猶今言善人。所謂易，乃樂易、坦易之「易」。直，如世人所謂白直之「直」，無姦詐險詖底心，如所謂開口見心是也。此章亦須見得聖人不求人，而人自求之意。南升。

或問：良何以訓「易直」？曰：良，如今人言無嶢崎爲良善，無險阻密蔽。又曰：易，平易，和易；直，無屈曲。節。

李問：良如何訓「易直」？曰：良善之人，自然易直而無險詐，猶俗言白直也。雉。

❶「須」，萬曆本作「雖」。
❷「夫子至於是邦章」，朝鮮本作「夫子温良恭儉讓章」。

問「良，易直」之義。曰：平易坦直，無許多艱深纖巧也。銖。

亞夫問：良何以爲「易直」？曰：只是平易、白直而已。因舉《韓詩外傳》有一段與《樂記》相似。但「易直子諒之心生矣」處，改「子諒」二字爲「慈良」，此却分明也。時舉。

問：「良，易直也。」如何？曰：此心不傾險，不粗戾，自是平易簡直。《樂記》言「易直子諒之心」，昔人改「子諒」作「慈良」，看來「良」字却是人之初心。慈愛良善，便是「元者善之長」。孟子説「惻隱之心」、「人皆有不忍人之心」，皆是這般心。聖人教人，先要求此心，正爲萬善之總處。寓。

問：儉就那處看？曰：儉只是用處儉，如衣冠、服飾、用度之類。❶寓。

儉，謂節制，非謂儉約之謂。只是不放肆，常收斂之意。明作。

聖人之德無不備，非是只有此五者。但是此五者，皆有從厚謙退不自聖底意思，❷故人皆親信而樂告之也。夔孫。

伯游問「温良恭儉讓」一章。曰：最要看得此五字：「温」是如何氣象？「良」是如何氣象？「恭、儉、讓」又是如何？深體之於我，則見得聖人有不求人而人自即之底意思。今人却無非是求。自請舉以往，並是求人。雖做宰相地位，也是恁地。縱不肯明求，也須暗地結托。蓋以求人爲常，而不知其爲非也。《學而》一篇，多是先以此教人。如「人不知而不愠」，如「巧言令色」，如「不患人之不己知」，皆是。雖《中

❶「如」，萬曆本作「爲」。
❷「厚」，萬曆本作「後」。

庸》亦多此意，如「衣錦尚絅」，皆是。且要理會那不求底道理。時舉。

龜山解夫子「温、良、恭、儉、讓」，有「暴慢、侈泰」等語。正淳以爲暴慢、侈泰誠所當戒，而先生以爲其流至於爲人，似不然之。曰：暴慢、侈泰固所當戒，但不當於此言。龜山説話，常有些畏罪福底意思在。❶不知聖人「温、良、恭、儉、讓」是自然常如此，❷非欲爲是以求聞政也。賀孫。

父在觀其志章

論「父在觀其志」，曰：此一句已有處變意思，必有爲而言。節。

「父在觀其志，没觀其行」，孝子之志行也。人傑。

觀志、觀行，只是大概。須是無改，方見得孝。若大段悖理處，又自當改，此特言其常耳。明作。

邵漢臣説「父在觀其志」一章。曰：父在時，使父賢而子不肖，雖欲爲不肖之事，猶以父在而不敢爲；然雖無甚不肖之行，而其志可知矣。使子賢而父不肖，雖欲爲善事，而父有所不從，時有勉强而從父之爲者。此雖未見其善行，而要其志之所存，則亦不害其爲賢矣。至於父没，則己自得爲，於是其行之善惡，可於此而見矣。父在時，子非無行也，而其所主在志；父没時，子非無志也，其所主在行。故子曰云云也。時舉。

問：此章上二句見守身之行，下一句見愛親之心。曰：也不必做兩截説，只是

❶「福」，四庫本作「禍」。
❷「常」，朝鮮本作「當」。

折轉説。上二句觀人之大概，下一句就「觀其行」細看其用心之厚薄如何。行雖善矣，父道可以未改，而輕率改之，亦未善也。伯羽。

「三年無改於父之道，可謂孝矣。」道，猶事也。言道者，尊父之詞。人傑。

或問「三年無改」。曰：是有可改而未十分急者，只得且存之。父在，則子不得專，而其志却可知。父没，則子雖得專，而其不改之意又可見。此所謂孝。祖道。

「三年無改」，謂是半上半下底事，在所當改者，但不可匆遽急改之，若有死其親之心，有揚其親之過之意。待三年然後徐改之，便不覺。若是大故不好底事，則不在此限耳。夔孫。

才説「三年無改」，便是這事有未是處了。若父之道已是，何用説無改，終身行之可也。事既非是，便須用改，何待三年。孝子之心，自有所不忍爾。若大段害人底事，須便改，始得。若事非是而無甚妨害，則三年過了方改也。僩。

問「三年無改於父之道」，只就孝子心上看。孝子之心，三年之間只思念其父，有不忍改之心。曰：大概是如此。但其父若有聖賢之道，雖百世不可改。此又就事上看。直卿云：游氏所謂「在所當改而可以未改處」，亦好看。南升。〇游氏説。

游氏曰：「三年無改，亦謂在所當改，而可以未改者爾。」謂此事當改，但三年之間，孝子之心有所未忍改耳。向時南軒却改作「可以改而可以未改耳」。某與説，若如此説，則雖終身不改可也。此章之意則云，此事必當改，但可以未改耳。三年過則必當改也。僩問：若父有大段不是底事，妨國害政者，只得便改，豈可必待三年？曰：若有大段不是，須是便改。或曰：「孟莊子之孝也，其他可能也，其不改父之臣與父之政，是難能也。」與此同否？曰：不同。此章是言父之所行有不善，而子不忍改，乃見其孝。若莊子之父獻子，自是箇賢者，其所施之政、所用之臣皆是。莊子能不改之，此其所以爲難。問：若然，則何足以爲難？曰：子孫不能守父之業而輕改之者，多矣。莊子乃能守之，非難能而何！先儒以爲莊子之賢不及獻子，疑其不能守父之政，不能用父之臣。而莊子乃能不改，此其所以爲難能也。此説得之。僩。

游氏謂「在所當改而可以未改者」，此正是説得謹密處。聖人之意亦正如此。若以可改而未改，則三年之後，四年改之，其意如何。既合於道，雖終身守之可也，奚止三年！若不合於道，如盜跖之所爲，則不得不改。若其事雖不善，無甚緊要，亦姑守之以待三年。若遽改之，是忘其親也。某舊日朋友亦看此處不透。與南軒説，他却改作「可以改而可以未改」者。此語與「在所當改」者大争。「在所當改」，正是這樣事。若不改，則不當於理；若要改，則亦未爲急。故遲之者，以孝子之心不忍也。子蒙。

「三年無改」，游氏此解極好。向時欽夫改作「可以改，可以未改」，却不是。但此章必有爲而發，然無所考。又曰：死其親而暴其過，孝子所不忍爲。義剛。

諸説，唯游氏説得好。「在所當改而可以未改」，此説極穩。此正指在所當改、可以未改處。深味之，孝子之心可見。銖。

問：或説不改事父之道，又説不改父

在所行之道，❶二説奚擇？先生反而問之：欲從何説？曰：不改父在所行之道，恐是。曰：然。遂舉游氏「可以改而未改」者：所謂三年，云不必改者。此説却切當。若説道不可改，雖終身守之可也，豈止三年乎！此爲在所當改，而可以遲遲三年者也。自新法之行，諸公務爲緣飾，文致一詞，將此一句辨論無限，而卒莫之合也。寓。

或問「父在，觀其志；父没，觀其行」。曰：觀其文意，便是父在時，其子志行已自有與父不同者。然於此三年之間，必能不改父道，乃見其孝。不然，所行雖善，亦未得爲孝。此必有爲而言。然緊要在看游氏、尹氏兩節意。銖。

戴智老問：近見先生説此章，疑聖人有爲而發。曰：聖人之言，未有若此曲折者。疑當説時亦有事在所當改而可以未改者，故聖人言此。又云：尹氏説得孝子之心，未説得事。若如其説，則孔子何必更説「三年無改」。必若游氏説，則説得聖人語意出。銖。

「三年無改」，尹氏説得心，於事上未盡。游氏於事理上説得好，故并載之，使互相發。拱壽。

「三年無改於父之道」，諸先生之説有過者，謂要改。有不及者，謂不改。有至當者，須要將去辨别，豈可不讀書！振。

禮之用和爲貴章

先生問學者：今人行禮，多只是嚴，如何得他和？答者皆不契。曰：只是要知

❶「在」，萬曆本作「存」。

得禮合如此，所以行之則和緩而不迫。蓋聖人制禮，無一節是强人，皆是合如此。且如孔子與上大夫言時，自然誾誾；與下大夫言時，自然侃侃。在學者須知道與上大夫言，合用誾誾；與下大夫言，合用侃侃，便自然和。嘗謂吕與叔説得數句好，云：「自斬至緦，❶衣服異等，九族之情無所憾；自王公至皂隸，儀章異制，上下之分莫敢争。皆出於性之所有，循而行之，無不中節也。」此言禮之出於自然，無一節强人。須要知得此理，則自然和。黄有開因舉先生舊説云：且如父坐子立，君尊臣卑，多少是嚴。若見得父合坐，子合立，君合尊，臣合卑，則無不安矣。曰：然。雉。

直卿言：「禮之用，和爲貴。」今觀《内則》一篇，則子事父母之禮亦嚴矣。然下氣怡色，則和可知也。觀《玉藻》、《鄉黨》所載，則臣之事君，禮亦嚴矣。然一爵而言言，二爵而油油，君在與與，則和可知也。曰：如此，則和與禮成二物矣。須是見得禮便是和，乃可。如「入公門，鞠躬如也，如不容」，可謂至嚴矣。然而自肯甘心爲之，而無厭倦之意者，乃所以爲和也。至嚴之中，便是至和處，不可分做兩截去看。道夫。

伯游問「禮之用，和爲貴」，云：禮之體雖截然而嚴，然自然有箇撙節恭敬底道理，故其用從容和緩，所以爲貴。苟徒知和而專一用和，必至於流蕩而失禮之本體。今人行事，莫是用先全禮之體，而雍容和緩以行之否？曰：説固是恁地，却如何做功夫？伯游云：順理而行。先生又遍問坐上諸友。叔重曰：知得是當然之理，自甘

❶「緦」下，朝鮮本有「麻」字。

心行之，便自不拘迫。時舉云：其初須持敬。持之久則漸熟，熟處便和。曰：要須是窮理始得。見得這道理合用恁地，便自不得不恁地。如賓主百拜而酒三行，固是用恁地，如「入公門，鞠躬如也，屏氣似不息。過位，踧踖如也」。苟不知以臣事君合用如此，終是不解和。且如今人被些子燈花落手，便説痛；到灼艾時，因甚不以爲痛？只緣知道自家病合當灼艾，出於情願，自不以爲痛也。若要放教和，却便是「知和而和」矣。時舉。○銖録別出。

吴問「禮之用，和爲貴」。先生令坐中各説所見。銖曰：頃以先生所教思之：禮者，天理節文之自然，人之所當行者。人若知得是合當行底，自甘心行之，便自不拘迫。不拘迫，所以和，非是外面討一箇和來添也。曰：人須是窮理，見得這箇道理合當用恁地，我自不得不恁地。如賓主百拜而酒三行，因甚用恁地？如入公門鞠躬，在位踧踖，父坐子立，苟不知以臣事君、以子事父合用如此，終是不解和。譬之今人被些子燈花落手，便須説痛；到灼艾時，因甚不以爲苦？緣它知得自家病合用灼艾，出於情願，自不以爲痛也。銖因問：如此，則這和亦是自然之和。若所謂「知和而和」，却是有心於和否？曰：「知和而和」，離却禮了。「禮之用和」，是禮中之和。「知和而和」，是放教和些。纔放教和，便是離却禮了。銖。

問「禮之用，和爲貴」。曰：禮中自有和。須是知得當如此，則行之自然和。到和處方爲美。因舉龜山與薛宗博説逐日會職事茶事。其人云：禮起聖人之僞。今日會茶，莫不消得如此？龜山曰：既是不消得，因何又却會茶？其人曰：只爲心中打不過。龜山曰：只此打不過處，便是禮，非聖人之僞。「禮之用，和爲貴」。只爲不如此，則心有不安，故行之自和耳。銖。

問「禮之用，和爲貴」。曰：禮如此之嚴，分明是分豪不可犯，却何處有箇和？須知道吾心安處便是和。如「入公門，鞠躬如也」，須是如此，吾心方安。不如此，便不安；才不安，便是不和也。以此見得禮中本來有箇和，不是外面物事也。又問：「知和而和」，是如何？曰：「知和而和」，却是一向去求和，便是離了禮。且如端坐不如箕踞，徐行後長者不如疾行先長者，到這裏更有甚禮，可知是不可行也。時舉。

「禮之用，和爲貴」。見君父自然用嚴敬，此是人情願，❶非由抑勒矯拂，是人心固有之同然者，不待安排，便是和。才出勉强，便不是和。聖人品節裁限，使事事合於中正，這箇當在這裏，那箇當在那裏，更不得過。才過，便不是禮。若和而知限節，便是禮。明作。

「禮之用，和爲貴」。和是自家合有底，發見出來，無非自然。賀孫。

或問「禮之用，和爲貴」。曰：禮是嚴敬之意。但不做作而順於自然，便是和。和者，不是别討箇和來，只就嚴敬之中順理而安泰者便是也。禮樂亦止是如此看。祖道。

或問：「禮之用，和爲貴。」君臣、父子之間，可謂嚴矣。若不和，則情不通。曰：不必如此説。且以人之持敬，若拘迫，則不和；不和，便非自然之理。人傑。

❶「此」，萬曆本作「皆」。

問：「禮之用，和爲貴」，莫是禮之中便有一箇和？莫是在用處？曰：禮雖主於嚴，其用則和。因舉「禮主於減，樂主於盈」一節。問：「禮樂」二字相離不得？曰：也須看得各自爲一物，又非判然二物。又曰：天下之事，嚴而不和者却少；和而不節之以禮者常多。謙之。

邵問「禮之用，和爲貴」。曰：如人入神廟，自然肅敬，不是强爲之。禮之用，自然有和意。又問：和便是樂否？曰：也是禮中之樂，未便是樂。樂中亦有禮，如天子八佾，諸侯六，大夫四，士二，又是樂中之禮。

禮之和處，便是禮之樂；樂有節處，便是樂之禮。僩。

問：禮以全體言，何故用和？曰：如此，則不消得樂。振。

「小大由之」，言小事、大事皆是箇禮樂。合於禮，便是樂。故《通書》云：「陰陽理而後和。」故禮先而樂後。卓。

問：「禮之用，和爲貴」，是和在禮中；「知和而和」，是和在禮外？曰：只爲它「知和而和」，都忘却禮耳。銖。

有禮而不和，則尚是存得那本之體在。若只管和，則併本都忘了。就這兩意説，又自有輕重。義剛。

周舜功問：「從容不迫」，如何謂之和？曰：只是説行得自然如此，無那牽强底意思，便是從容不迫。那禮中自有箇從容不迫，❶不是有禮後，更添箇從容不迫。若離了禮説從容不迫，便是自恣。義剛。

○《集注》。

❶「有」，萬曆本作「然」。

禮主於敬，而其用以和爲貴。然如何得他敬而和？着意做不得。才着意嚴敬，即拘迫而不安；要放寬些，又流蕩而無節。須是真箇識得禮之自然處，則事事物物上都有自然之節文，雖欲不如此，不可得也。故雖嚴而未嘗不和，雖和而未嘗不嚴也。又曰：和便有樂底意思，故和是樂之本。閎祖。

問《集注》云云。上一截將「從容不迫」說「禮之用，和爲貴」，甚分明。但將「從容不迫」就下一截體驗，覺得未通。如《鄉黨》一書，也只是從容不迫，如何却會不行？若會從容不迫，必不會無節。曰：只是立心要從容不迫不得。才立心要從容不迫，少間便都放倒了。且如聖人「恭而安」，聖人只知道合着恭，自然不待勉强而安。才說要安排箇安，便添了一箇。賀孫。

問：「知和而和」，是從容不迫？曰：從容不迫雖是和，然其流遂至於縱而無節。又曰：學者而今但存取這心，這心是箇道之本領。這心若在，這義理便在。存得這心，便有箇五六分道理了。若更時時拈掇起來，便有箇七八分底道理。卓。

仁甫問：《集注》載程子禮樂之說，何如？曰：也須先是嚴敬，方有和。若直是盡得敬，不會不和。臣子入朝，自然極其恭敬，也自和。這不待勉强如此，是他情願如此，便自和。君君臣臣、父父子子、兄兄弟弟、夫婦朋友各得其位，自然和。若君失其所以爲君，臣失其所以爲臣，如何會和？如諸公在此坐，都恁地收斂，這便是和。若退去自放肆，或乖争，便是不和。《通書》說：「禮，理也；樂，和也。陰陽理而後和。君君臣臣、父父子子、兄兄弟弟、夫夫婦婦，萬物各得其理，然後和，故禮先而樂後。」説得最好。《易》説：「利者，義之和。」利只在義之和。義本是箇割截裁制之物，惟施得宜，則和。此所以爲利。從前人説這一句都錯。如東坡説道：「利所以爲義之和。」他把義做箇慘殺之物看了，却道得利方和。利是《乾卦》一德，如何這一句却去説義？兼他全不識義，如他處説亦然。又曰：「有所不行」，只連下面説方通。如曰：「有所不行者，知和而和，不以禮節之，亦不可行也。」如《易》裏説：「其唯聖人乎！知進退存亡而不失其正者，其惟聖人乎！」賀孫。

問：《集注》云：「和者，心以爲安，而行之不迫。」後又引程子云「恭而安，別而和」二句。竊謂行而不迫，只説得「恭而安」，却未有「別而和」底意思。曰：是如此。後來《集注》却去了程説。柄。

問：伊川曰：「別而和。」「別」字如何？曰：分雖嚴，而情却通。如「知和而和」，執辭不完，却疑記録有差。㽦。○《集義》。

問：上蔡謂「禮樂之道，異用而同體」，還是同出於情性之正？還是同出於敬？曰：禮主敬，敬則和，這便是他同體處。道夫。

問：「禮樂之道，異用同體」，如何？曰：禮主於敬，樂主於和，此異用也；皆本之於一心，是同體也。然敬與和，亦只一事。砥録云：却只是一事，都從這裏發出，則其體同矣。敬則和，和則自然敬。仲思問：敬固能和，和如何能敬？曰：和是碎底敬，敬是合聚底和。蓋發出來無不中節，便是和處。砥録云：發出來和，無不中節，便是處處敬。敬與和，猶「小德川流，大德敦化」。伯羽。○砥少異。○淳録云：問：先生常云「敬是合聚底和，和是碎底敬」。是以敬對和而言否？曰：然。敬只是一箇敬，無二箇敬；二便不敬矣。和便事事都要和，這裏也恰好，那裏也恰好。這處也中節，那處也中節。若一處不和，便不是和矣。敬是「喜怒哀樂未發之中」，和是「發而皆中節之和」。才敬，便自然和。如敬，在這裏坐，便自有箇氤氳磅礴氣象。○寓録云：敬只是一箇敬，分不得。才有兩箇，便不敬矣。和則處處皆和，是事事中節。若這處中節，那處不中節，便非和矣。又曰：凡恰好處皆是和。但敬存于此，則氤氳磅礴，自然而和。

問：禮樂同體，是敬與和同出於一理否？曰：敬與和同出於一心。曰：謂一理，如何？曰：理亦説得。然言心，却親切。敬與和，皆是心做。曰：和是在事否？曰：和亦不是在事，在心而見於事。淳。

童問：上蔡云「禮樂異用而同體」，是心爲體，敬、和爲用。《集注》又云「敬爲體，和爲用」，其不同何也？曰：自心而言，則心爲體，敬、和爲用；以敬對和而言，則敬爲體，和爲用。大抵體用無盡時，只管恁地移將去。如自南而視北，則北爲北，南爲南；移向北立，則北中又自有南北。體用無定，這處體用在這裏，那處體用在那裏。這道理儘無窮，四方八面無不是，千頭萬緒相貫串。以指旋，曰：分明一層了，又一層，横説也如此，豎説也如此。翻來覆去説，都如此。如以兩儀言，則太極是太極，兩儀是用；以四象言，則兩儀是太極，四象是用；以八卦言，則四象又是太極，八卦又是用。淳。○道夫録少異。

問：禮樂之用，相反相成。曰：且如而今對面端嚴而坐，這便是禮；合於禮，便是和。如君臣之間，君尊臣卑，其分甚嚴。若以勢觀之，自是不和。然其實却是甘心爲之，皆合於禮，而理自和矣。且天子之舞八佾，諸侯六，大夫四，皆是當如此。若天子舞天子之舞，諸侯舞諸侯之舞，大夫舞大夫之舞，此便是和。若諸侯僭天子，大夫僭諸侯，此便是失禮；失禮便不和。《易》言：「利者，義之和也。」若以理言之，義自是箇斷制底氣象，有凛然不可犯處，似不和矣，其實却和。若臣而僭君，子而犯父，不安其分，便是不義；不義則不和矣。孟子云「未有仁而遺其親者也，未有義而後其君者也」，即是這意思，只是箇依本分。若依得本分時，你得你底，我得我底，則自然和而有別。若「上下交征利」，則上下相攘相奪，便是不義、不和，而切於求利矣。老蘇作《利者義之和論》，却把利別做一箇物來和義，都不是了。他於理無所見，只是胡亂恁地說去。卓。

問：諸先生以和爲樂，未知是否？曰：和似未可便說樂，然亦有樂底意思。

信近於義章

問「信近於義，言可復也」。曰：如今人與人要約，當於未言之前，先度其事之合義與不合義。合義則言，不合義則不言。言之，則其言必可踐而行之矣。今不先度其事，且鶻突恁地說了，到明日却說這事不義，我不做，則是言之不可踐也。言而不踐，則是不信；踐其所言，又是不義，是不先度之故。卓。

凡言，須先度是非可否。果近於義而後言，則其言可踐。恐不近於義，其言將不可復也。德明。

問「言可復也」。曰：前輩說，都是說後來事。如說出話了後，看是義與不義，方理會復與不復。若是恁地，更不消説也得。某看來，是要人謹於未發，皆是未交際之先。賀孫。

問：「信近義，恭近禮」，何謂近？曰：近只是合，古人下字寬。今且就近上説，雖未盡合義，亦已近義了；雖未盡合禮，亦已近禮了。寓。○以下信、恭。

吴問「信近於義」。曰：與人要約，不是當不問行得行不得。次第踐其言，則害於義；不踐其言，則害於信。須是合下要約時便審令近義。致恭亦然。若不中節，不失之過，則失之不及，皆是取辱。潘子善因曰：「近」字説得寬。曰：聖賢之言不迫切。銖。

或問：「信近於義」，莫便是合義？「恭近於禮」，莫便是中禮？先生曰：近亦是對遠而言。遠於義，則言不可復；遠於禮，則必不能遠恥辱。

或問：《集注》云：「約信而合其宜，致恭而中其節。」合其宜，便是義；中其節，便是禮。如何是「近義、近禮」？曰：此亦大綱説，如「巧言令色，鮮矣仁」之意。然只得近於義、近於禮，亦好。是便合其宜，中其節，更好。廣。

問如何得「約信而合其宜」？曰：只是不妄發。曰：萬一料事不過，則如之何？曰：這却無可奈何，却是自家理不明爾。問：「致恭而中其節」，則能遠恥辱。這恥辱，是在人，在己？曰：兼有在裏。且如見尊長而拜，禮也，我却不拜。被詰問，則無以答，這便是爲人所恥辱。有一般人不當拜而拜之，便是諂諛，這則可恥可辱者在我矣。道夫。

「因不失其親」，親如「親仁」之「親」。人傑。○以下因親可宗。

因，如今人云倚靠人之意。宗即是「主」字，如「主顏讎由」之「主」。必大。

因，如「因徐辟」之「因」。因，猶傍也。親又較厚。宗則宗主之，又較重。問注「因仍苟且」。曰：因仍與苟且一樣字。因仍，猶因循；苟且，是且恁地做。❶一般人初間不謹擇，便與他交。下梢他有氣勢，便道是我來宗他，豈不被他累？孔子當時若不揀擇，去主癰疽，便被壞了。寓。

所依不失其所可親之人，亦可宗而主之矣。主，猶「主顏讎由」之「主」。蓋當時羈旅之臣，所至必有主。須於其初審其所可親者，從而主之可也。賀孫。

宗，主也，所宗者可以久而宗主之。如夫子於衛主顏讎由，則可親之人。若主癰疽與寺人瘠環，便是不可親之人。此是教人接人底道理也。時舉。

「因不失其親，亦可宗也」，三字有淺深、輕重。因，乃泛言；親，則近之矣；宗，則尊之也。如孔子於衛，或舍於寺人瘠環之家，然謂之親，則不可。可學。

問「亦可宗也」。曰：我所親之人，將來便可爲吾之宗主。主，如「主顏讎由」之「主」。且如此人不可親，而吾乃親之。若此人他日得志，援我以進，則是我失其所主矣。陳了翁曾受蔡、卞之薦，後來擺脱不得，乃是失其所親者也。人傑。

漢臣説「因不失其親」。曰：與人交際，當謹之於始。若其人下來不可宗主，則今日莫要親他。若今日苟且過了，與之相親，則下來所宗，非其可宗者矣。時舉。

❶「且」，萬曆本作「事」。

「因」字輕，「宗」字重。初間若不子細，胡亂與之相依，下梢却是宗他了。且如做官，與箇至不好底人往來，下梢忽然爲他所薦舉，便是宗他。賀孫。

正淳問「亦可宗也」。曰：如今初間與好人相親，後來受他薦舉辟差，便是着宗他。此是前不失親，後亦可宗也。賀孫。

問「因不失其親」。曰：「因」字最輕，偶然依倚他，此時便須物色其人賢與不賢，後去亦可宗主。如韓文公《與崔群書》所論交往；或其人後不入於善，而於己已厚，雖欲悔之，亦不可處相似。枅。

問「因不失其親」。曰：而今與人同官，也是相親。將來或用它薦舉，因它超擢，便着宗主它。如所親者不善，安知它異日不能薦舉我，超擢我，便着宗主它，這箇便是失其所可宗者。「信近義」，「恭近禮」，「因不失其親」，此三句是今目下事。「言可復」，「遠耻辱」，「亦可宗」，是將來底事。銖。

○全章。

此一節，須作兩截看，上面「恭近於禮，信近於義，因不失其親」，是接物與人之初，下數句却是久而無弊之效。但當初合下，便須著思量到無弊處也。時舉。

問「信近於義」一段。曰：未説著不必信，只是信合於宜。且如一人相約爲事，已許之，少間却不行，是不合義，不可踐矣。恭，凡致敬皆恭也。禮則辨其異。若與上大夫接，而用下大夫之恭，是不及也；與下大夫接，而用上大夫之恭，是過也。過與不及，必取辱矣。可學。

問「信近於義」一章。曰：約信事甚多。今與人約做一件事，須是合當做底事，方可與之約，則所約之言方可行。如不可約之事，則休與之約，謂其不可行也。問：「恭近於禮」，謂致敬於人，須是合當加禮之人。曰：不是加禮。如致敬於人，當拜於堂上，乃拜於堂下；當揖，却拜，皆是不中節，適以自取辱。問：「因不失其親」，謂依賴於人，須是得箇正當可親近之人，而後可以宗主。曰：也是如此，更子細推去。又問：《集注》「人之言行交際」一段，恐言是約信，行是致敬，交際是依人。曰：大綱如此說，皆交際也。「言可復」，便是行。南升。

此一章，皆是言謹始之意。只如初與人約，便用思量他日行得，方可諾之。若輕諾之，他日言不可復，便害信也。必大録云：若不看義之可行，便與他約，次第行不得，便成脱空。「恭近於禮」，且如合當在堂上拜，却下堂拜，被人非笑，固是辱；合當堂下拜，却在堂上拜，被人斥罵，亦是辱。因失其親，且如此人不好，初去親他時，似不害，將來主之，便錯了。須是揀擇見得是好，方可親他。且如趨事上位，其人或不可親，既去親了他，一旦或以舉狀與我，我受了，便用主之。主非其人，雖悔何及！大率有子説底言語奥澀難曉，裏面儘有滋味，須用子細玩味。明作。

王問：「因不失其親」，《集注》舊連上句義禮，後本却不如此。曰：後來看得信與義、恭與禮、因與親，各各是一事，有此兩項。李問「恭近於禮」。曰：非止諂媚於人是取辱之道。若恭不及禮，亦能取辱。且如見人有合納拜者，却止一揖；有合不拜者，反拜他，皆不近禮。不合拜，固是取辱。若合拜而不拜，被他責我不拜，豈不是取辱？先生因言，《論語》中有子説數章，文勢皆奥澀，難爲人解。○雉。

古人文字皆叶韻。如「信近於義，言可復也；恭近於禮，遠耻辱也；因不失其親，亦可宗也。」宗，叶音族。淳。

楊允叔問：伊川言：「信非義，近於義者，以其言可復也。恭非禮，近於禮者，以其遠耻辱也。信、恭因不失近於義禮，亦可宗敬也。」此説如何？曰：某看不當如此説。聖人言語不恁地連纏。要去致敬那人，合當拜，却自長揖，則爲不及於禮。禮數不至，人必怒之，豈不爲辱？合當與那人相揖，却去拜，則是過於禮。禮數過當，被人不答，豈不爲耻？所依者，須是得其可親之人方可。如一般不好人來薦我，是爲失其所親。須是合下知得此人是如何，於其初謹之可也。若失其可親之人而宗之，將來必生悔吝。問：横渠説：「君子寧言之不顧，不規規於非義之信；寧身被困辱，不徇人以失禮之恭；寧孤立無助，不失親於可賤之人。」尹和靖書以自警，今墨蹟可見。不知此説如何？曰：伊川説得太遠，横渠説較近傍。寓。○《集義》。

「信近於義」章，疑上三句是工夫。言如能近義，則有可復言之理否？曰：然。人説話固要信，然不近義時，其勢不可踐，踐却便反害於信矣。問：横渠云：「寧言之不顧，不規規於非義之信；寧身被耻辱，不徇人以非禮之恭；寧孤立無助，不失親於可賤之人。」此却似倒看了文義矣。重在下句相似，如何？曰：此便是先儒舊底説。它爲惑箇「也」字，故然。如某解底「也」字，便只是箇「矣」字。又問：程先生所解是於文義不合乎，是道理未必然乎？曰：也是一説。但如此説，都無緊要了。如横渠説底雖似倒，猶有一截工夫。程先生説底，某便曉未得。直卿云：他猶可也，中一句最難說。曰：他有說不倒時。伯羽又問：謝氏說，末云：「欲免此，惟學而已，故人貴乎明善。」此雖無謹始慮終之意，然大段意好否？首肯之，曰：然。人固貴乎學，但學是平昔當如此，此是說事之發慮當審也。伯羽。

問：程先生說如何？曰：「信近於義」，以「言可復」，他意思要說「也」字出，恐不必如此說。范氏說如何？曰：范說不甚好。「恭近於禮」，恭合下便要近禮；「信近於義」，信合下便要近義，故其言可復，恥辱可遠。信只似與人相約，莫要待得言不可復時，欲徇前言便失義，不徇便失信。恭只是低頭唱喏時，便看近禮與不近禮。

問：「大人言不必信」，又如何？曰：此大人之事。大人不拘小節，變通不拘。且如大人不是合下便道，我言須是不信，只是到那箇有不必信處，須着如此。學者只要合下信便近義，恭便近禮。榦。

君子食無求飽章

「食無求飽，居無求安。」須是見得自家心裏常有一箇合當著緊底道理，此類自不暇及。若說道要在此地著緊，都不濟事。

問：「敏於事而謹於言」，先生謂「不敢盡其所有餘」，❶如何？曰：言易得多，故不敢盡；行底易得不足，故須敏。又曰：行常苦於不足，言常苦於有餘。謙之。

問：「食無求飽」一章，先生嘗語學者曰：「此須是反覆看。」其意如何？曰：若

❶「其」，朝鮮本作「言」。

只不求安飽，而不謹言敏行，有甚意思？若只謹言敏行，而不就正於有道，則未免有差。若工夫不到，則雖就有道，亦無可取正者。聖人之言周備無欠闕，類如此。《中庸》「尊德性，道問學」數語，亦此意。廣。

事難行，故要敏；言易出，故要謹。就有道而正其言行之是非。蓋求飽求安，是其存心處；敏行謹言，是其用工處。須是正，方得。又曰：有許多工夫，不能就有道以正其是非，也不得。若無許多工夫，雖欲正，亦徒然。又曰：「敏於事」，是合當做底事，須便要做了。明作。

「食無求飽，居無求安」，而不敏於事，不謹於言，也未是好學。若不能恁地，則「就有道而正焉」，又是正箇甚麽？但能敏事謹言，而不就有道而正，也不得。這裏面折一句不得。義剛。

「就有道而正焉」。若先無本領，就正箇甚？然但知自做工夫，而不就正於有道，未必自家見得便是。反覆兩邊看，方盡。大抵看文字，皆當如此。閎祖。

「就有道而正焉」，須是上面做得許多工夫。既有根本，方可就正於有道。或録云：學者須先有根本，方有可正者。禪家云：「三家村也有叢林。」須是自去做工夫，得七八分了，方來從師有質正。當此時，一兩句便可剖判。今來此逐旋學，也難。又云：能久從師去也好。南升。

問：「就有道而正焉」，只是正上面言與事否？曰：不是説上句。大概言每用取正於有道之人。若是説上句「居無求安，食無求飽」，敏事謹言，皆自當如此，又何用取正耶。雉。

貧而無諂章

富無驕，貧無諂，隨分量皆可着力。如不向此上立得定，是入門便差了。士毅。

希真問：「貧而無諂」一章，大意謂人必當如此。曰：不是説必着如此。但人且要就自身己上省察，若有諂與驕之病，且就這裏克治。賀孫。

問「富而好禮」。曰：只是不奢侈。凡事好循理，不恁地勉强。好，有樂意，便全不見那驕底意思。有人亦合禮，只是勉强如此，不是好。淳。

曾光祖云：「貧而無諂，富而無驕」，須是先能如此，方可以到那樂與好禮田地。曰：不特此章如此，皆是恁地。如適來説「食無求飽」樣，也是恁地。義剛。

可學云：無諂、無驕，尚有貧富之心；至樂、好禮，則忘之矣。曰：貧而諂，富而驕，最不好。添一「無」字，恰遮蓋得過。樂與好禮，乃於此上加功。可學。

問：「貧而樂」，如顏子，非樂於簞瓢，自有樂否？曰：也不消説得高。大概是貧則易諂，富則易驕。無諂、無驕，是知得驕、諂不好而不爲之耳。樂，是他自樂了，不自知其爲貧也；好禮，是他所好者禮而已，亦不自知其爲富也。曰：然則二者相去甚遠乎？曰：也在人做到處如何。樂與好禮，亦自有淺深。也消得將心如此看，且知得是争一截。學之不可已也如此。伯羽。

「貧而無諂，富而無驕」，與「貧而樂，富而好禮」，此無次序。只看資質與學之所至如何。資質美者，便自能「貧而樂，富而好禮」。如未及此，却須無諂而後能樂，能無驕而後能好禮也。謨。

童問：「貧而無諂，富而無驕，未若貧而樂，富而好禮」，是學要造其精極否？曰：看文字要脱灑，不要黏滯。自無諂、無驕者言之，須更樂與好禮，方爲精極。不可道樂與好禮，須要從無諂、無驕上做去。蓋有人資質合下便在樂與好禮地位，不可更回來做無諂、無驕底工夫。孔子意做兩人説，謂一般人無諂、無驕，不若那一般人樂與好禮，較勝他。子貢意做一人説，謂無諂、無驕，不若更樂與好禮。淳。

楊問「貧而無諂」一段。曰：此是兩節，不可如此説。世間自有一般天資高底人，合下便能「貧而樂，富而好禮」。他已在「貧而樂，富而好禮」地位了，終不成又教他去學無諂、無驕。問：《集注》説「學者不可忽下而趨高」，却似有先後不可躐等之意。曰：自與學者言之是如此。今人未能無諂、無驕，却便要到「貧而樂，富而好禮」，如何得？聖人此語，正似説兩人一般。猶言這人「貧而無諂，富而無驕」，固是好。然不似那一人「貧而樂，富而好禮」，更勝得他。子貢却盡得無諂、無驕底了，聖人更進得他「貧而樂，富而好禮」地位。寓。○上條疑同聞《集注》，非今本。

問：子貢問貧無諂、富無驕。伊川諸説，大抵謂其貨殖非若後人之豐財，但此心未忘耳。今《集注》謂其先貧後富，則是亦嘗如後世之生産作業矣。曰：怕是如此。聖人既説貨殖，須是有些如此。看來子貢初年也是把貧與富煞當事了。賀孫。

吴仁父問此章。曰：後面子貢舉《詩》之意，不是專以此爲「貧而樂，富而好禮」底工夫。蓋見得一切事皆合如此，不可安於小成而不自勉也。時舉。

不切，則磋無所施；不琢，則磨無所措。切與琢是無諂、無驕，瑳與磨是樂與好禮。《集注》謂「超乎貧富之外」者，蓋若爲貧而樂與富而好禮，便是不能超貧富了。樂，自不知貧；好禮，自不知富。明作。

叔蒙問：子貢云：「如切如磋，如琢如磨。」若只是説夫子樂與好禮之意，又何以謂之「告往知來」？曰：他説意思闊，非止説貧富，故云「告往知來」。賀孫。

問：「知來」，指何者而言？曰：子貢於此煞是用工夫了，聖人更進他上面一節，以見義理不止於此。然亦不止就貧富上説，講學皆如此，天下道理更闊在。寓。

問「貧而無諂」章。曰：公只管纏某「義理無窮」一句。子貢問無諂、無驕，夫子以爲僅可，然未若樂與好禮。此其淺深高下，亦自分明。子貢便説切磋琢磨，方是知義理之無窮也。直卿云：若謂無諂、無驕爲如切如琢，樂與好禮爲如磋如磨，則下文「告往知來」一句便説不得，切磋琢磨兩句，説得來也無精采。只此小小文義間要用理會。子貢言無驕，孔子但云僅可而已，未若樂與好禮，子貢便知義理無窮。人須就學問上做工夫，不可少有得而遽止。《詩》所謂「如切如磋，如琢如磨」，治之已精而益求其精者，其此之謂乎？故子曰：「賜也可與言《詩》，告諸往而知來。」告其所已言者，謂處貧富之道；而知其所未言者，謂學問之功。南升。○倪録別出。

文振問「貧而無諂」一章。曰：「貧而無諂，富而無驕」，比他樂與好禮者，別人便説不足道，聖人只云「可也」。蓋「可也」時便也得了，只是比「樂」與「好禮」者分明爭一等。諂者必不能好禮。若於諂與驕中求樂與好禮，此如適越北其轅，反行求及前人，無可至之理。《集注》中所謂「義理無窮」者，不是説無諂無驕至樂與好禮處便是。義理無窮，自是説切瑳琢磨處精而益精爾。僩。

陶安國問「貧而無諂」章。曰：聖門學者工夫確實縝密，逐步挨去，下學上達。如子貢之無諂、無驕，是它實做到這裏，便只見得這裏。聖人知其已是實了得這事，方進它一步。它方始道上面更有箇樂與好禮，便豁然曉得義理無窮。學問不可少得而遽已也，聖門爲學工夫皆如此。子路衣敝緼袍而不耻，孔子稱其「不忮不求」。它實到此地位，但便以此自喜，故孔子曰：「是道也，何足以臧。」它方知道尚有功夫在。此正與子貢「無諂、無驕」一章相似。今之學者先知得甚高，但着實行處全然欠闕了。且如樂與好禮，今人皆知道是强得無諂、無驕，便貪要説它。却不知無諂、無驕功夫自未實進得，却恐從這處做病痛。程門諸公不能盡聞伊川之説，然却據它所聞各做工夫。今語録悉備，向上道理知得明，皆説得去，只是就身分上切實工夫大欠了。銖。

或問：《集注》云：「學者固不可安於小成，而不求造道之極致；亦不可騖於虚遠，而不察切己之實病也。」曰：固是要進。然有第一步，方可進第二步。燾。

仲思問樂與好禮。曰：無諂、無驕，此就富貴裏用功耳。樂與好禮，則大不干事。至此，蓋富亦樂，貧亦好禮，而言貧樂富好禮者，但且因貧富上而舉其重者耳。明道曰：「貧而樂」，非「富而好禮」不能；「富而好禮」，非「貧而樂」不能。伯羽。○《集注》。

不患人之不己知章

漢臣問：「患不知人也。」如何知得他人？曰：見得道理明，自然知人。自家不識得道理破，如何知得他人賢否。時舉。

仁父問此條，以知己與知人對説，❶須是先從裏面做出？知人却是裏面做出。若自家不能知得人，便是自家不知得道理。賀孫。

問：知人是隆師親友？曰：小事皆然。然學做工夫，到知人地位已甚高。可學。

問「不患人之不己知」章。曰：自家德行充於中，不待人之知，若自家不知人，這箇便是不知道。不知則所見不明，不能明人之賢否，所謂「不知言，無以知人也」。知言，如「詖辭知其所蔽，淫辭知其所陷，邪辭知其所離，遁辭知其所窮」。若能知言，他纔開口，自家便知得他心裏事，這便是知人。若宰相不能知人，則用捨之際，不能進賢而退不肖。若學者不能知人，則處朋友之際，豈能擇乎！又曰：《論語》上如此言者有三。「不病人之不己知，病其不能也」。「不患莫己知，求爲可知也」。聖人之言雖若同，而其意皆別。「病其不能」者，言病我有所不能於道。「求爲可知」者，當自求可知之實，然後人自知之。雖然如此，亦不是爲昭灼之行，以蘄人之必知。卓。

「不患人之不己知，患不知人也。」今人都倒做了工夫。

❶「以」，原作「已」，今據萬曆本改。

国家出版基金项目
NATIONAL PUBLICATION FOUNDATION

國家出版基金項目

教育部哲學社會科學研究重大課題攻關項目

「十一五」「十二五」「十三五」

國家重點圖書出版規劃項目・重大工程出版規劃

「十四五」

國家重點出版物出版专項規劃項目・古籍出版規劃

國家社會科學基金重大項目
北京大學「九八五工程」重點項目

儒藏

精華編一八七册下
子部儒學類

儒藏

精華編

北京大學《儒藏》編纂與研究中心

《儒藏》精華編第一八七册

子部儒學類

性理之屬

下册

朱子語類卷第二十三 計二十六板

論語五

爲政篇上

爲政以德章

問：「爲政以德」，莫是以其德爲政否？曰：不必泥這「以」字。「爲政以德」，只如爲政有德相似。節。

亞夫問「爲政以德」云云。曰：人之有德，發之於政，如水便是箇濕底物事，火便是箇熱底物事。有是德，便有是政。植。

德與政非兩事。只是以德爲本，則能使民歸。若是「所令反其所好」，則民不從。義剛。

文振問：「爲政以德」，莫是以身率之？曰：不是强去率它。須知道未爲政前先有是德。若道「以身率之」，此語便粗了。時舉。○鄭録云：德是得之於我者。更思此意。

或問「爲政以德」。曰：「爲政以德」，不是欲以德去爲政，亦不是塊然全無所作爲，但德脩於己而人自感化。然感化不在政事上，却在德上。蓋政者，所以正人之不正，豈無所作爲。但人所以歸往，乃以其德耳，故不待作爲而天下歸之，如衆星之拱北極也。銖。

「爲政以德」，非是不用刑罰號令，但以德先之耳。以德先之，則政皆是德。上蔡說：「辰非是北辰，乃天之北極。天如水車，北辰乃軸處。水車動，而軸未嘗動。」上蔡所云乃北斗。北斗同衆星一日一周天，安得謂之居其所。可學。

衆問「爲政以德」章。曰：此全在「德」字。「德」字從「心」者，以其得之於心也。如爲孝，是心中得這箇孝；爲仁，是心中得這箇仁。若只是外面恁地，中心不如此，便不是德。❶凡六經言「德」字之意，皆如此，故曰「忠信，所以進德也」。忠信者，謂實得於心，方爲德也。「爲政以德」者，不是把德去爲政，是自家有這德，人自歸仰，如衆星共北辰。北辰者，天之樞紐。乃是天中央安樞處。天動而樞不動，不動者，正樞星位。樞有五星。其前一明者太子。其二最明者曰帝座，乃太一之常居也。其後一箇分外開得些子而不甚明者，極星也，惟此一處不動。衆星於北辰，亦是自然環向，非有意於共之也。子蒙。

問：「北辰，北極也。」不言「極」，而言「辰」，何義？曰：辰是大星。又云：星之界分，亦謂之辰，如十二辰是十二箇界分。極星亦微轉，只是不離其所，不是星全不動，是箇傘腦上一位子，不離其所。因舉《晉志》云：「北極五星，天運無窮，三光迭耀，而極星不移。」故曰：「居其所而衆星共之。」銖。〇論北辰。

安卿問北辰。曰：北辰是那中間無星處，這些子不動，是天之樞紐。北辰無星，緣是人要取此爲極，不可無箇記認，故就其傍取一小星謂之極星。這是天之極紐，如那門笋子樣。又似箇輪藏心，藏在外面動，這裏面心都不動。義剛問：極星動不動？

❶「德」，原作「得」，今據萬曆本改。

曰：極星也動。只是它近那辰後，雖動而不覺。如那射糖盤子樣，那北辰便是中心椿子。極星便是近椿底點子，雖也隨那盤子轉，却近那椿子，轉得不覺。今人以管去窺那極星，見其動來動去，只在管裏面，不動出去。向來人說北極便是北辰，皆只說北極不動。至本朝人方去推得是北極只在北辰頭邊，❶而極星依舊動。又一說，那空無星處皆謂之辰。康節說日月星辰自是四件，辰是一件。天上分爲十二段，即十二辰。辰，天壤也。此說是。每一辰各有幾度，謂如日月宿於角幾度，即所宿處是辰也，故曰日月所會之處爲辰。又曰：天轉，也非東而西，也非循環磨轉，却是側轉。義剛言：樓上渾儀可見。曰：是。直卿舉鄭司農五表日景之說。曰：其說不是，不如鄭康成之說。又曰：南極在地下中處，南北極相對。天雖轉，極却在中不動。義剛問：如說「南極見，老人壽」，則是南極也解見。曰：南極不見。是南邊自有一老人星，南極高時，解浮得起來。義剛。

問：北辰是甚星？《集注》以爲「北極之中星，天之樞也」。上蔡以爲「天之機也，以其居中，故謂之『北極』。以其周建於十二辰之舍，故謂之『北辰』」。不知是否？曰：以上蔡之明敏，於此處却不深攷。北辰，即北極也。以其居中不動而言，是天之樞軸。天形如雞子旋轉，極如一物，横亘居中，兩頭抨定。一頭在北上，是爲北極，居中不動，衆星環向也。一頭在南，是爲南極，在地下，人不可見。因舉先生《感興詩》云：「感此南北極，樞軸遥相當。」即是北極

❶「在」，萬曆本作「是」。

否？曰：然。又問：太一有常居，太一是甚星？曰：此在《史記》中，說太一星是帝座，即北極也。以星神位言之，謂之太一；以其所居之處言之，謂之北極。太一如人主，極如帝都也。《詩》云：「三辰環侍傍。」三辰謂何？曰：此以日、月、星言也。寓。

問：謝氏云：「以其居中，故謂之北極。」先生云非是，何也？曰：所謂以其所建周於十二辰者，自是北斗。《史記》載北極有五星，太一常居中，是極星也。辰非星，只是星中間界分。其極星亦微動，惟辰不動，乃天之中猶磨之心也。沈存中謂始以管窺，其極星不入管，後旋大其管，方見極星在管絃上轉。一之。

子上問北極。曰：北極自是北極，居中不動者，《史記·天官書》可見。謝顯道所說者乃北斗。北斗固運轉也。璘。

問：《集注》云：「德者，行道而有得於身也。」後改「身」作「心」，如何？曰：凡人作好事，若只做得一件、兩件，亦只是勉强，非是有得。所謂「得」者，謂其行之熟，而心安於此也。如此去爲政，自是人服。譬如今有一箇好人在說話，聽者自是信服。所謂無爲，非是盡廢了許多簿書之類。但是我有是德而彼自服，不待去用力教他來服耳。義剛。○《集注》。

「行道而有得於身」，「身」當改作「心」。諸經注皆如此。又曰：古人製字皆不苟。如「德」字中間從心，便是曉此理。僩。

舊說「德者，行道而有得於身」，今作「得於心而不失」。諸書未及改，此是通例。安卿曰：「得於心而不失」，可包得「行道而有得於身」。曰：如此較牢固，真箇是得而不失了。義剛。

問「無爲而天下歸之」。曰：以身率人，自是不勞力。禮樂刑政，固不能廢。只是本分做去，不以智術籠絡天下，所以無爲。明作。

問：「爲政以德」，如何無爲？曰：聖人合做處，也只得做，如何不做得。只是不生事擾民，但爲德而民自歸之。非是説行此德，便要民歸我。如齊桓、晉文做此事，便要民如此，如大蒐以示禮，伐原以示信之類。但聖人行德於上，而民自歸之，非有心欲民之服也。僩。

子善問：「『爲政以德』，然後無爲。」聖人豈是全無所爲邪？曰：聖人不是全無一事。如舜做許多事，豈是無事。但民心歸向處，只在德上，却不在事上。許多事都從德上出。若無德而徒去事上理會，勞其心志，只是不服。「爲政以德」，一似燈相似，油多，便燈自明。恪。○賀孫録云：子善問「『爲政以德』，然後無爲」。曰：此不是全然不爲。但以德則自然感化，不見其有爲之迹耳。

問邵漢臣：「『爲政以德』，然後無爲」，是如何？漢臣對：德者，有道於身之謂，自然人自感化。曰：看此語，程先生説得也未盡。只説無爲，還當無爲而治，無爲而不治？這合着得「政者，正也，子帥以正，則莫敢不正」，而天下歸之，却方與「譬北辰居其所而衆星共之」相似。邵因舉《集注》中所備録者。曰：下面有許多話，却亦自分曉。賀孫。

問：「爲政以德」，老子言無爲之意，莫是如此否？曰：不必老子之言無爲。孔子嘗言：「無爲而治者，其舜也與！夫何爲哉？恭己正南面而已矣。」老子所謂無爲，便是全不事事。聖人所謂無爲者，未嘗不爲，依舊是「恭己正南面而已矣」，是「己正而物正」，「篤恭而天下平」也。後世天下不治者，皆是不能篤恭盡敬。若能盡其恭敬，則視必明，聽必聰，而天下之治豈有不理！卓。○賀孫録云：老子所謂無爲，只是簡忽。聖人所謂無爲，却是付之當然之理。如曰：「無爲而治者，其舜也與！夫何爲哉？恭己正南面而已。」這是甚麽様本領？豈可與老氏同日而語！

詩三百章

若是常人言，只道一箇「思無邪」便了，便略了那「《詩》三百」。聖人須是從《詩》三百逐一篇理會了，然後理會「思無邪」，此所謂下學而上達也。今人止務上達，自要免得下學。如説道「灑掃應對進退」，便有天道，都不去做那「灑掃應對進退」之事。到得灑掃，則不安於灑掃；進退，則不安於進退；應對，則不安於應對。那裏面曲折去處，都鶻突無理會了。這箇須是去做，到得熟了，自然貫通。到這裏方是一貫。古人由之而不知，今人不由而但求知，不習而但求察。賀孫。

居父問「思無邪」。曰：三百篇詩，只是要得人「思無邪」。「思無邪」三字代得三百篇之意。賀孫。

「思無邪」一句，便當得三百篇之義了。三百篇之義，大概只要使人「思無邪」。若只就事上無邪，未見得實如何。惟是「思無邪」，方得。思在人最深，思主心上。佐。

或問「思無邪」。曰：此《詩》之立教如此，可以感發人之善心，可以懲創人之逸志。祖道。

問「思無邪」。曰：若言作詩者「思無邪」，則其間有邪底多。蓋《詩》之功用，能使人無邪也。植。

徐問「思無邪」。曰：非言作詩之人「思無邪」也。蓋謂三百篇之詩，所美者皆可以爲法，而所刺者皆可以爲戒，讀之者「思無邪」耳。作之者非一人，安能「思無邪」乎？只是要正人心。統而言之，三百篇只是一箇「思無邪」；析而言之，則一篇之中自有一箇「思無邪」。道夫。

「思無邪」，乃是要使讀《詩》人「思無邪」耳。讀三百篇詩，善爲可法，惡爲可戒，故使人「思無邪」也。若以爲作詩者「思無邪」，則《桑中》、《溱洧》之詩，果無邪耶？某《詩傳》去《小序》，以爲此漢儒所作。如《桑中》、《溱洧》之類，皆是淫奔之人所作，非詩人作此以譏刺其人也。聖人存之，以見風俗如此不好。至於做出此詩來，使讀者有所愧耻而以爲戒耳。吕伯恭以爲「放鄭聲」矣，則其詩必不存。某以爲放是放其聲，不用之郊廟賓客耳，其詩則固存也。如《周禮》有官以掌四夷之樂，蓋不以爲用，亦存之而已。伯恭以爲三百篇皆正詩，皆好人所作。某以爲，正聲乃正《雅》也。至於《國風》，逐國風俗不同，當是周之樂師存列國之《風》耳，非皆正詩也。如二《南》固正矣，鄭、衛詩分明是有「鄭」、「衛」字，安得謂之正乎？鄭漁仲《詩辨》：「《將仲子》只是淫奔之詩，非刺仲子之詩也。」某自幼便知其説之是。然太史公謂三百篇詩，聖人删之，使皆可弦歌。伯恭泥此，以爲皆好。蓋太史之評自未必是，何必泥乎？璘。

或曰：先儒以三百篇之義皆「思無

邪」。先生笑曰：如呂伯恭之説，亦是如此。《讀詩記序説》一大段主張箇詩，説三百篇之詩都如此。看來只是説得箇「可以怨」，言詩人之情寬緩不迫，優柔溫厚而已。只用他這一説，便瞎却一部詩眼矣。僩。

問：如先生説「思無邪」一句，却如何説？曰：《詩》之意不一，求其切於大體者，惟「思無邪」足以當之，非是謂作者皆無邪心也。爲此説者，乃主張《小序》之過。《詩》三百篇，大抵好事足以勸，惡事足以戒。如《春秋》中好事至少，惡事至多。此等詩，鄭漁仲十得其七八。如《將仲子》詩只是淫奔，艾軒亦見得。向與伯恭論此，如《桑中》等詩，若以爲刺，則是抉人之陰私而形之於詩，賢人豈宜爲此？伯恭云：只是直説。答之云：伯恭如見人有此事，肯作詩直説否？伯恭平日作詩亦不然。伯恭曰：聖人「放鄭聲」，又却取之，如何？曰：放者，放其樂耳；取者，取其詩以爲戒。今所謂鄭、衛樂，乃詩之所載。伯恭云：此皆是《雅》樂。曰：《雅》則《大雅》、《小雅》，《風》則《國風》，不可紊亂。言語之間，亦自可見。且如《清廟》等詩，是甚力量。《鄭》、《衛風》如今歌曲，此等詩，豈可陳於朝廷宗廟？此皆司馬遷之過，伯恭多引此爲辨。嘗語之云：司馬遷何足證。子約近亦以書問「止乎禮義」。答之云：《詩》有止乎禮義者，亦有不止乎禮義者。可學。

問：「思無邪」，子細思之，只是要讀《詩》者思無邪。曰：舊人説似不通。中間如許多淫亂之風，如何要「思無邪」得？如「止乎禮義」，中間許多不正詩，如何會止乎禮義？怕當時大約説許多中格詩，却不指許多淫亂底説。❶某看來，《詩》三百篇，其説好底，也要教人「思無邪」；説不好底，也要教人「思無邪」。只是其它便就一事上各見其意。然事事有此意，但是「思無邪」一句，方盡得許多意。問：「直指全體」是如何？曰：只是説「思無邪」一語，直截見得《詩》教之本意，是全備得許多零碎底意。又曰：聖人言《詩》之教，只要得人「思無邪」。其它篇篇是這意思，惟是此一句包説得盡。某看《詩》，要人只將《詩》正文讀，自見其意。今人都緣這《序》，少間只要説得《序》通，却將《詩》意來合《序》説，却不要説教《詩》通。吕子約一番説道：近看《詩》有所得。待取來看，都只是説得《序》通。❷某意間非獨將《序》下文去了，首句甚麽也亦去了。且如《漢廣》詩下面幾句猶似説得通，上一句説「德廣所及」也，是説甚麽。又如説「《賓之初筵》，衛武公刺時也」。《韓詩》説是衛武公自悔之詩。看來只是武公自悔。《國語》説武公年九十，猶箴警于國曰：「群臣無以我老耄而舍我，必朝夕端恪以交戒我。」看這意思，只是悔過之詩。如《抑》之詩，《序》謂「衛武公刺厲王，亦以自警也」。後來又考見武公時厲王已死，又爲之説是追刺。凡《詩》説美惡，是要那人知，如何追刺？以意度之，只是自警。他要篇篇有美刺，故如此説，又説道「亦以自警」。兼是説正《雅》、變《雅》，看變《雅》中亦自煞有好詩，不消分變《雅》亦得。如《楚茨》、《信南山》、《甫田》、《大田》諸篇，不待看《序》，自見得是祭祀及稼穡田政分明。到

❶「多」字，原無，今據朝鮮本、賀本補。
❷「都」，萬曆本作「却」。

《序》説出來，便道是「傷今思古」，陳古刺今，那裏見得？如《卷阿》是説召康公戒成王，如何便到後面《民勞》、《板蕩》刺厲王？中間一截是幾時，却無一事係美刺。只緣他須要有美有刺，美便是成、康時君，刺只是幽、厲，所以其説皆有可疑。問：怕是聖人删定，故中間一截無存者。曰：怕不會删得許多。如太史公説古詩三千篇，孔子删定三百，怕不會删得如此多。賀孫。

問：《集注》以爲「凡言善者，足以感發人之善心；言惡者，足以懲創人之逸志」。而諸家乃專主作詩者而言，何也？曰：《詩》有善有惡，頭面最多，而惟「思無邪」一句足以該之。上至於聖人，下至於淫奔之事，聖人皆存之者，所以欲使讀者知所懲勸。其言「思無邪」者，以其有邪也。直卿曰：《詩》之善惡，如藥之參苓、巴豆，而「思無邪」乃藥之單方，足以當是藥之善惡者也。曰：然。道夫曰：如此，則施之「六經」可也，何必《詩》？曰：它經不必言。又曰：《詩》恰如《春秋》。《春秋》皆亂世之事，而聖人一切財之以天理。❶道夫。○《集注》。

問：夫子言三百篇詩，可以興善而懲惡，其用皆要使人「思無邪」而已云云。曰：便是三百篇之詩，不皆出於情性之正。如《關雎》、二《南》詩，《四牡》、《鹿鳴》詩，《文王》、《大明》詩是出於情性之正；《桑中》、《鶉之奔奔》等詩，豈是出於情性之正？人言夫子删詩，看來只是採得許多詩，往往只是刊定。聖人當來刊定，好底詩，便吟咏，興發人之善心；不好底詩，便要起人羞惡

❶「財」，萬曆本作「裁」。

之心。又曰：《詩》三百篇，雖《桑中》、《鶉奔》等詩，亦要使人「思無邪」，只《魯頌》「思無邪」一句，可以當得三百篇之義。猶云三百篇詩雖各因事而發，其用歸於使人「思無邪」，然未若「思無邪」一句説得直截分別。南升。○時舉録别出。

文振問「思無邪」。曰：人言夫子删詩，看來只是採得許多詩，夫子不曾删去，往往只是刊定而已。聖人當來刊定，好底詩便要吟詠，興發人之善心；不好底詩便要起人羞惡之心，皆要人「思無邪」。蓋「思無邪」是《魯頌》中一語，聖人却言三百篇詩惟《魯頌》中一言足以盡之。時舉。

問所謂「其言微婉，各因一事而發」。曰：一事，如淫奔之詩，只刺淫奔之事。如暴虐之詩，只刺暴虐之事。「思無邪」，却凡事無所不包也。又曰：陳少南要廢《魯頌》，忒煞輕率。它作《序》却引「思無邪」之説。若廢了《魯頌》，却没這一句。寓。

或問：「思無邪」如何是「直指全體」？曰：《詩》三百篇，皆無邪思，然但逐事無邪爾，唯此一言舉全體言之。因曰：「夏之日，冬之夜，百歲之後，歸于其居。❶冬之夜，夏之日，百歲之後，歸于其室。」此亦無邪思也。「出其東門，有女如雲；雖則如雲，匪我思存，縞衣綦巾，聊樂我員。」此亦無邪思也。爲子而賦《凱風》，亦無邪思也；爲臣而賦《北門》，亦無邪思也，但不曾説破爾。惟「思無邪」一句便分明説破。或曰：如淫奔之詩如何？曰：淫奔之詩固邪矣。然反之則非邪也。故某説「其善者可以感發人之善心，惡者可以懲創人之逸

❶「歸」，原作「居」，今據萬曆本及《詩經·葛生》改。

志」。廣。

程子曰：「思無邪，誠也。」誠是實。心之所思，皆實也。明作。○程子説。

問：「思無邪，誠也。」非獨是行無邪，直是思無邪，方是誠。曰：公且未要説到這裏。且就《詩》三百，如何「一言以蔽之，曰思無邪」？《集注》説：「要使人得性情之正。」情性是貼思，正是貼無邪。此如做時文相似，只恁地貼，方分曉。若好善惡惡皆出於正，便會無邪。若果是正，自無虛僞，自無邪。若有時，也自入不得。賀孫。

問「思無邪」。曰：不但是行要無邪，思也要無邪。誠者，合內外之道，便是表裏如一，內實如此，外也實如此。故程子曰：「思無邪，誠也。」時舉。

「思無邪，誠也」，不專説《詩》。大抵學者思常要無邪，況視聽言動乎？誠是表裏都恁地實。又曰：不獨行處要如此，思處亦要如此。表裏如此，方是誠。

伊川曰：「思無邪，誠也。」每常只泛看過。子細思量，極有義理。蓋行無邪，未是誠；思無邪，乃可爲誠也。賀孫。

問：「思無邪，誠也。」所思皆無邪，則便是實理。曰：下「實理」字不得，只得下「實心」字。言無邪，也未見得是實；行無邪，也未見得是實。惟「思無邪」，則見得透底是實。義剛。

問：程子曰：「思無邪，誠也。」曰：思在言與行之先。思無邪，則所言所行，皆無邪矣。惟其表裏皆然，故謂之誠。若外爲善，而所思有不善，則不誠矣。爲善而不終，今日爲之而明日廢，則不誠矣。中間微有些核子消化不盡，則亦不誠矣。又曰：伊川「誠也」之説，也粗。胡泳。○僩録別出。

因言「思無邪」與「意誠」。曰：有此種，則此物方生；無此種，生箇甚麽？所謂「種」者，實然也。如水之必濕，火之必燒，自是住不得。「思無邪」，表裏皆誠也。若外爲善，而所思有不善，則不誠矣。爲善而不終，今日爲之，而明日廢忘，則不誠矣。中間微有些核子消化不破，則不誠矣。又曰：「思無邪」有兩般。伊川「誠也」之説，也粗。僴。

問「思無邪，誠也」。曰：人聲音笑貌或有似誠者，然心有不然，則不可謂之誠。至於所思皆無邪，安得不謂之誠。夔孫。

因潘子善問「《詩》三百」章，遂語諸生：伊川解「思無邪」一句，如何只着一箇「誠也」？伊川非是不會説，只着此二字，不可不深思。大凡看文字，這般所在，須教看得出。「思無邪，誠也」，是表裏皆無邪，徹底無毫髮之不正。世人固有修飾於外，而其中未必能純正。惟至於思亦無邪，斯可謂之誠。賀孫。

義剛説「思無邪」，《集注》云「誠也」之意。先生曰：伊川不是不會説，却將一「誠」字解了。且如今人固有言無邪者，亦有事無邪者，然未知其心如何。惟「思無邪」，則是其心誠實矣。又曰：《詩》之所言，皆「思無邪」也。如《關雎》便是説「樂而不淫，哀而不傷」，《葛覃》便是説節儉等事，皆歸於「思無邪」也。然此特是就其一事而言，未足以括盡一詩之意。惟「思無邪」一語，足以蓋盡三百篇之義，蓋如以一物蓋盡衆物之意。義剛。

林問「思無邪」。曰：人之踐履處，可以無過失。若思慮亦至於無邪，則是徹底誠實，安得不謂之誠。人傑。

李兄問：「思無邪」，伊川説作「誠」，是否？曰：誠是在思上發出。詩人之思，皆情性也。情性本出於正，豈有假僞得來底？思便是情性；無邪，便是正。以此觀之，《詩》三百篇，皆出於情性之正。卓。

問「思無邪」。曰：只此一言，盡當得三百篇之義。❶讀《詩》者，只要得「思無邪」耳。看得透，每篇各是一箇「思無邪」，總三百篇亦只是一箇「思無邪」。「毋不敬」，《禮》之所以爲教；「思無邪」，《詩》之所以爲教。寓。○范氏説。

問「思無邪」。曰：前輩多就詩人上説「思無邪」，「發乎情，止乎禮義」。某疑不然。不知教詩人如何得「思無邪」。如《文王》之詩，❷稱頌盛德盛美處，皆吾所當法；如言邪僻失道之人，皆吾所當戒；是使讀《詩》者求無邪思。分而言之，三百篇各是一箇「思無邪」；合三百篇而言，總是一箇「思無邪」。問：聖人「六經」皆可爲戒，何獨《詩》也？曰：固是如此。然《詩》中因情而起，則有思。欲其思出於正，故獨指「思無邪」以示教焉。問：《詩》説「思無邪」，與《曲禮》説「毋不敬」，意同否？曰：「毋不敬」，是用功處，所謂「正心、誠意」也。「思無邪」，思至此，自然無邪，功深力到處，所謂「心正、意誠」也。若學者當求無邪思，而於正心、誠意處着力，然不先致知，則正心、誠意之功何所施？所謂敬者，何處頓放？今人但守一箇「敬」字，全不去擇義，所以應事接物處皆顛倒了。《中庸》「博學

❶「盡當」，萬曆本作「當盡」。「三」，原作「二」，今據萬曆本改。

❷「王」，原作「主」，今據萬曆本改。

之，審問之，謹思之，明辨之，篤行之」；《孟子》「博學而詳說之，將以反說約也」；顏子「博我以文，約我以禮」，從上聖賢教人，未有不先自致知始。寓。

「思無邪」，不必說是詩人之思及讀《詩》之思。❶大凡人思皆當無邪。如「毋不敬」，不必說是說《禮》者及看《禮記》者當如此。大凡人皆當「毋不敬」。人傑。○去僞錄云：此一句出處，止是說爲孔子見得此一句皆當三百篇之義，❷故舉以爲說。餘同。

楊士訓、尹叔問「思無邪」、「毋不敬」。曰：《禮》言「毋不敬」，是正心、誠意之事；《詩》言「思無邪」，是心正、意誠之事。蓋「毋」者，禁止之辭。若自無不敬，則亦心正、意誠之事矣。又曰：孔子曰：「博學於文，約之以禮。」顏子曰：「博我以文，約我以禮。」孟子曰：「博學而詳說之，將以反說約也。」今若秖守着兩句，如何做得？須是讀了三百篇有所興起感發，然後可謂之「思無邪」；真箇「坐如尸，立如齊」，而後可以言「毋不敬」。道夫。

問：「思無邪」、「毋不敬」，是一意否？曰：「思無邪」有辨別，「毋不敬」却是渾然好底意思。大凡持敬，程子所謂敬如有箇宅舍。講學如遊騎，不可便相離遠去。須是於知處求行，行處求知，斯可矣。謨。

「毋不敬」、「思無邪」。「毋不敬」是渾然底，思是已萌，此處只争些。可學。

上蔡說「思無邪」一條，未甚親切。東萊《詩記》編在擗初頭。看它意，只說得箇「《詩》可以怨」底意，如何說「思無邪」。賀孫。

❶「讀詩」下，朝鮮本有「者」字。

❷「爲」，原作「馬」，今據萬曆本、賀本改。

○《集義》。

「思無邪」，如正《風》、《雅》、《頌》等語，❶可以起人善心。如變《風》等詩，極有不好者，可以使人知戒懼不敢做。大段好詩者，大夫作；那一等不好詩，只是閭巷小人作。前輩多説是作詩之思，不是如此。其間多有淫奔不好底詩，不成也是無邪思？上蔡舉數詩，只説得箇「可以怨」一句，意思狹甚。若要盡得「可以興」以下數句，須是「思無邪」一語，甚闊。吕伯恭做《讀詩記》，首載謝氏一段説話，這一部《詩》便被此壞盡意思。夫「善者，可以感發得人之善心；惡者，可以懲創得人之逸志」。今使人讀好底詩，固是知勸；若讀不好底詩，便悚然戒懼，知得此心本不欲如此者，是此心之失。所以讀《詩》者，使人心無邪也，此是《詩》之功用如此。明作。

問：周氏説「思無邪」，皆無心而思。無心，恐無緣有思。曰：不成三代直道而行，人皆無心而思。此是從引「三代直道」便誤認了。㽦。

道之以政章

問「道之以政」。曰：聖人之意，只爲當時專用政刑治民，不用德禮，所以有此言。謂政刑但使之遠罪而已；若是格其非心，非德禮不可。聖人爲天下，何曾廢刑政來。恪。

「道之以德」，是躬行其實，以爲民先。如必自盡其孝，而後可以教民孝；自盡其弟，而後可以教民弟，如此類。「宜其家人，

❶「語」，萬曆本作「詩」。

而後可以教國人；宜兄宜弟，而後可以教國人。」賀孫。

或問「齊之以禮」。曰：「道之以德」，是有以感人之善心，若不着禮以爲之規矩，如何齊得它。須以禮齊之，使賢者知所止，不肖者有所跂及。問「格」字。曰：是合格，及格之「格」，使之合法度而已。❶祖道。

讀「道之以德，齊之以禮」。曰：纔説禮，便自有箇中制。賢者可以俯而就之，不肖者便可企而及之。炎。

問「道之以德，齊之以禮」。曰：這「德」字只是適來説底「德」，以身率人。人之氣質有淺深厚薄之不同，故感者不能齊一，必有禮以齊之。如《周官》一書，何者非禮。以至歲時屬民讀法之屬，無不備具者，正所以齊民也。齊之不從，則刑不可廢。若只「道之以德」，而無禮以約之，則儱統無收殺去。格者，至於善也。如「格于文祖」、「格于上下」，與夫「格物」，格者，皆至也。儲宰云：此是堯、舜地位。曰：古人有「得百里之地而君之」，便能如此。明道便是有此氣象。子蒙。

問「道之以德，齊之以禮」。曰：資質好底便化，不好底須立箇制度，教人在裏面，件件是禮。後世專用「以刑」。然不用刑，亦無此理。但聖人先以德禮，到合用處，亦不容已。「有恥且格」，只將「格」字做「至」字看，至是真箇有到處。如「王假有廟」，「格于上帝」之「格」。如遷善遠罪，真箇是遠罪，有勉强做底，便是不至。季札。

問「道之以德」，猶可致力。「齊之以禮」，州縣如何做得？曰：便是如今都蕩

❶「使」下，萬曆本有「人」字。

然無此家具了，便也難得相應。古人比閭之法，比有長，閭有師，便真箇能行禮以帥之。民都是教了底人，故教人可以流通。後世如一大圳水，分數小圳去，無不流通。後世有聖賢作，必不肯只恁休。須法古，從底做起，始得。一之。

先之以法制禁令，是合下有猜疑關防之意，故民不從。又却「齊之以刑」，民不見德而畏威，但圖目前苟免於刑，而爲惡之心未嘗不在。先之以明德，則有固有之心者，必觀感而化。然禀有厚薄，感有淺深，又「齊之以禮」，使之有規矩準繩之可守，則民耻於不善，而有以至於善。南升。○論全章。

「道之以政，齊之以刑，民免而無耻；道之以德，齊之以禮，有耻且格」，此謂庶民耳。若所謂士者，「行己有耻」，不待上之命也。鎬。

問「道之以政，齊之以刑；道之以德，齊之以禮」。曰：近見一朋友讀《道德功術策》，前一篇説得不是，盡説術作不好。後一篇却説得是。曰：有道德，則功術乃道德之功，道德之術；無道德，則功術方不好。某嘗見一宰相説「上甚有愛人之心，不合被近日諸公愛把恢復來説了」。某應之曰：「公説得便不是。公何不曰：『愛人乃所以爲恢復，恢復非愛人不能？』」榦因問：政刑德禮四者如何説？曰：此正與道德功術一般。有德禮，則政刑在其中。不可專道政刑做不好底，❶但不得專用政刑。❷榦。

「道之以德」者，是自身上做出去，使之知所向慕。「齊之以禮」者，是使之知其冠

❶「好」，萬曆本作「得」。
❷「得」字，萬曆本無。

昏喪祭之儀，尊卑小大之別，教化知所趨。既知德禮之善，則有耻而格於善。若道齊之以刑政，則不能化其心，而但使之少革。到得政刑少弛，依舊又不知耻矣。問：政刑莫只是伯者之事？曰：專用政刑，則是伯者之爲矣。卓。

「道之以德」，《集注》云「淺深厚薄之不一」，謂其間資禀信向不齊如此，雖是感之以德，自有不肯信向底，亦有太過底，故齊一之以禮。禮是五禮，所謂吉、凶、軍、賓、嘉，須令一齊如此。所謂「賢者俯而就，不肖者企而及」，正如「齊之以刑」亦然。先立箇法制如此，若不盡從，便以刑罰齊之。《集注》後面餘意，是説聖人謂不可專恃刑政，然有德禮而無刑政，又做不得。聖人説話無一字無意味。如只説「齊之以德，道之以禮」，便不是了。明作。○《集注》。

「道之以德，齊之以禮」，觀感得深而厚者，固好。若淺而薄者，須有禮以齊之，則民將視吾之禮，必耻於不善而至於善矣。人傑。

問：「道之以政，齊之以刑。」范氏説「則民無所不至」，語亦過否？曰：若只靠政刑去治民，則民是會無所不至。又問：吕氏説云：「政刑能使懦者畏，不能使强者革，此之謂失其本心。」亦怕未如此。曰：這説亦是偏了。若專任政刑，不獨是弱者怕，强者也會怕。到得有德禮時，非獨使强者革，弱者也會革。因仁父問侯氏云「刑政霸者之事」，曰：專用政刑，只是霸者事。問：威文亦須有德禮，如《左傳》所云。曰：它只是借德禮之名出做事，如大蒐以示之禮，伐原以示之信，出定襄王以示之義。它那曾有躬行德禮之實。這正是有所爲而爲之也。聖人是見得自家合着恁地躬行，那待臨時去做些。又如漢高祖爲義帝發喪，那曾出於誠心。只是因董公説，分明借這些欺天下。看它來意也只要項羽殺了它，却一意與項羽做頭底。賀孫。○《集義》。

吾十有五而志于學章

或問「十五志學」章，曰「聖人是生知安行」云云。曰：且莫説聖人，只於己分上説如何是「志學」，❶如何是「立」，如何是「不惑」，如何是「知天命」，如何是「耳順」，如何是「從心所欲，不踰矩」，且理會這幾箇字教分曉。某所以逐句下只解其字義，直至後面方説聖人分上事。今且説如何是「志學」？曰：心有所之，謂之志。志學，則其心專一向這箇道理上去。曰：説文義，大概也只如此説，然更有意思在。世間千岐萬路，聖人爲甚不向別路去，只向這一路來？志是心之深處，故醫家謂志屬腎。如今學者誰不爲學，只是不可謂之「志于學」。如果能「志于學」，則自住不得。「學而時習之」，到得説後，自然一步趲一步去。如人當寒月，自然向有火處去；暑月，自然向有風處去。事君，便從敬上去；事親，便從孝上去。雖中間有難行處，亦不憚其難，直做教徹。廣曰：人不志學有兩種：一是全未有知了，不肯爲學者；一是雖已知得，又却説道「但得本莫愁末」了，遂不肯學者。曰：後一種，古無此，只是近年方有之。却是有兩種：一種是全未有知者；一種是雖知得了後，却若存若亡，不肯至誠去做者。

❶「分上」，原作「上分」，今據朝鮮本改。

然知之而不肯爲，亦只是未嘗知之耳。又曰：如人要向箇所在去，便是志；到得那所在了，方始能立；立得牢了，方能向上去。廣。

問聖人十年工夫。曰：不須理會這箇，且理會「志于學」。能志學，許多科級須着還我。季札。

「吾十有五」章。曰：看「志」字最要緊，直須結裹在從心不踰矩上。然又須循乎聖人爲學之序，方可。炎。

問志學與立。曰：志是要求箇道，猶是兩件物事。到立時，便是脚下已踏着了也。時舉。

周問：「三十而立，無所事志」，何也？曰：志方是趨向恁地，去求討未得。到此則志盡矣，無用志了。淳。

漢臣問：立者，立於斯道也。如何？❶曰：立，只是外物動摇不得。賀孫。

問：立是心有定守，而物不能摇動否？曰：是。

問：孔子「三十而立」，似與孟子「四十不動心」同，如何？曰：「四十而不惑」，却相似。壯祖。

「四十而不惑」，於事上不惑。「五十而知天命」，知所從來。德明。

文振問「四十不惑，五十知天命」。曰：此兩句亦相離不得。不惑，是隨事物上見這道理合是如此；知天命，是知這道理所以然。如父子之親，須知其所以親，只緣元是一箇人。凡事事物物上，須是見它本原一線來處，便是天命。時舉。

問：「四十而不惑」，是於事物當然之

❶「如何」二字，原脱，今據朝鮮本補。

理，如君之仁、臣之敬、父之慈、子之孝之類，皆曉之而不疑。「五十知天命」，是天道流行，賦與萬物，在人則所受之性，所謂仁義禮智，渾然無不該之全體；知者，知之而無不盡。曰：須是見得自家曾不惑，曾知天命否，方是切己。又云：天命處，未消説在人之性。且説是付與萬物，乃是事物所以當然之故。如父之慈、子之孝，須知父子只是一箇人，慈、孝是天之所以與我者。南升。

問：先生教某不惑與知命處，不惑是謂不惑於事物，知命謂知其理之當然，如《或問》所謂「理之當然而不容已者」，某覺見，豈有聖人既能不惑於事物矣，❶又至於十年之久，然後知其理之當然？曰：今且據聖人之言如此，且如此去看，不可恁地較遲速遠近。若做工夫未到那貫通處，如何得聖人次第？如伊川説，虎傷人，須是真見得似那虎傷底，方是。卓。

問：「五十知天命」，《集注》云：「天命，即天道也，事物所以當然之故也。」如何是「所以當然之故」？曰：如孝親悌長，此當然之事。推其所以然處，因甚如此？學者未便會知此理。聖人學力到此，此理洞然。它人用力久，亦須會到。寓。

辛問：「五十知天命」，何謂天命？先生不答。又問。先生厲辭曰：某未到知天命處，如何知得天命！淳。

十五志于學，三十守得定，四十見得精詳無疑，五十知天命。天命是這許多柄子，天命是源頭來處。又曰：因甚恁地知得來處？節。

❶「聖」，萬曆本作「至」。

問：「六十而耳順」，在人之最末，何也？曰：聽最是人所不着力。所聞皆是道理，無一事不是，可見其義精仁熟如此。一之。

問：「四十而不惑」，是知其然；「五十知天命」，是其所以然。如此説得否？曰：如門前有一溪，其先知得溪中有水，其後知得水源頭發源處。如「天命之謂性，率性之謂道」。四十時，是見得那「率性之謂道」；五十時，是見得「天命之謂性」。到六十時，是見得那道理爛熟後，不待思量，過耳便曉。義剛。

問：聖人生知安行，所謂志學至從心等道理，自幼合下皆已完具云云。曰：聖人此語，固是爲學者立法，然當初必亦是有這般意思。聖人自覺見自有進處，故如此説。聖人自説心中事，而今也不可知，只做得不可知待之。曰：立是大綱處把得定否？曰：立是事物侵奪它不得，須子細看志是如何，立是如何。問：伊川謂「知天命而未至命，從心方至命」。此説如何？曰：亦是。這知天命是從不惑來。不惑，是見道理恁地灼然；知天命，是知箇原頭來處恁地徹。淳。○總論全章。

問：志學，便是一箇骨子。後來許多節目，只就這上進工夫。「從心所欲不踰矩」，自從容中道也。曰：固是。志學時，便是知了，只是箇小底知；不惑、知天命、耳順，却是箇大底知。立，便是從心不踰矩底根子；從心不踰矩，便是立底事，只是到這裏熟，却是箇大底立。文蔚。

㬅問「志于學」章。曰：就志學上，便討箇立底意思來；就立上，便討箇不惑底意思來。人自志學之後，十五年工夫方能有立。立比不惑時，立尚是箇持守底意思，不惑便是事理不惑了。然不惑方是事理不惑，到知天命，又是天之所以命我者無不知也。須看那過接處，過得甚巧。植。

叔蒙問：看來此章要緊在志上。曰：固是。到聖人三十時，這志又交卸了。❶又問「五十知天命」。曰：初來是知事物合着如此；到知命，却是和箇原頭都知了。❷器之問：此章，聖人自是言一生工夫效驗次第如此，不似《大學》格物、誠意、正心、脩身，是隨處就實做工夫處否？曰：是聖人將許多鋪攤在七十歲内，看來合下已自耳順，不踰矩了。寓。

聖人亦大約將平生爲學進德處分許多段説。十五志于學，此學自是徹始徹終。到四十不惑，已自有耳順、從心不踰矩意思，但久而益熟。年止七十，❸若更加數十歲，也只是這箇，終不然到七十便畫住了。賀孫。

志學，至從心所欲不踰矩，只是一理。先自人事做，做來做去，就上自長。如事父孝、事君忠，初時也只忠孝，後來便知所以孝、所以忠，移動不得。四十不惑，是於人事間不惑。五十，知皆自天命來。伊川説「『以先知覺後知，以先覺覺後覺』，知是知此事，覺是覺此理」，亦此意。如行之而著，習矣而察，聖賢所説皆有兩節，不可躐等。從周。

吴仁父問：「十五志于學」章，知、行如何分？曰：志學亦是要行，而以知爲重；三十而立亦是本於知，而以行爲重。志學是知之始，不惑與知天命、耳順是知之至；

❶「又」，萬曆本作「久」。
❷「頭」，萬曆本作「來」。
❸「止」，萬曆本作「正」。

「三十而立」是行之始，「從心所欲不踰矩」是行之至。如此分看。銖。

志于學，是一面學，一面力行。至「三十而立」則行之效也。學與不惑、知天命、耳順相似。立與從心不踰矩相似。又問：「四十而不惑」，何更待「五十而知天命」？曰：知天命，是知得微妙，而非常人之所可測度矣。耳順，則凡耳聞者，便皆是道理，而無凝滯。伊川云：「知天命，則猶思而得。到耳順，則不思而得也。」僩。

或問：「三十而立，四十而不惑」，《集注》云：「立，守之固也。」然恐未有未不惑而能守者。曰：此有三節：❶自志學至於立，是知所向，而大綱把捉得定，守之事也。不惑是就把捉裏面理會得明，知之事也，於此則能進。自不惑至耳順，是知之極也；不踰矩是不待守而自固者，守之極也。伯羽。

問「十五志于學」章。曰：志學與不惑、知天命、耳順是一類。立與從心所欲是一類。志學一類，是說知底意思；立與從欲一類，是說到底地位。問：未能盡知事物之當然，何以能立？曰：如栽木，立時已自根脚着土，漸漸地生將去。問：未知事物之所以然，何以能不疑？曰：知事物之當然者，只是某事知得是如此，某事知得是如此。到知其所以然，則又上面見得一截。又曰：這箇說得都精。問「耳順」。曰：程子謂「知天命爲思而得，耳順爲不思而得」。耳順時所聞皆不消思量，不消擬議，皆盡見得。又問：聞無道理之言，亦順否？曰：如何得都有道理？無道理底，也見他是那裏背馳，那裏欠闕。那一邊道

❶「此」，萬曆本作「自」。

理是如何，一見便一落索都見了。胡泳。

「吾十有五而志于學」。古人於十五以前，皆少習父兄之教，已從事小學之中以習幼儀，舞象舞勺，無所不習。到此時節，他便自會發心去做，自去尋這道理。志者，言心之念只在此上，步步恁地做，爲之不厭。「三十而立」者，便自卓然有立，不爲他物移動；任是説虛、説空、説功、説利，便都摇動他不得，以至「富貴不能淫，貧賤不能移，威武不能屈」。「四十而不惑」，於事物當然更無所疑。「五十知天命」，則窮理盡性，而知極其至矣。立時則未免有所把捉；不惑則事至無疑，勢如破竹，迎刃而解矣。不惑者，見事也；知天命者，見理也。伊川云：「先知先覺，知是知此事，覺是覺此理。」又問：不惑者，是知其然；知天命者，是知其所以然？曰：是如此。如父之慈、子之孝，不惑者知其如此而爲之。知天命者，謂因甚教我恁地，不恁地不得是如何，似覺得皆天命天理。又曰：志學是知，立與不惑是行；知天命、耳順是知，從心所欲又是行。下面知得小，上面知得較大；下面行得小，上面又行得較大。子蒙。

劉潛夫問：「從心所欲不踰矩」，莫是聖人極致處否？曰：不須如此説。但當思聖人十五志學，所志者何事；三十而立，所立者何事；四十而不惑，不惑之意如何；五十知天命，知得了是如何；六十耳順，如何是耳順。每每如此省察，體之於身，庶幾有益。且説如今學者，逐日便能檢防省察，❶猶患所欲之越乎規矩也。今聖人但從心所欲，自不踰矩，是甚次第！又曰：志

❶「曰」，萬曆本作「一」。

學方是大略見得如此，到不惑時，則是於應事時件件不惑。然此數者，皆聖人之立、聖人之不惑，學者便當取吾之所以用功處，真切體認，庶幾有益。壯祖。

「十五志學」一章，全在「志于學」上，當思自家是志于學與否？學是學箇甚？如此存心，念念不放，自然有所得也。三十而立，謂把捉得定，世間事物皆搖動我不得，如富貴、威武、貧賤是也。不惑，謂識得這箇道理，合東便東，合西便西，了然於中。知天命，便是不惑到「知」處，是知其所以然，如事親必孝、事君必忠之類。耳順，是「不思而得」，如臨事迎刃而解，自然中節，不待思索。所欲不踰矩，是「不勉而中」。季札。

問「耳順」。曰：到得此時，是於道理爛熟了，聞人言語，更不用思量得，才聞言便曉，只是道理爛熟耳。「志學」，字最有力，須是志念常在於學，方得。立，則是能立於道理也，然事至猶有時而惑在。不惑，則知事物當然之理矣。然此事此物當然之理，必有所從來。知天命，是知其所從來也。上蔡云「知性之所自出，理之所自來」，最好。璘。

問：「七十從心」一節，畢竟是如何？曰：聖人生知，理固已明，亦必待十五而志于學。但此處亦非全如是，亦非全無實，但須自覺有生熟之分。可學。

蜚卿問「十五志于學」一段。曰：聖人也略有箇規模與人同。如志學，也是衆人知學時。及其立與不惑，也有箇迹相似。若必指定謂聖人必恁地，固不得；若說聖人全無事乎學，只脱空說，也不得。但聖人便自有聖人底事。道夫。

問「十五志學」章。曰：這一章若把做學者功夫等級分明，則聖人也只是如此。但聖人出於自然，做得來較易。燾。

或問：自志學、而立，至從心所欲；自致知、誠意，至治國、平天下；二者次第等級各不同，何也？曰：《論語》所云乃進學之次第；《大學》所云乃論學之規模。柄。

所謂以類而推，只是要近去，不要遠了。如學者且只做學者事，所謂志學與立，猶易理會，至耳順以後事，便去測度了。士毅。

「三十而立」，是心自定了，事物不能動搖，然猶是守住。至不惑，則見得事自如此，更不用守。至知天命，則又深一節。如「父子有親，君臣有義」，固是合當親、合當義。更知得天初命我時，便有箇親，有箇義在。又如「命有德，討有罪」，皆是天理合如此。耳順，則又是上面一齊曉得，無所不通矣。又問：「四十不惑」，是知之明；「五十知天命」，是知極其精；「六十耳順」，是知之之至。曰：不惑是事上知，知天命是理上知，耳順是事理皆通，入耳無不順。今學者致知，儘有次第節目。胡氏「不失本心」一段極好，儘用子細玩味。聖人千言萬語，只是要人收拾得箇本心，不要失了。日用間着力屏去私欲，扶持此心出來。理是此心之所當知，事是此心之所當爲，不要埋没了它，可惜。只如脩身、齊家、治國、平天下，至大至公，皆要此心爲之。又云：人心皆自有許多道理，不待逐旋安排入來。銖録此下云：但人有以陷溺其心，於是此理不明。聖人立許多節目，只要人剔刮將自家心裏許多道理出來而已。明作。○銖同。○《集注》。

問：聖人凡謙詞，是聖人亦有意於爲

謙，抑平時自不見其能，只是人見其爲謙耳？曰：聖人也是那意思不恁地自滿。淳舉東萊説：聖人無謙。本無限量，不曾滿。曰：此説也略有些意思，然都把聖人做絶無此也不得。聖人常有此般心在。如「勞而不伐，有功而不德」，分明是有功有勞，却不曾伐。淳。

問「十五志于學」。曰：横渠用做實説，伊川用做假設説。聖人不到得十年方一進，亦不解懸空説這一段。大概聖人元是箇聖人了，它自恁地實做將去。它底志學，異乎衆人之志學；它底立，異乎衆人底立；它底不惑，異乎衆人之不惑。植。○《集義》。

問：「十五志于學」，至「七十從心所欲，不踰矩」，程子云「窮理盡性以至於命」，如何？曰：這事遠，難説。❶ 某嘗解《孟子》「瞽瞍底豫而天下之爲父子者定」，曰：「知此者爲盡心，能此者爲盡性。」問：窮理，莫是自志學時便只是這箇道理，到耳順時便是工夫到處？曰：窮理只自十五，至四十不惑時，已自不大段要窮了。「三十而立」時，便是箇鋪模定了；「不惑」時便是見得理明也。「知天命」時，又知得理之所自出；「耳順」時，見得理熟；「從心所欲不踰矩」時，又是爛熟也。問：所學者便是「格物」至「平天下」底事，「而立」至「不踰矩」，便是進學節次否？曰：然。問：横渠説「五十窮理盡性，至天之命，六十盡人物之性」，如何？曰：據「五十而知天命」，則只是知得盡性而已。又問：盡性，恐是盡己之性，然後盡人物之性否？曰：只一箇性，不須如此看。又曰：自聖人言之，窮理

❶「難」，原作「離」，今據朝鮮本、萬曆本改。

盡性至命，合下便恁地。自學者言之，且如讀書也是窮理，如何便説到盡性、至命處。《易》中是説聖人事。《論語》「知天命」，且説知得如此，未説到行得盡處。如《孟子》説「盡心、知性、知天」，這便是説知；「存心、養性」，至「所以立命」，這便是説盡性、至命。要説「知天命」分曉，只把《孟子》「盡心、知性」説。問：「四十不動心」，恐只是「三十而立」，未到不惑處？曰：這便是不惑、知言處。可見孟子是義精理明，天下之物不足以動其心，不是强把捉得定。問：横渠説「不踰矩」如何？曰：不知它引夢周公如何。是它自立一説，竟理會不得。問：范公説「從心所以養血氣」，如何？曰：更没理會。榦。

問「五十知天命」。曰：上蔡云：「理之所自來，性之所自出。」此語自是。子貢謂夫子言性與天道，性便是自家底，天道便是上面一節。這箇物事，上面有箇腦子，下面便有許多物事，徹底如此。《太極圖》便是這箇物事。箕子爲武王陳《洪範》，先言五行，次言五事。蓋在天則爲五行，在人則爲五事。知之者，須是知得箇模樣形體如何。某舊見李先生云：「且静坐體認作何形象。」問：體認莫用思否？曰：固是。且如四端雖固有，孟子亦言「思則得之，不思則不得也」。又曰：此箇道理，大則包括乾坤，提挈造化；細則入豪釐絲忽裏去，無遠不周，無微不到，但須是見得箇周到底是何物。夔孫。

孟懿子問孝至子夏問孝章

問「無違」。曰：未見得聖人之意在。

且説不以禮，蓋亦多端：有苟且以事親而違禮，有以僭事親而違禮。自有箇道理，不可違越。聖人雖所以告懿子者，意在三家僭禮，然語意渾全，又若不專爲三家發也。銖。

子曰「無違」，此亦通上下而言。三家僭禮，自犯違了。不當爲而爲，固爲不孝；若當爲而不爲，亦不孝也。詳味「無違」一語，一齊都包在裏。《集注》所謂「語意渾然者，所以爲聖人之言」。明作。

問「孟懿子問孝」云云。曰：聖人之言，皆是人所通行得底，不比它人説時，只就一人面上説得，其餘人皆做不得。所謂生事葬祭，須一於禮，此是人人皆當如此。然其間亦是警孟氏，不可不知。南升。

問：「生事以禮」章，胡氏謂「爲其所得爲」，是如何？曰：只是合得做底。諸侯以諸侯之禮事其親，大夫以大夫之禮事其親，便是合得做底。然此句也在人看如何。孔子當初是就三家僭禮説，較精彩，在三家身上又切。當初却有胡氏説底意思。就今論之，有一般人因陋就簡，不能以禮事其親；又有一般人牽於私意，却不合禮。淳。

生事葬祭之必以禮，聖人説得本闊，人人可用，不特爲三家僭禮而設。然就孟懿子身上看時，亦有些意思如此。故某於末後亦説及之，非專爲此而發也。至龜山又却只説那不及禮者，皆是倚於偏，此最釋經之大病。因言：今人於冠昏喪祭一切苟簡徇俗，都不知所謂禮者，又如何責得它違與不違？古禮固難行，然近世一二名公所定之禮，❶及朝廷《五禮新書》之類，人家儻能

❶「名」字，原脱，今據朝鮮本補。

相與講習，時舉而行之，不爲無補。又云：《周禮》忒煞繁細，亦自難行。今所編《禮書》，只欲使人知之而已。觀孔子欲從先進，與寧儉寧戚之意，往往得時得位，亦必不盡循《周禮》。必須參酌古今，别制爲禮以行之。所以告顔子者亦可見。世固有人硬欲行古禮者，然後世情文不相稱。廣因言《書儀》中冠禮最簡易可行。曰：不獨《書儀》，古冠禮亦自簡易。頃年見欽夫刊行所編禮，止有昏、喪、祭三禮，因問之。曰：「冠禮覺難行。」某云：「豈可以難行故闕之。」兼四禮中冠禮最易行，又是自家事，由己而已。若昏禮，便關涉兩家，自家要行，它家又不要行，便自掣肘。又如喪祭之禮，皆繁細之甚。且如人遭喪，方哀苦中，那得工夫去講行許多禮數。祭禮亦然，行時且是用人多。昨見某人硬自去行，自家固自曉得，而所用執事之人皆不曾講習。觀之者笑且莫管，至於執事者亦皆忍笑不得。似恁行禮，濟得甚事！此皆是情文不相稱處，不如不行之爲愈。廣。

叔蒙問：「父母唯其疾之憂」，《注》二說，前一說未安。曰：它是問孝。如此，可以爲孝矣。賀孫。○以下武伯問孝。

「父母唯其疾之憂」，前說爲佳。後說只說得一截，蓋只管得不義，❶不曾照管得疾了。明作。

問：《集注》中新說意旨如何？曰：舊說似不說背面，却說背後一句相似，全用上添一句。新說雖用下添一句，然常得父母之心如此，便也自不爲不孝。故雖添句，已不多添。一之。

❶「只」下，朝鮮本有「照」字。

問：「色難」。此是承順父母之色，或是自己和顔順色以致愛於親爲難？曰：人子胸中纔有些不愛於親之意，便有不順氣象，此所以爲愛親之色爲難。寓。○以下子夏問孝。

問：「曾」字或訓「則」，或訓「嘗」，何也？又《詩》中「憯」字訓「曾」，不知一音耶，二音耶？曰：除了人姓，皆當音在增反。凡字義云「某之爲言某也」者，則是音義皆略相近。嘗與則，意亦略同。廣。

叔蒙問：「孟懿子問孝，子曰『無違』。」《集注》云：「此爲懿子發者，告衆人者也。」若看答孟武子、子游語，亦可謂之告衆人。曰：「無違」意思闊，若其它所告，却就其人所患意思多。然聖人雖是告衆人意思，若就孟懿子身上看，自是大段切。雖是專就一人身上説，若於衆人身上看，亦未嘗無益。賀孫。○《集注》總論四章。

或問：武伯多可憂之事，如何見得？曰：觀聖人恁地説，則知其人之如此矣。廣。

或問：「父母唯其疾之憂」，何故以告武伯？曰：這許多所答，也是當時那許多人各有那般病痛，故隨而救之。又曰：其它所答，固是皆切於學者。看此句較切，其它只是就道理上説如此。却是這句分外於身心上指出，若能知愛其身，必知所以愛其父母。賀孫。

問：「子夏能直義」，如何見它直義處？曰：觀子夏所謂「可者與之，不可者拒之」，孟子亦曰「孟施舍似曾子，北宫黝似子夏」，則子夏是箇持身謹、規矩嚴底人。廣。

問：「子夏能直義，而或少温潤之色」，

直義，莫是說其資之剛方否？曰：只是於事親時無甚回互處。義剛。

孟懿子、孟武伯、子游、子夏問孝，聖人答之皆切其所短。故當時聽之者止一二句，皆切於其身，今人將數段只作一串文義看了。

問：孔子答問孝，四章雖不同，意則一。曰：如何？曰：彼之問孝，皆有意乎事親者。孔子各欲其於情性上覺察，不使之偏勝，❶則其孝皆平正而無病矣。曰：如此看，恰好。過。

「不敬，何以別乎？」敬，大概是把當事，聽無聲，視無形。色難，是大段恭順，積得厚，方能形見，所以爲難，勉强不得。此二者是因子游、子夏之所短而進之。能養、服勞，只是外面工夫，遮得人耳目所及者。如今人和養與服勞都無了，且得如此，然後就上面更進將去。大率學者且要儘從小處做起。正如起屋，未須理會架屋，且先立箇基趾定，方得。明作。

問：「色難」有數說，不知孰是？曰：從楊氏「愉色婉容」較好。如以爲承順顔色，則就本文上又添得字來多了。然而楊氏說文學處，又說遠了。如此章本文說處，也不道是文大多，但是誠敬不足耳。孔門之所謂文學，又非今日文學之比。❷但子游爲人則愛有餘而敬不足，子夏則敬有餘而愛不足，故告之不同。問：如何見得二子如此？曰：且如灑掃應對，子游便忽略了，子夏便只就這上做工夫。又曰：謝氏說此章甚差。榦。

❶「勝」，朝鮮本作「失」。
❷「學」，萬曆本作「章」。

問：子游見處高明，而工夫則疏；子夏較謹守法度，依本子做。「觀答爲政、問孝之語可見。惟高明而疏，故必用敬；惟依本做，故必用有愛心。又觀二人『灑掃應對』之論，與子夏『博學篤志』之論，亦可見。」伯羽。

問：夫子答子游、子夏問孝，意雖不同，然自今觀之，奉養而無狎恩恃愛之失，主敬而無嚴恭儼恪之偏，儘是難。曰：既知二失，則中間須自有箇處之之理。愛而不敬，非真愛也；敬而不愛，非真敬也。敬非嚴恭儼恪之謂，以此爲敬，則誤矣。只把做件事，小心畏謹，便是敬。道去。○伯羽録云：敬，只是把做事，小心畏謹，不敢慢道。

問告子游、子夏云云。曰：須當體察能養與服勞如何，不足爲孝敬時模樣如何。只説得，不濟事。南升。

子夏之病，乃子游之藥；子游之病，乃子夏之藥。若以色難告子游，以敬告子夏，則以水濟水，以火濟火。故聖人藥各中其病。方。

朱子語類卷第二十四 計廿九板

論語六

爲政篇下

吾與回言章

《論語》所載顏子語，止有喟然之嘆與「問仁」兩章而已。而夫子曰「吾與回言終日」，不知是説甚麽，惜乎其不傳也。廣。

或問：顏子「終日不違，如愚」，謂顏子心與聖人契。曰：此是前輩已自説了，畢竟要見顏子因甚與聖人契。問者無言。文蔚曰：孔子博他以文，約他以禮，他於天下之理無所不明，所以於聖人之言無所不契。曰：孔子未博文約禮之前，又如何？文蔚曰：顏子已具聖人體段。曰：何處是他具聖人體段？文蔚無答。曰：顏子乃生知之次，比之聖人已是九分九釐，所争處只争一釐。孔子只點他這些，便與他相湊，他所以深領其言而不再問也。文蔚。

問：顏子「不違」，與孔子「耳順」相近否？曰：那地位大段高。不違，是顏子於孔子説話都曉得；耳順，是無所不通。淳。

李從之問：顏子省其私，不必指燕私，只是他自作用處。曰：便是這意思。但恐没着落，却如何省？只是説燕私，庶幾有箇着處，方有可省處。私不專在無人獨處之地，謂如人相對坐，❶心意默所趨向，亦是私。如「謹獨」之「獨」，亦非特在幽隱人所不見處。只他人所不知，雖在衆中，便是獨也。「察其所安」，安便是箇私處。㽦。

問：「亦足以發」，是顏子於燕私之際，將聖人之言發見於行事否？曰：固是。雖未盡見於行事，其理亦當有發見處。然燕私之際，尤見顏子踐履之實處。㽦。

問顏子「如愚」。曰：夫子與言之時，只似一箇獃底。退而省其私之所爲，亦足以發明其意，又似不獃。❷如「克己復禮」，他便知得「克己復禮」；如「博我以文，約我以禮」，他皆知之，便是足以發處。卓。

「不違如愚」，不須說了。「亦足以發」，是聽得夫子說話，便能發明於日用躬行之間，此夫子退而省察顏子之私如此。且如說非禮勿視、聽、言、動，顏子便真箇不於非禮上視、聽、言、動。《集注》謂「坦然由之而無疑」，是他真箇見得，真箇便去做。明作。

問：「亦足以發」，莫是所以發明夫子所言之旨否？曰：然。且如夫子告以非禮勿視、聽、言、動，顏子受之，不復更問如何是禮與非禮。但是退而省察顏子之所爲，則直是視、聽、言、動無非禮也，此則足以發夫子之言也。壯祖。

先生令看顏子「亦足以發」，於何處見之，是甚麽意思。或云：見得親切處，於「非禮勿視、聽、言、動」一章可見。曰：大概是如此。良久，云：於睟面、盎背皆見之。因舉程先生之言曰：「『出門如見大

❶「謂如」，萬曆本作「或有」。
❷「又」，萬曆本作「義」。

賓，使民如承大祭』，充之則睟面、盎背」，此之謂也。燾。

「退而省其私，亦足以發」，這些子便難看。且如顏子甚麽處足以見「退而省其私，亦足以發」？如今看一箇人，❶甚麽處足以發？甚麽處便不足以發？義剛。

問：「亦足以發」，是顏子退有所省發否？曰：不然。《集注》已説得分明了。蓋與之言，顏子都無可否，似箇愚者。及退而觀其所行，皆夫子與之言者，一一做得出來不差，豈不是足以發明得夫子之道。其語勢只如此。恰如今人説與人做一器用，方與他説箇尺寸高低形製，他聽之全然似不曉底。及明日做得來，却與昨日所説底，更無分豪不似。祖道。

「亦足以發」，謂其能發己之言。若「不悱不發」，是以此而發彼也。「引而不發」，是引弓而不發矢也。用字各有不同。人傑。

如子貢、子夏，是曉了，較不甚問辯。若它人，則三番四番説都曉不得。獨夫子與顏子説時，它却恁地曉得。這處便當思量，它因甚麽解恁地？且如這一件物事，我曾見來，它也曾見來。及我説這物事，則它便曉得。若其他人不曾見，則雖説與它，它也不曉。義剛。

問「顏子深潛淳粹」。曰：「深潛」，是深厚不淺露。恁地時意思嘗藏在裏面。壽。○《集注》。

問：「顏子深潛淳粹」，此只是指天資而言否？曰：是。義剛。

問：《集注》載李先生之説甚分明。但

❶「看」，萬曆本作「着」。

所謂「默識心融，觸處洞然，自有條理」，便見得顔子聞夫子之言，自原本至於條目，一一理會得，所以與夫子意不相背。「及退省其私，即見其日用語嘿、動静之間，皆足以發明夫子之道，坦然由之而不疑」，便見得顔子不惟理會得夫子言語，及退便行將去，更無窒礙。曰：「亦足以發」一句，最好看。若粗説時，便是行將去，然須是子細看「亦足以發」一句。南升。

問：李先生謂顔子「聖人體段已具」。「體段」二字，莫只是言箇模様否？曰：然。又問：惟其具聖人模様了，故能聞聖人之言，默識心融否？曰：顔子去聖人不爭多，止隔一膜，所謂「於吾言無所不説」。其所以不及聖人者，只是須待聖人之言觸其機，乃能通曉爾。又問：所以如此者，莫只是查滓化未盡否？曰：聖人所至處，顔子都見得，只是未到。「仰之彌高，鑽之彌堅，瞻之在前，忽然在後」。這便是顔子不及聖人處。這便見他未達一間處。且如於道理上才着緊，又蹉過；才放緩，又不及。又如聖人平日只是理會一箇大經大法，又却有時而應變達權；才去應變達權處看他，又却不曾離了大經大法。可仕而仕，學他仕時，又却有時而止；可止而止，學他止時，又却有時而仕。「無可無不可」，學他不可，又却有時而可；學他可，又却有時而不可。終不似聖人事事做到恰好處。又問：程子説：「孟子，雖未敢便道他是聖人，然學已到聖處。」莫便是指此意而言否？曰：顔子去聖人尤近。或云：某於「克己復禮」、「動容貌」兩章，却理會得。若是仰高鑽堅、瞻前忽後，終是未透。曰：此兩章止説得一邊，是約禮底事，到顔子便説出兩脚來。聖人之教學者，不越博文、約禮兩事爾。❶博文，是「道問學」之事，於天下事物之理，皆欲知之；約禮，是「尊德性」之事，於吾心固有之理，無一息而不存。今見於《論語》者，雖只有「問仁」、「問爲邦」兩章，然觀夫子之言有曰：「吾與回言終日。」想見凡天下之事無不講究來。自視、聽、言、動之際，人倫日用當然之理，以至夏之時，商之輅，周之冕，舜之樂，歷代之典章文物，一一都理會得了。故於此舉其大綱以語之，而顏子便能領略得去。若元不曾講究，則於此必疑問矣。蓋聖人循循善誘人，才攢到那有滋味處，自然住不得。故曰「欲罷不能，既竭吾才，如有所立卓爾」。卓爾，是聖人之大本立於此以酬酢萬變處。顏子亦見得此甚分明，只是未能到此爾。又却攢逼他不得，他亦大段用力不得。《易》曰：「精義入神，以致用也；利用安身，以崇德也。過此以往，未之或知也。窮神知化，德之盛也。」只是這一箇德，非於崇德之外，別有箇德之盛也。做來做去，做到徹處，便是。廣。

問：「『不違如愚』章。『心融』，恐是功深力到處，見得道理熟了，故言入於心，隨即融化，更無查滓。故其發見於日用之間，自然和順，所以能發明聖人之道，非生將道理體貼力行之也。是否？」曰：「固是。功夫至到，亦是天資高，顏子自是鄰於生知者也。」一之。

仲愚問：「『默識心融』，如何？」曰：「說箇『融』字最好，如消融相似。融，如雪在陽中。若不融，一句只是一句在肚裏，如何發

❶「越」，萬曆本作「過」。

得出來。如人喫物事，若不消，只生在肚裏，如何能滋益體膚。須是融化，查滓便下去，精英便充於體膚，故能肥潤。如孔子告曾子「一貫」之語，他人聞之，只是箇「一貫」，曾子聞之，便能融化，故發「忠恕而已」出來。又問：是曾子平昔工夫至此乎？曰：也是他資質自别。一之。

器之問：「亦足以發」，伊川有「天理昭著」語，與先生所説不同。曰：便只是這箇。夫子所言，他便會發明而行之。❶伊川所謂「天理昭著」，便是聖人所説底道理，顔子便會一一與做。且如對人言語，他曉不得，或曉得不分明，少間只恁地悠悠漫漫。雖然恁地説，自將這言語無落著了。到得顔子，聖人與説一句，他便去做那一句；聖人與説兩句，他便去做那兩句。賀孫。○以下諸説。

問「退而省其私」。曰：私者，他人所不知，而回之所自知者，夫子能察之。如心之所安，燕居獨處之所爲，見識之所獨見，皆是也。又曰：「私」字儘闊。「私」與《中庸》「慎獨」之「獨」同。大意只是初間與回言。一似箇不通曉底人相似。退而觀其所獨爲，又足以發明夫子所説之道。且如「克己復禮」，夫子告之矣。退而察之，則見其果然「克己復禮」。因説：范氏説「私」字作與門人言，恐不是。謝氏以不違作「聲聞相通，雖以耳聽，而實以神受」，又較深。只是「無所不説」，便是不違。幹。

視其所以章

文振問「視其所以」一章。曰：此不惟

❶「便」，萬曆本作「别」。

可以觀人，亦當以此自考。時舉。○義剛録云：觀人固是如此，觀己亦當如此。

問：「視其所以」一章，「所以」是大綱。且看這一箇人是爲善底人，❶是爲惡底人。若是爲善底人，又須觀其意之所從來。若是本意以爲己事所當然，❷無所爲而爲之，乃爲己。若以爲可以求知於人而爲之，則是其所從來處已不善了。若是所從來處既善，又須察其中心樂與不樂。若是中心樂爲善，自無厭倦之意，而有日進之益。若是中心所樂不在是，便或作或輟，未免於僞。以是察人，是節節看到心術隱微處，最是難事。亦必在己者能知言窮理，使心通乎道，而能精別是非，然後能察人如聖人也。❸曰：於樂處，便是誠實爲善。「如好好色，如惡惡臭」，不是勉强做來。若以此觀人，亦須以此自觀。看自家爲善，果是爲己，果是樂否？先生又云：看文字，須學文振每逐章挨近前去。文振此兩三夜説話，大故精細。看《論語》方到一篇，便如此。直卿云：先生説文振資質好。南升。

所以，是所爲；所由，是如此做；所安，是所樂。譬如讀書是所爲，豈不是好事。然其去如此做，又煞多般：有爲己而讀者，有爲名而讀者，有爲利而讀者，須觀其所由從如何。其爲己而讀者，固善矣。然或有出於勉彊者，故又觀其所樂。端蒙。

問：「視其所以，觀其所由，察其所安」三句，前一句是兼善惡而言，後兩句是專言善。尋常有一樣人，所爲雖不善，然其意之

❶「且」，萬曆本作「目」，則當屬上。
❷「然」，萬曆本作「爲」。
❸「能」字，萬曆本無。

所發，却不是要做不善，而心終亦不安於不善。似這般樣人是如何？曰：這箇也自有，於「觀過知仁」可見。壽。

李仲實問：「視其所以」者，善者爲君子，惡者爲小人。知其小人，不必論也。所由、所安，亦以觀察君子之爲善者爾。曰：譬如淘米：其糠與沙，其始也固淘去之矣。再三淘之，恐有未盡去之沙粃耳。人傑。

問「察其所安」云：今人亦有做得不是底事，心却不安，又是如何？曰：此是良心終是微，私欲終是盛，微底須被他盛底勝將去。微底但有端倪，無力争得出，正如孟子説「非無萌蘖之生」一段意。當良心與私欲交戰時，須是在我大段着力與他戰，不可輸與他。只是殺賊一般，一次殺不退，只管殺，殺數次時，須被殺退了。私欲一次勝他不得，但教真箇知得他不好了，立定脚根，只管硬地自行從好路去。待得熟時，私欲自住不得。因舉濂溪説：「果而確，無難焉。」須是果敢勝得私欲，方確然守得這道理不遷變。問：有何道理可助這箇果？曰：別無道理助得，只是自著力戰退他。明作。

「視其所以」一章。炎問：觀人之法，論到此却是無遺。先生微笑曰：孟子觀人之法，又自簡徑。如曰「胸中正，則眸子瞭焉；胸中不正，則眸子眊焉」便是。炎。

問：「觀其所由」，謂「意之所從來」，何也？曰：只是看他意思來處如何。如讀書，固是好。然他意思來處，亦有是爲利者。「視其所以」，以，用也，爲也。爲義爲君子，爲利爲小人，方是且粗看。如有一般人，只安常守分，不悕求利，然有時意思亦是求利。「察其所安」，又看他心所安穩處。

一節深一節。淳。○《集注》。

問：「觀其所由」，《集注》兩説，如何？曰：「意之所從來」，如讀書是好，須看所讀何書。「行其所爲」，或强勉有所爲。後説不如前説。蓋「行其所爲」只是就上面細看過，不如「意之所從來」是就他心術上看。所安，《集注》下得「樂」字不穩。安，大率是他平日存主習熟處。他本心愛如此，雖所由偶然不如此，終是勉强，必竟所樂不在此，次第依舊又從熟處去。如平日愛踞傲，勉强教他恭敬，一時之間亦能恭敬。次第依舊自踞傲了，心方安。吕氏一説謂：「所由，是看他已前所爲事；所安，是察他已後所爲事。」亦通。所謂「知言、窮理」，蓋知言亦是窮理之一事，然蓋互舉也。又云：知人亦是窮理之一端。且如「因不失其親」，須知人方得。明作。

問：「觀其所由」，《集注》言「意之所從來」，如何？曰：如齊桓伐楚，固義也。然其意所從來，乃因怒蔡姬而伐蔡，蔡潰，遂伐楚。此則所爲雖是，而所由未是也。銖。

察人之所安，尤難。故必如聖人之知言、窮理，方能之。廣。

問：「視其所以，觀其所由，察其所安。」若聖人於人之善惡如見肺肝，當不待如此着力？曰：這也爲常人説，聖人固不用得如此。然聖人觀人，也着恁地詳細。如今人説一種長厚説話，便道聖人不恁地，只略略看便了。這箇若不見教徹底善惡分明，如何取舍。且如今從學，也有誠心來底，也有爲利來底。又如今人讀書，也有誠心去讀底，也有爲利讀底。其初也却好，漸漸自見得他心下不恁地，這須着知。且如要從師，須看得那人果是如何。又如委託人事，若是小小事要付託人，尚可以隨其所長，交付與他。若是要成一件大事，如何不見得這人了，方付與？如所謂「可以託六尺之孤，可以寄百里之命，臨大節而不可奪」，若不直見這人是恁地，❶如何這事託得他！問：伊川云：「『視其所以』，是觀人之大概。若『所由、所安』，也只兼善惡説。」今《集注》只解向不好邊去，恐似無過中求有過，非聖人意。曰：這只是平心恁地看，看得十分是如此。若要長厚，便恁地包含。其初欲恕人，而終於自恕，少間漸漸將自己都没理會了，都不知。若能於待人嚴，到得於自身己也會嚴。問：觀人之道，也有自善而入於惡，亦有事雖惡而心所存本好。曰：這箇也自可見。須是如此看，方見好底鐵定是好人，不好底鐵定是不好人。讀書不可不子細。若不因公問，某也不説到這裏。初間才看，善惡便曉然。到觀其所由有不善，這又勝得當下便不是底。到察其所安有不善，這又勝前二項人。不是到這裏便做不好人看他；只是不是他心肯意肯，必不會有終。今按：此轉語方答得上所疑《集注》分明。○賀孫。

所以，只是箇大概。所由，便看它所從之道，如爲義、爲利。又也看他所由處有是有非。至所安處，便是心之所以安，方定得。且如看得如此，又須著自反，看自家所以、所由、所安如何，只是一箇道理。吕氏以所以作今所自處，所由作昔所經由，所安作卒所歸宿，却成前後事，非是一時。觀人不必如此説。又問「觀其所由」。曰：「視其所以」者，只是觀人之凡目，所由者，便看

---

❶「直」，萬曆本作「真」。

他如何地做。且如作士人，作商賈，此是「所以」。至如讀書爲利時，又也不好。如孝與忠，若還孝而至於陷父于不義，忠而至於阿諛順旨，其所以忠與孝則同，而所由之道則別。問曰：如小人爲利，便是不好了。又更「觀其所由」做甚？曰：爲利固是爲利，畢竟便有一節話。若還看得只是這人了，更不須看。榦。○《集義》。

温故而知新章

温故，只是時習。廣。

「温故知新」，謂温故書而知新義。振。

温故方能知新，不温故而求新知，則亦不可得而求矣。礪。

問「温故知新」。曰：是就温故中見得這道理愈精，勝似舊時所看。銖。

「温故而知新」，味其語意，乃爲温故而不知新者設。不温故固是間斷了。若果無所得，雖温得亦不足以爲人師，所以温得又要知新。惟温故而不知新，故不足以爲人師也。這語意在知新上。義剛。

問：温故，聞見之在外者；知新，義理之得於己者。若温故而不知新，則徒聞見而已。惟知新，則是在我之義理，因温故而有以自得之，其應無窮，故可以爲師乎？曰：然。又問：不離温故之中而知新，其亦「下學上達」之理乎？曰：亦是漸漸上達之意。一之。

問「温故知新」。曰：道理即這一箇道理。《論》、《孟》所載是這一箇道理，「六經」所載也是這箇道理。但理會得了，時時温習，覺滋味深長，自有新得。「温」字對「冷」字，如一杯羹在此冷了，將去温來又好。

南升。

「温故而知新」，此處「知新」是重。《中庸》「温故而知新」，乃是「温故」重。聖人言語自有意思，一箇這頭重，一箇那頭重。又曰：温故而不知新，一句只是一句了。夔孫。

「温故知新」，不是易底新者，只是故中底道理，時習得熟，漸漸發得出來。且如一理，看幾箇人來問。就此一理上，一人與説一箇理，都是自家就此理上推究出來，所以其應無窮。且如記問之學，記得一事，更推第二事不去；記得九事，便説十事不出，所以不足爲人師。明作。○《集注》。

「記問之學，不足爲人師」，只緣這箇死殺了。若知新，則「引而伸之，觸類而長之」，則常活不死殺矣。如記問之學，記得十件，只是十件；記得百件，只是百件。知新，則時復温習舊聞，以知新意，所以常活。僩。

温故則能知新。如所引《學記》，則是温故而不知新，只是記得箇硬本子，更不解去裏面搜尋得道理。義剛。

「温故而知新」是活底，故可以爲人師。記問之學只是死底，故不足以爲人師。振。

「温故而知新，可以爲師矣。」先生曰：此只是一件事，却有兩箇義理。如温故而不能知新，諸先生把「日知其所亡」做知新，似倒説了。「日知其所亡」，乃温故以前事。日知其所未有，如今日方做事業相似，便方始。「月無忘其所能」，乃温故也。既温故而知新。謝氏説「温故知新」，又説得高遠了。先生曰：程先生説「可以爲師」，作只此一句可師，不如便把做爲師之「師」看。此一句，只説是人若不能温故知新，便不可爲人師。守舊而不知新義，便不活，不足以應學者之求。若「温故而知新」，則從此儘推得去。吕氏説師尚多聞，只是泥孟子之語。孟子初間也且恁地説，吕氏便把來作引證不得。大率聖人之言語闊，被他把做恁地説，也無礙理處。榦。○《集義》。

仁父問：「温故而知新，可以爲師矣。」伊川謂「此一言可師，此一事可師」，切有未喻。曰：伊川見得亦差了。這一句正對「記問之學，不足爲人師」一句。若温習舊聞，則義理日通，無有窮已。若記問之學，雖是記得多，雖是讀得多，雖是聞得多，雖是千卷萬卷，只是千卷萬卷，未有不窮。然而這一句説師，亦只説平常恁地師，却不説是孔子這般師。兼是這主意，只爲世上有不温故知新而便欲爲人師，故發此一句，却不是説如此便可以爲師。言如此方可以爲師，以證人不如此而遽欲爲師者。伊川却只認這意，一向要去分解。以此知讀書儘着子細，伊川恁地工夫，也自有這般處。聖人語言極精密，無些子偏重，亦無些子罅漏。如説：「一言而喪邦，有諸？」曰：「唯其言而莫之違。」只消如此説亦得。便須説道：「如其善而莫之違也，不亦善乎！如不善而莫之違也，不幾乎一言而喪邦乎！」「或曰：『以德報怨，何如？』」看來也似好。聖人便問他：「何以報德？以直報怨，以德報德。」若以直報怨，只是依直報之，恰如無怨相似。且如人有些侵我處，若是我不是，便休了。若是他不是，與他理會教是便了。賀孫問：「以德報怨」，非獨説道無以報德，只是以德報怨，也自不得。曰：然。如此只是僞，只是不誠。賀孫。

君子不器章

「君子不器」，是不拘於一，所謂「體無不具」。人心元有這許多道理充足，若慣熟時，自然看要如何，無不周遍。子貢「瑚璉」，只是廟中可用，移去别處便用不得。如原憲只是一箇喫菜根底人，邦有道，出來也做一事不得；邦無道，也不能撥亂反正。夷清、惠和，亦只做得一件事。明作。

或問：「君子不器」，如孔門德行之外，乃爲器否？曰：若偏於德行，而其用不周，亦是器。君子者，才德出衆之名。德者，體也；才者，用也。君子之人，亦具聖人之體用；夔孫録云：體無不備，用無不周，次於聖人者也。但其體不如聖人之大，而其用不如聖人之妙耳。人傑。

「君子不器」，事事有些，非若一善一行之可名也。賢人則器，獲此而失彼，長於此又短於彼。賢人不及君子，君子不及聖人。壽昌。

問「君子不器」之旨。曰：人心至靈，均具萬理，是以無所往而不知。然而仁義禮智之性，苟以學力充之，則無所施而不通，謂之不器可也。至於人之才具，分明是各局於氣禀，有能有不能。又問：如何勉强得？曰：君子者，成德之名也。所貴乎君子者，有以化其氣禀之性耳。不然，何足以言君子？《中庸》言「雖愚必明，雖柔必强」處，正是此意。壯祖。

問：君子所以不器者，緣是就格物、致知上做工夫，看得道理周遍精切；及廓然貫通，有以盡其心之全體，故施之於用，無所不宜，非特一才一藝而已。曰：也是如此，但說得着力了。成德之士，自是不器。南升。

「君子不器」，君子是何等人？曰：此通上下而言。有一般對小人而言底君子，便是小底君子。至如「聖人吾不得而見之，得見君子斯可矣」，便說大底君子，便是聖人之次者。問：不器，是那箇君子？曰：此是成德全才之君子，不可一偏看他。問：侯氏舉「君子不可小知而可大受」，如何？曰：「不可小知」，便是不可以一偏看他，他却擔負得遠大底。小人時便也有一才一藝可取，故可小知。問：子貢「女器也」，喚做不是君子，得否？曰：子貢也是箇偏底，可貴而不可賤，宜於宗廟朝廷而不可退處，此子貢之偏處。問：謝氏舉清、和、任，也只是器否？曰：這是他成就得偏，却不是器。他本成就得來大。如「得百里之地而君之」一段，他自是大，只是成就得來偏。問：諸先生多舉「形而上、形而下」，如何說？曰：可見底是器，不可見底是道。理是道，物是器。因指面前火爐曰：此是器，然而可以向火，所以爲人用，便是道。問：謝氏以爲「顏、閔有聖人之一體，未必優於子夏、子游、子張，然而具體也」。既謂之具體，又說不如三子，何也？曰：他意只道是顏子便都無許多事，如古人說無所長，「既無所短，安有所長」底意。他把來驅駕作文字，便語中有病。因問「具體而微」。曰：五峰說得牽強，看來只是比似孔子較小。今看顏子比孔子，真箇小。榦。〇《集義》。

問范氏、謝氏說如何？曰：天下道理皆看得透，無一理之不知，無一事之不明，何器之有？如范氏說，也說得去，然不消如此。謝氏説得意思也好。推其極，乃大底不器。伊尹、伯夷、柳下惠皆能一天下，則器固大矣。自一才一藝者觀之，亦不可謂之器矣。然自孔子可仕、可止觀之，則彼止在一邊，亦器也。孟子誠不肯學他底了。一之。

子貢問君子章

問「先行其言而後從之」。曰：此爲子貢而發。其實「有德者必有言」，若有此德，其言自足以發明之，無有説不出之理。夫子只云「欲訥於言而敏於行」，「敏於事而謹於言」，未嘗説無事於言。人傑。

問：「先行其言而後從之」，苟能行矣，何事於言？曰：只爲子貢多言，故告之如此。若道只要自家行得，説都不得，亦不是道理。聖人只説「敏於事而謹於言」，「敏於行而訥於言」，「言顧行，行顧言」，何嘗教人不言。夔孫。

徐仁甫問：「先行其言而後從之」，莫須將「先行」作一句否？曰：程子如此，却未敢以爲然，恐「其言而後從之」不成一句。若云「而後其言從之」方得，不若以「先行其言」作一句，「而後從之」作一句。大意只説先行其所言，而後言其所行。讀書須是看出處主意如何。此是子貢問君子，孔子爲子貢多言，故以「先行其言而後從之」答之，蓋爲子貢發也。

問：「先行其言」，謂人識得箇道理了，可以説出來，却不要只做言語説過，須是合下便行將去。「而後從之」者，及行將去，見得自家所得底道理步步着實，然後説出來，却不是杜撰意度。須還自家自本至末，皆説得有着實處。曰：此一章説得好。南升。

君子周而不比章

問：周與比，莫也相似否？曰：外面相似，而裏面大差了。如驕泰、和同，亦然。故幾微之間，不可不辨。榦。

周是無不愛，比是私也。相比，或二人相比也是。植。

「君子周而不比」，周是遍，人前背後都如此，心都一般，不偏滯在一箇。如「老者安之，朋友信之，少者懷之」，亦是周遍。忠信爲周。如這一箇人合當如何待，那箇人又合如何待，自家只看理，無輕重厚薄，便是周遍。周是公底比，比是私底周。周是無所不比也。如爲臣則忠，爲子却不能孝，便是偏比不周遍，只知有君而不知有親。

按：忠信爲周，他録別有定説。〇淳。

問「比周」。曰：君子、小人，即是公私之間。皆是與人親厚，但君子意思自然廣大。小人與人相親時，便生計較，與我善底做一般，不與我善底做一般。周與比相去不遠，要須分別得大相遠處。某《集注》中曾説此意。君子與人相親，也有輕重，有厚薄，但意思自是公。〇南升。

問「周而不比」。曰：周者，大而遍之謂；比便小，所謂兩兩相比。君子之於人，無一人使之不得其所，這便是周；小人之於人，但見同於己者與之，不同於己者惡之，這便是比。君子之於人，非是全無惡人處，但好善惡惡，皆出於公。用一善人於國，則一國享其治；用一善人於天下，則天下享其治；於一邑之中去一惡人，則一邑獲其安；於一鄉之中去一惡人，則一鄉受其安，豈不是周。小人之心，一切反是。又云：歐陽《朋黨論》説周武以三千爲大朋，商紂億兆之人離心離德。又云：「比周」二字，於《易》中所言，又以「比」字爲美，如「九五顯比」，取「王用三驅，失前禽」之義，皆美也。如「頑嚚不友，相與比周」，又却是不好。卓。

比之與周，皆親厚之意。周則無所不愛。爲諸侯則愛一國，爲天子則愛天下，隨其親疏厚薄，無不是此愛。若比，則只是揀擇。或以利，或以勢，一等合親底，他却自有愛憎，所以有不周處。又云：《集注》謂「普遍」，是泛愛之意；「遍黨」，非特勢利。大概君子心公而大，所以周普。小人心狹而常私，便親厚也只親厚得一箇。明作。❶

問「比周」。曰：且如一鄉之中，有箇惡人，我這裏若可除去，便須除去，却得這一鄉都安，此「君子周而不比」也。至如小人於惡人，則喜其與己合，必須親愛之；到得無惡之人，每與己異，必思傷害之，此小人之「比而不周」也。武三思嘗言：「如何是善人？如何是惡人？與予合者是善人，與予不合者是惡人。」賀孫。

問「比周」。曰：周固是好，然而有一種人，是人無不周旋之。使所周之人皆善，固是好。萬一有箇不好底人，自家周旋他去，這人會去作無窮之害。此無他，只是要人之同己，所以爲害。君子則不然，當親則親，當疏則疏而已。夔孫。

問：《注》，周言「普遍」，豈「泛愛衆而親仁」之意歟？曰：亦是如此。大抵君子立心，自是周遍，好惡愛憎，一本於公。小人惟偏比阿黨而已。寓。○《集注》。

❶「作」字，原脱，今據朝鮮本補。

問：《注》云：「君子、小人所以分，則在公私之際，毫釐之差耳。」何謂毫釐之差？曰：君子也是如此親愛，小人也是如此親愛；君子公，小人私。節。

問：《注》云：「欲學者察乎兩間，而審其取舍之幾。」當在思慮方萌之初，與人交際之始，於此審决之否？曰：致察於思慮，固是，但事上亦須照管。《動箴》曰：「哲人知幾，誠之於思；志士勵行，守之於爲。」須着隨處照管，不應道這裏失了，後面更不去照管。覺得思慮失了，便着去事上看，便舍彼取此。❶須着如此，方得。恪。

徐問「比周」。曰：只是公私。周則遍及天下，比則昵於親愛之間。又問：「忠信爲周，阿黨爲比」，如何？曰：忠信爲周，只緣《左傳》「周爰咨詢」指作忠信，後人遂將來妄解，最無道理。且如《易·比卦》言：「比吉也。比，輔也。原筮元永貞，无咎。」則比都是好。大抵比於君子則爲善，比於小人則爲惡，須是看聖人説處本意如何。據此「周而不比，比而不周」，只是公私。○《集義》。

問：范氏説「忠信爲周」，恐未説到此。曰：忠信，所以周也。若面前背後不誠實，則不周矣。周是公底比，無所不比也。比是私底周，周一邊，背了一邊。周則意思却照管得到。極其至，爲臣則忠，爲子則孝，是亦周也。一之。

學而不思則罔章

問：《論語》言「學」字多不同：「學而不

❶「舍」，原作「合」，今據朝鮮本、萬曆本改。

思則罔」，此「學」字似主於行而言；「博學於文」，此「學」字似主於知而言。曰：「學而不思則罔」，此「學」也不是行。問：「學」字義如何？曰：學只是效，未能如此，便去效做。問：恐行意較多否？曰：只是未能如此，便去學做。如未識得這一箇理，便去講究，要識得，也是學；未識得這一箇書，便去讀，也是學；未曉得這一件事，去問人如何做，便也是學。問人，便是依這本子做去；不問人，便不依本子，只鶻突杜撰做去。學是身去做，思只是默坐來思。問：學是學其事，思是思其理否？曰：思，只是思所學底事。學而不思，便都罔了。問：「思而不學」，何以危殆？曰：硬將來拗縛捉在這裏，便是危殆。只是杜撰恁地，不恁自然，便不安穩。淳。

學與思須相連。才學這事，須便思量這事合如何。「學」字甚大，學效他聖賢做事。南升。

學是學其事，如讀書便是學，須緩緩精思其中義理方得。且如做此事是學，然須思此事道理是如何，只恁下頭做，不思這事道理，則昧而無得。若只空思索，却又不傍所做事上體察，則心終是不安穩。須是事與思互相發明。明作。

學不止是讀書，凡做事皆是學。且如學做一事，須是更經思量方得。然只管思量而不學，則自家心必不安穩，便是殆也。❶

「學而不思」，如讀書不思道理是如何；「思而不學」，如徒苦思索，不依樣子做。植。

「思而不學則殆。」雖用心思量，不曾就

❶「也」下，朝鮮本有小注「辛」字。

事上習熟，畢竟生硬，不會妥帖。銖。

問：「不求諸心，則昏而無得；不習其事，則危而不安。」如何？曰：「思」與「學」字相對説。學這事，便思這事。人説這事合恁地做，自家不曾思量這道理是合如何，則罔然而已。罔，似今人説「罔兩」。既思得這事，若不去做這事，便不熟，則臬兀不安。如人學射，雖習得弓箭裏許多模樣，若不曾思量這箇是合如何，也不得。既思得許多模樣是合如何，却不曾置得一張弓、一隻箭，向垛邊去射，也如何得！○《集注》。

或問：「學而不思」章引程子「『博學、審問、謹思、明辨、力行』，五者廢一非學」，何也？曰：凡「學」字便兼「行」字意思。如講明義理，學也；效人做事，亦學也。孔子步亦步，趨亦趨，是效其所爲。才效其所爲，便有行意。銖。

叔蒙問：《集注》却舉《中庸》學問思辨與行之語。據某看，學與行，是學之始終；問、思、辨，是思之始終。曰：然。賀孫。

問：「思而不學則殆」，《注》：「身不親歷。」所謂親歷，豈講求義理與躬行處均爲親歷乎？曰：講求義理，又似乎思，但就見定事上學去。話間因語及某人，曰：此正思而不學之人，只一向尋空去。凡事須學，方能進步。《集注》非定本。○寓。

問：諸先生説，有外意者，有説偏傍者，也須看否？曰：也要見得他礙處。因問：楊氏説「思則『敬以直内，義以方外』」，如何？曰：敬自是存養底事，義自是推行底事。且説思與學，也未須説存養、推行處。若把推行作學，便不是。《中庸》裏面博學、力行自是兩件。今人説學，便都説到行處去。且如讀書，看這一句理會不得，便須熟讀，此便是學。然「學而不思」，便是按古本也無得處。若徒然閉目静思而不學，又也徒勞心，不穩當，然後推到行處。問：「罔」字作欺罔無實之「罔」，如何？曰：不必如此説。罔是昏昧底意。問：「思而不學則殆」，只是尹氏「勞而無所安」底意否？曰：是。勞，便是其心勞；不安，便是於義理不安。問：謝氏「窮大而失其所居」，如何？曰：也只是不安。榦。○《集義》。

攻乎異端章

或問「攻乎異端」。曰：攻者，是講習之謂，非攻擊之「攻」。這處須看他如何是異端，如何是正道。異端不是天生出來。天下只是這一箇道理，緣人心不正，則流於邪説。習於彼，必害於此；既入於邪，必害於正。異端不止是楊、墨、佛、老，這箇是異端之大者。

問：「攻」字，若作攻擊，也如何便有害？曰：便是聖人，若説攻擊異端則有害，便也須更有説話在，不肯只恁地説遂休了。若從攻擊，則吕氏之説近之，不如只作攻治之「攻」，較穩。榦。

凡言異端不必攻者，皆是爲異端游説反間。孟子謂：「能言距楊、墨者，聖人之徒也。」不必便能距楊、墨，但能説距楊、墨，亦是聖人之徒。淳。

問：《集注》云：「攻，專治之也。」若爲學，便當專治之。異端，則不可專治也。曰：不惟説不可專治，便略去理會他也不得。若是自家學有定止，去看他病痛，却得。也是自家眼目高，方得。若只恁地，則也奈他不何。如後來士大夫，末年皆流入佛氏者。緣是把自家底做淺底看，便没意思了，所以流入他空寂玄妙之説去。燾。○《集注》。

問：程子曰：「佛氏之言近理，所以害甚於楊、墨。」看來「爲我」疑於義，「兼愛」疑於仁，其禍已不勝言。佛氏如何又却甚焉？曰：楊、墨只是硬恁地做。佛氏最有精微動得人處，本朝許多極好人無不陷焉。如李文靖、王文正、謝上蔡、楊龜山、游先生諸人。○賀孫。

問：《集注》何以言佛而不言老？曰：老便只是楊氏。人嘗以孟子當時只闢楊、墨，不闢老，不知闢楊便是闢老。如後世有隱遯長往而不來者，皆是老之流。他本不是學老，只是自執所見，與此相似。淳。

味道問：只説釋氏，不説楊、墨，如何？曰：楊、墨爲我、兼愛，做出來也淡而不能惑人。只爲釋氏最能惑人。初見他説出來自有道理，從他説愈深，愈是害人。❶

「攻乎異端」章。曰：楊氏爲我，「拔一毛而利天下，不爲」；墨氏兼愛，至不知有父。如此等事，世人見他無道理，自不去學他。只如墨者夷之厚葬，自打不過，緣無道理，自是行不得。若佛氏則近理，所以惑人。此事難説，觀其書可見。明作。

吕氏曰：「君子反經而已矣，經正斯無邪慝。今惡乎異端，而以力攻之，適足以自蔽而已。」説得甚好，但添得意思多了，不敢保是聖人之意。聖人之意，分明只是以力攻之。理會他底未得，枉費力，便將己業都荒了。淳。○《集義》。

❶「人」下，朝鮮本有小字注「辛」。

由誨汝知之章

問：「知之爲知之」章，子路不應，有以不知爲知之病。曰：子路粗暴，見事便自說是曉會得。如「正名」一節，便以爲迂，故和那不知處也不知耳。銖。

問「知之爲知之」。曰：子路氣象粗疏，不能隨事精察；或有不合於己，雖於夫子亦艴然，如「子之迂也」之類，故夫子告之以此。雉。

或問「誨汝知之乎」章。曰：惟伊川便說得盡，別人只說得一邊。「知之爲知之，不知爲不知」，則無自欺之蔽，其知固自明矣。若不說求其知一著，則是使人安於其所不知也。故程子又說出此意，其說方完，上不失於自欺，下不失於自勉。廣。

徐問：上蔡之說如何？曰：上蔡說未是，其說求爲過高。要之，聖人之言，只是說緊切底事。只爲今人知之以爲知，將那不知者亦說是知，終至於知與不知都無界限了。若人能於其知者以爲知，於不知者以爲不知，而不強以爲知，此便是知了。只爲子路性勇，怕他把不知者亦說是知，故爲他說如此。❶

子張學干祿章

戴智老說「干祿」章。曰：「多聞、多見」二字，人多輕說過了，將以爲偶然多聞多見耳。殊不知此正是合用功處，聖人所以爲「好古敏以求之」。又曰：「多聞，擇其

❶「此」下，朝鮮本有小字注「辛」。

善者而從之，多見而識之」，皆欲求其多也。不然，則聞見孤寡，不足以爲學矣。時舉。

多聞、闕疑、謹言，三件事。節。

多聞、多見，自不是淺陋迫狹人；又更闕疑，又更謹其餘。方。

聞見亦是互相發明，如「學干祿」章言「多聞闕疑，謹言其餘；多見闕殆，謹行其餘」。聞固是主於言，見固是主於行，然亦有聞而行者，見而言者，不可泥而看也。時舉。

問「干祿」章「聞見」字義。曰：聞，是聞人之言；見，是見人之行。聞，亦屬自家言處；見，亦屬自家做處。聞見當闕其疑殆，而又勿易言易行之。問：聞見因書得之，則又何別？曰：見古人説底話，是聞；見古人做底事而欲學之，是見，如舜之孝是也。然就「克己復禮」論之，則看孔子所言是聞，只自家欲循此而爲仁，便是見。此非本文大義，然必欲區別聞見則然。問：此答「干祿」之語，意類「好色」之對乎？曰：不干事。孔子不教他干，但云得祿之道在其中，正是欲抹殺了他「干」字。若「大王好貨、好色」等語，便欲比之孔子，便做病了，便見聖賢之分處。一之。

或問：謹其餘，只是指無疑、無殆處否？曰：固是。義剛。

林叔恭問：多聞如何闕疑？多見如何闕殆？曰：若不多聞，也無緣見得疑；若不多見，也無緣見得殆。江西諸人纔聞得一説，便把做了，看有甚麽話更入不得，亦如何有疑殆。到他説此一章，却云子張平日專務多聞多見，故夫子告以闕疑，是不欲其多聞多見，此是甚説話！且如一件事，一人如此説，自家見未得；二人如此説，自家也見未得。須是大家都説出來，這裏方見得果是如何，這裏方可以將衆多之説相磨擦，這裏方見得疑殆分明。賀孫。

或問「尤自外至，悔自内出」。曰：出言或至傷人，故多尤行；有不至，己必先覺，故多悔。然此亦以其多少言之耳。言而多尤，豈不自悔。行而多悔，亦必至於傷人矣。廣。

「子張學干禄」一章，是教人不以干禄爲意。蓋言行所當謹，非爲欲干禄而然也。若真能着實用功，則惟患言行之有悔尤，何暇有干禄之心邪。銖。

徐問「學干禄」章。曰：此是三截事。若人少聞寡見，則不能參考得是處，故聞見須要多。若聞見已多而不能闕疑殆，則胡亂把不是底也將來做是了。既闕其疑殆，而又未能謹其餘，則必有尤悔。又問：尤、悔如何分？尤莫是見尤於人否？曰：是。大凡言不謹，則必見尤於人；人既有尤，自家安得無悔。行不謹，則己必有悔；己既有悔，則人安得不見尤。此只是各將較重處對説。又問：「禄在其中」，只此便可以得禄否？曰：雖不求禄，若能無悔尤，此自有得禄道理。若曰「耕也，餒在其中矣」。耕本求飽，豈是求餒。然耕却有水旱凶荒之虞，則有時而餒。學本爲道，豈是求禄。然學既寡尤悔，則自可以得禄。如言「直在其中矣」。「父爲子隱，子爲父隱」，本不是直。然父子之道，却要如此，乃是直。凡言「在其中矣」者，道理皆如此。又問：聖人不教人求禄，又曰「禄在其中」，如何？曰：聖人教人，只是教人先謹言行，却把他那禄不做大事看。須是體量得輕重，始得。

子張學干禄，夫子答之者：聞主言，見主事。尤，是「罪自外至」；悔，是「理自内出」。凡事不要到悔時，悔時已錯了。「祿在其中」，凡言「在其中」，皆是不求而自至之意。父子相隱，本非直，而「直在其中」。如耕，本要飽，然有水旱之變，便有「餒在其中」。學本是要立身，不是要干祿，然言行能謹，人自見知，便有得祿之道。大概是令他自理會身己上事，不要先萌利祿之心。又云：若人見得道理分明，便不爲利祿動。明作。

問：子張在聖門，忽然學干祿，聖人但告之以謹其言行，便是脩其天爵，而人爵自至。曰：修天爵而人爵自至，説得重了。此意重處，❶只在言行。若言行能謹，便自帶得祿來。時舉録作：聖人之心，只教他謹言行，因帶祿説。凡言「在其中」者，皆不求或作「期」。而自至之辭。如耕，本是求飽，却言「餒在其中」；父子相爲隱，直却在其中。又云：❷前面也説得深了。聖人本意在謹言行。又不可徒謹，須用博學，又須闕其疑而未信、殆而未安者。便將其餘信而安者做一處，謹言而謹行之，謂其察得可言與可行也。南升。○時舉録小異。

「子張學干祿」。祿固人之所欲，但要去干，却不得。子張恁地時，已不是正底心了。夫子却掉開答它，不教它如何地干，也不教它莫干，但言「祿在其中」。凡言「在其中」者，皆是求此而得彼之義。如「耕也，餒在其中」之類，皆是君子求其在己而已。然而德行既修，名聲既顯，則人自然來求，祿不待干而自得。如「未有仁而遺其親，未有義而後其君」，這豈是要計較它不遺不後

❶「意」，朝鮮本作「章」。
❷「云」，原作「爲」，今據朝鮮本改。

後，方爲仁義？但是爲仁義時，便自恁地。這雖是不曾説利，然使天下人皆不遺不後，❶利孰大焉。大抵計功之心，也是害事。所謂「仁者先難而後獲」，纔有計功之心，便都不濟事。義剛。

問「學干祿」章。曰：這也是一説，然便是教人不要去求。❷如程先生説「使定其心而不爲利祿所動」是也。《論語》凡言「在其中」，皆是與那事相背。且如「父爲子隱，子爲父隱」，本不干直事，然直却在其中。耕，本是得食，然有水旱凶荒，則有「餒在其中」。「切問近思」，本只是講學，不是求仁底事，然做得精，則仁亦在其中。如「居處恭，執事敬，與人忠」，皆是切己去做，方是求仁底事。此皆是教人只從這一路做去，且莫管那一邊。然做得這一邊，則那一邊自在其中也。又曰：惟是那「君子謀道不謀食。學也，祿在其中；耕也，餒在其中」一章，説得最反覆周全。如云「君子謀道不謀食」，是將一句統説了，中央又分兩脚説：「學也，祿在其中；耕也，餒在其中。」又似教人謀道以求食底意思。下面却説「憂道不憂貧」，便和根斬了。燾。

哀公問何爲則民服章

陳仲蔚説「何爲則民服」及「使民敬忠以勸」二章。先生曰：前章據本文，夫子只恁地説，未有貴窮理之意。當時哀公舉措之權不在己，問了只恁休了。它若會問時，夫子尚須有説。義剛。

❶「使」，原作「便」，今據萬曆本改。
❷「教」，原作「交」，今據萬曆本改。

或問「舉直錯枉」。曰：是，便是直；非，便是枉。燾。

「舉直錯枉」，《集注》謂「大居敬而貴窮理」。曰：若不居敬，如何窮理？不窮理，如何識人，爲舉直錯枉之本？又曰：人最要見得是與不是，方有下手處。如今人都不見得是非，分別不出。又曰：須是居敬、窮理，自做工夫，銖録云：此是自修工夫。方能照得人破。若心不在焉，則視之而不見，聽之而不聞，以枉爲直，以直爲枉矣。明作。銖同。

問：哀公問「何爲則民服」，往往只是要得人畏服他。聖人却告之以進賢退不肖，乃是治國之大本，而人心自服者。蓋好賢而惡不肖，乃人之正性；若舉錯得義，則人心豈有不服。謝氏又謂「若無道以照之，則以直爲枉，以枉爲直矣！君子大居敬而貴窮理」，此又極本原而言。若人君無知人之明，則枉直交錯，而舉錯未必得宜矣。曰：説得分明。

季康子問使民敬忠以勸章

問「使民敬忠以勸」。曰：「莊」，只是一箇字，上能端莊，則下便尊敬。至於孝、慈，則是兩事，孝是以躬率之，慈是以恩結之，如此，人方忠於己。「舉善而教不能」，若善者舉之，不善者便去之、誅之、罰之，則民不解便勸。惟是舉其善者，而教其不能者，所以皆勸。便是文字難看，如這樣處，當初只是大概看了便休，而今思之，方知《集注》説得未盡。義剛。

問：「孝慈則忠」，何以能使之忠也？曰：孝以率之，慈以結之，所以使之忠也。

問：孝慈主父子而言，可乎？曰：如此，安能便使之忠也？此「慈」字兼内外而言。若《大學》「齊家」章，孝慈乃主父子而言也。

孝於親，是做箇樣子；慈於衆，則推此意以及人。兼此二者，方能使民忠於己。若徒孝於親，而不能推及於衆；若徒慈於衆，而無孝親底樣子，都不得。明作。

孝是以身率之，慈是以恩結之。善者固可舉；若不能者遽刑之、罰之，則彼何由勸。舉善於前，而教不能於後，則是誘引之使趨於善也，是以勸。夔孫。

問：康子之意，必要使民能如此。聖人但告之以己所當爲，而民自應者。方其端莊孝慈，舉善教不能，不是要民如此而後爲。做得自己工夫，則民不期然而然者。曰：也是如此。

或謂子奚不爲政章

「惟孝友于兄弟」，謂孝然後友，友然後政，其序如此。振。

問：「施於有政」，是使一家人皆孝友否？曰：「刑于寡妻，至于兄弟，以御于家邦」，是也。政，一家之事也，固不止是使之皆孝友耳。然孝友爲之本也。一之。

「推廣此心，以爲一家之政」，便是齊家。緣下面有一箇「是亦爲政」，故不是國政。又云：在我者孝，則人皆知孝；在我者弟，則人皆知弟，其政豈不行於一家。明作。

問：「惟孝友于兄弟」，何以「施於有政」？❶曰：此全在「推」字上，言「舉斯心

❶「何」，萬曆本作「可」。

加諸彼」。今人只爲不能善推其所爲耳。范《唐鑑》言唐明皇能友愛兄弟，而殺其三子，正以其不能推此心耳。銖。

問：此夫子難以不仕之意告或人，故托以告之。然使夫子得時，得位，其爲政之本，也只就人倫上做將去。曰：文振看文義看得好，更宜涵泳。南升。

人而無信章

問「人而無信，不知其可也」。曰：人而無真實誠心，則所言皆妄，今日所言要往東，❶明日走在西去，這便是言不可行。卓。

問：先生但謂「車無此二者則不可以行，人而無信，亦猶是也」，而不及無信之所以不可行，何也？曰：人若無信，語言無實，何處行得？處家，則不可行於家；處鄉黨，則不可行於鄉黨。曰：此與「言不忠信，雖州里行乎哉」之意同。曰：然。廣。

子張問十世可知章

周問：三代所因者不易，而所損益可知，如何？曰：此所謂「不易」也，「變易」也。三綱五常，亘古亘今不可易。至於變易之時與其人雖不可知，而其勢必變易可知也。蓋有餘必損，不及必益，雖百世之遠可知也。猶寒極生煖，煖甚生寒，雖不可知，其勢必如此可知也。銖。

所因之禮，是天做底，萬世不可易；所損益之禮，是人做底，故隨時更變。燾。

所因，謂大體；所損益，謂文爲制度，

❶「今」，原作「令」，今據朝鮮本、萬曆本改。

那大體是變不得底。雖如秦之絶滅先王禮法，然依舊有君臣、有父子、有夫婦，依舊廢這箇不得。義剛。

忠、質、文。忠，只是樸實頭白直做將去；質，則漸有形質制度，而未及於文采；文，則就制度上事事加文采。然亦天下之勢自有此三者，非聖人欲尚忠、尚質、尚文也。夏不得不忠，商不得不質，周不得不文。彼時亦無此名字，後人見得如此，故命此名。僩。○以下《集注》。

問：忠與質如何分？曰：忠只是渾然誠確。質與文對。質便自有文了，但文未盛；比之文，則此箇質耳。銖。

或問：忠與質如何分？先生喜其善問，答云：質樸則未有文，忠則渾然無質可言矣。過。

或問忠與質異處。曰：此如人家初做得箇家計成，人雖有許多動用，其誠意直是質實。到做得家計成，次第便有動用器使。其初務純樸，不甚浮華。及其漸久，用度日侈，駸駸然日趨於文而不容自已，其勢然也。子蒙。

行夫問三統。曰：諸儒之説爲無據。某看只是當天地肇判之初，天始開，當子位，故以子爲天正；其次地始闢，當丑位，故以丑爲地正；惟人最後方生，當寅位，故以寅爲人正。即邵康節十二會之説。當寅位，則有所謂開物；當戌位，則有所謂閉物。閉物，便是天地之間都無了。看他説，便須天地翻轉數十萬年。

問天統、地統、人統之别。曰：子是一陽初動時，故謂之天統；丑是二陽，故謂之地統；寅是三陽，故謂之人統。因舉康節元、會、運、世之説：十二萬九千六百年爲一元，一元有十二會；一萬八百年爲一會，一會有三十運；三百六十年爲一運，一運有十二世。以小推大，以大推小，箇箇一般，謂歲、月、日、時皆相配合也。如第一會、第二會時尚未生人物，想得地也未硬在。第三會謂之開物，人物方生，此時屬寅。到得戌時，謂之閉物，乃人消物盡之時也。大率是半明半晦，有五六萬年好，有五六萬年不好，如晝夜相似。到得一元盡時，天地又是一番開闢。問：先生詩云：「前推更無始，後際那有終。」如何？曰：惟其終而復始，所以無窮也。燾。

問：子、丑、寅之建正如何？曰：此是三陽之月。若秦用亥爲正，直是無謂。大抵三代更易，須着如此改易一番。又問：忠、質、文，本漢儒之論。今伊川亦用其說，❶如何？曰：亦有此理。忠是忠樸，君臣之間一味忠樸而已。才說質，便與文對矣。又問「五運」之說。曰：本起於五行。萬物離不得五行，五運之說亦有理。如三代已前事，經書所不載者甚多。又問：五運之說，不知取相生、相克？曰：取相生。又問：漢承秦水德之後，而以火德繼之，是如何？先生曰：或謂秦是閏位。然事亦有適然相符合者。如我太祖以歸德軍節度即位，即是商丘之地，此火德之符也，事與高祖赤帝子一般。去僞。

器之說損益。曰：勢自是如此。有人主出來，也只因這箇勢，自住不得，到這裏方看做是如何。惟是聖人能順得這勢，盡得這道理。以下人不能識得損益之宜，便錯了、壞了，也自是立不得。因只是因這

❶「伊川」，原作「抻州」，今據朝鮮本、萬曆本改。

箇，損益也是損益這箇。寓。○以下總論。

叔蒙問十世所因損益。曰：綱常千萬年磨滅不得。只是盛衰消長之勢，自不可已，盛了又衰，衰了又盛，其勢如此。聖人出來，亦只是就這上損其餘，益其不足。聖人做得來自是恰好，不到有悔憾處。三代以下做來不恰好，定有悔憾。雖做得不盡善，要亦是損益前人底。雖是人謀，要是大勢不得不出此。但這綱常自要壞滅不得，世間自是有父子、有上下。羔羊跪乳，便有父子；螻蟻統屬，便有君臣；或居先，或居後，便有兄弟；犬馬牛羊，成群連隊，便有朋友。始皇爲父，胡亥爲子；扶蘇爲兄，胡亥爲弟，這箇也泯滅不得。器之問：三代損益，如衣服、器用、制度，損益却不妨。如正朔，是天時之常，却要改，如何？曰：一番新民觀聽，合如此。如新知縣到任便變易號令一番，住持入院改换行者名次相似。寓。

此一章「因」字最重。所謂損益者，亦是要扶持箇三綱、五常而已。如秦之繼周，雖損益有所不當，然三綱、五常終變不得。君臣依舊是君臣，父子依舊是父子，只是安頓得不好爾。聖人所謂可知者，亦只是知其相因者也。如四時之運，春後必當是夏，夏後必當是秋；其間雖寒暑不能無繆戾，然四時之運終改不得也。康節詩云「千世萬世，中原有人」，正與此意合。時舉。

這一段，諸先生説得「損益」字，不知更有箇「因」字不曾説。「因」字最重。程先生也只衮説將去。三代之禮，大概都相因了。所損也只損得這些箇，所益也只益得這些箇，此所以「百世可知」也。且如秦最是不善繼周，酷虐無比。然而所因之禮，如三綱、五常，竟滅不得。馬氏《注》：「所因，謂三綱、五常；損益，謂質、文三統。」此説極好。榦。

「繼周百世可知」。秦繼周者也，安得爲可知。然君臣、父子、夫婦依舊在，只是不能盡其道爾。淳。

問「十世可知」。曰：三綱、五常，雖衰亂大無道之世，亦即在。且如繼周者秦，是大無道之世。畢竟是始皇爲君，李斯等爲臣；始皇爲父，胡亥爲子。三綱、五常地位占得大了，便是損益亦不多。至秦欲尊君，便至不可仰望；抑臣，便至十分卑屈。此段重在「因」字，損益只些子。南升。

致道問：夫子繼周而作，則忠、質損益之宜如何？曰：孔子有作，則併將前代忠、質而爲之損益，却不似商只損益得夏，周只損益得二代。又問：孔子監前代而損益之，及其終也，能無弊否？曰：惡能無弊！賀孫。

問：其所闕者宜益，其所多者宜損，固事勢之必然。但聖人於此處得恰好，其他人則損益過差了。曰：聖人便措置一一中理。如周末文極盛，故秦興必降殺了。周恁地柔弱，故秦必變爲强戾；周恁地纖悉周緻，故秦興，一向簡易無情，直情徑行，皆事勢之必變。但秦變得過了。秦既恁地暴虐，漢興，定是寬大。故云：「獨沛公素寬大長者。」秦既鑒封建之弊，改爲郡縣，雖其宗族，一齊削弱。至漢，遂大封同姓，莫不過制。賈誼已慮其害，晁錯遂削一番，主父偃遂以誼之説施之武帝諸侯王，只管削弱。自武帝以下，直至魏末，無非剗削宗室，至此可謂極矣。晉武起，盡用宗室，皆是因其事勢，不得不然。賀孫問：本朝大勢是如何？曰：本朝監五代，藩鎮兵也收了，賞罰刑政，一切都收了，然州郡一齊困弱。靖康之禍，寇盜所過，莫不潰散，亦是失斟酌所致。又如熙寧變法，亦是當苟且惰弛之餘，勢有不容已者，但變之自不中道。賀孫。

先生謂「繼周百世可知」，諸公看繼周者是秦，果如夫子之言否？皆對以爲秦不能繼周，故所因所革皆不可考。曰：若説秦不能繼周，則夫子之言不是始得。夫子分明説「百世可知」。看秦將先王之法一切掃除了，然而所謂三綱、五常，這箇不曾泯滅得。如尊君卑臣，損周室君弱臣强之弊，這自是有君臣之禮。如立法説父子、兄弟同室内息者皆有禁之類，這自是有父子、兄弟、夫婦之禮，天地之常經。自商繼夏、周繼商、秦繼周以後，皆變這箇不得。秦之所謂損益，亦見得周末許多煩文縟禮如此，故直要損其太過，益其欠處，只是損益得太甚。然亦是事勢合到這裏，要做箇直截世界，做箇没人情底所爲。你才犯我法，便死，更不有許多勞勞攘攘。如議親、議賢、議能、議功之類，皆不消如此，只是白直做去，他亦只爲苟簡自便計。到得漢興，雖未盡變亡秦之政，如高、文之寬仁恭儉，皆是因秦之苛刻驕侈而損益其意也。大綱恁地寬厚，到後便易得廢弛，便有强臣篡奪之禍。故光武起來，又損益前後之制，❶事權歸上，而激厲士大夫以廉耻。賀孫。

非其鬼而祭之章

「非其鬼而祭之」，如天子祭天地，諸侯

❶「前後」，朝鮮本作「前漢」。

祭山川，大夫祭五祀，庶人祭其先，上得以兼乎下，下不得以兼乎上也。庶人而祭五祀，大夫而祭山川，諸侯而祭天地，此所謂「非其鬼」也。僩。

問：「非其鬼而祭之」，如諸侯僭天子、大夫僭諸侯之類。又如士庶祭其旁親遠族，亦是非其鬼否？曰：是。又如今人祭甚麽廟神，都是非其鬼。問：如用僧尼、道士之屬，都是非其鬼？曰：亦是。問：祭旁親遠族不當祭，若無後者則如之何？曰：這若無人祭，只得爲他祭。自古無後者合當祭於宗子之家，今何處討宗子。看古禮今無存者，要一一行之也難。賀孫。

問：「非其鬼而祭之。」尋常人家所當祭者，只是祖先否？曰：然。又問：土地、山川之神，人家在所不當祭否？曰：山川之神，季氏祭之尚以爲僭，況士庶乎？如土地之神，人家却可祭之。《禮》云：「庶人立一祀，或立户，或立竈。」户、竈亦可祭也。又問：中霤之義如何？曰：古人穴居，當土室中開一竅取明，故謂之中霤。而今人以中堂名曰中霤者，所以存古之義也。又云：中霤亦土地之神之類。五祀皆室神也。燾。

問：「見義不爲無勇」，莫是連上章意否？曰：不須連上句。自説凡事見得是義，便着做，不獨説祭祀也。賀孫。

子善問：「見義不爲無勇」，這亦不爲無所見，但爲之不力，所以爲無勇也。曰：固是見得是義而爲之不力，然也是先時見得未分明。若已見得分明，則行之自有力。這般處着兩下並看：就「見義不爲」上看，固見得知之而不能爲；若從源頭上看下來，乃是知之未至，所以爲之不力。賀孫。○

佫録别出。

子善問「見義不爲無勇也」。曰：此且説眼前事，❶若見得合做底事，且須勇決行之。若論本原上看，則只是知未至。若知至，則當做底事，自然做將去。佫。

❶「且」，萬曆本作「直」。

朱子語類卷第二十五

論語七

八佾篇

孔子謂季氏章

季氏八佾，止是多添人數，未有明文，故夫子就其事責之。若三家《雍》徹，則分明歌天子之詩，故夫子引其詩以曉之。人傑。

問「是可忍也，孰不可忍也」。曰：季氏初心，也須知其爲不安。然見這八佾人數熱鬧，便自忍而用之。這便是遏絶天理，失其初心也。時舉。

子升問《集注》兩説不同。曰：如今亦未見聖人之言端的是如何。如後説之意，亦自當存，蓋只此便是天理發處。聖人言語，固是旨意歸一。後人看得有未端的處，大率意義長者録在前，有當知而未甚穩者録在後。如「放於利而行多怨」，或者又説求利而不得，則自多怨天尤人。此意亦自是。但以章旨觀之，❶人怨之説爲分曉，故只從一説。木之。

居父問：「是可忍也」，後説恐未安。聖人氣象似不如此暴露。曰：前日見趙子欽亦疑此，亦是，但聖人亦自有大段叵耐人處。如孔子作《春秋》，是大段叵耐，忍不得處。賀孫。

❶「章」，萬曆本作「意」。

問：「是可忍也」，范氏謂季氏「罪不容誅」，莫是有不容忍之意否？曰：只大概如此說，不是有此意。時舉。

三家者以雍徹章

問「三家者以《雍》徹」。曰：這箇自是不當用，更無可疑。問：是成王賜周公？曰：便是成王賜周公，也是成王不是。若武王賜之，也是武王不是。公道是成王賜，便不敢道不是了。《雍》詩自是成王之樂，餘人自是用他不得。武王已自用不得了，何況更用之於他人。卓。

問：《雍》徹，程子謂「成王之賜，伯禽之受，皆非也」。曰：使魯不曾用天子之禮樂，則三家亦無緣見此等禮樂而用之。時舉。

問：范氏以成王賜魯以天子禮樂，惟用以祀周公於大廟，非使魯君亦得以用之也。不如伊川斷然便道成王不當賜，伯禽不當受。曰：然。范先生説書，大抵言語寬，所以至此。榦。

「居是邦不非其大夫」，只是不議其過惡。若大夫有不善，合當諫正者，亦不可但已。孔子謂季氏八佾與三家《雍》徹之事，又却不然。人傑。

人而不仁如禮何章

或問：人而不仁，如禮何？人而不仁，如樂何？曰：如禮樂何，謂其不奈禮樂何也。「心中斯須不和不樂，而鄙詐之心入之；外貌斯須不莊不敬，而慢易之心入之。」既不和樂、不莊敬，如何行得禮樂？儒用録云：不莊不敬、不和不樂，便是不仁。暴慢鄙詐，則無如禮樂何矣。譬如不善操舟，必不奈一舟何；不善乘馬，必不奈一馬何。又問：禮樂是玉帛鍾鼓之文否？曰：看其文勢，却是説玉帛鍾鼓之禮樂也。人傑。○儒用同。

人既不仁，自是與那禮樂不相管攝。禮樂雖是好底事，心既不在，自是呼喚他不來，他亦不爲吾用矣。心既不仁，便是都不醒了。如人身體麻木，都不醒了，自是與禮樂不相干事。所以孟子説：「學問之道無他，求其放心而已矣。」只是一箇求放心，更無别工夫。或曰：初求放心時，須是執持在此，不可令他放。曰：也不用擒捉他，只是要常在這裏。或曰：只是常常省察照管得在，便得，不可用心去把持擒捉他。曰：然。只知得不在，才省悟，便在這裏。或曰：某人只恁擒制這心，少間倒生出病痛，心氣不定。曰：不是如此。只是要照管常在此，便得。

問：禮者，天理之節文；樂者，天理之和樂；仁者，人心之天理。人心若存得這天理，便與禮樂湊合得著；若無這天理，便與禮樂湊合不着。曰：固是。若人而不仁，空有那周旋百拜，鏗鏘鼓舞，許多撈攘，當不得那禮樂。燾。

「人而不仁」，則其心已不是；其心既不是，便用之於禮樂，也則是虚文，决然是不能爲。心既不正，雖有鍾鼓玉帛，亦何所用？卓。

「人而不仁，如禮何」，而今莫説「八佾」、「《雍》徹」，是無如禮樂何。便教季氏用四佾以祭，也無如禮樂何，緣是它不仁了。夔孫。

蜚卿問：「人而不仁，如禮何」，是無惻隱之心，則禮樂皆爲虚文。曰：此仁是指全體而言，不是指惻隱。可學。

希真問：「人而不仁」，與「不能以禮讓爲國」，皆曰「如禮何」，意同否？曰：「人而不仁」，是以仁對禮樂言。「不以禮讓」，是以禮之實對禮之文言。能以遜讓爲先，則人心感服，自無乖争凌犯之風。恪。

或問：《集注》云「禮樂不爲之用」，如何？曰：禮是恭敬底物事，爾心中自不恭敬，外面空做許多般模樣；樂是和樂底物事，爾心中自不和樂，外面强做和樂，也不得。心裏不恁地，外面强做，終是有差失。縱饒做得無差失，也只表裏不相應，也不是禮樂。○《集注》。

《集注》云「禮樂不爲用」，是如何？曰：不仁之人，渾是一團私意，自不奈那禮樂何。禮樂，須是中和温厚底人，便行得。若不仁之人，與禮樂自不相關了。譬如無狀之人去讀《語》、《孟》、「六經」。《語》、《孟》、「六經」自是《語》、《孟》、「六經」，與他即無干涉，又安得爲之用。時舉。

或問「人而不仁」《注》下數語。曰：「其如禮樂何哉」，是奈他不下；禮樂不爲之用也，是不爲我使，我使他不得。雖玉帛交錯，不足以爲禮；雖鍾鼓鏗鏘，不足以爲樂。雖有禮而非禮，雖有樂而非樂。因言：季氏，當初成王不賜，伯禽不受，則後人雖欲僭，亦無樣子，他也做不成。又曰：觀天子之禮於魯、宋。宋是三王後，有天子之禮。當時諸侯皆不識天子之禮，皆於魯、宋觀之。節。

「仁者，天下之正理」，只是泛説，不是以此説仁體。若曰「義者，天下之正理」，也得。義剛。

問「仁者，天下之正理」。曰：説得自

好，只是太寬。須是説仁是本心之全德，便有箇天理在。若天理不在，人欲橫肆，如何得序而和。時舉。

程子説「仁者，天下之正理」，固好；但少疏，不見得仁。仁者，本心之全德。人若本然天理之良心存而不失，則所作爲自有序而和。若此心一放，只是人欲私心做得出來，安得有序，安得有和。銖。

問「仁者，天下之正理」。曰：此説太寬。如義，亦可謂天下之正理；禮，亦可謂天下之正理。又問：仁是合知覺與理而爲之與，捨知覺而爲之與？曰：仁自是知覺。又問：知覺是仁中之一件否？久之，曰：生底是仁。又曰：仁義禮智是四箇根子，惻隱、羞惡、恭敬、是非是根上所發底苗。又曰：生是元，長是亨，收斂是利，藏是貞，只是一氣。理無形，故就氣上看理，也是恁地。次日，又曰：仁是根，愛是苗。又曰：古人言仁，多以慈祥、愷悌。《易》則曰：「安土敦乎仁，故能愛。」何嘗以知覺爲仁。又曰：程子曰「仁是理」，此説太寬。如曰「偏言則一事，專言則包四者」，此説却是緊要底。問：仁如何包四者？曰：《易》便説得好：「元者，善之長。」義、禮、知莫非善，這箇却是善之長。又曰：義、禮、知無仁，則死矣，何處更討義、禮、知來？又曰：如一間屋分爲四段，仁是中間緊要一段。孟子言「仁人心，義人路」，後不言義者，包義在其中。如「克己復禮爲仁」，亦是恁地。節。

問：仁者，心之德也。不仁之人，心德既亡，方寸之中，絶無天理。平日運量酬酢，盡是非僻淫邪之氣，無復本心之正。如此等人，雖周旋於玉帛交錯之間，鍾鼓鏗鏘之際，其於禮樂判爲二物，如猿狙衣周公之服一般，其如禮樂何。伊川所謂「仁者，天下之正理」。失正理，則無序而不和」。所謂正理，即心之德也。若天理不亡，則見得禮樂本意，皆是天理中發出來，自然有序而和。若是胸中不有正理，雖周旋於禮樂之間，但見得私意擾擾，所謂升降揖遜，鏗鏘節奏，爲何等物。不是禮樂無序與不和，是他自見得無序與不和，而禮樂之理只在也。曰：只是如此。南升。

問：「人而不仁，如禮樂何」，據李氏之説，則指在外之禮樂言之，如玉帛鍾鼓之類。程先生所謂「無序而不和」，却是主在内者言之，如何？曰：兩説只是一意。緣在我者無序而不和，故在外之禮樂亦不爲我用。又問：仁、義、禮、智，皆正理也，而程子獨以仁爲天下之正理，如何？曰：便是程子之説有太寬處，此只是且恁寬説。曰：是以其專言者言之否？曰：也是如此。廣。

問：《集注》舉三説：若游氏則言心，程氏主理，李氏謂「待人而後行」。曰：所疑者何？曰：今觀前二説，與後説不相似。曰：仲思以爲如何？曰：此正「苟非其人，道不虚行」之意。蓋心具是理，而所以存是心者，則在乎人也。曰：恁地看，則得之。道夫。

問：吕氏曰：「禮樂之情，皆出於仁。」此語似好。曰：大概也只是如此。問：游氏曰：「人而不仁，則人心亡矣。」如何？曰：此説好。問：曾見先生説「仁者，心之德」。義、禮、智皆心之德否？曰：都是。只仁是箇大底。問：謝氏曰：「未能顛沛造次由於是，故如禮何。未能不憂，故如樂何。」似説得寬。曰：他只似做時文用故事也，不必恁地。問：程先生、尹先生皆以仁爲正理，如何是正理？曰：只是正當底道理。榦。○《集義》。

林放問禮之本章

問：「林放問禮」章，先生謂「得其本，則禮之全體無不在其中」，如何是禮之全體？曰：兼文質本末言之。曰：後面只以質爲禮之本，如何又説文質皆備？曰：有質則有文，有本則有末。徒文而無質，如何行得？譬如樹木，必有本根，則自然有枝葉華實。若無本根，則雖有枝葉華實，隨即萎落矣。廣。

林聞一問：「林放問禮之本」，而孔子并以喪告之，何也？曰：喪亦是禮。奢底是禮之吉者，喪是禮之凶者。節。

辛適正問：「林放問禮之本」，何故只以喪禮答之？曰：禮不過吉凶二者而已。上句泛以吉禮而言，下句專指凶禮而言。然此章大意不在此，須看問答本意。孔子只是答他問禮之本，然儉戚亦只是禮之本而已。及其用也，有當文時，不可一向以儉戚爲是，故曰「品節斯，斯之謂禮」，蓋自有箇得中恰好處。淳。

問「喪與其易也寧戚」。曰：其他冠昏祭祀，皆是禮，故皆可謂「與其奢也寧儉」。惟喪禮獨不可，故言「與其易也寧戚」。易者，治也，言治喪禮至於習熟也。喪者，人情之所不得已。若習治其禮有可觀，則是樂於喪，而非哀戚之情也，故《禮》云：「喪事欲其縱縱爾。」卓。

問：「喪與其易也寧戚」，注「易」爲「治」，何也？曰：古人做物滑净，無些礙處，便是易。在禮，只是太滑熟了。生固無誠實，人纔太滑熟，亦便少誠實。曰：夫子何故只以儉戚答禮之本？曰：初頭只是如此，未有後來許多文飾，文飾都是後來事。喪初頭只是戚，禮初頭只是儉。當初亦未有那儉，儉是對後來奢而言之，蓋追說耳。如堯土堦三尺，當初只是恁地，不是爲儉，後來人稱爲儉爾。東坡說忠、質、文，謂當初亦未有那質，只因後來文，便稱爲質。孔子曰：「從先進。」周雖尚文，初頭尚自有些質在。曰：三綱、五常亦禮之本否？曰：初頭亦只有箇意耳。如君臣亦只是箇誠敬而已，未有許多事。淳。

問「禮之本」。曰：初間只有箇儉、戚，未有那文。儉、戚是根，有這根然後枝葉自發出來。又問：戚是此心自然發出底，儉又不類。曰：儉亦不是故意儉，元初且只有污樽抔飲之類。毅父問：先生舊說，儉、戚且是近本。曰：對奢、易言之，且得說儉、戚是本。若論禮之本，則又在儉、戚之前。未用如此說得。時舉。

奢、易過於文，儉、戚則不及而質。與其過也，寧不及，不及底可添得。夔孫。

問：「林放問禮之本」一章，某看來，奢、易是務飾於外，儉、質是由中。曰：也如此說不得。天下事，那一件不由心做。但儉、質底發未盡在，奢、易底發過去了，然都由心發。譬之於花，只是一箇花心，却有開而未全開底，有開而將離披底。那儉、質底便猶花之未全開，奢、易底便猶花之離披者。且如人之居喪，其初豈無些哀心，外面裝點得來過當，便埋沒了那哀心。人之行禮，其初豈無些恭敬之心，亦緣他裝點得來過當，便埋沒了那恭敬之心。而今人初以書相與，莫不有恭敬之心。後來行得禮數重複，使人厭煩，那恭敬之心便埋没了。或問：「易」字，《集注》引孟子「易其田疇」之「易」，是習熟而平易之意否？曰：易，只是習得來熟，似歡喜去做，做得來手輕足快，都無那惻怛不忍底意思。因舉《檀弓》「喪事欲其縱縱耳」與《曲禮》「喪事先遠日」，皆是存惻怛不忘之意也。燾。

故叔器説「林放問禮之本」一章。曰：林放若問禮之大體，便包得闊。今但問本，似未爲大。然當時習於繁文，人但指此爲禮，更不知有那實處。故放問，而夫子大之，想是此問大段契夫子之心。蓋有那本時，文便在了。若有那文而無本，則豈得爲禮。「易其田疇」之説，蓋由范氏「喪易而文」之語推之。治田者須是經犁經耙，治得無窒礙，方可言熟也。若居喪習熟於禮文，行得皆無窒礙，則哀戚必不能盡，故曰「不若戚而不文之愈也」。如楊氏「污樽抔飲」之説，他是就儉説，却不甚親切。至於「喪不可以徑行直情」一句，大覺文意顛倒。後面云「則其本戚而已」，却似與前面無收殺。此須是説居喪先要戚，然却不可無衰麻哭踊之數以爲之節，如此説，方得。今却説得衰麻哭踊似是先底，却覺語意不完。龜山説話多如此，不知如何。却是范氏「儉者，物之質；戚者，心之誠」二語好。又曰：人只習得那文飾處時，自是易忘了那樸實頭處，如「巧言令色鮮矣仁」之類。義剛。

楊氏謂禮始諸飲食燔炙。言禮之初，本在飲食。然其用未具，但以火熾石，其石既熱，却以肉鋪其上，熟而食之，安有鼎俎籩豆也！然方其爲鼎俎之始，亦有文章，雕鏤煩而質滅矣，故云「與奢寧儉」。又云：楊説「喪不可直情而徑行」。此一語，稍傷那哀戚之意。其意當如上面「始諸飲食」之語，謂喪主於哀戚，爲之哭泣擗踊，所以節之，其本則戚而已。楊氏語多如此，所以取彼處亦少。○子蒙。

問：「林放問禮之本。」夫禮貴得中，奢、易則過於文，儉、戚則不及而質，皆未爲合禮。然質乃禮之本，過於文則去本已遠。且禮之始，本諸飲食，「污樽而抔飲，蕢桴而土鼓」，豈不是儉？今若一向奢而文，則去本已遠，故寧儉而質。喪主於哀戚，故立哀麻哭踊之數以節之。今若一向治其禮文，而無哀戚之意，則去本已遠，故寧戚而質，乃禮之本。曰：也只是如此。南升。

問：易，乃慢易，如何范氏以爲「喪易而文」？曰：易也近文。「易」字訓治，不是慢易、簡易之「易」。若是慢易、簡易，聖人便直道不好了，如何更下得「與其」字，只此可見。幹。

夷狄之有君章

問：「夷狄之有君」一章，程氏《注》似專責在下者陷無君之罪，尹氏《注》似專責在上者不能盡爲君之道，何如？曰：只是一意。皆是説上下僭亂，不能盡君臣之道，如無君也。義剛。

「夷狄之有君，不如諸夏無君且勝之者。」此説無意義。振。

問：范氏、吕氏皆以爲夷狄有君而無禮義，不如諸夏之無君而有禮義，恐未當。曰：不知他如何恁地説。且如聖人恁地説時，便有甚好處。不成中國無君恰好。

問：亡，莫只是有無君之心否？曰：

然。榦。

季氏旅於太山章

問「季氏旅於太山」一段。曰：天子祭天地，諸侯祭其國之山川，只緣是他屬我，故我祭得他。若不屬我，則氣便不與之相感，如何祭得他。因舉太子申生「秦將祀予」事。時舉。

問「曾謂泰山，不如林放乎」。曰：聖人也不曾是故意爲季氏說。只是據事說，季氏聞之自當止。時舉。

君子無所争章

問「君子無所争」章。曰：「君子無所争」，必於射見之。言射有勝負，是相争之地，而猶若此，是不争也。語勢是如此。南升。

「其争也君子」，言争得來也君子。銖。

問：「其争也君子」，只是横渠說，争爲辭遜底否？曰：然。畢竟是爲君子之争，不爲小人之争。榦。

巧笑倩兮章

「素以爲絢」，不知是何詩。若以爲今《碩人》詩，則章句不合。❶且此一句最有理，亦不應删去。因說：古人繪事，未必有今人花巧。如「雲」字、「雷」字，見《筆談》。畬。○去僞同。

問：伊川云「美質待禮以成德，猶素待繪以成絢」，却似有質須待禮，有素須待絢。

❶「不合」，原作「全」，今據朝鮮本改。

曰：不然。此質却重。畬。

「素以爲絢」，言人有好底姿容材質，又有口輔之美，盼倩之佳，所以表其質也。此見素以爲質，而絢以文之也。「起予」之義者，謂孔子言「繪事後素」之時，未思量到「禮後乎」處，而子夏首以爲言，正所以啓發夫子之意，非謂夫子不能而子夏能之以教夫子也。子蒙。

因論「起予者商」、「回非助我」等處，云：聖人豈必待二子之言而後有所起發耶！然聖人胸中雖包藏許多道理，若無人叩擊，則終是無以發揮於外。一番說起，則一番精神也。柄。

夏禮吾能言之章

問：「夏禮吾能言之」，所謂禮，是說制度文章，不是說三綱、五常，如前答子張所問者否？曰：這也只是說三綱、五常。問：「吾能言之」，是言甚事？曰：聖人也只說得大綱。須是有所證，方端的是「則吾欲證之」。證之，須是杞、宋文獻足，方可證。然又須是聖人，方能取之以證其言。古禮今不復存。如《周禮》，自是紀載許多事。當時別自有箇禮書，如云「宗伯掌邦禮」，這分明自有禮書、樂書，今亦不可見。賀孫。

問「文、獻」。曰：只是典籍、賢人。若以獻作法度，却要用這「憲」字。問：「徵」字訓「成」字如何？曰：也有二義。如此，只是證成之，故魏徵字「玄成」。又曰：這一段，《中庸》說得好，說道「有宋存焉」，便見得杞又都無了。如今《春秋傳》中，宋猶有些商禮在。榦。

或問：孔子能言夏、殷之禮而無其證。是時文獻不足，孔子何從知得？曰：聖人自是生知聰明，無所不通。然亦是當時「賢者識其大，不賢者識其小」。孔子廣詢博問，所以知得。杞國最小，所以文獻不足。觀《春秋》所書，杞初稱侯，已而稱伯，已而稱子。蓋其土地極小，財賦不多，故寧甘心自降爲子、男之國，而其朝覲貢賦，率以子、男之禮從事。聖人因其實書之，非貶之也。僩。

問：「夏禮吾能言之」章，以《中庸》參看，殷猶可考，夏之文獻不足尤甚。曰：杞國最小，所以文獻不足。觀《春秋》所書，初稱侯，已而稱伯，已而稱子，蓋其朝覲貢賦之屬，率以子、男之禮從事。聖人因其實而書之，非貶之也。如滕國亦小，隱十一年來朝書侯，桓二年來朝書子，解者以爲桓公弑君之賊，滕不合朝之，故貶稱子。某嘗疑之，以爲自此以後一向書子，使聖人實惡其黨惡來朝之罪，則當止貶其一身。其子孫何罪，一例貶之，豈所謂「惡惡止其身」耶！後來因沙隨云：滕國至小，其朝覲貢賦，不足以附諸侯之大國，故甘心自降爲子。子孫一向微弱，故終春秋之世，常稱子，聖人因其實而書之耳。故鄭子産嘗争貢賦之次，曰：「昔天子班貢，輕重以列。鄭伯，男也，而使從公、侯之貢，懼弗給也，敢以爲請。」即其事也。春秋之世，朝覲往來，其禮極繁。大國務吞并，猶可以辦。小國侵削之餘，何從而辦之。其自降爲子，而一切從省者，亦何足怪！若謂聖人貶之，❶則當時大國滅典禮、叛君父、務吞并者，常書公、書

❶「之」，萬曆本作「人」。

侯，不貶此，而獨責備於不能自存之小國，何聖人畏强陵弱、尊大抑小，其心不公之甚！故今解《春秋》者，某不敢信，正以此耳。胡泳。

禘自既灌而往者章

禘，只祭始祖及所自出之帝。祫，乃合群廟皆在。當以趙匡之説爲正。從周。○方子録云：所自出之帝無廟。

程先生説：「禘，是禘其始祖之所自出，併群廟之主皆祭之。祫，則止自始祖而下，合群廟之主皆祭之。」所謂禘之説，恐不然。故《論語集解》中止取趙伯循之説。廣云：觀「禘祫」兩字之義亦可見。曰：禘，只是王者既立始祖之廟，又請他那始祖之尊長來相熱樂相似。廣。

仁父問：「禘自既灌而往者，吾不欲觀之。」《集注》有兩意。曰：這其實也只説既灌而往不足觀。若「不王不禘」，而今自着恁地説將來。其實這一句只説灌以後不足觀。又云：「《觀》，盥而不薦，有孚顒若，下觀而化也。」這盥，自與灌不同。灌，是以秬鬯之酒灌地以降神；這盥，只是洗手。凡祭祀數數盥手，一拜則掌拊地，便又着洗。伊川云：「人君正其表儀，以爲下民之觀，當莊嚴如始盥之初，勿使誠意少散如既薦之後。」某看《觀》卦意思，不是如此。《觀》義自説聖人至德出治，天下自然而化，更不待用力，而下莫不觀感而化，故取義於盥。意謂積誠信之至，但是盥滌而不待乎薦享，有乎已自顒若，故曰「下觀而化也」。蔡季通因云：「盥而不薦，有孚顒若」，言其理也；「下觀而化」，述其德也。賀孫。

問：禘之説，諸家多云，魯躋僖公，昭穆不順，故聖人不欲觀。如何？曰：禘是於始祖之廟推所自出之帝，設虚位以祀之，而以始祖配，即不曾序昭穆。故周禘帝嚳，以后稷配之。王者有禘有祫，諸侯有祫而無禘，此魯所以爲失禮也。時舉。

問：吕氏以未盥之前，誠意交於神明，既灌而後，特人事耳。如何？曰：便是有這一説，道是灌以前可觀，以後不必觀。聖人制禮，要終始皆盡誠，不必如此説。榦。

李公晦問：知其説者之於天下者也，其如示諸斯乎！曰：此尚明得，何况其他！此尚感得，何况其他！節。

器之問：禘之説，治天下如指諸掌，恐是至誠感動之意。曰：禘是祭之甚遠甚大者。若其他四時之祭及祫祭，祭止於太祖。若禘，又祭其祖之所自出，如祭后稷，又推后稷上一代祭之，周人禘嚳是也。「禮不王不禘」。禘者，祭其祖之所自出，而以祖配之。蓋無廟而祭於祖廟，所以難以答或人。固是魯禘非禮，然事體大，自是難説。若主祭者須是極其誠意，方可感格。賀孫。

問：「或問禘之説」，《集注》所謂「非仁孝誠敬之至，不足以與此」，何也？蓋祭祀之事，以吾身而交於鬼神，最是大事。惟仁則不死其親，惟孝則篤於愛親。又加之誠敬以聚集吾之精神，精神既聚，所謂「祖考精神，便是吾之精神」，豈有不來格者！曰：看得文字皆好。南升。

禘是追遠之中又追遠，報本之中又報本。蓋人於近親曾奉養他底，則誠易感格，如思其居處言笑，此尚易感。若太遠者，自非極其至誠不足以格之，所以難下語答他。此等處，極要理會，在《論語》中爲大節目。

又曰：聖人制祭祀之意深遠，非常人所能知。自祖宗以來，千數百年，元是這一氣相傳。德厚者流光，德薄者流卑。但法有止處，所以天子只得七廟，諸侯五，大夫三。此是法當如此。然聖人之心猶不滿，故又推始祖自出之帝，以始祖配之。然已自無廟，只是祔於始祖之廟。然又惟天子得如此，諸侯以下不與焉。故近者易感，遠者難格。若薄俗粗淺之人，他誠意如何得到這裏！不是大段見得義理分明底，如何推得聖人報本反始之意如此深遠！非是將這事去推那事。只是知得此說，則其人見得義理儘高，以之觀他事，自然沛然，所以治天下不難也。明作。

叔共問禘之說。曰：尋常祭祀，猶有捉摸。到禘時，則甚渺茫。蓋推始祖之所自出者，而祭之於始祖之廟，以始祖配之，其所禘者無廟無主，便見聖人追遠報本之意，無有窮已。若非誠敬之至，何以及此？故「知禘之説，則誠無不格」，此聖人所以難言也。時舉。

問：「知禘之説，則理無不明」，如何？曰：幽明只是一理。若是於那渺茫幽深之間知得這道理，則天下之理皆可推而明之矣。恪。

問：「知禘之説，則理無不明，誠無不格，治天下不爲難矣。」先王報本反始之意，雖莫深於禘，如何纔知其説，便能於理無所不明？曰：此是理之至大者。蓋人推至始祖，則已極矣。今又推始祖所自出之帝而祀焉，則其理可謂窮深極遠矣。非仁孝誠敬之至，何以及此！能知此，則自然理無不明，誠無不格，於治天下真不爲難矣。廣。

子升問禘之說。曰：禘之意最深長。如祖考與自家身心未相遼絶，祭祀之理，亦自易理會。至如郊天祀地，猶有天地之顯然者，不敢不盡其心。至祭其始祖，已自大段闊遠，難盡其感格之道。今又推其始祖之所自出而祀之，苟非察理之精微，誠意之極至，安能與於此哉！故知此，則於治天下不難也。木之。

問：「知禘之說，則理無不明，誠無不格，而天下不難治。」此只是說聖人窮盡物理，而無一念之不實，雖至幽至遠之神，猶能感通，則其治天下自是明且易否？曰：此是說禘與他祭不同，當看那「禘」字。義剛言：禘是祭始祖所自出之帝。蓋遠而易忘，人情所不追念者，而乃能感而通之，非仁孝誠敬之至，孰能與此！曰：然。義剛。

仁父問：「知禘之說，則理無不明，誠無不格，治天下不難。」如何？曰：天地、陰陽、生死、晝夜、鬼神，只是一理。若明祭祀鬼神之理，則治天下之理，不外於此。「七日戒，三日齊，必見其所祭者」，故「郊焉則天神格，廟焉則人鬼享」。此可謂至微而難通者。若能如此，到得治天下，以上感下，以一人感萬民，亦初無難者。這鬼神、生死之理，却怕上蔡見得。❶看他說「吾之精神，即祖考之精神」，說得有道理。如說「非其鬼而祭之」一段，亦說得好。賀孫。

問：知禘之說，何故治天下便易？曰：禘，諸公說得也多頭項，而今也見不得，《集注》中且依約如此說。或問：以魯人僭，故孔子不說否？曰：也未必是如此。不知，只是不敢知。或曰：只是知得

❶「怕」，中華本作「惟」。

報本否？曰：亦不專是如此。《中庸》「明乎禘嘗之義，治國其如示諸掌」，亦如此説。蓋禘是箇大祭，那裏有君臣之義，有父子之親。知得則大處是了，便也自易。曰：恐此只是既知得報本，又知得名分，又知得誠意否？曰：是。此處游氏説得好。《祭統》中説「祭有十倫」，亦甚好。子細看，方知得不是空言。淳。

或問「禘之説」。曰：謝氏云「全得自家精神，便是祖考精神」，此説好。苟能全得自家精神，則「郊焉而天神格，廟焉而人鬼享」。子蒙。

問：魯之郊禘，自成王之賜、伯禽之受不是了，後世子孫合如何而改？曰：時王之命，如何敢改？曰：恐不可自改，則當請命於天王而改之否？先生首肯，曰：是。淳。

祭如在章

問：「祭如在」，人子固是盡誠以祭，不知真可使祖宗感格否？曰：上蔡言：「自家精神，即祖考精神。」這裏盡其誠敬，祖宗之氣便在這裏，只是一箇根苗來。如樹已枯朽，邊傍新根，即接續這正氣來。寓。

或問「祭如在，祭神如神在」。曰：祭先主於孝，祭神主於敬。雖孝敬不同，而如在之心則一。聖人萬一有故而不得與祭，雖使人代，若其人自能極其恭敬，固無不可；然我這裏自欠少了，故如不祭。時舉。

正甫問「祭如在，祭神如神在」。曰：祭先如在，祭外神亦如神在。愛敬雖不同，而如在之誠則一。吾不與祭，而它人攝之，雖極其誠敬，而我不得親致其如在之誠，此心終是闕然。倪。

「祭如在，祭神如神在。」此是弟子平時見孔子祭祖先及祭外神之時，致其孝敬以交鬼神也。孔子當祭祖先之時，孝心純篤，雖死者已遠，因時追思，若聲容可接，得以竭盡其孝心以祀之也，祭外神，謂山林溪谷之神能興雲雨者，此孔子在官時也。雖神明若有若亡，聖人但盡其誠敬，儼然如神明之來格，得以與之接也。「吾不與祭，如不祭」，孔子自謂當祭之時，或有故而使人攝之，禮雖不廢，然不得自盡其誠敬，終是不滿於心也。范氏所謂「有其誠則有其神，無其誠則無其神」，蓋神明不可見，惟是此心盡其誠敬專一在於所祭之神，便見得「洋洋然如在其上，如在其左右」。然則神之有無，皆在於此心之誠與不誠，不必求之恍忽之間也。南升。

問：「祭神如神在」，何神也？曰：如天地、山川、社稷、五祀之類。曰：范氏謂「有其誠則有其神，無其誠則無其神」，只是心誠則能體得鬼神出否？曰：誠者，實也。有誠則凡事都有，無誠則凡事都無。如祭祀有誠意，則幽明便交；無誠意，便都不相接了。曰：如非所當祭而祭，則爲無是理矣。若有是誠心，還亦有神否？曰：神之有無也不可必，然此處是以當祭者而言。若非所當祭底，便待有誠意，然這箇都已錯了。淳。

問：范氏云：「有其誠則有其神，無其誠則無其神。」恐是自家心裏以爲有便有，以爲無便無。曰：若只據自家以爲有便有，無便無，如此却是私意了。這箇乃是自家欠了他底，蓋是自家空在這裏祭，誠意却不達於彼，便如不曾祭相似。燾。

子善問鬼神：范氏解「祭如在」云：「有其誠則有其神，無其誠則無其神。」虛空中無非氣。死者既不可得而求矣，子孫盡其誠敬，則祖考即應其誠。還是虛空之氣自應吾之誠，還是氣只是吾身之氣？曰：只是自家之氣，蓋祖考之氣與己連續。賀孫。

與其媚於奧章

王孫賈之意，欲夫子媚己。緊要是「媚」字不好。如夫子事君，盡禮也，何嘗是媚！他見夫子當時事君盡禮，便道夫子媚奧。故夫子都不答他，只道是不如此，獲罪於天，則無所禱。何爲媚奧？亦何爲媚竈？逆理而動，便獲罪於天。問：此兩句恐是時人有此語，故問曰「何謂也？」曰：恐是如此。榦。

王孫賈庸俗之人，見孔子在衛，將謂有求仕之意，欲孔子附己，故有「媚奧」與「媚竈」之言。彼亦須聞有孔子之聖，但其氣習卑陋，自謂有權可以引援得孔子也。「子曰『不然』」者，謂「媚奧」與「媚竈」皆非也。天下只有一箇正當道理。循理而行，便是天。若稍違戾於理，便是得罪於天，更無所禱告而得免其罪也。猶言違道以干進，乃是得罪於至尊至大者，可畏之甚，豈媚時君與媚權臣所得而免乎！此是遜辭以拒王孫賈，亦使之得聞天下有正理也。南升。

周問：「獲罪於天」，《集注》曰「天即理也」。此指獲罪於蒼蒼之天耶，抑得罪於此理也？曰：天之所以爲天者，理而已。天非有此道理，不能爲天，故蒼蒼者即此道理之天，故曰：「其體即謂之天，其主宰即謂之帝。」如「父子有親，君臣有義」，雖是理如此，亦須是上面有箇道理教如此始得。但非如道家説，真有箇「三清大帝」着衣服如此坐耳！銖。

問：《注》云：「天即理也。逆理，則獲罪於天矣。」人若順理而行，則心平氣和，而自然安裕。若悖理傷道，非必有所謂天禍人刑，而其胸次錯亂，乖氣充積，此即是獲罪於天否？曰：固是如此，也不消説道心氣和平。這也只見有爲惡幸免者，故有此説。然也不必説道有無人禍天刑。即是纔逆理，便自獲罪於天。賀孫。

或問竈陘。曰：想是竈門外平正可頓柴處。義剛。

問「五祀皆設主而祭於所，然後迎尸而祭於奥」。曰：譬如祭竈，初設主於竈陘。陘非可做好安排，故又祭於奥以成禮。凡五祀皆然。但亦有不可曉者。若被人問第二句，便曉未得。問以何人爲尸，便曉不得。五祀各有主，未祭及祭畢，不知於何處藏，是無所考也。賀孫。

周監於二代章

周公制成周一代之典，乃是夏、商之禮而損益之。故三代之禮，其實則一，但至周而文爲大備。故孔子美其文而從之。南升。

夫子得志，大概從周處多。道夫。

問「吾從周」。曰：孔子爲政，自是從周處多。蓋法令自略而日入於詳。詳者，以其弊之多也，既詳則不可復略。今法令明備，猶多姦宄，豈可更略。略則姦宄愈滋矣！僩。

子入太廟章

問「子入太廟，每事問」。曰：雖是有司之事，孔子亦須理會。但其器物須有人家無者，故見不得。今入宗廟方及見之，亦須問方得。南升。

「子入太廟，每事問。」知底更審問，方見聖人不自足處。賀孫。

「子入太廟，每事問。」宗廟，朝廷重事，自用謹，雖知亦問。曰：是當然。必有差失處。每常思量，行事所以錯處，多是有忽之之心。且如使人做一事，丁寧諄複，其中已有意以爲易曉而忽之不囑者。少間事之差處，都由那忽處生。僩。

射不主皮章

説「射不主皮」章。曰：夫子亦非是惡貫革之射。但是當時皆習於此，故言古人之道耳。如古人亦只是禮射不主皮；若武射，依舊要貫革。若不貫革，何益！義剛。

或問：「射不主皮」，是絶不取於貫革？曰：先王設射，謂「弧矢之利，以威天下」，豈不願射得深中。如「不失其馳，舍矢如破」、「發彼小豝，殪此大兕」之類，皆是要得透，豈固以不主皮爲貴，而但欲略中而已。蓋鄉射之時是習禮容。然習禮容之人，未必皆勇敢之夫。若以貫革爲貴，則失所以習禮之意。故謂若有人體直心正，持了弓矢又審固，若射不貫革，其禮容自可取，豈可必責其貫革哉！此所以謂「爲力不同科」也。時舉。

或問「射不主皮，爲力不同科」。先生舉《易》「弧矢之利，以威天下」；又舉《詩》「舍矢如破」，曰：射之本意，也是要得貫革。只是大射之禮主於觀德，却不全是裸股肱、决射御底人。只要「内志正，外體直」，取其中，不專取其力耳。僩。○植同。

古人用之戰鬭，須用貫革之射。若用之於禮樂，則觀德而已。武王克商，散軍郊射，而貫革之射息。則是前此用兵之時，須用貫革之射，今則不復用矣。又曰：郭先生云：「弓弩之制，被神宗改得不好。」高宗亦嘗如此說。又曰：郭先生謂古人射法易學，今人射法難學，渠須理會得。郭先生論弓弩及馬甚精。南升。

問：明道說：「此與爲力而射者不同科。」伊川曰：「功力非一端，苟有可取，不必同科。」此二說，都就本文上添了字多，方解得，恐未穩。曰：便是如此，這處自是甚分明。又問：明道曰「射不專以中爲善」，如何？曰：他也只是一時間恁地說，被人寫放册上，便有礙。如「内志正，外體直」，只要箇中。不要中，要甚底？問：「主皮」如何說？曰：「皮」字，看來只做箇「貫革」字；主，便是主於貫革。因問：古人射要如何用？曰：其初也只是修武備，聖人文之以禮樂。榦。

子貢欲去告朔之餼羊章

或問《論語》數段。曰：依文解義，只消如此說，只是更要看他聖人大底意思。且如適間公說「愛禮存羊」一段，須見得聖人意思大。常人只是屑屑惜那小費，聖人之心却將那小費不當事，所惜者是禮，他所存者大。更看得這般意思出，方有益；自家意思方寬展，方有箇活動長進處。僩。

居父問：「餼羊」，《注》云「特羊」。曰：乃專特之「特」，非牛也。「特牲」、「用特」皆是特用一牛，非指「特」爲牛也。賀孫。

事君盡禮章

如「拜下禮也，今拜乎上」，而孔子必拜乎下，此孔子盡禮處。銖。

君使臣以禮章

或説「君使臣以禮，臣事君以忠」。講者有以先儒謂「君使臣以禮，則臣事君以忠」爲非者。其言曰：「君使臣不以禮，則臣可以事君而不忠乎！君使臣不以禮，臣則有去而已矣。事之不以忠，非人臣之所宜爲也。」先生曰：此説甚好，然只説得一邊。尹氏謂「君使臣以禮，則臣事君以忠」，亦有警君之意，亦不專主人臣而言也。如孟子言：「君之視臣如犬馬，則臣視君如寇讎。」此豈孟子教人臣如此哉？正以警其君之不以禮遇臣下爾。爲君當知爲君之道，不可不使臣以禮；爲臣當盡爲臣之道，不可不事君以忠。君臣上下兩盡其道，天下其有不治者哉！乃知聖人之言，本末兩盡。去僞。

問：尹氏謂「君使臣以禮，則臣事君以忠」，此恐只是説泛然之臣，若任重之臣，恐不當如此説。曰：就人君而言，則如此説。但道理亦是如此。自是人主不善遇之，則下面人不盡心。如孟子所謂「君之視臣如手足，則臣視君如腹心」，道理是如此。義剛因問：《孟子》此章，前輩皆謂有圭角，如何？安卿言：孟子恐只是爲戰國人君而設。曰：也是理當如此。自人臣言，固是不可不忠。但人君亦豈可不使臣以禮！若只以爲臣下當忠，而不及人主，則無道之君聞之，將謂人臣自是當忠，我雖無禮亦得。如此，則在上者得肆其無禮。後人好避形迹，多不肯分明說。却不知使上不盡禮，而致君臣不以善終，却是賊其君者也。若使君能盡禮，則君臣劃地長久。義剛。

關雎樂而不淫章

問：「《關雎》樂而不淫，哀而不傷」，於詩何以見之？曰：憂止於「輾轉反側」，若憂愁哭泣，則傷矣；樂止於鍾鼓琴瑟，若沉湎淫泆，則淫矣。閎。○又云：是詩人得性情之正也。

問「《關雎》樂而不淫，哀而不傷」。曰：此言作詩之人樂不淫、哀不傷也。因問：此詩是何人作？曰：恐是宮中人作。蓋宮中人思得淑女以配君子，未得則哀，既得則樂。然當哀而哀，而亦止於「輾轉反側」，則哀不過其則；當樂而樂，而亦止於鍾鼓琴瑟，則樂不過其則，此其情性之正也。銖。

問：「《關雎》樂而不淫，哀而不傷」，是詩人情性如此，抑詩之詞意如此？曰：是有那情性，方有那詞氣聲音。淳。

問：《關雎》之詩，得情性之正如此。學者須是「玩其辭，審其音」，而後知之。曰：只玩其辭，便見得。若審其音，也難。

《關雎》是樂之卒章，故曰「《關雎》之亂」。亂者，樂之卒章也。故《楚辭》有「亂曰」是也。前面須更有，但今不可考耳。南升。

○《集注》。

問：「審其音」，如何？曰：辭氣音節亦得其正。如人傳嵇康作《廣陵散操》，當魏末晉初，其怒晉欲奪魏，慢了商弦，令與宮弦相似。宮爲君，商爲臣。是臣陵君之象。其聲憤怒躁急，如人鬭相似，便可見音節也。銖。

講《關雎》「樂而不淫，哀而不傷」，有引明道之説爲證者：「哀窈窕，思賢才，而無傷善之心焉。」此言「無傷善」，與所謂「哀而不傷」者，如何？講者云：爲其相似，故明道舉以爲證否？曰：不然。「無傷善」，與「哀而不傷」兩般。「樂而不淫，哀而不傷」，是言哀樂中節，謂不傷爲「無傷善之心」，則非矣。謨。

哀公問社於宰我章

問：「古者各樹其所宜之木以爲社。」不知以木造主，還便以樹爲主？曰：看古人意思，只以樹爲社主，使神依焉，如今人説神樹之類。問：不知《周禮》載「社主」是如何？曰：古人多用主命，如出行大事，則用絹帛就廟社請神以往，如今魂帛之類。社只是壇。若有造主，何所藏之！古者惟喪國之社屋之。賀孫。

或問：有以「使民戰栗」爲哀公之言者。曰：諸家多如此説，却恐未然。恐只是宰我之辭。上有一「曰」字者，宰我解「周人以栗」之義，故加一「曰」字以發其辭耳。子聞之曰：「成事不説，遂事不諫，既往不咎。」蓋云「駟不及舌」，言豈可以輕發邪！言出宰我之口，入哀公之耳矣，豈可更諫而追之哉！去僞。

問：「成事不説，遂事不諫，既往不咎」，三句有别否？曰：亦有輕重。然社也無説話。便待宰我當初答得好，也無説話。況「使民戰栗」之語，下面又將啓許多事邪！淳。

問：宰我所言，尚未見於事，如何不可救？曰：此只責他易其言，未問其見於事與未見於事。所謂「駟不及舌」、「斯言之玷，不可爲也」。蓋欲使謹於言耳。木之。

管仲之器小哉章

問管仲小器。曰：緣他器小，所以做出來事皆如此。燾。

或説「管仲器小」章。義剛言：使仲器局宏闊，須知我所爲「功烈如彼其卑」，豈肯侈然自肆，至於奢僭如此！曰：也不説道功烈卑時不當如此。便是功大，亦不可如此。義剛。

「管仲器小」。陶兄云：須是如孟子言「居天下之廣居，立天下之正位，行天下之大道」，方是大器。曰：是。子蒙。

「管氏有三歸」，不是一娶三姓女。若此，却是僭。此一段意，只舉管仲奢處，以形容他不儉。下段所説乃形容他不知禮處，便是僭。竊恐不可做三娶説。明作。

問：「管仲之器小哉。」《集注》云：「度量褊淺，規模卑狹。」曰：度量褊淺，是他容受不去了。容受不去，則富貴能淫之，貧賤能移之，威武能屈之矣。規模，是就他施設處説。僩。○《集注》。

林聞一問：「度量褊淺，規模卑狹」，只是一意否？曰：某當時下此兩句，便是有意。因令坐間朋友各説其意。❶叔重云：「度量褊淺」，言容納不得也。管仲志於功利，功利粗成，心已滿足，此便器小處。蓋不是從反身脩德上做來，故規模卑狹，奢而犯禮，器小可知。器大，則自知禮矣。時舉云：管仲以正天下、正諸侯爲莫大之功，却不知有「行一不義，殺一不辜」底事，更大於此。此所以爲小也。先生曰：必兼某上面兩句，方見得它器小。蓋奢而犯禮，便是它裏面着不得，見此些小功業，便以爲驚天動地，所以肆然犯禮無所忌也。亦緣他只在功利上走，所以施設不過如此。才做到此，便不覺自足矣。古人論王、伯，以爲王者兼有天下，伯者能率諸侯。此以位論，固是如此。然使其正天下、正諸侯，皆出於至公，而無一豪之私心，則雖在下位，何害其爲王道。惟其「摟諸侯以伐諸侯」，假仁義以爲之，欲其功盡歸於己，故四方貢賦皆歸於其國，天下但知有伯而不復知有天子。此其所以爲功利之心，而非出於至公也。在學者身上論之，凡日用常行應事接物之際，才有一豪利心，便非王道，便是伯者之習，此不可不省察也。或云：王、伯之分，固是如此。然邵康節多説「皇、王、帝、伯之道」，不知皇、帝與王又有何異同？是時使之然耶？曰：此亦是其德有厚有薄。皇與帝終是自然。然黄帝亦曾用兵戰鬬，亦不是全然無所作爲也。時舉。

問：「管仲之器小哉。」器，莫只是以資質言之否？曰：然。若以學問充滿之，則

❶「令」，萬曆本作「會」。

小須可大？曰：固是。曰：先生謂其「度量褊淺，規模卑狹」，此二句盡得器小之義否？曰：前日亦要改「度量」作「識量」，蓋才説度量，便只去寬大處看了。人只緣見識小，故器量小。後又思量，亦不須改。度量是言其資質，規模是言其所爲。惟其器小，故所爲亦展拓不開。只欲去後面添説，所以如此者，只緣不知學以充之之意。管仲只緣器量小，故才做得他這些功業，便包括不住，遂至於奢與犯禮。奢與犯禮，便是那器小底影子。若是器大者，自然不至如此。看有甚功業，處之如無。胡文定《春秋傳》却只以執轅濤塗一事爲器小，此太拘泥。因言：管仲相威公以伐楚，❶只去問他「包茅」、「昭王不返」二事，便見他只得如此休。據楚當時，憑陵中夏，僭號稱王，其罪大矣！如何不理會？蓋才説着此事，楚決不肯服，便事勢住不得。故只尋此年代久遠已冷底罪過及些小不供貢事去問，想它見無大利害，決不深較。只要他稍稍退聽，便收殺了。此亦是器小之故。才是器小，自然無大功業。廣。

問：「管仲之器小哉。」此是孔子説管仲胸中所藴及其所施設處，將「器小」二字斷盡了。蓋當時之人，只見管仲有九合之功，將謂它大處大故。孔子却見它一生全無本領，只用私意小智做出來，僅能以功利自强其國；若是王佐之才，必不如此，故謂之「器小」。蓋奢與僭，便是器小之人方肯做。然亦只是器小底人，一兩件事看得來。孔子「器小」兩字，是包括管仲一生，自本至末，是箇褊淺卑狹底人。曰：管仲固是用

❶ 「威」，當作「桓」，係避宋欽宗趙桓諱。下同。

私意小智做出來。今爲管仲思量，看當做如何方得？某云：須如孟子告齊梁之君，若不可，則休。曰：是時周室猶未衰，此最是難事，合爲它思量。直卿云：胡文定公云：「當上告天王，下告方伯。」是時天王又做不起。威公係是方伯了，也做不得。是時楚强大，幾無周室。若非威公出來，也可慮。但管仲須相威公伐楚了，却令威公入相于周，輔助天子。曰：是時有毛、韓諸公皆爲天子三公，豈肯便信得威公過，便放威公入來？又云：若率諸侯以朝王，如何？曰：也恐諸公未肯放威公率許多諸侯入周來。此事思量是難事，又也難説。南升。

問：規矩如何爲大器？曰：這一箇物事方，只是這一箇物事方，不能令其他底方。如規可以令天下物事圓，矩可以令天下物事方。把這一箇矩看，要甚麽皆可以方，非大器而何！節。

蕭景昭舉楊氏曰：道學不明，而王、伯之略混爲一塗，故聞管仲之器小，則疑其爲儉；以不儉告之，則又疑其知禮。先生曰：恐「混爲一塗」之下，少些曲折。蓋當時人但見有箇管仲，更不敢擬議他，故疑器小之爲儉，又疑不儉之爲知禮。時舉。

問管仲小器。曰：只爲他本領淺，只做得「九合諸侯，一匡天下」之功。揚雄説得極好：「大器其猶規矩準繩，無施不可。」管仲器小，只做得這一件事。及三歸反坫等事，用處皆小。上蔡説得來太小，如曰：「則其得君而專政，夫豈以天下爲心哉，不過濟耳目之欲而已。」管仲又豈止如此。若如此，又豈能「九合諸侯，一匡天下」！大凡自正心、誠意，以及乎天下，則其本領便大。今人只隨資禀去做。管仲資禀極高，故見得天下利害都明白，所以做得許多事。自劉漢而下，高祖、太宗亦是如此，都是自智謀功力中做來，不是自聖賢門户來，不是自自家心地義理理中流出。使高祖、太宗當湯、武，固自不得，若當桓、文，尚未可知。問：使二君與桓、文同時，還在其上，還出其下？曰：桓公精密，做工夫多年。若文公只是六年，一作「疏淺」。已自甚快。但管仲作内政，盡從脚底做出，所以獨盛於諸侯。漢高從初起至入秦，只是虜掠將去，與項羽何異。但寬大，不甚殺人耳。秦以苛虐亡，故高祖不得不寬大；隋以拒諫失國，故太宗不得不聽人言。皆是他天資高，見得利害分明，稍不如此，則天下便叛而去之。如太宗從諫，甚不得已，然當時只有這一處服得人。又曰：漢、唐與齊、晉之時不同。漢、唐甚倉猝。又問：謝氏却言子雲之説不然。曰：他緣是快，只認得量淺底意思，便説將去：「無所往而不利，無所適而不通，無所爲而不成，無所受而不可。以之爲己，則順而祥；以之爲人，則愛而公；以之爲心，則和而平；以之爲天下國家，無所處而不當。」「富貴不能淫，貧賤不能移，威武不能屈。」要之，大器即此便是。如上蔡只認得箇「富貴不能淫」。驤。○《集義》。

子語魯太師樂章

問：「始作翕如也」，謂樂之初作，五聲六律，合同而奏，故曰翕如。從者，放也。言聲音發揚出來，清濁高下，相濟而和。既是清濁高下相濟而和了，就中又各有條理，皦然而明，不相侵奪。既有倫理，故其聲相連續，而遂終其奏。言自始至終，皆有條理如此。曰：此亦是據夫子所説如此。古樂既亡，無可考處。但是五聲、六律翕然同奏了，其聲音又純然而和，更無一聲參差。若有一聲參差，便不成樂。且如一宮只得七聲。若黃鍾一宮，合得姑洗等七聲。或少一聲也不得，多一聲也不得。南升。

儀封人請見章

問：古人相見，皆有將命之詞。而《論語》獨載儀封人之説，及出，便説「二三子何患於喪乎」，是他如何便見得？曰：某嘗謂這裏儘好看。如何「從者見之」後，便見得夫子恁地？這也見得儀封人高處。據他謂「君子之至於斯，吾未嘗不得見」。他大段見得好人多，所以一見之頃，便見得聖人出。大抵當周之末，尚多有賢人君子在，故人得而見之。至之云：到孟子時，事體又別。如公都子、告子、萬章之徒而不知孟子，❶況其他乎！曰：然。道夫。

問：儀封人亦是據理而言。若其得位失位，則非所及知也。曰：儀封人與夫子説話，皆不可考。但此人辭氣最好，必是箇賢有德之人。一見夫子，其觀感之間，必有所見，故爲此言。前輩謂「作者七人」，以儀封人處其一，以此。南升。

子謂韶盡美矣章

問：《韶》盡美盡善，《武》盡美未盡善，是樂之聲容都盡美，而事之實有盡善、未盡善否？曰：不可如此分説，便是就樂中見

❶「而」，萬曆本作「尚」。

之。蓋有這德，然後做得這樂出來；若無這德，却如何做得這樂出來！故於《韶》之樂，便見得舜之德是如此！於《武》之樂，便見得武王之德是如此。都只是一統底事。燾。

或問《韶》、《武》美善。曰：德有淺深。舜性之，武王反之，自是有淺深。又舜以揖遜，武以征伐，征伐雖是順天應人，自是有不盡善處。今若要强説舜、武同道，也不得；必欲美舜而貶武，也不得。又曰：舜、武不同，正如孟子言伯夷、伊尹之於孔子不同。至謂「得百里之地而君之，皆能以朝諸侯，有天下；行一不義，殺一不辜而得天下，不爲，是則同也」。舜、武同異正如此。故武之德雖比舜自有淺深，而治功亦不多争。《韶》、《武》之樂正是聖人一箇影子，要得因此以觀其心。大凡道理須寬心看，使各自開去。打疊了心胸，安頓許多道理在裏面，高者還他高，下者還他下，大者還他大，小者還他小，都歷歷落落，是多少快活！道夫。

叔蒙問《韶》盡美盡善，《武》盡美未盡善。曰：意思自不同。觀《禮記》所説武王之舞：「始而北出」，周在南，商在北，此便做箇向北意思；「再成而滅商」，須做箇伐商意思；「三成而南」，又做箇轉歸南意思；「四成而南國是疆，五成而分周公左，召公右」，又分六十四箇做兩處。看此舞，可想見樂音須是剛，不似《韶》純然而和。《武》須有些威武意思。又問：堯、舜處湯、武之時，肯如湯、武所爲否？曰：聖德益盛，使之自服耳。然到得不服，若征伐也免不得，亦如征有苗等事，又如黄帝大段用兵。但古人用兵，與後世不同。古人只趲將退，便是贏，那曾做後世樣殺人，或十五萬，或四十萬，某從來不信。謂之多殺人，信有之。然指定數四十萬，必無此理。只如今安頓四十萬人，亦自大段着地位。四十萬人也須會走，也須争死，如何掘箇窟去埋得許多！賀孫。

子善問「《韶》盡美矣」一章。曰：後世所謂文武之舞，亦是就《韶》、《武》舞變出來。《韶》舞不過是象那「地平天成，六府三事允治」，天下恁地和平底意思。《武》舞不過象當時伐商底意思。觀此二箇意思，自是有優劣。但若論其時，則當時聚一團惡人爲天下害，不能消散，武王只得去伐。若使文王待得到武王時，他那舊習又不消散，文王也只得伐。舜到這裏，也着伐。但恐舜文德盛，其徒或自相叛以歸之，亦未可知。但武王之時只得如此做。「堯、舜性之也，湯、武身之也。」性，是自有底；身，是從身上做得來，其實只是禀資略有些子不相似處耳。恪。

《韶》與《武》，今皆不可考。但《書》所謂：「正德利用厚生惟和，九功惟敘，九敘惟歌，戒之用休，勸之以《九歌》。」此便是作《韶》樂之本也。所謂「《九德》之歌，《九韶》之樂」是也。看得此歌，本是下之人作歌，不知當時如何取之以爲樂，却以此勸在下之人。武王之《武》，看《樂記》便見得，蓋是象伐紂之事。其所謂北出者，乃是自南而北伐紂也，看得樂氣象便不恁地和。《韶》樂只是和而已，故《武》所以未盡善。又云：樂聲也易得亡失。如唐太宗《破陣樂》，今已不可考矣。南升。

問：《集注》：「美者，聲容之盛；善者，美之實。」如何是美之實？曰：據《書》中説《韶》樂云：「德惟善政，政在養民，水火金木土穀惟修，正德利用厚生惟和。九功惟敘，九敘惟歌。」此是《韶》樂九章。看他意思是如何？到得《武》樂，所謂「《武》始而北出，再成而滅商，三成而南，四成而南國是疆，五成而分周公左、召公右，六成而復綴以崇」，與夫「總干而山立，武王之事也；發揚蹈厲，太公之志也」，其意思與《韶》自是不同。廣。○《集注》。

「善者，美之實。」實，只是事，是武王之事不稱也。舜之德性之，武王反之，是他身上事，與揖遜、征伐不相干。但舜處武王時畢竟又別。明作。

問「善者，美之實」。曰：實是美之所以然處。且如織出絹與布，雖皆好，然布終不若絹好。問：「性之、反之」，似此精微處，樂中如何見得？曰：正是樂上見。只是自家不識它樂，所以見不得。僩。

問「善者，美之實」。曰：美是言功，善是言德。如舜「九功惟敘，九敘惟歌」，與武王仗大義以救民，此其功都一般，不争多。只是德處，武王便不同。曰：「未盡善」，亦是征伐處未滿意否？曰：善只説德，是武王身上事，不干征伐事。曰：是就武王反之處看否？曰：是。謝教，曰：必竟揖遜與征伐也自是不同，征伐是箇不得已。曰：亦在其中，然不專就此説。淳曰：既征伐底是了，何故又有不得已意？曰：征伐底固是，必竟莫如此也好。所以孔子再三誦文王至德，其意亦可見矣。樂便是聖人影子，這處「未盡善」，便是那裏有未滿處。淳。

或問《韶》、《武》善美之别。曰：只就世俗論之，美如人生得好，善則其中有德行耳。以樂論之，其聲音節奏與功德相稱，可謂美矣，善則是那美之實。又問：或説武王之心與舜一般，只是所行處與心相反，所以有「盡善、未盡善」之别。曰：聖人固無兩心，烏有心如此而所行相反者！且如堯之末年，水土之害如此，得舜承當了，天下遂極治。紂之時，天下大亂，得武王仗仁義，誅殘賊，天下遂大治。以二聖人之功業論之，皆可謂盡美矣。然其美之實有盡、未盡者，只是舜較細，武王較粗些。然亦非聖人實要如此，只是所遇之時不同耳。僩。

問：征伐固武王之不幸。使舜當之，不知如何？曰：只恐舜是生知之聖，其德盛，人自歸之，不必征伐耳。不然，事到頭，也住不得。如文王亦然。且如「殷始咎周，周人乘黎。祖伊恐，奔告于受」。這事勢便自是住不得。若曰「奔告于受」，則商之忠臣義士，何嘗一日忘周。自是紂昏迷爾。道夫問：吴氏《稗傳》謂《書序》是後人傅會，不足信。曰：亦不必《序》，只《經》文謂「祖伊恐，奔告于王曰：『天子，天既訖我殷命！』」則是已交手争競了。紂固無道，然亦是武王事勢不相安，住不得了。仲虺告成湯曰：「肇我邦于有夏，若苗之有莠，若粟之有秕，小大戰戰，罔不懼于非辜。」則仲虺分明言事勢不容住，我不誅彼，則彼將圖我矣。後人多曲爲之説以諱之。要之，自是避不得。道夫。

或問：「盡善、盡美」，説揖遜、征誅足矣，何以説「性之、反之」處？曰：也要尋它本身上來，自是不同。使舜當武王時，畢竟更强似《大武》；使武王當舜時，必不及《韶樂》好。銖。

問：「子謂《韶》盡美矣」章，引程子曰：

「堯、舜、湯、武，其揆一也。征伐非其所欲，所遇之時然耳。」使舜遇湯、武之時，不知如何？曰：只怕舜德盛，人自歸之。若是大段負固，不得已，也須征伐，如伐苗是也。又問：「舜性之，湯武反之」，地位亦自不同。曰：舜之德如此，又撞着好時節；武王德不及舜，又撞着不好時節。銖。

問：堯、舜在湯、武時，還做湯、武事否？曰：堯、舜且做堯、舜看，湯、武且做湯、武看。看得其心分明，自見得。可學。

湯、武之征伐，只知一意惻怛救民而已，不知其他。僩。

問「《武》未盡善」。曰：若不見得他「性之、反之」不同處，又豈所謂「聞其樂而知其德」乎！舜與武王固不待論。今且論湯、武，則其反之至與未至，雖非後學所敢議，然雖細讀其書，恐亦不待聞樂而知之也。請問。曰：以《書》觀之，湯必竟反之工夫極細密，但以仲氏稱湯處觀之，如「以禮制心，以義制事」等語，又自謂「有慚德」，覺見不是，往往自此益去加功。如武王大故疏，其數紂之罪，辭氣暴厲。如湯，便都不如此。賜。

或問「《武》未盡善」一段。先生以所答示諸友云：看得如何？皆未有所答。次問祖道，答曰：看來湯、武也自別。如湯自放桀歸來，猶做工夫，如「從諫弗咈」、「改過不吝」、「昧爽丕顯，旁求俊彥」，刻盤銘，修人紀，如此之類，不敢少縱。武王自伐紂歸來，建國分土，散財發粟之後，便只垂拱了。又如西旅之獒費了太保許多氣力，以此見武王做工夫不及成湯甚遠。先生所謂「觀《詩》、《書》可見」者，愚竊以爲如此。先生笑曰：然。某之意正如此。祖道。

問：范氏以爲德不同，謝氏以爲時不同，游氏以爲事不同。三者孰是？曰：畢竟都有些子，如何得同？楊氏曰：「武之武，非聖人之所欲。」橫渠亦曰：「征伐豈其所欲！」此説好。榦。○《集義》。

居上不寬章

子升問「居上不寬」。曰：「寬」字難識。蓋有政教法度，而行之以寬耳，非廢弛之謂也。如「敬敷五教，在寬」，蓋寬行於五教之中也。木之。

「居上不寬」三句，句末三字是本。❶有其本，方可就其本上看他得失厚薄。若無其本，更看箇甚麽？明作。

「居上而不寬，爲禮而不敬，臨喪而不哀」，更無可據以爲觀者矣。蓋寬也、敬也、哀也，所謂本也。其本既亡，則雖有條教法令之施，威儀進退之節，擗踴哭泣之數，皆無足觀者。若能寬、能敬、能哀了，却就它這寬、敬、哀中去考量他所行之是否。若不寬、不敬、不哀，則縱其他有是處，皆不在論量之限矣。如醋，須是酸，方就它酸之中，看那箇釅、那箇淡。若只似水相似，更論量箇甚麽，無可説矣。僩。

問「居上不寬」一章。曰：才無那寬、敬、哀三者，便是無可觀了，把什麽去觀他！惟有三者，方可觀其至與不至，盡與不盡，行此三者之得失也。但看「何以觀之」字，便自見得「觀」字去著。燾。

希真問「吾何以觀之哉」章。曰：如寬便有過、不及，哀便有淺深，敬便有至不至。

❶「末」下，萬曆本有「是」。

須有上面這箇物事，方始就這上見得他得失。若無這箇物事，却把甚麽觀得他！恪。

葉問「吾何以觀之哉」。曰：居上緊要在寬，爲禮緊要在敬，臨喪緊要在哀。三者俱無，則居上、爲禮、臨喪却似不曾一般，將以何者觀之哉！言將甚底看它，它都無了。銖。○去僞録云：居上只要觀它寬，爲禮只要觀他敬，臨喪只要觀它哀。今皆無之，無可觀矣！

朱子語類卷第二十六 計二十二板

論語八

里仁篇上

里仁爲美章

或問：《里仁》一篇，自首至「觀過斯知仁矣」，都是説仁。「里仁爲美」，是指言仁厚之俗；「觀過斯知仁」，是指言慈愛底仁。其他則皆就心德上説。曰：雖是如此，然統體便都只是那箇仁。如里有仁厚之俗，便那一里之人這心不大故走作，所以有仁厚之俗。「觀過斯知仁」，便也是這心。僩。

問：「里仁爲美」，《論語》、《孟子》《注》不同，如何？曰：《論語》本文之意，只是擇居。《孟子》引來證擇術，又是一般意思。然言里以仁者爲美，人之擇術，豈可不謹。然亦不爭多。問：美，是里之美？抑仁之美？曰：如云俗美一般。如今有箇鄉村人淳厚，便是那鄉村好；有箇鄉村人不仁、無廉、無耻者多，便是那鄉村不好。這章也無甚奧義，只是擇居而已。然「里仁」字也差異。淳。

問：「里仁爲美」，孟子引用，自要説下文「安宅」。謝氏説：「《論語》本意不是如此。」曰：若這般説話，也要認得本旨是了。若如孟子説，也無害；如謝氏，也無害。賀孫。

問：此章謝氏引孟子擇術爲證，如

何？曰：聖人本語不是説擇術。古人居必擇鄉，遊必就士，是合着事。劉問：今人數世居此土，豈宜以他鄉俗美而遽遷邪？曰：古人「危邦不入，亂邦不居」。近而言之，若一鄉之人皆爲盜賊，吾豈可不知所避！聖人言語説得平正，必欲求奇説令高遠如何！今人説文字，眼前淺近底，他自要説深；在外底，他要説向裏；本是説他事，又要引從身上來；本是説身上事，又要引從心裏來，皆不可。寓。

不仁者不可以久處約章

問：「不仁者不可以久處約，不可以長處樂。仁者安仁，知者利仁。」此四句都相屬。知者則知天理之爲是而必循之，知人欲之爲非而必去之，所以能處約處樂，而不至於濫與淫。曰：如此説時，便是硬去做，都不見利仁底意思。如安仁者，他便是仁了，更不用説。如所謂利仁者，是真箇見得這仁愛這一箇物事好了，猶甘於芻豢而不甘於粗糲。若只是聞人説這箇是好，自家也髣髴見得是如此，却如何得如「芻豢之悦我口」，如何得利仁底意，便只是硬去做了。燾。

問：既是「失其本心」，則便解濫淫，而必以久言之，何故？曰：也有時下未肯恁地做底，聖人説話穩。而今説道他不仁，則約便濫，樂便淫，也有不便恁地底。義剛。○賀孫録云：亦有乍能勉强一時者。

至之問「仁者安仁」。曰：仁者心便是仁，早是多了一「安」字。「知者利仁」，未能無私意，只是知得私意不是着脚所在，又知得無私意處是好，所以在這裏千方百計要克去箇私意，這便是利仁。時舉。

劉潛夫問「安仁」、「利仁」之别。曰：安仁者不知有仁，如帶之忘腰，屨之忘足。利仁者是見仁爲一物，就之則利，去之則害。壯祖。

晞遜問：所謂利仁者，莫是南軒所謂「有所爲而爲者」否？曰：「有所爲而爲」不是好底心，與利仁不同。「仁者安仁」，恰似如今要做一事，信手做將去，❶自是合道理，更不待逐旋安排。如孟子説：「動容周旋中禮者，盛德之至也。哭死而哀，非爲生者也；經德不回，非以干禄也；言語必信，非以正行也。」這只順道理合做處便做，更不待安排布置。待得「君子行法以俟命而已」，便與上不同。又云：有爲而爲之，正是説「五霸假之也」之類。賀孫。

仁者温淳篤厚，義理自然具足，不待思而爲之，而所爲自怗怗地皆是義理，所謂仁也。知者知有是非，而取於義理，以求其是而去其非，所謂知也。升卿。

蕭景昭問：而今做工夫，且須利仁。曰：唯聖人自誠而明，合下便自安仁。若自明而誠，須是利仁。銖。

仁、知雖一，然世間人品所得，自有不同：顔子、曾子，得仁之深者也；子夏、子貢，得知之深者也。如程門之尹氏則仁勝，上蔡則知勝。升卿。

或問「仁者心無精粗、内外、遠近之間」。曰：若有，便成兩段。此句爲「仁者安仁」設。節。○《集義》。

或問：「仁者心無内外、遠近、精粗之間」，如何？曰：仁者洞然只是一箇心，所

❶「手」，原作「采」，今據萬曆本改。

以無内外、精粗、遠近之間。然須看自家有間底心是如何，然後看無間底心是如何。又問：「無内外之間」，是如何？曰：表裏如一。又問：如何是「遠近、精粗之間」？曰：他當初若更添「高下、顯微、古今」這樣字，也只是一理。又問：纔有些箇攙絶間斷，便不得。曰：纔有私意，便間斷了。所以要「克己復禮」，便是要克盡私意。蓋仁者洞然只是這一箇心。如一椀清水，纔入些泥，有清處，有濁處。

又問：上蔡解此段，只是論「仁者安仁，知者利仁」，先解這一段，方連上面説。曰：看他文義，須是包上面説，方得相貫。然「仁者安仁，知者利仁」，又須著自去看。

問：不能無遠近、精粗之間，如何？曰：亦只是内外意思。「吾心渾然一理，無内外、遠近、精粗」，這段分別説極通透。上蔡尋常説有過當處，此却他人説不到。先生再三誦「安仁則一，利仁則二」之句，以爲《解》中未有及此者，因歎云：此公見識直是高。利仁，貪利爲之，未要做遠底，且就近底做；未要做精底，且就粗底做。問：「安仁者，非顔、閔以上不知此味」，便是聖人之事乎？曰：是。須知「非顔、閔以上不知此味」，到顔、閔地位知得此味，猶未到安處也。寓。

問：安仁者，「心無内外、遠近、精粗之間」。性之未動，既皆至理所存；情之既發，無非至理所著。利仁固是審於既發，莫更著謹於未發否？曰：若未發時，自著不得工夫。未發之時，自堯、舜至於塗人，一也。問：原憲「克、伐、怨、欲不行」，是他許多不好物事都已發了，只白地壅遏得住，所以非獨不得爲仁，亦非求仁之事。曰：是如此。賀孫。

問：上蔡云：「安仁，非顔、閔以上做不得。」顔、閔似未至安仁？曰：亦見此意思。可學。

惟仁者能好人能惡人章

蕭景昭說此章。先生云：《注》中引程子所謂「得其公正」，是如何？答云：只是好惡當理，便是公正。先生曰：程子只着箇「公正」二字解，某恐人不理會得，故以「無私心」解「公」字，「好惡當於理」解「正」字。有人好惡當於理，而未必無私心；有人無私心，而好惡又未必皆當於理。惟仁者既無私心，而好惡又皆當於理也。時舉。

問「唯仁者能好人，能惡人」，程子所謂「得其公正是也」。曰：今人多連看「公正」二字，其實公自是公，正自是正，這兩箇字相少不得。公是心裏公，正是好惡得來當理。苟公而不正，則其好惡必不能皆當乎理；正而不公，則切切然於事物之間求其是，而心却不公。此兩字不可少一。僩。

居父問：仁者動静皆合正理，必有定則，凡可好可惡者，皆湊在這則子上，所以「能好人，能惡人」。曰：然。程子所以說「得其公正是也」。惟公然後能正，公，是箇廣大無私意；正，是箇無所偏主處。賀孫。

問：「惟仁者能好人，能惡人。」好善而惡惡，天下之同情。若稍有些子私心，則好惡之情發出來便失其正。惟仁者心中渾是正理，見人之善者則好之，見不善者則惡之。或好或惡，皆因人之有善惡，而吾心廓然大公，絕無私係，故見得善惡十分分明，而好惡無不當理，故謂之能好、能惡。曰：

程子之言約而盡。公者，心之平也；正者，理之得也。一言之中，體用備矣。南升。

苟志於仁章

問：「苟志於仁矣，無惡也。」切謂學者有志於仁，雖有趨向已正，而心念未必純善而無過差。纔有過差，便即是惡，豈得言無。曰：志於仁，則雖有過差，不謂之惡。惟其不志於仁，是以至於有惡。此「志」字，不可草草看。人傑。❶

先生問學者：「苟志於仁矣，無惡也」，與「士志於道，而恥惡衣惡食者，未足與議也」，前面説志於仁則能無惡，此段説志於道而猶有此病。其志則一，而其病不同，如何？諸友言不合。曰：仁是最切身底道理。志於仁，大段是親切做工夫底，所以必無惡。志於道，則説得來闊。凡人有志於學，皆志於道也。若志得來泛泛不切，則未必無恥惡衣惡食之事。又恥惡衣食，亦有數樣。今人不能甘粗糲之衣食，又是一樣。若恥惡衣惡食者，則是也喫着得，只是怕人笑、羞不如人而已，所以不足與議。僩。

「苟志於仁矣」，方志仁時，便無惡。若間斷不志仁時，惡又生。或云：過非心所欲爲，惡則心所欲。曰：惡是誠中形外，過是偶然過差。明興。

楊氏云：苟志於仁矣，未必無過舉也，然而爲惡則無矣。先生問學者：過與惡，如何分別？曰：過非心所欲爲，惡是心所欲爲。曰：惡是誠於中、形諸外，所以異也。銖。

❶「人」，原作「大」，今據朝鮮本、萬曆本改。

富與貴章

或問：富貴不處，是安於義；貧賤不去，是安於命。曰：此語固是。但須知如何此是安義，彼是安命。蓋吾何求哉？求安於義理而已。不當富貴而得富貴，則害義理，故不處。不當貧賤而得貧賤，則自家義理已無愧，居之何害？富貴人所同欲，若不子細，便錯了。貧賤人所同惡，自家既無愧義理，若更去其中分疏我不當貧賤，便不是。張子韶説「審富貴而安貧賤」，極好。學蒙。

「審富貴而安貧賤」者，言不以其道得富貴，須是審。苟不以其道，决是不可受它底。不以其道得貧賤，却要安。蓋我雖是不當貧賤，然當安之，不可於上面計較云「我不當得貧賤」，有汲汲求去之心，譬如人作折本經紀相似。銖。

問：君子當得富貴。所謂不當得而得者，乃人君不能用其言，徒欲富貴其身。曰：富貴不以道得之，不但説人君不用其言，只富貴其身。如此説，却説定了。凡是富貴、貧賤有不當得而得者皆不處、不去。如「孔子主我，衛卿可得」之類，亦是不當得之富貴。須且平説，不要執定一事。又云終食、造次、顛沛，一句密似一句，雖至傾覆流離之際，❶亦不違仁也。南升。

文振問「富與貴」一章。曰：「富與貴，不以其道得之」，若曰是諂曲以求之，此又是最下等人。所謂得之者，便設有自到我面前者，吾知其有一豪不是處，也不可處。

❶「雖」，萬曆本作「須」。

譬如秀才赴試，有一人先得試官題目將出來賣，只要三兩貫錢便可買得，人定是皆去買。惟到這裏見得破，方是有學力。聖人言語，豈可以言語解過一遍便休了！須是實體於身，灼然行得，方是讀書。時舉。

問：貧賤，如何是不當得而得之？曰：小人放僻邪侈，自當得貧賤。君子履仁行義，疑不當得貧賤，然却得貧賤，這也只得安而受之，不可説我不當得貧賤，而必欲求脱去也。今人大率於利，雖不當得，亦泯默受之；有害，則必以爲不當得，而求去之矣。君子則於富貴之來，須是審而處之；於貧賤，則不問當得與不當得，但當安而受之，不求去也。問：此二節語，猶云「怨有不讎，而德無不報」之意否？曰：然。蓋於富貴則有所不處，於貧賤則必受之而不辭也。僩。

問：「不以其道得之不去也」，「去」字或讀作上聲，可否？曰：自家離去之「去」，去聲讀；除去之「去」，上聲讀。此章只是去聲。義剛。

「君子去仁」之「去」，只音去聲。如「孟子去齊」之「去」，我元有而自離去之也。若作上聲，則是除却。賀孫。○明作録云：是除却了，非也。

「富與貴，貧與賤」一章。某曰：學者須是從富貴貧賤處判斷得下，方有用工處。先生喜曰：這裏看得分曉，須要做下面工夫。若做得下面工夫，看上面事愈覺分曉。又問：「惡不仁者」，直是如此峻潔！曰：只緣是不要一點不仁底事著在身上。又曰：如此看得，方是。炎。

子善問此章。曰：且如不處、不去，若是資質好底，所見稍明，便於這裏也能見得，只是未必到無終食不違底意思。不處、不去，乃是立脚處好了，細密工夫方下得。若上面無立脚處了，其他可見。一作：下面工夫，無緣可見。聖人之意，不獨是教人於富貴貧賤處做工夫，須是到終食不違，顛沛造次都用工，方可。恪。

先生因寓看《里仁篇》，云：前面幾段更好熟看，令意脉接續。因問：造次是「急遽苟且之時」。苟且，莫只就人情上説否？曰：苟且是時暫處，苟可以坐，苟可以立，令此心常存，非如大賓大祭時也。問：曾子易簀，莫是苟且時否？曰：此正是顛沛之時。那時已不可扶持，要如此坐也，不能得。寓。

敬之問：富貴貧賤，聖人教人，要得分别取舍，到箇真切處，便隨道理做去。有一般昏弱之人，都只是人欲上行，便是不識痛癢底人。先生曰：聖人這處恰似説得疏。學問工夫儘多，聖人去富貴貧賤上做工夫。不是處富貴貧賤時節，又如何做工夫？終不成閑過了這處！聖人且立箇大界限，先要人分别得箇路頭。「君子去仁」，便是不成箇君子。看聖人説得來似疏，下面便説到細密處。須是先説箇粗，後面方到細處。若不是就粗處用功，便要恁地細密，也不得。須知節節有工夫，剥了一重又一重，去了一節又一節。敬之云：此章説此三句，可謂緊切。雖然，只説存養，未説仁處，要是教人自體認看。先生笑曰：公又如此。所見這裏未是極處，更要去言外討道理，❶如何得。聖人這處，正是説築底處，正是好着力處，却如此輕説過了！衆人是這箇心，聖人也只是這箇心，存得心在這裏，道理便

❶「討」，原作「詩」，今據朝鮮本改。萬曆本作「説」。

在這裏。從古聖賢，只是要理會這箇物事。保養得這箇在，那事不從這裏做出？寓。

「富與貴，貧與賤」，方是就至粗處說。後面「無終食之間違仁」，與「造次、顛沛必於是」，方説得來細密。然先不立得這箇至粗底根脚，則後面許多細密工夫更無安頓處，人更無可得説。須是先能於富貴不處、貧賤不去，立得這箇粗底根脚了，方可説上至細處去。若見利則趨、見便則奪，這粗上不曾立得定，更説箇甚麽！正如「貧而無諂，富而無驕」，與「貧而樂，富而好禮」相似。若未能無諂無驕，如何説得樂與好禮！却是先就粗處説上細上去。僩。

富貴貧賤不處、不去，此一節且説箇粗底，方是箇君子皮殼，裏面更多有事在。然先會做這事，方始能不去其仁。既把得定，然後存養之功自此漸漸加密。夔孫録此下云：然必先「無終食違仁」，然後「造次、顛沛必於是」。如孟子言「善、利之間」，須從「間」字上看。但孟子之言勇決，孔子之言詳緩，學者須就這上着力。今學者都不濟事，才略略有些利害，便一齊放倒了！某常向朋友説，須是就這上立得脚住，方是離得泥水。若不如此，則是在泥裏行，才要出，又墮在泥裏去。縱説得道理，也没安頓處。如《大學》所謂「誠其意者，毋自欺也」。毋自欺有多少事，他却只就「小人閒居爲不善，見君子而後厭然，揜其不善而著其善」處説。爲甚先要去了這箇？蓋不切，則磋無所施；不琢，則磨無所措矣。又曰：「審富貴」，是義；「安貧賤」，是命。賜。

不以道得富貴不處，不以道得貧賤不去，是説處這事。「君子去仁，惡乎成名」，是主宰處。終食、造次、顛沛，是操存處。

李先生説得好。端蒙。

問「富與貴是人之所欲也」一章。曰：如孔子言此，便是自平居時説到那造次、顛沛之際。如孟子説義重於生處，却又説急處有打得過時，如閒居時却有照管不到處，或失之。燾。

周李卿問「造次」之義。曰：杜預謂：「草次之期，❶言草草不成禮也」，便是此意。《左傳》謂「過信爲次」，亦只是苟且不爲久計之意。義剛。

蜚卿問：《注》云：「取舍之分明，然後存養之功密；存養之功密，則其取舍之分益明。」如何？曰：此言内外、大小皆當理會。外若不謹細行，則内何以爲田地根本。内雖有田地根本，而外行不謹，則亦爲之摇奪。如世間固有小廉曲謹，而臨大節無可取者，亦有外面界辨分明，而内守不固者。可學。

問：明道云：「不以其道得之富貴，如患得之。」文義如何？曰：「如患得之」，是患不得之，將此「得」字解上「得」字。必大。○《集義》。

我未見好仁者章

問：好仁即便會惡不仁，惡不仁便會好仁，今並言，如何？曰：固是好仁能惡不仁。然有一般天資寬厚温和底人，好人之意較多，惡人之意較少；一般天資剛毅奮發底人，惡人之意較多，好人之意較少。「好仁者，無以尚之。惡不仁，不使不仁者加乎其身」。這箇便是好惡樣子。問：此處以成德而言，便是顔子「得一善拳拳服

❶「草」，萬曆本作「造」。

膺」，曾子「任重而道遠」與啓手足處，是這地位否？曰：然。寓。

好仁者，自是那一等天資純粹底人，亦其真知仁之可好而實好之，故視天下之物無以尚乎此。惡不仁者，又是那一等天資耿介底人，亦其真知不仁之可惡而實惡之，故凡不仁之事，不使豪髮加諸己。若好仁而有以尚之，這便不是真好；惡不仁而未免有所不當爲，這便不是真惡。然好仁者於不仁非不惡，終是好底意思多；惡不仁者於仁非不好，終是惡底意思重。好仁，非顏、曾未易言。惡不仁，恐伯夷、叔齊方始當得。

問此一章。曰：好仁者與惡不仁者雖略有輕重，然惡不仁者到得「不使不仁加乎其身」，便亦是仁了。二者以資禀言之，其寬弘静重者，便是好仁底人；其剛毅特立者，便是惡不仁底人。時舉曰：利仁者即是好仁者否？曰：好仁、惡不仁，皆利仁者之事。時舉曰：「蓋有之矣，我未之見也」，是言未見用力底人，還是未見用力而力不足之人？曰：此意，聖人只是言其用力者之難得。用力之好者固未之見，到資禀昏弱欲進而不能者，亦未之見，可見用力者之難得也。時舉。

問：好仁、惡不仁，是有優劣否？曰：略有之。好仁者，自有一般人資質較寬和温厚；惡不仁者，自是有一般人資禀較剛果決裂，然而皆可謂之成德。横渠言「好仁、惡不仁，只是一人」，説得亦好，但不合。聖人言兩「者」字，必竟是言兩人也。

問：好仁、惡不仁，有輕重否？曰：也微有些輕重。好仁，是他資質寬和厚重；惡不仁，是剛毅方正。好仁，則於仁與禮上多些；惡不仁，則於義與智上多些。好仁，只知有仁而不見那不仁來害他；惡不仁，是曾知得這病痛，惟恐來害他。略與「安行」、「强行」相似。好仁，是康强底人，平生未嘗病，亦不知有病痛；惡不仁，是曾被病害，知得病源，惟恐病來侵着。惡不仁終是兩件，好仁却渾淪了。學者未能好仁，且從惡不仁上做將去，庶幾堅實。僩。

問：好仁者如顔子，惡不仁者似孟子否？曰：好仁者與惡不仁者本無優劣，只是他兩箇資質如此。好仁底人，是箇温柔寬厚底資質，只見得好仁處好，不甚嫌那不仁底，他只見得好仁路上熟。惡不仁者，便是箇剛勁峭直底資質，心裏真箇是惡那不仁底事。好仁底較强些子，然好仁而未至，却不及那惡不仁之切底。蓋惡不仁底真是壁立千仞，滴水滴凍，做得事成！僩。

好仁、惡不仁，只是利仁事，却有此二等，然亦無大優劣。只是好仁者是資性渾厚底，惡不仁者是資性剛毅底；好仁者惻隱之心較多，惡不仁者羞惡之心較多。聖人之意，謂我未見好仁、惡不仁者。又從而自解之曰：我意所謂好仁者，須是「無以尚之」；所謂惡不仁者，須是「不使不仁者加乎其身」。是好之篤，惡之切，如此等人，不是説那略略恁地好仁、惡不仁底。又曰：伯夷是惡不仁底，柳下惠是好仁底，也無大故優劣。夔孫。

因論「好仁、惡不仁」，曰：此亦以資質而言。蓋有一等人，只知好仁，更不管惡不仁事，一等人專是惡不仁意思多，然其「不使不仁者加乎其身」，則所爲必無不仁矣。然畢竟好仁者終是較得便宜，緣他只低着頭自去做了。惡不仁者却露些圭角芒刃，得人嫌在。如顏子、明道是好仁，孟子、伊川是惡不仁；康節近於好仁，横渠是惡不仁。燾。

問：好仁、惡不仁，莫只是一樣人否？曰：把做一樣説也得，把做兩樣看也得。也有那好仁底人，也有那惡不仁底人。如伯夷，便是惡不仁底；柳下惠，便是好仁底。因言：此數段，皆是緊要處，須是把做箇題目，只管去尋始得。尋來尋去，將久自解有悟。如喫物事，味味皆好，却須知道那一般最好，其所以好是如何，方是。義剛。

「好仁者，無以尚之」，言好之深，而莫有能變易之者。「惡不仁者，不使加乎其身」，言惡之篤，而不使不仁之事加於己。此與「如好好色，如惡惡臭」，皆是自己上事。非是專言好他人之仁，惡他人之不仁也。端蒙。

「好仁者，無以尚之」，只是將無以加之來説，此與「惡不仁」一段相對。既是好仁，便知得其他無以加此。若是説我好仁，又却好財、好色，物皆有好，便是不曾好仁。若果是好仁，便須天下之物皆無以過之。亦有解作無一物可以易其所好者。蓋只是好仁一件，方可謂之好仁，所以言「我未見好仁者」。徐元震問：惡不仁，如何？曰：只謂惡不仁，本不是仁。只「不使不仁者加乎其身」，便是仁了。㽦。

好仁者與惡不仁者便別。如好仁者，則真能好之。惡不仁者知不仁之可惡，而不知好仁，故別。壽昌。

好仁者便高了惡不仁者。如見白黑相似，吾好白者，只取白者，彼黑者便自從一邊去。如好白而不取白，只管地去疾黑者，則亦淺矣。孔子言仁處，皆是用力處。

問：有能一日用其力於仁矣乎？曰：

此心散漫放肆，打一聳動時，便在這裏，能使得多少力！雖云用力，却不大故用力。佐。

問：好仁、惡不仁，雖不可得，果能一旦奮然用力，不患力之不足。曰：須是立志爲先，這氣便隨他。敬義夾持，上達天德。問：「一日用其力」，將志氣合説如何？曰：用力説氣較多，志亦在上面了。「志之所至，氣必至焉」。這志如大將一般，指揮一出，三軍皆隨。只怕志不立，若能立志，氣自由我使。「夫志，氣之帥也；氣，體之充也」。人出來恁地萎萎衰衰，恁地柔弱，亦只是志不立。志立自是奮發敢爲，這氣便生。志在這裏，氣便在這裏。因舉手而言曰：心在這手上，手便暖；在這脚上，脚便暖。志與氣自是相隨。若真箇要求仁，豈患力不足！聖人又説道，亦有一般曾用力而力不足之人，可見昏弱之甚。如這般人也直是少。敬之問：這章，聖人前面説箇向上底，中間説箇能用力而無不足底，又説到有用力而力不足底，有許多次第，所以深警學者否？曰：也不是深警學者。但言成德之事已不可見，而用力於仁者亦無之。寓。

敬之問：「好仁、惡不仁」，至「我未之見也」，此不出兩端：好仁、惡不仁者，是真知得分明，此身常在天理上。下面説有能一日用力及力不足者，皆是正當分別天理人欲處着工夫。又説：《里仁》前面所説，都是且教人涵養，别須更有下工夫處。曰：工夫只是這箇。若能於此涵養，是甚次第！今看世上萬物萬事，❶都只是這一

❶「物」，萬曆本作「法」。

箇心。又曰：今夜説許多話最要緊。所謂講學者，講此而已；所謂學者，學此而已。賀孫。

問：《集注》云：「好仁者，真知仁之可好，故舉天下之物無以加之。惡不仁者，真知不仁之可惡，故其所以爲仁者必能絶去不仁之事，而不使少有及於吾身。」此亦只是利仁事否？曰：然。問：上蔡謂「智者謂之有所見則可，有所得則未可」。如此，則是二者乃方用功底人，聖人何以爲未之見？曰：所謂未有得者，當已見得仁如此好了，貪心篤好，必求其至。便唤做有所得，未可。問：《集注》於「好仁、惡不仁」云：「皆成德之事，所以難得而見。」若説未有得，如何又謂之成德？曰：若真是好仁、惡不仁底人，已是大段好了，只是未唤做得仁。問：這雖説是成德，莫亦未是十全否？曰：雖未是十全，須已及六七分了。賀孫。〇《集注》。

問：《集注》云：「是成德之事。」如何？曰：固是。便是利仁之事。問：這處地位，便是在安仁之次，而利仁之熟也。曰：到這裏是熟，又未説到安仁。安仁又別。寓。

問：《集注》前後説不同：前説能用力於仁，未見其力有不足者。後説有用力而力不足者。既曰用力，亦安有昏弱欲進而不能者？曰：有這般人，其初用力非不切至，到中間自是欲進不能。夫子所謂「力不足者，中道而廢」，正説此等人。冉求力可做，却不自去着力耳。問或有曾用力而力不足底人，這般人亦是難得。某舊只説得「有能一日用其力」一句，後知某未穩，大段費思量，一似蟻鑽珠模様。鑽來鑽去，語脉却是如此，方見得兩箇「未見」字不相礙。寓。

問：《集注》云：「志之所至，氣亦至焉。」以泳觀之，亦有始立之志不足以帥久縱之氣者。曰：也是志不足。問：養得志完全時，只在持守否？曰：持守體察，講學考索，凡聖人所説底，皆着去做。問：須有一箇本領？曰：貫通處只是敬。問：南軒云「敬字通貫動静，而以静爲本」。曰：那是就那主静上説。閑時若静坐些小，也不妨。因舉明道教上蔡且静坐，彼時却在扶溝縣學中。明道言：賢只是聽某説話，❶更不去行。上蔡對以「無可行處」。明道教他且静坐。若是在家有父母合當奉養，有事務合當應接，不成只管静坐休！胡泳。

一日，諸生講《論語》至此章，有引范氏之言者曰：惡不仁者，不若好仁者之爲美也。又援吕氏之説，以爲惡不仁者劣於好仁者。蓋謂孔子以「好仁無以尚之」，故以惡不仁者之爲劣也。曰：惡不仁者，亦不易得。但其人嚴厲可畏，不如好仁者之和易也。正不須將好仁、惡不仁分優劣。聖人謂「好仁者，無以尚之」，非以好仁者爲不可過也。謂人之好仁「如好好色」，更無以尚之者，此誠於好仁者也。其曰「惡不仁者，其爲仁矣，不使不仁加乎其身」者，惡不仁「如惡惡臭」，唯恐惡臭之及吾身，其真箇惡他如此。非是且如此惡他，後又却不惡他也。去僞。○《集義》。

人之過也章

黨，類也，偏也。君子過於厚，小人過於薄，觀此則仁與不仁可知。君子過於厚，

❶「賢」，萬曆本作「某」。

厚雖有未是處，終是仁人。或問：過，莫是失否？曰：亦是失也。去僞。

問「觀過知仁」一章。曰：此是就人有過失處觀之。謂如一人有過失，或做錯了事，便觀其是過於厚，是過於薄。過於厚底，雖是不是，然可恕，亦是仁者之類。過於薄底，便不得，便是不仁了。知仁，只是知其仁與不仁而已。燾。

非是專要在過上看仁，蓋就過上亦可以知仁。炎。

「觀過斯知仁」，此「仁」字，是指慈愛而言。淳。

問：「里仁」數章說仁，自有淺深輕重。曰：固是。如「觀過知仁」之「仁」，只是就仁愛上說。故程先生、尹先生皆只將「厚」、「薄」、「愛」、「忍」字說，便見只是慈愛底仁。如「里仁爲美」，却是那全底。義剛。

問「觀過知仁」。曰：先儒說得仁來大了。學者只管逐句愛說深，不知此「仁」字說較淺，不是「仁者安仁」之「仁」。如有好底人無私意而過，只是理會事錯了，便也見得仁在。不好底人有私意，便無過，也不敢保他有仁。如《禮記》謂「仁者之過易辭」。仁者之過，只是理會事錯了，無甚蹺蹊，故易說。不仁之過是有私意，故難說。此亦是觀過知仁意。淳。

或問：「觀過斯知仁」，這「仁」字說得較輕。曰：也只是此理。所以伊川云：「君子常失於厚，過於愛。」「厚」字、「愛」字便見得仁。湖南諸公以知覺做仁，說得來張大可畏。某嘗見人解「麒麟之於走獸」云：「麒麟，獅子也。」某嘗以爲似湖南諸公言仁。且麒麟是不踐生草，不食生物，多少仁厚！他却喚做獅子，却是可畏。但看聖人將「仁」字與「義」字相同説，便見。南升。

聖人之言寬舒，無所偏失。如云「觀過斯知仁」，猶曰觀人之過，足知夫仁之所存也。若於此而欲求仁之體，則失聖人本意矣。《禮記》「與人同過」之言，説得太巧，失於迫切。人傑。

性之問此章。曰：所謂君子過於「厚」與「愛」者，雖然是過，然亦是從那仁中來，血脉未至斷絶。若小人之過於「薄」與「忍」，則與仁之血脉已是斷絶，其謂之仁，可乎？時舉。

問：過於厚與愛，雖未爲中理，然就其厚與愛處看得來，便見得是君子本心之德發出來。曰：厚與愛，畢竟是仁上發來，其苗脉可見。南升。

此段也只是論仁。若論義，則當云：君子過於公，小人過於私；君子過於廉，小人過於貪；君子過於嚴，小人過於縱。觀過斯知義矣，方得。這般想是因人而發，專指仁愛而言也。僩。

問：伊川謂：「人之過也各於其類，君子常失於厚，小人常失於薄；君子過於愛，小人傷於忍。」愚謂此與「禮與其奢也寧儉」同意。曰：近之。人傑。

或問：伊川此説，與諸家之説如何？曰：伊川之説最善。以君子之道觀君子，則君子常過於愛，失之厚；以小人之道觀小人，則小人常過於忍，失於薄。如此觀人之過，則人之仁與不仁可知矣。又問：南軒謂：「小人失於薄，傷於忍，豈人之情也哉！其所陷溺可知矣。」此云陷溺，如何？曰：他要人自觀，故下「陷溺」二字。知所陷溺，則知其非仁矣。問：南軒作《韋齋記》，以黨爲偏，云：「偏者，過之所由生也。

觀者，用力之妙也。覺吾之偏在是，從而觀之，則仁可識矣。」此説如何？曰：此説本平易，只被後來人説得別了。去僞。

問：昨與劉公度看南軒爲先生作《韋齋記》，其間説「觀過知仁」一段，以所觀在己。及《洙泗言仁論》，又以所觀在人。不知二説先生孰取？曰：觀人底是。《記》曰：「與仁同功，其仁未可知也；與仁同過，然後其仁可知也。」即是此意。又問：不知此語還是孔子説否？曰：固不可知，只是有此理。曰：以琮觀之，不如觀己底穩貼。曰：此禪話也。曰：琮不識禪話，但據己見思量，若所觀在人，謂君子常過於厚，小人常過於薄。小人於其黨類亦有過於厚處，恐君子、小人之過，於厚薄上分別不開。故謂不如只作觀己説，較静辦。曰：有「觀」字，有「過」字，有「知」字，不知那箇是仁？或謂「觀，便是仁事在那裏」。曰：如琮鄙見，「觀」字、「過」字、「知」字皆不是仁。「仁」字政與「過」字相對。過則不仁，仁則不過。蓋黨是己私，仁是天理。識得過底是己私，便識得不過底是天理。曰：如此，則却常留箇過與己私在傍邊做甚？琮曰：此是聖人言知仁處，未是言爲仁處。曰：此是禪學下等説話，禪門高底也自不肯如此説。一部《論語》，何嘗只説知仁便須有下手處？請自思量，別處説仁還有只言知仁底意思否？琮。

朝聞道章

問：「朝聞道」，道是如何？曰：道只是眼前分明底道理。賀孫。

問：朝聞道而可夕死，莫須是知得此

理之全體，便可以了足一生之事乎？曰：所謂聞道，亦不止知得一理，須是知得多有箇透徹處。至此，雖便死也不妨。明道所謂「非誠有所得，豈以夕死爲可乎？」須是實知有所得，方可。寓。

道只是事物當然之理，只是尋箇是處。大者易曉。於細微曲折，人須自辨認取。若見得道理分曉，生固好，死亦不妨。不然，生也不濟事，死也枉死。又云：所謂聞者，通凡聖而言，不專謂聖賢，然大率是爲未聞道者設。且如昨日不曾聞，今日聞之，便是。程子所謂「人知而信者爲難，非誠有所得，豈以夕死爲可乎！」知後須要得，得後方信得篤。「夕可死矣」，只是說便死也不妨，非謂必死也。明作。

問：《集注》云：「道者，事物當然之理。」然嘗思道之大者，莫過乎君臣、父子、夫婦、朋友之倫，而其有親，有義，有別，有信，學者苟致一日之知，則孰不聞焉。而即使之死，則亦覺未甚濟得事。然而所謂道者，果何處真切至當處？又何以使人聞得而遂死亦無憾？曰：道誠不外乎日用常行之間。但公說未甚濟事者，第恐知之或未真耳。若是知得真實，必能信之篤，守之固。幸而未死，則可以充其所知，爲聖，爲賢。萬一即死，則亦不至昏昧過了一生，如禽獸然，是以爲人必以聞道爲貴也。曰：所謂聞者，莫是大而天地，微而草木，幽而鬼神，顯而人事，無不知否？曰：亦不必如此，大要知得爲人底道理則可矣。其多與少，又在人學力也。曰：看得此章，聖人非欲人聞道而必死，但深言道之不可不聞耳。若將此二句來反之曰：「若人一生而不聞道，雖長生亦何爲！」便自明白。曰：

然。若人而聞道，則生也不虚，死也不虚。若不聞道，則生也枉了，死也枉了。壯祖。

問：「朝聞道」，如何便「夕死可矣」？曰：物格、知至，則自然理會得這箇道理，觸處皆是這箇道理，無不理會得。生亦是這一箇道理，死亦是這一箇道理。恪。

問：「夕死可矣」，雖死亦安，無有遺恨。曰：死亦是道理。南升。

「朝聞道，夕死可矣。」此聞是知得到，信得及，方是聞道，故雖死可也。若以聽人之説爲聞道，若如此便死，亦可謂枉死了。燾。

問「朝聞道，夕死可矣」。曰：若是聞道，則生也得箇好生，死也得箇好死。問：朝夕固甚言其近。然既聞而非久即死，莫多有不及事之悔否？曰：猶愈於不聞。胡泳。

問「朝聞道，夕死可矣」。曰：所謂夕死可者，特舉其大者而言耳。蓋苟得聞道，則事無小大，皆可處得，富貴貧賤，無所往而不可。故雖死，亦有死之道也。此説與《集注》少異，讀者詳之。○時舉。

守約問：伊川解「朝聞道，夕死可矣」，「死得是也」。不知如何？曰：「朝聞道」，則生得是，死便也死得是。若不聞道，則生得不是，死便也恁地。若在生仰不愧、俯不怍，無纖豪不合道理處，則死如何不會是！賀孫。○《集義》。

「朝聞道，夕死可矣。」二先生之説，初無甚異。蓋道却是事物當然之理，見得破，即隨生隨死，皆有所處。生固所欲，死亦無害。

先生顧安卿曰：伊川説「實理」，有不可曉處。云「實見得是，實見得非」，恐是記者之誤，「見」字上必有漏落。理自是理，見自是見。蓋物物有那實理，人須是實見得。義剛曰：理在物，見在我。曰：是如此。義剛。〇淳録云：實理與實見不同。蓋有那實理，人須是見得。見得恁地確定，便是實見。若不實見得，又都閑了。

生。

賀孫問：聞道，自是聞道也，無間於死生。曰：如何是無間於死生？曰：若聞道，生也得，死也得。曰：若聞道而死，方是死得是。死得是，❶則在生也都是。若不聞道，在生也做不是，到死也不是。吾儒只是要理會這道理，生也是這理，死也只是這理。佛家却説被這理勞攘，百端費力，要掃除這理，教無了。一生被這理撓，一生被這心撓。問：伊川説此一段，及吕氏説「動容周旋中禮，盛德之至」，「君子行法俟命」，是此意否？曰：這是兩項。「動容周旋中禮」，這是聖人事，聞道自不足以言之。自與道爲一了，自無可得聞。「行法以俟命」，是見得了，立定恁地做。問：伊川云：「得之於心，是爲有得，不待勉强。學者須當勉强。」是如何？曰：這兩項又與上别。這不待勉强，又不是不勉而中，從容中道。只是見得通透，做得順，便如所謂樂循理底意思。問：曾子易簀，當時若差了這一着，唤做聞道不聞道？曰：不論易簀與不易簀，只論他平日是聞道與不聞道。平日已是聞道，那時萬一有照管不到，也無奈何。問：若果已聞道，到那時也不到會放過。曰：那時是正終大事。既見得，自然不放過。賀孫。

士志於道章

問：「志於道，而耻惡衣惡食。」既是志道，如何尚如此？曰：固有這般半上半落底人，其所謂志，也是志得不力。只是名爲

❶「得」字，原脱，今據朝鮮本補。

志道，及外物來誘，則又變遷了，這箇最不濟事。義剛。

衆朋友共説「士志於道」以下六章畢，先生曰：此數章如尹和靖、程子所注，只於本文添一兩字。看着似平淡，子細去窮究，其味甚長。義剛。

君子之於天下也章

文矩問「君子之於天下也」一章。曰：義是吾心所處之宜者。見事合恁地處，則隨而應之，更無所執也。時舉。

「義之與比」，非是我去與義相親，義自是與比。謨。

敬之問：「義之與比」，是我這裏所主者在義。曰：自不消添語言，只是無適無莫，看義理合如何。「處物爲義」，只看義理合如何區處他。義當富貴便富貴，義當貧賤便貧賤，當生則生，當死則死，只看義理合如何。賀孫。

南軒説「『無適無莫』，適是有所必；莫是無所主」，便見得不安。程氏謂「無所往，無所不往，且要義之與比處」，便安了。曰：古人訓釋字義，無用「適」字爲「往」字者。此「適」字，當如「吾誰適從」之「適」，音的，是端的之意。言無所定，亦無所不定爾。欽夫云「吾儒無適、無莫，釋氏有適、有莫」，此亦可通。大雅。

問：上蔡所謂「於無可無不可之間，有義存焉，則君子之心果有所倚乎？」凡事皆有一箇合宜底道理，須是見得分明，雖豪髮不差，然後得是當。曰：義即宜也，但須處得合宜，故曰「處物爲義」。南升。

先生問：謝氏謂「君子之心果有所倚乎？」如何看？義剛云：只是隨事物去量

度，不是倚於義。曰：只是把心去看是與不是。義剛因問：「無可無不可」，皆是無所容心。但聖人是有箇義，佛、老是聽其自然。是恁地否？曰：聖人也不説道可，也不説道不可，但看義如何耳。佛、老則皆不賭是，❶我要道可便是可，我要道不可便是不可，只由在我説得。義剛。

君子懷德章

「懷刑」，只是「惡不善」，不使不善之事加乎一身。南升。

「君子懷刑」，言思刑法而必不犯之，如懼法之云爾。端蒙。

「君子懷刑」，如《禮記》所謂「畏法令」，又如「肅政教」之類，皆是。或謂：如「問國之大禁而後敢入」，是否：曰：不必如此説。只此「懷刑」一句，亦可爲善。如違條礙貫底事不做，亦大段好了。明作。

問：所貴乎君子者，正以其無所待於外而自修也。刑者，先王所以防小人，君子何必以是爲心哉？先生默然良久，曰：無慕於外而自爲善，無畏於外而自不爲非，此聖人之事也。若自聖人以降，亦豈不假於外以自修飭。所以能「見不善如探湯」，「不使不仁者加乎其身」，皆爲其知有所畏也。某因思《集注》言：「君子小人趨向不同，公私之間而已。」只是小人之事莫非利己之事，私也。君子所懷在德，則不失其善。至於刑，則初不以先王治人之具而有所憎疾也，亦可借而自修省耳。只是一箇公心。且如伊川却做感應之理解，此一章文義雖

❶「賭」，四庫本作「睹」。

亦可通，然《論語》上言君子小人，皆是對舉而並言，此必不然也。先生又言：如漢舉孝廉，必曰「順鄉里，肅政教」。「肅政教」之云，是亦懷刑之意也。某因思得此所謂君子者，非所謂成德之人也。若成德之人，則誠不待於懷刑也。但言如此則可以爲君子，如此則爲小人，未知是否。壯祖。

此是君子小人相對説着，❶尹子之説得之。若一串説底，便添兩箇「則」字，「惠」字下又著添字。又問「懷刑」。曰：只是君子心常存法。大抵君子便思量苦底，小人便思量甜底。又有一説，「懷刑」作恤刑，「懷德」作施德。要之，不如好善而惡不仁者是。㽦。

放於利而行章

「放於利而行多怨」，只是要便宜底人。凡事只認自家有便宜處做，便不恤他人，所以多怨。南升。

放於義而行，只據道理做去，亦安能盡無怨於人。但識道理者須道是：「雖有怨者，如何恤得他？」若放於利，則悖理徇私，其取怨之多，必矣！閎祖。

或説「放於利而行」。義剛云：此非斷斷然爲利。但是依放那利行，是外不爲利，而内實有爲利底意思。曰：才是放時，便是爲利了，豈有兩樣。若是外不爲利而内實爲利，則其爲利尤甚於斷斷然爲利者。❷義剛。

「放利多怨」。或問：青苗亦自便民，何故人怨？曰：青苗便是要利息，所以人怨。明作。

❶「着」，萬曆本作「看」。
❷「其」，萬曆本作「是」。

能以禮讓爲國章

讓，是那禮之實處。苟徒跪拜俯伏而以是爲禮，何足取信於人。讓者，譬如凡事寧就自家身上抉出些子辭尊居卑、辭多受少底意思，❶方是禮之實。賜。

「不能以禮讓爲國」，是徒能進退可觀，容止可度；及到緊要處，却不能讓。雖有這繁文末節處，亦無用，亦不得謂之禮。僩。

問：「讓者，禮之實也。」莫是辭讓之端發於本心之誠然，故曰「讓是禮之實」？曰：是。若玉帛交錯，固是禮之文；而擎跽曲拳，升降俛仰，也只是禮之文，皆可以僞爲。惟是辭讓方是禮之實，這却僞不得。既有是實，自然是感動得人心。若以好争之心，而徒欲行禮文之末以動人，如何感化得他？問：「如禮何」一句，從來諸先生都説得費力。今説「讓是禮之實」，則此句尤分明。曰：前輩於這般處也自闊略。才被説得定了，便只是是也。賀孫。

問：「不能以禮讓爲國，如禮何！」諸家解義，却是解做如國何了。曰：是如此。如諸家所説，則便當改作「如國何」。大率先王之爲禮讓，正要樸實頭用。若不能以此爲國，則是禮爲虚文爾，其如禮何！謨。

問：禮者，自吾心恭敬，至於事爲之節文，兼本末而言也。「讓者，禮之實」，所爲恭敬辭遜之心是也。君子欲治其國，亦須是自家盡得恭敬辭遜之心，方能以禮爲國。所謂「一家讓，一國興讓」，則爲國何難之有！不能盡恭敬辭遜之心，則是無

❶「抉」，萬曆本作「扶」。

實矣。雖有禮之節文，亦不能行，况爲國乎！曰：且不奈禮之節文何，何以爲國！南升。

義剛説「禮讓爲國」一章，添「不信仁賢，咈百姓從己之欲」等語。曰：此於聖賢本意不親切。「一家讓，一國興讓。」此只是説我能如此禮遜，則下面人自是興起，更相遜讓。如此，則爲國何難之有！未説到那「一人貪戾，一國作亂」處在。如東坡説「敦教化」中一段，亦自好。其説雖粗，道理却是恁地。而今人好玄妙，剗地説得無形無影，却不如只粗説較强。良久，歎息言：今日不能制民之産，已自不是。民自去買田，又更收牙税，是甚説話！古人禁人聚飲，今却張官置吏，惟恐人不來飲。如此，却何以責人廉遜！義剛。

不患無位章

「不患無位，患所以立」，猶云不怕無官做，但怕有官不會做。若有致君澤民之具，達則行之，無位非所患也。南升。

「不患莫己知，求爲可知也。」「不患人之不己知，患不知人也。」這箇須看聖人所説底語意，只是教人不求知，但盡其在我之實而已。看聖人語意了，又看今人用心，也有務要人知者。只是看這語意差，便要如此。所謂求爲可知，只是盡其可知之實；非是要做些事，便要夸張以期人知。這須看語意。如「居易以俟命」，也只教人依道理平平做將去，看命如何。却不是説關門絶事，百樣都不管，安坐以待這命。賀孫。

朱子語類卷第二十七 計三十三板

論語九

里仁篇下

子曰參乎章

問「一以貫之」。曰：且要沈潛理會，此是《論語》中第一章。若看未透，且看後面去，却時時將此章來提省，不要忘却，久當自明矣。時舉。

問「一貫」。曰：恁地泛看不濟事，須從頭子細，章章理會。夫子三千門人，一旦惟呼曾子一人而告以此，必是他人承當未得。今自家却要便去理會這處，是自處於孔門二千九百九十九人頭上，如何而可！道夫。

「一以貫之」，猶言以一心應萬事。「忠恕」是一貫底注脚，一是忠，貫是恕底事。拱壽。

一是一心，貫是萬事。看有甚事來，聖人只是這箇心。從周。

或問「一貫」。曰：如一條索，曾子都將錢十十數了成百，只是未串耳。若他人則零亂錢一堆，未經數，便把一條索與之，亦無由得串得。銖。

問「一貫」之說。曰：須是要本領是。本領若是，事事發出來皆是；本領若不是，事事皆不是也。時舉。

或問「一以貫之」，以萬物得一以生爲

說。曰：不是如此。「一」只是一二三四之「一」。一只是一箇道理。胡泳。

一是忠，貫是恕。道夫。

「一」者，忠也；「以貫之」者，恕也。體一而用殊。人傑。

忠恕一貫。忠在一上，恕則貫乎萬物之間。只是一箇一，分着便各有一箇一。「老者安之」，是這箇一；「少者懷之」，亦是這箇一；「朋友信之」，亦是這箇一，莫非忠也。恕則自忠而出，所以貫之者也。謨。

忠是一，恕是貫。忠只是一箇真實。自家心下道理，直是真實。事事物物接於吾前，便只把這箇真實應副將去。自家若有一豪虛僞，事物之來，要去措置他，便都不實，便都不合道理。若自家真實，事物之來，合小便小，合大便大，合厚便厚，合薄便薄，合輕便輕，合重便重，一一都隨他面分應副將去，無一事一物不當這道理。賀孫。

道夫：竊謂夫子之道如太極，天下之事如物之有萬。物雖有萬，而所謂太極者則一。太極雖一，而所謂物之萬者未嘗虧也。至於曾子以忠恕形容一貫之妙，亦如今人以性命言太極也。不知是否？曰：太極便是一，到得生兩儀時，這太極便在兩儀中；生四象時，這太極便在四象中；生八卦時，這太極便在八卦中。道夫。

「忠恕而已矣」，不是正忠恕，只是借「忠恕」字貼出一貫底道理。人多說人己、物我，都是不曾理會。聖人又幾曾須以己度人？自然厚薄輕重，無不適當。「忠恕違道不遠」，乃是正名、正位。閎祖。

問「忠恕而已矣」。曰：此只是借學者之事言之。若論此正底名字，使不得這「忠恕」字。又云：「忠」字在聖人是誠，「恕」字在聖人是仁。但説誠與仁，則説開了。惟「忠恕」二字相粘，相連續，少一箇不得。燾。

盡己爲忠，推己爲恕。忠恕本是學者事，曾子特借來形容夫子一貫道理。今且粗解之，忠便是一，恕便是貫。有這忠了，便做出許多恕來。聖人極誠無妄，便是忠。問：聖人之忠即是誠否？曰：是。聖人之恕即是仁否？曰：是。問：在學者言之，則忠近誠，恕近仁。曰：如此，則已理會得好了。若《中庸》所説，便正是學者忠恕，「道不遠人」者是也。「忠恕違道不遠，施諸己而不願，亦勿施於人」，只是取諸己而已。問：明道以「天地變化，草木蕃」，爲充擴得去底氣象，此是借天地之恕以形容聖人之恕否？曰：是。「維天之命，於穆不已」。一元之氣流行不息處，便是忠。淳。

主於内爲忠，見於外爲恕。忠是無一毫自欺處，恕是「稱物平施」處。德明。

忠因恕見，恕由忠出。閎祖。

説「忠恕」。先生以手向自己，是忠；却翻此手向外，是恕。泳。

忠只是一箇忠，做出百千萬箇恕來。閎祖。

忠恕只是一件事，不可作兩箇看。端蒙。

忠、恕只是體、用，便是一箇物事；猶形影，要除一箇除不得。若未曉，且看過去，却時復潛玩。忠與恕，不可相離一步。道夫。

忠是體，恕是用，只是一箇物事。如口是體，説出話便是用。不可將口做一箇物事，説話底又做一箇物事。淳。

忠是本根，恕是枝葉。非是別有枝葉，乃是本根中發出枝葉，枝葉即是本根。曾子爲於此事皆明白，但未知聖人是總處發出，故夫子語之。可學。

在聖人，本不消言忠恕。廣。

聖人是不犯手脚底忠恕，學者是着工夫底忠恕，不可謂聖人非忠恕也。閎祖。

天地是無心底忠恕，聖人是無爲底忠恕，學者是求做底忠恕。僩。

論「恕」，云：若聖人，只是流出來，不待推。節。

聖人之恕與學者異者，只争自然與勉强。聖人却是自然廣充得去，不費力。學者須要勉强廣充，其至則一也。端蒙。

「夫子之道忠恕」，此忠自心而言之；「爲人謀而不忠」，此忠主事而言也。自心言者，言一心之統體；主事言者，主於事而已。端蒙。

問：曾子何必待孔子提醒？曰：他只見得一事一理，不知只是一理。曰：使孔子不提之，久還自知否？曰：知。可學。○總論。

曾子已前是一物格，一知至。到忠恕時，是無一物不格，無一知不至。聖人分上著「忠恕」字不得。曾子借此爲説。方子。

曾子一貫，是他逐事上做得到。及聞夫子之言，乃知只是這一片實心所爲。如一庫散錢，得一條索穿了。方子。

問：曾子於孔子一貫之道，言下便悟，先來是未曉也。曰：曾子先於孔子之教者，日用之常，禮文之細，莫不學來，惟未知其本出於一貫耳，故聞一語而悟。其他人於用處未曾用許多工夫，豈可遽與語此乎！大雅云：觀《曾子問》一篇，許多變禮皆理會過，直如此細密，想見用工多。大雅。

問：「一以貫之」，只是其用不同，其體則一。一箇本貫許多末。先生問：如何是末？曰：孝弟、忠信，居處有禮，此是末。曰：今人只得許多名字，其實不曉。如孝弟、忠信，只知得這殼子，其實不曉，也只是一箇空底物事。須是逐件零碎理會。如一箇桶，須是先將木來做成片子，却將一箇箍來箍斂。若無片子，便把一箇箍去箍斂，全然盛水不得。曾子零碎處盡曉得了，夫子便告之曰：「參乎！吾道一以貫之。」他便應之曰：「唯！」貫，如散錢；一，是索子。曾子盡曉得許多散錢，只是無這索子，夫子便把這索子與他。今人錢也不識是甚麼錢，有幾箇孔。良久，曰：公没一文錢，只有一條索子。又曰：不愁不理會得「一」，只愁不理會得「貫」。理會「貫」不得便言「一」時，天資高者流爲佛、老，低者只成一團鶻突物事在這裏。又曰：孔門許多人，夫子獨告曾子，是如何？惟曾子盡曉得許多道理，但未知其體之一。節復問：已前聞先生言，借學者之事以明之，甚疑「忠恕」對「一以貫之」不過。今日忽然看得來對得極過。「一以貫之」即「忠恕」，「忠恕」即「一以貫之」。如忠是盡己，推出去爲恕，也只是一箇物事。推出去做許多，即「一以貫之」。節於此中又見得學者亦有「一以貫之」。夫子固是「一以貫之」，學者能盡己而又推此以及物，亦是「一以貫之」。所以不同者，非是事體不同。夫子以天，學者用力。曰：學者無「一以貫之」。夫子之道似此處疑有闕誤。學者只是這箇忠推出來。「乾道變化」，如一株樹，開一樹花，生一樹子，裏面便自然有一箇生意。又曰：忠者天道，恕者人道。天道是體，人道是用。「動以天」之「天」，只是自然。節。

周公謹問：在内爲忠，在外爲恕。忠

即體，恕即用。曰：忠恕是如此。夫子曰：「吾道一以貫之。」何故曾子曰：「忠恕而已矣？」曰：是曾子曉得一貫之道，故以忠恕名之。先生曰：且去一貫上看忠恕，公是以忠恕解一貫。曰：一貫只是一理，其體在心，事父即爲孝，事君即爲敬，交朋友即爲信，此只是一貫。曰：大概亦是。公更去子細玩味，治國、平天下有許多條目，夫子何故只説「吾道一以貫之」？公謹次日復問：「吾道一以貫之。」聖人之道，見於日用之間，精粗、小大，千條萬目，未始能同，然其通貫則一。如一氣之周乎天地之間，萬物散殊雖或不同，而未始離乎氣之一。曰：别又看得甚意思出？曰：夫子之告曾子，直是見他曉得，所以告他。曰：是也。所以告曾子時，無他，只緣他曉得千條萬目。他人連箇千條萬目尚自曉不得，如何識得一貫。如穿錢，一條索穿得，方可謂之「一貫」。如君之於仁，臣之於忠，父之於慈，子之於孝，朋友之於信，皆不離於此。問：門人是夫子之門人否？曰：是也。夫子説一貫時，未有忠恕，及曾子説忠恕時，未有體、用，是後人推出來。忠恕是大本，所以爲一貫。公謹復問：莫是曾子守約，故能如此？曰：不然。却是曾子件件曾做來，所以知。若不曾躬行踐履，如何識得。公謹復問：是他用心於内，所以如此？曰：只是樸實頭去做了。夫子告人，不是見他不曾識，所以告他。曾子只是曾經歷得多，所以告他；子貢是識得多，所以告他。忠如瓶中之水，恕如瓶中瀉在盞中之水。忠是洞然明白，無有不盡。恕是知得爲君，推其仁以待下；爲臣，推其敬以事君。泳。

或問：一貫如何却是忠恕？曰：忠者，誠實不欺之名。聖人將此放頓在萬物上，故名之曰恕。「一」猶言忠，「貫」猶言恕。若子思忠恕，則又降此一等。子思之忠恕，必待「施諸己而不願」，而後「勿施諸人」，此所謂「違道不遠」。若聖人則不待「施諸己而不願」，而後施諸人也。或問：曾子能守約，故孔子以一貫語之。曰：非也。曾子又何曾守約來！且莫看他别事，只如《禮記·曾子問》一篇，他甚底事不曾理會來！却道他守約，則不可。只緣孟子論三子養勇，將曾子比北宫黝與孟施舍，則曾子爲守約者爾。後世不悟，却道曾子之學專一守約，别不理會他事。如此，則成甚學也。曾子學力到聖人地位，故孔子以一貫語之。不可道爲他只能守約，故與語此也。去僞。

問「忠恕一貫」。曰：不要先將忠恕説，且看一貫底意思。如堯之「克明俊德，黎民於變時雍」，夫子「立之斯立，動之斯和」，這須從裏面發出來，方會如此。曾子工夫已到，如事親、從兄，如忠信講習，千條萬緒，一身親歷之。聖人一點他便醒，元來只從一箇心中流出來。如夜來守約之説，只是曾子篤實，每事必反諸身，所謂孝，所謂禮，必窮到底。若只守箇約，却没貫處。忠恕本未是説一貫，緣聖人告以一貫之説，故曾子借此二字以明之。忠恕是學者事，如欲子之孝於我，必當先孝於親；欲弟之弟於我，必當先敬其兄；如欲人不慢於我，須先不慢於人；欲人不欺我，須先不欺於人。聖人一貫，是無作爲底；忠恕，是有作爲底。將箇有作爲底，明箇無作爲底。又曰：曾子是事實上做出，子貢是就識上見得。看來曾子從實處做，一直透上去；子貢雖是知得，較似滯在知識上。寓。

敬之問「一貫」。曰：一貫未好便將忠恕壓在上説。因及器之夜來所問，云：曾子正不是守約。這處只見聖人許多實行，一一做工夫得到，聖人度得如此，遂告以吾只是從這心上流出，只此一心之理，盡貫衆理。賀孫。

曾子答門人説忠恕，只是解「一以貫之」，看本文可見。忠便貫恕，恕便是那忠裏面流出來底。聖人之心渾然一理。蓋他心裏盡包這萬理，所以散出於萬物萬事，無不各當其理。履之問：「忠者天道，恕者人道。」蓋忠是未感而存諸中者，所以謂之「天道」；恕是已感而見諸事物，所以謂之「人道」。曰：然。或曰：恐不可以忠爲未感。曰：恁地説也不妨。忠是不分破底，恕是分破出來底，仍舊只是這一箇。如一椀水，分作十盞，這十盞水依舊只是這一椀水。又曰：這事難。如今學者只是想像籠罩得是如此，也想像得箇萬殊之所以一本，一本之所以萬殊。如一源之水，流出爲萬派；一根之木，生爲許多枝葉。然只是想象得箇意思如此，其實不曾見得。如「曾點浴沂」一段，他却是真箇見得這道理。而今學者只是想象得這一般意思，知底又不實去做。及至事上做得細微緊密，盛水不漏底，又不曾見得那大本。聖人教人，都是教人實做，將實事教人。如格物、致知以至洒掃應對，無非是就實地上拈出教人。僩。

義剛説「忠恕」一章畢，先生良久曰：聖人之應事接物，不是各自有箇道理。曾子見得似是各有箇道理，故夫子告之如此。但一貫道理難言，故將忠恕來推明。大要是說在己在物皆如此，便見得聖人之道只是一。胡叔器因問：聖人是就理之體發來，學者是就用上做工夫否？曰：不要恁地說，只是一般。聖人是就天理上做，學者也是就天理上做。聖人也只是這一理，學者也只是這一理，不成是有兩箇天理！但聖人底是箇渾淪底物事，發出來便皆好。學者是要逐一件去推，然也是要全得這天理。如一椀水，聖人是全得水之用，學者是取一盞喫了，又取一盞喫，其實都只是水。忠便是就心上做底，恕便是推出來底，如那盡底，也只一般。但是聖人不待於推，而學者尚要推耳。義剛因問：若把作體、用說，恐成兩截。曰：說體、用，便只是一物。不成說香匙是火箸之體，火箸是香匙之用！如人渾身便是體，口裏說話便是用。不成說話底是箇物事，渾身又是一箇物事！萬殊便是這一本，一本便是那萬殊。義剛。○淳略。

或問「理一分殊」。曰：聖人未嘗言理一，多只言分殊。蓋能於分殊中事事物物、頭頭項項，理會得其當然，然後方知理本一貫。不知萬殊各有一理，而徒言理一，不知理一在何處。聖人千言萬語教人，學者終身從事，只是理會這箇。要得事事物物、頭頭件件，各知其所當然，而得其所當然，只此便是理一矣。如顏子穎悟，「聞一知十」，固不甚費力。曾子之魯，逐件逐事一一根究着落到底。孔子見他用功如此，故告以「吾道一以貫之」。若曾子元不曾理會得萬殊之理，則所謂一貫者，貫箇什麽！蓋曾子知萬事各有一理，而未知萬理本乎一理，故聖人指以語之。曾子是以言下有得，發出「忠恕」二字，太煞分明。且如「禮儀三百，威儀三千」，是許多事，要理會做甚麽？如《曾子問》一篇問禮之曲折如此，便是理會得川流處，方見得敦化處耳。孔子於《鄉黨》，從容乎此者也；學者戒謹恐懼而謹獨，所以存省乎此者也。格物者，窮究乎此者也；致知者，真知乎此者也。能如此着實用功，即如此着實到那田地，而理一之理，自森然其中，一一皆實，不是虛頭説矣。銖。

蜚卿問顔、曾之學。曰：顔子大段聰明，於聖人地位未達一間，秖争些子耳。其於聖人之言無所不曉，所以聖人道：「回也，非助我者，於吾言無所不説。」曾子遲鈍，直是辛苦而後得之，故聞一貫之説，忽然猛省，謂這箇物事，元來只是恁地。如人尋一箇物事不見，終歲勤動，一旦忽然撞着，遂至驚駭。到顔子，只是平鋪地便見，没恁地差異。道夫。

顔子聰明，事事了了。子貢聰明，工夫粗，故有闕處。曾子魯，却肯逐一用工捱去。捱得這一件去，便這一件是他底，又捱一件去。捱來推去，事事曉得，被孔子一下唤醒云「吾道一以貫之」，他便省得。❶ 蓋他平日事理，每每被他看破，事事到頭做，便曉得一貫之語是實説也。《大學》致知、格物等説，便是這工夫，非虛謾也。大雅。

子貢尋常自知識而入道，人傑録作「自敏入道」。故夫子警之曰：「汝以予爲多學而識之者歟？」對曰：「然。非與？」曰：「非也，予一以貫之。」蓋言吾之多識，不過一理爾。曾子尋常自踐履入，事親孝，則真箇行此孝；爲人謀，則真箇忠；朋友交，則真箇信。

---

❶「省」，萬曆本作「醒」。

故夫子警之曰：「汝平日之所行者，皆一理耳。」惟曾子領略於片言之下，故曰：「忠恕而已矣。」以吾夫子之道無出於此也。我之所得者忠，誠即此理，安頓在事物上則爲恕。無忠則無恕，蓋本末，體用也。去僞。○以下兼論「子貢」章。

夫子於子貢見其地位，故發之。曾子已能行，故只云「吾道一以貫之」。子貢未能行，故云：「賜，汝以予爲多學而識之？」可學。

所謂一貫者，會萬殊於一貫。如曾子是於聖人一言一行上一一踐履，都子細理會過了，不是默然而得之。觀《曾子問》中問喪禮之變，曲折無不詳盡，便可見曾子當時功夫是一一理會過來。聖人知曾子許多道理都理會得，便以一貫語之，教它知許多道理却只是一箇道理。曾子到此，亦是它踐履處都理會過了，一旦豁然知此是一箇道理，遂應曰：「唯！」及至門人問之，便云「忠恕而已矣」。忠是大本，恕是達道。忠者，一理也；恕便是條貫，萬殊皆自此出來。雖萬殊，却只一理，所謂貫也。子貢平日是於前言往行上着功夫，於見識上做得亦到。夫子恐其亦以聖人爲「多學而識之」，故問之。子貢方以爲疑，夫子遂以一貫告之。子貢聞此别無語，亦未見得子貢理會得、理會不得。自今觀之，夫子只以一貫語此二人，亦須是它承當得，想亦不肯説與領會不得底人。曾子是踐履篤實上做到，子貢是博聞强識上做到。夫子舍二人之外，别不曾説，不似今人動便説一貫也。所謂一者，對萬而言。今却不可去一上尋，須是去萬上理會。若只見夫子語一貫，便將許多合做底事都不做，只理會一，不知却貫箇甚底！㽦。

「忠恕」，「一以貫之」。曾子假「忠恕」二字，以發明一貫之理。蓋曾子平日無所不學。看《禮記》諸書，曾子那事不理會來！但未知所以一，故夫子於此告之，而曾子洞然曉之而無疑。賀孫問：「告子貢『一以貫之』章，《集注》云：『彼以行言，此以知言。』是就二子所到上説，如何？」曰：看上下語脉是如此。夫子告曾子，曾子只説：「夫子之道，忠恕而已矣。」這就行上説。夫子告子貢乃云：「汝以予爲多學而識之者與？」這是只就知上説。賀孫因舉《大學或問》云：心之爲物，實主於身。其體，則有仁義禮智之性；❶其用，則有惻隱、羞惡、恭敬、是非之情。渾然在中，隨感而應。以至身之所具，身之所接，皆有當然之則而自不容已，所謂理也，元有一貫意思。曰：然。施之君臣，則君臣義；施之父子，則父子親；施之兄弟，則兄弟和；施之夫婦，則夫婦別，都只由這箇心。如今最要先理會此心。又云：《通書》一處説「陰陽五行，化生萬物，五殊二實，二本則一」，亦此意。又云：如千部文字，萬部文字，字字如此好，面面如此好，人道是聖賢逐一寫得如此。聖人告之曰：不如此。我只是一箇印板印將去，千部、萬部雖多，只是一箇印板。又云：且看《論語》，如《鄉黨》等處，待人接物，千頭萬狀，是多少般！聖人只是這一箇道理做出去。明道説忠恕，當時最録得好。賀孫。

曾子一貫忠恕，是他於事物上各當其理。日用之間，這箇事見得一道理，那箇事

❶「智」下，萬曆本有「信」字。

又見得一道理，只是未曾湊合得。聖人知其用力已到，故以一貫語之。問：曾子於零碎曲折處都盡得，只欠箇「一以貫之」否？曰：亦未都盡得。但是大概已得，久則將自到耳。問：「君子之道費而隱」，曾子於費處已盡得，夫子以隱處點之否？曰：然。問：曾子篤實，行處已盡。聖人以一貫語之，曾子便會，曰：「忠恕而已矣。」子貢明敏，只是知得。聖人以一貫語之，子貢尚未領略，曰：「然。非與？」是有疑意。曰：子貢，乃是聖人就知識學問語之；曾子，就行上語之，語脉各不同。須是見得夫子曰「吾道一以貫之」意思，先就多上看，然後方可說一貫。此段「恕」字却好看，方沿流以遡其源。❶學者寧事事先了得，未了得「一」字，却不妨。莫只懸空說箇「一」字作大罩了，逐事事都未曾理會，却不濟事。所以程子道：「『下學而上達』，方是實。」又云：如人做塔，先從下面大處做起，到末梢自然合尖。若從尖處做，如何得！僩。

問：曾子一貫，以行言；子貢一貫，以知言。何也？曰：曾子發出忠恕，是就行事上說。孔子告子貢，初頭說「多學而識之」，便是就知上說。曾子是就源頭上面流下來，子貢是就下面推上去。問：曾子未聞一貫之前，已知得忠恕未？曰：他只是見得聖人千頭萬緒都好，不知都是這一心做來。及聖人告之，方知得都是從這一箇大本中流出。如木，千枝萬葉都好，都是這根上生氣流注去貫也。林問：枝葉便是恕否？曰：枝葉不是恕。生氣流注貫枝葉底是恕。信，是枝葉受生氣底；恕，是夾界

❶「沿」，萬曆本作「泝」。

半路來往底。信是定底，就那地頭説，發出忠底心，便是信底言。無忠，便無信了。淳。○謨録云：曾子一貫，以行言；子貢一貫，以知言。曾子言夫子忠恕，只是就事上看。夫子問子貢「多學而識之」，便是知上説。曾子見夫子所爲千頭萬緒，一一皆好。譬如一樹，枝葉花實皆可愛，而其實則忠信根本，恕猶氣之貫注枝葉。若論信，則又如花之必誠實處。忠信、忠恕，皆是體用。恕如行將去，信如到處所。循物無違，則是凡事皆實。譬如水也，夫子自源而下者也；《中庸》所謂忠恕，泝流而上者也。

或問夫子告曾子以「吾道一以貫之」，與告子貢「予一以貫之」之説。曰：曾子是以行言，子貢是以知言。蓋曾子平日於事上都積累做得來已周密，皆精察力行過了，只是未透。夫子才點他，便透。如孟子所謂「有如時雨化之者」，是到這裏恰好着得一陣雨，便發生滋榮，無所凝滯。子貢却是資質敏悟，能曉得，聖人多愛與他説話，所以亦告之。又問：尹氏云：「此可見二子所學之淺深。」曰：曾子如他與門人之言，便有箇結纔殺頭，亦見他符驗處。子貢多是説過曉得了便休，更没收殺。大率子貢緣他曉得，聖人多與他説話，但都没收殺。如「子如不言」處，也没收殺。或曰：他言性與天道處，却是他有得處否？曰：然。燾。

今有一種學者，愛説某自某月某日有一箇悟處後，便覺不同。及問他如何地悟，又却不説。便是曾子傳夫子一貫之道，也須可説，也須有箇來歷，因做甚麽工夫，聞甚麽説話，方能如此。今若云都不可説，只是截自甚月甚日爲始，已前都不是，已後都是，則無此理。已前也有是時，已後也有不是時。蓋人心存亡之決，只在一息之間，此心常存則皆是，此心才亡便不是。聖賢教人亦只據眼前便着實做將去。孟子猶自説箇存心、養性。若孔子則亦不説此樣話，但云「學而時習之」、「入則孝，出則弟，謹而信，汎愛衆而親仁」、「君子食無求飽，居無求安，敏於事，謹於言，就有道而正焉」。顔淵問仁，則曰：「非禮勿視，非禮勿聽，非禮勿言，非禮勿動。」仲弓問仁，則曰：「出門如見大賓，使民如承大祭。己所不欲，勿施於人。」司馬牛問仁，則曰：「仁者其言也訒。」據此一語，是司馬牛己分上欠闕底。若使他從此着實做將去，做得徹時，亦自到他顔、冉地位。但學者初做時，固不能無間斷。做來做去，做到徹處，自然純熟，自然光明。如人喫飯相似，今日也恁地喫，明日也恁地喫。一刻便有一刻工夫，一時便有一時工夫，一日便有一日工夫。豈有截自某日爲始，前段都不是，後段都是底道理！又如曾子未聞一貫之説時，亦豈全無是處？他也須知得「爲人臣，止於敬；爲人子，止於孝；爲人父，止於慈；與國人交，止於信」。如何是敬，如何是孝，如何是慈，如何是信，件件都實理會得了，然後件件實做將去。零零碎碎，煞着了工夫，也細摸得箇影了，❶只是争些小在。及聞一貫之説，他便於言下將那實心來承當得、體認得，平日許多工夫，許多樣事，千頭萬緒，皆是此箇實心做將出來。恰如人有一屋錢散放在地上，當下將一條索子都穿貫了。而今人元無一文錢，却也要學他去穿，這下穿一穿，又穿不着；那下穿一穿，又穿不着，似恁爲學，成得箇甚麽邊事！如今誰不解説「一

❶「細」，朝鮮本作「約」。

以貫之」，但不及曾子者，蓋曾子是箇實底「一以貫之」；如今人説者，只是箇虚底「一以貫之」耳。「誠者，物之終始，不誠無物。」孔子曰：「言忠信，行篤敬，雖蠻貊之邦行矣；言不忠信，行不篤敬，雖州里行乎哉！立則見其參於前也；在輿則見其倚於衡也，夫然後行。」只此是學，只争箇做得徹與不徹耳。孟子曰：「服堯之服，誦堯之言，行堯之行，是堯而已矣；服桀之服，誦桀之言，行桀之行，是桀而已矣。」廣。

江西學者偏要説甚自得，説甚一貫。看他意思，只是揀一箇儱侗底説話，將來籠罩，其實理會這箇道理不得。且如曾子日用間做了多少工夫，孔子亦是見他於事事物物上理會得這許多道理了，却恐未知一底道理在，遂來這裏提省他。❶然曾子却是已有這本領，便能承當。今江西學者實不曾有得這本領，不知是貫箇甚麽！嘗譬之，一便如一條索，那貫底物事，便如許多散錢。須是積得這許多散錢了，却將那一條索來一串穿，這便是一貫。若陸氏之學，只是要尋這一條索，却不知道都無可得穿。且其爲説，喫緊是不肯教人讀書，只恁地摸索悟處。譬如前面有一箇關，纔跳得過這一箇關，便是了。此煞壞學者。某老矣，日月無多。方待不説破來，又恐後人錯以某之學亦與他相似。今不奈何，苦口説破。某道他斷然是異端！斷然是曲學！斷然非聖人之道！但學者稍肯低心向平實處下工夫，那病痛亦不難見。

「吾道一以貫之」，譬如聚得散錢已多，將一條索來一串穿了。所謂一貫，須是聚

❶「省」，萬曆本作「醒」。

箇散錢多，然後這索亦易得。若不積得許多錢，空有一條索，把甚麽來穿！吾儒且要去積錢。若江西學者都無一錢，只有一條索，不知把甚麽來穿。又曰：一，只是一箇道理貫了。或問：忠恕，曾子以前曾理會得否？曰：曾子於忠恕自是理會得了，便將理會得底來解聖人之意，其實借來。直卿問：「一以貫之」，是有至一以貫之。曰：一，只是一箇道理，不用説至一。

問：《集注》云：「聖人之心，渾然一理，泛應曲當，用各不同。」此恐是聖人之心昭明融液，無絲豪間斷，隨事逐物，泛應曲酬，只是自然流出來。曾子謂之忠恕，雖是借此以曉學者，然既能忠，則心無欺曲，無叉路，即此推將去，便是一。已而至於自然而盡，❶則即聖人之所謂一矣。曰：如此則全在「忠」字上，這段正好在「恕」字上看。聖人之意，正謂曾子每事已自做得是。但事君，只知是事君底道理；事父，只知是事父底道理；事長，只知是事長底道理，未知其相貫通。故孔子説，我每日之間大事、小事，皆只是一箇道理。而今却不識言意，都倒説了。且理會事事都要是。若事都是，不理會得那一，不妨。若事未是，先去理會那一，不濟事。如做塔，且從那低處、闊處做起，少間自到合尖處。若只要從頭上做起，却無着工夫處。「下學而上達」，下學方是實。先生又云：聖人與曾子説一貫處，是説行；與子貢説一貫處，只説學問，看「多學而識之」一句可見。又問：「自此之外，更無餘法，亦無待於推矣。」推，只是推己之「推」否？「更無餘法」，是一理之外更

❶「盡」，萬曆本作「然」。

無其他否？曰：聖人之忠恕自别，不可將做尋常「忠恕」字看。問：才説「恕」字，必須是推。若不須推，便是仁了。曰：聖人本不可説是忠恕，曾子假借來説。要之，天地是一箇無心底忠恕，聖人是一箇無爲底忠恕，學者是一箇着力底忠恕。學者之忠恕，方正定是忠恕。且如不欺誑、不妄誕是忠，天地何嘗説我不可欺誑、不可妄誕來！如「己所不欲，勿施於人」是恕，天地何嘗説我要得性命之正，然後使那萬物各正性命來！聖人雖有心，也自是不欺誑、不妄誕，我所不欲底事，也自是不去做。故程子曰：「天地無心而成化，聖人有心而無爲。」即是此意。問：程子言：「忠者天道，恕者人道。」不是《中庸》所謂「天道、人道」否？曰：不是。大本便是天道，達道便是人道。這箇不可去泥定解他。如子思説「鳶飛戾天，魚躍于淵」相似，只輕輕地傍邊傍説將去。要之，「至誠無息」一句，已自剩了。今看那一段，不須字字去解，亦不須言外求意，自然裏面有許多道理。今如此説，倒鈍滯了。所以聖人不胡亂説，只説與曾子、子貢二人曉得底。其他如「吾欲無言」之類，略拈起些小來説，都只是輕輕地説過，説了便休。若只管説來説去，便自拖泥帶水。胡泳。○以下《集注》。

問「曾子未知其體之一」。曰：曾子偶未見得，但見一箇事是一箇理，不曾融會貫通。然曾子於九分九豪九釐上都見得了，即争這些子，故夫子告之。而今人却是因夫子之説，又因後人説得分曉，只是望見一貫影像，便説體説用，却不去下工夫。而今只得逐件理會，所以要格物、致知。夔孫。

先生問坐間學者云：「吾道一以貫

之」，如何是「曾子但未知體之一處」？或云：正如萬象森然者，是曾子隨事精察力行處。至於一元之氣所以爲造化之妙者，是曾子未知體之一處。曰：何故曾子既能隨事精察，却不曉所以一處？答云：曾子但能行其粗而未造其精。曰：不然。聖人所以發用流行處，皆此一理，豈有精粗。政如水相似，田中也是此水，池中也是此水，海中也是此水。不成説海水是精，他處水是粗，豈有此理！緣他見聖人用處，皆能隨事精察力行。不過但見聖人之用不同，而不知實皆此理流行之妙。且如事君忠是此理，事親孝也是此理，交朋友也是此理，以至精粗小大之事，皆此一理貫通之。聖人恐曾子以爲許多般樣，故告之曰：「吾道一以貫之。」曾子真積力久，工夫至到，遂能契之深而應之速。云「而已矣」者，竭盡無餘之詞。所以《集注》説「自此之外，固無餘法」，便是那竭盡無餘之謂。聖人只是箇忠，只是箇恕，更無餘法。學者則須推之，聖人則不消如此，只是箇至誠不息，萬物各得其所而已。這一箇道理，從頭貫將去。如一源之水，流出爲千條萬派，不可謂下流者不是此一源之水。人只是一箇心。如事父孝，也是這一心；事君忠，事長弟，也只是這一心；老者安，少者懷，朋友信，皆是此一心。精粗本末，以一貫之，更無餘法。但聖人則皆自然流行出來，學者則須是「施諸己而不願，而後勿施於人」，便用推將去；聖人則動以天，賢人則動以人耳。又問：盡己之忠，聖人同此忠否？曰：固是。學者與聖人所争，只是這些箇自然與勉强耳。聖人所行，皆是自然堅牢。學者亦有時做得如聖人處，但不堅牢，又會失却。程子說：「孟子爲孔子事業儘得，只是難得似聖人。如剪綵爲花固相似，只是無造化功。」龜山云：「孔子似知州，孟子似通判權州。」譬得好。又問：先生解忠恕，謂借學者盡己推己之目。如程子說忠恕一以貫之，則又自有聖人之忠恕。曰：這裏便自要理會得。若曉得某說，則曉程子之說矣。又云：忠是一，恕是所以貫之。《中庸》說「忠恕違道不遠」，是「下學上達」之義，即學者所推之忠恕，聖人則不待推。然學者但能盡己以推之於人，推之既熟，久之自能見聖人不待推之意，而「忠恕」二字有不足言也。明作。〇壯祖録云：問一貫之旨。先生曰：何故曾子能每事精察而力行，却未知其體之一？趙兄曰：曾子但見粗處，未見精處。先生曰：若說「精粗」二字，便壞了一貫之理。譬之水，在大江中，❶固是此水；流爲池沼，亦只是此水；流爲溝壑，亦只是此水。若曰池沼溝壑別是水之粗，而大江中乃是水之精者，其可哉？夫子之道，施之事父則爲孝，事君則爲忠，交朋則爲信。曾子見其事事曲當如此，遂疑有許多般樣，而未知天下只是一箇大道理，雖於事上有千般百緒，只共是這一箇大道理。❷曾子之所未達者，尚有此耳。一是忠，所貫者恕。忠是一箇實心，萬法萬事皆自此出。聖人只有這兩端，外此更無餘事。但聖人不待推，學者須每事推去。但爲之既熟，則久之自能見聖人不待推之意，而「忠恕」二字即不足言也。

問：「曾子未知其體之一。」用自體出，體用不相離。於其用處既已精察，何故未知其體之一？曰：是他偶然未知。曾子於九分九釐上皆透徹了，獨此一釐未透。今人只指箇見成底「體用」字來說，却元不曾下得工夫。又問：曾子借學者盡己推己之目而明之，欲人之易曉。曰：這箇道理，

❶「在」上，朝鮮本有「瀉」字。
❷「這」，原作「追」，今據朝鮮本、萬曆本改。

譬如一枝天然底花爲人不識，故作一枝假底花出來形容，欲人識得箇模樣。又曰：此章一項説天命，一項説聖人，一項説學者，只是一箇道理。又曰：聖人是自然底忠恕，學者是使然底忠恕。儒用。❶○祖道録云：或問：曾子一唯處如何？曰：曾子平日用功得九分九釐九豪都見得了，只争這些子。一聞夫子警省之，便透徹了也。又問：未唯之前如何？曰：未唯之前，見一事上是一箇理；及唯之後，千萬箇理只是一箇理。又問：「以己及物」，「推己及物」，如何？曰：在聖人都謂之仁，在學者只是忠恕而已。「己欲立而立人，己欲達而達人」，則是聖人之仁；「能近取譬」，便是學者之恕。一箇是天然底道理，一箇是人爲底道理。曾子以天然底推説，❷只得把人爲底説與他，教他自此做得到盡處，便是天然底。所以如此説者，要使當時問者曉得。譬如將做底花去比生成底花，自有優劣。要之，這一項説天命，一項説聖人，一項説學者，其至只是一箇道理也。欲爲逐一字説，如何是聖人底，如何是學者底，一向訓解未免有牴牾。學者須是自體認始得。或曰：然則「忠恕」字如何看？曰：如此等字，難爲一一分説，且去子細看得此樣四五箇字透徹，看他落在何界分，將輕重參較，久久自見。今只説與，終不濟事。且如看地盤一般，識得甲庚丙壬了，❸逐一字挨將去，❹永不差互。❺久之，又曰：要好時，將此樣十數箇字排在面前，前賢所説，逐一細看，教心通意會，便有所得也。○賜録云：問忠恕。曰：解此處大段用力，一箇是天然底，一箇是人爲底。譬如把假花來形容生花一般，爲是生花難説，故把假花形容，引他意思出來。然此段一項説天命，一項説聖人，一項説學者。要之，只是一箇道理。

問：「一貫」，《注》言：「蓋已隨事精察而力行之，但未知其體之一耳。」「未知其體之一」，亦是前所説乎？曰：參也以魯得之，他逐件去理會。曾子問喪禮，到人情委

❶「用」，萬曆本作「相」。
❷「推」，萬曆本作「難」。
❸「壬了」，朝鮮本作「辰壬子」，萬曆本作「壬戌子」。
❹「挨」，萬曆本作「捱」。
❺「互」，萬曆本作「誤」。

曲處，無不講究。其初，見一事只是一事，百件事是百件事。得夫子一點醒，百件事只是一件事，許多般樣，只一心流出。曾子至此，方信得是一箇道理。問：自後學言之，便道已知此是一理。今曾子用許多積累工夫，方始見得是一貫，後學如何便曉得一貫？曰：後人只是想象說，正如矮人看戲一般，見前面人笑，他也笑。他雖眼不曾見，想必是好笑，便隨他笑。又曰：曾點所見不同，方當侍坐之時，見三子言志，想見有些下視他幾箇，作而言曰：「異乎三子者之撰。」看其意，有鳳凰翔于千仞底氣象！《莊子》中說孟子反、子琴張喪側，或琴或歌，點亦只是此輩流。渠若不得聖人爲之依歸，須一向流入莊、老去。寓。

叔器問聖人之忠恕與學者之忠恕。曰：這不是說一貫便是忠恕，忠恕自是那一貫底注脚。只是曾子怕人曉那一貫不得，後將這言語來形容，不是說聖人是忠恕。今若曉得一貫，便曉得忠恕；曉得忠恕，便曉得一貫。今且說那渾全道理便是忠，那隨事逐物串斂來底便是恕。今若要做那忠恕去湊成聖人忠恕，做那忠恕去湊成一貫，皆不是。某分明說，此只是曾子借此以推明之。義剛。

而今不是一本處難認，是萬殊處難認，如何就萬殊上見得皆有恰好處。又云：到這裏只見得一本萬殊，不見其他。卓。

「中心爲忠，如心爲恕」，此語見《周禮疏》。銖。

問「如心爲恕」。曰：如，比也，比自家心推將去。仁之與恕，只爭些子。自然底是仁，比而推之便是恕。道夫。

蜚卿問：「恕」字，古人所說有不同處。

如「己所不欲，勿施於人」，便與《大學》之「絜矩」，程子所謂「推己」，都相似。如程子所引「乾道變化，各正性命」，及《大學》中説「有諸己而後求諸人」，却兼通不得，如何？曰：也只是一般。但對副處别，子細看便可見。今人只是不曾子細看。某當初似此類，都逐項寫出，一字對一字看。少間紙上底通，心中底亦脱然。且如「乾道變化，各正性命」，各正性命底，便如乾道變化底，所以爲恕。直卿問：程子言「如心爲恕」，如心之義如何？曰：萬物之心，便如天地之心；天下之心，便如聖人之心。天地之生萬物，一箇物裏面便有一箇天地之心。聖人於天下，一箇人裏面便有一箇聖人之心。聖人之心自然無所不到，此便是「乾道變化，各正性命」，聖人之忠恕也。如「己所不欲，勿施於人」，便是推己之心求到那物上，❶賢者之忠恕也。這事便是難。且如古人云：「不廢困窮，不虐無告」，自非大無道之君，孰肯廢虐之者！然心力用不到那上，便是自家廢虐之。須是聖人，方且會無一處不到。又問：「以己及物，仁也；推己及物，恕也。」上句是聖人之恕，下句是賢者之恕否？曰：上箇是聖人之恕，下箇是賢者之仁。聖人之恕，便是衆人之仁；衆人之仁，便是聖人之恕。道夫。

楊問「以己」、「推己」之辨。先生反問：如何？❷曰：以己，是自然底意思；推己，是反思底意思。曰：然。以己，是自然流出，如孔子「老者安之，朋友信之，少者懷之」。推己，便有折轉意，如「己欲立而立

❶「求」，萬曆本作「做」。
❷「如」上，朝鮮本有「公以爲」三字。

人，己欲達而達人」。寓因問：「推廣得去，則天地變化，草木蕃；推廣不去，天地閉，賢人隱」，如何？曰：亦只推己以及物。推得去，則物我貫通，自有箇生生無窮底意思，便有「天地變化，草木蕃」氣象。天地只是這樣道理。若推不去，物我隔絶，欲利於己，不利於人；欲己之富，欲人之貧；欲己之壽，欲人之夭。似這氣象，全然閉塞隔絶了，便似「天地閉，賢人隱」。寓。

問「以己」、「推己」之辨。曰：以己，是自然；推己，是著力。「己欲立而立人，己欲達而達人」，是以己及人也。「近取諸身」，譬之他人，自家欲立，知得人亦欲立，方去扶持他使立；自家欲達，知得人亦欲達，方去扶持他使達，是推己及人也。淳。

胡問「以己及物」「以」字之義。曰：「以己及物」，是大賢以上聖人之事。聖人是因我這裏有那意思，便去及人。如未飢，未見得天下之人飢；未寒，未見得天下之人寒。因我之飢寒，便見得天下之飢寒，自然恁地去及他，便是以己及物。如賢人以下，知得我既是要如此，想人亦要如此，而今不可不教他如此，三反五折，便是推己及物，只是争箇自然與不自然。義剛。

「以己及物」，是自然及物，己欲立，便立人；己欲達，便達人。推己及物，則是要逐一去推出。如我欲恁地，便去推云人也合恁地，❶方始有以及之。如喫飯相似，以己及物底，便是我要喫，自是教別人也喫，不待思量。推己及物底，便是我喫飯，思量道別人也合當喫，方始與人喫。義剛。

恕之得名，只是推己，故程先生只云：

❶「云」，萬曆本作「與」。

「推己之謂恕。」曾子言：「夫子之道忠恕。」此就聖人説，却只是自然，不待勉强而推之，其字釋却一般。端蒙。

「以己及物，仁也，『一以貫之』是也；推己及物，恕也，『違道不遠』是也」，蓋是明道之説。第一句只是懸空説一句。「違道不遠」，只粘着推己及物説。夔孫。

問：程子謂：「以己及物，仁也；推己及物，恕也，『違道不遠』是也。」「以己及物仁也」，與「違道不遠」不相關，莫只是以此分別仁、恕否？曰：自是不相關。只是以此形容仁、恕之定名。子蒙。

問：明道言：「忠者天道，恕者人道。」何也？曰：忠是自然；恕隨事應接，略假人爲，所以有天人之辨。壯祖。

「忠者天道，恕者人道」，此「天」是與「人」對之「天」。若「動以天也」之「天」，即是理之自然。又曰：聖賢之言，夫子言「一貫」，曾子言「忠恕」，子思言「小德川流，大德敦化」，張子言「理一分殊」，只是一箇。卓。

問：天道、人道，初非以優劣言。自其渾然一本言之，則謂之天道；自其與物接者言之，則謂之人道耳。曰：然。此與「誠者天之道，誠之者人之道」，語意自不同。閎祖。

「一貫、忠恕。」先生曰：此是曾子平日用工，於逐事逐物上，都理會過了，但未知一貫爾，故夫子唤醒他。忠者天道，恕者人道。忠者無妄，恕者所以行乎忠也。先生顧曰：「恕者所以行乎忠也」一句好看。又曰：便與《中庸》「大德敦化，小德川流」相似。炎。

忠者，盡己之心，無少僞妄。以其必於

此而本焉，故曰「道之體」。恕者，推己及物，各得所欲。以其必由是而之焉，故曰「道之用」。端蒙。

「忠恕」一段，明道解得極分明。其曰：「以己及物，仁也；推己及物，恕也，『忠恕違道不遠』是也。」分明自作一截説。下面「忠恕一貫之」以下，却是言聖人之忠恕。故結云：「所以與『違道不遠』異者，動以天爾。」若曰：《中庸》之言，則動以人爾。端蒙。

「忠恕違道不遠」，此乃略下教人之意，「下學而上達」也。「盡己之謂忠，推己及物之謂恕」。忠恕二字之義，只當如此説。曾子説夫子之道，而以忠恕爲言，乃是借此二字綻出一貫。一貫乃聖人公共道理，盡己、推己不足以言之。緣一貫之道，難説與學者，故以忠恕曉之。賀孫。

「忠恕違道不遠」與「夫子之道忠恕」，只消看他上下文，便自可見。如《中庸》「施諸己而不願，亦勿施諸人」，勿者，禁止之辭，豈非學者之事。《論語》之言，分明先有箇「夫子之道」字，豈非聖人之事。端蒙。

「忠恕違道不遠」，正是説忠恕。「一以貫之」之忠恕，却是升一等説。高。

一是忠，貫是恕。譬如一泓水，聖人自然流出，灌溉百物，其他人須是推出來灌溉。此一貫所以爲天。至子思忠恕，只是人，所以説「違道不遠」。「盡己之謂忠，推己之謂恕。」才是他人，便須是如此。泳。

問：到得忠恕，已是道，如何又云「違道不遠」？曰：仁是道，忠恕正是學者着力下工夫處。「施諸己而不願，亦勿施於人」，子思之説，正爲下工夫。「夫子之道，忠恕而已矣」，却不是恁地。曾子只是借這箇説「維天之命，於穆不已」。「乾道變化，各正性命」，便是天之忠恕；「純亦不已」，「萬物各得其所」，便是聖人之忠恕；「施諸己而不願，亦勿施於人」，便是學者之忠恕。賀孫。

曾子忠恕，與子思忠恕不同。曾子忠恕是天，子思忠恕尚是人在。泳。

問：「忠恕而已矣」與「違道不遠」、「己所不欲」等處不同，而程先生解釋各有異意，如何？曰：先理會「忠恕而已」一句。如明道説「動以天」之類，只是言聖人不待勉强，有箇自然底意思。如「己所不欲，勿施於人」，「施諸己而不願，亦勿施諸人」，看箇「勿」字，便是禁止之辭。故明道曰：「以己及物，仁也；推己及物，恕也。」正是如此分別。或曰：南軒解此云：「聖人全乎此，天之道也，曾子稱夫子忠恕是矣。賢者求盡夫此，人之道也，子思稱忠恕是矣。」曰：此亦説得好。諸友却如何看？謨曰：《集注》等書所謂「盡己爲忠」，道之體也；「推己爲恕」，道之用也。忠爲恕體，是以分殊而理未嘗不一；恕爲忠用，是以理一而分未嘗不殊。此固甚明矣。曰：夫子只説「吾道一以貫之」，曾子説此一句，正是下箇注脚，如何却横將忠恕入來解説「一貫」字？程子解此又如何？曰：「以己及物爲仁，推己及物爲恕。」又却繼之曰：此與「違道不遠」異者，動以天爾。如此，却是剩了「以己及物」一句，如何？謨曰：莫是合忠恕而言，便是仁否？先生稱善。謨曰：只於《集注》解第二節處得之。如曰「聖人至誠無息，而萬物各得其所」，便是合忠恕是仁底意思。曰：合忠恕，正是仁。若使曾子便將仁解一貫字，却失了體用，不得謂之一貫爾。要如此講「貫」，方盡。謨。

問《論語》、《中庸》言忠恕不同之意。曰：盡己之謂忠，推己之謂恕。《中庸》言「忠恕違道不遠」，是也。此是學者事，然忠恕功用到底只如此。曾子取此以明聖人一貫之理耳。文蔚録云：曾子借學者以形容聖人。若聖人之忠恕，只説得「誠」與「仁」字。聖人渾然天理，則不待推，自然從此中流出也。「盡」字與「推」字，聖人自不用得。❶若學者則須推。故明道云：「以己及物，仁也；推己及物，恕也，『違道不遠』是也。」自是兩端。伊川説《中庸》，則只説是「下學上達」，又説是「子思掠下教人」。明道説《論語》，則曰：「『一以貫之』，大本達道也，與『違道不遠』異者，動以天耳。」伊川曰：「『維天之命，於穆不已』，忠也；『乾道變化，各正性命』，恕也。」此規模又別。大雅云：程先生説：「忠恕形容一貫之理，在他人言則未必盡，在曾子言之，必是盡。」曰：此説得最好。然「一」字多在忠上？多在恕上？大雅云：多在忠上。曰：然。程子説得甚分明，復將元説成段看。後來多被學者將元説折開分布在他處，故意散亂不全，難看。大雅。

問：「『維天之命，於穆不已』，忠也；『乾道變化，各正性命』，恕也。」曰：「恕」字正在兩隔界頭。只看程子説「盡己之謂忠，推己之謂恕」，便分明。恕是推以及物，❷使各得其所處。「盡物之謂信」。人傑。

劉問「忠恕」。曰：忠即是實理。忠則一理，恕則萬殊。如「維天之命，於穆不已」，亦只以這實理流行，發生萬物。牛得

❶「自」，萬曆本作「盡」。
❷「以」，萬曆本作「己」。

之爲牛，馬得之而爲馬，草木得之而爲草木。卓。

「『維天之命，於穆不已』，不其忠乎！」此是不待盡而忠也。「『乾道變化，各正性命』，不其恕乎！」此是不待推而恕也。廣。

忠貫恕，恕貫萬事。「『維天之命，於穆不已』，不其忠乎！」是不忠之忠。「『乾道變化，各正性命』，不其恕乎！」是不恕之恕。天地何嘗道此是忠，此是恕？人以是名其忠與恕。故聖人無忠恕，所謂「己所不欲，勿施於人」，乃學者之事。士毅。

曾子所言，只是一箇道理，但假借此以示門人。如程子所言，「維天之命，於穆不已」，「乾道變化，各正性命」，此天地無心之忠恕。夫子之道一貫，乃聖人無爲之忠恕。盡己、推己，乃學者着力之忠恕。固是一箇道理，在三者自有三樣。且如天地何嘗以不欺不妄爲忠。其化生萬物，何嘗以此爲恕。聖人亦何嘗以在己之無欺無妄爲忠。若泛應曲當，亦何嘗以此爲恕。但是自然如此。故程子曰：「天地無心而成化，聖人有心而無爲。」此語極是親切。若曉得曾子意思，雖即是「忠恕」二字，❶而發明一貫之旨昭然。但此話難説，須自意會。若只管説來説去，便拖泥帶水。又云：夜來説忠恕，論著忠恕名義，自合依子思「忠恕違道不遠」是也。曾子所説，却是移上一階，説聖人之忠恕。到程子又移上一階，説天地之忠恕。其實只一箇忠恕，須自看教有許多等級分明。僩。

正淳問：伊川云：「『乾道變化，各正性命』，恕也。」「乾道變化」，猶是説上體事，至

❶「即」，萬曆本作「則」。

「各正性命」，方是恕否？曰：「乾道變化，各正性命」，正相夾界半路上說。程子謂「盡己之謂忠，推己之謂恕」，又謂「盡物之謂信」。如「乾道變化」，便是盡己處；「各正性命」，是推以及物處。至於推到物上，使物物各得其所處，方是盡物，便是信。問：侯師聖云「草木蕃」，與「各正性命」如何？曰：尋常數家，便說「草木蕃」是「草木暢茂」、「天造草昧」之意，故指來說「恕」字不甚着。「各正性命」，說推己及物。然當時只是且指此兩句來說。㽦。

徐仁父問：「充廣得去，則天地變化，草木蕃；充廣不去，則天地閉，賢人隱」，如何？曰：只管充廣將去，則萬物只管各得其分。只就「己所不欲，勿施於人」上面廣充將去。若充之於一家，則一家得其所；充之於一國，則一國得其所。無施而不得其所，便是「天地變化，草木蕃」。若充廣不去，則這裏出門便行不得，便窒塞了，如何更施諸人？此便是「天地閉，賢人隱」底道理。卓。○賀孫同。○以下《集義》。

吳仁父問：「充廣得去，則天地變化，草木蕃；充廣不去，則天地閉，賢人隱」，是氣象如此，是實如此？曰：似恁地恕，只是推得去。推不去底人，只要理會自己，不管別人；別人底事，便說不關我事。今如此人，便爲州爲縣，亦只理會自己，百姓盡不管他，直是推不去。又問：「恕」字恁地闊？曰：所以道：「一言而可以終身行之者，其恕乎！」又曰：也須是忠。無忠，把甚麽推出來！節。

「天地變化」是忠，忠則一；「草木蕃」是恕，恕則萬狀。「天地閉，賢人隱」，是理當如此，非如人之不恕是有吝意。恕如春，不恕如冬。節。

「草木蕃」，如説「草木暢茂」。人傑。

一，譬如元氣；八萬四千毛孔無不通貫，是恕也。又曰：「一以貫之」，只是萬事一理。伊川謂：「言仁義亦得，蓋仁是統體，義是分別。」某謂言禮樂亦得，「樂統同，禮辨異」。言畢，復抗聲而誦曰：天高地下，萬物散殊，而禮制行矣；流而不息，合同而化，而樂興焉。道夫。

忠恕是工夫，公平則是忠恕之效，所以謂「其致則公平」。致，極至也。道夫。

問：「吾道一以貫」，伊川云：「多在忠上。」看得來都在忠上，貫之却是恕。曰：雖是恕，却是忠流出貫之。可學。

問：「盡物之謂恕」，與「推己之謂恕」，如何推己只是忠中流出？曰：方流出，未可謂之盡。曰：「盡物之謂信」，是物實得此理，故曰「盡物」？曰：然。可學。

問：侯氏云「盡物之謂恕」，程子不以爲然，何也？曰：「恕」字上着「盡」字不得。恕之得名，只是推己。盡物，却是於物無所不盡，意思自别。端蒙。

衆朋友再説「忠恕」章畢，先生曰：將孔子説做一樣看，將曾子説做一樣看，將程子説又做一樣看。又曰：聖人之恕無轍迹。學者則做這一件是當了，又把這樣子去做那一件，又把這樣子去做十件、百件、千件，都把這樣子去做，便是推。到下梢都是這箇樣子，便只是一箇物。或問：先生與范直閣論忠恕，還與《集注》同否？曰：此是三十歲以前書，大概也是，然説得不似，而今看得又較别。義剛。

亞夫問「忠恕而已矣」。曰：此曾子借學者忠恕以明一貫之妙。蓋一貫自是難説得分明，惟曾子將忠恕形容得極好。學者忠恕，便待推方得。才推，便有比較之意。聖人更不待推，但「老者安之，少者懷之，朋友信之」，便是聖人地位。如一泓水在此，自然分流四出。借學者忠恕以形容一貫，猶所謂借粗以形容細。趙至道云：如所謂「堯、舜之道孝弟」否？曰：亦是。但孝弟是平說。曾子說忠恕，如說「小德川流，大德敦化」一般，自有交關妙處。當時門弟想亦未曉得，惟孔子與曾子曉得。自後千餘年，更無人曉得，惟二程說得如此分明。其門人更不曉得，惟侯氏、謝氏曉得。某向來只推見二程之說，❶却與胡籍溪、范直閣說，二人皆不以爲然。❷及後來見侯氏說得元來如此分明，但諸人不曾子細看爾。直卿云：聖人之忠是天之天，聖人之恕是天之人。忠恕只是學者事，不足以言聖人，只是借言爾。猶云「亹亹文王」，文王自是「純亦不已」，「亹亹」不足以言之。然「亹亹」便有「純亦不已」意思。又云：忠猶木根，恕猶枝葉條榦。南升。

忠恕一貫。聖人與天爲一，渾然只有道理，自然應去，不待盡己方爲忠，不待推己方爲恕，不待安排，不待忖度，不待覩當。如水源滔滔流出，分而爲支派，任其自然，不待布置入那溝、入這瀆。故云曾子怕人曉不得一貫，故借忠恕而言。某初年看不破，後得侯氏所收程先生語，方曉得。又云：自孔子告曾子，曾子說下在此，千五百年無人曉得。待得二程先生出，方得明白。前前後後許多人說，今看來都一似說夢。

❶「推」，萬曆本作「惟」。

❷「爲」字，原脱，今據朝鮮本、萬曆本補。

子善云：初曉「忠者天道，恕者人道」不得。後略曉得，因以二句解之云：「天道是自然之理具，人道是自然之理行。」直卿云：就聖人身上説，忠者天之天，恕者天之人；就學者身上説，忠者人之天，恕者人之人。曰：要之，只是箇「小德川流，大德敦化」意思。賀孫。○疑與上條同聞。

方叔問：忠恕一理，却似説箇「中和」一般。曰：和是已中節了，恕是方施出處。且如忠恕如何是一貫？曰：無間斷，便是一貫。曰：無物，如何見得無間斷？蓋忠則一，纔推出去便貫了，此忠恕所以爲一以貫之，蓋是孔子分上事。如「老者安之，朋友信之，少者懷之」，此孔子之忠恕，餘人不得與焉。忠恕一也，然亦有分數。若《中庸》所謂忠恕，只是「施諸己而不願，亦勿施於人」，此則是賢人君子之所當力者。程子觀之亦精矣，然程門如尹氏輩，亦多理會不曾到此。若非劉質夫、謝上蔡、侯師聖之徒記得如此分曉，則切要處都黑了。大雅。

忠便是一，恕便是貫。自一身言之，心便是忠，應於事者便是恕。龜山之説不然。某舊時與諸公商量此段，都説道：「龜山便是明道説。」某深以爲不然，更無路得分疏。後來把程先生説自看來看去，乃大分明。以此知聽説話難。須是心同意契，纔説，便領略得。龜山説得恁地差來，不是他後來説得差，是他當初與程先生對面説時，領略不得這意思。如今諸公聽某説話，若不領略得，茫然聽之，只是徒然。程先生那一段是劉質夫記，想他須是領略得。兼此段，可笑。舊時《語録》元自分而爲兩，自「『以己及物』至『違道不遠』是也」爲一段，自「吾道一以貫之」爲一段。若只據上文，是看他意不出。然而後云「此與『違道不遠』異者，動以天爾」，自説得分明，正與「『違道不遠』是也」相應。更一段説某事，亦散而爲三。賀孫。

明道解「忠恕」章，初本分爲兩段。後在籍溪家見，却只是一段，遂合之，其義極完備。此語是劉質夫所記，無一字錯，可見質夫之學。其他諸先生如楊、尹拘於《中庸》之説，也自看明道説不曾破。謝氏一作「侯」。却近之，然亦有見未盡處。端蒙。

二程之門解此章者，惟上蔡深得二先生之旨。其次則侯師聖。其餘雖游、楊、尹皆説不透。忠恕是足以貫道，忠故一，恕故貫也。洽。

問：忠雖已發，而未及接物。侯氏釋「維天之命，於穆不已」，乃云：「春生冬藏，歲歲如此，不誤萬物，是忠。」如何？曰：天不春生冬藏時，合有箇心。公且道天未春生冬藏時，有箇心在那裏？這箇是天之生物之心，無停無息，春生冬藏，其理未嘗間斷。到那萬物各得其所時，便是物物如此。「乾道變化，各正性命」。「各正性命」，是那一草一木各得其理，變化是箇渾全底。義剛。

問：「維天之命，於穆不已」，不其忠乎？曰：今但以人觀天，以天觀人，便可見。在天便是命，在人便是忠。要之，便是至誠不息。因論《集義》諸家忠恕之説，曰：若諸家所言，却是曾子自不識其所謂「一貫」；夫子之道，却是二以分之，不是「一以貫之」。道夫。

「吾道一以貫之」，今人都祖張無垢説，合人己爲一貫。這自是聖人説這道理如此，如何要合人己説得？如所謂「汝以予爲多學而識之者與?」曰:「非也,予一以貫之。」這箇又如何要將人己說得? 多是看聖賢文字不曾子細,纔於半中央接得些小意思,便道只是恁地。又說及陳叔向也自說一樣道理。某嘗說,這樣說話,得他自立箇說,說道我自所見如此,也不妨。只是被他說出一樣,却將聖賢語言硬折入他窩窟裏面。據他說底,聖賢意思全不如此。賀孫。

因有援引比類說忠恕者,曰:今日浙中之學,正坐此弊,多强將名義比類牽合而說。❶要之,學者須是將許多名義如忠恕、仁義、孝弟之類,各分析區處,如經緯相似,使一一有箇着落。將來這箇道理熟,自有箇合處。譬如大概舉南康而言,皆是南康人,也却須却其間識得某人爲誰,❷某人在甚處,然後謂之識南康人也。去僞。

問:或云忠恕只是無私己,不責人。曰:此說可怪。自有「六經」以來,不曾說不責人是恕。若《中庸》,也只是說「施諸己而不願,亦勿施於人」而已,何嘗說不責人? 不成只取我好,別人不好,更不管他? 於理合管,如子弟不才,係吾所管者,合責則須責之,豈可只說我是恕便了!《論語》只說「躬自厚而薄責於人」,謂之薄者,如言不以己之所能,必人之如己,隨材責任耳,何至舉而棄之! 大雅。

君子喻於義章

問「喻於義」章。曰:小人之心,只曉

❶「此」,四庫本作「比」。
❷下「却」字,萬曆本作「去」。

會得那利害；君子之心，只曉會得那義理。見義理底，不見得利害；見利害底，不見得義理。卓。

「君子喻於義，小人喻於利。」君子只知得箇當做與不當做，當做處便是合當如此。小人則只計較利害，如此則利，如此則害。君子則更不顧利害，只看天理當如何。「宜」字與「利」字不同，子細看！僩。

文振問此章。曰：義利，只是箇頭尾。君子之於事，見得是合如此處，處得其宜，則自無不利矣。但只是理會箇義，却不曾理會下面一截利。小人却見得下面一截利，却不理會事之所宜。往往兩件事都有利，但那一件事之利稍重得分豪，便去做那一件。君子之於義，見得委曲透徹，故自樂爲。小人之於利，亦是於曲折纖悉間都理會得，故亦深好之也。時舉。○南升録見下。

問：「君子喻於義」。義者，天理之所宜，凡事只看道理之所宜爲，不顧己私。利者，人情之所欲得，凡事只任私意，但取其便於己則爲之，不復顧道理如何。曰：義利也未消説得如此重。義利猶頭尾然。義者，宜也。君子見得這事合當如此，那事合當如彼，❶但裁處其宜而爲之，則何不利之有。君子只理會義，下一截利處更不理會。小人只理會下一截利，更不理會上一截義。蓋是君子之心虛明洞徹，見得義分明。小人只管計較利，雖絲豪底利，也自理會得。南升。

「君子喻於義，小人喻於利」，只是一事上，君子於此一事只見得是義，小人只見得是利。且如有白金遺道中，君子過之，曰：「此它人物，不可妄取。」小人過之，則便以爲利而取之矣。賀孫。

❶「那」上，萬曆本有「却」字。

喻義、喻利，不是氣禀如此。君子存得此心，自然喻義。小人陷溺此心，故所知者只是利。若説氣禀定了，則君子、小人皆由生定，學力不可變化。且如有金在地，君子便思量不當得，小人便認取去。又云：父母之年，不可不知，一則以喜，一則以懼。正如喻義、喻利，皆是一事上有兩段。只此一物，君子就上面自喻得義，小人只是喻得利了。父母之年，孝子之心既喜其壽，又懼其衰。君子、小人，只共此一物上面有取有不取。明作。

喻義、喻利，只是這一事上。君子只見得是義，小人只見得是利。如伯夷見飴，曰：「可以養老。」盜跖見之，曰：「可以沃户樞。」蓋小人於利，他見這一物，便思量做一物事用，他計較精密，更有非君子所能知者。緣是他氣禀中自元有許多鏖糟惡濁底物，所以纔見那物事便出來應他。這一箇穿孔，便對那箇穿孔。君子之於義，亦是如此。或曰：伊川云：「惟其深喻，是以篤好。」若作「惟其篤好，是以深喻」，也得。曰：陸子静説便是如此。僩。

居父問「君子喻於義，小人喻於利」。曰：這只就眼前看。且如今做官，須是恁地廉勤。自君子爲之，只是道做官合着如此。自小人爲之，他只道如此做，可以得人説好，可以求知於人。昨有李某，當壽皇登極之初，上一書，極説道學恁地不好。那時某人在要路，故以此説投之，即得超升上州教官。前日某方赴召到行在，忽又上一書，極稱道學之美。他便道某有甚勢要，便以此相投，極好笑。賀孫。

問：《集注》謂「義者，天理之所宜」。《仁説》又謂「義者，宜之理」。意有異否？

曰：只宜處便是義。宜之理，理之宜，都一般，但做文恁地變。只如冷底水、熱底水、水冷底、水熱底一般。淳。

見賢思齊焉章

「見賢思齊焉，見不賢而内自省也。」見人之善，而尋己之善；見人之惡，而尋己之惡。如此，方是有益。

事父母幾諫章

問「幾諫」。曰：幾，微也，只是漸漸細密諫，不恁峻暴，硬要闌截。《内則》「下氣、怡色、柔聲以諫」，便是解此意。淳。

問：「幾，微也」。微，還是見微而諫，還是「下氣、怡色、柔聲以諫」？曰：幾微，只得做「下氣、怡色、柔聲以諫」。且如今人做事，亦自驀地做出來，那裏去討幾微處。若要做見幾而諫，除非就本文添一兩字始得。賀孫。

「又敬不違」，不違，是主那諫上説。敬，已是順了，又須委曲作道理以諫，不違去了那幾諫之意也。僩。

問：《集注》舉《内則》「與其得罪於鄉黨州閭，寧熟諫」，將來説「勞而不怨」。《禮記》説「勞」字，似作勞力説，如何？曰：諫了又諫，被撻至於流血，可謂勞矣。所謂「父母喜之，愛而不忘；父母惡之，勞而不怨」。勞，只是一般勞。寓。

問：「幾，微也」。微諫者，「下氣、怡色、柔聲以諫」也。見得孝子深愛其親，雖當諫過之時，亦不敢伸己之直，而辭色皆婉順也。「見志不從，又敬不違」，才見父母心中不從所諫，便又起敬起孝，使父母歡悦；不待父母有難從之辭色，而後起敬起孝也。若或父母堅不從所諫，甚至怒而撻之流血，可謂勞苦，亦不敢疾怨，愈當起敬起孝。此聖人教天下之爲人子者，不惟平時有愉色、婉容，雖遇諫過之時，亦當如此；甚至勞而不怨，乃是深愛其親也。曰：推得也好。又云：「又敬不違」者，上不違微諫之意，切恐唐突以觸父母之怒；下不違欲諫之心，務欲置父母於無過之地。其心心念念只在於此。若見父母之不從，恐觸其怒，遂止而不諫者，非也；欲必諫，遂至觸其怒，亦非也。南升。

問：自「幾諫」章至「喜懼」章，見得事親之孝四端具焉。但覺得仁愛之意分外重，所以「孝弟爲仁之本」，「立愛自親始」。曰：是如此。惟是初發先是愛，故較切。所以告子見得不全，便只把仁做中出，便一向把義做外來看了。賀孫。

問：謝氏説「幾諫」章，曰「以敬孝易，以愛孝難」，恐未安。曰：聖人答人問孝，多就人資質言之。在子夏則少於愛，在子游則少於敬，不當遂斷難易也。如謝氏所引兩句，乃是莊子之説。此與阮籍居喪飲酒食肉，及至慟哭嘔血，意思一般。蔑棄禮法，專事情愛故也。人傑。○《集義》。

父母在章

問：「父母在，不遠遊，遊必有方」。曰：爲人子，須是以父母之心爲心。父母愛子之心未嘗少置，人子愛親之心亦當跬步不忘。若是遠遊，不惟父母思念之切；

人子去親庭既遠，温凊定省之禮，❶自此間闊，所以不遠遊。如或有事勢須當遊，亦必有定所。欲親知己之所在而無憂，召己則必至而無失。

父母之年章

「一則以喜，一則以懼」，只是這一事上，既喜其壽，只這壽上又懼其來日之無多。《注》中引「既喜其壽，又懼其衰」，微差些。如此，却是兩事矣。僩。

古者言之不出章

「古者言之不出，耻躬之不逮也。」此章緊要在「耻」字上。若是無耻底人，未曾做得一分，便説十分矣。僩。

人之所以易其言者，以其不知空言無實之可耻也。若耻，則自是力於行，而言之出也不敢易矣。這箇只在耻上。僩。

《集注》引范氏説最好。只緣輕易説了，便把那行不當事。非踐履到底，烏能言及此！明作。

以約失之章

「以約失之者鮮。」「約」字是實字。若「約之于中」、「約之于禮」，則「約」字輕。明作。

問：「以約失之者鮮」。凡人須要檢束，令入規矩準繩，便有所據守，方少過失。或是侈然自肆，未有不差錯。曰：説得皆分明。南升。

❶「凊」，原作「清」，今據萬曆本改。

「以約失之者鮮矣。」凡事要約，約底自是少失矣。或曰：恐失之吝嗇，如何？曰：這「約」字，又不如此，只凡事自收斂。若是吝嗇，又當放開。這箇要人自稱量看，便得。如老子之學全是約，極而至於楊氏不肯拔一毛以利天下，其弊必至此。然清虚寡慾，這又是他好處。文、景之治漢，曹參之治齊，便是用此。本朝之仁宗元祐，亦是如此。事事不敢做，兵也不敢用，財也不敢用，然終是少失。如熙、豐不如此，便多事。僩。

君子欲訥於言章

問：言懼其易，故欲訥。訥者，言之難出諸口也。行懼其難，故欲敏。敏者，力行而不惰也。曰：然。南升。

德不孤章

問：「德不孤，必有鄰。」鄰是朋類否？曰：然。非惟君子之德有類，小人之德亦自有類。僩。

「德不孤」，以理言；「必有鄰」，以事言。僩。

《論語》中「德不孤」是「同聲相應，同氣相求」。吉人爲善，便自有吉人相伴，凶德者亦有凶人同之，是「德不孤，必有鄰」也。《易》中「德不孤」，謂不只一箇德，蓋内直而外方，内外皆是德，故「不孤」是訓爻辭中「大」字。若有敬而無義，有義而無敬，即孤矣。銖。

問「德不孤，必有鄰」。曰：此處恐不消得引《易》中來説。《語》所説「德不孤，必有鄰」，只云有如此之德，必有如此之類應。如小人爲不善，必有不善之人應之。《易》中言「敬以直内」，須用「義以方外」；「義以方外」，須用「敬以直内」。孤，猶偏也。敬義既立，則德不偏孤，言德盛。若引《易》中來説，恐將《論語》所説攪得没理會了。南升。

問：《語》云「德不孤，必有鄰」，是與人同。饒本作：是説人之相從。《易》云「敬義立而德不孤」，却是説德不孤吝。饒本作：德之大。明道却指此作「與物同」，如何？曰：亦未安。可學。

「德不孤」，是善者以類應。謝、楊引《繫辭》簡易之文，説得未是。只用伊川説，伊川言「德不孤，必有鄰」，是事之驗。謨。

事君數章

問：《集注》引胡氏一段，似專主諫而言。恐交際之間，如諂媚之類，亦是數，不止是諫。曰：若説交際處煩數，自是求媚於人，則索性是不好底事了，是不消説。以諫而數者，却是意善而事未善耳，故聖人特言之以警學者。雉。

朱子語類卷第二十八 計一十四板

論語十

公冶長上

子謂公冶長章

問「子謂公冶長」章。曰：子謂「可妻」，必有以取之矣。「雖在縲紲之中」，特因而舉之，非謂以非罪而陷縲紲爲可妻也。南升。

南容爲人，觀其三復《白圭》，便是能謹其言行者。「邦有道」，是君子道長之時，南容必不廢棄；「邦無道」，是小人得志以陷害君子之時，南容能謹其言行，必不陷於刑戮。南升。

問：「子謂南容」章，《集注》云：「以其謹於言行。」如其三復《白圭》，固見其謹於言矣。謹於行處雖未見，然言行實相表裏，能謹於言，必能謹於行矣。曰：然。燾。

問：公冶長可妻，伊川以「避嫌之事，賢者不爲，况聖人乎？」自今人觀之，閨門中安知無合着避嫌處？曰：聖人正大，道理合做處便做，何用避嫌！問：「古人門内之治恩掩義，門外之治義斷恩」。寓恐閨門中主恩，怕亦有避嫌處？曰：固是主恩，亦須是當理方可。某看公淅人，多要避嫌。程子所謂「年之長幼，時之先後」，正是解或人之説，未必當時如此。大抵二人都是好人，可托。或先是見公冶長，遂將女妻他；後來見南容亦是箇好人，又把兄之女妻之。看來文勢，恐是孔子之女年長，先嫁；兄之女少，在後嫁，亦未可知。程子所謂「凡人避嫌者皆内不足」，實是如此。寓。

叔蒙問程子「避嫌」之說。曰：合當委曲，便是道理當如此。且如避嫌亦不能無。如做通判，與太守是親戚，也合當避嫌。第五倫之事非不見得如此，自是常有這心在，克不去。今人這樣甚多，只是徇情恁地去，少間將這箇做正道理了，大是害事。所以古人於誠意、正心上更著工夫，正怕到這處。寓。

子謂子賤章

或問「魯無君子，斯焉取斯」。曰：便雖有聖人在，也須博取於人，方能成德。

問「魯無君子，斯焉取斯」。曰：居鄉而多賢，其老者，吾當尊敬師事，以求其益；其行輩與吾相若者，則納交取友，親炙漸磨，以涵養德性，薰陶氣質。賀孫。

問「子謂子賤」章。曰：看來聖人以子賤爲「君子哉若人！」此君子亦是大概說。如「南宮适出，子曰：『君子哉若人！』」一般。大抵《論語》中說得最高者，有大概說，如言賢者之類。若言子賤爲君子，而子貢未至於不器，恐子賤未能强似子貢。又子賤因魯多君子而後有所成就，不應魯人强似子貢者如此之多。南升。

子貢問賜也何如章

叔蒙問：子貢通博明達，若非止於一能者，如何却以器目之？莫是亦有窮否？曰：畢竟未全備。賀孫。

子貢是器之貴者，可以爲貴用。雖與賤者之器不同，然必竟只是器，非不器也。明作。

問：子貢得爲器之貴者，聖人許之。然未離乎器，而未至於不器處，不知子貢是合下無規模，抑是後來欠工夫？曰：也是欠工夫，也是合下稟得偏了。一般人資稟疏通明達，平日所做底工夫，都隨他這疏通底意思去。一般人稟得恁地馴善，自是隨這馴善去。恰似人喫藥，五臟和平底人，喫這藥自流注四肢八脉去。若是五臟中一處受病受得深，喫這藥都做那一邊去，這一邊自勝了，難作效。❶學者做工夫，正要得專去偏處理會。寓。

或曰雍也章

「仁而不佞」，時人以佞爲賢。「屢憎於人」，是他説得大驚小怪，被他驚嚇者豈不惡之。明作。

佞，只是捷給辯口者，古人所説皆如此，後世方以「諂」字解之。祖道。

佞是無實之辯。道夫。

林一之問：孔子於仲弓「不知其仁」，如何？曰：孔子既不保他，必是也有病痛。然這一章是不佞要緊。佞，不是諂，佞是箇口快底人。事未問是不是，一時言語便抵當得去。「子路使子羔爲費宰，子曰：『賊夫人之子！』子路曰：『何必讀書，然後爲學？』子曰：『是故惡夫佞者！』」子路未問是與不是，臨時撰得話來也好，可見是佞。寓。

問：「爲人君，止於仁。」若是未仁，則

❶「作」，萬曆本作「得」。

不能視民猶己，而不足爲君。然夫子既許仲弓南面，而又曰「未知其仁」，如何？曰：「言仁有粗細，有只是指那慈愛而言底，有就性上説底，這箇便較細膩。若有一豪不盡，不害爲未仁，只是這箇仁。但是那箇是淺底，這箇是深底；那箇是疏底，這箇是密底。」義剛。

子使漆雕開仕章

陳仲卿問「子使漆雕開仕」章。曰：此章當於「斯」字上看。「斯」，是指箇甚麽？「未之能信」者，便是於這箇道理見得未甚透徹，故信未及。看他意思，便把箇仕都輕看了。時舉。

「吾斯之未能信」，他是不肯更做小底。所謂「有天民者，達可行於天下而後行之者也」。道夫。

或問：「吾斯之未能信」，如何？曰：「斯」之一字甚大。漆雕開能自言「吾斯之未能信」，則其他已高矣。❶「斯」，有所指而云，非只指誠意、正心之事。事君以忠，事父以孝，皆是這箇道理。若自信得及，則雖欲不如此做，不可得矣。若自信不及，如何勉强做得！欲要自信得及，又須是自有所得無遺，方是信。祖道。○去僞同。

問：「子使漆雕開仕。對曰：『吾斯之未能信。』」斯者，此理也。漆雕開能指此理而言，便是心目之間已有所見。未能信者，未能真知其實然，而自保其不叛。以此見「漆雕開已見大意」，方欲進進而不已。蓋見得大意了，又要真知到至實無妄之地，它

❶「他」，四庫本作「地」。

日成就其可量乎！此夫子所以悅其篤志也。祖道。○按：此無答語，姑從蜀本存之。

或問「吾斯之未能信」。曰：知得深，便信得篤。理合如此者，必要如此；知道不如此，便不得如此，只此是信。且如人孝，亦只是大綱說孝，謂有些小不孝處亦未妨。又如忠，亦只是大綱說忠，謂便有些小不忠處，亦未妨。即此便是未信。此是漆雕開心上事。信與未信，聖人何緣知得。只見他其才可仕，故使之仕。他揆之於心，有一豪未得，不害其爲未信，仍更有志於學，聖人所以說之。又問：謝氏謂「其器不安於小成」，何也？曰：據他之才，已自可仕。只是他不伏如此，又欲求進。譬如一株樹，用爲椽桁，已自可矣。他不伏做椽桁，又要做柱，便是不安於小成也。文蔚。

立之問「吾斯之未能信」。曰：漆雕開已見得這道理是如此，但信未及。所謂信者，真見得這道理是我底，不是問人假借將來。譬如五穀可以飽人，人皆知之。須是五穀灼然曾喫得飽，方是信得及。今學者尚未曾見得，却信箇甚麽！若見人說道這箇善、這箇惡，若不曾自見得，都不濟事，亦終無下手處矣。時舉。

信者，自保得過之意，知與行皆然。自保得知得，自保得行得。漆雕開只是見得分明，然亦不敢自保如此，故曰「吾斯之未能信」。蓋其絲豪隱微之間，自知之爾。端蒙。

問：竊意開都見得許多道理，但未能自保其終始不易。曰：他於道理，已自透徹了。又問：他說未能信，恐是自覺行處有些勉強在。曰：未須說行，在目即便有些小窒礙處。胡泳。

敬之問此章。曰：也不是要就用處說。若是道理見未破，只且理會自身，已未敢去做他底。亦不是我信得了，便定着去做。道理自是如此。這裏見得直是分曉，方可去做。寓因問：明道所言「漆雕開、曾點已見大意」，二子固是已見大體了。看來漆雕開見得雖未甚快，却是通體通用都知了。曾點雖是見得快，恐只見體，其用處未必全也。先生以爲然，問寓有何說。寓曰：開之未信，若一理見未透，即是未信。曰：也不止說一理。要知信不過，不真知決是如此。「行一不義，殺一不辜，得天下不爲」。須是真見得有不義不辜處，便不可以得天下。若說略行不義，略殺不辜，做到九分也未甚害，也不妨，這便是未信處。這裏更須玩味省察，體認存養，亦會見得決定恁地，而不可不恁地。所謂脱然如大寐之得醒，方始是信處耳。聞：❶格物、窮理之初，事事物物也要見到那裏了。曰：固是要見到那裏。然也約摸是見得，直到物格、知至，那時方信得及。寓。

漆雕開「吾斯之未能信」，斯是甚底？他是見得此箇道理了，只是信未及。他眼前看得闊，只是踐履未純熟。他是見得箇規模大，不入這小底窠坐。曾皙被他見得高，下面許多事皆所不屑爲。到他說時，便都恁地脱灑。想見他只是天資高，便見得恁地，都不曾做甚工夫，却與曾子相反。曾子便是着實步步做工夫，到下梢方有所得。曾皙末流便會成莊、老。想見當時聖人亦須有言語敲點他，只是《論語》載不全。賀孫。

問「吾斯之未能信」。曰：信是於這箇

❶「聞」，萬曆本作「問」。

道理上見得透，全無些疑處。他看得那仕與不仕，全無緊要。曾點亦然。但見得那日用都是天理流行，看見那做諸侯卿相不是緊要，却不是高尚要恁地説，是他自看得没緊要。今人居鄉，只見居鄉利害；居官，只見居官利害，全不見道理。他見得道理大小大了，見那居官利害，都没緊要，仕與不仕何害！植。

知只是一箇知，只是有深淺。須是知之深，方信得及，如漆雕開「吾斯之未能信」是也。若説道別有箇不可説之知，便是釋氏之所謂悟也。問：張子所謂「德性之知不萌於聞見」，是如何？曰：此亦只是説心中自曉會得後，又信得及耳。廣。

問：漆雕循守者乎？曰：循守是守一節之廉，如原憲之不容物是也。漆雕開却是收斂近約。伯羽。〇道夫録云：原憲不能容物，近於狷。開却是收斂近約。

問：《注》謂信是「真知其如此，而無豪髮之疑」，是如何？曰：便是「朝聞道」意思。須是自見得這道理分明，方得。問：是見得吾心之理，或是出仕之理？曰：都是這箇理，不可分別。漆雕開却知得，但知未深耳，所以未敢自信。問：程子云「曾點、漆雕開已見大意」，如何？曰：也是見得這意思。漆雕開，想見他已知得八分了。因説：物格、知至，他只有些子未格，有些子未至耳。伊川嘗言虎傷者，曾經傷者，神色獨變，此爲真見得，信得。凡人皆知水蹈之必溺，火蹈之必焚。今試教他去蹈水火，定不肯去。無他，只爲真知。寓。〇《集注》。

或問：「吾斯之未能信」，《注》云：「未有以真知其實然，而保其不叛也。」聖門弟子雖曰有所未至，然何至於叛道？曰：如此，則曾子臨終更説「戰戰兢兢，如履薄冰」做甚麽？或曰：起居動作有少違背，便是叛道否？曰：然。《集注》係舊本。○僩。

問：「曾點、漆雕開已見大意」，如何是「已見大意」？曰：是他見得大了，謙之録云：是大底意思。便小合殺不得。《論語》中説曾點處亦自可見。如漆雕開只是此一句，如何便見得他已見大意處？然工夫只在「斯」字與「信」字上。且説「斯」字如何？㽦等各以意對。曰：斯，只是這許多道理見於日用之間，君臣、父子、仁義、忠孝之理。信，是雖已見得如此，却自斷當恐做不盡，不免或有過差，尚自保不過。雖是知其已然，未能決其將然，故曰「吾斯之未能信」。㽦。

楊丞問：如何謂之大意？曰：規模小底，易自以爲足。規模大，則功夫卒難了，所以自謂未能信。璘。

問：「漆雕開已見大意」，如何？曰：大意便是本初處。若不見得大意，如何下手作工夫。若已見得大意，而不下手作工夫，亦不可。孔門如曾點、漆雕開皆已見大意。某問：開自謂未能信，孔子何爲使之仕？曰：孔子見其可仕，故使之仕。它隱之於心，有未信處。可學。

問「曾點、漆雕開已見大意」。曰：漆雕開，想是灰頭土面，樸實去做工夫，不求人知底人，雖見大意，也學未到。若曾皙，則只是見得，往往却不曾下工夫。時舉。

或問：子説開意如何？曰：明道云：「曾點、漆雕開已見大意。」又云：「孔子與點，蓋與聖人之志同，便是堯、舜氣象。」看這語意是如何？看得此意，方識得聖人意。賀孫。

王景仁問：程子言「曾點與漆雕開已見大意」，何也？曰：此當某問公，而公反以問某邪？此在公自參取。既而曰：所謂「斯之未信」，斯者，非大意而何？但其文理密察，則二子或未之及。又問：大意竟是如何？曰：若推其極，只是「惟皇上帝降衷于下民」。壯祖。

或問「曾點、漆雕開已見大意」。曰：曾記胡明仲說「禹、稷、顏回同道」。其意謂禹、稷是就事上做得成底，顏子見道是做未成底，此亦相類。開是着實做事，已知得此理。點見識較高，但却着實處不如開。開却進未已，點恐不能進。銖。

直卿問程子云云。曰：開更密似點，點更規模大。開尤縝密。道夫。

問：漆雕開與曾點孰優劣？曰：舊看皆云曾點高。今看來，却是開著實，❶點頗動蕩。可學。

問：恐漆雕開見處未到曾點。曰：曾點見雖高，漆雕開却確實，觀他「吾斯之未能信」之語可見。文蔚。

曾點開闊，漆雕開深穩。方子。

「曾點、漆雕開已見大意。」若論見處，雕未必如點透徹；論做處，點又不如開着實。邵堯夫見得恁地，却又只管作弄去。儒用。

曾點已見大意，却做得有欠缺。漆雕開見得不如點透徹，而用工却密。點天資甚高，見得這物事透徹。如一箇大屋，但見外面牆圍周匝，裏面間架却未見得，却又不肯做工夫。如邵康節見得恁地，只管作弄。又曰：曾子父子却相反。曾子初間却都不

❶「著」，原作「者」，今據萬曆本改。

見得，只從小處做去。及至一下見得大處時，他小處却都曾做了。賜。

曾點見得甚高，却於工夫上有疏略處。漆雕開見處不如曾點，然有向進之意。曾點與曾參正相反。曾參却是積累做去，千條萬緒，做到九分八釐，只有這些子未透。既聞夫子一貫之旨，則前日之千條萬緒，皆有着落矣。「忠恕而已矣」，此是借學者之忠恕，以影出聖人自然之忠恕也。人傑。

上蔡言漆雕開「不安於小成」。是他先見大意了，方肯不安於小成。若不見大意，如何知得它不肯安於小成？若不見大意者，只安於小成耳。如人食藜藿與食芻豢，若未食芻豢，只知藜藿之美；及食芻豢，則藜藿不足食矣。賀孫。

道不行章

夫子浮海，假設之言，且如此說，非是必要去。所以謂子路勇，可以從行，便是未必要去。明作。

問：子路資質剛毅，固是箇負荷容受得底人。如何却有那「聞之喜」及「終身誦之」之事？曰：也只緣他好勇，故凡事粗率，不能深求細繹那道理，故有此事。廣。

孟武伯問子路仁乎章

仲由可使治賦，才也。「不知其仁」，以學言也。升卿。

孟武伯問三子仁乎，夫子但言三子才各有所長，若仁則不是易事。夫子雖不説三子無仁，但言「不知其仁」，則無在其中矣。仁是全體不息。所謂全體者，合下全具此心，更無一物之雜。不息，則未嘗休息，置之無用處。全體似箇卓子四脚，若三脚便是不全。不息，是常用他。或置之僻處，又被别人將去，便是息。此心具十分道理在，若只見得九分，亦不是全了。所以息者，是私欲間之。無一豪私欲，方是不息，乃三月不違以上地位。若違時，便是息。不善底心固是私，若一等閑思慮亦不得，須要照管得此心常在。明作。

問「孟武伯問三子之仁，而聖人皆不之許，但許其才」云云。曰：大概是如此。又問：雖全體未是仁，苟於一事上能當理而無私心，亦可謂之一事之仁否？曰：不然。蓋纔説箇「仁」字，便用以全體言。若一事上能盡仁，便是他全體是仁了。若全體有虧，這一事上必不能盡仁。纔説箇「仁」字，便包盡許多事，無不當理無私了。所以三子當不得這箇「仁」字，聖人只稱其才。僩。

問：孔門之學，莫大於爲仁。孟武伯見子路等皆孔門高第，故問之。孔子於三子者，皆許其才而不許其仁。曰：何故許其才不許其仁？對曰：三子之才，雖各能辦事，但未知做得來能無私心否。曰：然。聖人雖見得他有駁雜處，若是不就這裏做工夫，便待做得事業來，終是粗率，非聖賢氣象。若有些子偏駁，便不是全體。南升。

林問子路「不知其仁」處。曰：仁，譬如一盆油一般，無些子夾雜，方唤做油。一點水落在裏面，便不純是油了。渾然天理便是仁，有一豪私欲便不是仁了。子路之心，不是都不仁。「仁，人心也」。有發見之時，但是不純，故夫子以不知答之。卓。

「不知其仁。」仁如白，不仁如黑。白須是十分全白，方謂之白。纔是一點墨點破，便不得謂之白了。夔孫。

或問：由、求所以未仁，如何？曰：只爲它功夫未到。問：何謂工夫？先生不答。久之，乃曰：聖門功夫，自有一條坦然路徑。諸公每日理會何事？所謂功夫者，不過居敬窮理以修身也。由、求只是這些功夫未到此田地，不若顏子，故夫子所以知其未仁。若能主敬以窮理，功夫到此，則德性常用，物欲不行，而仁流行矣。銖。

子升問：聖人稱由也可使治賦，求也可使爲宰。後來求乃爲季氏聚斂，由不得其死。聖人容有不能盡知者。曰：大綱也只稱其材堪如此，❶未論到心德處。看「不知其仁」之語，裏面却煞有說話。木之。

子謂子貢曰章

問：「回、賜孰愈」一段，大率比較人物，亦必稱量其斤兩之相上下者。如子貢之在孔門，其德行蓋在冉、閔之下。然聖人却以之比較顏子，豈以其見識敏悟，雖所行不逮，而所見亦可幾及與？曰：然。聖人之道，大段用敏悟。曉得時，方擔荷得去。如子貢雖所行未實，然他却極是曉得，所以孔子愛與他說話。緣他曉得，故可以擔荷得去。雖所行有未實，使其見處更長一格，則所行自然又進一步。聖門自曾、顏而下，便用還子貢。如冉、閔非無德行，然終是曉不甚得，擔荷聖人之道不去。所以孔子愛

❶「綱」，萬曆本作「約」。

呼子貢而與之語，意蓋如此。僩。

居父問：回也「聞一知十」，「即始見終」，是如何？曰：知十，亦不是聞一件定知得十件，但言知得多，知得周遍。又問：聖人生知，其與顔子不同處，是如何？曰：聖人固生知，終不成更不用理會。但聖人較之顔子又知得多。今且未要説聖人，且只就自家地位看。今只就這一件事聞得，且未能理會得恰好處，况於其他！賀孫。○《集注》。

胡問：回「聞一知十」，是「明睿所照」，若孔子則如何？曰：孔子又在明睿上去，耳順心通，無所限際。古者論聖人，都説聰明，如堯「聰明文思」，「惟天生聰明時乂」，「亶聰明作元后」，「聰明睿智足以有臨也」。聖人直是聰明！淳。

問：顔子「明睿所照」，合下已得其全體，不知於金聲玉振體段俱到否？曰：顔子於金聲意思却得之，但於玉振意思却未盡。賀孫問：只是做未到，却不是見未到？曰：是他合下都自見得周備，但未盡其極耳。賀孫。

「顔子明睿所照，子貢推測而知」，此兩句當玩味，見得優劣處。顔子是真箇見得徹頭徹尾。子貢只是暗度想像，恰似將一物來比並相似，只能聞一知二。顔子雖是資質純粹，亦得學力，所以見得道理分明。凡人有不及人處，多不能自知，雖知，亦不肯屈服。而子貢自屈於顔子，可謂高明，夫子所以與其弗如之説。明作。

「明睿所照」，如箇明鏡在此，物來畢照，「推測而知」，如將些子火光逐些子照去推尋。僩。

問：「子貢推測而知」，亦是格物、窮理

否？曰：然。若不格物、窮理，則推測甚底！燾。

問：謝氏解「女與回也孰愈」章，大抵謂材之高下，無與人德之優劣。顔子雖「聞一知十」，然亦未嘗以此自多。而子貢以此論之，乃其所以不如顔子者。夫子非以子貢之知二，爲不如顔子之知十也。此固非當時答問之旨，然詳味謝氏語勢，恐其若是。曰：上蔡是如此説。吴材老《十説》中亦如此論。必大。○《集義》。

吾未見剛者章

子曰：「吾未見剛者。」蓋剛是堅强不屈之意，便是卓然有立，不爲物欲所累底人，故夫子以爲未見其人。或人不知剛之義，夫子以爲「棖也慾，焉得剛」！慾與剛正相反。最怕有慾！南升。

問：剛亦非是極底地位，聖門豈解無人？夫子何以言未見？曰：也是説難得。剛也是難得。又言：也是難得。淳録作：無慾便是剛，真難得。如那撑眉弩眼，便是慾。申棖便是恁地，想見他做得箇人也大，故勞攘。義剛問：秦、漢以下，甚麽人可謂之剛？曰：只看他做得如何。那拖泥帶水底便是慾，那壁立千仞底便是剛。叔器問：剛莫是好仁，惡不仁否？蓋剛有那勇猛底意思。曰：剛則能果斷，謂好惡爲剛，則不得。如這刀有此鋼，則能割物；今叫割做鋼，却不得。又言：剛與勇也自别。故「六言、六蔽」有「好剛不好學」，又有「好勇不好學」。義剛。○淳録略。

「棖也慾」。慾者，溺於愛而成癖者也。人傑。

「吾未見剛者」。慾與剛正相反，若耳之欲聲，目之欲色之類，皆是欲。才有些被它牽引去，此中便無所主，焉得剛！或者以申棖爲剛，必是外面悻悻自好。聖人觀人，直從裏面看出。見得它中無所主，只是色莊，要人道好，便是慾了，安得爲剛！南升。

問「吾未見剛者」一章。曰：人之資質，千條萬别，自是有許多般，有剛於此而不剛於彼底，亦有剛而多慾，亦有柔而多慾，亦有剛而寡慾，亦有柔而寡慾，自是多般不同，所以只要學問。學問進則見得理明，自是勝得他。若是不學問，只隨那資質去，便自是屈於慾，如何勝得他！蓋學問則持守其本領，擴充其知識，所以能勝得他而不爲所屈也。此人之所貴者，惟學而已矣。申棖也不是箇𦙠𦗠底人，是箇剛悻做事聒噪人底人。○燾。

上蔡這處最説得好：「爲物揜之謂慾，故常屈於萬物之下。」今人纔要貪這一件物事，便被這物事壓得頭低了。申棖想只是箇悻悻自好底人，故當時以爲剛。然不知悻悻自好，只是客氣如此，便有以意氣加人之意，只此便是慾也。時舉。○《集注》。

或問：剛與悻悻何異？曰：剛者，外面退然自守，而中不詘於慾，所以爲剛。悻悻者，外面有崛强之貌，便是有計較勝負之意，此便是慾也。時舉。

子貢曰我不欲人之加諸我章

子貢謂此等不善底事，我欲無以加於人，此意可謂廣大。然夫子謂「非爾所及」，蓋是子貢功夫未到此田地。學者只有箇「恕」字，要充擴此心，漸漸勉力做向前去。

如今便説「無欲加諸人」，無者，自然而然。此等地位，是本體明净，發處盡是不忍之心，不待勉强，乃仁者之事。子貢遽作此言，故夫子謂「非爾所及」，言不可以躐等。南升。

問：子貢「欲無加諸人」，夫子教之「勿施於人」，何以異？曰：異處在「無」字與「勿」字上。伊川説「仁也」、「恕也」，看得精。大雅。

問：此如何非子貢所能及？曰：程先生《語録》中解此數段，終是未剖判。唯伊川《經解》之言，是晚年仁熟，方看得如此分曉，説出得如此分明。兩句所以分仁恕，只是生熟難易之間。洽。

子貢曰「我不欲人之加諸我也，吾亦欲無加諸人」，未能忘我故也。顏淵曰「願無伐善，無施勞」，能忘我故也。子路曰「願車馬，衣輕裘，與朋友共，敝之而無憾」，未能忘物也。「一簞食，一瓢飲，在陋巷，人不堪其憂，回也不改其樂」，能忘物也。鎬。○此條可疑。

至之問此章。曰：正在「欲」字上，不欲時，便是全然無了這些子心。且如所不當爲之事，人若能不欲爲其所不當爲，便是這箇心都無了，是甚地位？未到這地位，便自要擔當了，便不去做工夫。聖人所以答他時，且要它退一步做工夫。只這不自覺察，便是病痛。怡。○亦可疑。

子貢曰夫子之文章章

子貢「性與天道」之嘆，見得聖門之教不躐等。又見其言及此，實有不可以耳聞而得之者。道夫。

「性與天道」，性，是就人物上説；天道，是陰陽五行。僩。

吉甫問「性與天道」。曰：譬如一條長連底物事，其流行者是天道，人得之者爲性。《乾》之「元亨利貞」，天道也，人得之，則爲仁義禮智之性。蓋卿。○佐録云：天道流行是一條長連底，人便在此天道之中，各得一截子。

自「性與天道」言之，則天道者，以天運而言。自「聖人之於天道」言之，則天道又却以性分而言。這物事各有箇頓放處。人傑。

問「性與天道」。曰：「天有四時，春夏秋冬，風雨霜露，無非教也。地載神氣，神氣風霆，風霆流形，庶物露生，無非教也。」此可以觀性與天道。雉。

寓問：《集注》説，性以人之所受而言，天道以理之自然而言。不知性與天道，亦只是説五常，人所固有者，何故不可得聞？莫只是聖人怕人躐等否？曰：這般道理，自是未消得理會。且就它威儀、文辭處學去。這處熟，性、天道自可曉。又問：子貢既得聞之後，嘆其不可得聞，何也？曰：子貢亦用功至此，方始得聞。若未行得淺近者，便知得他高深作甚麽！教聖人只管説這般話，亦無意思。天地造化陰陽五行之運，若只管説，要如何？聖人於《易》，方略説到這處。「子罕言利，與命，與仁」。只看這處，便見得聖人罕曾説及此。又舉「子所雅言，《詩》、《書》、執禮，皆雅言也」。這處却是聖人常説底。後來孟子方説那話較多。寓。

問：《集注》謂「天道者，天理自然之本體」，如何？曰：此言天運，所謂「繼之者善也」，即天理之流行者也。性者，着人而行之。人傑。

問：「夫子之文章」，凡聖人威儀言辭，皆德之著見於外者，學者所共聞也。至於性與天道，乃是此理之精微。蓋性者是人所受於天，有許多道理，爲心之體者也。天道者，謂自然之本體所以流行而付與萬物，人物得之以爲性者也。聖人不以驟語學者，故學者不得而聞。然子貢却説得性與天道如此分明。必是子貢可以語此，故夫子從而告之。曰：文振看得文字平正，又浹洽，若看文字，須還他平正；又須浹洽無虧欠，方得好。南升。

問：子貢是因文章中悟性、天道，抑後來聞孔子説邪？曰：是後來聞孔子説。曰：文章亦性、天道之流行發見處？曰：固亦是發見處。然他當初只是理會文章，後來是聞孔子説性與天道。今不可硬做是因文章得。然孔子這般也罕説。如「一陰一陽之謂道，繼之者善也，成之者性也」，因繫《易》方説此，豈不是言性與天道？又如「鼓萬物而不與聖人同憂」、「大哉乾元，萬物資始」，豈不是言性與天道？淳。

器之問：性與天道，子貢始得聞而歎美之。舊時説，性與天道，便在這文章裏，文章處即是天道。曰：此學禪者之説。若如此，孟子也不用説性善，《易》中也不須説「陰陽不測之謂神」。這道理也着知。子貢當初未知得，到這裏方始得聞耳。寓。

問：孔子言性與天道，不可得而聞，而孟子教人乃開口便説性善，是如何？曰：孟子亦只是大概説性善，至於性之所以善處，也少得説。須是如説「一陰一陽之謂道，繼之者善也，成之者性也」處，方是説性與天道爾。時舉。

叔器問：謝氏文章，性、天道之説，先

生何故不取？曰：程先生不曾恁地說。程先生說得實，他說得虛。安卿問：先生不取謝氏說者，莫是爲他說「只理會文章，則性、天道在其間」否？曰：也是性、天道只在文章中。然聖人教人也不恁地。子貢當時不曾恁地說。如「天命之謂性」，便是分明指那性。「大哉乾元，萬物資始」，便是說天道。❶「一陰一陽之謂道，繼之者善也，成之者性也」，便是性與天道。只是不迎頭便恁地說。義剛。

❶ 「天道」，萬曆本作「道理」。

朱子語類卷第二十九 計二十六板

論語十一

公冶長下

子路有聞章

問：「子路有聞，未之能行，惟恐有聞。」因舉子路數事，以明子路好學如此，而仕衛之出處乃如彼。曰：今只當就「子路有聞」上考究，不須如此牽二三說。不知要就此處學子路「未之能行，惟恐有聞」，還只要求子路不是處。如此看，恐將本意失了。就此言之，見得子路勇於爲善處。他這處直是見得如此分明。到得聞其正名處，却鶻突。學者正要看他這處，在衛又是别項説話也。又曰：可見古人爲己之實處。子路急於爲善，唯恐行之不徹。譬如人之飲食，有珍羞異饌，須是喫得盡方好。若喫不透，亦徒然。子路不急於聞，而急於行。今人惟恐不聞，既聞得了，寫在册子上便了，不去行處着工夫。賀孫。○寓録略。

子貢問曰孔文子章

問：孔文子，孔姞之事如此不好，便「敏而好學，不耻下問」，濟得甚事！而聖人取之，何也？曰：古人謚法甚寬，所謂「節以一惠」，言只有一善亦取之。節者，節略而取其一善也。孔文子固是不好，只節此一惠，則敏學下問，亦是它好處。銖。

問孔文子之謚。曰：古人有善雖多，而舉一以爲謚。如有十事皆善，只舉一善可以包之。如九事不善，只有一善，則亦可以一善爲謚。皆無一善，而後名之曰「幽」、「厲」。凡二字謚，非禮也。如「貞惠文子」、「睿聖武公」，皆是饒兩字了。周末王亦有二字謚。淳。

問：「勤學好問爲文」，謚之以「文」，莫是見其躬行之實不足否？曰：不要恁地說。不成文王便是不能武，武王便是不能文？「謚以尊名，節以一惠」，如有十事皆善云云，同淳録。至。名之曰「幽」、「厲」。它而今是能勤學好問，便謚之以「文」，如何見得它躬行之不足？那不好底自是不好，而今既謚之以「文」，便見得它有這一長，如何便說道是將這一字來貶它！又問：孫宣公力言雙字謚之非，不知雙字謚起於何時？曰：「謚以尊名，節以一惠」，便是只以一字謚爲惠。而今若加二字或四字，皆是分外有了。若如文王之德如此，却將幾箇字謚方盡！如雙字謚，自周已是如此了，如威烈王、慎靚王，皆是。義剛。

「孔文子何以謂之文也？」此一段專論謚，故注云：「非經天緯地之『文』也。」周禮，謚只有二十八字。如「文」字，文王謚曰「文」，周公亦謚爲「文」，今孔文子亦謚爲「文」，不成說孔文子與文王一般。蓋人有善多者，則摘其尤一事爲謚。亦有只有一善，則取一善爲謚，而隱其他惡者，如孔文子事是也。僩。

吉甫問「經天緯地之『文』」。曰：經天緯地，是有文理。一横一直皆有文理，故謂之「文」。孔文子之「文」是其小者。如本朝楊文公之屬，亦謂之「文」。蓋卿。

問「經天緯地曰『文』」。曰：經是直底，緯是横底。理會得天下事横者直者各當其處，皆有條理分曉，便是經天緯地。其次如文辭之類，亦謂之「文」，但是文之小者耳。直卿云「伊川謂『倫理明順曰「文」』」，此言甚好。佐。

問文如何經天緯地？曰：如織布絹，經是直底，緯是横底。或問：文之大者，莫是唐、虞、成周之文？曰：「裁成天地之道，輔相天地之宜」，此便是經天緯地之文。問：文只是發見于外者爲文？曰：處事有文理，是處是文。節。

因論孔文子，曰：聖人寬腸大度，所以責人也寬。燾。

問：「孔文子敏而好學」，與顏子之好學，如何？曰：文子與顏子所以不同者，自是顏子所好之學不同，不干「以能問於不能」事。使文子「以能問於不能」，亦只是文子之學。伯羽。

子謂子産章

問：子産温良慈愷，莫短於才否？曰：孔子稱子産「有君子之道四」，安得謂短於才？子産政事儘做得好，不專愛人。做得不是，他須以法治之。孟子所言「惠而不知爲政」者，偶一事如此耳。僩。

問：「使民也義」，是教民以義？先生應。節。

問：「其使民也義」，如「都鄙有章，上下有服，田有溝洫，廬井有伍」之類。謂爲之裁處得是當，使之得其定分也。曰：

「義」字説得未是。「義」字有剛斷之意。其養民則惠，使民則義。「惠」字與「義」字相反，便見得子産之政不專在於寬。就「都鄙有章」處，看見得「義」字在子産上，不在民上。南升。

吉甫問「都鄙有章，上下有服」。曰：有章，是有章程條法；有服，是貴賤衣冠各有制度。鄭國人謂「取我田疇而伍之，取我衣冠而褚之」，是子産爲國時，衣服有定制，不敢着底，皆收之囊中，故曰「取而褚之」。至。○蓋卿録云：有章，是一都一鄙各有規矩；有服，是衣冠服用皆有等級高卑。

臧文仲居蔡章

「山節藻棁」，爲藏龜之室，以瀆鬼神，便是不知。古人卜筮之事固有之，但一向靠那上去，便是無意智了。如祀爰居，是見一鳥飛來，便去祀他，豈是有意智！看他三不知，皆是瀆鬼神之事。山節藻棁不是僭，若是僭時，孔子當謂之不仁。臧文仲在當時既没，其言立，人皆説是非常底人，孔子直是見他不是處。此篇最好看，便見得聖人「微顯闡幽」處。南升。○時舉録見下。

文振問「臧文仲」、「季文子」、「令尹子文」、「陳文子」數段。曰：此數段是聖人「微顯闡幽」處。惟其似是而非，故聖人便分明説出來，要人理會得。如臧文仲，人皆以爲知，聖人便説道它既惑於鬼神，安得爲知！蓋卜筮之事，聖人固欲使民信之。然藏蓍龜之地，須自有箇合當底去處。今文仲乃爲山節藻棁以藏之，便是它心一向倒在卜筮上了，如何得爲知！古説多道它僭。某以爲若是僭，則不止謂之不知，便是不仁了。聖人今只說他不知，便是只主不知而言也。時舉。

問：居蔡之說，如《集注》之云，則是藏龜初未爲失，而山節藻梲亦未爲僭。臧文仲所以不得爲知者，特以其惑於鬼神，而作此室以藏龜爾。曰：山節藻梲，恐只是華飾，不見得其制度如何。如夫子只譏其不知，便未是僭，所謂「作虛器」而已。「大夫不藏龜」，禮家乃因此立說。必大。

臧文仲無大段善可稱。但他不好處，如《論語》中言居蔡之事；左氏言「不仁不知者三」，却占頭項多了。然他是箇會說道理底人，如教行父事君之禮；如宋大水，魯遣使歸言宋君之意，臧曰：「宋其興乎！成湯罪己，其興也勃焉；桀、紂罪人，其亡也忽焉。」皆是他會說。燾。

子張問曰令尹子文章

或問：令尹子文之忠，若其果無私意，出於至誠惻怛，便可謂之仁否？曰：固是。然不消泥他事上說，須看他三仕三已，還是當否。以舊政告新令尹，又須看他告得是否。只緣他大體既不是了，故其小節有不足取。如管仲之三歸、反坫，聖人却與其仁之功者，以其立義正也。故管仲是天下之大義，子文是一人之私行耳。譬如伏節死義之人，❶視坐亡而立化者雖未必如他之脩然，然大義却是。彼雖去得好，却不足取也。時舉。

三仕三已所以不得爲仁，蓋不知其事

❶「伏」，萬曆本作「仗」。

是如何。三仕之中，是有無合當仕否？三已之中，又不知有無合當已否？明作。

黃先之問「子文」、「文子」一節。曰：今人有些小利害，便至於頭紅面赤；子文却三仕三已，略無喜愠。有些小所長，便不肯輕以告人，而子文乃盡以舊政告之新尹。此豈是容易底事！其地位亦甚高矣。今人有一豪係累，便脱洒不得，而文子有馬十乘，乃棄之如敝屣然。此亦豈是易事！常人豈能做得？後人因孔子不許他以仁，便以二子之事爲未足道，此却不可。須當思二子所爲如此高絶，而聖人不許之以仁者，因如何未足以盡仁。就此處子細看，便見得二子不可易及，而仁之體段實是如何，切不可容易看也。時舉。

履之説「子文」、「文子」。曰：公推求得二子太苛刻，不消如此。某注中亦説得甚平，不曾如公之説。聖人之語本自渾然，不當如此搜索他後手。今若有箇人能三仕三已無喜愠，也是箇甚麽樣人！這箇强不得，若强得一番無喜愠，第二番定是動了。又如有馬十乘，也自是箇巨室有力量人家，誰肯棄而違之！文子却脱然掉了去，也自是箇好人，更有多少人拚捨去不得底，所以聖人亦許其忠與清，只説「未知，焉得仁！」聖人之語，本自渾然，不當如此苛刻搜人過惡，兼也未消論到他後來在。僩。○燾録別出。

或問「令尹子文」一章。曰：如子文之三仕三已而無喜愠，已是難了，不可説他只無喜愠之色，有喜愠之心。若有喜愠之心，只做得一番過，如何做得兩三番過。舊令尹之政必告新令尹，亦不可説他所告是私意，只説未知所告者何事。陳文子有馬十乘，亦是大家，他能棄而去之，亦是大段放得下了。亦不可説他是避利害，如此割舍。且當時有萬千拚捨不得不去底，如公之論，都侵過説，太苛刻了。聖人是平説，本自渾然，不當如此搜索他後手。燾。

問：令尹子文之事，《集注》言：「未知皆出於天理而無人欲之私，故聖人但以忠許之。」切詳子文告新令尹一節，若言徒知有君而不知有天子，徒知有國而不知有天下，推之固見其不皆出於天理也。至於三仕無喜，三已無愠，分明全無私欲。先生何以識破他有私處？曰：也不曾便識破。但是夫子既不許之以仁，必是三仕三已之間，猶或有未善也。壯祖。○《集注》。

問：先生謂「當理而無私心則仁矣」，先言當理而後言無私心者，莫只是指其事而言之歟？曰：然。廣。

或問：子文、文子未得爲仁，如何？曰：仁者「當理而無私心」，二子各得其一。蓋子文之無喜愠，是其心固無私，而於事則未盡善；文子潔身去亂，其事善矣，然未能保其心之無私也。仁須表裏心事一一中理，乃可言。聖人辭不迫切，只言未知如何而得仁，則二子之未仁自可見。銖。○此説可疑。

問：《集注》論忠、清，與本文意似不同。曰：二子忠、清而未盡當理，故止可謂之忠、清而未得爲仁，此是就其事上着實研究出來。若不如此，即不知忠、清與仁有何分別。此須做箇題目入思議始得，未易如此草草説過。賜。

問：子文之忠，文子之清，聖人只是就其一節可取。如仁，却是全體，所以不許他。曰：也恁地説不得。如「三仁」，聖人也只是就他一節上說。畢竟一事做得是時，自可以見其全體。古人謂觀鳳一羽，足以知其五色之備。如三子之事皆不可見，聖人當時許之，必是有以見得他透徹。若二子之事，今皆可考，其病敗亦可見。以表證裏，則其裏也可知矣。燾。

問：子文之忠，文子之清，「未知，焉得仁？」曰：此只就二子事上說。若比干、伯夷之忠、清，是就心上說。若論心時，比干、伯夷已是仁人，若無讓國、諫紂之事，❶亦只是仁人，蓋二子忠、清元自仁中出。若子文、文子，夫子當時只見此兩件事是清與忠，不知其如何得仁也。又曰：夫欲論仁，如何只將一兩件事便識得此人破！須是盡見得他表裏，方識得破。去僞。

夷、齊之忠、清，是本有底，故依舊是仁。子文、文子之忠、清，只得喚做忠、清。賜。

問：子文若能止僭王猾夏，文子去就若明，是仁否？曰：若此却是以事上論。曰：《注》中何故引此？曰：但見其病耳。可學。

師鄭問云云。曰：大概看得也是。若就二子言之，則文子資稟甚高。只緣他不講學，故失處亦大。

「子文、文子」一章，事上迹上是忠、清，上蔡《解》。見處是仁。子文只是忠，不可謂之仁。若比干之忠，見得時便是仁。也容有質厚者能之。若便以爲仁，恐子張識忠、清，而不識仁也。方。○《集義》。

五峰說令尹子文、陳文子處，以知爲重。說「未知，焉得仁」，知字絕句。今《知

❶「紂」，原作「討」，今據朝鮮本改。

言》中有兩章。説令尹處云：「楚乃古之建國，令尹爲相，不知首出庶物之道。」若如此，則是謂令尹爲相，徒使其君守僭竊之位，不能使其君王天下耳。南軒謂恐意不如此，然南軒當時與五峰相與往復，亦只是講得箇大體。南軒只做識仁體認，恐不盡領會五峰意耳。五峰疑孟之説，周遮全不分曉。若是恁地分疏孟子，剗地沈淪，不能得出！㽦。❶

問：五峰問南軒：「陳文子之清，令尹子文之忠，初無私意。如何聖人不以仁許之？」枅嘗思之，而得其説曰：仁之體大，不可以一善名。須是事事盡合於理，方謂之仁。若子文之忠，雖不加喜愠於三仕三已之時，然其君僭王竊號，而不能正救。文子之清，雖棄十乘而不顧，然崔氏無君，其惡已著，而略不能遏止之。是盡於此，而不盡於彼；能於其小，而不能於其大者，安足以語仁之體乎？曰：讀書不可不子細。如公之説，只是一説，非聖人當日本意。夫仁者，心之德。使二子而果無私心，則其仕已而無喜愠，當不特謂之忠而謂之仁；棄十乘而不居，當不特謂之清而謂之仁。聖人所以不許二子者，正以其事雖可觀，而其本心或有不然也。枅。

令尹子文、陳文子等，是就人身上説仁。若識得仁之統體，即此等不難曉矣。或曰：南軒解此，謂「有一豪私意皆非仁。如令尹子文、陳文子以終身之事求之，未能無私，所以不得爲仁」。曰：孔子一時答他，亦未理會到他終身事。只據子張所問底事，未知是出於至誠惻怛，未知是未能無

❶「㽦」下，原有「附此」二字，今據朝鮮本删。

私，孔子皆不得而知，故曰：「未知，焉得仁！」非是以仕已無愠喜，與棄而違之爲非仁也。這要在心上求，然以心論之，子文之心勝文子之心。只是心中有些小不慊快處，便不是仁。文蔚曰：所以孔子稱夷、齊曰：「求仁而得仁，又何怨！」曰：便是要見得到此。文蔚。

季文子三思而後行章

問「季文子三思而後行」章。曰：思之有未得者，須着子細去思。到思而得之，這方是一思。雖見得已是，又須平心更着思一遍。如此，則無不當者矣。若更過思，則如秤子秤物相似，推來推去，輕重却到不定了。時舉。

季文子三思而後行，子曰：「再，斯可矣。」曰：聖人也只是大概如此說。謂如明理底人，便思三兩番，亦不到得私意起。又如魯鈍底人，思一兩番不得，第三四番思得之，無定。然而多思，大率流入私意底多。❶雖此是聖人就季文子身上説，然而聖人之言自是渾厚，占得地位闊。「再，斯可矣」，是常法大概當如此。燾。

「季文子三思而後行」，程子所謂「三則私意起而反惑」，如何？曰：這是某當問公底。某云：若是思之未透，雖再三思之何害？先生曰：不然。且如凡事，初一上商量，已得成箇體段了；再思一番，與之審處當行不當行，便自可決斷了。若於其中又要思量那箇是利、那箇是害，則避害就利之心便起，如何不是私？炎。

❶「流」下，萬曆本有「而」字。

問：看《雍也》，更有何商量處？　賀孫曰：向看《公冶長》一篇，如「微生高」、「季文子三思」二章，覺得於人情未甚安。曰：是如何未安？　如今看得如何？　曰：向看時如乞醯事，❶也道是着如此委曲。三思事，也道是着如此審細。如今看來，乃天理、人欲相勝之機。曰：便是這般所在，本是平直易看。只緣被人説得支蔓，故學者多看不見這般所在。如一件物事相似，自恁地平平正正，更不着得些子蹺欹。是公鄉里人去説這般所在，却都勞攘了。凡事固是着審細，才審一番，又審一番，這道理是非，已自分曉。少間纔去計較利害，千思百算不能得了，少間都衮得一齊没理會了。問：這差處是初間略有些意差，後來意上生意，不能得了。曰：天下事那裏被你算得盡？　才計較利害，莫道三思，雖百思也只不濟事。如今人須要計較到有利無害處，所以人欲只管熾，義理只管滅。横渠説：「聖人不教人避凶而趨吉，只教人以正信勝之。」此可破世俗之論。這不是他看這道理洞徹，如何説得到這裏。若不是他堅勁峭絶，如何説得到這裏。又云：聖人於微處一一指點出來教人。他人看此二章，也只道匹似閑。賀孫。

又問「乞醯」及「三思」章。曰：三思是亂了是非。天下事固有難易。易底，是非自易見。若難事，初間審一審，未便决得是非；更審一審，這是非便自會分明。若只管思量利害，便紛紛雜雜，不能得了。且如只是思量好事，若思得紛雜，雖未必皆邪，已自不正大，漸漸便入於邪僻。况初來原

❶「時」，萬曆本作「得」。

頭自有些子私意了，如乞醯，若無，便説無。若恁地曲意周旋，這不過要人道好，不過要得人情。本是要周旋，不知這心下都曲小了。若無便説無，是多少正大！至若有大急難，非己可成，明告於衆，以共濟其急難，這又自不同。若如乞醯，務要得人情，這便與孟子所謂「士未可以言而言，可以言而不言，是皆穿窬之類也」同意。《易·比》之九五云：「顯比。王用三驅，失前禽。邑人不誡，吉。」聖人之於人，來者不拒，去者不追，如何一一要曲意周旋？纔恁地，便滯於一偏，況天理自不如此。賀孫。

甯武子邦有道則知章

問「甯武子」章。曰：武子不可不謂知。但其知，時人可得而及。南升。

問「甯武子」。曰：此無甚可疑。邦有道，安分做去，故無事可稱。邦無道，則全身退聽非難，人皆能如此。惟其不全身退聽，却似愚。然又事事處置得去，且不自表著其能，此所以謂「其愚不可及也」。賜。

甯俞「邦有道則智，邦無道則愚」。邦雖無道，是他只管向前做那事去，又却能沉晦不露，是非避事以免禍也。言「不可及」，亦猶莊子之「難能」，深予之之辭。端蒙。

通老問甯武子之愚。曰：愚，非愚魯之謂，但是有才不自暴露。觀衛侯爲晉文公所執，他委曲調護，此豈愚者所能爲！故文公以爲忠而免之。忠豈愚之謂！當亂世而能如此，此其所以免禍也。可學。

甯武子當衛成公出奔時，煞曾經營着

力來。愚，只是沈晦不認爲己功，故不可及。若都不管國家事，以是爲愚，豈可以爲不可及也！去僞。

問「甯武子其愚不可及」。曰：他人於邦無道之時，要正救者不能免患，要避患者又却偷安。若甯武子之愚，既能韜晦以免患，又自處不失其正，此所以爲不可及。因舉晉人有送酒者云：「可力飲此，勿預時事。」如此之愚，則人皆能之也。人傑。

甯武子「邦無道則愚」。曰：愚有兩節，有一般愚而冒昧向前底，少間都做壞了事。如甯武子雖冒昧向前，不露圭角，只猝猝做將去；然少間事又都做得了，此其愚不可及也。燾。

器之問：當衛之無道，武子却不明進退之義，而乃周旋其間，不避艱險，是如何？曰：武子九世公族，與國同休戚，要與尋常無干涉人不同。若無干涉人，要去也得，住也得。若要去時，須早去始得。到那艱險時節却要去，是甚道理！寓。

問：甯武子世臣，他人不必如此。曰：然。又看事如何。若羈旅之臣見幾先去則可。若事已爾，又豈可去！此事最難，當權其輕重。可學。

問甯武子愚處。曰：蓋不自表暴，而能周旋成事，伊川所謂「沈晦以免患」是也。木之。○《集注》。

問：先生謂武子仕成公無道之君云云，「此其愚之不可及也」。後面又取程子之說曰：「邦無道，能沈晦以免患，故曰『不可及也』。亦有不當愚者，比干是也。」若所謂「亦有不當愚者」，固與先生之意合。若所謂「沈晦以免患」者，却似與先生意異。

曰：武子不避艱險以濟其君，愚也。然卒能全其身者，知也。若當時不能沈晦以自處，則爲人所害矣，尚何君之能濟哉！故當時稱知，又稱其愚也。廣。

周元興問甯武子。曰：武子當文公有道之時，不得作爲，然它亦無事可見，此「其知可及也」。至成公無道失國，若智巧之士，必且去深僻處隱避不肯出來。武子竭力其間，至誠懇惻，不避艱險，卻能擺脱禍患，卒得兩全。非它能沈晦，何以致此。若比以智自免之士，武子卻似箇愚底人，但其愚得來好。若使別人處之，縱免禍患，不失於此，則失於彼，此武子之愚所以不可及。然若「比干諫而死」，看來似不會愚底人。然它於義却不當愚，只得如此處，又與武子不同，故伊川説：「亦有不當愚者，比干是也。」銖。

問：比干何以不當愚？曰：世間事做一律看不得。聖人不是要人人學甯武子，但如武子，亦自可爲法。比干却是父族，微子既去之後，比干不容於不諫。諫而死，乃正也。人當武子之時，則爲武子；當比干之時，則爲比干，執一不得也。時舉。

子在陳章

「斐然成章」，也是自成一家了，做得一章有頭有尾。且如狂簡，真箇了得狂簡底事，不是半上落下。雖與聖賢中道不同，然必竟是他做得一項事完全，與今學者有頭無尾底不同。聖人不得中道者與之，故不得已取此等狂狷之人，尚有可裁節，使過不及歸于中道。不似如今人不曾成得一事，無下手脚裁節處。且如真箇了得一箇狂簡地位，已自早不易得。釋、老雖非聖人之道，却被他做得成一家。明作。

成章，是做得成片段，有文理可觀。蓋他狂也是做得箇狂底人成，不是做得一上，又放棹了。狷也是他做得狷底成，不是今是今日狷，明日又不狷也。如孝真箇是做得孝成，忠真箇是做得忠成。子貢之辯、子路之勇，都是真箇做得成了。不是半上落下，今日做得，明日又休也。僩。

「斐然成章。」狂簡進取，是做得透徹，有成就了。成章，謂如樂章，五聲變成文之謂，如五采成文之謂章。言其做得成就，只恐過了，所以欲裁之。若是半青半黄，不至成就，却如何裁得！

子在陳，曰：「歸歟！歸歟！吾黨之小子狂簡，斐然成章。」當時從行者朝夕有商量，無可憂者。但留在魯國之人，惟其狂簡，故各自成章，有頭有尾，不知裁度。若異端邪說，釋、老之學，莫不自成一家，此最害義。如坐井觀天，彼目以爲所見之盡。❶蓋窺在井裏，❷所見自以爲足；及到井上，又却尋頭不着。寧可理會不得，却自無病。人傑。

先之問：孔子在陳，小子狂簡，欲歸而裁之。然至後來曾皙之徒弔喪而歌，全似老、莊。不知聖人既裁之後，何故如此？曰：裁之在聖人，而聽不聽在他也。時舉。

問：孔子在陳曰：「歸歟！歸歟！」此蓋夫子歷聘諸國，見當時不能行其道也，故欲歸而傳之門人。狂簡者立高遠之志，但過高而忽略，恐流於異端。故孔子思歸，將

❶「目」，萬曆本作「自」。
❷「窺」，萬曆本作「窟」。

以裁正之也。曰：孟子謂「不忘其初」，便是只管一向過高了。又曰：文振説文字，大故細。南升。

或問：「子在陳」一章，看得夫子行道之心，切於傳道之心。曰：也不消如此説。且如人而今做事，還是做目前事，還是做後面事？蓋道行於時，自然傳於後。然行之於時，而傳之於後，則傳之尤廣也。或曰：如今日無非堯、舜、禹、湯之道。曰：正此謂也。又問：裁之爲義，如物之不正，須裁割令正也。曰：自是如此。且如狂簡底人，不裁之則無所收檢，而流入於異端。蓋這般人，只管是要他身高，都不理會事，所以易入於異端。大率異端皆是遯世高尚底人，素隱行怪之人，其流爲佛、老。又曰：遯世高尚，皆是苦行底人。而今所以無異端，緣那樣人都便入佛、老去了。且如孟之反不伐，是他自占便宜處，便如老氏所謂「不爲天下先」底意思。子桑子死，琴張弔其喪而歌，是不以生死芥蔕，便如釋氏。子桑户不衣冠而處，夫子譏其「同人道於牛馬」。《或問》又云：「皆老氏之流也。」如此等人，雖是志意高遠，然非聖人有以裁正之，則一向狂去，更無收殺，便全不濟事了。又云：仁民愛物，固是好事。若流入於墨氏「摩頂放踵而利天下爲之」，則全不好了。此所以貴裁之也。燾。

飛卿問：孔子在陳，何故只思狂士，不説狷者？曰：狷底已自不濟事。狂底却有箇軀殼，可以鞭策。斐，只是自有文采。《詩》云「有斐君子」、「萋兮斐兮」。成章，是自有箇次第，自成箇模樣。賀孫問：《集注》謂「文理成就而著見」，是只就他意趨自成箇模樣處説？又云：「志大而略於細」，是就他志高遠而欠實做工夫說否？曰：然。狷者只是自守得些，便道是了，所謂「言必信，行必果」者是也。賀孫。○《集注》。

問：先生解云：「斐，文貌。成章，言其文理成就，有可觀者。」不知所謂文，是文辭邪？亦指事理言之邪？曰：非謂文辭也，言其所爲皆有文理可觀也。又問：狂簡既是「志大而略於事」，又却如何得所爲成章？曰：隨他所見所習，有倫有序，有首有尾也。便是異端，雖與聖人之道不同，然做得成就底，亦皆隨他所爲，有倫序，有首尾可觀也。廣。

問：《集注》謂「文理成就」，如何？曰：雖是狂簡非中，然却做得這箇道理成箇物事，自有可觀，不是半上落下。故聖人雖謂其狂簡而不知所裁，然亦取其成一箇道理。大率孔門弟子，隨其資質，各能成就。如子路之勇，真箇成一箇勇；冉求之藝，真箇成一箇藝。言語、德行之科皆然，一齊被它做得成就了。銖。

符舜功問：《集注》釋「狂簡」之「狂」，皆作高遠之意，不知「罔念作狂」之「狂」，與此「狂」字如何？曰：也不干事。又問：「狂而不直」如何？曰：此却略相近。「狂而不直」，已自是不好了，但尚不爲惡在。若「罔念作狂」，則是如桀、紂樣迷惑了。義剛。

問：「恐其過中失正而或流於異端。」如莊、列之徒，莫是不得聖人爲之依歸而無所取裁者否？曰：也是恁地。又問：子夏教門人就洒掃應對上用工，亦可謂實。然不一再傳，而便流爲莊周，何故？曰：也只是韓退之恁地說，《漢書》也說得不甚詳。

人所見各不同，只是這一箇道理，才看得別，便從那別處去。義剛。

問狂簡處。先生云：古來異端，只是遁世高尚之士，其流遂至於釋、老。如子桑户死，琴張臨其喪而歌，是不以死生芥蔕胸次。孟之反不伐，便如道家所謂三寶，「一曰不敢爲天下先」是也。似此等人，雖則志意高遠，若不得聖人裁定，亦不濟事。節。❶

伯夷叔齊章

「伯夷、叔齊不念舊惡」，要見得他胸中都是義理。拱壽。

文振問「不念舊惡」，「怨是用希」。曰：此與顔子「不遷怒」意思相似。蓋人之有惡，我不是惡其人，但是惡其惡耳。到他既改其惡，便自無可惡者。今人見人有惡便惡之，固是。然那人既改其惡，又從而追惡之，此便是因人一事之惡而遂惡其人，却不是惡其惡也。時舉。○南升録云：此與「不遷怒」一般。其所惡者，因其人之可惡而惡之，而所惡不在我。及其能改，又只見它善處，不見它惡處。聖賢之心皆是如此。

「不念舊惡」，非惡其人也，惡其人之無狀處。昨日爲善，今日爲惡，則惡之而不好矣；昨日爲惡，今日爲善，則好之而不惡矣，皆非爲其人也。聖人大率如此，但伯夷平日以隘聞，故特明之。方子。

問「伯夷不念舊惡」。曰：這箇也只是恰好，只是當然。且如人之有惡，自家合當怒之。人既改了，便不當更怒之。然伯夷

❶「節」，原漫漶，今據萬曆本補。

之清，他却是箇介僻底人，❶宜其惡惡直是惡之。然能「不念舊惡」，却是他清之好處。燾。

問：蘇氏言：「二子之出，意其父子之間有違言焉，若申生之事歟？」「不念舊惡」，莫是父子之間有違言處否？曰：然。問：孟子所言伯夷事自是如此孤潔。諫武王伐商，又都是伯夷，而叔齊之事不可得見。未知其平時行事如何，却並以「不念舊惡」稱之。曰：讓國，二子同心，度其當時，必是有怨惡處。問：父欲立叔齊，不立伯夷，在叔齊何有怨惡？曰：孤竹君不立伯夷而立叔齊，想伯夷當時之意亦道：「我不當立，我弟却當立。」叔齊須云：「兄當立不立，却立我！」兄弟之間，自不能無此意。問：兄弟既遜讓，安得有怨？曰：只見得他後來事。當其初，豈無怨惡之心？夫子所以兩處皆説二子無怨。問：某看「怨是用希」之語，不但是兄弟間怨希。這人孤立，易得與世不合，至此無怨人之心，此其所以爲伯夷、叔齊歟？曰：是如此。寓。

○《或問》。

問：蘇氏「父子違言」之説，恐未穩否？曰：蘇氏之説，以爲已怨，而「希」字猶有些怨在。然所謂「又何怨」，則絶無怨矣，又不相合。恐只得從伊川説，怨是人怨。「舊惡」，如「衣冠不正，望望然去」之類。蓋那人有過，自家責他，他便生怨。然他過能改即止，不復責他，便不怨矣。其所怨者，只是至愚無識，不能改過者耳。淳。

❶「他」，萬曆本作「也」。

孰謂微生高直章

醯，至易得之物，尚委曲如此，若臨大事，如何？當有便道有，無便道無。才枉其小，便害其大，此皆不可謂誠實也。去僞。

只「乞諸其鄰而與之」，便是屈曲處。又問：或朋友間急來覓一物，自家若無，與他去鄰家覓之，却分明説與，可否？曰：這箇便是自家要做一面人情，蓋謂是我爲你乞得。燾。

問：看孔子説微生高一章，雖一事之微，亦可見王霸心術之異處：一便見得皡皡氣象，一便見得驩虞氣象。曰：然。伊川解「顯比」一段，説最詳。賀孫。

問：微生高不過是「曲意徇物，掠美市恩」而已。所枉雖小，害直甚大。聖人觀人，每於微處，便察見心術不是。曰：所謂「曲意徇物，掠美市恩」，其用心要作甚？南升。○《集注》。

問：范氏言「千駟萬鍾，從可知焉」，莫是説以非義而予，必有非義而取否？曰：不是説如此予，必如此取。只看他小事尚如此，到處千駟萬鍾，亦只是這模樣。微生高用心也是怪，醯有甚難得之物！我無了，那人有，教他自去求，可矣。今却轉乞與之，要得恩歸於己。若教他自就那人乞，恩便歸那人了，此是甚心術！淳録云：若是緊要底物，我無，則求與之猶自可。若曰宛轉濟人急難，則猶有説。今人危病，轉求丹藥之類，則有之。問：「取予」二字有輕重否？寓以爲寧過於予，必嚴於取，如何？曰：如此却好。然看「一介不以與人，一介不以取人」，本不分輕重。今看予，自是予他人，不是入己，寧過些不妨，却不干我事。取，則在己取之，必當嚴。楊問：文中子言：「輕施者必好奪。」如何？曰：此說得亦近人情。寓。

問：張子韶有一片論乞醯不是不直。上蔡之說亦然。曰：此無他，此乃要使人回互委曲以爲直爾。噫！此鄉原之漸，不可不謹。推此以往，而不爲「枉尺直尋」者幾希！大雅。

行夫問此一章。曰：人煞有將此一段做好說，謂其不如此抗直，猶有委曲之意。自張子韶爲此說，今煞有此說。昨見戴少望《論語講義》亦如此說。這一段下連「巧言、令色、足恭」，都是一意。當初孔門編排此書，已從其類。只自看如今有人來乞些醯，亦是閑底事，只是與他說自家無，鄰人有之，這是多少正大，有何不可。須要自家取來，却做自底與之，是甚氣象！這本心是如何？凡人欲恩由己出，皆是偏曲之私。恩由己出，則怨將誰歸！賀孫。

巧言令色足恭章

義剛說「足恭」云：只是過於恭。曰：所謂足者，謂本當只如此，我却以爲未足，而添足之，故謂之足。若本當如此，而但如此，則自是足了，乃不是足。凡制字如此類者，皆有兩義。義剛。

問「足恭」。曰：「足」之爲義，湊足之謂也。謂如合當九分，却要湊作十分，意謂其少而又添之也。才有此意，便不好。燾。

「足」，去聲讀，求足乎恭也，是加添之

意。蓋能恭，則禮已止矣。若又去上面加添些子，求足乎恭，便是私欲也。僩。

巧言、令色、足恭，與匿怨，皆不誠實者也。人而不誠實，何所不至！所以可耻，與上文乞醯之義相似。去僞。○燾録云：這便是乞醯意思一般，所以記者類於此。

問：「巧言、令色、足恭」，是既失本心，而外爲諂媚底人。「匿怨而友其人」，是内懷險詖，而外與人相善底人。曰：門人記此二事相連。若是微生高之心，弄來弄去，便做得這般可耻事出來。南升。

問：左丘明，謝氏以爲「古之聞人」，則《左傳》非丘明所作。曰：左丘是古有此姓，名明，自是一人。作傳者乃左氏，別自是一人。是撫州鄧大著名世，字元亞。如此説，他自作一書辯此。義剛。

丘明所耻如此，《左傳》必非其所作。

顏淵季路侍章

問：「無伐善，無施勞」，善與勞如何分別？曰：善是自家所有之善，勞是自家做出來底。燾。

問：「施勞」之「施」，是張大示誇意否？曰：然。淳。

問：「老者安之，朋友信之，少者懷之。」孔子只舉此三者，莫是朋友則是其等輩，老者則是上一等人，少者則是下一等，此三者足以該盡天下之人否？曰：然。廣。

問：安老懷少，恐其間多有節目。今只統而言之，恐流兼愛。曰：此是大概規模，未説到節目也。人傑。

「顏淵、季路侍」一段，子路所以小如顏

淵者，只是工夫粗，不及顏淵細密。工夫粗，便有不周遍隔礙處。又曰：子路只是願車馬、衣服與人共，未有善可及人也。僩。

問「願車馬，衣輕裘，與朋友共」。曰：這只是他心裏願得如此。他做工夫只在這上，豈不大段粗。又曰：子路所願者粗，顏子較細向裏來，且看他氣象是如何。僩。

或問子路、顏淵言志。曰：子路只是說得粗，若無車馬輕裘，便無工夫可做。顏子「無伐善，無施勞」，便細膩有工夫。然子路亦是無私而與物共者。銖。

子路如此做工夫，畢竟是疏。是有這箇車馬輕裘，方做得工夫；無這車馬輕裘，不見他做工夫處。若顏子，則心常在這裏做工夫，然終是有些安排在。恪。

子路須是有箇車馬輕裘，方把與朋友共。如顏子，不要車馬輕裘，只就性分上理會。「無伐善，無施勞」，車馬輕裘則不足言矣。然以顏子比之孔子，則顏子猶是有箇善，有箇勞在。若孔子，便不見有痕迹了。夫子「不厭不倦」，便是「純亦不已」。植。

問顏子、子路優劣。曰：子路粗，用心常在外。願車馬之類，亦無意思。若無此，不成不下工夫？然却不私己。顏子念念在此。問：顏、季皆是願，夫子則無「願」字。曰：夫子也是願。又曰：子路底收斂，也可以到顏子；顏子底純熟，可以到夫子。節。

子路、顏淵、夫子都是不私己，但有小大之異耳。子路只車馬衣裘之間，所志已狹。顏子將善與衆人公共，何伐之有？「施諸己而不願，亦勿施於人」，何施勞之有？却已是煞展拓。然不若聖人，分明是天地氣象。端蒙。

問「顔淵、季路侍」一章。曰：子路與顔淵固均於無我。然子路做底都向外，不知就身己上自有這工夫。如顔子「無伐善，無施勞」，只是就自家這裏做。恭甫問：子路後來工夫進，如「衣弊緼袍，與衣狐貉者立而不耻」，這却見於裏面有工夫。曰：他也只把這箇做了。自着破弊底，却把好底與朋友共，固是人所難能，然亦只是就外做。較之世上一等切切於近利者大不同。賀孫。

問顔淵、季路、夫子言志。曰：今學者只從子路比上去，不見子路地位煞高。是上面有顔子底一層，見子路低了；更有夫子一層，又見顔子低了。學者望子路地位，如何會做得他底。他這氣象煞大。不如是，何以爲聖門高弟？植。

叔器曰：子路但及朋友，不及他人，所以較小。曰：「願車馬，衣輕裘，與朋友共。」以朋友有通財之義，故如此說。那行道之人，不成無故解衣衣之。但所以較淺小者，他能舍得車馬輕裘，未必能舍得勞善。有善未必不伐，有勞未必不施。若能退後省察，則亦深密；向前推廣，則亦闊大。范益之云：「顔子是就義理上做工夫，子路是就事上做工夫。」曰：子路是就意氣上做工夫。顔子自是深潛淳粹，淳録作「縝密」。較別。子路是有些戰國俠士氣象，學者亦須如子路恁地割捨得。「士而懷居，不足以爲士矣」。若今人恁地畏首畏尾，瞻前顧後，粘手惹脚，如何做得事成！恁地莫道做好人不成，便做惡人也不成！先生至此，聲極洪。叔器再反覆說前章。先生曰：且粗說，人之生，各具此理。但是人不見此理，這裏都黑卒卒地。如貓兒、狗子，饑便待物事喫，困便睡。到富貴，便極聲色之奉。一貧賤，便憂愁無聊。聖人則表裏精粗無不昭徹，其形骸雖是人，其實只是一團天理，所謂「從心所欲，不踰矩」。左來右去，盡是天理，如何不快活！義剛。

或問：子路「願車馬，衣輕裘，與朋友共」，是他做功夫處否？曰：這也不是他做功夫。亦是他心裏自見得，故願欲如此。然必有别做功夫處。若依如此做功夫，大段粗了。又問：此却見他心。曰：固是。此見得他心之恢廣，磨去得那私意。然也只去得那粗底私意。如顔子，却是磨去那近裏底了，然皆是對物我而言。又云：狂簡底人，做來做去没收殺，便流入異端。如子路底人，做來做去没收殺，便成任俠去。又問：學者做功夫，須自子路功夫做起。曰：亦不可如此説。且如有顔子資質底，不成交他做子路也！燾。

亞夫問子路言志處。曰：就聖人上看，便如日出而爝火息，雖「無伐善，無施勞」之事，皆不必言矣。就顔子上看，便見得雖有車馬衣裘共敝之善，既不伐不施，却不當事了，不用如子路樣着力去做。然子路雖不以車馬輕裘爲事，然畢竟以此爲一件功能。此聖人、大賢氣象所以不同也。時舉。

子路有濟人利物之心，顔子有平物我之心，夫子有萬物得其所之心。道夫。

吴伯英講子路、顔淵、夫子言志。先生問衆人曰：顔子、季路所以未及聖人者何？衆人未對。先生曰：子路所言，只爲對着一箇不與朋友共敝之而有憾在。顔子所言，只爲對着一箇伐善施勞在。非如孔子之言，皆是循其理之當然，初無待乎有所懲創也。子路之志，譬如一病人之最重者，當其既甦，則曰：「吾當謹其飲食起居也。」顏子之志，亦如病之差輕者，及其既甦，則曰：「吾當謹其動静語默也。」夫出處、起居、動静、語嘿之知所謹，蓋由不知謹者爲之對也。曾不若一人素能謹護調攝，渾然無病，問其所爲，則不過曰飢則食而渴則飲也。此二子之所以異於聖人也。至就二子而觀之，則又不容無優劣。季路之所志者，不過朋友而已；顏子之志，則又廣矣。季路之所言者粗，顏子之所言者細也。壯祖。○閎祖録云：子路、顏淵、夫子言志，伊川諸説固皆至當。然二子之所以異於夫子者，更有一意，無憾對憾而言也；無伐無施，對伐施而言也。二子日前想亦未免此病，今方不然。如人病後，始願不病，故有此言。如夫子，則更無懲創，不假修爲，此其所以異也。

顏淵、子路只是要克去「驕、吝」二字。如謝氏對伊川云，知矜之爲害而改之，然謝氏終有矜底意。如解「孟之反不伐」，便着意去解。人傑。

舊或説「老者安之」一段，謂老者安於我，朋友信於我，少者懷於我。此説較好。蓋老者安於我，則我之安之必盡其至；朋友信於我，則我之爲信必無不盡；少者懷於我，則我之所以懷之必極其撫愛之道。却是見得聖人説得自然處。義剛。○《集注》。

或問：《集注》云「安於我，懷於我，信於我」，何也？曰：如《大學》「君子賢其賢而親其親，小人樂其樂而利其利」一般，蓋無一物不得其所也。老者，我去安他，他便安於我；少者，我去懷他，他便懷於我；朋友，我去信他，他便信於我。又問顏子、子路所答。曰：此只是各説身己上病痛處。子路想平日不能與朋友共裘馬，顏子平日未能忘伐善施勞，故各如此言之。如新病安來説方病時事，如説我今日病較輕得些，便是病未曾盡去，猶有些根脚，更服藥始得。彼云願，則猶有未盡脱然底意思。又如病起時説願得不病，便是曾病來。然二子如此説時，便是去得此病了，但尚未能如夫子自然而已。如夫子則無此等了，曠然如太空，更無些滯礙。其所志但如此耳，更不消着力。又曰：古人揀己偏重處去克治。子路是去得箇「吝」字，顔子是去得箇「驕」字。祖道。○夔孫録云：二子言志，恰似新病起，人雖去得此病了，但須着服藥隄防，❶願得不再發作。若聖人之志，則曠然太虛，了無一物。又曰：古人爲學，大率體察病痛，就上面克治將去。

問：「老者安之」云云，一説「安者，安我也」。恭父謂兩説只一意。先生曰：語意向背自不同。賀孫云：若作安老者説，方是做去。老者安我説，則是自然如此了。曰：然。因舉《史記·魯世家》及《漢書·地理志》云：「魯道之衰，洙、泗之間斷斷如也。」謂先魯盛時，少者代老者負荷，老者即安之。到後來少者亦知代老者之勞，但老者自不安於役少者，故道路之間只見遜讓，故曰「斷斷如也」。《注》云：「分辯之意也。」賀孫。

問：仲由何以見其求仁？曰：他人於微小物事，尚戀戀不肯捨。仲由能如此，其心廣大而不私己矣，非其意在於求仁乎？升卿。

叔蒙問「夫子安仁，顔子不違仁，子路求仁」。曰：就子路、顔子、聖人，只是見處有淺深大小耳，皆只是盡我這裏底。子路常要得車馬輕裘與朋友共，據他煞是有工夫了。輕財重義，有得些小潑物事，與朋友

❶「須」字，原無，今據朝鮮本補。

共，多少是好！今人計較財物，這箇是我底，那箇是你底，如此見得子路是高了。顔子常要得無伐善施勞，顔子工夫是大段縝密。就顔子分上，正恰好了，也只得如此。到聖人是安仁地位，大抵顔子「無伐善，無施勞」，也只與願車馬輕裘，與朋友共敝相似；夫子安老、懷少、信朋友，也與「無伐善，無施勞」相似，但有淺深大小不同。就子路地位更收斂近裏，便會到「無伐善，無施勞」處；就顔子地位更極其精微廣大，便到安老、懷少、信朋友爾。寓。

問「夫子安仁，顔淵不違仁，子路求仁」。曰：伊川云：「孔子、二子之志，皆與物共者也，有淺深小大之間耳。」子路底淺，顔子底深；二子底小，聖人底大；子路底較粗，顔子底較細膩。子路必待有車馬輕裘，方與物共，若無此物，又作麽生。顔子便將那好底物事與人共之，見得那子路底又低了，不足爲，只就日用間無非是與人共之事。顔子底儘細膩，子路底只是較粗。然都是去得箇私意了，只是有粗細。子路譬如脱得上面兩件麤糟底衣服了，顔子又脱得那近裏面底衣服了，聖人則和那裏面貼肉底汗衫都脱得赤骨立了。僩。

問：觀子路、顔子、孔子之志，皆是與物共者也。纔與物共，便是仁。然有小大之别：子路，求仁者也；顔子，不違仁者也；孔子，安仁者也。求仁者是有志於此理，故其氣象高遠，可以入道，然猶自車馬輕裘上做功夫。顔子則就性分上做功夫，能不私其己，可謂仁矣，然未免於有志，❶只是不違仁氣象。若孔子，則不言而行，不爲

❶「志」，萬曆本作「意」。

而成，渾然天理流行而不見其迹，此安仁者也。曰：説得也穩。大凡人有己則有私。子路「願車馬，衣輕裘，與朋友共」，其志可謂高遠，然猶未離這軀殼裏。顔子不伐其善，不張大其功，則高於子路。然「願無伐善，無施勞」，便是猶有此心，但願無之而已，是一半出於軀殼裏。孔子則離了軀殼，不知那箇是己，那箇是物。凡學，學此而已。南升。〇時舉録云：文振問此章。先生曰：子路是不以外物累其心，方剥得外面一重粗皮子去。顔淵却又高一等，便是又剥得一重細底皮去，猶在軀殼子裏。若聖人，則超然與天地同體矣。

問：孔子安仁，固無可言。顔子不違仁，乃是已得之，故不違，便是「克己復禮」底事。子路方有與物共之志，故曰「求仁」。曰：然。又曰：這般事，如今都難説。他當時只因子路説出那一段，故顔子就子路所説上説，便見得顔子是箇已得底意思。孔子又就顔子所説上説，皆是將己與物對説。子路便是箇舍己忘私底意思。今若守定他這説，曰此便是求仁，不成子路每日都無事，只是如此？當時只因子路偶然如此説出，故顔子、孔子各就上面説去，其意思各自不同。使子路若别説出一般事，則顔子、孔子又自就他那一般事上説，然意思却只如此。文蔚。

子路、顔淵、孔子言志，須要知他未言時如何。讀書須迎前看，不得隨後看。所謂「考迹以觀其用，察言以求其心」。且如公説從仁心上發出，所以忘物我，言語也無病，也説得去，只是尚在外邊。程先生言「不私己而與物共」，是三段骨體。須知義理不能已之處，方是用得。大抵道理都是合當恁地，不是過當。若到是處，只得箇恰好。「事親若曾子可也」。從周。

顔子之志，不以己之長方人之短，不以己之能媿人之不能，是與物共。道夫。

問：伊川言：「子路勇於義者，觀其志，豈可以勢利拘之哉！」曰：能輕己之所有以與人共，勢利之人豈肯如此！子路志願，正學者事。寓。

問：車馬輕裘與朋友共，亦常人所能爲之事。子路舉此而言，却似有車馬衣裘爲重之意，莫與氣象煞遼絶否？曰：固則是。只是如今人自有一等鄙吝者，直是計較及於父子骨肉之間。或有外面勉强而中心不然者，豈可與子路同日而語！子路氣象，非富貴所能動矣。程子謂：「豈可以勢利拘之哉！」木之。

問：浴沂地位恁高。程子稱「子路言志，亞於浴沂」，何也？曰：子路學雖粗，然它資質也高。如「人告以有過則喜」、「有聞未之能行，惟恐有聞」，見善必遷，聞義必徙，皆是資質高；車馬輕裘都不做事看，所以亞於浴沂。故程子曰：「子路只爲不達『爲國以禮』道理；若達，便是這氣象也。」淳。

問：「亞於浴沂者也」，浴沂是自得於中，而外物不能以累之。子路雖未至自得，然亦不爲外物所動矣。曰：是。義剛。

問：車馬輕裘與朋友共，此是子路有志求仁，能與物共底意思，但其心不爲車馬衣裘所累耳，而程子謂其「亞於浴沂」。據先生解，曾點事煞高，子路只此一事，如何便亞得他？曰：子路是箇資質高底人，要不做底事，便不做。雖是做工夫處粗，不如顔子之細密，然其資質却自甚高。若見得透，便不干事。廣。

問：「願聞子之志」，雖曰比子路、顏子分明氣象不同，然觀曾點言志一段，《集注》盛贊其雖答言志之問，而初實未嘗言其志之所欲爲。以爲曾點但知樂所樂，而無一豪好慕之心、作爲之想。然則聖人殆不及曾點邪？曰：聖人之言，❶雖有及物之意，然亦莫非循其理之自然，使物各得其所而己不勞焉，又何害於天理之流行哉！蓋曾點所言，却是意思；聖人所言，盡是事實。壯祖。

問：「不自私己，故無伐善；知同於人，故無施勞」，恐是互舉。曰：他先是作勞事之「勞」說，所以有那「知同於人」一句。某後來作功勞之「勞」，皆只是不自矜之意。「無伐善」，是不矜己能；「無施勞」，是不矜己功。至之云：「無施勞」，但作「己所不欲，勿施於人」意思解，也好。曰：《易》有「勞而不伐」，與「勞謙，君子有終」，皆是以勞爲功。義剛。

問：施勞與伐善，意思相類？曰：是相類。問：看來善自其平生之所能言，勞以其一時之功勞言。曰：亦是。勞是就事業上說。問：程子言：「不自私己，故無伐善；知同於人，故無施勞。」看來「不自私己」與「知同於人」，亦有些相似。曰：不要如此疑。以善者己之所有，不自有於己，故無伐善；以勞事人之所憚，知同於人，故無施勞。寓。

問：《集注》云：「羈靮以御馬，而不以制牛。」這箇只是天理，聖人順之而已。曰：這只是天理自合如此。炎録云：天下事合恁地處，便是自然之理。如「老者安之」，是他自

❶「之」，原作「言」，今據朝鮮本改。

帶得安之理來；朋友信之，是他自帶得信之理來；「少者懷之」，是他自帶得懷之理來。聖人爲之，初無形迹。季路、顏淵便先有自身了，方做去。如穿牛鼻、絡馬首，都是天理如此，恰似他生下便自帶得此理來。又如放龍蛇、驅虎豹，也是他自帶得驅除之理來。如剪滅蝮虺，也是他自帶得剪滅之理來。若不驅除剪滅，便不是天理。所以說道「有物必有則」。不問好惡底物事，都自有箇則子。又云：子路更修教細密，便是顏子地位；顏子若展拓教開，便是孔子地位。子路只緣粗了。又問：《集注》云：「皆與物共者也，但有小大之差耳。」曰：這道理只爲人不見得全體，所以都自狹小了。最患如此。聖人如何得恁地大？人多不見道理，❶形骸之隔，而物我判爲二。又云：「强恕而行，求仁莫近焉。」若見得「萬物皆備於我」，如何不會開展？又問：顏子恐不是强恕意思。子路却是强恕否？曰：顏子固不是强恕，然學者須是强恕始得。且如今人有些小物事，有箇好惡，自定去把了好底，却把不好底與人。這般意思如何得開闊？這般在學者，正宜用工。漸漸克去，便是求仁工夫。賀孫。

伊川令學者看聖賢氣象。曰：要看聖賢氣象則甚？且如看子路氣象，見其輕財重義如此，則其胸中鄙吝消了幾多。看顏子氣象，見其「無伐善，無施勞」如此，則其胸中好伐好施之心消了幾多。❷此二事，誰人胸中無？雖顏子亦只願無，則其胸中亦尚有之。聖人氣象雖非常人之所可能，然

❶「多」，萬曆本作「都」。
❷「好伐」，萬曆本無。

其如天底氣象，亦須知常以是涵養於胸中。又云：亦須看子路所以不及顔子處，顔子所以不及聖人處，吾所以不及賢者處，却好做工夫。

叔器問：先識聖賢氣象，如何？曰：也不要如此理會。聖賢等級自分明了，如子路定不如顔子，顔子定不如夫子。只要看如何做得到這裏。且如「願車馬，衣輕裘，敝之無憾」，自家真能如此否？有善真能無伐否？有勞真能無施否？今不理會聖賢做起處，義剛録作：今不將他做處去切己理會，體認教分明着。❶却只去想他氣象，則精神却只在外，自家不曾做得着實工夫。須是「切問而近思」。向時朋友只管愛説曾點、漆雕開優劣，亦何必如此。但當思量我何緣得到漆雕開田地，何緣得到曾點田地。若不去學他做，只管較他優劣，義剛録作：如此去做，將久便解似他。他那優劣自是不同，何必計較。便較得分明，亦不干自己事。如祖公年紀自是大如爺，爺年紀自是大如我，只計較得來也無益。叔器云：希顔録曾子書，莫亦要如此下工夫否？曰：曾子事雜見他書，他只是要聚做一處看。顔子事亦只要在眼前，也不須恁地起模畫樣。而今緊要且看聖人是如何，常人是如何，自家因甚後不似聖人，因甚後只似常人。就此理會得，自是超凡入聖。淳。○義剛同。

或問：有人於此，與朋友共，實無所憾。但貧乏不能復有所置，則於所敝未能恝然忘情，則如之何？曰：雖無憾於朋友，而眷眷不能忘情於己敝之物，亦非賢達之心也。道夫。○附。

❶「教」字，萬曆本無。

問：謝氏解「顔淵、季路侍」章，《或問》謂其以有志爲至道之病，因及其所論浴沂御風、何思何慮之屬，每每如此。竊謂謝氏論學，每有不屑卑近之意，其聖門狂簡之徒歟？《集注》云：「狂簡，志大而略於事也。」曰：上蔡有此等病，不是小，分明是釋、老意思。向見其雜文一編，皆不帖帖地。如《觀復堂記》與謝人啓事數篇皆然。其啓内有云：「志在天下，豈若陳孺子之云乎？身寄人間，得如馬少游而足矣。」必大。

○《或問》。

已矣乎章

問：程子曰：「自訟不置，能無改乎！」又曰：「罪己責躬不可無，然亦不當長留在心胸爲悔。」今有學者幸知自訟矣，心胸之悔，又若何而能不留耶？曰：改了便無悔。又問：已往之失却如何？曰：自是無可救了。必大。

時可問：伊川云：「自訟不置，能無改乎！」譬如人争訟，一訟未決，必至於再，必至於三，必至於勝而後已。有過，則亦必當攻責不已，必至於改而後已。曰：伊川怕人有過只恁地訟了便休，故説教着力。看來世上也自有人徒恁地訟，訟了便休。只看有多少事來，今日又恁地自訟，明日又恁地自訟，今年又恁地自訟，明年又恁地自訟。看來依舊不曾改變，只是舊時人。他也只知箇自訟是好事，只是不誠於自訟。賀孫。

十室之邑章

或問：美底資質固多，但以聖人爲生

知不可學，而不知好學。曰：亦有不知所謂學底。如三家村裏有好資質底人，他又那知所謂學，又那知聖人如何是聖人，又如何是生知，堯如何是堯，舜如何是舜。若如此，則亦是理會不得底了。燾。

義剛說：「忠信如聖人生質之美者也。」此是表裏粹然好底資質。曰：是。義剛。

朱子語類卷第三十 計一十五板

論語十二

雍也篇一

雍也可使南面章

問：「寬洪簡重」，是說仲弓資質恁地？曰：夫子既許它南面，則須是有人君之度，意其必是如此。這又無稽考，須是更將它言行去看如何。義剛。

問：「雍也可使南面」，伊川曰：「仲弓才德可使爲政也。」尹氏曰：「南面，謂可使爲政也。」第一章凡五說，今從伊川、尹氏之說。范氏曰「仲弓可以爲諸侯」，似不必指諸侯爲南面，不如爲政却渾全。謝氏曰：『仁而不佞』，其才宜如此。」楊氏亦曰「雍也仁矣」。據「仁而不佞」，乃或人之問。夫子曰「不知其仁」，則與「未知，焉得仁」之語同，謂仲弓爲仁矣。不知兩說何所據，恐「仁」字聖人未嘗輕許人。曰：南面者，人君聽政之位，言仲弓德度簡嚴，宜居位。❶不知其仁，故未以仁許之。然謂仲弓未仁，即下語太重矣。榦。

仲弓問子桑伯子章

仲弓見聖人稱之，故因問子桑伯子如

❶「居」下，朝鮮本有「此」字。

何。想見仲弓平日也疑這人，故因而發問。夫子所謂可也者，亦是連上面意思説也。仲弓謂「居敬而行簡」，固是居敬後自然能簡，然亦有居敬而不行簡者。蓋居敬則凡事嚴肅，却要亦以此去律事。凡事都要如此，此便是居敬而不行簡也。時舉。

仲弓爲人簡重，見夫子許其可以南面，故以子桑伯子亦是一箇簡底人來問孔子，看如何。夫子云此人亦可者，以其簡也。然可乃僅可而有未盡之辭。故仲弓乃言「居敬行簡」，夫子以爲然。南升。

行夫問子桑伯子。曰：行簡，只就臨民上説。此段若不得仲弓下面更問一問，人只道「可也簡」，便道了也是利害。故夫子復之曰：「雍之言然。」這亦見仲弓地步煞高，是有可使南面之基，亦見得他深沈詳密處。論來簡已是好資禀，較之繁苛瑣細，使人難事，亦煞不同。然是居敬以行之，方好。賀孫。

問：「居敬行簡」之「居」，如居室之「居」？先生應。復問：何謂簡？曰：簡是凡事據見定。又曰：簡靜。復問：「簡者不煩之謂」，何謂煩？曰：煩是煩擾。又曰：居敬是所守正而行之以簡。節。

居敬、行簡，是兩件工夫。若謂「居敬則所行自簡」，則有偏於居敬之意。人傑。

問「居敬而行簡」。曰：這箇是兩件工夫。如公所言，則只是居敬了，自然心虛理明，所行自簡，這箇只説得一邊。居敬固是心虛，心虛固能理明。推着去，固是如此。然如何會居敬了，便自得他理明？更有幾多工夫在。若如此説，則居敬行簡底，又那裏得來？如此，則子桑伯子大故是箇居敬之人矣。世間有那居敬而所行不簡。如上蔡説，吕進伯是箇好人，極至誠，只是煩擾。便是請客，也須臨時兩三番换食次，又自有這般人。又有不能居敬，而所行却簡易者，每事不能勞攘得，只從簡徑處行。如曹參之治齊，專尚清静，及至爲相，每日酣飲不事事，隔牆小吏酣歌叫呼，參亦酣飲歌呼以應之，何有於居敬耶！據仲弓之言，自是兩事，須子細看始得。又曰：須是兩頭盡，不只偏做一頭。如云内外，不只是盡其内而不用盡其外；如云本末，不只是致力於本而不務乎其末。居敬了，又要行簡。聖人教人爲學皆如此，不只偏説一邊。僩。

問：《注》言：「自處以敬，則中有所主而自治嚴。」程子曰：「居敬則心中無物，故所行自簡。」二説不相礙否？先生問：如何？曰：看《集注》是就本文説，伊川就居簡處發意。曰：伊川説有未盡。寓。○《集注》。

胡問：何謂行簡？曰：所行處簡要，不恁煩碎。居上煩碎，則在下者如何奉承得！故曰「臨下以簡」，須是簡。程子謂敬則自然簡，只説得敬中有簡底人。亦有人自處以敬，而所行不簡，却説不及。聖人所以曰居敬、曰行簡，二者須要周盡。❶淳。

居敬行簡，是有本領底簡；居簡行簡，是無本領底簡。程子曰：「居敬則所行自簡。」此是程子之意，非仲弓本意也。人傑。

胡叔器問：「居敬則心中無物，而所行自簡」，此説如何？曰：據某看，「居敬而行簡，以臨其民」，它説「而行簡以臨民」，則行簡自是一項，這「而」字是别喚起。今固有居敬底人，把得忒重，却反行得煩碎底。今説道「居敬則所行自簡」，恐却無此意。

❶「二」，原作「三」，今據朝鮮本、萬曆本改。

「臨下以簡，御衆以寬」。簡自別是一項，只要揀那緊要底來行。又問：看「簡」字，也有兩樣。曰：只是這箇「簡」，豈有兩樣！又曰：看他諸公所論，只是爭箇「敬」字。義剛。

叔器問：《集注》何不全用程說？曰：程子只說得一邊，只是說得敬中有簡底意思，也是如此。但亦有敬而不簡者，某所以不敢全依它說。不簡底自是煩碎，下面人難爲奉承。「御衆以寬，臨下以簡」。便是簡時，下面人也易爲奉承，自不煩擾。聖人所以說「居敬行簡」，二者須是兩盡。義剛問：敬是就心上說，簡是就事上說否？曰：簡也是就心上做出來。而今行簡，須是心裏安排後去行，豈有不是心做出來！義剛。

問：居敬則內直，內直則外自方。居敬而行簡，亦猶內直而外方歟？若居簡而行簡，則是喜靜惡動、怕事苟安之人矣。曰：程子說「居敬而行簡」，只作一事。今看得來，❶恐是兩事。居敬是自處以敬，行簡是所行得要。廣。

問：伊川說：「居敬則心中無物而自簡。」意覺不同。曰：是有些子差，但此說自不相害。若果能居敬，則理明心定，自是簡。這說如一箇物相似，內外都貫通。行簡是外面說。居敬自簡，又就裏面說。看這般所在，固要知得與本文少異，又要知得與本文全不相妨。賀孫。

問：「仲弓問子桑伯子」章，伊川曰：「內主於敬而簡，則爲要直；內存乎簡，則爲疏略。仲弓可謂知旨者。」但下文曰：

❶「得」，萬曆本作「將」。

「子桑伯子之簡，雖可取而未盡善，故夫子云可也。」恐未必如此。「可也簡」，止以其簡爲可爾。想其他有未盡善，特有簡可取，故曰可也。游氏曰：「子桑伯子之可也，以其簡。若主之以敬而行之，則簡爲善。」楊氏曰：「子桑伯子爲聖人之所可者，以其簡也。」夫主一之謂敬，居敬則其行自簡，但下文「簡而廉」一句，舉不甚切。今從伊川、游氏、楊氏之説。伊川第二、第三説皆曰，居簡行簡，乃所以不簡。先有心於簡，則多却一簡，恐推説太過。既曰疏略，則太簡可知，不必云「多却一簡」。如所謂「乃所以不簡」，皆太過。范氏曰：「敬以直内，簡以臨人，故堯、舜脩己以敬，而臨下以簡。」恐敬、簡不可太分説。「居」字只訓「主」字，若以爲主之敬而行之簡，則可；以爲居則敬而行則簡，則不可。若云脩己、臨下，則恐分了。仲弓不應下文又總説「以臨其民」也。又曰：子桑伯子其處己亦若待人。據夫子所謂「可也簡」，乃指子桑伯子説。仲弓之言乃發明「簡」字，恐非以子桑伯子爲居簡行簡也。尹氏亦曰：「以其居簡，故曰可也。」亦范氏之意。吕氏以爲引此章以證前章之説，謝氏以爲因前章以發此章之問，皆是旁説。然於正説亦無妨。謝氏又曰：「居敬而行簡，舉其大而略其細。」於「敬」字上不甚切，不如楊氏作「主一而簡自見」。尹氏曰：「可也簡」，當從伊川説。「剩却一『簡』字」，正是解太簡之意。「乃所以不簡」之説，若解文義，則誠有剩語；若以理觀之，恐亦不爲過也。范固有不密處，然敬、簡自是兩事，以伊川語思之可見。據此文及《家語》所載，伯子爲人，亦誠有太簡之病。謝氏「因上章而發明」之説是。榦。

徒務行簡，老子是也，乃所以爲不簡。子桑伯子，或以爲子桑户。升卿。

哀公問弟子章

問：聖人稱顏子好學，特舉「不遷怒，不貳過」二事，若不相類，何也？曰：聖人因見其有此二事，故從而稱之。柄謂：喜怒發於當然者，人情之不可無者也，但不可爲其所動耳。過失則不當然而然者，既知其非，則不可萌於再，所謂「頻復之吝」也。二者若不相類，而其向背實相對。曰：聖人雖未必有此意，但能如此看，亦好。柄。

顏子自無怒。因物之可怒而怒之，又安得遷？

問：「不遷怒」，此是顏子與聖人同處否？曰：聖人固是「不遷怒」，然「不遷」字在聖人分上説便小，在顏子分上説便大。蓋聖人合下自是無那遷了，不著説不遷。才説，似猶有商量在。若堯、舜則無商量了，是無了，何遷之有，何不遷之有！燾。

内有私意，而至於遷怒者，志動氣也；有爲怒氣所動而遷者，氣動志也。伯恭謂：「不獨遷於他人爲遷，就其人而益之，便是遷。」此却是不中節，非遷也。道夫。

「不遷怒，不貳過。」據此之語，怒與過自不同。怒，却在那不遷上。過，才説是過，便是不好矣。僩。

或問顏子「不貳過」。曰：過只是過。不要問他是念慮之過與形見之過，只消看他不貳處。既能不貳，便有甚大底罪過也自消磨了。時舉。

問「不遷怒，不貳過」。曰：重處不在怒與過上，只在不遷、不貳上。今不必問過之大小，怒之淺深。只不遷、不貳，是甚力量！便見工夫。佛家所謂「放下屠刀，立地成佛」，若有過能不貳，直是難。貳，如貳官之「貳」，已有一箇，又添一箇也。又問「守之也，非化之也」。曰：聖人則都無這箇。顔子則疑於遷貳與不遷貳之間。賜。○祖道録云：貳不是一二，是長貳之「貳」。餘同。

尋常解「不貳過」，多只説「過」字，不曾説「不貳」字。所謂不貳者，「有不善未嘗不知，知之未嘗復行也」。如顔子之克己，既克己私，便更不萌作矣。人傑。

「不遷怒，不貳過」，一以爲克己之初，一以爲用功之處。曰：自非禮勿視、聽、言、動，積習之久，自見這箇意思。夔孫。

問：學顔子，當自「不遷怒，不貳過」起？曰：不然。此是學已成處。又問：如此，當自「四勿」起？曰：是。程子云：「顔子事斯語，所以至於聖人，後之學者宜服膺而勿失也。」過。

不遷、不貳，非言用功處，言顔子到此地位，有是效驗耳。若夫所以不遷、不貳之功，不出於非禮勿視、勿聽、勿言、勿動四句耳。伯羽。○謨録云：此平日克己工夫持養純熟，故有此效。

行夫問「不遷怒，不貳過」。曰：此是顔子好學之符驗如此，却不是只學此二件事。顔子學處，專在非禮勿視、聽、言、動上。至此純熟，乃能如此。時舉。○賀孫録云：行夫問云云，曰：「不遷怒，不貳過」不是學，自是説顔子一箇證驗如此。恭父云：顔子工夫盡在「克己復禮」上。曰：「回雖不敏，請事斯語矣」，是他終身受用只在這上。

問：不遷怒、貳過，是顔子克己工夫到後方如此，却不是以此方爲克己工夫也。曰：夫子説時，也只從他克己效驗上説。

但克己工夫未到時，也須照管。不成道我工夫未到那田地，而遷怒、貳過只聽之耶？義剛。

或問：顏子工夫只在克己上，不遷、不貳乃是克己效驗。或曰：不遷、不貳，亦見得克己工夫即在其中。曰：固是。然克己亦非一端，如喜怒哀樂，皆當克，但怒是粗而易見者耳。或曰：顏子平日但知克己而已。不遷、不貳，是聖人見得他效驗如此。曰：但看「克己復禮」，自見得。

問：「不遷怒」是見得理明，「不貳過」是誠意否？曰：此二者拆開不得，須是横看。他這箇是層層趲上去，一層了，又一層。「不遷怒，不貳過」，是工夫到處。又曰：顏子只是得孔子説「克己復禮」，終身受用只是這四箇字。「不違仁」，也只是這箇；「不遷怒，不貳過」，也只是這箇；「不改其樂」，也只是這箇。「克己復禮」，到得人欲盡，天理明，無些查滓，一齊透徹，日用之間，都是這道理。賀孫。

問：不遷、不貳，此是顏子十分熟了，如此否？曰：這是夫子稱他，是他終身到處。問：若非禮勿視、聽、言、動，這是克己工夫。這工夫在前，分外着力，與不遷、不貳意思不同。曰：非禮勿視、聽、言、動，是夫子告顏子，教他做工夫。要知緊要工夫却只在這上。如「無伐善，無施勞」，是他到處；「不遷怒，不貳過」，也是他到處。問：就不遷、不貳上看，也似有些淺深。曰：這如何淺深？曰：「不遷怒」，是自然如此；「不貳過」，是略有過差，警覺了方會不復行。曰：這不必如此看。只看他「不遷怒，不貳過」時心下如何。賀孫。

又云：看文字，且須平帖看他意，緣他

意思本自平帖。如夜來説「不遷怒，不貳過」，且看不遷、不貳是如何。顔子到這裏，直是渾然更無些子查滓。「不遷怒」，如鏡懸水止；「不貳過」，如冰消凍釋。如「三月不違」，又是已前事。到這裏，已自渾淪，都是天理，❶是甚次第！問：過，容是指已前底説否？曰：然。問：過是逐事上見得，如何？曰：固是逐事上見。也不是今日有這一件不是，此後更不做；明日又是那一件不是，此後更不做。只顔子地位高，纔見一不善不爲，這一番改時，其餘是這一套須頓消了。當那時須頓進一番。他聞一知十，觸處貫通。他覺得這一件過，其餘若有千頭萬緒，是這一番一齊打併掃斷了。曰：如此看「不貳過」，方始見得是「三月不違」以後事。曰：只這工夫原頭，却在「非禮勿視，非禮勿聽，非禮勿言，非禮勿動」上面。若是「不遷怒」時，更無形迹。但初學如何須要教他「不遷怒，不貳過」得？這也便要如此不得，只是克己工夫。孔子不以告其他門人，却獨以告顔子，可見是難事，不是顔子擔當不得這事。其他人也只逐處教理會。道無古今，且只將克己事時時就身己檢察，下梢也便會到「不遷怒，不貳過」地位，是亦顔子而已。須是子細體認他工夫是如何，然後看他氣象是如何，方看他所到地位是如何。如今要緊只是箇分别是非。一心之中，便有是有非；言語，便有是有非；動作，便有是有非；以至於應接賓朋，看文字，都有是有非，須着分别教無些子不分曉，始得。心中思慮纔起，便須是見得那箇是是，那箇是非。才去動作行事，也

❶「天」，萬曆本作「道」。

須便見得那箇是是，那箇是非。應接朋友交遊，也須便見得那箇是是，那箇是非。看文字，須便見得那箇是是，那箇是非。日用之間，若此等類，須是分別教盡，毫釐必計，始得。孔子曰：「三人行，必有我師焉。擇其善者而從之，其不善者而改之。」且如今見人行事，聽人言語，便須着分別箇是非。若是他做不是，說不是，雖不可誦言之，自家是非，須先明諸心，始得。若只管恁地鶻突不分別，少間一齊都衮做不好處去，都不解知。孟子亦說道：「我知言：詖辭知其所蔽，淫辭知其所陷，邪辭知其所離，遁辭知其所窮。」這不是分別得分明，如何得胸次恁地瞭然？天下只是箇分別是非。若見得這箇分明，任你千方百計，胡說亂道，都着退聽，緣這箇是道理端的着如此。如一段文字，纔看也便要知是非。若是七分是，還他七分是；三分不是，還他三分不是。如公鄉里議論，只是要酌中，這只是自家不曾見得道理分明。這箇似是，那箇也似是，且捏合做一片，且恁地過。若是自家見得是非分明，看他千度萬態，都無遯形。如天下分裂之時，東邊稱王，西邊稱帝，似若不復可一。若有箇真主出來，一齊即皆退聽，❶不朝者來朝，不服者歸順，❷不貢者入貢。如太祖之興，所謂劉、李、孟、錢，終皆受併，天下混一。如今道理箇箇說一樣，各家自守以爲是，只是未得見這公共道理是非。前日曾說見道理不明，如「居天下之廣居，立天下之正位，行天下之大道」，是大丈夫；若後車千乘，傳食諸侯，喚做大丈夫也

❶「皆」，萬曆本作「見」。
❷「順」，萬曆本作「服」。

得。問：是非本吾心之固有，而萬物萬事是非之理莫不各具。所以是非不明者，只緣本心先蔽了。曰：固是。若知得事物上是非分明，便是自家心下是非分明。程先生所以説「纔明彼，即曉此」。自家心下合有許多道理，事物上面各各也有許多道理，無古今，無先後。所以説「先聖後聖，其揆則一」。下又説道：「若合符節。」如何得恁地？只緣道理只是一箇道理。一念之初，千事萬事，究竟於此。若能先明諸心，看事物如何來，只應副將去。如尺度，如權衡，設在這裏看甚麽物事來，長底、短底，小底、大底，只秤量將去，可使不差豪釐。世上許多要説道理，各家理會得是非分明，少間事迹雖不一一相合，於道理却無差錯。一齊都得如此，豈不甚好？這箇便是真同。只如今諸公都不識所謂真同，各家只理會得半截，便道是了。做事都不敢盡，且只消做四五分。這邊也不説那邊不是，那邊也不説這邊不是。且得人情不相惡，且得相和同，這如何會好！此乃所以爲不同。只是要得各家道理分明，也不是易。須是常常檢點事事物物，要分別教十分分明。是非之間，有些子鶻突也不得。只管會恁地，這道理自然分明。分別愈精，則處事愈當。故《書》曰：「惟精惟一，允執厥中。」堯、舜、禹數聖人出治天下，是多多少少事！到末後相傳之要，却只在這裏。只是這箇精一直是難！賀孫。

問：前夜承教，以「不遷怒，不貳過」乃顔子極至處，又在「三月不違仁」之後。據賀孫看，若不貳，是逐事不貳，不是統體説。而「三月不違」，乃是統説。前後淺深，殊有未曉。曰：不須泥這般所在。某那夜是偶然説如此，實亦不見得甚淺深，只一箇是死後説，一箇是在生時説。讀書且要理會要緊處。如某舊時，專揀切身要緊處理會。若偏旁有窒礙處，只恁地且放下。如看這一章，❶只認取「不遷怒，不貳過」意思是如何，自家合如何，便是會做工夫。如射箭，要中紅心，他貼上面煞有許多圈子，善射者不須問他外面圈子是白底，是黑底，是朱底，只是一心直要中紅心始得。「不貳過」，不須看他已前，只看他不貳後氣象。顔子固是於念慮處少差輒改。而今學者未到顔子地位，且須逐事上檢點。❷過也不論顯微，如大雷雨也是雨，些子雨也是雨，無大小都喚做過。只是晴明時節，青天白日，便無些子雲翳，這是甚麽氣象！賀孫。

問：顔子能克己，不貳過，何爲三月之外有違仁處？曰：孔子言其「有不善未嘗不知」，便須亦有不善時。又問：顔子之過如何？曰：伊川《復卦》所言自好。未到「不勉而中，不思而得」，猶常用力，便是心有未順處。只但有纖豪用意處，便是顔子之過。㽦。

敬之問：顔子「不遷怒，不貳過」，莫只是静後能如此否？曰：聖賢之意不如此。如今卒然有箇可怒底事在眼前，不成説且教我去静？蓋顔子只是見得箇道理透，故怒於甲時，雖欲遷於乙，亦不可得而遷也。見得道理透，則既知有過，自不復然。如人錯喫烏喙，才覺了，自不復喫。若專守虚静，此乃釋、老之繆學，將來和怒也無了，此成甚道理？聖賢當怒自怒，但不遷耳。見得道理透，自不遷、不貳。所以伊川謂顔子

❶「一」，原作「一一」，萬曆本同，今據四庫本改。
❷「且」，萬曆本作「只」。

之學，「必先明諸心，知所往，然後力行以求至」，蓋欲見得此道理透也。立之因問：明道云：「能於怒時遽忘其怒，而觀理之是非。」又是怎生？曰：此是明道爲學者理未甚明底説，言於怒時且權停閣這怒，而觀理之是非，少間自然見得當怒不當怒。蓋怒氣易發難制，如水之澎漲，能權停閣這怒，則如水漸漸歸港。若顏子分上，不消恁地説，只見得理明，自不遷、不貳矣。時舉。○賀孫録別出。

敬之問：「不遷怒，不貳過」，顏子多是静處做工夫。曰：不然。此正是交衮頭。顏子此處無他，只是看得道理分明。且如當怒而怒，到不當怒處，要遷自不得。不是處便見得，自是不會貳。敬之又問：顏子深潛純粹，所謂不遷、不貳，特其應事之陳迹。曰：若如此説，當這時節，此心須別有一處安頓着。看公意，只道是不應事接物，方存得此心。不知聖人教人，多是於動處説，如云「出門如見大賓，使民如承大祭」，又如告顏子「克己復禮爲仁」，正是於視、聽、言、動處理會。公意思只是要静，將心頓於黑卒卒地，説道只於此處做工夫。這不成道理，此却是佛家之説。佛家高底也不如此，此是一等低下底如此。這道理不是如此。人固有初學未有執守，應事紛雜，暫於静處少息，也只是略如此。然做箇人，事至便着應，如何事至，且説道待自家去静處！當怒即怒，當喜即喜，更無定時。只當於此警省，如何是合理，如何是不合理，如何要將心頓放在閑處得？事父母，便有事父母許多酬酢；出外應接，便有出外許多酬酢。賀孫。

問顏子「不遷怒」。先生因語余先生宋

僩云：怒是箇難克治底。所謂「怒，逆德也」。雖聖人之怒，亦是箇不好底物事，蓋是惡氣感得恁地。某尋常怒多，極長。如公性寬怒少，亦是資質好處。燾。

問：「今也則亡，未聞好學」，覺語意上句重，下句寬，恐有引進後人意否？曰：看文字，且要將他正意平直看去，只要見得正，道理貫通，不須滯在這般所在。這兩句意只同。與哀公言，亦未有引進後學意，要緊只在「不遷怒，不貳過」六字上。看道理要得他如水相似，只要他平直滔滔流去。若去看偏旁處，如水流時，這邊壅一堆泥，那邊壅一堆沙，這水便不得條直流去。看文字，且把着要緊處平直看教通透，❶十分純熟。見得道理，如人一身從前面直望見背後，從背後直望見前面，更無些子遮蔽，方好。賀孫。

問：《集注》「怒不在血氣則不遷」，只是不爲血氣所動否？曰：固是。因舉公廳斷人，而自家元不動。又曰：只是心平。植。○《集注》。

問：「不貳過」，乃是略有便止。如韓退之説「不貳之於言行」，却粗了。曰：自是文義不如此。又問：「不貳過」，却有過在。「不遷怒」，已至聖人，只此一事到。曰：纔云不遷，則與聖人之怒亦有些異。曰：如此，則程先生引舜，且借而言。曰：然。可學。

問：伊川謂：「顏子地位，豈有不善？所謂不善，只是微有差失。」曰：如今學者且理會不遷、不貳。便不遷、不貳也難。❷

❶「透」，萬曆本作「徹」。
❷「不遷」，原作「大過」，今據朝鮮本改。

儒用。

問：「不貳過」，《集注》云「過於前者，不復於後」，則是言形見之過。伊川乃云：「如顏子地位，豈有不善？所謂不善，只是微有差失。纔差失，便能知之；纔知之，便更不萌作。」又似言念慮之過。不知當如何看？先生曰：不必問是念慮之過與形見之過，但過不可貳耳。時舉。

陳後之問：顏子「不遷怒」，伊川說得太高，渾淪是箇無怒了。「不貳過」，又却低。曰：「喜怒哀樂發而皆中節」，「天下之達道」，那裏有無怒底聖人！只聖人分上着「不遷」字不得。顏子「不遷怒」，便尚在夾界處，如曰「不改其樂」然。曰：「不貳過」，只是此過不會再生否？曰：只是不萌於再。淳。

問：黎兄疑張子謂「慊於己者，不使萌於再」，云：「夫子只說『知之未嘗復行』，不是說其過再萌于心。」廣疑張子之言尤加精密。至程子說「更不萌作」，則兼說「行」字矣。曰：萌作亦只是萌動。蓋孔子且恁大體說。至程子、張子又要人理會得分曉，故復如此說到精極處。只管如此分別，便是他不會看，枉了心力。廣。○士毅録云：程子、張子怕後人小看了，故復說到精極處，其實則一。

問顏子「不遷怒，不貳過」。曰：看程先生《顏子所好何學論》說得條理，只依此學，便可以終其身也。立之因問：先生前此云：「不遷怒、貳過，是『克己復禮』底效驗。」今又以爲學即在此，何也？曰：爲學是總說，「克己復禮」又是所學之目也。又云：天理、人欲，相爲消長。克得人欲，乃能復禮。顏子之學，只在這上理會。仲弓從莊敬持養處做去，到透徹時，也則一般。

時舉問：曾子爲學工夫，比之顏子如何？曰：曾子只是箇守。大抵人若能守得定，不令走作，必須透徹。時舉云：看來曾子所守極是至約。只如守一箇「孝」字，便後來無往而不通，所謂「推而放諸四海而準」；與夫居處、戰陣，❶無不見得是這道理。曰：孝者，百行之源，只爲他包得闊故也。時舉。

蔡元思問《好學論》似多頭項。曰：伊川文字都如此多頭項，不恁纏去，其實只是一意。如《易傳》包荒便用馮河，不遐遺便朋亡，意只是如此。他成四項起，不恁纏說，此論須做一意纏看。「其本也真而静」，是說未發。真，便是不雜，無人僞；静，便是未感。「覺者約其情，使合於中，正其心，養其性」，方是大綱說。學之道「必先明諸心，知所往，然後力行以求至」，便是詳此意。一本作「知所養」，恐「往」字爲是，「往」與「行」字相應。淳。

問：「天地儲精」，如何是儲精？曰：儲，謂儲蓄。天地儲蓄得二氣之精聚，故能生出萬物。廣。

問：何謂儲精？曰：儲，儲蓄；精，精氣。精氣流過，若生物時闌定。本，是本體；真，是不雜人僞；静，是未發。復問：上既言静，下文又言未發，何也？曰：疊這一句。復問：下文「明諸心，知所養」，一本作「知所往」，孰是？曰：「知所往」是，應得力行求至。節。

氣散則不生，惟能住便生。消息，是消住了，息便生。因說「天地儲精」及此。○士毅。

「得五行之秀者爲人」。只說五行而不

❶「處」，萬曆本作「敬」。

言陰陽者，蓋做這人，須是五行方做得成。然陰陽便在五行中，所以周子云：「五行一陰陽也。」舍五行無別討陰陽處。如甲乙屬木，甲便是陽，乙便是陰；丙丁屬火，丙便是陽，丁便是陰。不須更説陰陽，而陰陽在其中矣。或曰：如言四時而不言寒暑耳。曰：然。僩。

「其本也真而静，其未發也五性具焉。」五性便是真，未發時便是静，只是疊説。僩。

問：程子云：「情既熾而益蕩，其性鑿矣。」性上如何説鑿？曰：性固不可鑿。但人不循此理，任意妄作，去傷了他耳。鑿與孟子所謂「鑿」一般，故孟子只説「養其性」。養，謂順之而不害。廣。

問：顔子之所學者，蓋人之有生，五常之性，渾然一心之中。未感物之時，寂然不動而已，而不能不感於物，於是喜怒哀樂七情出焉。既發而易縱，其性始鑿。故顔子之學見得此理分明，必欲約其情以合於中，剛決以克其私。私欲既去，天理自明，故此心虚静，隨感而應。或有所怒，因彼之可怒而怒之，而己無與焉。怒才過，而此心又復寂然，何遷移之有？所謂過者，只是微有差失。張子謂之「慊於己」，只是略有些子不足於心，便自知之，即隨手消除，更不復萌作。爲學工夫如此，可謂真好學矣。曰：所謂學者，只是學此而已。伊川所謂「性其情」，《大學》所謂「明明德」，《中庸》所謂「天命之謂性」，皆是此理。南升。

「明諸心，知所往」，窮理之事也。「力行求至」，踐履之事也。窮理，非是專要明在外之理。如何而爲孝弟，如何而爲忠信，推此類通之，求處至當，即窮理之事也。人傑。

聖人無怒，何待於不遷？聖人無過，何待於不貳？所以不遷、不貳者，猶有意存焉，與「願無伐善，無施勞」之意同。猶今人所謂願得不如此。是固當如此，而今且得其不如此也。此所謂「守之，非化之也」。人傑。

文振再説「顔子好學」一章。因説程先生所作《好學論》，曰：此是程子二十歲時已做得這文好。這箇説話便是所以爲學之本。惟知所本，然後可以爲學。若不去大本上理會，只恁地茫茫然，却要去文字上求，恐也未得。時舉。

伊川文字，多有句相倚處，如《顔子好學論》。可學。

問：顔子短命，是氣使然。劉質夫所録一段又别。曰：大綱如此説。可學。○按：此條《集義》在《先進篇》章。

問：吕與叔引横渠説解遷怒事，又以「三月不違」爲氣不能守。恐是張子、吕氏皆是以己之氣質論聖人之言。曰：不須如此説。如説這一段，且只就這一段平看。若更生枝節，又外面討一箇意思横看，都是病。人傑因曰：須是這裏過一番，既聞教誨，可造平淡。曰：此説又是剩了。人傑。

伊川曰：「顔子之怒，在物不在己，故不遷。有不善未嘗不知，知之未嘗復行，不貳過也。」游氏曰：「不遷怒者，怒適其可而止，無溢怒之氣也。《傳》所謂『怒於室而色於市』者，遷其怒之甚也。不遷怒，則發而中節矣。喜怒哀樂不能無也，要之，每發皆中節之爲難耳。不貳過者，一念少差而覺之早，不復見之行事也。蓋惟聖人能寂然不動，故無過。顔子能非禮勿動而已，故或有不善始萌于中，而不及復行，是其過在心，而行不貳焉。」但其間正心、脩身之説，若以「不貳過」作正心，「不遷怒」作脩身，亦可。恐不必如此。右第三章，凡八説，今從伊川、游氏之説。伊川外五説大率相類，其説皆正，故不盡録，然亦不出第一説之意。横渠第一、第二説皆曰：「怒於人者，不使遷乎其身。」吕氏亦曰：「不使可怒之惡反遷諸己，而爲人之所怒。」此説恐未安。如此，只是不貳過之意。聖人何以既曰「不遷怒」，又曰「不貳過」？若使惡不遷諸己，則只説得「不貳過」。又，横渠曰：「慊於己者，不使萌於再。」「萌」字説太深，不如游氏作「行不貳」，伊川作「未嘗復行」，乃正。范氏曰：「不遷怒者，性不移於怒也。」此説不可曉。若謂性不移於怒而後能不遷怒，却穩，與伊川「怒不在己」之説同。若謂不遷怒，則性不移於怒，恐未當。以「移」字訓「遷」字，則説太深。餘説亦寬。謝氏曰：「不患有過，蓋不害其爲改。」其説又太淺。顔子不應有過而後改，持知之未嘗復行爾。❶又與横渠不萌之説相反，皆未爲當。楊氏不放心之説無甚差，但稍寬爾。其他皆解得，何止不放心而已。又説「今也則亡」一句，作「無」字説。不知合訓「無」字，合作死亡之「亡」？若訓「無」字，則與下句重；若作死亡之「亡」，則與上句重，未知孰是。尹氏用伊川説，故不録。先生曰：游説不貳過，乃韓退之之意，與伊川不同。伊川意却與横渠同。《外書》第五卷有一段正如此，可更思之。須見游氏説病處。横渠遷怒之説固未然，然與貳過殊不相似。亡，即無也，或説當讀作「無」。榦。

❶「持」，萬曆本作「特」。

朱子語類卷第三十一　計一十九板

論語十三

雍也篇二

子華使於齊章

子升問：冉子請粟，聖人不與之辨，而與之、益之。曰：聖人寬洪，「可以予，可以無予」，予之亦無害，但不使傷惠耳。木之。

「冉子與之粟五秉」，聖人亦不大段責他。而原思辭禄，又謂「與爾鄰里鄉黨」，看來聖人與處却寬。恪。

張子曰：「於斯二者，可見聖人之用財。」雖是小處，也莫不恰好，便是「一以貫之」處。夔孫。○義剛録云：聖人於小處也區處得恁地盡，這便是「一以貫之」處。聖人做事都着地頭。

范氏曰：「夫子之道，循理而已，故『周急，不繼富』，以爲天下之通義，使人可繼也。」游氏曰：「『餼廪稱事』，所以食功也。今原思爲之宰，而辭禄不受，則食功之義廢矣。蓋義所當得，則雖萬鍾不害其爲廉。借使有餘，猶可以及鄰里鄉黨。」蓋鄰里鄉黨有相賙之義。尹氏曰：「『赤之適齊也，乘肥馬，衣輕裘』，而冉求乃資之。『與之釜』者，所以示不當與也。求不達其意，而請益，與之五秉，故夫子非之。」又曰：「原思之辭常禄，使其苟有餘，則分諸鄰里鄉黨者，凡取予一適於義而已。」第四章凡七說，今從范氏、游氏、尹氏之說。伊川謂：「師使弟子，不當有所請。」其說雖正，然恐非本意。據冉求乃爲其母請，其意欲資之也。使冉求爲子華請，則猶可責之以弟子之禮；若爲其母請，則止欲附益之，故責之以繼富。恐或外生一意，非夫子責冉求之意。范氏第二說與楊氏、謝氏之說，大率以辭受取舍順理合義爲文，只說大綱。其間曲折詳備，則不如尹氏之深切。呂氏曰：「富而與人分之，則廉者無辭於富。」造語未盡，不能無差。向使不義之富可以分人，廉者所必辭也。富之可辭與不可辭，在於義不義，而不在於分人與不分人也。謝氏曰：「『與之釜』，『與之庾』，意其祿秩所當得者。」此說恐未穩。使祿秩當得，夫子不待冉子之請而與之。祿有常數，夫子何心輕重於其間哉？「爲其母請粟」，觀其文勢，非祿秩也明矣。曰「爲其母請」，即爲子華請也。呂氏說，只據原思辭祿而言，非謂不義之富也。榦。

子謂仲弓章

問子謂仲弓曰：「犁牛之子，騂且角。」伊川謂多一「曰」字，意以仲弓爲犁牛子也。考之《家語》，仲弓生於不肖之父。其說可信否？曰：聖人必不肯對人子說人父不善。謨。

「犁牛之子」，范氏、蘇氏得之。榦。

問：此章前後，作用人不以世類。南軒以仲弓言「焉知賢才」之故，故孔子教之用人。此說牽合，然亦似有理脉。曰：横渠言：「大者苟立，雖小未純，人所不棄也。」今欽夫此說無他，只是要回互，不欲説仲弓之父不肖爾。何不虛心平氣與他看，古人賢底自賢，不肖底自不肖。稱其賢，可以爲法；語其不肖，可以爲戒。或曰：恐是因仲弓之父不肖，而微其辭。曰：聖人已是説了，此亦何害？大抵人被人説惡不妨，但要能改過。過而能改，則前愆頓釋。昔日是不好底人，❶今日自好。❷事自不相干，何必要回互？然又要除却「曰」字。此「曰」字，留亦何害？如「子謂顔淵曰：『吾見其進也。』」不成是與顔淵説！況此一篇，大率是論他人，不必是與仲弓説也。只蘇氏却説此乃論仲弓之德，非是與仲弓言也。大雅。

子曰回也章

問「三月不違仁」。曰：仁與心本是一物。被私欲一隔，心便違仁去，却爲二物。若私欲既無，則心與仁便不相違，合成一物。心猶鏡，仁猶鏡之明。鏡本來明，被塵垢一蔽，遂不明。若塵垢一去，則鏡明矣。顔子三箇月之久無塵垢。其餘人或日一次無塵垢，少間又暗；或月一次無塵垢，二十九日暗，亦不可知。南升。

問「三月不違仁」。曰：三月，只是言久爾，非謂三月後必違也。此言顔子能久於仁爾，雖念慮之間，閒有不善處，却能「知之而未嘗復行也」。去僞。

問：「三月不違仁」，三月後亦有違否？曰：畢竟久亦有間斷。曰：這間斷亦甚微否？曰：是。如「不貳過」，過便是違仁。非禮勿視、聽、言、動四句，照管不到便

❶「是」下，萬曆本有「箇」字。
❷「自」，萬曆本作「有」。

是過。淳。

問「日月至焉」。曰：日至，是一日一次至此；月至，是一月一次至此，言其疏也。閑時都思量別處。又問：思量事不到不好，然却只是閑事，如何？曰：也不是。視便要思明，聽便思聰。纔思量便要在正理上，如何可及閑事！銖。

問：如何是日至、月至？曰：某舊說，其餘人有一日不違仁，有一月不違仁者。近思之，一日不違仁，固應有之；若一月不違，似亦難得。近得一說：有一日一番見得到，有一月一番見得到。比之一日，猶勝如一月之遠。若顔子方能三月不違，天理純然，無一毫私僞間雜，夫子所以獨稱之。寓。

義剛說：「回也，其心三月不違仁。」《集注》云：「仁者，心之德。」切推此義，以爲天生一人，只有一心。這腔子裏面更無些子其他物事，只有一箇渾全底道理，更無些子欠缺，所謂仁也。曰：莫只將渾全底道理說，雖看教那仁親切始得。❶義剛。

顔子三月不違，只是此心常有，❷無少間斷。自三月後，却未免有毫髮私意間斷在。但顔子纔間斷便覺，當下便能接續將去。雖當下便能接續，畢竟是曾間斷來。若無這些子，却便是聖人也。「日月至焉」，看得來却是或一日一至，或一月一至，這亦難說。今人若能自朝至暮，此心洞然，表裏如一，直是無纖毫私意間斷，這地位豈易及！惟實曾去下工夫，方自見得。橫渠内外賓主之説極好。「三月不違」，那箇是主

❶「雖」，萬曆本作「須」。
❷「有」，萬曆本作「存」。

人，是長在家裏坐底，三月後或有一番出去，却便會歸來。「日月至焉」，那箇是客，是從外面到底。然亦是徹底曾到一番，却不是髣髴見得箇恁地。或日一到這裏，或月一到這裏，便又出去。以月較日，又疏到了。

正卿問：《集注》「不知其仁也」云：「雖顏子之賢，猶不能不違於三月之後。」如何？曰：不是三月以後一向差去。但於這道理久後，略斷一斷，便接續去。只是有些子差，便接了。若無些子間斷，便全是天理，便是聖人。所以與聖人一間者，以此。舊説只做有一月至者，有一日至者，與顏淵三月至者有次第。看來道理不如此。顏子地位比諸子煞有優劣，如「賜也聞一以知二，回也聞一以知十」，此事爭多少！此是十分爭七八分。張子云，云云。這道理譬如一屋子，是自家爲主，朝朝夕夕時時只在裏面。如顏子三月不能不違，只是略暫出去，便又歸在裏面，是自家常做主。若日至者，一日一番至，是常在外爲客，一日一番暫入裏面來，又便出去。月至，亦是常在外爲客，一月一番入裏面來，又便出去。又云：「三月不違」者，如人通身都白，只有一點子黑。「日月至焉」者，如人通身都黑，只有一點白。又云：顏子一身，已自不見其身；日用之間，只見許多道理。賀孫。〇今《集注》「不知其仁」章無此説。

問：如今之學者，一日是幾遍存省。當時門人乃或日一至焉，或月一至焉，不應如是疏略。恐仁是渾然天理，無纖毫私欲處。今之學者雖曰存省，❶亦未到這境界。

❶「今」下，萬曆本有「日」。

他孔門弟子至，便是至境界否？曰：今人能存得，亦是這意思。但觸動便不得，被人叫一聲便走了。他當那至時，應事接物都不差。又不知至時久近如何，那裏煞有曲折。日至者却至得頻數，恐不甚久。月至者或旬日、或一二日，皆不可知。又問：横渠云云，文蔚竊謂「三月不違」者，天理爲主，人欲爲賓；「日月至焉」者，人欲爲主，天理爲賓。學者工夫只得勉勉循循，以克人欲、存天理爲事。其成與不成、至與不至，則非我可必矣。曰：是如此。文蔚。

問：伊川言不違是無纖毫私欲，❶横渠言要知内外賓主之辨。曰：前後説是如此。劉仲升云：與久而不息者，❷氣象迥别。大雅云：久而不息，自是聖人事。曰：「三月不違」，是自家已有之物，三月之久，忽被人借去，自家旋即取回了。「日月至焉」，是本無此物，暫時問人借得來，便被人取去了。大雅。

至之問：横渠言，始學之要，當知「三月不違」止，過此幾非在我者。曰：且以屋喻之：「三月不違」者，心常在内，雖間或有出時，然終是在外不穩便，纔出即便入。蓋心安於内，所以爲主。「日月至焉」者，心常在外，雖間或有入時，然終是在内不安，纔入即便出。蓋心安於外，所以爲賓。日至者，一日一至此；月至者，一月一至此，自外而至也。不違者，心常存；日月至者，有時而存。此無他，知有至、未至，意有誠、未誠。知至矣，雖驅使爲不善，亦不爲。知未至，雖軋勒使不爲，此意終迸出來。故貴於

❶「無」，原作「有」，今據朝鮮本改。
❷「與」，萬曆本作「愈」。

見得透，則心意勉勉循循，自不能已矣。「過此幾非在我者」，猶言「過此以往，未之或知」。言過此則自家着力不得，待他自長進去。又曰：「三月不違」之「違」，猶白中之黑；「日月至焉」之「至」，猶黑中之白。今須且將此一段反覆思量，涣然冰釋，怡然理順，使自會淪肌浹髓。夫子謂「君子上達，小人下達」，只在這些子。若拗不轉，便下達去了。又曰：此正如「誠意」章相似。知善之可好，而好之極其篤，知不善之可惡，而惡之極其深，以至於慊快充足，方始是好處。道夫。

問「三月不違仁」。先生曰：如何是心？如何是仁？曰：心是知覺底，仁是理。曰：耳無有不聰，目無有不明，心無有不仁。然耳有時不聰，目有時不明，心有時不仁。問：莫是心與理合而爲一？曰：不是合，心自是仁。然私欲一動，便不仁了。所以「仁，人心也」。學理會甚麽事，只是理會這些子。又問：張子之說，莫是「三月不違」者，是仁常在内，常爲主；「日月至焉」者，是仁常在外，常爲賓？曰：此倒說了。心常在内，常爲主；心常在外，常爲客。如這一間屋，主常在此居，客雖在此，不久着去。問：如此則心不違仁者，是心在仁内？曰：不可言心在仁内，略略地是恁地意思。又曰：便是難說。問：「過此幾非在我者」，如何？曰：不用着力，如决江河，水至而舟自浮。如說學，只說到說處住，以上不用說。至說處，則自能尋將上去。不到說處，是不曾時習。時習，則相將自然說。又曰：人只是一箇不肯學。須是如喫酒，自家不愛喫，硬將酒來喫，相將自然要喫，不待强他。如喫藥，人不愛喫，硬强他喫。節。

問：橫渠説内外賓主之辨，若以顔子爲内與主，不成其他門人之所學便都只在外？曰：他身己是都在道外，恰似客一般。譬之一箇屋，聖人便常在屋裏坐。顔子也常在屋裏，只有時誤行出門外，然便覺不是他住處，便回來。其他却常在外面，有時入來，不是他活處，少間又自出去了。而今人硬把心制在這裏，恰似人在路上做活計，百事都安在外，雖是他自屋舍，時暫入來，見不得他活處，亦自不安，又自走出了。雖然，也須漸漸把捉，終不成任他如何。又曰：「日月至焉」者，是有一日得一番至，有一月得一番至。賀孫。

問「日月至焉」一句。曰：看得來，日却是久底，月却是暫時底。因説橫渠内外賓主之辨，曰：顔子一似主人，長在家裏，三月以後或有出去時節，便會回歸。❶其餘是賓，或一日一至，或一月一至。以日較月，月又却疏。又曰：不違者，是在内；至焉者，是自外來。❷又問「幾非在我者」。曰：舍三月不違去做工夫，都是在我外，不在我這裏了。謙之。

問橫渠内外賓主之説。曰：主是仁，賓却是己身。「不違仁」者，己住在此屋子内了。「日月至焉」者，時暫到此又出去，是乃賓也。後數日，又因一學者舉此段爲問，而曰：仁，譬如此屋子。顔子在此裏面住，但未免間有出去時。他人則或入來住得一日，或入來住得一月，不能久處此，此即内外、賓主之辨。「過此幾非在我者」，謂學者

❶「回」，萬曆本作「向」。

❷「自」，萬曆本作「在」。

但當勉勉循循做工夫而已，舍是則他無所事也。必大。

或問：横渠「内外、賓主之辨」一段云：「仁在内而我爲主，仁在外而我爲客。」如何？曰：此兩句又是後人解横渠之語。蓋「三月不違」底是仁爲主，私欲爲客。諸子「日月至焉」者，是私欲爲主，仁知爲客。❶譬如人家主人常在屋中，出外時少，便出去，也不久要歸來。❷「日月至焉」者，則常常在外做客，暫時入屋來，又出去。出去之時多，在屋之時少，或一月一番至，或一日一番至，終是不是主人，故常在外。然那客亦是主人，只是以其多在外，故謂之客。敬則常在屋中住得，不要出外，久之亦是主人。既是主人，自是出去時少也。佛經中貧子寶珠之諭亦當。

「三月不違」者，我爲主而常在内也。「日月至焉」者，我爲客而常在外也。仁猶屋，心猶我。常在屋中則爲主，出入不常爲主，則客也。「過此幾非在我者」，如水漲船行，更無着力處。銖。

問横渠内外之説。曰：譬如一家有二人，一人常在家，一人常在外。在家者，出外常少；在外者，常不在家，間有歸家時，只是在外多。謨。

「三月不違仁」，是在屋底下做得主人多時。「日月至焉」，是有時從外面入來屋子底下。横渠所謂内外、賓主之辨者是也。又曰：學者須是識得屋子是我底，始得。儒用。

問「内外、賓主之辨」。曰：「不違仁」

❶「知」，萬曆本作「只」。
❷「要」，萬曆本作「須」。

者，仁在内而爲主，然其未熟，亦有時而出於外。「日月至焉」者，仁在外而爲賓，雖有時入於内，而不能久也。廣。

「三月不違」，主有時而出；「日月至焉」，賓有時而入。人固有終身爲善而自欺者。不特外面，蓋有心中欲爲善，而常有一箇不肯底意，便是自欺。從周。

叔器未達「内外、賓主之辨」一句。曰：「日月至焉」底，便是我被那私欲挨出在外面，是我勝那私欲不得。又問「使心意勉勉循循不能已」。曰：不能已，是爲了又爲，爲得好後，只管爲，如「欲罷不能」相似。蔡仲默云：如「生則惡可已也」之類。曰：是。義剛。

問「三月不違仁」。曰：仁即是心。心如鏡相似，仁便是箇鏡之明。鏡從來自明，只爲有少間隔，便不明。顔子之心已純明了，所謂「三月不違」，只緣也曾有間隔處。又問：張子謂「使心意勉勉循循而不能已，過此幾非在我者」，是如何？曰：學者只要勉勉循循而不能已，才能如此，便後面雖不用大段着力，也自做去。如推箇輪車相似，才推得轉了，他便滔滔自去。所謂「學而時習之，不亦説乎」者，正謂説後不待着力，而自不能已也。時舉。

張子言「勉勉循循而不能已」，須是見得此心自不能已，方有進處。「過此幾非在我」，謂過「三月不違」，非工夫所能及。如「末由也已」，真是着力不得。又云：勉勉循循之説，須是真箇到那田地，實知得那滋味，方自不能已，要住不得，自然要去。「過此幾非在我」，言不由我了。如推車子相似，才着手推動輪子了，自然運轉不停。如人喫物，既得滋味，自然愛喫。「日月至焉」

者，畢竟也是曾到來，但不久耳。明作。

或問張子「幾非在我者」。曰：既有循循勉勉底工夫，自然住不得。「幾非在我者」，言不待用力也。如《易傳》中説「過此以往，未之或知也」之意。爲學正如推車子相似，才用力推得動了，便自轉將去，更不費力。故《論語》首章只説箇「學而時習之，不亦説乎」，便言其效驗者，蓋學至説處，則自不容已矣。廣。○南升録別出。

問「幾非在我」之義。曰：非在我，言更不着得人力也。人之爲學，不能得心意勉勉循循而不已。若能如是了，如車子一般，初間着力推得行了，後來只是衮將去。所謂「學而時習之，不亦説乎」，若得説了，自然不能休得。如種樹一般，初間栽培灌溉，及既成樹了，自然抽枝長葉，何用人力？南升。

味道問：「過此幾非在我者」，疑橫渠止謂始學之要，唯當知内外、賓主之辨，此外非所當知。曰：不然。學者只要撥得這車輪轉，到循循勉勉處，便無着力處，自會長進去。如《論語》首章言學，只到「不亦説乎」處住，下面便不説學了。蓋到説時，此心便活。因言：韓退之、蘇明允作文，只是學古人聲響，盡一生死力爲之，必成而後止。今之學者爲學，曾有似他下工夫到豁然貫通處否？可學。

周貴卿問「幾非在我者」。曰：如推車子樣，初推時須要我着力。及推發了後，却是被他車子移將去，也不由在我了。某嘗説「學而時習之，不亦説乎」，若是做到這裏後，自不肯住了，而今人只是不能得到説處。義剛。

問「過此幾非在我者」。曰：過此，即

是「過此以往，未之或知」底意思。若工夫到此，蓋有用力之所不能及，自有不可已處。雖要用力，亦不能得。又問「内外、賓主之辨」。曰：「三月不違」爲主，「日月至焉」爲賓。主則常在其中，賓則往來無常，蓋存主之時少，在外之時多。「日月至焉」，爲其時暫而不能久。若能致其賓主之辨而用其力，則工夫到處自有不可息者。寓。

問：何謂「幾非在我者」？曰：此即「過此以往，未之或知」之意。蓋前頭事皆不由我，我不知前面之分寸，也不知前面之淺深。只理會這裏工夫，使内外、賓主之辨常要分曉，使心意勉勉循循不已。只如此而已，便到顔子「既竭吾才，如有所立卓爾」之地。「雖欲從之，末由也已」，也只恁地。淳。

「過此幾非在我者」，到此則進進不能已，亦無着力處。拱壽。

子升問：「過此幾非在我」，莫是過此則聖人之意否？❶曰：不然。蓋謂工夫到此，則非我所能用其力，而自然不能已。如車已推而勢自去，如船已發而纜自行。若不能辨内外、賓主，不能循循不已，則有時而間斷矣。孟子所謂「夫仁，亦在乎熟之而已矣」，此語説得盡了。木之。

問：「過此幾非在我者」，莫只見許多道理，不見自身己，如何？曰：這只是説循循勉勉，便自住不得，便自不由自身己。只是這箇關難過，纔過得，自要住不得，如顔子所謂「欲罷不能」。這箇工夫入頭都只在窮理，只這道理難得便會分明。又云：

❶「則」，萬曆本作「到」。

今學者多端，固有說得道理是，却自不着身，只把做言語用了。固有要去切己做工夫，却硬理會不甚進者。又云：看得道理透，少間見聖賢言語，句句是爲自家身己設。又云：內外、賓主，只是如今人多是不能守得這心。如一間屋，「日月至焉」者，是一日一番入裏面來，或有一月一番入裏面來，他心自不着這裏，便又出去了。若說在內，譬如自家自在自屋裏作主，心心念念只在這裏，行也在這裏，坐也在這裏，睡卧也在這裏。「三月不違」，是時復又暫出外去，便覺不是自家屋，便歸來。今舉世日夜營營於外，直是無人守得這心。若能收這心常在這裏，便與一世都背馳了。某嘗說，今學者別無他，只是要理會這道理。此心元初自具萬物萬事之理，須是理會得分明。賀孫。

問：「三月不違仁」，伊川舉「得一善則拳拳服膺」。仁乃全體，何故以善稱？曰：仁是合衆善。一善尚不棄，况萬善乎！可學。○《集義》。

問：「不違仁」，是此心純然天理，其所得在內。「得一善則服膺而弗失」，恐是所得在外？曰：「得一善則服膺弗失」，便是「三月不違仁」處。又問：是如何？曰：所謂善者，即是收拾此心之理。顏子「三月不違仁」，豈直恁虛空湛然，常閉門合眼靜坐，不應事，不接物，然後爲不違仁也！顏子有事亦須應，須飲食，須接賓客，但只是無一毫私欲耳。道夫。

問：伊川謂：「『日月至焉』與久而不息者，所見規模雖略相似，其意味迥別。」看來「日月至」與「不息者」全然別。伊川言「略相似」，何也？曰：若論到至處，却是與久而不息底一般。只是日月至者，至得不長久；不息者，純然無間斷。寓。

問：伊川曰：「三月言其久，天道小變之節。」蓋言顔子經天道之變，而爲仁如此，其終久於仁也。又曰：「『三月不違仁』，蓋言其久，然非成德事。」范氏曰：「回之於仁，一時而不變，則其久可知。其餘則有時而至焉，不若回愈久而弗失也。夫子之於仁，慎其所以取與人者至矣。『有能一日用其力於仁矣乎』，猶不得見焉。惟獨稱顔子三月不違，其可謂仁也已。」謝氏曰：「回之爲人，語其所知，雖出於學，然鄰於生知矣。語其成功，雖未至於從容，亦不可謂勉强矣。『三月不違仁』，仁矣，特未可以語聖也，亦未達一間之稱耳。三月，特以其久故也。古人『三月無君則弔』，去國三月則復，詩人以『一日不見，如三月兮』，夫子聞《韶》，『三月不知肉味』，皆久之意。」右第六章，凡九説，今從伊川、范氏、謝氏之説。伊川第二説以「得一善則服膺弗失」作「三月不違仁」，未甚切。第二説曰：「三月言其久，過此則聖人也。」呂氏亦曰：「以身之，而未能信性，久則不能不懈。」又曰：「至於三月之久，猶不能無違。」又曰：「至於三月之久，其氣不能無衰，雖欲勉而不違仁，不可得也。」楊氏曰：「『三月不違仁』，未能無違也。」侯氏亦曰：「『三月不違仁』，便是不遠而復也。過此則通天通地，無有間斷。」尹氏亦曰：「三月言其久，若聖人則渾然無間矣。」此五説皆同，而有未安，惟呂氏爲甚。竊謂此章論顔子「三月不違仁」，其立言若曰，能久不違仁而已。其餘「日月至焉」者，亦若曰，至於仁而不久而已。若以爲顔子「三月不違」，既過三月則違之，何以爲顔子？此呂氏之説爲未安。楊氏亦此意。伊川、侯氏、尹氏之説，亦與呂氏、楊氏相類，特不顯言之耳。故愚以三月特以其久，不必泥「三月」字。顔子視孔子爲未至者，聖人則不思不勉，顔子則思勉也。諸子視顔子爲未至者，則以久近不同耳。若謂顔子三月則違，恐未安。伊川第三説與横渠同，皆説學者事。但横渠「内外賓主」四字，不知如何説。恐只是以「三月不違」者爲有諸己，故曰内、曰主；「日月至焉」者若存若亡，故曰外、曰賓否？游氏説「仁」字甚切，恐於本文不甚密。先生曰：能久不違仁，不知能終不違耶，亦有時而違耶？顔子若能終不違仁，則又何思勉之有！《易傳·復》之初九爻下有論此處，可更思之。游氏引「仁，人心也」，則仁與心一物矣，而曰「心不違仁」，何也？榦。

季康子問仲由章

問：求之藝可得而聞否？曰：看他既爲季氏聚斂，想見是有藝。問：龜山《解》以爲「知禮、樂、射、御、書、數，然後謂之藝」。曰：不止是禮、樂、射、御、書、數。寓。

「求也藝」，於細微上事都理會得。緣其材如此，故用之於聚斂，必有非他人所及者。惜乎，其有才而不善用之也！㽦。

問：《集注》以從政例爲大夫，果何所據？然則子游爲武城宰，仲弓爲季氏宰之類，皆不可言政歟？曰：冉子退於季氏之朝，夫子曰：「其事也。如有政，雖不吾以，吾其與聞之。」亦自可見。壯祖。

呂氏曰：「果則有斷，達則不滯，藝則善裁，皆可使從政也。」右第七章，凡六説，今從吕説。❶伊川曰：「人各有所長，能取其長，皆可用也。」尹氏亦用此意。若謂從政，則恐非人人可能。范氏惟説三子之失，❷恐就本文解，則未須説失處。謝氏論季氏之意，以謂「陋儒所短正在此」，亦恐季氏未必有此意。其問至於再三，乃是有求人才之意。使季氏尚疑其短，則其問不必至反覆再三也。楊氏論果、藝、達三德，不如吕氏謹嚴。曰：此段所説得之。但破范説非是。榦。

正淳問范氏解「季康子問」三子「可使從政」章，曰：人固有病，然不害其爲可用；其材固可用，然不掩其爲有病。必大曰：范氏之説，但舉三子具臣貨殖之病，却不言其材之爲可用者。曰：范氏議論多如此，説得這一邊，便忘却那一邊。《唐鑑》如此處甚多。以此見得世間非特十分好人難得，只好書亦自難得。必大。

問謝氏「三子於克己獨善，雖季氏亦知其有餘」之説。曰：世間固有一種號爲好人，然不能從政者。但謝氏言「克己獨善」，説得太重。當云「脩己自好」，可也。必大。

季氏使子騫爲費宰章

或問：閔子不仕季氏，而由、求仕之。曰：仕於大夫家爲僕。家臣不與大夫齒，那上等人自是不肯做。若論當時侯國皆用世臣，自是無官可做。不仕於大夫，除是終身不出如曾、閔，方得。燾。

❶「今」字，原爲空格，今據朝鮮本、萬曆本補。

❷「失」，原作「夫」，今據朝鮮本、萬曆本改。下文「未須説失處」之「失」字同。

第八章五說，今取謝氏之說。伊川、范、楊、尹氏四說大率皆同，只略說大綱。曰：謝氏固好，然辭氣亦有不平和處。榦。

謝氏說得也粗。某所以寫放這裏，也是可以警那懦底人。若是常常記得這樣在心下，則可以廉頑立懦不至倒了。今倒了底也多。義剛。

伯牛有疾章

侯氏曰：「夫子嘗以『德行』稱伯牛矣。於其將亡也，宜其重惜之，故再歎曰：『亡之，命矣夫！斯人也，而有斯疾也！斯人也，而有斯疾也！』言非可愈之疾，亦不幸短命之意。」尹氏曰：「牖，牖下也。包氏謂有惡疾，不欲人知，恐其不然也。」右第九章，五說，今從尹氏、侯氏之說。范氏曰：「冉伯牛盡其道而死，故曰命。」楊氏亦曰：「不知謹疾，則其疾有以致之而至者，伯牛無是也，故曰『命矣夫』。」此說於義理正當。但就本文看，說「命矣夫」較深。聖人本意只是惜其死，歎之曰命也，若曰無可奈何而安之命爾。方將問人之疾，情意悽愴，何暇問其盡道與否也？况下文以爲「斯人」「有斯疾」，則以爲不當有此疾也。豈有上文稱其盡道而死，下文復歎其不當疾而疾？文勢亦不相聯屬。謝氏同。尹氏謹嚴。先生曰：此說非是，更思之。榦。

賢哉回也章

問：顏子「不改其樂」，莫是樂箇貧否？曰：顏子私欲克盡，故樂，却不是專樂箇貧。須知他不干貧事，元自有箇樂，始得。時舉。

伯豐問：顏子之樂，不是外面別有甚事可樂，只顏子平日所學之事是矣。❶見得既分明，又無私意於其間，自然而樂，是否？曰：顏子見得既盡，行之又順，便有樂底滋味。㽦。

問：顏子樂處，恐是工夫做到這地位，則私意脱落，天理洞然，有箇樂處否？曰：未到他地位，則如何便能知得他樂處？且要得就他實下工夫處做，下梢亦須會到他樂時節。寓。

叔器問：顏子樂處，莫是樂天知命，而不以貧窶累其心否？曰：也不干那樂天知命事，這四字也拈不上。淳録云：又加却「樂天知命」四字，加此四字又壞了這樂。顏子胸中自有樂地，雖在貧窶之中而不以累其心，不是將那不以貧窶累其心底做樂。義剛問：這樂，正如「不如樂之者」之「樂」？曰：那説從「樂天知命」上去底，固不是了。這説從「不如樂之」上來底，也不知那樂是樂箇什麽物事。「樂」字只一般，但要人識得，這須是去做工夫，涵養得久，自然見得。因言：《通書》數句論樂處也好。明道曰：「百官萬務，金革百萬之衆，曲肱飲水，樂亦在其中。」觀它有《扈游山詩》，是甚麽次第！陳安卿云：它那時也未甚有年。❷曰：也是有箇見成底樂。義剛。〇淳録此下云：「樂只是恁地樂，更不用解。只去做工夫，到那田地自知道。」讀一小集，見李偲祭明道文，謂明道當初欲著樂書而不及。因笑曰：「既是樂，何用書説甚！」

問：顏子之樂，只是天地間至富至貴

❶「學」，朝鮮本作「樂」。
❷「時」，萬曆本作「昔」。

底道理，樂去求之否？曰：非也。此一下未可便知，❶須是窮究萬理要極徹。已而曰：程子謂：「將這身來放在萬物中一例看，大小大快活！」又謂：「人於天地間並無窒礙，大小大快活！」此便是顏子樂處。這道理在天地間，須是直窮到底，至纖至悉，十分透徹，無有不盡，則與萬物爲一，無所窒礙，胸中泰然，豈有不樂？淳。

問：顏子「不改其樂」，是私欲既去，一心之中渾是天理流行，無有止息。此乃至富至貴之理，舉天下之物無以尚之，豈不大有可樂？曰：周子所謂至富至貴，乃是對貧賤而言。今引此說，恐淺。只是私欲未去，如口之於味，耳之於聲，皆是欲。得其欲，即是私欲，反爲所累，何足樂？若不得其欲，只管求之，於心亦不樂。惟是私欲既去，天理流行，動靜語默日用之間無非天理，胸中廓然，豈不可樂？此與貧窶自不相干，故不以此而害其樂。直卿云：與浩然之氣如何？曰：也是此意。但浩氣之氣說得較粗。❷又問：「說樂道，便不是」，是如何？曰：才說樂道，只是冒罩說，不曾說得親切。又云：伊川所謂『其』字當玩味」，是如何？曰：是元有此樂。又云：「見其大，則心泰」，周子何故就見上說？曰：見便是識此味。南升。

問：「不改其樂」與「樂在其中矣」，二者輕重如何？曰：不要去孔、顏身上問，只去自家身上討。敬仲。○以下論孔、顏之樂。

恭父問：孔、顏之分固不同。其所樂處莫只一般否？曰：聖人都忘了身，只有

❶「一」，萬曆本作「以」。
❷上「氣」字，四庫本作「然」。

箇道理。若顔子，猶照管在。恪。

行夫問「不改其樂」。曰：顔子先自有此樂，到貧處亦不足以改之。曰：夫子自言蔬食飲水，樂在其中，其樂只一般否？曰：雖同此樂，然顔子未免有意，到聖人則自然。賀孫。

子善謂：夫子之樂，雖在飯蔬食飲水之中，而忘其樂。顔子不以簞瓢陋巷改其樂，是外其簞瓢陋巷。曰：孔、顔之樂，大綱相似，難就此分淺深。唯是顔子止説「不改其樂」，聖人却云「樂亦在其中」。「不改」字上，恐與聖人略不相似，亦只争些子。聖人自然是樂，顔子僅能不改。如云得與不失，得是得了，若説不失，亦只是得。但説不失，則僅能不失耳，終不似「得」字是得得穩。此亦有内外、賓主之意。或問：與「不違仁」如何？曰：僅能不違。賀孫。

呈「回也不改其樂」與「樂在其中矣」一段問目。先生曰：説得雖巧，然子細看來，不須如此分亦得。向見張欽夫亦要如此説，某謂不必如此。所謂樂之深淺，乃在「不改」上面。所謂「不改」，便是方能免得改，未如聖人從來安然。譬之病人方得無病，比之從來安樂者，便自不同。如此看其深淺，乃好。時舉。

叔器問：「不改其樂」與「不能改其樂」如何分？曰：「不改其樂」者，僅能不改其樂而已。「不能改其樂」者，是自家有此樂，它無奈自家何。以此見得聖賢地位。某嘗謂：「明道之言，初見便好，轉看轉好；伊川之言，初看似未甚好，久看方好。」某作《六先生贊》，伯恭云：「《伊川贊》尤好。」蓋某是當初見得箇意思恁地，所謂「布帛之文，菽粟之味，知德者希，孰識其貴」也。被伯恭看得好。又云：伯恭、欽夫二人使至今不死，大段光明！義剛。

聖人之樂，且粗言之。人之生，各具此理，但是人不見此理，這裏都黑窣窣地。如貓子狗兒相似，飢便求食，困便思睡。一得富貴，便極聲色之娛，窮四體之奉；一遇貧賤，則憂戚無聊。所謂樂者，非其所可樂；所謂憂者，非其所可憂也。聖人之心，直是表裏精粗，無不昭徹，方其有所思，都是這裏流出，所謂德盛仁熟，「從心所欲，不踰矩」，莊子所謂「人貌而天」。蓋形骸雖是人，❶其實是一塊天理，又焉得而不樂！又曰：聖人便是一片赤骨立底天理。顏子早是有箇物包裹了，但其皮薄，剥去容易。聖人一爲指出這是天理，這是人欲，他便洞然都得了。夔孫。

問顏子樂處。曰：顏子之樂，亦如曾點之樂。但孔子只説顏子是恁地樂，曾點却説許多樂底事來。點之樂，淺近而易見；顏子之樂，深微而難知。點只是見得如此，顏子是工夫到那裏了。❷從本原上看，方得。賜。

顏子之樂平淡，曾點之樂已勞攘了。至邵康節云「真樂攻心不奈何」，樂得大段顛蹶。或曰：顏子之樂，只是心有這道理便樂否？曰：不須如此説，且就實處做工夫。學蒙。

問「自有其樂」之「自」字。曰：「自」字對「簞瓢陋巷」言。言簞瓢陋巷非可樂，蓋自有其樂耳。節。○《集注》。

問：周子令程子尋顏子所樂何事，而

❶「骸」，原作「骱」，今據朝鮮本、萬曆本改。
❷「夫」，原作「未」，今據朝鮮本改。

周子、程子終不言。不審先生以爲所樂何事？曰：人之所以不樂者，有私意耳。克己之私，則樂矣。節。

問：程子云：「周茂叔令尋顔子、仲尼樂處，所樂何事。」竊意孔、顔之學，固非若世俗之着於物者。但以爲孔、顔之樂在於樂道，則是孔、顔與道終爲二物。要之，孔、顔之樂，只是私意浄盡，天意昭融，自然無一毫繫累耳。曰：然。但今人説樂道説得來淺了。要之，説樂道亦無害。道夫曰：觀周子之問，其爲學者甚切。曰：然。頃之，復曰：程子云：「人能克己，則心廣體胖，仰不愧，俯不怍，其樂可知；有息則餒矣。」道夫。

問：濂溪教程子尋孔、顔樂處，蓋自有其樂，然求之亦甚難。曰：先賢到樂處，已自成就向上去了，非初學所能求。况今之師，非濂溪之師；所謂友者，非二程之友，所以説此事却似莽廣，不如且就聖賢着實用工處求之。如「克己復禮」，致謹於視、聽、言、動之間，久久自當純熟，充達向上去。寓。

義剛説：程子曰：「周子每令求顔子樂處，所樂何事。」夫天理之流行，無一毫間斷，無一息停止，大而天地之變化，小而品彙之消息，微而一心之運用，廣而六合之彌綸，混融通貫，只是這一箇物事。顔子博文約禮，工夫縝密，從此做去，便能尋得箇意脉。至於竭盡其才，一旦豁然貫通，見得這箇物事分明只在面前，其樂自有不能已者。曰：也不要説得似有一箇物事様。道是箇公共底道理，不成真箇有一箇物事在那裏，被我見得？只是這箇道理，萬事萬物皆是理，但是安頓不能得恰好。而今顔子便是向前見不得底今見得，向前做不得底今做得，所以樂。不是説把這一箇物事來恁地快活。義剛。

堯卿問：「不改其樂」，《注》「克己復禮」，改作「博文約禮」，如何？曰：説博文時，和前一段都包得。「克己復禮」，便只是約禮事。今若是不博文時便要去約，也如何約得住！義剛。

問：叔器看文字如何？曰：兩日方思量顔子樂處。先生疾言曰：不用思量。他只是「博我以文，約我以禮」後，見得那天理分明，日用間義理純熟後，不被那人欲來苦楚，自恁地快活。你而今只去博文約禮，便自見得。今却去索之於杳冥無朕之際，你去何處討？將次思量得人成病。而今一部《論語》説得恁分明，自不用思量，只要着實去用工。如前日所説人心道心，便只是這兩事。只去臨時思量那箇是人心，那箇是道心。便顔子也只是使得人心聽命於道心後，不被人心勝了道心。你而今便須是常揀擇教精，使道心常常在裏面，如箇主人，人心如客樣。常常如此無間斷，則便能「允執厥中」。義剛。

鮮于侁言，顔子以道爲樂。想侁必未識道是箇何物，且如此莽莽對，故伊川答之如此。必大。○《集義》。

問：昔鄒道卿論伊川所見極高處，以謂鮮于侁問於伊川曰：「顔子『不改其樂』，不知所樂者何事？」伊川曰：「尋常道顔子所樂者何事？」曰：「不過説顔子所樂者道。」伊川曰：「若有道可樂，便不是顔子。」豈非顔子工夫至到，道體渾然與之爲一，顔子之至樂自默存於心，人見顔子之「不改其樂」，而顔子不自知也？曰：正謂世之談經者，往往有前所説之病：本卑，而抗之使高；本淺，而鑿之使深；本近，而推之使遠；本明，而必使之至於晦。且如「伊尹耕於有莘之野，由是以樂堯、舜之道」，未嘗以樂道爲淺也。直謂顔子爲樂道，有何不可。蓋卿。

或問：程先生不取樂道之説，恐是以道爲樂，猶與道爲二物否？曰：不消如此説。且説不是樂道，是樂箇甚底？説他不是，又未可爲十分不是。但只是他語拙，説得來頭撞。公更添説與道爲二物，愈不好了。而今且只存得這意思，須是更子細看，自理會得，方得。燾。○去僞録云：謂非以道爲樂，到底所樂只是道。非道與我爲二物，但熟後便樂也。

問：伊川謂「使顔子而樂道，不足爲顔子」，如何？曰：樂道之言不失，只是説得不精切，故如此告之。今便以爲無道可樂，走作了。問：鄒侍郎聞此，謂「吾今始識伊川面」，已入禪去。曰：大抵多被如此看。因舉張思叔問「子在川上」，曰：「便是無窮？」伊川曰：「如何一箇『無窮』便了得他？」曰：「無窮」之言固是。但爲渠道出不親切，故以爲不可。可學。

劉黻問：伊川以爲「若以道爲樂，不足爲顔子」。又却云：「顔子所樂者仁而已。」不知「道」與「仁」何辨？曰：非是樂仁，唯仁故能樂爾。是他有這仁，日用間無些私意，故能樂也。而今却不要如此論，須求他所以能不改其樂者是如何。緣能「非禮勿視，非禮勿聽，非禮勿言，非禮勿動」，這四事做得實頭工夫透，自然至此。❶

問：程子謂：「使顔子以道爲樂，則非

❶「此」下，朝鮮本有小字注「辛」。

顏子。」《通書》「顏子」章又却似言以道爲樂。曰：顏子之樂，非是自家有箇道，至富至貴，只管把來弄後樂。見得這道理後，自然樂。故曰：「見其大，則心泰；心泰，則無不足；無不足，則富貴貧賤處之一也。」節。

問：明道曰：「簞瓢陋巷非可樂，蓋自有其樂耳。『其』字當玩味，自有深意。」伊川曰：「顏子之樂，非樂簞瓢陋巷也。不以貧窶累其心而改其所樂也，故夫子稱其賢。」又曰：「天下有至樂，惟反身者得之，而極天下之欲不與存焉。」又曰：「顏子簞瓢非樂也，忘也。」呂氏曰：「禮樂悅心之至，不知貧賤富貴可爲吾之憂樂。」右第十章，八說，今從明道、伊川、呂氏之說。明道第二說，伊川第二、第三、第七說，范氏說，皆是推說，於本文未甚密。伊川第四說答鮮于侁曰：「使顏子以道爲樂而樂之，則非顏子矣。」切意伊川之說，謂顏子與道爲一矣。若以道爲可樂，則二矣。不知然否？謝氏曰：「回也心不與物交，故無所欲。」不與物交，恐說太深。游氏用伊川說。楊氏之說亦穩，但無甚緊要發明處。尹氏謂「不以衆人之所憂改其樂」，不如伊川作「不以貧窶累其心而改其所樂」。蓋聖人本意，在簞瓢陋巷上見得顏子賢處。「人不堪其憂」，特輔一句。伊川之說，乃其本意。而尹氏乃取其輔句，說顏子賢處未甚緊。曰：所論答鮮于侁語，大概得之，而未子細。更就實事上看，「心不與物交」，非謂太深，蓋無此理，雖大聖人之心，亦不能不交物也。榦。

朱子語類卷第三十二 計二十板

論語十四

雍也篇三

冉求曰非不説子之道章

問：力不足者，非干志否？曰：雖非志，而志亦在其中。所見不明，氣質昏弱，皆力不足之故。冉求乃自畫耳。力不足者，欲爲而不能爲；自畫者，可爲而不肯爲。寓。

「力不足者，中道而廢。」廢，是好學而不能進之人，或是不會做工夫，或是材質不可勉者。「今女畫」。畫，是自畫，乃自謂材質不敏而不肯爲學者。必大。

中道而廢，與半途而廢不同。半途，是有那懶而不進之意；中道，是那只管前去，中道力不足而止。他這中道説得好。高。

問冉求自畫。曰：如駑駘之馬，固不可便及得騏驥，然且行向前去，行不得死了，没奈何。却不行，便甘心説行不得，如今如此者多。問：自畫，與自棄如何？曰：也只是一般。只自畫是就進上説，到中間自住了，自棄是全不做。賀孫。

伊川曰：「冉求言：『非不説』子之道，力不足也。」夫子告以爲學爲己，未有力不足者。所謂力不足者，乃中道而自廢耳。今汝自止，非力不足也。自廢與自止，兩「自」字意不同。自廢則罪不在己，自止乃己之罪。謝氏曰：

「欲爲而不能爲，是之謂力不足；能爲而不欲爲，是之謂畫。以畫爲力不足，其亦未知用力與！使其知所以用力，豈有力不足者？其亦未知說夫子之道與！使其知說夫子之道，豈肯畫也。」第十一章凡六說。伊川、謝氏之說，范氏、楊氏之說，亦正，但無甚緊切處。吕氏發明伊川之說，以中道而廢作「不幸」字，甚親切；「廢」字作「足廢」，大鑿。不知伊川只上一「自」字，便可見。尹氏用伊川之說，但於「廢」字上去一「自」字，便覺無力。曰：伊川兩「自」字恐無不同之意。觀其上文云「未有力不足者」，則是所謂力不足者，正謂其人自不肯進爾，非真力不足也。此說自與本文不合，而來說必令牽合爲一，故失之耳。謝氏與伊川不同，却得本文之意。榦。

子謂子夏曰章

問：「汝爲君子儒，無爲小人儒。」君子於學，只欲得於己；小人於學，只欲見知於人。曰：今只就面前看便見。君子儒、小人儒，同爲此學者也。若不就己分上做工夫，只要說得去，以此欺人，便是小人儒。南升。

問孔子誨子夏勿爲小人儒。曰：子夏是箇細密謹嚴底人，中間忒細密，於小小事上不肯放過，便有委曲周旋人情，投時好之弊，所以能流入於小人之儒也。❶子游與子夏絕不相似。子游高爽疏暢，意思闊大，似箇蕭散底道人。觀與子夏爭「洒掃應對」一

❶「能」，萬曆本作「或」。

段可見。如爲武城宰，孔子問：「女得人焉爾乎？」他却説箇澹臺滅明。及所以取之，又却只是「行不由徑，未嘗至於偃之室」兩句，有甚干涉？可見這箇意思好。他對子夏説：「本之則無，如之何？」它資禀高明，須是識得這些意思，方如此説。又問：子張與子夏亦不同。曰：然。子張又不及子游。子游却又實。子張空説得箇頭勢大大了，裏面工夫都空虛，所以孔子誨之以「居之無倦，行之以忠」，便是救其病。子張較聒噪人，愛説大話而無實。❶

問：謝氏説：「子夏之學雖有餘，意其遠者、大者或昧焉。」《子張篇》中載子夏言語如此，豈得爲「遠者、大者或昧」？曰：上蔡此説，某所未安。其説道子夏專意文學，未見箇遠大處，看只當如程子「君子儒爲己，小人儒爲人」之説。問：或以夫子教子夏爲大儒，毋爲小儒，如何？曰：不須説子夏是大儒小儒，且要求箇自家使處。聖人爲萬世立言，豈專爲子夏設？今看此處，正要見得箇義與利分明。人多於此處含糊去了，不分界限。君子儒上達，小人儒下達，須是見得分曉始得，人自是不覺察耳。今自道己會讀書、看義理、做文章，便道別人不會；自以爲説得行，便謂强得人，此便是小人儒。毫釐間便分君子、小人，豈謂子夏？決不如此。問：五峰言：「天理、人欲，同體而異用，同行而異情。」先生以爲「同體而異用」説未穩，是否？曰：亦須是實見此句可疑，始得。又曰：今人於義利處皆無辨，只恁鶻突去。是，須還他是；不是，還他不是。若都做得是，猶自有淺深，

❶「實」下，朝鮮本有小字注「僴」。

況於不是。寓。○《集義》。

第十二章凡五説，今從謝氏之説。伊川、尹氏以爲爲人、爲己；范氏以爲舉内徇外，治本務末；楊氏以義利爲君子、小人之别，其説皆通。而於淺深之間，似不可不别。竊謂小人之得名有三，而爲人爲利，徇外務末，其過亦有淺深。蓋有直指其爲小人者，此人也其陷溺必深。有對大人君子而言者，則特以其小於大人君子而得是名耳，與溺者不同。雖均於爲人爲利，均於徇外務末，而過則有淺深也。夫子告子夏以「無爲小人儒」，乃對君子大人而小者耳。若只統説，則與世俗之真小人者無異，尚何以儒爲哉？❶曰：伊川意可包衆説。小人固有等第，然此章之意却無分别。榦。

子游爲武城宰章

聖人之言寬緩，不急迫。如「焉爾乎」三箇字，是助語。節。

問「子游爲武城宰」章。曰：公事不可知。但不以私事見邑宰，意其鄉飲、讀法之類也。南升。

問：楊氏曰：「爲政以人才爲先。如子游爲武城宰，縱得人，將焉用之？」似説不通。曰：古者士人爲吏，恁地説，也説得通。更爲政而得人講論，此亦爲政之助。

問：《集注》取楊氏説云：「觀其二事之小，而正大之情可見矣。」曰：看這氣象，便恁地説，也説得通。節。

❶「尚」，萬曆本作「而」。

不恁地猥碎。問：非獨見滅明如此，亦見得子游胸懷也恁地開廣，故取得這般人。曰：子游意思高遠，識得大體。問：與琴張、曾皙、牧皮相類否？曰：也有曾皙氣象。如與子夏説：❶「抑末也，本之則無，如之何！」此一着固是失了，只也見得這人是曠闊底人。❷如問孝，則答以「今之孝者，是謂能養；不敬，何以別？」見得他於事親愛有餘而敬不足。又如説「事君數，斯辱矣；朋友數，斯疏矣」，與「喪至乎哀而止」，亦見得他不要如此苦切。子之武城，聞絃歌，子游舉「君子學道愛人」等語，君子是大人，小人是小民。昨日丘子服出作論題，皆曉不得子游意。謂君子學道，及其臨民則愛民；小民學道，則知分知禮，而服事其上。所以絃歌教武城，孔子便説他説得是。這也見子游高處。賀孫問：《檀弓》載子游、曾子語，多是曾子不及子游。曰：人説是子游弟子記，故子游事詳。問：子游初間甚高，如何後來却不如曾子之守約？曰：守約底工夫實。如子游這般人，却怕於中間欠工夫。問：子謂子夏曰：「女爲君子儒，無爲小人儒。」看子夏煞緊小，故夫子恐其不見大道，於義利之辨有未甚明。曰：子游與子夏全相反。只子夏洒掃應對事，却自是切己工夫。如子夏促狹。如子游説：「抑末也，本之則無，如之何！」是他見得大源頭，故不屑屑於此。如孔子答問孝於子夏曰：「色難。」與子游全是兩様。子夏能勤奉養，而未知愉色婉容之爲美。賀孫。

問：謝氏曰云云。右第十三章，凡五

❶「説」，萬曆本作「言」。
❷下「人」字，萬曆本作「又」，則當屬下。

說。伊川兩說。伊川、尹氏解「行不由徑」作「動必從正道」，楊氏謂「直道而行」，皆是疑「行不由徑」爲非中理。竊意滅明之爲人未至成德，但有一節一行可取。如非公事不至偃室，自成德者觀之，此特其一行爾。而子游尚稱之，則「行不由徑」，亦但以其不欲速而遵大路可知也。伊川兩說，蓋權時者之事也。范氏乃就推人君說。曰：來說得之。榦。

孟之反不伐章

問「孟之反不伐」。曰：孟之反資禀也高，未必是學。只世上自有這般人，不要争功。胡先生說：「《莊子》所載三子云：孟子反、子桑户、子琴張。子反便是孟之反。子桑户便是子桑伯子，『可也簡』底。子琴張便是琴張，孔子所謂『狂者』也。但莊子說得怪誕。」但他是與這般人相投，都自恁地没檢束。賀孫。

立之問此章。曰：人之矜伐，都從私意上來。才有私意，便有甚好事，也做不得。孟之反不伐，便是克、伐不行，與顏子無伐善、施勞底意思相似。雖孟之反別事未知如何，只此一節，便可爲法。人之私意多端。聖人所以言此者，正提起與人看，使人知所自克也。時舉。

問凡人所以矜伐者，其病根在甚處？只爲有欲上人之心。才有欲上人之心，則人欲日長，天理日消，凡可以矜己夸人者，無所不至。故學者當去其欲上人之心，則天理自明矣。曰：欲上人之心，便是私欲。聖人四方八面提起向人說，只要人去得私欲。孟之反其他事不可知，只此一事，便可爲法也。南升。

問：孟之反不伐。人之伐心固難克，然若非先知得是合當做底事，則臨事時必消磨不去。諸葛孔明所謂「此臣所以報先帝而忠陛下之職分也」。若知凡事皆其職分之所當爲，只看做得甚麽樣大功業，亦自然無伐心矣。曰：也不是恁地。只得箇心地平底人，故能如此。若使其心地不平，有矜伐之心，則雖十分知是職分之所當爲，少間自是走從那一邊去，遏捺不下。少間便説，我却盡職分，你却如何不盡職分！便自有這般心。孟之反只是箇心地平，所以消磨容得去。僩。

讀「孟之反不伐」章，曰：此與馮異之事不同。蓋軍敗以殿爲功，殿於後，則人皆屬目其歸。他若不恁地説，❶便是自承當這箇殿後之功。若馮異乃是戰時有功，到後來事定，諸將皆論功，它却不自言也。時舉。

問：吕氏謂人之不伐，能不自言而已。孟之反不伐，則以言以事自揜其功，加於人一等矣。第十四章凡六説，今從吕説。范、楊、侯、尹論其謙讓不伐，只統説大綱，於聖人所稱孟之反之意有未盡，不如吕氏説得「馬不進也」之意出。謝氏説學者事甚緊切，於本文未密。曰：若不自揜，即是自居其功矣。恐不必如吕氏説。榦。

不有祝鮀之佞章

問此章。曰：此孔子嘆辭也。言衰世好諛悦色，非此不能免，蓋深傷之。當只從程先生之説。謨。

❶「他」，萬曆本作「地」。

第十五章凡七說。伊川三說。今從伊川此說。伊川第二、第三說，呂、范、尹之說，皆一意，與伊川第一說同。范氏曰：「有朝之令色，無鮀之巧言，猶難免於當世。」據范氏主意，乃在疾時之好佞，故曰「猶難免於當世」。非加一「猶」字，則其說不通，文意恐不如此。謝氏曰：「善觀世之治亂者如此。」乃推說。侯氏曰：「『而』字，疑爲『不』字說。」恐未必是文錯，或文勢如此。曰：當從伊川說。榦。

誰能出不由户章

「誰能出不由户！」何故人皆莫由此道也？振。

問「何莫由斯道也」。曰：但才不合理處，便是不由道。

問：呂氏曰：「出而不能不由户，則何行而非達道也哉！」楊氏曰：「道無適而非也，孰不由斯乎？猶之出必由户也，百姓日用而不知耳。」尹氏曰：「道不可離，可離非道，猶出入必由户也。」第十六章凡六說，今從呂、楊、尹之說。伊川、范氏、謝氏皆正。但伊川「事必由其道」一句未粹，范、謝說稍寬。曰：此言人不能出不由户，何故却行不由道？怪而歎之之辭也。伊川雖不如此說，然「事必由其道」一句，不見其失，不可輕議，更宜思之。榦。

質勝文則野章

史，掌文籍之官。如「二公及王乃問諸史」，并《周禮》諸屬，各有史幾人。如內史、御史，皆掌文籍之官。秦有御史大夫，亦掌制度文物者也。僩。

「質勝文則野，文勝質則史」，是不可以相勝。纔勝，便不好。龜山云：「則可以相勝。」「則」字怕誤，當作「不」字。賀孫。

夫子言「文質彬彬」，自然亭當恰好，不少了些子意思。若子貢「文猶質，質猶文」，便説得偏了。端蒙。

問：伊川曰：「君子之道，文質得其宜也。」范氏曰「凡史之事」云云。第十七章凡七説，今從伊川、范氏之説。伊川第二説、吕氏説論「史」字，皆通。謝氏專指儀容説，恐未當。大綱且論文質，故有野與史之别。若專以爲儀容，則説「史」字不通，史無與儀容事。楊氏自「質之勝文」以下，皆推説，與本文不類。尹氏曰：「史文勝而理不足。」「理」字未安。如此，則野可謂之理勝也。既謂之勝，則理必不足。野與史，皆可謂之理不足也。曰：史既給事官府，則亦習於容止矣。謝説之失不在此。却是所説全以觀人爲言，無矯揉着力處，失却聖人本旨。楊説推得却有功。「文勝則理不足」，亦未有病。野，固理勝而文不足也。榦。

人之生也直章

生理本直。人不爲直，便有死之道，而却生者，是幸而免也。夔孫。

「罔之生也」之「生」，與上面「生」字微有不同。此「生」字是生存之「生」。人之絶滅天理，便是合死之人。今而不死，蓋幸免也。人傑。

或問「人之生也直」。曰：人之生，元來都是直理。罔，便是都背了直理。當仁而不仁，當義而不義，皆是背了直理。既如此，合是死。若不死時，便是幸而免。燾。

天地生生之理，只是直。纔直，便是有生生之理。不直，則是枉天理，宜自屈折也，而亦得生，是幸而免耳。如木方生，須被折了，便不直，多應是死。到得不死，幸然如此。賀孫。

問「人之生也直」。曰：「生理本直。」順理而行，便是合得生；若不直，便是不合得生，特幸而免於死耳。亞夫問：如何是「生理本直」？曰：如父子便本有親，君臣便本有義。南升。

「人之生也直」，如飢食渴飲，是是非非，本是曰直，自無許多周遮。如「敬以直內」，只是要直。又曰：只看「生理本直」四字。時舉録云：只玩味此四字，便自有味。如見孺子入井，便自有怵惕之心。時舉録云：即便是直。見不義底事，便自有羞惡之心。是本有那箇當爲之理。若是內交要譽，便是不直。時舉録云：才有內交要譽之意，便是曲了。

林恭甫説「生理本直」未透。曰：如水有源便流，這只是流出來，無阻滯處。如見孺子將入井，便有箇惻隱之心。見一件可羞惡底事，便有箇羞惡之心。這都是本心自然恁地發出來，都遏不住。而今若順這箇行，便是。若是見入井後不惻隱，見可羞惡而不羞惡，便是拗了這箇道理，這便是罔。義剛。

罔，只是脱空作僞，做人不誠實，以非爲是，以黑爲白。如不孝於父，却與人説我孝；不弟於兄，却與人説我弟，此便是罔。據此等人，合當用死，却生於世，是幸而免耳。「生理本直」，如耳之聽，目之視，鼻之齅，口之言，心之思，是自然用如此。若纔去這裏着些屈曲支離，便是不直矣。又云：凡人解書，只是這一箇粗近底道理，不須别爲高遠之説。如云不直，只是這箇不直。却云不是這箇不直，别有箇不直，此却不得。所謂淺深者，是人就這明白道理中，見得自有粗細。不可説這説是淺底，别求一箇深底。若論不直，其粗至於以鹿爲馬，也是不直；其細推至一念之不實，惡惡不「如惡惡臭」，好善不「如好好色」，也是不直。只是要人自就這箇粗説底道理中，看得越向裏來教細耳，不是别求一樣深遠之説也。僩。

問：《或問》云：「上『生』字爲始生之『生』，下『生』字爲生存之『生』。雖若不同，而義實相足。」何也？曰：後日生活之生，亦是保前日之生，所以人死時，此生便絶。節。

問：明道云：「『民受天地之中以生』，『天命之謂性』也。『人之生也直』，亦是此意。」莫微有差别否？曰：如何有差别！便是這道理本直。孔子却是爲欲説「罔之生也」，所以説箇「直」字，與「民受天地之中」，義理一般。僩。○《集義》。

問：伊川曰：「人類之生，以直道也；欺罔而免者，幸耳。」謝氏曰云云。第十八章凡九説，楊氏兩説。今從伊川、謝氏之説。明道曰：「生理本直。」范氏曰：「人之性善，故其生直。」尹氏曰：「直，性也。」此三説者，皆以「生」字作始生之「生」，未安。據此章，正如《禮》所謂「失之者死，得之者生」，乃生存之「生」。若以爲生本直，性本直，則是指人之始生言之。人之始生，固可謂之直，下文又不當有始生而罔者。下句若作生存之「生」，則上句不應作始生之「生」。横渠解「幸而免」，似鑿。本文上句却無吉凶莫非正之意。吕氏曰：「罔，如網，無常者也。」「罔」字，只對「直」字看便可見，似不必深説。游氏雖説有未盡，大綱亦正。楊氏曰：「人者，盡人道者。」其意以「人」字作一重字解，似對「罔」字言之，未當。「人」字只大綱説。第二説大略。曰：此兩「生」字，上一字是始生之「生」，下一字是生存之「生」。當以明道之説求之，則得之矣。榦。

知之者不如好之者章

「知之者不如好之者。」人之生，便有此理。然被物欲昏蔽，故知此理者已少。好之者是知之已至，分明見得此理可愛可求，故心誠好之。樂之者是好之已至，而此理已得之於己。凡天地萬物之理皆具足於吾身，則樂莫大焉。知之者，如五穀之可食；好之者，是食而知其味；樂之者，是食而飽。南升。

問：若是真知，安得不如好之？若是真好，安得不如樂之？曰：不説不是真知與真好，只是知得未極至，好得未極至。如數到九數，便自會數過十與十一去；數到十九數，便自會數過二十與二十一去。不着得氣力，自然如此。若方數得六、七，自是未易過十；數得十五，自是未易過二十數，這都是未極至處。如行到福州，須行到盡福州界了，方行到南劍界。若行未盡福州界，自是未到得別州境界。「樂則生矣，生則惡可已」也。賀孫。

問：明道曰：「篤信好學，未如自得之樂。好之者，如游他人園圃；樂之者，則己物耳。然只能信道，亦是人之難能也。」伊川曰：「非有所得，安能樂之？」又曰：「知之者，在彼，而我知之也；好之者，雖篤，而未能有之；至於樂之，則爲己之所有。」第十九章凡七説，伊川三説。今從明道、伊川之説。伊川第二説，推説教人事，曰：「知之必好之，好之必求之，求之必得之。古人此箇學，是終身底事。果能造次顛沛必於是，豈有不得之理？」范氏曰「樂則生矣」，吕氏亦曰「樂則不可已」，皆推説樂以後事。若原其所以樂，則須如伊川之説。吕氏曰：「知之則不惑。」據此章，「知」字，只謂好學者耳，未到不惑地位，其説稍深。楊氏曰：『夫婦之愚，可以與知焉』，則知之非艱矣。」此説「知」字又太淺。人而知學者亦不易得。夫婦之知，習之而不察者耳，未足以爲知。二説正相反，吕氏過，楊氏不及。謝氏曰：「樂則無欣厭取舍。」謂之無厭無舍則可，若謂之無所欣、無所取，則何以謂之樂？尹氏大綱與伊川同意，但以「安」字訓「樂」字，未緊。曰：所論「知」字，甚善。但此亦謂知義理之大端者耳。謝説大抵太過。榦。

中人以上章

叔器問：中人上下是資質否？曰：且不粧定恁地。或是它工夫如此，或是他資質如此。聖人只説「中人以上」、「中人以下」時，便都包得在裏面了。聖人説「中人以下」，不可將那高遠底説與它，怕它時下無討頭處。若是就它地位説時，理會得一件，便是一件，庶幾漸漸長進，一日强似一日，一年强似一年。不知不覺，便也解到高遠處。義剛。

問：聖人教人，不問智愚高下，❶未有不先之淺近，而後及其高深。今中人以上之資，遽以上焉者語之，何也？曰：他本有這資質，又須有這工夫，故聖人方以上者語之。今人既無這資質，又無這工夫，所以日趍於下流。寓。

正淳問：「中人以下，不可以語上」，是使之下學而未可語以上達否？曰：如此，則下學、上達分而爲二事矣。況上達亦如何説得與他！須是待他自達。此章只是説智識未理會得此義理者，語之無益爾。必大。

行夫問此章。曰：理只是一致。譬之水也，有把與人少者，有把與人多者。隨其質之高下而告之，非謂理有二致也。時舉。

或説此一段。❷曰：正如告顔淵以「克己復禮」，告仲弓以「持敬行恕」，告司馬牛以言之訒。蓋清明剛健者自是一樣，恭默和順者自是一樣，有病痛者自是一樣，皆因其所及而語之也。僩。

問：謝氏既以分言，又以操術言，豈非謂貴賤異等，執業不同，故居下者不可語之以向上者之事否？曰：也只是論學術所至之淺深而已。必大。《集義》。

問：明道曰：「上智高遠之事，非中人以下所可告，蓋躐涯分也。」横渠曰云云。此説得之吕監廟所編，其説似正，不知載在何集録。第二十章凡六説。伊川兩説。横渠説在外。伊川第二説曰：「『中人以上』，『中人以下』，皆謂才也。」第一説與尹氏之説同。此意謂

❶「問」，原作「間」，今據萬曆本改。
❷「説」，萬曆本作「問」。

之才者，以爲稟受然爾。楊氏亦曰：「有中人上下者，氣稟異也。」此三說皆以其上、中、下爲係所稟受。范氏則曰：「由學與不學故也。」謝氏亦曰：「特語其操術淺深，非不移之品。」此二說，又以其上、中、下爲係於學術。五說正相反。據本文，只大綱論上、中、下，初未嘗推原其所以然也。若推原其所以然，則二者皆有之。或以其稟受不同，或以其學術有異，不可偏舉。曰：伊川第二說，已具二者之意矣。榦。

樊遲問知章

問：「務民之義，敬鬼神而遠之」，諸家皆作兩事說。曰：此兩句恐是一意。民者，人也；義者，宜也。如《詩》所謂「民之秉彝」，即人之義也。此則人之所宜爲者，不可不務也。此而不務，而反求之幽冥不可測識之間，而欲避禍以求福，此豈謂之智者哉！「先難後獲」，即仲舒所謂「仁人明道不計功」之意。呂氏說最好，辭約而義甚精。去僞。

問：樊遲問知，當專用力於人道之所宜，而不惑於鬼神之不可知，此知者之事也。若不務人道之所宜爲，而褻近鬼神，乃惑也。須是敬而遠之，乃爲知。「先難而後獲」，謂先其事之所難，而後其效之所得，此仁者之心也。若方從事於克己，而便欲天下之歸仁，則是有爲而爲之，乃先獲也。若有先獲之心，便不可以爲仁矣。曰：何故有先獲之心，便不可以爲仁？曰：方從事於仁，便計較其效之所得，此便是私心。曰：此一句說得是克己，正是要克去私心，又却計其效之所得，乃是私心也。只此私心，❶便不是仁。又曰：「務民之義」，只是就分明處用力，則一日便有一日之效。不知「務民之義」，褻近鬼神，只是枉費心力。今人褻近鬼神，只是惑於鬼神，此之謂不知，如臧文仲居蔡。古人非不用卜筮，今乃褻瀆如此，便是不知。吕氏「當務之爲急」，説得好；「不求於所難知」一句，説得鶻突。南升。

問：「敬鬼神而遠之」，莫是知有其理，故能敬；不爲他所惑，故能遠？曰：人之於鬼神，自當敬而遠之。若見得那道理分明，則須著如此。如今人信事浮圖以求福利，❷便是不能遠也。又如卜筮，自伏羲、堯、舜以來皆用之，是有此理矣。今人若於事有疑，敬以卜筮決之，有何不可？如義理合當做底事，却又疑惑，只管去問於卜筮，亦不能遠也。蓋人自有人道所當爲之事。今若不肯自盡，只管去諂事鬼神，便是不智。因言：夫子所答樊遲問仁知一段，正是指中間一條正當路與人。人於所當做者，却不肯去做；才去做時，又便生箇計獲之心，皆是墮於一偏。人能常以此提撕，則心常得其正矣。廣。

問「敬鬼神而遠之」。曰：此鬼神是指正當合祭祀者。且如宗廟山川，是合當祭祀底，亦當敬而不可褻近泥着。才泥着，便不是。且如卜筮用龜，所不能免。臧文仲却爲山節藻棁之室以藏之，❸便是不智也。銖。

❶「此」，萬曆本作「是」。
❷「圖」，萬曆本作「屠」。
❸「棁」，原作「税」，今據下文改。

問："「敬鬼神而遠之」，如天地山川之神與夫祖先，此固當敬。至如世間一種泛然之鬼神，果當敬否？"曰："他所謂「敬鬼神」，是敬正當底鬼神。「敬而遠之」，是不可褻瀆、不可媚。如卜筮用龜，此亦不免。如臧文仲山節藻棁以藏之，便是媚，便是不知。"節。

問："程子説鬼神，如孔子告樊遲，乃是正鬼神。如説今人信不信，又別是一項，如何衮同説？"曰："雖是有異，然皆不可不敬遠。"可學。

「先難後獲」，只是無期必之心。時舉。

問「仁者先難而後獲」。曰："獲，有期望之意。學者之於仁，工夫最難。但先爲人所難爲，不必有期望之心可也。"去僞。

只是我合做底事，便自做將去，更無下面一截。才有計獲之心，便不是了。恪。

「先難後獲」，仁者之心如是，故求仁者之心亦當如是。

須「先難而後獲」，不探虎穴，安得虎子！須是捨身入裏面去，如搏寇讎，方得之。若輕輕地説得，不濟事。方子。

問："「仁者先難而後獲。」難者，莫難於去私欲。私欲既去，則惻然動於中者，不期見而自見。"曰："仁畢竟是箇甚形狀？"曰："仁者與天地萬物爲一體。"曰："此只是既仁之後，見得箇體段如此。方其初時，仁之體畢竟是如何？要直截見得箇仁底表裏。若不見它表裏，譬猶此屋子，只就外面貌得箇模樣，縱説得着，亦只是籠罩得大綱，不見屋子裏面實是如何。須就中實見得子細，方好。"又問："就中間看，只是惻然動於中者，無所係累昏塞，便是否？"曰："此是已動者。若未動時，仁在何處？曰：未動時流行不息，所謂那活潑潑底便是。曰：諸友所説仁，皆是貌模。今且爲老兄立箇標準，要得就這上研磨，將來須自有箇實見得處。譬之食糖，據別人説甜，不濟事。須是自食，見得甜時，方是真味。大雅。

或問此章。曰：常人之所謂知，多求知人所不知。聖人之所謂知，只知其所當知而已。自常人觀之，此兩事若不足以爲知。然果能專用力於人道之宜，而不惑於鬼神之不可知，却真箇是知。燾。

○《集注》。

問《集注》「仁之心，知之事」。曰：「務民之義，敬鬼神」，是就事上説。「先難後獲」，是就處心積慮處説。「仁」字説較近裏，「知」字説較近外。夔孫。

叔器問《集注》心與事之分。曰：這箇有甚難曉處？事，便是就事上説；心，便是就裏面説。「務民之義，敬鬼神而遠之」，這是事。「先難後獲」，這是仁者處心如此。事也是心裏做出來，但心是較近裏説。如一間屋相似，説心底是那房裏，説事底是那廳上。義剛。

問：「仁者先難而後獲」，「後」字，如「未有義而後其君」之「後」否？曰：是。又問：此只是教樊遲且做工夫，而程子以爲仁，如何？曰：便是仁。這一般，外面恁地，然裏面通透，也無界限。聖人説話，有一句高、一句低底，便有界限。若是儱侗説底，才做得透，便是。如「克己復禮」，便不必説只是爲仁之事，做得透便是。又如「我欲仁，斯仁至矣」，才欲仁，便是仁。因言：先儒多只是言「後有所得」，説得都輕。淳録云：「後」字説得輕了。唯程先生説得恁地重，這便煞争事，❶説得有力。如「事君敬其事而後其食」、「先事後得」之類，皆是此例。義剛言：若有一毫計功之心，便是私欲。曰：是。義剛。淳同。

問：明道曰：「『先難』，克己也。」伊川曰：「以所難爲先，而不計所獲，仁也。」又曰：「民，亦人也。務人之義，知也。鬼神不敬，則是不知；不遠，則至於瀆。敬而遠之，所以爲知。」又曰：「有爲而作，皆先獲也，如利仁是也。古人惟知爲仁而已，今人皆獲也。」右第二十一章，凡七説。明道三説，伊川四説。今從明道、伊川之説。明道第一説曰：「民之所宜者，務之。所欲，與之、聚之。」第三説亦曰：「務民之義，如項梁立義帝，謂從民望者是也。」伊川第一説亦曰：「能從百姓之所義者，知也。」尹氏用伊川説。此三説，皆以「務民之義」作從百姓之所宜，恐解「知」字大寬。問知，而告以從百姓之所宜，恐聖人告樊遲者，亦不至如是之緩。竊意「民」字不當作「百姓」字解。只伊川第二説曰「民，亦人也」，似穩。所謂「知」者，見義而爲之者也。不見義，則爲不知。「務」，如齊「不務德」之「務」。然必曰「民之義」者，己亦民也。通天下只一義耳，何人我之別？所謂「務民之義」者，與務己之義無異。孟子曰「居天下之廣居」，則亦與己之廣居無異。故伊川謂「民，亦人也」，恐有此意。若以「民」字作「百姓」字解，復以「義」字作「宜」字，恐説「知」字太緩。伊川第三説鬼神事。范作「振民育德」，其説寬。振民之意，亦與明道、伊川從百姓之所宜之意同，皆恐未穩否。呂氏曰：「當務爲急，

---

❶「煞争」，萬曆本作「是事」。

不求所難知。」似將「務民之義，敬鬼神而遠之」作一句解。看此兩句，正與「非其鬼而祭之，諂也。見義不爲，無勇也」相類。兩句雖連説，而文意則異。謝氏曰：「敬鬼神而遠之」，知鬼神之情狀也。伊川第三説似未須説到如此深遠，正以其推言之耳。楊氏曰：「樊遲學稼圃，務民之事而已，非義也。」莫非事也，而曰事而非義，則不可。但有義、不義之異，事與義本無異。曰：民之義，謂人道之所宜也，來説得之。但所謂『居天下之廣居』，與己之廣居無異」，則天下只有此一廣居，何必更説無人我之異乎？呂氏説，詞約而義甚精。但伊川説「非其鬼而祭之」，兩説相連，却費力。若如范氏説，則可以相因矣。楊氏所引，本無意義，然謂事即是義，則不可。且如物，還可便謂之理否？榦。

知者樂水章

胡問此章。曰：聖人之言，有淺説底，有深説底，這處只是淺説。「仁」只似而今重厚底人，「知」似而今靈利底人，❶然亦在人看。淳。○義剛録云：胡問：仁是指全體而言否？曰：聖人説仁，固有淺深，這箇是大概説。云云。

正卿問：「知者樂水，仁者樂山」，是以氣質言之，不知與「仁者安仁，知者利仁」，有高下否？曰：此「仁」、「知」二字，亦説得淺，不可與「安仁」、「利仁」較優劣。如《中庸》説「知仁勇」，這箇「仁知」字，説得煞大。賀孫。

問：「知者樂水，仁者樂山」，是就資質

❶「靈」，萬曆本作「伶」。

上説，就學上説？曰：也是資質恁地。但資質不恁地底，做得到也是如此。這只説箇仁、知地位，不消得恁地分。資質好底，固是合下便恁地，若是資質不好，後做得到時，也只一般。義剛。

「知者樂水，仁者樂山」，不是兼仁、知而言，是各就其一體而言。如「仁者見之謂之仁，知者見之謂之知」。人傑問：「樂」字之義，釋曰「喜好」。是知者之所喜好在水，仁者之所喜好在山否？曰：且看水之爲體，運用不窮，或淺或深，或流或激；山之安静篤實，觀之儘有餘味。某謂：如仲尼之稱水曰：「水哉！水哉！」「子在川上曰：逝者如斯夫！」皆是此意否？舊看伊川説「非體仁、知之深者，不能如此形容之」，理會未透。自今觀之，真是如此。曰：不必如此泛濫。且理會「樂水」、「樂山」，直看得意思窮盡，然後四旁莫不貫通。苟先及四旁，却終至於與本説都理會不得也。人傑。

子善問「知者樂水，仁者樂山」。曰：看聖人言，須知其味。如今只看定「樂山」、「樂水」字，將仁、知來比類，湊合聖言而不知味也。譬如喫饅頭，只喫些皮，元不曾喫餡，謂之知饅頭之味，可乎？今且以「知者樂水」言之，須要子細看這水到隈深處時如何，到峻處時如何，到淺處時如何，到曲折處時如何。地有不同，而水隨之以爲態度，必至於達而後已，此可見知者處事處。「仁者樂山」，亦以此推之。洽。

惟聖人兼仁、知，故樂山、樂水皆兼之。自聖人而下，成就各有偏處。

魏問此章。曰：此一章，只要理會得如何是仁，如何是知，若理會這兩箇字通透，如動、静等語自分曉。賀孫。

問：「知者動，仁者静」，動是運動周流，静是安静不遷，此以成德之體而言也。若論仁、知之本體，知則淵深不測，衆理於是而斂藏，所謂「誠之復」，則未嘗不静；仁者包藏發育，一心之中，生理流行而不息，所謂「誠之通」，則未嘗不動。曰：知者，動意思常多，故以動爲主；仁者，静意思常多，故以静爲主。今夫水淵深不測，是静也；及滔滔而流，日夜不息，故主於動。山包藏發育之意，是動也；而安重不遷，故主於静。今以椀盛水在此，是静也，畢竟它是動物。故知動仁静，是體段模樣意思如此也，常以心體之便見。南升。

問：仁智動静之説，與陰陽動静之説同否？曰：莫管他陽動陰静，公看得理又過了。大抵看理只到這處便休，又須得走過那邊看，便不是了。然仁主於發生，其用未嘗不動，而其體却静。知周流於事物，其體雖動，然其用深潛縝密，則其用未嘗不静。其體用動静雖如此，却不須執一而論，須循環觀之。蓋仁者一身混然全是天理，故静而樂山，且壽，壽是悠久之意；知者周流事物之間，故動而樂水，且樂，樂是處得當理而不擾之意。若必欲以配陰陽，則仁配春，主發生，故配陽動；知配冬，主伏藏，故配陰静。然陰陽動静，又各互爲其根，不可一定求之也。此亦在學者默而識之。祖道。

或問：「知者動，仁者静。」如《太極圖説》，則知爲静而仁爲動，如何？曰：且自體當到不相礙處，方是。僩用録云：觀書且就當下玩索文意，不須如此牽引，反生枝蔓。良久，曰：這物事直看一樣，横看一樣。僩用録云：道理不可執着，且逐件理會。子貢説「學不厭爲知，❶教不倦爲仁」。子思却言「成己爲仁，成物爲知」。仁固有安静意思，然施行却有運用之意。又云：知是伏藏池録作「潛伏」。淵深底道理，至發出則有運用。然至於運用各當其理而不可易處，又不專於動。人傑。

仁静知動。《易》中説「仁者見之」，陽也；「知者見之」，陰也。這樣物事大抵有兩樣。仁配春，知配冬。《中庸》説：「成己，仁也；成物，知也。」仁在我，知在物。孟子説：「學不厭，知也；教不倦，仁也。」又却知在我，仁在物。見得這樣物事皆有動静。泳。

仁知動静。自仁之静、知之動而言，則是「成己，仁也；成物，知也」。自仁之動、知之静而言，則是「學不厭，知也；教不倦，仁也」。恪。

「仁者静」，或謂寂然不動爲静，非也。此言仁者之人，雖動亦静也。喜怒哀樂，皆動也，仁者之人豈無是數者哉！蓋於動之中未嘗不静也。静，謂無人欲之紛擾，而安於天理之當然耳。若謂仁有静而不動，則知者亦常動而不静乎？謨。

通老問：仁知動静，合二者如何？曰：何必合？此亦言其多耳。不成仁者便愚，知者便一向流蕩？要之，安静中自有一箇運動之理，運動中自有一箇安静之理方是。可學。

知便有箇快活底意思，仁便有箇長遠底意思。故曰：「知者樂，仁者壽。」

問：「知者樂水」一章，看這三截，却倒似動、静是本體，山水是説其已發，樂、壽是

---

❶「知」，原作「却」，今據朝鮮本、萬曆本改。

指其效。曰：然。倒因上二句説到他本體上。「知者動」，然他自見得許多道理分明，只是行其所無事，其理甚簡；以此見得雖曰動，而實未嘗不静也。「仁者静」，然其見得天下萬事萬理皆在吾心，無不相關，雖曰静，而未嘗不動也。動，不是恁地勞攘紛擾；静，不是恁地塊然死守。這與「樊遲問仁、知」章相連，自有互相發明處。朱飛卿問是如何。曰：專去理會人道之所當行，而不惑於鬼神之不可知，便是見得日用之間流行運轉，不容止息，胸中曉然無疑，這便是知者動處。心下專在此事，都無別念慮繫絆，見得那是合當做底事，只恁地做將去，是「先難後獲」，便是仁者静。如今人不静時，只爲一事至，便牽惹得千方百種思慮。這事過了，許多夾雜底却又在這裏不能得了。頭底已自是過去了，後面帶許多尾不能得了。若是仁者，逐一應去，便没事。一事至，便只都在此事上。飛卿問：先生初説「仁者樂山」，仁者是就成德上説；那「仁者先難後獲」，仁者是就初學上説。曰：也只一般，只有箇生熟。聖賢是已熟底學者，學者是未熟底聖賢。飛卿問：「先難後獲」，意如何？曰：後，如「後其君，後其親」之意。「哭死而哀，非爲生者；經德不回，非以干禄；言語必信，非以正行」，這是熟底「先難後獲」，是得仁底人。「君子行法以俟命」，是生底「先難後獲」，是求仁底人。賀孫問：上蔡所説「先難，謂如射之有志，若跣之視地，若臨深，若履薄」，皆其心不易之謂。曰：説得是。先難是心只在這裏，更不做別處去。如上嶺，高峻處不能得上，心心念念只在要過這處，更不思量別處去。過這難處未得，便又思量到某處，這便是求獲。賀孫。

問：仁、知、動、静，《集注》説頗重疊。曰：只欠轉换了一箇「體」字。若論來，仁者雖有動時，其體只自静；知者雖有静時，其體只自動。賀孫。○《集注》。

或問：「動静以體言」，如何？曰：「以體言」，是就那人身上説。燾。

問：「知者動」，《集注》以動爲知之體；「智者樂水」，又曰：「其用周流而不窮」；言體、用相類，如何？曰：看文字須活着意思，不可局定。知對仁言，則仁是體，知是用。只就知言，則知又自有體、用。如「乾道成男，坤道成女」，豈得男便都無陰？女便都無陽？這般須相錯看。然大抵仁都是箇體，知只是箇用。淳。

知者動而不静，又如何處動？仁者静而不動，又死殺了。是則有交互之理，但學者且只得據見在看，便自見得不要如此紛紛也。所舉程子曰「非體仁、知之深者，不能如此形容」，此語極好看。儘用玩味，不是常説。如「子語魯太師樂處」，亦云「非知樂之深者不能言」，皆此類也。極用子細玩味看！明作。

伊川「樂山、樂水」處，言「動、静皆其體也」。此只言體段，非對用而言。端蒙。○《集義》。

「仁者壽」，是有壽之理，不可以顔子來插看。如「罔之生也幸而免」，罔亦是有死之理。淳。

問謝氏仁、知之説。曰：世間自有一般渾厚底人，一般通曉底人，其終亦各隨其材有所成就。夫子以仁者、知者對而言之，誠是各有所偏。如曰「仁者安仁，知者利仁」，及所謂「好仁者，惡不仁者」，皆是指言兩人。如孔門，則曾子之徒是仁者，子貢之徒是知者。如此章，亦只是泛說天下有此兩般人爾。必大。

問：伊川曰：「樂，喜好也。知者樂於運動，若水之通流；仁者樂於安靜，如山之定止。知者得其樂，仁者安其常也。」「樂喜」、「樂於」，恐皆去聲。又曰：「『知者樂』，凡運用處皆樂；『仁者壽』，以靜而壽。」又曰：「樂山、樂水，氣類相合。」范氏曰：「知者運而不息，故樂水；仁者安於山，故樂山。動則能和，故樂；動則自樂，恐不必將「和」作「樂」字。靜則能久，故壽。非深於仁、知者，不能形容其德。」右第二十二章凡七說，伊川四說。今從伊川、范氏之說。伊川第二說曰：「樂水、樂山，與夫動靜，皆言其體也。」第三章亦曰：「動、靜，仁、知之體也。」「體」字只作形容仁、知之體段則可，若作體用之「體」則不可。仁之體可謂之靜，則知之體亦可謂之靜。所謂體者，但形容其德耳。呂氏乃以爲「山水言其體，動、靜言其用」，此說則顯然以爲體、用之體。既謂之樂山、樂水，則不專指體，用亦在其中。動可謂之用，靜不可謂之用。仁之用，豈宜以靜名之？謝氏曰：「自非聖人，仁、知必有所偏，故其趨向各異，則其成功亦不同也。」據此章，乃聖人形容仁、知以教人，使人由是而觀，亦可以知其所以爲仁、知也。謝氏以爲指仁、知之偏，恐非聖人之意。謝氏又曰：「以其成物，是以動；以其成己，是以靜。」楊氏曰：「利之，故樂水；安之，故樂山。利，故動；安，故靜。」竊謂聖人論德，互有不同。譬如論日，或曰如燭，或曰如銅盤。說雖不同，由其一而觀之，皆可以知其爲日。然指銅盤而謂之燭，指燭而謂之銅盤，則不可。聖人論仁、知，或以爲「成己、成物」，或以爲「安仁、利仁」，或以爲「樂山、樂水」，各有攸主，合而一之，恐不可也。游氏推說仁壽，尹氏問伊川，故不録。曰：所論體、用甚善。謝氏說未有病，但末後句過高，不實耳。「成己、成物」，「安仁、利仁」，「樂山、樂水」，意亦相通。如「學不厭，教不倦」之類，則不可强通耳。榦。

朱子語類卷第三十三計二十二板

論語十五

雍也篇四

齊一變至於魯章

問：「齊尚功利，如何一變便能至魯？」曰：「功利變了，便能至魯。魯只是大綱好，然裏面遺闕處也多。」淳。

行父問「齊一變至魯，魯一變至道」。曰：「太公之封於齊也，舉賢而尚功，孔子曰：『後世必有篡弒之臣。』周公治魯，親親而尊尊，孔子曰：『後世寖微矣！』齊自太公初封，已自做得不大段好。至後威公、管仲出來，❶乃大變亂拆壞一番。魯雖是衰弱不振，元舊底却不大段改换。欲變齊，則須先整理了已壞底了，方始如魯，方可以整頓起來，這便隔了一重。變魯，只是扶衰振弱而已。若論魯，如《左傳》所載，有許多不好事，只是恰不曾被人拆壞。恰似一間屋，魯只如舊弊之屋，其規模只在；齊則已經拆壞了。這非獨是聖人要如此損益，亦是道理合當如此。」賀孫。

齊經小白，法度盡壞。今須一變，方可至魯；又一變，方可至道。魯却不曾變壞，但典章廢墜而已。若得人以脩舉之，則可以如王道盛時也。謨。

❶「威」，當爲「桓」，係避宋欽宗趙桓諱。下同。

「齊一變，至於魯」，是他功利俗深。管仲稱伯，齊法壞盡，功利自此盛。然太公治齊尚功時，便有些小氣象，尚未見得，只被管仲大段壞了。又云：管仲非不尊周攘夷，如何不是王道？只是功利駁雜其心耳。明作。

語及「齊一變，至於魯」，因云：齊生得威公、管仲出來，它要「九合諸侯，一正天下」，❶其勢必至變太公之法。不變，便做不得這事。若聖人變時，自有道理。大抵聖賢變時，只是興其滯、補其弊而已。如租庸調變爲彍騎長征之兵，皆是變得不好了。今日變時，先變熙豐之政，以復祖宗忠厚之意，次變而復於三代也。桓。

問：伊川謂：「齊自桓公之霸，太公遺法變易盡矣。魯猶存周公之法制。」看來魯自威公以來，閨門無度，三君見弒，三家分裂公室，昭公至於客死，以至不視朔、不朝聘，與夫稅畝、丘甲、用田賦，變亂如此，豈得是周公法制猶存乎？曰：齊、魯初來氣象，已自不同。看太公自是與周公別，到桓公、管仲出來，又不能遵守齊之初政，却全然變易了，一向盡在功利上。魯却只是放倒了，畢竟先世之遺意尚存。如哀公用田賦，猶使人來問孔子。他若以田賦爲是，更何暇問。惟其知得前人底是，所以來問。若桓公、管仲却無這意思，自道他底是了，一向做去不顧。寓。○《集注》。

問：《注》謂「施爲緩急之序」，如何？曰：齊自伯政行，其病多。魯則其事廢墜不舉耳。齊則先須理會他許多病敗了，方可及魯。魯則修廢舉墜而已，便可復周公

❶「正」，萬曆本作「匡」。此疑避宋太祖趙匡胤諱。

之道。問：孔子治齊，則當於何處下手？曰：莫須先從風俗上理會去。然今相去遠，亦不可細考。但先儒多不信《史記》所載太公、伯禽報政事。然細考來，亦恐略有此意，但傳者過耳。廣。

問《集注》云云。曰：不獨齊有緩急之序，魯亦有緩急之序。如齊功利之習所當變，便是急處。魯紀綱所當振，便是急處。或問：功利之習，爲是經威公、管仲所以如此否？曰：太公合下便有這意思，如「舉賢而尚功」，可見。恪。

問：「施爲緩急之序」如何？曰：齊變只至於魯，魯變便可至道。問：如此則是齊變爲緩，而魯變爲急否？曰：亦不必恁分。如變齊，則至魯在所急，而至道在所緩。至魯，則成箇樸子，方就上出光采。淳。

讀「齊、魯之變」一章。曰：各有緩急。如齊功利之習，若不速革，而便欲行王化；魯之不振，若不與之整頓，而却理會甚功利之習，❶便是失其緩急之序。如貢禹諫元帝令節儉，元帝自有這箇，何待爾說！此便是不先其所急者也。時舉。

問：伊川曰：「夫子之時，齊强魯弱云云。」吕氏曰：「齊政雖脩，未能用禮。魯秉周禮，故至於道。」第二十三章凡八說，伊川三說。今從伊川、吕氏之說。伊川第二說曰：「此只說風俗。」以「至於道」觀之，則不專指風俗，乃論當時政治，風俗固在其中，然又別一節事。又第三說曰：「言魯國雖衰，而君臣、父子之大倫猶在。」以魯觀之，其大倫之不正久矣。然《禮記·明堂位》以魯爲君臣未嘗相弑，而注家譏其近誣，則此說亦恐

❶「甚」，萬曆本作「其」。

未穩。橫渠、謝、游、楊、尹大抵同伊川，故不録。范氏曰：「齊一變可使如魯之治時。」其意謂齊、魯相若，故以謂治時。齊之氣象乃伯政，魯近王道，不可疑其相若，看魯秉周禮可見。曰：所疑范氏說，亦無病。榦。

觚不觚章

古人之器多有觚。如酒器，便如今花瓶中間有八角者。木簡是界方而六面，即漢所謂「操觚之士」者也。今淮上無紙，亦用木寫字，教小兒讀，❶但却圓了，所謂「觚不觚」。古人所以恁地方時，緣是頓得穩。義剛。

第二十四章凡六說，伊川兩說。今從尹氏之說。尹氏乃合伊川二說而爲一說。范、呂、楊氏說亦正。伊川、范氏謂不合法制，呂氏、楊氏謂失其名，其實一也。失其制，則失其名可知矣。謝氏是推說學者事。榦。○無答語。

井有仁焉章

問：「可欺」是繼「可逝」而言，「不可罔」是繼「不可陷」而言否？曰：也是如此。但「可逝不可陷」，是就這一事說；「可欺不可罔」，是總說。不特此事如此，他事皆然。義剛。

叔器曰：宰我只知有箇公共底道理，却不知有義。曰：不惟不曉義，也不曉那智了。若似他說，却只是箇獃人。因云：宰我見聖人之行，聞聖人之言，却尚有這般疑，是怎生地？緣自前無人說這箇物事，

❶「教」，原作「數」，今據萬曆本改。

到夫子方説出來，所以時下都討頭不着。似而今學者時，便無這般疑了。叔器又云：聖人只説下學，不説上達，所以學者不曉。曰：這也無難曉處。這未是説到那性命之微處，只是宰我鈍。如子貢便是箇曉了通達底，所以説從那高遠處去。義剛。

問：伊川曰：「宰我問，仁者好仁，不避難，雖告之以赴井爲仁，亦從之乎？夫子謂不然。君子可使之有往，不可陷於不知；可欺以其方，不可罔以非其道。」呂氏曰：「『井有仁焉』，猶言自投陷穽以施仁術也。己已自陷，仁術何施！當是時也，君子可往以思救，不能自陷以求救；可欺之以可救，不可罔之使必救。」第二十五章凡七説。明道兩説。明道曰：「知井有仁者，當下而從之否？」此説恐未當。君子雖不逆詐，而事之是非曉然者未嘗不先見也。豈有仁者而在井乎？雖有之，君子不往也。范氏亦曰：「井有仁，則將入井而從之。」蓋此意也。「其從之也」，只合作「從或者」之言，不宜作「從井中之仁」也。謝氏謂宰我疑仁者之用心。觀宰我之言，亦足以見其好仁之切，不宜深責之也。楊氏謂宰我疑君子之不逆詐，故問。觀宰我之意，好仁之切，以謂仁者好仁，雖患難不避，故問。非謂疑其不逆詐也。尹氏用伊川説，故不録。范氏解「逝」字極未安，與下句「可欺也」不類。謂君子見不善可逝而去。曰：所論得之。但此章文義，諸先生説不甚明，更詳考之爲佳。榦。

君子博學於文章

「博學於文」，考究時自是頭項多。到

得行時，却只是一句，所以爲約。若博學而不約之以禮，安知不畔於道？徒知要約而不博學，則所謂約者，未知是與不是，亦或不能不畔於道也。僩。

博文約禮，就這上進去，只管是長進。蓋根脚已是了，所以不畔道。燾。

行夫問「博文約禮」。曰：博文條目多，事事着去理會。禮却只是一箇道理，如視也是這箇禮，聽也是這箇禮，言也是這箇禮，動也是這箇禮。若博文而不約之以禮，便是無歸宿處。如讀《書》、讀《詩》、學《易》、學《春秋》，各自有一箇頭緒。若只去許多條目上做工夫，自家身己都無歸着，便是離畔於道也。恪。

問「博學於文，約之以禮」。曰：禮是歸宿處。凡講論問辯，亦只是要得箇正當道理而有所歸宿爾。銖。

國秀問「博文約禮」。曰：如講明義理，禮、樂、射、御、書、數之類，一一着去理會。學須博，求盡這箇道理。若是約，則不用得許多説話，只守這一箇禮。日用之間，禮者便是，非禮者便不是。恪。

「博文約禮」，聖門之要法。博文所以驗諸事，約禮所以體諸身。如此用工，則博者可以擇中而居之不偏；約者可以應物而動皆有則。如此，則内外交相助，而博不至於泛濫無歸，約不至於流遁失中矣。大雅。

「君子博學於文，約之以禮。」聖人教人，只是説箇大綱。顏子是就此上做得深，此處知説得淺。夔孫。

問：「博學於文」，「文」謂《詩》、《書》、六藝之文否？曰：《詩》、《書》、六藝，固文之顯然者。如眼前理會道理，及於所爲所行處審別是否，皆是。必大。

只是「博文約禮」四字。博文是多聞、多見、多讀。及收拾將來，全無一事，和「敬」字也没安頓處。夔孫。

博學，亦非謂欲求異聞雜學方謂之博。博之與約，初學且只須作兩途理會。❶一面博學，又自一面持敬守約，莫令兩下相靠。作兩路進前用工，塞斷中間，莫令相通。將來成時，便自會有通處。若如此兩下用工，成甚次第！大雅。

博文上欠工夫，只管去約禮上求，易得生煩。升卿。

孔子之教人，亦「博學於文」，如何便約得？畓。

或問「君子博學於文，約之以禮」。曰：此是古之學者常事，孔子教顏子亦只是如此。且如「行夏之時」以下，臨時如何做得，須是平時曾理會來。若「非禮勿視」等處，方是「約之以禮」。及他成功，又自別有説處。大雅。

博文工夫雖頭項多，然於其中尋將去，自然有箇約處。聖人教人有序，未有不先於博者。孔門三千，顏子固不須説，只曾子、子貢得聞一貫之誨。謂其餘人不善學固可罪，然夫子亦不叫來罵一頓，教便省悟，則夫子於門人，告之亦不忠矣！是夫子亦不善教人，致使宰我、冉求之徒後來狼狽也！要之，無此理。只得且待他事事理會得了，方可就上面欠闕處告語之。如子貢亦不是許多時只教他多學，使它枉做工夫，直到後來方傳以此秘妙。正是待它多學之功到了，可以言此耳。必大。

或問：「博之以文，約之以禮，亦可以

❶「且」，原作「目」，今據萬曆本改。

弗畔」，與顏子所謂「博我以文，約我以禮」，如何？曰：此只是一箇道理，但功夫有淺深耳。若自此做功夫，到深處，則亦顏子矣。燾。

問：「博學於文，約之以禮」，與「博我以文，約我以禮」，固有淺深不同。如孟子「博學而詳説之，將以反説約也」，似又一義，如何？曰：《論語》中「博約」字，是「踐履」兩字對説。《孟子》中「博約」字，皆主見而言。且如學須要博，既博學，又詳説之，所以如此者，將以反説約也。是如此後，自然却説得約。謂如博學詳説，方有貫通處，下句當看「將以」字。若「博學於文，約之以禮」與「博我以文，約我以禮」，聖人之言本無甚輕重，但人所造自有淺深。若只是「博學於文」，能「約之以禮」，則可以弗畔於道。雖是淺底，及至顏子做到「欲罷不能」工夫，亦只是這箇「博文約禮」。如梓匠輪輿，但能斲削者，只是這斧斤規矩；及至削鐻之神，斲輪之妙者，亦只是此斧斤規矩。畓。

問：博文不約禮，必至於汗漫，如何？曰：博文而不約禮，只是徒看得許多，徒記得許多，無歸宿處。節。○以下《集注》、《集義》。

問：明道言：「『博學於文』，而不『約之以禮』，必至於汗漫。所謂『約之以禮』者，能守禮而由於規矩也，未及知之也。」既能守禮而由規矩，謂之未及於知，何也？曰：某亦不愛如此説。程子説「博我以文，約我以禮」爲已知，不須將知説，亦可。顏子亦只是這箇「博文約禮」。但此説較粗，顏子所説又向上，然都從這工夫做來。學者只此兩端，既能博文，又會約禮。問：約禮，只是約其所博者否？曰：亦不須如此説。有所未知，便廣其知，須是博學。學既博，又須當約禮。到約禮，更有何事？所守在此理耳。寓。

或問「博學於文，約之以禮，亦可以弗畔」。曰：博學是致知，約禮則非徒知而已，乃是踐履之實。明道謂此一章與顏子說博文約禮處不同，謂顏子約禮是知要，恐此處偶見得未是。約禮蓋非但知要而已也。此兩處自不必分別。時舉。

問：伊川言：「『博學於文，約之以禮』，此言善人君子『多識前言往行』，而能不犯非禮者爾，非顏子所以學於孔子之謂也。」恐博文約禮只是一般，未必有深淺。曰：某曉他說不得，恐記録者之誤。正叔曰：此處須有淺深。曰：畢竟博只是這博，約只是這約，文只是這文，禮只是這禮，安得不同！文蔚。

問：橫渠謂：「『博學於文』，只要得『習坎心亨』。」何也？曰：難處見得事理透，便處斷無疑，行之又果決，便是「習坎心亨」。凡事皆如此。且以看文字一節論之，見這說好，見那說又好；如此說有礙，如彼說又有礙，便是險阻處。到這裏須討一路去方透，便是「習坎心亨」。淳。

「博學於文」，❶又要得「習坎心亨」。如應事接物之類皆是文，但以事理切磨講究，自是心亨。且如讀書，每思索不通處，則翻來覆去，倒橫直竪，處處窒塞，然其間須有一路可通。只此便是許多艱難險阻，習之可以求通，通處便是亨也。謨。

「博學於文」，只是要「習坎心亨」。不特有文義。且如學這一件物事，未學時，心裏不曉；既學得了，心下便通曉得這一事。

❶「文」，原作「亦」，今據萬曆本改。

若這一事曉不得，於這一事上心便黑暗。僩。

問：橫渠曰：「博文約禮，由至著入至簡，故可使不得畔而去。」尹氏曰：「『博學於文，約之以禮』，亦可以弗畔違於道。」第二十六章凡八説，伊川三説。今從橫渠、尹氏之説。明道曰：「『博學於文』，而不『約之以禮』，必至於汗漫。」范氏亦曰：「『博學於文』，而不『約之以禮』，猶農夫之無疆場也，其不入於異端邪説者鮮矣。」楊氏亦曰：「『博學於文』，而『不知所以裁之』，則或畔矣。」此三説，皆推不約禮之失。謝氏曰：「不由博而徑欲趨約者，恐不免於邪遁也。」此則不博文之失。二者皆不可無，偏舉則不可。明道又曰：「所謂『約之以禮』者，能守禮而由於規矩也。」伊川第一説曰：「博學而守禮。」第二説曰：「此言善人君子『多識前言往行』，而能不犯非禮。」「約」字恐不宜作「守」字訓，若作「守禮」，則與博學成二事。非博文則無以爲約禮，不約禮則博文爲無用。約禮云者，但前之博而今約之，使就於禮耳。伊川之説，文自文，禮自禮，更無一貫説。看「博約」字與「之以」字有一貫意。伊川又説：「顏子博約，與此不同。」亦似太過。博文約禮，本無不同。始乎由是以入德，斯可以不畔；終乎由是以成德，欲罷而不能。顏子與此不同處，只在「弗畔」與「欲罷不能」上，博約本無異。伊川以顏子之約爲知要，以此章之「約」作約束之「約」，恐未安。此「約」字亦合作知要。伊川第三説與第一、第二説同，但説大略耳。伊曰：此説大概多得之。但此「約」字與顏子所言「約」字，皆合只作約束之意耳。又看顏子「博我以文，約我以禮」，既連着兩「我」

字，而此章「之」字亦但指其人而言，非指所學之文而言也。榦。

子見南子章

諸先生皆以「矢」爲「陳」，「否」爲否塞之「否」，如此亦有甚意思？孔子見南子，且當從古注說：「矢，誓也。」或問：若作「誓」說，何師生之間不相信如此？曰：只爲下三句有似古人誓言，如左氏言「所不與舅氏」之說，故有誓之氣象。謨。

或問此章。曰：且依《集注》說。蓋子路性直，見子去見南子，心中以爲不當見，便不說。夫子似乎發呪模樣。夫子大故激得來躁，然夫子却不當如此。古書如此等曉不得處甚多。古注亦云可疑。祖道曰：横渠說，以爲「予所否厄者，是天厭棄之」。此說如何？曰：大抵後來人講經，只爲要道聖人必不如此，須要委曲遷就，做一箇出路，却不必如此。横渠論看《詩》，教人平心易氣求之，到他說《詩》，又却不然。祖道。

問：夫子欲見南子，而子路不說，何發於言辭之間如此之驟？曰：這般所在難說。如聖人須要見南子是如何，想當時亦無必皆見之理。如「衛靈公問陳」，也且可以款款與他說，又却明日便行。齊景公欲「以季孟之間待之」，也且從容不妨，明日又便行。季桓子受女樂，也且可以教他不得受，明日又便行。看聖人這般所在，其去甚果。不知於南子須欲見之，到子路不說，又費許多說話，又如此指誓。只怕當時如這般去就，自是時宜。聖人既以爲可見，恐是道理必有合如此。「可與立，未可與權」。吾人見未到聖人心下，這般所在都難說。

或問：伊川以「矢」字訓「陳」，如何？曰：怕不是如此。若説「陳」，須是煞鋪陳教分明，今却只恁地直指數句而已。程先生謂「予所以否而不見用，乃天厭斯道」，亦恐不如此。賀孫。

問「子見南子」。曰：此是聖人出格事，而今莫要理會它。向有人問尹彦明：「今有南子，子亦見之乎？」曰：「不敢見。」曰：「聖人何爲見之？」曰：「能磨不磷、涅不緇，則見之不妨。」夔孫。

仕於其國，有見其小君之禮。當夫子時，想是無人行，所以子路疑之。若有人行時，子路也不疑了。孟子説「仲尼不爲已甚」，這樣處便見。義剛。○夔孫録云：孟子説「仲尼不爲已甚」，説得好。○《集注》。

問：「予所否者，天厭之！」謂不合於禮，不由於道，則天實厭棄之。曰：何以謂不合於禮，不由於道？曰：其見惡人，聖人固謂在我者有可見之禮，而彼之不善，於我何與焉。惟聖人道大德全，方可爲此。曰：今人出去仕宦，遇一惡人，亦須下門狀見之。它自爲惡，何與我事？此則人皆能之，何必孔子。子善云：此處當看聖人心。聖人之見南子，非爲利禄計，特以禮不可不見。聖人本無私意。曰：如此看，也好。南升。○植録云：先生難云：「子見南子」，既所謂合於禮，由其道，夫人皆能，何獨夫子爲然？❶子善答云：「子見南子」，無一豪冀望之心。他人則有此心矣。曰：看得好。

第二十七章凡七説，伊川六説，楊氏二説。今從謝氏之説。伊川第一説曰：「子路以夫子之被强也，故不説。」第二説曰：「子路不説，以孔子本欲見衛君行道，反以非禮見

❶「獨」，萬曆本作「止」。

迫。」竊謂夫人有見賓之禮，孔子之見南子，禮也。子路非不知也。子路之不說，非以其不當見，特以其不足見耳。使其不當見，夫子豈得而迫哉？被强見迫，恐未穩。伊川第三説曰：「孔子之見南子，禮也。子路不説，故夫子矢之。」第四説、第六説同。竊謂南子，妾也，無道也，衛君以爲夫人。孔子不得不見，其辱多矣！子路以其辱也，故不説。夫子矢之曰：「使予之否塞至此者，天厭之也！」使天不與否，則衛君將致敬盡禮，豈敢使夫子以見夫人之禮而見其無道之妾哉！則子路不説之意，蓋以其辱夫子，非以其禮不當見也。使子路以南子之不當見，則更須再問，何至坐視夫子之非禮！雖不説，何益？而夫子告之，亦須別有説，豈有彼以非禮問，而此獨以天厭告？則夫子受非禮之名而不辭，似不可也。蓋子路知其禮所當見，特以其辱夫子也，故不説。謝氏以爲「浼夫子」之説極正。伊川第四説設或人之問曰：「子路不説，孔子何以不告之曰『是禮也』，而必曰『天厭之』乎？」曰：「使孔子而得志，則斯人何所容也！」楊氏兩説亦然，恐非聖人意。聖人但傷道之否在於衛君不能致敬盡禮，未必有欲正之之意，恐成別添説。伊川第五説穩，但説大略。横渠亦只説大略。范氏以「矢」爲「誓」，非聖人氣象。吕氏大意亦通，但以爲「使我不得見賢小君，天厭乎道也」，此亦非聖人意。合只作「使我見無道之小君，天厭乎吾道也」，却穩。尹氏同伊川，故不辨。曰：以文義求之，當如范氏之説。但諸公避呪誓之稱，故以「矢」訓「陳」耳。若猶未安，且闕以俟他日。榦。

中庸之爲德章

問「中庸之爲德其至矣乎」。曰：「中庸」之「中」，是指那無過、不及底説。如《中庸》曰：「君子之中庸也，君子而時中。」「時中」便是那無過、不及之「中」。本章之意是如此。又問：「中者，天下之正道；庸者，天下之定理」，恐「道」是總括之名，「理」是道裏面又有許多條目。如天道又有日月星辰、陰陽寒暑之條理，人道又有仁義禮智、君臣父子之條理。曰：這二句緊要在「正」字與「定」字上。蓋「庸」是箇常然之理，萬古萬世不可變易底。「中」只是箇恰好道理，爲見不得，是亘古今不可變易底，故更着箇「庸」字。燾。

「中庸之爲德」，此處無過、不及之意多。「庸」是依本分，不爲怪異之事。堯、舜、孔子只是「庸」。夷、齊所爲，都不是「庸」了。夔孫。

問「中庸之爲德其至矣乎」章。曰：只是不知理，隨他偏長處做將去。謹愿者則小廉曲謹；放縱者則跌蕩不羈。所以《中庸》説「道之難明」，又説「人莫不飲食，鮮能知味」，只爲是不知。植。

問：此章，尹氏曰：「中庸，天下之正理，德合乎中庸，可謂至矣。人知擇乎中庸，而不能期月守也，故曰『民鮮久矣』！」右第二十八章，凡七説，伊川兩説，楊氏三説。今從尹氏之説。伊川第一説説「久」字不出。第二説雖盡，而非本章意。尹氏合而解之。范氏説「久」字不出。吕氏説寬。謝氏曰：「中不可過，是以謂之至德。」楊氏第三説亦曰：「出乎中則過，未至則不及，故惟中爲至。」第一、第二説同。謝氏、楊氏之説皆以「至」字對「過」、「不及」説。謂無過、不及，則爲至也。「過」、「不及」只對「中庸」説，不可對「至」字説。「至」字只輕説，如曰「其大矣乎」，不宜説太深。楊氏第二、第三説推説高明、中庸處，亦不能無疑。侯氏説大略。曰：當以伊川解爲正：「中庸，天下之正理也。德合乎中庸，可謂至矣。自世教衰，民不興於行，鮮有中庸之德也。」「自世教衰」，此四字正是説「久」字。意謝、楊皆以「過」、「不及」對「中」字，而以「中」爲至耳，恐非如來説所疑也。所破楊氏「高明」、「中庸」，亦非是，當更思之。榦。

子貢曰如有博施於民章

子貢問仁，是就功用籠罩説，孔子是就心上答。可學。

「博施」、「濟衆」，便喚做仁，未得。仁自是心。端蒙。

「何事於仁」，猶言何待於仁。「必也聖乎」連下句讀。謙之録云：便見得意思出。雖堯、舜之聖，猶病其難遍。德明。

「何事於仁」，猶言那裏更做那仁了。❶僩。

問：「何事於仁」，先生以爲恰似今日説「何消得恁地」一般？曰：「博施」、「濟衆」，何消得更説仁。節。

問：「何事於仁」作「何止於仁」，是如何？曰：只得作「何止於仁」。今人文字如此使者甚多。何事，亦如何爲之意。被子貢説得「博施」、「濟衆」高似於仁了，故孔

❶「了」，原作「子」，今據朝鮮本改。

子言：「何爲於仁，必也聖人乎！堯、舜其猶病諸！」是子貢問得不親切。若如子貢之説，則天下之爲仁者少矣。一介之士，無復有爲仁之理。「夫仁者，己欲立而立人，己欲達而達人」。己才欲立，便也立人；己才欲達，便也達人。立是存立處，達則發用處。於此純是天理，更無些子私意，便是仁之體。若「能近取譬」，則私欲日消，天理日見，此爲仁之方也。南升。

「何事於仁」，只作豈但於仁。㽦謂：「必也聖乎」，聖如堯、舜，其尚有不足於此。曰：薛士龍《論語》解此亦是如此，只是渠遣得辭澀。蓋仁以道理言，聖以地位言，自是不同。如「博施」、「濟衆」爲仁，而利物愛人小小者亦謂之仁。仁是直看，直上直下只一箇道理。「聖」字便横看，有衆人，有賢人，有聖人，便有節次，只豈但於仁？蓋「博施」、「濟衆」，雖聖如堯、舜，猶以爲病耳。㽦。

問：子貢問「博施」、「濟衆」，恐仁之極處與聖之功用本不可分大小。今言「何止於仁」，則仁、聖若有小大之分？曰：此處不恁地讀「必也聖乎」，語意未是殺處，當急連下文讀去。仁以理言，聖以事業言。子貢所問「博施」、「濟衆」，必有聖人之德，有天子之位，而後可以當此，堯、舜恁地尚以爲病。仁本切己事，大小都用得。他問得空浪廣不切己了，却成疏闊。似此看「仁」字，如何用得？如何下得工夫？中間着得一句，❶常人固是做不得，雖聖人尚以此爲病。此須活看。寓。

周兄問「何事於仁，必也聖乎」。曰：

❶「着」，萬曆本作「看」。

「必也聖乎」是屬下文。仁通乎上下。聖是行仁極致之地。言「博施」、「濟衆」之事，何止於仁！必是行仁極致之人，亦有不能盡，如堯、舜之病諸是也。「必也聖乎」，蓋以起下。銖。

問「必也聖乎，堯、舜其猶病諸」。曰：此兩句當連看。蓋云，便是聖人，也有做不得處。且如堯、舜，雖曰「比屋可封」，然在朝亦有四凶之惡。又如孔子設教，從游者甚衆，孔子豈不欲人人至於聖賢之極？然而人人亦各自皆有病痛。燾。

亞夫問此章。曰：「博施」、「濟衆」，是無盡底地頭，堯、舜也做不了。蓋仁者之心雖無窮，而仁者之事則有限，自是無可了之理。若要就事上說，便儘無下手處。時舉。

敬之問：欲立，立人；欲達，達人。苟有此心，便有「博施」、「濟衆」底功用。曰：「博施」、「濟衆」，是無了期底事，故曰：「堯舜其猶病諸！」然若得果無私意，已有此心，仁則自心中流出來，隨其所施之大小自可見矣。時舉。

衆朋友說「博施」、「濟衆」章。先生曰：「仁以理言」，是箇徹頭徹尾物事，如一元之氣。「聖以地言」，也不是離了仁而爲聖，聖只是行仁到那極處。仁便是這理，聖便是充這理到極處，不是仁上面更有箇聖。而今有三等：有聖人，有賢人，有衆人。仁是通上下而言，有聖人之仁，有賢人之仁，有衆人之仁，所以言「通乎上下」。「仁」字直，「聖」字横，「博施」、「濟衆」是做到極處，功用如此。義剛言：此章也是三節：前面說仁之功用，中間說仁之體，後面說仁之方。曰：是如此。「己欲立而立人，己欲達而達人」，仁者之存心常如此，便未「博施」、

「濟衆」時，這物事也自在裏面。叔器問：此兩句也是帶下面説否？曰：此是兩截。如黄毅然適間説是三節，極是。「夫仁者」，分明是唤起説。「己欲立而立人，己欲達而達人」，是仁者能如此。若是「能近取譬」，則可以爲「仁之方」。子貢也是意思高遠，見得恁地，却不知剗地尋不着。義剛。

仁就心上説，如一事仁也是仁，如一理仁也是仁，無一事不仁也是仁。聖是就地位上説。聖却是積累得到這田地，索性聖了。佐。

子貢問「博施」、「濟衆」章，先生以「何事於仁」爲一節，以「必也聖乎，堯舜其猶病諸」爲一節。其説以謂：「博施」、「濟衆」，此固是仁，然不是人人皆能做底事。若必以聖人爲能之，則堯、舜亦嘗以此爲病。此非是言堯、舜不能盡仁道，蓋勢有所不能爾。人之所能者，下二節事是也：己欲立，便立人；己欲達，便達人。此仁者之事也。「能近取譬」，此爲「仁之方」也。今人便以「己欲立」、「己欲達」爲「能近取譬」，則誤矣。蓋「己欲立而立人，己欲達而達人」，此不待施諸己而後加諸人也。「能近取譬」，却是施諸己之意。故上二句直指仁者而言，而下一句則止以爲「仁之方」。謨。

「博施」、「濟衆」，這箇是盡人之道，極仁之功，非聖人不能。然聖人亦有所不足在。仁固能「博施」、「濟衆」，然必得時得位，方做得這事。然堯、舜雖得時得位，亦有所不足。己欲立，便立人；己欲達，便達人。此仁者之心自然如此，不待安排，不待勉强。「能近取譬」，則以己之欲立，譬人之欲立；以己之欲達，譬人之欲達，然後推己所欲以及於人，使皆得其立，皆得其達，這便是爲仁之術。立是立得住，❶達是行得去。此是三節，須逐節詳味，看教分明。

林問：「己欲立而立人」，與「己所不欲，勿施於人」，地位如何？曰：且看道理，理會地位作甚麽！他高者自高，低者自低，何須去比並！問「博施」、「濟衆」。曰：此是仁者事。若把此爲仁，則只是「中天下而立」者方能如此，便都無人做得仁了。所以言「己欲立而立人」，使人人皆可盡得道理。「必也聖乎」，當連下句説，意在「猶病」上。蓋此何但是仁，除是聖人方做得。然堯、舜猶病，尚自做不徹。寓。

「夫仁者，己欲立而立人，己欲達而達人」，分明喚起「仁者」字，自是仁者之事。若下面「能近取譬」，方是由此而推將去，故曰「仁之方」。「何事於仁，必也聖乎」，不是聖大似仁。仁只是一條正路，聖是行到盡處。「欲立」、「欲達」，是仁者之心如此；「能近取譬」，是學做仁底如此，深淺不同。仁通上下，但克去己私，復得天理，便是仁，何必「博施」而後爲仁。若必待如此，則有終身不得仁者矣！孔、顏不得位，不成做不得？山林之士，更無緣得仁也。「欲立」、「欲達」，即絜矩之義。子貢凡三問仁，聖人三告之以推己度物。想得子貢高明，於推己處有所未盡。仁者欲立，自然立人；欲達，自然達人。如「無加諸人」，更不待譬。下截方言求仁之方，蓋近取諸身以爲譬。明作。

問：「己欲立而立人，己欲達而達人」，「立」、「達」二字，以事推之如何？曰：二者皆兼内外而言。且如脩德，欲德有所成

❶ 下「立」字，原作「主」，今據朝鮮本、萬曆本改。

立；做一件事，亦欲成立。如讀書，要理會得透徹；做事，亦要做得行。又曰：「立」是安存底意思，「達」是發用底意思。植。

「仁者，己欲立而立人，己欲達而達人」，與「我不欲人之加諸我，吾亦欲無加諸人」意思一般，學者須是强恕而行。燾。

「己欲立而立人，己欲達而達人」，是以己及人，仁之體也。「能近取譬」，是推己及人，「仁之方」也。德明。

致道說：「仁者，己欲立而立人，己欲達而達人。」己纔要立，便立別人；己纔要達，便達別人，這更無甚着力。下云「能近取譬，可謂仁之方」，這又是一意，煞着比方安排，與仁者異。「己欲立而立人，己欲達而達人」，與「我不欲人加諸我，吾亦欲無加諸人」一般，都是以己及物事。「能近取譬，可謂仁之方」，與「己所不欲，勿施於人」一般，都是推己及物事。曰：然。賀孫。

凡己之欲，即以及人，不待譬彼而後推之者，仁也。以我之不欲譬之，而知其亦不欲者，恕也。端蒙。

問：只仁之方，亦可謂之仁否？曰：看得透時，便是仁。若循循做去，到得至處，回頭看前日所爲，亦喚做仁。人傑。

或問：「博施」、「濟衆」一章，言子貢馳騖高遠，不從低處做起，故孔子教之從恕上求仁之方。曰：理亦是如此，但語意有病。且試說子貢何故揀這箇來問？或云：恐是子貢見孔子說仁多端，又不曾許一箇人是仁，故揀箇大底來說否？曰：然。然而夫子答子貢曰：「己欲立而立人，己欲達而達人。」至於答顏子，則曰：「克己復禮爲仁。」分明一箇「仁」，說兩般。諸公試說這兩般說是如何？或曰：恐「克己復禮」占得地位廣否？曰：固是包得盡，須知與那箇分別，方得。或曰：一爲心之德，一爲愛之理。曰：是如此。但只是一箇物事，有時説這一面，又有時説那一面。人但要認得是一箇物事。枅録云：孔子説仁，亦多有不同處。向顔子説，則以克己爲仁。此處又以立人、達人爲仁。一自己上説，一自人上説。須於這裏看得一般，方可。如「己欲立而立人，己欲達而達人」，便有那「克己復禮」底意思；「克己復禮」，便包那「己欲立而立人，己欲達而達人」底意思。只要人自分別而已。然此亦是因子貢所問而説。又問「立」字、「達」字之義。曰：此是兼粗細説。「立」是自家有可立，「達」是推將去。聖人所謂「立之斯立，動之斯來，綏之斯和」，亦是這箇意也。凡事不出立與達而已。謂如在此住得穩，便是立；如行便要到，便是達。如身要成立，亦是立；學要通達，亦是達。事事皆然。又問：「博施」、「濟衆」如何分別？曰：「博施」，是施之多，施之厚；「濟衆」，是及之廣。燾。

問「仁以理言，通乎上下」。曰：一事之仁也是仁，全體之仁也是仁，仁及一家也是仁，仁及一國也是仁，仁及天下也是仁。只是仁及一家者是仁之小者，仁及天下者是仁之大者。如孔子稱管仲之仁，亦是仁，只是仁之功。復問：上是大，下是小？曰：只是高低。又曰：這箇是兼愛而言，如「博施」、「濟衆」，及後面説手足貫通處。復問「貫通」處。曰：才被私意截了，仁之理便不行。節。○《集注》。

問「仁通上下而言」。曰：有聖人之仁，有賢人之仁。仁如酒好，聖如酒熟。問：仁是全體，如「日月至焉」乃是偏。曰：當其至時，亦備。問：孟武伯問三子，却説其才，何意？曰：只爲未仁。問：管仲仁之功，如何？曰：匡天下亦仁者之事。如趙韓王一言，至今天下安。謂韓王爲仁則不可，然其所作乃仁者之功。可學。

子上問：仁通上下，如何？曰：仁就處心處說。一事上處心如此，亦是仁。商三仁未必到聖人處，然就這處亦謂之仁。「博施」、「濟衆」，何止於仁！必聖人能之，然堯、舜尚自有限量，做不得。仁者誠是不解做得此處，病在求之太遠。「己欲立而立人，己欲達而達人」，只教他從近處做。淳。

問：仁通上下，如何？曰：聖是地位，仁是德。問：如此，則一事上仁，亦可謂之仁，此之謂「通上下」。其與全體之仁，無乃不相似？曰：此一事純於仁，故可謂之仁。殷有三仁，亦未見其全體。只是於去就之際，純乎天理，故夫子許之。可學。

問：仁通上下而言，聖造其極而言否？曰：仁或是一事仁，或是一處仁。仁者如水，有一杯水，有一溪水，有一江水。聖便是大海水。僩。

「仁者，己欲立而立人」一章，某當初也只做一統看。後來看上面說「夫仁者」，下面說「可謂仁之方」，却相反，方分作兩段說。燾。

或問：「博施」、「濟衆」一段，程子作一統說，先生作二段，如何？曰：某之說，非異於程子，蓋程子之說足以包某之說。程子之說如大屋一般，某之說如在大屋之下分別廳堂房室一般，初無異也。公且道子貢所問，是大小大氣象！聖人却只如此說了。如是爲仁必須「博施」、「濟衆」，便使「中天下而立，定四海之民」，如堯、舜也做不得，何況蓽門圭竇之士！聖人所以提起

「夫仁者，己欲立而立人，己欲達而達人」，正指仁之本體。蓋己欲立，則思處置他人也立；己欲達，則思處置他人也達。放開眼目，推廣心胸，此是甚氣象！如此，安得不謂仁之本體！若「能近取譬」者，以我之欲立，而知人之亦欲立；以己之欲達，而知人之亦欲達。如此，則止謂之「仁之方」而已。此爲仁則同，但「己欲立而立人」、「欲達而達人」，是已到底；能取譬，是未到底。其次第如此。彼子貢所問，是就事上說，却不就心上說。龜山云：「雖『博施』、『濟衆』，也須自此始。」某甚善其說。先生曰：又某所說過底，要諸公有所省發，則不枉了。若只恁地聽過，則無益也。（賜録云：說許多話，曉得底自曉得，不曉得底，是某自說話了。）久之，云：如釋氏說如標月指，月雖不在指上，亦欲隨指見月，須恁地始得。久之，云：二三子以我爲隱乎？吾無隱乎爾。吾無行而不與二三子者，是丘也。又云：天有四時，春秋冬夏，風雨霜露，無非教也。地載神氣，神氣風霆，風霆流形，庶物露生，無非教也。久之，又曰：昔有人問話於一僧，僧指面前花示之曰：「是甚麼？」其人云：「花也。」僧云：「吾無隱乎爾。」此不是他無見處，但見說得來粗了。孔子所謂「吾無隱乎爾」者，居鄉黨，便恂恂；在宗廟、朝廷，便便便，唯謹；與上大夫言，便誾誾；與下大夫言，便侃侃，自有許多實事可見。又曰：程子說：「莊子說道體，儘有妙處，如云『在谷滿谷，在坑滿坑』。不是他無見處，只是說得來作怪。」大抵莊、老見得些影，便將來作弄矜詫。又曰：「黃帝問於廣成子」云云，「吾欲官陰陽以遂群生」。東坡注云云。是則是有此理，如何便到這田地！久之，又云：昔在一山上坐看潮來，凡溪澗小港中水，皆如生蛇走入，無不通透，甚好看。識得時，便是一貫底道理。又曰：「日月有明，容光必照焉。」如日月，雖些小孔竅，無不照見，此好識取。祖道。○賜録云：問：「博施」、「濟衆」，程子全做仁之體，先生却就上面分出箇體、用，❶便有用力處。曰：「某説非彼程子之説，❷程子之説却兼得某説。程説似渾淪一箇屋子，某説如屋下分間架爾。仁之方，不是仁之體，還是什麼物事？今且看子貢之言，與夫子之言如何地。」餘同而略。

林聞一問「博施」、「濟衆」章。曰：「博施」、「濟衆」，無下手處，夫子故與之言仁。「夫仁者，己欲立而立人，己欲達而達人」，是能以己之所欲立者而立他人，以己之所欲達者而達他人，其所爲出於自然，此乃是仁之體。「能近取譬」者，近取諸身，知己之欲立、欲達，則亦當知人之欲立、欲達，是乃求仁之方也。伊川全舉此四句而結之曰：「欲令如是觀仁，可以得仁之體。」亦可以如此説，與某之説初不相礙。譬之於水，江海是水，一勺亦是水。程先生之説譬之一片大屋，某却是就下面分出廳堂房室，其實一也。又云：子貢所問，以事功而言，於本初無干涉，❸故聖人舉此心之全體大用以告之。以己之欲立者立人，以己之欲達者達人，以己及物，無些私意。如堯之「克明俊德，以親九族；九族既睦，平章百姓；百姓昭明，協和萬邦，黎民於變時雍」，以至於「欽若昊天，曆象日月星辰，敬授人時」，道理都擁出來。又曰：如《周禮》一書，周公

❶「出」，萬曆本作「别」。
❷「彼」，萬曆本作「破」。
❸「本」下，萬曆本有「體」字。

所以立下許多條貫，皆是廣大心中流出。某自十五六時，聞人説這道理，知道如此好，但今日方識得。如前日見人説鹽鹹，今日食之，方知是鹹；説糖甜，今日食之，方知是甜。人傑。

問：「己欲立而立人，己欲達而達人」，所謂「以己及人」；「能近取譬」、「近取諸身」、「己所不欲，勿施於人」，所謂「推己及人」，如何？曰：夫子分明説「夫仁者」，則是言仁之道如此；「可謂仁之方也已」，則是言求仁當如此。若以爲衮説，則既曰「夫仁者」矣，不當以「可謂仁之方」結之也。又問：程子説「仁至難言」，至「欲令如是觀仁，可以得仁之體」一段，却是衮説。曰：程子雖不曾分説，然其意亦無害。大抵「己欲立而立人，己欲達而達人」，是自然工夫。至於「能近取譬」，則是着力處，所以不同。人傑。

問：「己欲立而立人，己欲達而達人」，注云：「於此可以得仁之體。」是此處見得人與己相關甚切，便是生意相貫處否？曰：亦是。只無私意，理便流通。然此處也是己對人説，便恁地。若只就自己説，此又使不得，蓋此是仁之發出處。若未發之前，只一念之私，便不是仁。淳。

問：《遺書》中取醫家言仁。又一段云：「醫家以不識痛癢爲不仁。」人以不知覺、不認義理爲不仁，❶又却從知覺上説。曰：覺是覺於理。問：與上蔡説同異？曰：異。上蔡説覺，纔見此心耳。問：南軒云：「上蔡説覺，與佛家不同。」如何？曰：上蔡云：「自此心中流出。」與佛亦不大段

❶「人」，萬曆本作「又」。

異。今説知痛癢、能知覺，皆好。只是説得第二節，説得用。須當看如何識痛癢，血脉從何而出？知覺從何而至？某云：若不究見原本，却是不見理，只説得氣。曰：然。伊川言穀種之性一段，最好。可學。

明道云：「認得爲己，何所不至。」認得箇什麽？夫仁者，己欲立，便立人；己欲達，便達人，此即仁之體也。「能近取譬」，則是推己之恕，故曰「可謂仁之方」。「夫仁者」與「可謂仁之方」正相對説。明道云：「欲令如是觀仁，可以得仁之體。」先生再三舉似曰：這處極好看仁。又曰：「博施」、「濟衆」，固仁之極功，譬如東大洋海同是水。但不必以東大洋海之水方爲水，只瓶中傾出來底，亦便是水。「博施」、「濟衆」固是仁，但那見孺子將入井時有怵惕惻隱之心，亦便是仁。此處最好看。道夫。

林安卿問：「仁者以天地萬物爲一體」，此即人物初生時驗之可見。人物均受天地之氣而生，所以同一體，如人兄弟異形而皆出父母胞胎，所以皆當愛。故推老老之心，則及人之老；推幼幼之心，則及人之幼。惟仁者其心公溥，實見此理，故能以天地萬物爲一體否？曰：不須問他從初時，只今便是一體。若必用從初説起，則煞費思量矣。猶之水然，江河、池沼、溝渠，皆是此水。如以兩椀盛得水來，不必教去尋討這一椀是那裏酌來，那一椀是那裏酌來。既都是水，便是同體，更何待尋問所從來。如昨夜莊仲説人與萬物均受此氣，均得此理，所以皆當愛，便是不如此。「愛」字不在同體上説，自不屬同體事。他那物事自是愛。這箇是説那無所不愛了，方能得同體。若愛，則是自然愛，不是同體了方愛，惟其同體，所以無所不愛。所以愛者，以其有此心也；所以無所不愛者，以其同體也。僩。

問：明道曰「醫書以手足痿痺爲不仁」云云，「可以得仁之體」。又曰：「『能近取譬』，反身之謂也。」又曰：「『博施』、『濟衆』，非聖人不能，何干仁事！故特曰夫仁者立人、達人，『能近取譬，可謂仁之方也已』。使人求之自反，便見得也。雖然，聖人豈不盡仁。然教人不得如此指殺。」或問「堯、舜其猶病諸」。伊川曰：「聖人之心，何時而已？」又曰：「聖乃仁之成德。謂仁爲聖，譬如雕木爲龍。木乃仁也，龍乃聖也，指木爲龍，可乎？故『博施』、『濟衆』乃聖人之事。舉仁而言之，則『能近取譬』是也。」謝氏曰：「『博施』、『濟衆』，亦仁之功用。然仁之名，不於此得也。子貢直以聖爲仁，則非特不識仁，併與聖而不識，故夫子語之曰『必也聖乎』又舉『仁之方』也。『己欲立而立人，己欲達而達人』，亦非仁也，仁之方所而已。知方所，斯可以知仁。猶觀『天地變化，草木蕃』，斯可以知天地之心矣。」第二十九章凡八說，明道五說，伊川十七說。今從明道、伊川。謝氏之說大意與第一說同，故不録。明道第五說與伊川第二、第十三說，皆以恕爲仁之方，大意皆正，但非解本文，故不録。伊川第一說曰：「惟聖人能盡仁道，然仁可通上下而言，故曰：『何事於仁，必也聖乎！』」又第五說曰：「聖則無小大，至於仁，則兼上下小大而言之。」又第八說曰：「孔子見子貢問得來事大，故曰：『何止於仁，必也聖乎！』蓋仁可以通上下言之，聖則其極也。」又第十二說曰：「博施而能濟衆，固仁也，而仁不足以盡之，故曰：『必也聖乎！』」又第十四章曰：「仁在事，不可以爲聖。」此五説，皆以「何事於仁」作「何止於仁」，故以仁爲有小大上下。若既是有小大上下，則以此章爲子貢指其大與上者問之，亦可也，又何以答之曰「何事於仁」乎？若聖人以仁爲未足以盡「博施」、「濟衆」，則下文當别有説。❶今乃論爲「仁之方」，恐上下意不貫。伊川五説，只説得到「其猶病諸」處住，則下文論「仁之方」不相接，不如木、龍之説，却與明道之意合。明道以「何事於仁」只作「何干仁事」，則下文「仁之方」自相貫，又「功用」字分明。伊川第三説、第四説、第五説、第六説、第十五説，皆推説「博施濟衆猶病」，即聖人之心何時而已之意，故不録。伊川第九、第十一説，皆論「仁之方」，與謝氏「方所」之説相類。此章，聖人恐子貢便指作仁看，故但以爲若能由此而求之，乃可以知仁，故曰「仁之方」。伊川第十七説乃統説「仁」字大意，與明道第一説同，故不録。横渠曰：「必聖人之才能弘其道」，恐本文無「能弘其道」之意。范氏曰：「以大爲小。」是以仁爲小，聖爲大也，恐未穩。餘説亦寬。吕氏以「博施」爲仁，「濟衆」爲聖，未當。楊氏之説亦正，但謂「仁者何事於『博施』、『濟衆』」，又恐太過。則明道所謂「教人不得如此指殺」者，但以仁、聖須分説，方見仁之體，非以仁無與於聖也。尹氏與伊川餘説同，故不辨。曰：「何事於仁」，何止於仁也。「必也聖乎，堯、舜其猶病諸」，此兩句相連讀，言雖聖人亦有所不能也。「己欲立而立人，己欲達而達人」，仁也；「能近取譬」，恕也。榦。

○《集義》。

❶「文」，萬曆本作「又」。

問：程子曰：「謂仁爲聖，譬猶雕木爲龍。木乃仁也，龍乃聖也，指木爲龍，可乎？」此喻如何？曰：亦有理。木可雕爲龍，亦可雕而爲狗，此仁所以可通上下而言者也。龍乃物之貴者，猶聖人爲人倫之至也。必大。

朱子語類卷第三十四 計四十板

論語十六

述而篇

述而不作章

徐兄問：「述而不作」，是制作之「作」乎？曰：是。孔子未嘗作一事，如删《詩》、定《書》，皆是因《詩》、《書》而删定。又問：聖人不得時得位，只如此。聖人得時得位時，更有制作否？曰：看聖人告顔子四代禮樂，只是恁地，恐不大段更有制作。亦因四代有此禮樂，而因革之，亦未是作處。又問：如何「作《春秋》」？恐是作否？曰：「其事則齊桓、晉文，其文則史，其義則丘竊取之矣。」看來是寫出《魯史》，中間微有更改爾。某嘗謂《春秋》難看，平生所以不敢説着。如何知得上面那箇是《魯史》舊文，那箇是夫子改底字？若不改時，便只依《魯史》，如何更作《春秋》做甚？先生徐云：「知我者其惟《春秋》乎！罪我者其惟《春秋》乎！」又《公羊》、《穀梁傳》云：「其辭，則丘有罪焉耳。」這是多少擔負！想亦不能不是作，不知是如何。○賀孫録，意同。

飛卿問「信而好古」。曰：既信古，又好古。今人多是信而不好，或好而不信。如好之者，則曰：「他也且恁地説。」信之者雖知是有箇理恁地，畢竟多欠了箇篤好底意思。道夫。

行夫問「述而不作」章。曰：雖説道其功倍於作者，論來不知所謂删者，果是有删否？要之，當時史官收詩時，已各有編次，但到孔子時已經散失，故孔子重新整理一番，未見得删與不删。如云：「吾自衛反魯，然後樂正，《雅》、《頌》各得其所。」云「各得其所」，則是還其舊位。賀孫。○《集注》。

默而識之章

宜久問「默而識之」章。曰：此雖非聖人極致，然豈易能？「默而識之」，若不是必與理契，念念不忘者不能。「學不厭」，如人之爲學有些小間斷時，便是厭。「教不倦」，如以他人之事爲不切於己，便是倦。今學者須是將此三句時時省察，我還能默識否？我學還不厭否？我教還不倦否？如此乃好。時舉。

「默而識之」至「誨人不倦」，是三節。雖非聖人之極致，在學者亦難。如平時講貫，方能記得。或因人提撕，方能存得。若「默而識之」，乃不言而存諸心，非心與理契，安能如此！「學不厭」，在學者久亦易厭。視人與己若無干涉，誨之安能不倦？此三者亦須是心無間斷方能如此。植。

問「默而識之」。曰：是得之於心，自不能忘了，非是聽得人説後記得。節。

問「默而識之」。曰：如顔子「得一善則拳拳服膺而弗失」，猶是執捉在。這箇却是「聞一善言，見一善行」，便如己有而弗失矣。燾。

「默而識之」者，默不言也，不言而此物常在也。今人但説着時在，不説時不在。

「非禮勿視」，要和根株取，不是只禁你不看，聽、言、動皆然。祖道。

鄭問「何有於我哉」。曰：此語難説。聖人是自謙，言我不曾有此數者。聖人常有慊然不足之意。衆人雖見他是仁之至熟，義之至精，它只管自見得有欠闕處。賀孫。

讀「默而識之」章，曰：此必因人稱聖人有此，聖人以謙辭答之。後來記者却失上面一節，只做聖人自話記了。「默而識之」，便是得之於心；「學不厭」，便是更加講貫；「誨不倦」，便是施於人也。時舉。

問：「何有於我哉」，恐是聖人自省之辭。蓋聖人以盛德之至，猶恐其無諸己而自省如此，亦謙己以勉人之意。曰：此等處須有上一截話。恐是或有人説夫子如何，故夫子因有此言。如達巷黨人所言如此，故夫子曰：「吾何執？執御乎？執射乎？吾執御矣。」今此章却只是記録夫子之語耳。如曰：「二三子以我爲隱乎？吾無隱乎爾。」亦必因門人疑謂有不盡與他説者，故夫子因有是言也。必大。

德之不脩章

或問此章。曰：須實見得是如何。德是甚麽物事？如何唤做脩？如何唤做不脩？人而無欲害人之心，這是德，得之於吾心也。然害人之心，或有時而萌者，是不能脩者也。德者，道理得於吾心之謂；脩者，好好修治之之謂，❶更須自體之。須把這許多説話做自家身上説，不是爲別人説。

❶ 上「好」字，萬曆本作「言」。

問：「徙義」與「改不善」兩句，意似合掌。曰：聖人做兩項説在。試剖析令分明：徙義，是做這件事未甚合宜，或見人説，見人做得恰好，自家還在合宜處；不善，便是全然不是，這須重新改換方得。賀孫。

叔器問：「德之不脩」，可以包下三句否？曰：若恁地，夫子但説一句便了，何用更説四句？徙義改過，略似脩德裏面事，然也別是箇頭項。講學自是講學，脩德自是脩德。如致知、格物是講學，誠意、正心、脩身是脩德；博學、審問、謹思、明辨是講學，篤行是脩德。若徙義、改不善，如何地分？叔器未及對。曰：不善，是自家做得淫邪非僻底事。徙義，是雖無過惡，然做得未恰好，便是不合義，若聞人説如何方是恰好，便當徙而從之。聖人説這幾句，淺深輕重盡在裏面。「聞義不能徙」底罪小，「不善不能改」底罪大。但聖人不分細大，都説在裏面，學者皆當着工夫。義剛。

此四句，修德是本。爲要修德，故去講學。下面徙義、改過，即修德之目也。畣。

行父問：先知德不可不脩，方知學不可不講。能講學，方能徙義；能徙義，方能改不善。如此看，如何？曰：脩德是本。脩德，恰似説「入則孝，出則悌，謹而信，泛愛衆而親仁」。學不可不講，恰似説「行有餘力，則以學文」。或問徙義、改不善之別。曰：徙義不是説元初做不是。元初本心自是好，但做得錯了，做得不合宜，如所謂「皆以善爲之，而不知其義」。才移教合義理，便是全好。若不善，則是元初便做得不是，須都改了方得。徙義是過失，不善是罪犯。賀孫。○恪録別出。

行父問「德之不脩」一段。曰：須先理

會孝弟忠信等事，有箇地位，然後就這裏講學。「聞義不能徙」，這一件事已是好事，但做得不合義。見那人説如此方是義，便移此之不義，以從彼之義。不善，則已是私意了。上面是過失，下面是故犯。恪。

「德之不脩」，如有害人之心，則仁之德不脩；有穿窬之心，則義之德不脩。仁之德脩，則所言無不仁之言，所行無不仁之行；義之德脩，則所言無不義之言，所行無不義之行。淵録云：實得仁於心，則發出來爲仁之言，做出來爲仁之行；實得義於心，則發出來爲義之言，做出來爲義之行。「聞義不能徙，不善不能改」，二句雖似合掌，却有輕重深淺。聞義者，尚非有過，但不能徙義耳。至於不善，則是有過而不能改，其爲害大矣！植。○南升録別出。

「德之不脩」，如無害人之心，則仁之德脩；無穿窬之心，則義之德修。「聞義不能徙」，是見得自家事未合宜，及聞合宜事，便徙而就之。不善，則是有過惡了。如此説，方不合掌。南升。

或問「德之不脩」一章。曰：遷善、改過，是脩德中緊要事。蓋只脩德而不遷善、改過，亦不能得長進。又曰：遷善、改過是兩項，不是説改其過而遷於善。遷善，便是有六七分是，二三分不是，自家却見得那二三分是處，即遷而就之，要教十分是着。改過，則是十分不好，全然要改。此遷善、改過之別。如《通書》中云：「君子乾乾不息於誠。」便是脩德底事。下面便是接説遷善、改過底事，意正相類。燾。

立之問此章。曰：德是理之既得於吾心者，便已是我有底物事了。更須日日磨礱，勿令間斷，始得。徙義與改不善，一似合掌，然須着與他分別。蓋義是事之宜處，我做這一件事，覺得未甚合宜，便着徙令合宜，此却未見得有不善處。至不善，便是有過惡，須着速改，始得。此所以有輕重之別。又問：此四句若要連續看，如何？曰：才要連續，便是説文字，不是要着實做工夫。若着實做工夫，便一句自是一句。時舉。

李問此章。曰：此四句是四件事，不可一衮説了。下面兩句，粗看只是一件事一般，然此兩句自有輕重。蓋「見義不能徙」，此只是些子未合宜處，便當徙而從宜。「不善不能改」，則大段已是過惡底事，便當改了。此一句較重。雉。

讀「德之不脩」章，曰：此自是四句。若要合説，便是德須着脩於己，講學便更進其德。到徙義、改過，始是見之於行事時，須時要點檢。如此説，却相連續也。時舉。

問：「聞義不能徙，不善不能改。」先生云有輕重，其意如何？曰：義，宜也。事須要合宜。不能徙，未爲不是，却不合宜。那不善底却乖，須便打并了。叔重云：「聞義不能徙」較輕。曰：那箇大體却無邪惡。又曰：「聞義不能徙」，較密於「不善不能改」；「不善不能改」，較重於「聞義不能徙」。節。

「德之不脩」至「是吾憂也」，這雖是聖人以此教人，然「學不厭」之意多見於此。使有一毫自以爲聖，任其自爾，則雖聖而失其聖矣。賀孫。

又曰：此是聖人自憂也。聖人固無是四者之憂，所以然者，亦自貶以教人之意。謨。

子之燕居章

叔器問「申申、夭夭」之義。曰：申申，是言其不局促，是心廣體胖後，恁地申申舒泰。夭夭，好貌。觀「桃之夭夭」是少好之貌，則此亦是恁地。所謂色愉，只是和悦底意思。但此只是燕居如此，在朝及接人又不然。義剛。

問：「申申、夭夭」，聖人得於天之自然。若學者有心要收束，則入於嚴厲；有心要舒泰，則入於放肆。惟理義以養其氣，養之久，則自然到此否？曰：亦須稍嚴肅則可。不然，則無下手處。又曰：但得身心收斂，則自然和樂。又曰：不是別有一箇和樂。才整肅，則自和樂。恪。

甚矣吾衰章

據文勢時，「甚矣，吾衰也」是一句，「久矣，吾不復夢見周公」是一句。惟其久不夢見，所以見得是衰。若只是初不夢見時，也未見得衰處。此也無大義理，但文勢當是如此。義剛。

孔子固不應常常夢見周公，然亦必曾夢見來，故如此説。然其所以如此説之意，却是設詞。必大。

蜚卿問：孔子夢周公，若以聖人欲行其道而夢之耶，則是心猶有所動。若以壯年道有可行之理而夢之耶，則又不應虛有此兆朕也。曰：聖人曷嘗無夢，但夢得定耳。須看他與周公契合處如何。不然，又不見別夢一箇人也。聖人之心，自有箇勤懇惻怛不能自已處，自有箇脱然無所繫累處，要亦正是以此卜吾之盛衰也。砥。

問：夢周公，是真夢否？曰：當初思欲行周公之道時，必亦是曾夢見。曰：恐涉於心動否？曰：心本是箇動物，怎教他不動？夜之夢，猶寢之思也。思亦是心之動處，但無邪思可矣。夢得其正，何害！心存這事，便夢這事。常人便胡夢了。寓録此下云：孔子自言老矣，以周公之道不可得行，思慮亦不到此，故不復夢。甚歎其衰如此。居甫舉莊子言「至人無夢」。曰：清净者愛恁地説。佛、老家亦説一般無夢底話。淳。○寓同。

「吾不復夢見周公」，自是箇徵兆如此。當聖人志慮未衰，天意難定，八分猶有兩分運轉，故他做得周公事，遂夢見之，非以思慮也。要之，聖人精神血氣與時運相爲流通。❶到鳳不至、圖不出、明王不興，其徵兆自是恁地。胡文定公謂《春秋》絶筆於獲麟，爲「志一則動氣」，意思説得也甚好。但以某觀之，生出一箇物事爲人所斃，多少是不好，是亦一徵兆也。道夫問：設當孔子晚年，時君有能用之，則何如？曰：便是不。且如孔子請討陳恒時，❷已年七十一，到此也做得箇甚？又問：程子謂孔子之志，必將正名其罪，上告天子，下告方伯，而率與國以討之。不知天子果能從乎？曰：當時惟在下者難告。問：果爾，則告命稽違，得無有不及事之悔乎？曰：使哀公能從，則聖人必一面行將去，聞于周王，使知之耳。道夫。

❶「聖人」二字，萬曆本無。

❷「且」，萬曆本作「衰」，則當屬上。

問「甚矣，吾衰也」。曰：不是孔子衰，是時世衰。又曰：與天地相應。若天要用孔子，必不教他衰。如太公、武王皆八九十歲。夫子七十餘，想見纍垂。節。

戴少望謂：顔淵、子路死，聖人觀之人事；「鳳鳥不至，河不出圖」，聖人察之天理；「不復夢見周公」，聖人驗之吾身，夫然後知斯道之果不可行，而天之果無意於斯世也。曰：這意思也發得好。道夫。

「夢周公」，「忘肉味」，「祭神如神在」，見得聖人真一處。理會一事，便全體在這一事。道夫。

問：孔子夢周公，却是思。曰：程先生如此說，意欲說孔子不真見周公。然見何害？可學。

問：伊川以爲不是夢見人，只是夢寐常存行周公之道耳。《集注》則以爲如或見之。不知果是如何？曰：想是有時而夢見。既分明說「夢見周公」，全道不見，恐亦未安。又問：夫子未嘗識周公，夢中烏得而見之？曰：今有人夢見平生所不相識之人，却云是某人某人者，蓋有之。夫子之夢，固與常人不同，然亦有是理耳。壯祖。

○《集注》、《集義》。

問：此章曰孔子未衰以前，嘗夢見周公矣。伊川却言不曾夢見，何也？曰：聖人不應日間思量底事，夜間便夢見。如高宗夢傅說，却是分明有箇傅說在那裏，高宗不知。所以夢見，亦是朕兆先見者如此。孔子夢奠兩楹事，豈是思慮後方夢見？此說甚精微。但於此一章上說不行，今且得從程子說。去僞。

志於道章

問「志於道」。曰：思量講究，持守踐履，皆是志。念念不舍，即是總說，須是有許多實事。夔孫。

吉甫說「志於道」處。曰：「志於道」，不是只守箇空底見解。須是至誠懇惻，念念不忘。所謂「道」者，只是日用當然之理。事親必要孝，事君必要忠，以至事兄而弟，與朋友交而信，皆是道也。「志於道」者，正是謂志於此也。時舉。

道理也是一箇有條理底物事，不是鶻淪一物，如老、莊所謂恍惚者。「志於道」，只是存心於所當爲之理，而求至於所當爲之地，非是欲將此心繫在一物之上也。端蒙。

「志於道」，如講學、力行，皆是。「據於德」，則是這箇物事已成箇坯璞子了。義剛。

問「據於德」。曰：如孝，便是自家元得這孝道理，非從外旋取來。「據於德」，乃是得這基址在這裏。植。

「據於德」。德者，得之於身。然既得之，守不定，亦會失了。須常照管，不要失了。須是據守，方得。明作。

問「據於德」云云。曰：德者，吾之所自有，非自外而得也。以仁、義、禮、智觀之，可見。韓退之云：「德，足乎己，無待乎外。」說得也好。南升。

道者，人之所共由，如臣之忠、子之孝，只是統舉理而言。德者，己之所獨得，如能忠、能孝，則是就做處言也。依仁，則又所行處每事不違於仁。端蒙。

「志於道」，方有志焉。「據於德」，一言一行之謹，亦是德。「依於仁」，仁是衆善總會處。德明。

道是日用常行合做底，德是真箇有得於己，仁謂有箇安頓處。季札。

先生問正淳：曾聞陸子壽「志於道」之説否？正淳謂：子壽先令人立志。曰：只做立志，便虚了。聖人之説不如此，直是有用力處。且如孝於親，忠於君，信於朋友之類，便是道。所謂志，只是如此知之而已，未有得於己也。及其行之，盡於孝，盡於忠，盡於信，有以自得於己，則是孝之德，忠之德，信之德。如此，然後可據。然只志道據德，而有一息之不仁，便間斷了，二者皆不能有。却須「據於德」後，而又「依於仁」。正淳謂：這箇仁，是據發見説。曰：既見於德，亦是發見處。然仁之在此，却無隱顯皆貫通，不可專指爲發見。㽦。○人傑録云：「志於道」，道是君臣、父子、夫婦、兄弟、朋友之道。明得此理，得之於身，斯謂「據於德」。然而不「依於仁」，則二者皆爲無用矣。依仁不止於發見，凡内外隱顯，莫非仁也。

正卿問「志道、據德、依仁」。曰：「志於道」，猶是兩件物事。「據於德」，謂忠於君則得此忠，孝於親則得此孝，是我之得於己者也。故可據。依仁，則是平日存主處，無一念不在這裏，又是據於德底骨子。時舉。

正卿問「志道、據德、依仁」。曰：德是自家心下得這箇道理，如欲爲忠而得其所以忠，如欲爲孝而得其所以孝，到得「依於仁」，則又不同。依仁，則是此理常存於心，日用之間常常存在。據德、依仁，雖有等級，不比志道與據德、依仁，全是兩截。志只是心之所之，與有所據、有所依不同也。賀孫。

問「據於德，依於仁」。曰：德只是做這一件事底意思，據而勿失。仁又親切。

又問：仁是全體，德只是一事之德否？曰：然。又曰：事父母則爲孝德，事兄長則爲悌德。德是有得於心，是未事親、從兄時，已渾全是孝悌之心。此之謂德。必大。

先生問學者：據德、依仁，如何分別？學者累日説皆不合。乃曰：德是逐件上理會底，仁是全體大用，常依靠處。又曰：據德，是因事發見底；如因事父有孝，因事君有忠。依仁，是本體不可須臾離底。據德，如着衣喫飯；依仁，如鼻之呼吸氣。僩。

德是道之實，仁是德之心。道夫。

行夫問「志道、據德、依仁、游藝」。曰：「志於道」，方是要去做，方是事親欲盡其孝，事兄欲盡其弟，方是恁地。至「據於德」，則事親能盡其孝，事兄能盡其弟，便自有這道理了，却有可據底地位。才説盡其孝，便是據於孝。雖然如此，此只是就事上逐件理會。若是不依於仁，不到那事親、事兄時，此心便没頓放處。「依於仁」，則自朝至暮，此心無不在這裏。連許多德，總攝貫穿都活了。「志於道」，方要去做。「據於德」，則道方有歸着。雖有歸着，猶是在事上。「依於仁」，則德方有本領。雖然，藝亦不可不去理會。如禮、樂、射、御、書、數，一件事理會不得，此心便覺滯礙。惟是一一去理會這道理脉絡，方始一一流通，無那箇滯礙。因此又却養得這箇道理。以此知大則道無不包，小則道無不入。小大精粗，皆無滲漏，皆是做工夫處。故曰：「語大，天下莫能載；語小，天下莫能破。」恪。

「志於道，據於德，依於仁，游於藝」。先生曰：志者，心之所之。道者，當爲之理。爲君，有君之理；爲臣，有臣之理。「志於道」者，留心於此理而不忘也。德者，得也。既得之，則當據守而弗失。仁者，人之本心也。依，如「依乎中庸」之「依」，相依而不捨之意。既有所據守，又當依於仁而不違，如所謂「君子無終日之間違仁」是也。「游於藝」一句，比上三句稍輕，然不可大段輕説。如上蔡云「有之不害爲小人，無之不害爲君子」，則是太輕了。古人於禮、樂、射、御、書、數等事，皆至理之所寓。游乎此，則心無所放，而日用之間本末具舉，而内外交相養矣。或言：「志於道」，正如顔子仰高鑽堅，以求至乎聖人之地否？曰：若如此説，便是要將此心寄在道裏面底説話。道只是人所當行之道，自有樣子。如「爲人父，止於慈；爲人子，止於孝」，只從實理上行，不必向渺茫中求也。謨。

叔器説「志於道」云：知得這箇道理，從而志之。曰：不特是知得時方志，便未知而有志於求道，也是志。德，是行其道而有得於心。雖是有得於心而不失，然也須長長執守，方不失。如孝，行之已得，則固不至於不孝；若不執守，也有時解走作。如忠，行之已得，則固不至於不忠；若不執守，也有時解有脱落處。這所以下一「據」字。然而所以據此德，又只要存得這心在。存得這心在時，那德便自在了，所以説「依於仁」。工夫到這裏，又不遺小物，而必「游於藝」。叔器因言：禮、樂、射、御、書、數，自秦漢以來皆廢了。曰：射，如今秀才自是不曉。御，是而今無車。書，古人皆理會得，如偏旁、義理皆曉，這也是一事。數，是算數，而今人皆不理會。六者皆實用，無一可缺。而今人是從頭到尾，皆無用。小兒子教他做詩對，大來便習舉子業，得官，又去習啓事、雜文，便自稱文章之士。然都無用處，所以皆不濟事。漢時雖不以射取士，然諸生却自講射，一年一次，依《儀禮》上説，會射一番，却尚好。今世以文取士，如義，若教它依經旨去説些道理，尚得。今却只是體貼字子，就這兩三句題目上説去，全無義理。如策，若是着實論些時務也尚得。今却只是虚説，説得好底，剗地不得。包顯道言：向前義是先引傳、注數條，後面却斷以己意，❶如東坡數篇，❷却尚得。先生然之。義剛。

或問「志道、據德、依仁、游藝」。曰：德是行來行去，行得熟，已成箇物事了，惟這箇物事已得於我。故孝也是這物事流出來做孝，忠也是這物事流出來做忠。若只説爲子盡孝、爲臣盡忠，這只説得盡，説德不得。蓋德是得這物事於我，故事親必孝，必不至於不孝；事君必忠，必不至於不忠。若今日孝，明日又不孝；今日忠，明日又不忠，是未有得於我，不可謂之德。惟德是有得於我者，故可據守之也。若是未有得於我，則亦無可據者。又問：此是成德否？曰：便恁地説，也不得。若做這物事未成就時，一箇物事是一箇物事在，孝只是孝，忠只是忠，惟做來做去，湊足成就一箇物事貫通時，則千頭萬件，都只是這一箇物事流出來。道家所謂「安養成胎」，蓋德是百行之胎也。所以君子以成德爲行。「依於仁」，仁是箇主，即心也。「依於仁」，則不失其本心。既不失其本心，則德亦自然有所據。若失其本心，則與那德亦不見矣。「游於藝」，蓋上三句是箇主腦，藝却是零碎底

❶「面」，原作「而」，今據萬曆本改。

❷「篇」，萬曆本作「條」。

物事。做那箇，又來做這箇，是游來游去之謂也。然亦不可游從別處去，須是「游於藝」，方得。又云：說行時，只可言「志於道」，不可謂之德。又云：「成德，只是要成此德。」○燾。

問：自「志於道」到「依於仁」，工夫到這處縝密，較易些否？曰：似恁地都是難。問：此是顏子不違仁地位否？先生問：如何知得顏子能如此，它人不能？曰：顏子亞聖之資，固易爲力。若它人用工深，亦須到這處。曰：這處先要就「志於道」上理會。「志於道」，便恁地利，恁地好。這須知是箇生死路頭。因以手指分作兩邊去，云：這一邊是死路，那一邊去是生路。這去便善，那去便惡，知得此路是了，只管向此路去，念念不忘。處己也在是，接人也在是；講論也在是，思索也在是。今人把捉不定，要做這邊去，又要做那邊去，一出一入，或東或西。以夫子「十五志于學，三十而立，四十而不惑，五十而知天命」，皆是從志學做來着工夫，須看得聖人「志于學」處是如何。這處見得定，後去節節有下工夫處。「據於德」。德者，得也，便是我自得底，不是徒恁地知得便住了。若徒知得，不能得之於己，似說別人底，於我何干？如事親能孝，便是我得這孝；事君能忠，便是我得這忠。說到德，便是成就這道，方有可據處。但「據於德」，固是有得於心，是甚次第，然亦恐怕有走作時節。其所存主處，須是「依於仁」，自得於心，不可得而離矣。到游藝猶言學文，❶雖事未甚要緊，然亦少不得。須知那箇先，那箇後，始得。亦所以助其存主也。寓。

❶「學文」二字，原爲空格，今據萬曆本補。

問：若是「志於道，據於德」，則雖初學便可如此下功。且如「據於德」，則得寸守寸，得尺守尺。若是「依於仁」，則仁是指全體而言，如何便解依得它？曰：所謂「據於德」，亦須是真箇有是德，方可據守。如事親時自無不孝，方是有孝之德，其餘亦然，亦非初學遽可及也。依仁，只是此心常在，不令少有走作也。因言：《周禮》先説「知、仁、聖、義、中、和」，「孝、友、睦、姻、任、恤」，此是教萬民底事。又説教國子以三德，曰：「至德以爲道本」，「敏德以爲行本」，「孝德以知逆惡」。至德，謂德之全體，天下道理皆由此出，如所謂存心養性之事是也，故以此教上等人。若次一等人，則教以敏德爲行本。敏，是强敏之謂。以敏德教之，使之見善必遷，有過必改，爲學則强力，任事則果決，亦是一等特立獨行之人。若又次一等，則教以孝德，以知逆惡，使它就孝上做將去，熟於孝，則知逆惡之不可爲。夫是三者必相兼。若能至德，則自兼那兩事；若自下做去，亦可以到至德處；若只理會箇至德，而無下二者，則空疏去。又曰：自「志於道」至「依於仁」，是從粗入精；自「依於仁」至「游於藝」，是自本兼末。能「依於仁」，則其「游於藝」也，蓋無一物之非仁矣。因舉横渠語云：「天體物而不遺，猶仁體事無不在也。『禮儀三百，威儀三千』，無一物之非仁也。『昊天曰明，及爾出王；昊天曰旦，及爾游衍。』無一物之不體也。」此是横渠赤心片片説與人。如荀、揚，何嘗有這樣説話。廣。

「志於道」，「志」之一字，不徒是知，已是心中放它不下。「據於德」，是行道而得之於己。然此都且就事上説。至「依於仁」，則無物欲之累，而純乎天理，道至此亦活，德至此亦活，却亦須「游於藝」。問：小學禮、樂、射、御、書、數之文，是藝否？曰：此雖小學，至「依於仁」既熟後，所謂小學者，至此方得他用。夔孫。

「據於德」。德，謂得之於心，有這箇物事了，不待臨時旋討得來。且如仁義禮知有在這裏，不待臨時旋討得來。又曰：德是自家有所得處在這裏。且如事親孝，則孝之理得；事兄弟，則弟之理得，所謂在這裏，但得有淺深。又曰：「志於道，據於德」，説得尚粗。到「依於仁」，方是工夫細密。「游於藝」者，乃是做到這裏，又當養之以小物。植。

「據於德」，有時也會失了。必「依於仁」，此心常存，則照管得到，能守是德矣。「游於藝」，似若無緊切底事。然能如此，則是工夫大故做得到了，所謂「庸言之信，庸行之謹」也。夔孫。

讀書，須將聖賢言語就自家身上做工夫，方見字字是實用。如「志道、據德、依仁、游藝」，將來安排放身上看。看道是甚麼物事？自家如何志之？以至「據德、依仁、游藝」，亦莫不然，方始有得。道夫。

子升問：上三句皆有次序，至於藝，乃日用常行，莫不可後否？曰：藝是小學工夫。若説先後，則藝爲先，而三者爲後。若説本末，則三者爲本，而藝其末，固不可徇末而忘本。習藝之功固在先。游者，從容潛玩之意，又當在後。文中子説：「聖人志道、據德、依仁，而後藝可游也。」此説得自好。木之。

或問：「游者，玩物適情之謂。」玩物適情，安得爲善？曰：「游於藝」一句，是三字，公却只説得一字。人傑。○《集注》。

自行束脩章

古人空手硬不相見。束脩是至不直錢底，羔鴈是較直錢底。真宗時，講筵説至此，云：「聖人教人也要錢。」義剛。

不憤不啓章

問「憤悱」。曰：此雖聖人教人之語，然亦學者用力處。敬仲。

學者至憤悱時，其心已略略通流。但心已喻而未甚信，口欲言而未能達，故聖人於此啓發之。舉一隅，其餘三隅須是學者自去理會。舉一隅而不能以三隅反，是不能自用其力者，孔子所以不再舉也。謨。

憤悱是去理會底。若不待憤悱而啓發之，不以三隅反而復之，則彼不惟不理會得，且聽得亦未將做事。燾。

悱，非是全不曉底，也曉得三五分，只是説不出。問：伊川謂：「必待誠至而後告之。」曰：憤悱，便是誠意到；不憤悱，便是誠不到。節。

凡物有四隅，舉一隅則其三隅之理可推。若不能以三隅反，則於這一隅，亦恐未必理會得在。

舉一隅以三隅反，只是告往知來否？曰：只是。凡方者，一物皆有四隅。植。

或問：程子曰：「待憤悱而後發，則沛然矣。」如何是沛然底意思？曰：此正所謂時雨之化。譬如種植之物，人力隨分已加，但正當那時節欲發生未發生之際，却欠了些子雨。忽然得這些子雨來，生意豈可禦也！

子食於有喪者之側章

「子食於有喪者之側未嘗飽」，「子於是日哭則不歌」，此是聖人天理。燾。

問：食於有喪之側而未嘗飽，亦以其哀傷之極，足以感動人心，自不能飽也。曰：哀，是哀死者，不干生人事。所謂「哭死而哀，非爲生者也」。若喪家極哀，又能使人愈哀耳。又有喪家人全不以死者爲念，視之若無，反使人爲之悲哀者！司元德記。○燾。

「子食於有喪者之側，未嘗飽也」，有食不下咽之意。謨。

「子於是日哭則不歌」，不要把一箇「誠」字包却。須要識得聖人自然重厚、不輕浮底意思。時舉。

問：博文亦可以學道。而上蔡解「哭則不歌」，謂：「能識聖人之情性，然後可以學道。」曰：聖人情性便是理。又曰：博文約禮，亦是要識得聖人情性。「思曰睿」，只是思會睿。節。○《集義》。

「子於是日哭則不歌」，上蔡說得亦有病。聖人之心，如春夏秋冬，不遽寒燠，故哭之日，自是不能遽忘。又曰：聖人終不成哭了便驟去歌得！如四時，也須漸漸過去。道夫録云：其變也有漸。且如古者喪服，自始死至終喪，中間節次漸漸變輕。不似如今人直到服滿，一頓除脱了，❶便着華采衣服。賀孫。道夫同。

問謝氏之說。曰：謝氏之學大抵習

❶「了」，原作「子」，今據朝鮮本、萬曆本改。

忘，如以「三月不知肉味」反是病，和《韶》樂都忘之方是。必大。

子謂顔淵曰章

讀「用之則行，舍之則藏」章，曰：專在「則」字上，如「可以仕則仕」、「可以久則久」之類是也。時舉。

此八字，極要人玩味。若他人，用之則無可行，舍之則無可藏。唯孔子與顔淵先有此事業在己分内，若用之，則見成將出來行；舍之則藏了，它人豈有是哉！故下文云「唯我與爾有是夫」。「有是」二字，當如此看。謨。

問：尹氏曰：「命不足道也。」曰：如常人，「用之則行」，乃所願；「舍之則藏」，非所欲。「舍之則藏」，是自家命恁地，不得已，不奈何。聖人無不得已底意思。聖人用我便行，舍我便藏，無不奈何底意思，何消更言命。又曰：「命不足道也」，命不消得更説。又曰：知命不足道也。節。

問「命不足道也」。曰：到無可奈何處，始言命。如云「道之將行也與，命也；道之將廢也與，命也」，此爲子服景伯説。時舉録云：聖人説命，只是爲中人以下説。聖人欲曉子服景伯，故以命言。如曰「有命」，是爲彌子瑕説。聖人「用之則行，舍之則藏」，未嘗到那無可奈何處，何須説命！❶如一等人不知有命。又一等人知有命，猶自去計較。中人以上，便安於命。到得聖人，便不消得言命。夔孫。

問「用舍行藏」章。曰：聖人於用舍甚輕，没些子緊要做。用則行，舍則藏，如晴

❶「何」字，原脱，今據萬曆本補。

乾則着鞋，雨下則赤脚。尹氏云「命不足道」，蓋不消言命也。植。

義剛曰：用舍係乎道之盛衰，行藏以道而舒卷，己之窮達非所計，故曰「命不足道」。曰：用舍是由在別人，不由得我；行藏是由在那人，用舍亦不由得我。仲默問：這命，只是「君子不謂命也」之「命」否？曰：是。義剛。

「用舍無預於己，行藏安於所遇，命不足道也。」蓋只看義理如何，都不問那命了。雖使前面做得去，若義去不得，也只不做；所謂「殺一不辜，行一不義，而得天下，有所不爲」。若中人之情，則見前面做不得了方休，方委之於命；若使前面做得，它定不肯已；所謂「不得已而安之命」者也。此固賢於世之貪冒無耻者，然實未能無求之之心也。聖人更不問命，只看義如何。貧富貴賤，惟義所在，謂安於所遇也。如顏子之安於陋巷，它那曾計較命如何。陶淵明說盡萬千言語，說不要富貴，能忘貧賤，其實是大不能忘，它只是硬將這箇抵拒將去。然使它做那世人之所爲，它定不肯做，此其所以賢於人也。或云：看來，淵明終只是晉、宋間人物。曰：不然。晉、宋間人物，雖曰尚清高，然箇箇要官職，這邊一面清談，那邊一面招權納貨。淵明却真箇是能不要，此其所以高於晉、宋人也。或引伊川言「晉、宋清談，因東漢節義一激而至此」者曰：公且說節義如何能激而爲清談？或云：節義之禍，在下者不知其所以然，思欲反之，所以一激而其變至此。曰：反之固是一說。然亦是東漢崇尚節義之時，便自有這箇意思了。蓋當時節義底人，便有傲睨一世，污濁朝廷之意。這意思便自有高視天下之心，少間便流入於清談去。如皇甫規見雁門太守曰：「卿在雁門，食雁肉，作何味？」那時便自有這意思了。少間那節義清苦底意思，無人學得，只學得那虛驕之氣。其弊必至於此。僩。

問「用舍行藏」。曰：此有數節，最好子細看。未説到用舍行藏處，且先看箇「毋意、毋必」底意。此是甚底心？渾然是箇天理。尹氏謂「命不足道」，此本未有此意，亦不可不知也。蓋「知命」者不得已之辭。人要做這事，及至做不得，則曰命，是心裏猶不服它。若聖賢「用之則行，舍之則藏」，更不消得説命。到説「臨事而懼，好謀而成」八字，雖用舍行藏地位遠了，然就此地頭看，也自好。某嘗謂聖人之言好，如荷葉上水珠，顆顆圓。這「臨事而懼」，便是戒謹恐懼底心。若有所恐懼，心驚膽畏，便不得了。孟子説：禹「惡旨酒，而好善言」；湯「立賢無方」；文王「望道而未之見」；武王「不泄邇，不忘遠」；周公「思兼三王」。許多事，皆是聖人事，然有小大不同。如「惡旨酒」，乃是事之小者；「思兼三王」，乃是事之大者。然亦都是一箇戒謹恐懼底心。人心多縱弛，便都放去。若是聖人行三軍，這便是不易之法。非特行軍如此，事事皆然。《莊子》庖丁解牛神妙，然每到族，心必怵然爲之一動，然後解去。心動，便是懼處，豈是似醉人恣意胡亂做去！韓文《鬭雞聯句》云：「一噴一醒然，再接再礪乃！」謂都困了，一以水噴之，則便醒。「一噴一醒」，所謂懼也。此是孟郊語，也説得好。又問：觀此處，則夫子與顔子一般了。曰：到此地位，大節也同了。如孟子説伯夷、伊尹與夫子「是則同」處。看伯夷、伊尹與夫子，豈是一樣人！但是此大節處同。若此處不同，則不足爲聖人矣。夔孫。○義剛録别出。

叔器説「用之則行」章。曰：命，是有箇必得底意；及不得，則委之於命。聖人只是「用之則行，舍之則藏」。如孟子所説「求之有道，得之有命」，此却是爲中才發，聖人自是不論到這裏。然此只是尹氏添此一脚，本文非有此意。「臨事而懼，好謀而成」，比「用之則行，舍之則藏」，固是大相遠；但這裏面道理也自完具，無欠無剩。某嘗説，聖人言語如荷葉上水珠子，一顆一顆圓。叔器問：顔子與聖人同否？曰：大節目也同。如孟子説伯夷、伊尹、孔子「得百里之地而君之，皆能以朝諸侯、有天下；行一不義，殺一不辜而得天下，皆不爲也，是則同」。這便是大節目處皆同。若是這箇不同時，便不喚做聖人了。只是纖細縝密論來，却有不同處。又曰：這一章，有四五節道理。義剛。

子路説：「子行三軍，則誰與？」雖無私意，然猶有固必之心。人傑。

「子行三軍，則誰與？」宜作相與之「與」，非許與之「與」。「好謀而成」，人固有好謀者；然疑貳不决，往往無成者多矣。孔子行三軍，其所與共事者，必「臨事而懼，好謀而成者也」。謨。

亞夫問「子行三軍，則誰與」。曰：三軍要勇，行三軍者要謀。既好謀，然須要成事。蓋人固有好謀而事不成者，却亦不濟事。時舉因云：謀在先，成在後。成非勇亦不能决。曰：然。時舉。

「好謀而成」，既謀了，須是果决去做教成。若徒謀而不成，何益於事？所謂「作舍道旁，『三年不成』者也。「臨事而懼」，是臨那事時，又須審一審。蓋閑時已自思量都是了，都曉得了，到臨事時又更審一審。這「懼」字，正如「安而後能慮」底「慮」字相似。又曰：而今只是據本子看，說行三軍是如此。試把數千人與公去行看，好皇恐！僩。

問：「用之則行，舍之則藏」，切意漆雕、曾、閔亦能之。曰：「舍之则藏」易，「用之則行」難。若開，用之未必能行也。聖人規模大，藏時不止藏他一身煞藏了事。譬如大船，有許多器具寶貝，撐去則許多物便都住了，衆人便没許大力量。然聖人行藏，自是脱然無所係累。救世之心雖切，然得做便做，做不得便休。他人使有此，若未用時則切切於求行，舍之則未必便藏。耿直之向有書云：「三代禮樂制度盡在聖人，所以用之則有可行。」某謂此固其可行之具，但本領更全在無所係累處。有許大本領，則制度點化出來，都成好物，故在聖人則爲事業。衆人没那本領，雖盡得他禮樂制度，亦只如小屋收藏器具，窒塞都滿，運轉都不得。砥。

問：楊氏曰：「『樂則行之，憂則違之』，孔、顔之所同；『天下文明』，則孔子而已矣。」其義如何？曰：龜山解經，常有箇纏底病。如解「苗而不秀」章云：「『必有事焉，而勿正，勿忘，勿助長』，則苗斯秀，秀斯實矣。」初亦不曉其說，徐觀之，乃是因「苗」字牽引上「揠苗」，又纏上「勿忘、勿助」耳。此章取《易》來如此比並，固亦可通。然於本旨無所發明，却外去生此議論。必大。

○《集義》。

富而可求章

讀「富而可求」章，曰：須要子細看「富而可求也」一句。上面自是虚意。言「而可求」，便是富本不可求矣。因舉「君子贏得做君子，小人枉了做小人」之説，又云：此章最見得聖人言語渾成底氣象，須要識得。時舉。

子在齊聞韶章

《史記》：子在齊「聞《韶》音，學之三月，不知肉味」。「三月」當作一點。蓋是學《韶樂》三月耳，非三月之久不知肉味也。去僞。

夫子之心與《韶樂》相契，所以不知肉味，又有習之三月之説。泳。

子「聞《韶》音，學之三月，不知肉味」。「學之」一節，不知如何，今正好看其忘肉味處。這裏便見得聖人之樂，如是之美；聖人之心，如是之誠。又曰：聖人聞《韶》，須是去學，不解得只恁休了；學之亦須數月方熟。三月，大約只是言其久，不是真箇足頭九十日，至九十一日便知肉味。想見《韶樂》之美，是能感動人，是能使人視端而行直。某嘗謂，今世人有目不得見先王之禮，有耳不得聞先王之樂，此大不幸也！道夫。

問：孔子「聞《韶》，學之三月，不知肉味」。若常人如此，則是「心不在焉」；而聖人如此，何也？曰：此其所以爲聖人也，公自思量看。久之，又曰：衆人如此，則是溺於物欲之私；聖人則是誠一之至，心與理合，不自知其如此。又問：聖人存心如此之切，所以至於忘味。曰：也不是存心之切，恁地又説壞了聖人。它亦何嘗切切然存心要去理會這事。只是心自與那道理契合，只覺得那箇好，自然如此耳。僩。

吴伯英問：孔子「聞《韶》，學之三月，不知肉味」。聖人殆亦固滯不化，當食之時，又不免「心不在焉」之病，若何？曰：「主一無適」，是學者之功。聖人行事，不可以此求之也。更是舜之樂盡善盡美，而孔子聞之，深有所契于心者，所謂「得志行乎中國，若合符節」，是以學之三月，而不自知其忘味也。壯祖。○建别録見下。

吴伯英問：心不在焉，則食而不知其味，是心不得其正也。然夫子聞《韶》，何故三月不知肉味？曰：也有時如此。所思之事大，而飲食不足以奪其心也。❶且如「發憤忘食」，「吾嘗終日不食」，皆非常事。以其所憤所思之大，自不能忘也。壯祖。

先生嘗讀它傳云：孔子居齊，聞《韶》音，見齊國之人亦皆視端而形聳。蓋正音所感如此。升卿。

石丈問：齊何以有《韶》？曰：人説公子完帶來，亦有甚據？淳問：伊川以「三月不知肉味」爲聖人滯於物。今添「學之」二字，則此意便無妨否？曰：是。石又引「三月」之證。❷曰：不要理會「三月」字。須看《韶》是甚麽音調，便使得人如此；孔子是如何聞之便恁地。須就舜之德、孔子之心處看。淳。○《集義》。

問：伊川疑「三月」即是「音」字，如何？曰：此處最要看他「不知肉味」處，

❶「心」，萬曆本作「志」。
❷「又」，萬曆本作「文」。

最有意思。蓋夫子知《韶》之美，一聞之，則感之至深，學之三月，故至於不知肉味。若道一聞之便三月不知肉味，恐無此道理，伊川疑得自是。但《史記》上有「學之」二字，伊川恐適不曾考到此耳。觀此處須見得夫子之心與舜之心分明爲一，感之至深，故盡心以學之，念念在此而自不能忘也。時舉。

子在齊「聞《韶》，學之三月，不知肉味」。上蔡只要説得泊然處，便有些莊、老。某謂正好看聖人忘肉味處，始見聖人之心如是之誠，《韶樂》如是之美。又舉《史記》載孔子至齊，❶促從者行，曰：「韶樂作。」❷從者曰：「何以知之？」曰：「吾見童子視端而行直。」雖是説得異，亦容有此理。賀孫。

冉有曰夫子爲衛君乎章

論子貢問衛君事，曰：若使子貢當時徑問輒事，不唯夫子或不答，便做答時，亦不能如此詳盡。若只問：「伯夷、叔齊何人也？」曰：「古之賢人也。」亦未見分曉。所謂賢人，如「君子而不仁者有矣」，亦如何便見得出處一時皆當，豈無怨悔處？只再問「怨乎」，便見得子貢善問。才説道「求仁而得仁，又何怨」，便見得夷、齊兄弟所處，無非天理，蒯、輒父子所向，無非人欲。二者相去，奚啻碔玞、美玉，直截天淵矣！僩。

問：子貢欲知爲衛君，何故問夷、齊？

❶「史記」二字，原爲空格，今據萬曆本補。
❷「作」字，原爲空格，今據朝鮮本、萬曆本補。

曰：一箇是父子争國，一箇是兄弟讓國，此是則彼非可知。問：何故又問「怨乎」？曰：此又審一審。所以夫子言「求仁得仁」，是就心上本原處説。凡讓，出於不得已，便有怨。夷、齊之讓，是合當恁地，乃天理之當然，又何怨！大綱衛君底固爲不是，到此越見得衛君没道理。又問：子欲正名，是公子郢否？曰：此又是第二節事。第一節須先正輒父子之名。問：輒尚在，則如何正？曰：上有天子，下有方伯，它不當立，如何不正！寓。

「夫子爲衛君乎？」若只言以子拒父，自不須疑而問。今冉子疑夫子爲衛君者，以常法言之，則衛公輒亦於義當立者也。以輒當立，故疑夫子必助之。「求仁而得仁」，此只是不傷其本心而已。若伯夷、叔齊，不讓而於心終不安。人之心本仁，纔傷著本心，則便是不仁矣。謨。

問：子貢有「怨乎」之問，何也？曰：夫子謂夷、齊是賢人。恐賢者亦有過之者，於是問以決之，看這事是義理合如此否。如其不必讓而讓之，則未必無怨悔之心矣。夫子告以「求仁而得仁」者，謂是合恁地。若不恁地，是去仁而失仁矣。若衛君事，則大不然矣，子貢所以知其必不爲也。夔孫。

夫子説：「古之賢人也。」賢人固有做得間不恰好處，便未知得夷、齊之讓是與不是。若是不必遜，則終未免有怨悔；若有怨悔，則讓便未得爲是。如此，則未見得夫子不爲輒。所以更問「怨乎」。夫子説：「求仁而得仁，又何怨？」恁地便是要讓，讓方是合這道理。既是以讓爲合理，則始知夫子之不爲輒。義剛。

只伯夷、叔齊「古之賢人也」一句，便可

知得夫子不爲衛君矣。何故更要問「怨乎」這一句？却煞有説話。子貢也是會問。義剛。

安卿以書問夷、齊，辯論甚悉。曰：大概是如此。但更於「求仁而得仁」上看。道夫問：「安」字，莫便是此意否？曰：然。但見他説得來不大段緊切，故教他更於此上看。曰：伯夷不敢安嫡長之分，以違君父之命；叔齊不敢從父兄之命，以亂嫡庶之義，這便是「求仁」。伯夷安於逃，叔齊安於讓，而其心舉無隉杌之慮，這便是「得仁」否？曰：然。衛君便是不能求仁耳。道夫。

孔子論伯夷，謂：「求仁而得仁，又何怨？」司馬遷作《伯夷傳》，但見得伯夷滿身是怨。蘇子由《伯夷論》却好，只依孔子説。文蔚。

問：子貢「衛君」之問，與「去兵、去食」之問，皆非尋常問者所及，程子固嘗稱之，而又曰：「孔門學者，獨顏子爲善問。」何也？曰：顏子之問，又須親切。如此事在顏子，又自理會得，亦不必問也。必大。

問：「夫子爲衛君」章，程子所引諫伐事，《或問》論非此章答問本意，當矣。今《集注》全載其説，不删此語，何也？曰：諫伐而餓，固非此章本意；然亦是伯夷不怨底事，故程子同引來説。必大。○《集注》。

子貢之問，意只主讓國。諫伐之事，却在裏面事。如聖人却是泛説。燾。

吳伯英問：夷、齊讓國而去，一以父命爲尊，一以人倫爲重，要各得其本心之正，而盡乎天理之公矣。所謂「孤竹君」，當時或無中子之可立，則二子將奈何？曰：縱二子不立，則其宗社之有賢子弟，立之可也。壯祖。

或問：伯夷、叔齊之讓，使無中子，則

二子不成委先君之國而棄之！必有當立者。曰：伊川説，叔齊當立。看來立叔齊雖以父命，然終非正理，恐只當立伯夷。或曰：伯夷終不肯立，奈何？曰：若國有賢大臣，則必請於天子而立之，不問伯夷情願矣。看來二子立得都不安。但以正理論之，則伯夷分數稍優耳。胡文定《春秋解》這一段也好，説吴季札讓國事，聖人不取之，牽引四五事爲證。所以《經》只書「吴子使札來聘」，此何異於楚子使椒來聘之事耶？但稱名，則聖人貶之深矣云云。但近世説《春秋》皆太巧，不知果然否也。僴。

因説記録之難：如劉質夫記明道説，輒據位而拒父，則衛之臣子去之可也；輒去而從父，❶則衛之臣子拒蒯聵可也。是以蒯聵爲得罪於父，亦不當立也。後胡文定公引在《春秋》中説，如上句説却是，但下句却云輒去而從父，則衛之臣子當輔輒以拒蒯聵，則是錯了。後來胡致堂却説立郢爲是，乃是救文定前説之錯。至若楊文靖説此段，尤不可曉。文靖之意只欲破王元澤説「善兄弟之遜，必惡父子之争」，遂有此病。要之，元澤此二句自好也。燾。○《集義》。

胡家説夷、齊所爲，全性命之理。若他人謂其全性命之理猶可，若謂夷、齊要全性命之理，而後如此爲之，此大害義理！「殺身成仁」，亦只是義當殺身，即是成仁。若爲成仁而殺身，便只是利心。揚。

飯疏食章

義剛説「樂在其中」一章。先生曰：這

❶「去」下，萬曆本有「之」字。

有三十來箇字，但看那箇字是先。只「樂」字是先。他是先理會得那「樂」後，方見得「不義而富且貴，於我如浮雲」。呂與叔數句說得好，非是有所見，如何道得到！ 義剛。

問「樂亦在其中」，聖人何爲如是之樂？曰：正要理會聖人之心如何得恁地。聖人之心更無些子查滓。故我之心淘來淘去，也要知聖人之心。 恪。

「樂亦在其中」，此樂與貧富自不相干，是別有樂處。如氣壯底人，遇熱亦不怕，遇寒亦不怕。若氣虛，則必爲所動矣。 閎祖。

叔器說「樂在其中」，引「博文約禮」。曰：顏子自是顏子樂，與夫子也不干事。這說得不相似。 義剛。

問：《或問》謂：「夫子樂在其中，與顏子之不改者，又有間矣。」豈非謂顏子非樂於簞瓢，特不以是而改其心之所樂？至於夫子，則隨所寓而樂存焉。一曰「不改」，一曰「亦在」，文意固自不同否？然程子則曰：「非樂疏食飲水也。」却似無甚異於所以論顏子者。今《集注》乃載其說，何耶？曰：孔、顏之樂亦不必分。「不改」，是從這頭說入來；「在其中」，是從那頭說出來。 必大。○《集注》。餘見「顏樂章」。

問：上蔡云：「義而得富得貴，猶如浮雲，況不義乎！」曰：這是上蔡說得過當。此只說不義之富貴，視之如浮雲，不以彼之輕，易吾之重。若義而得富貴，便是當得，如何棹脫得。❶ 如舜、禹有天下，固說道「不與」，亦只恁地安處之。又如「所以長守貴也，所以長守富也」，義當得之，亦自當恁地保守。堯命舜云：「天之曆數在爾躬，允執

❶ 「棹」，萬曆本作「掉」。

其中。四海困窮，天禄永終！」豈是不要保守！賀孫。《集義》。

加我數年章

問「五十學《易》」一段。曰：聖人學《易》，於天地萬物之理，吉凶悔吝，進退存亡，皆見得盡，自然無差失。聖人説此數句，非是謾然且恁地説。聖人必是見得是如此，方如此説。謙之。

文振問「五十以學《易》」。曰：也只就卦爻上占考其理合如何。他書一事是一理，《易》却説得闊也。❶有底事説在裏，未有底事也説在裏。又曰：《易》須錯綜看，天下甚麽事，無一不出於此。如善惡、是非、得失，以至於屈伸、消長、盛衰，看是甚事，都出於此。伏羲以前，不知如何占考。至伏羲將陰陽兩箇畫卦以示人，使人於此占考吉凶禍福。一畫爲陽，⚋畫爲陰，一畫爲奇，⚋畫爲耦，遂爲八卦；又錯綜爲六十四卦，凡三百八十四爻。文王又爲之《彖》、《象》以釋其義，無非陰陽、消長、盛衰、屈伸之理。聖人之所以學者，學此而已。把乾卦一卦看，如「乾，元亨利貞」。人要做事，若占得乾卦，乾是純陽；元者，大也；亨者，通也，其爲事必大通。然而雖説大亨，若所爲之事不合正道，則亦不得其亨。故雖云大亨，而又利於正。卦内六爻，都是如此。如説「潛龍勿用」，是自家未當出作之時，須是韜晦方始無咎。若於此而不能潛晦，必須有咎。又如上九云：「亢龍有悔。」若占得此爻，必須以亢滿爲戒。如這般處，最是

❶「也」，朝鮮本作「如已」，則當屬下。

易之大義。易之爲書，大抵於盛滿時致戒。蓋陽氣正長，必有消退之漸，自是理勢如此。又云：當極盛之時，便須慮其亢。如當堯之時，須交付與舜。若不尋得箇舜，便交付與他，則堯之後，天下事未可知。又云：康節所以見得透，看他説多以盛滿爲戒。如云：「飲酒愛微醺，不成使酩酊。」又云：康節多於消長之交看。又云：許多道理，本無不可知之數，惟是康節體得熟。只管體來體去，到得熟後，看是甚麽事理，無不洞見。賀孫。

因學者問「學《易》無大過」章，曰：《易》只有「陰陽」兩字分奇偶。一畫是陽，兩畫是陰，從此錯綜，推爲六十四卦，三百八十四爻。後來文王却就畫繫之以辭。看來《易》元初只是畫。又曰：天地只是一箇陰，一箇陽，把來錯綜。大抵陽則多吉，陰則多凶；吉爲善，凶爲惡。又看所處之位，逐爻看之，陽有時而凶，陰有時而吉。又曰：如他經，先因其事，方有其文。如《書》言堯、舜、禹、成湯、伊尹、武王、周公之事。因有許多事業，方説到那裏；若無那事，亦不説到那裏。《易》則是箇空底物事，未有是事，預先説是理，故包括得盡許多道理。看人做甚事，皆撞着也。又曰：《易》，無思也，無爲也。《易》是箇無情底物事，故「寂然不動」。占之者吉凶善惡隨事著見，乃「感而遂通」。又云：《易》中多言「正」，如「利正」、「正吉」、「利永正」之類，皆是要人守正。又云：《易》如占得一爻，須是反觀諸身，果盡得那道理否？如《坤》六二：「直方大，不習無不利。」須看自家能直、能方、能大，方能「不習無不利」。凡皆類此。又曰：所謂「大過」，如當潛而不潛，當見而不見，當飛而不飛，皆是過。又曰：《乾》之一卦，純乎陽，固是好。如「元亨利貞」，蓋大亨之中，又須知利在正，非正則過矣。又曰：如《坤》之初六，須知履霜有堅冰之漸，要人恐懼修省。不知恐懼修省，便是過。《易》大概欲人恐懼修省。又曰：文王《繫辭》，本只是與人占底書。至孔子作《十翼》，方説「君子居則觀其象而玩其辭，動則觀其變而玩其占」。又曰：夫子讀《易》，與常人不同。是他胸中洞見陰陽、剛柔、吉凶、消長、進退、存亡之理。其贊《易》，即就胸中寫出這箇理。植。

問：「學《易》無大過」，聖人何以有過？曰：只是聖人不自足之意。聖人此般話，也如「道者三，我無能」，「聖」、「仁」「吾豈敢」，不是聖人能如此，更誰能如此！程子謂「學《易》者無大過」，文勢不然。此章「五十」字誤。然章之大旨在「無大過」，不在「五十」上。淳。

問「五十以學《易》」章，先生舉《史記》云：是時孔子年老，已及七十，欲贊《易》，故發此語。若作「五十以學《易》」，全無意思。問：孔子少年不學《易》，到老方學《易》乎？曰：作《彖》、《象》、《文言》以爲《十翼》，不是方讀《易》也。問：伊川以《八索》爲過處，如何？曰：某不敢如此説。寓。

問：伊川前一説，則大過在《八索》之類；後一説，則大過在弟子之學《易》者，俱未有定據。曰：《史記》「加」作「假」，古本「五十」作「卒」字。「加」、「假」聲相近，「五十」與「卒」字相似，而併誤也。此孔子繫《易》之時，自謂「假我數年，卒以學《易》，可以無大過」者，爲此自謙之辭，以教學者，深以見《易》之道無窮也。謨。

子所雅言章

問「子所雅言：《詩》、《書》、執禮」。曰：古之爲儒者，只是習《詩》、《書》、《禮》、《樂》。言「執禮」，則樂在其中。如《易》則掌於太卜，《春秋》掌於史官，學者兼通之，不是正業。只這《詩》、《書》，大而天道之精微，細而人事之曲折，無不在其中；禮則節文法度。聖人教人，亦只是許多事。僩。

「子所雅言：《詩》、《書》、執禮」，未嘗及《易》。夫子常所教人，只是如此，今人便先爲一種玄妙之說。德明。

伊川云：「夫子雅素之言，止於如此。若『性與天道不可得而聞』者，則在『默而識之』。不知性與天道，便於《詩》、《書》、執禮中求之乎？」曰：語意不如此。觀子貢說「夫子之言性與天道」，自是有說時節，但亦罕言之。恭父云：觀子貢此處，固足以見子貢方聞性、天道之妙。又如說「天何言哉？四時行焉，百物生焉，天何言哉？」這是大段警悟他處。曰：這般處是大段分曉。又云：若實能「默而識之」，則於「《詩》、《書》、執禮」上，自見得性與天道。若不實能默識得，雖聖人便說出，也曉不得。賀孫問：「執禮」，「執」字，恐當時自以「執」字目其禮，非夫子方爲是言？曰：《詩》、《書》，只是口說得底，惟禮要當執守，故孔子常說教人執禮。故云「《詩》、《書》、執禮，皆雅言也」。不是當時自有此名。賀孫。○《集注》。

葉公問孔子於子路章

「發憤忘食，樂以忘憂，不知老之將至云爾。」聖人不是有所因爲甚事了如此，只是意思有所憤發，便至於忘食。樂，便至於忘憂，至於不知老之將至。聖人不肯半上落下，直是做到底。雖是聖人若自貶下之辭，其實超詣，却非聖人做不得。憤，是感之極深；樂，是樂之極至。聖人不是胡亂説，是他真箇有「發憤忘食，樂以忘憂」處。次日再問。曰：如今不必説是爲甚發憤，或是有所感，只理會他忘食、忘憂。發憤便至於忘食，樂便至於忘憂，便與聞《韶》不知肉味之意相似。㽦。

「發憤忘食，樂以忘憂，不知老之將至云爾。」泛説若是謙辭。然聖人之爲人，自有不可及處，直要做到底，不做箇半間不界底人。非是有所因，真箇或有所感，發憤而至於忘食，所樂之至而忘憂。蓋有不知其然，而不自知其老之將至也。又如「好古，敏以求之」，自是謙詞。「學不厭，教不倦」，亦是謙詞。當時如公西華、子貢自能窺測聖人不可及處。蓋聖人處己之謙若平易，而其所以不可及者亦在其中矣。觀聖人若甚慢，只是你趕他不上。人傑。○㽦録云：子貢、公西華亦自看得破。

問「發憤忘食，樂以忘憂」。曰：聖人全體極至，没那半間不界底事。發憤便忘食，樂便忘憂，直恁地極至。大概聖人做事，如所謂「一棒一條痕，一摑一掌血」，直是恁地。燾。

問：「發憤忘食」，未知聖人發憤是如何？曰：要知他發憤也不得。只是聖人做事超越衆人，便做到極處，發憤便忘食，樂便忘憂。若他人，發憤未必能忘食，樂處未必能忘憂。聖人直是脱灑，私欲自是惹不着。這兩句雖無甚利害，細看來見得聖人超出乎萬物之表！寓。

因説「發憤忘食，樂以忘憂」，曰：觀天地之運，晝夜寒暑，無須臾停。聖人爲學，亦是從生至死，只是如此，無止法也。僩。

爲學要剛毅果決，悠悠不濟事。且如「發憤忘食，樂以忘憂」，是甚麽樣精神！甚麽樣骨肋！因説胡季隨。○學蒙。

「其爲人也，發憤忘食，樂以忘憂，不知老之將至云爾」，與「不怨天，不尤人，下學而上達，知我者其天乎」，二章固不出乎略無人欲、渾然天理之意。要各隨其頭面，看他意思如何。譬之皆金也，做盞時是一樣，做釵時是一樣。須是隨其意思，見得分明方好。不然，亦只鶻突而已。「發憤忘食」，是發憤便能忘食；「樂以忘憂」，是樂便能忘憂，更無些小係累，無所不用其極，從這頭便點到那頭，但見義理之無窮，不知身世之可憂，歲月之有變也。衆人縱如何發憤，也有些無緊要心在；雖如何樂，終有些係累乎其中。「不怨天，不尤人」，樂天安土，安於所遇，無一毫之私意。「下學上達」，是天人事理，洞然透徹，無一毫之間隔。聖人所謂上達，只是一舉便都在此，非待下學後旋上達也。聖人便是天，人則不能如天。惟天無人許多病敗，故獨能知之。天非真有知識能知，但聖人有此理，天亦有此理，故其妙處獨與之契合。釋氏亦云：「惟佛與佛，乃能知之。」正此意也。伯羽。

對葉公之問，見其事皆造極，脱然無所係累，但見義理無窮，不知歲月之有改。

「莫我知」之歎，見其樂天安土，無入而不自得，天人事理，洞然無毫髮之間。苟有一毫之私，則無以窺此境之妙，故曰：「知我者其天乎！」道夫。

學者做得事不是，須是悔；悔了，便不要做，始得。若悔了，第二番又做，是自不能立志，又干別人甚事？因問《集注》有「未得則發憤忘食」之說。曰：聖人未必有未得之事，且如此說。若聖人便有這般事，是他便發憤做將去。學者當悔時，須是學聖人，始得。豈可自道我不似聖人，便休却！明作。〇《集注》。

叔器問：「發憤忘食，樂以忘憂」，何以便見「全體至極，有非聖人不能及者」？曰：這樣處也難說，可以意曉。但是見得聖人事事透徹，事事做到那極致處。叔器問：看聖賢說話，也須先識聖人是甚麼樣人，賢人是甚麼樣人，方見得他說得淺深。曰：夫子說「聖人、君子、善人、有常」，等級甚分明。要見等級，只是孟子「六謂」之說。如「可欲之謂善」，便是那善人；如「充實之謂美」等，便皆是那賢人事；如「大而化之」以上，方是聖人事。義剛。

問橫渠「仲尼憤一發而至於聖」之說。曰：聖人緊要處，自生知了。其積學者，却只是零碎事，如制度文爲之類，其本領不在是。若張子之說，是聖人全靠學也。大抵如所謂「我非生而知之」，「好古，敏以求之」，皆是移向下一等說以教人。亦是聖人看得地步廣闊，自視猶有未十全滿足處，所以其言如此。非全無事實，而但爲此詞也。必大。〇《集義》。

「發憤忘食」章，東坡云：「實言則不讓，貶言則非實，故常略言之，而天下之美莫能加焉。」此説非不好，但如此，則是聖人已先計較，方爲此説，似非聖人之意。聖人言語雖是平易，高深之理即便在這裏。學者就中庸處看，便見得高明處。夔孫。

我非生而知之者章

問：「我非生而知之者，好古，敏以求之者。」聖人之敏求，固止於禮樂名數。然其義理之精熟，亦敏求之乎？曰：不然。聖人於義理，合下便恁地。「固天縱之將聖，又多能也。」敏求，則多能之事耳。其義理完具，禮樂等事，便不學，也自有一副當，但力可及，故亦學之。若孟子於此等，也有學得底，也有不曾學得底，然亦自有一副當，但不似聖人學來尤密耳。仲思問：何以言之？曰：如班爵禄、井田、喪禮之類，只是説得大概。然亦是去古遠，無可考處。但他大綱正，制度雖有不備處，亦不妨。伯羽。

「好古，敏以求之」，聖人是生知而學者。然其所謂學，豈若常人之學也！「聞一知十」，不足以盡之。義剛。

子不語怪力亂神章

問：「子不語怪、力、亂、神。」《集注》言：「鬼神之理，難明易惑，而實不外乎人事。」鬼神之理，在人事中如何見得？曰：鬼神只是二氣之屈伸往來。就人事中言之，如福善禍淫，便可以見鬼神道理。《論語》中聖人不曾説此。寓問：如動静語默，亦是此理否？曰：固是。聖人全不曾説這話與人，這處無形無影，亦自難説。所謂「敬鬼神而遠之」，只恁地説。《集注》舊文。○寓。

三人行章

聖人之學，異夫常人之學。才略舉其端，這裏便無不昭徹。然畢竟是學。人若以自修爲心，則舉天下萬物，凡有感乎前者，無非足以發吾義理之正。善者固可師，不善者這裏便恐懼修省，恐落在裏面去，是皆吾師也。夔孫。

天生德於予章

讀「天生德於予」一章，曰：纔做聖人自反無愧說時，便小了聖人。須知道天生德於聖人，桓魋如何害得！故必其不能違天害己也。時舉。

恭父問：「必不能違天害己」，不知當時聖人見其事勢不可害己，還以理度其不能害耶？曰：若以勢論，則害聖人甚易，唯聖人自知其理有終不能害者。賀孫。

問：「天生德於予，桓魋其如予何！」孔子既如此說了，却又微服而過宋者，乃是天理、人事之交盡否？曰：然。所謂「知命者不立乎巖牆之下」。若知命者，便立乎巖牆之下也何害！却又不立。而今所謂知命者，只是捨命。燾。

魏問：謝氏云：「聖人不敢必其不我害也。使其能爲我害，亦天也。」是如何？曰：這說是聖人必其不能害己，如：「匡人其如予何！」皆是斷然害聖人不得。聖人說出自恁地直截。如說：「道之將行也與？命也。道之將廢也與？命也。公伯寮其如命何！」這是未定之辭。如孟子說：「吾之不遇魯侯，天也。臧氏之子焉能使予不遇哉！」遇不遇，看天如何，亦是未定之辭。賀孫。

二三子以我爲隱乎章

子善説：「吾無隱乎爾。」此在弟子自見得如何。如顔子只見得「所立卓爾」，冉子自見得「力不足，中道而廢」。聖人以學者不能自去用力，故以此警之。曰：要緊意思，都在「吾無行而不與二三子」處，須去子細認聖人無不與二三子處在那裏。時舉録云：須要看聖人如何是「無行不與二三子」處。凡日用飲食居處之間，認得聖人是如何，自家今當如何。或問：《鄉黨》所得，亦足以見聖人之動静。曰：「與上大夫言，誾誾如也」之類，這亦可見。但夫子所以與二三子又不止此，須是實認得意思是如何。賀孫。

夫子嘗言「中人以下，不可以語上也」，而「言性與天道，則不可得而聞」。想是不曾得聞者疑其有隱，而不知夫子之坐作語默，無不是這箇道理。「風霆流形，庶物露生，無非教也」。聖人雖教人灑掃應對，這道理也在裏面。義剛。

問：伊川言：「聖人教人常俯就。若是掠下一着教人，是聖人有隱乎爾。」何也？曰：道有小大、精粗。大者、精者，固道也；小者、粗者，亦道也。觀《中庸》言「大哉聖人之道！洋洋乎發育萬物，峻極于天」，此言道之大處；「優優大哉！禮儀三百，威儀三千」，是言道之小處。聖人教人，就其小者、近者教人，便是俯就。然所謂大者、精者，亦只在此，初無二致。要在學者下學上達，自見得耳，在我則初無所隱也。銖。

子以四教章

教人之道，自外約入向裏去，故先文後行。而忠信者，又立行之方也。謨。

子善說：「文行忠信」，恐是教人之序，當先博以文，使之躬行，方教之忠信。曰：此是表裏互說在這裏，不是當學文修行時，不教之存忠信在。教人，當從外說入。又云：學者初來，須是先與他講說。不然，是行箇甚麽？忠是甚物事？信是甚物事？到得爲忠爲信時，自是說不得。若平日講說到忠信，且只是文。到得盡此忠、信二節，全在學者自去做。如講說如何是孝，如何是弟，這都只是文。去行其所謂孝、所謂弟，方始是實事。賀孫。

「文行忠信」，如說事親是如此，事兄是如此，雖是行之事，也只是說話在。須是自家體此而行之，方是行；蘊之於心無一毫不實處，方是忠信。可傳者只是這「文」。若「行、忠、信」，乃是在人自用力始得。雖然，若不理會得這箇道理，不知是行箇甚麽，忠信箇甚麽，所以文爲先。如「入孝、出弟，謹信，泛愛，親仁」，非謂以前不可讀書。以前亦教他讀書，理會許多道理。但必盡得這箇，恰好讀書。又曰：到這裏，却好讀書。

讀「子以四教」，曰：其初須是講學。講學既明，而後脩於行。所行雖善，然更須反之於心，無一毫不實處，乃是忠信。時舉。

「文行忠信」。教不以文，無由入。說與事理之類，便是文。小學六藝，皆文也。

「子以四教」。且如小學，子能食食，教以右手；能言，教之男唯女俞。是先教他做箇伎倆，這都是文底事。而後教他識義理。夔孫。

問：「文行忠信」，恐是「博文約禮」之意？曰：然。忠信只是約禮之實。燾。

問：行是就身上説，忠信是就心上説否？曰：是。義剛。

問：「文行爲先，忠信爲次」之説如何？曰：世上也自有初問難曉底人，便把忠信與説，又教如何理會！也須且教讀書，漸漸壓伏這箇身心教定，方可與説。問：「行有餘力，則以學文」，是如何？曰：讀書最不要如此比並。如上説怕人卒急難理會，須先將文開發他，如《詩》、《書》、《禮》、《樂》，射、御、書、數，都是文，這自是説務本意不同。賀孫。

先生因或者講「子以四教」，問「何以有四者之序」。或者既對，先生曰：文便是窮理，豈可不見之於行。然既行矣，又恐行之有未誠實，故又教之以忠信也。所以伊川言以忠信爲本，蓋非忠信，則所行不成故耳。因問：「行有餘力，則以學文」，何也？曰：彼將教子弟，而使之知大概也，此則教學者深切用工也。問：然則彼正合小學之事歟？曰：然。壯祖。

或問：此章是先文而後行。「行有餘力，則以學文」，是先行而後文。何以不同？曰：「文行忠信」，是從外做向内；「則以學文」，是從内做向外。聖人言此類者，多要人逐處自識得。銖因問：《中庸》末章自「衣錦」説至「無聲無臭」，是從外做向内；首章自「天命之性」説至「萬物育」，是從内做向外。曰：不特此也。「惟天下聰明睿知」，説到「溥博淵泉」，是從内説向外；「惟天下至誠，經綸天下之大經」，至

「肫肫其仁」,「聰明聖智達天德」,是從外說向內。聖人發明內外、本末、小大、巨細,無不周遍,學者當隨事用力也。銖。

聖人吾不得而見之章

聖人也只是這箇道理。但是他理會得爛熟後,似較聖樣,其實只是這道理。君子是事事做得去,所謂「君子不器」。善人則又不及君子,只是知得有善有惡,肯爲善而不肯爲惡耳。有常者又不及善人,只是較依本分。義剛。

問:善人是資質大,故粹美,❶其心常在於善道,所以自不至於有惡。有常者,則是箇確實底人否?曰:是。有常底也不到事事做得是;只是有志於爲善,而不肯爲惡耳。善人則從來恁地好,事事依本分。但人多等級。善人雖是資質好,雖是無惡,然「不踐迹,亦不入於室」。緣不甚曉得道理,不可以到聖人,只是恁地便住了。義剛。

善人是資質自好底人,要做好事,而自然無惡者也。有恒,則只是把捉得定,又未到善人自然好處在。善人,正如上文所謂聖人;有恒,正如所謂君子。然而善人、有恒者,皆未知學問者也。僩。

問善人、有恒者之別。曰:善人已無惡,但不入道。有恒者惟守常分而已。❷《論語》中此等皆泛問,非切於日用之急者。此等皆置之後面,前面自有緊切處。若緊切處通,餘處自理會得。賀孫。

竇問:「善人、有恒」一章,有恒者之去

❶「粹」,原作「碎」,今據萬曆本改。
❷「常」,萬曆本作「恒」。

聖人，高下固懸絶矣。然未有不自有恒而能至於聖人者。天下事大概既是有恒，方做得成。嘗觀分水嶺之水，其初甚微，行一兩日，流漸大，至到建陽，遂成大溪。看來爲學亦是有恒方可至於聖人。曰：最是古人斷機譬喻最切。緣是斷時易，接時難，一斷了，便不可接。泳。

吴伯英解「亡而爲有」章。曰：正謂此皆虚夸之事，不可以久，是以不能常，非謂此便是無常也。壯祖。

問：「亡而爲有」等，與「難乎有恒矣」不相似。曰：蓋如此則不實矣。只是外面虚張做，安能有常乎？寓。

「亡而爲有，虚而爲盈，約而爲泰」，此是説無恒以前事。若是以亡爲有，以虚爲盈，以約爲泰，則不能常。謂如我窮約，却欲作富底舉止，縱然時暫做得，將來無時又做不得，如此便是無常。亡對有而言，是全無。虚是有，但少。約是就用度上説。義剛。

問「難乎有恒矣」。曰：這不是説他無常。只是這人恁地有頭無尾了，是難乎有常矣，是不會有常。卓録云：此等人不可謂有常之人矣。言此三病皆受於無常之前。又曰：如説「居上不寬，爲禮不敬，臨喪不哀，吾何以觀之哉」，不是不去觀他，又不是不足觀。只爲他根源都不是了，更把甚麽去觀他！重在「以」字上。又云：將甚底物事去看他居上寬、爲禮敬、臨喪哀？就裏面方可看他箇深淺、過不及。卓録云：如有其寬，有其敬，有其哀時，即觀其淺深當否如何。今既無此，則吾復以何者而觀之！言更不可觀之矣。何以觀之！如考試一般，若文字平平，尚可就中看好惡。若文理紕繆，更將甚麽去考得。《論語》如此處多。今人都只粗淺衮説過，也自説得，只是聖人本意不如此。只是看得熟了，少間自分别得出。賀孫。〇卓録小異。

蓋有不知而作之者章

楊問：「不知而作」，作是述作？或只是凡所作事？曰：只是作事。又問：「多聞，擇其善者而從之，多見而識之」，不知可以作「多聞而識之，多見，擇其善者而從之」，得否？曰：聞、見大略争不多。較所聞畢竟多。聞須别識善惡而從。見則見得此爲是，彼爲非，則當識之，他日行去不差也。寓。

或問此章之義。曰：聞是聞前言往行，見是見目今所爲。聞之，須要擇其善者而從之，必有得於己。不是聞詳見略，亦不是聞淺見深，不須如此分「聞」、「見」字。蓋卿。

問「多聞」、「多見」之别。曰：聞，是都聞得好説話了。從之，是又擇其尤善者而從之。見，只是泛泛見得，雖未必便都從他，然也着記他終始首尾得失。燾。

多聞，已聞得好話了，故從中又揀擇。多見，只是平日見底事，都且記放這裏。燾。

「多見而識之」。見，又較切實。

多見，姑且識之。如没要緊底語言文字，謾與他識在，不識也没要緊。要緊却在「多聞，擇善而從之」。如今人却只要多識，却無擇善一着。賀孫。〇因坐客雜記而言。

讀「多聞，擇其善者而從之」章，云：聞、見亦是互相發明。此下見「干禄」章。〇時舉。

問「多聞」。曰：聞，只是聞人説底，己亦未理會得。問：知，有聞見之知否？

曰：知，只是一樣知，但有真不真，争這些子，不是後來又别有一項知。所知亦只是這箇事，如君止於仁、臣止於敬之類。人都知得此，只後來便是真知。淳。

問：「擇善而從之」，是已知否？曰：未擇時則未辨善惡，擇了則善惡别矣。譬如一般物，好惡來雜在此，須是擇出那好底，擇去那惡底。擇來擇去，則自見得好惡矣。燾。

「知之次也」，知以心言。得於聞見者次之。謨。

問：多聞、多見不同，如何？曰：聞是耳聞，見是目見。問：多聞，擇其善者而從之」，多見如何不擇？呂氏説「聞愈於見，從愈於識，知愈於從」，如何？曰：多聞，便有所當行，故擇而行之。多見雖切，然未必當行，姑識在。賀孫。

仁遠乎哉章

人之爲學也是難。若不從文字上做工夫，又茫然不知下手處。若是字字而求，句句而論，而不於身心上着切體認，則又無所益。且如説「我欲仁，斯仁至矣！」何故孔門許多弟子，聖人竟不曾以仁許之？雖以顔子之賢，而尚或違於三月之後，而聖人乃曰：「我欲斯至！」盍亦於日用體驗我若欲仁，其心如何？仁之至，其意又如何？又如説非禮勿視、聽、言、動，盍亦每事省察，何者爲禮？何者爲非禮？而吾又何以能勿視、勿聽？若每日如此讀書，庶幾看得道理自我心而得，不爲徒言也。壯祖。

或問「我欲仁，斯仁至矣」。曰：凡人讀書，只去究一兩字，學所以不進。若要除却這箇道理，又空讀書。須把自身來體取，做得去，方是無疑。若做不去，須要講論。且如「欲仁，斯仁至」，如何恁地易？至於顏子「三月不違仁」，又如何其餘更不及此？又怎生得恁地難？《論語》似此有三四處。讀《論語》，須是恁地看，方得。銖。

吳伯英講「我欲仁，斯仁至矣」。因引「有能一日用其力於仁矣乎」以證之。且曰：如先生固嘗注曰：「仁本固有，欲之則至。志之所至，氣亦至焉。」先生曰：固是。❶但是解「一日用力」而引此言，則是説進數步。今公言「欲仁」「仁至」而引前言，則是放退數步地也。以此觀先生説經，大率如此。

因正淳説「我欲仁，斯仁至矣」。曰：今人非不知利禄之不可求，求之必不可得，及至得底，皆是非用力所至。然而有至終身求之而不止者。如何得人皆欲仁！所以後來聖賢不出，盡是庸凡，便是無肯欲仁者。如何得箇道理，使人皆好仁？所以孔子謂「吾未見好仁者」。所謂「好德如好色」，須是真箇好德如好色時方可。如今須是自於這裏着意思量道：「如何不欲仁，却欲利禄？如何不好德，却只好色？」於此猛省，恐有箇道理。㽦。

問「我欲仁」。曰：才欲，便是仁在這裏。胡子《知言》上或問「放心如何求」，胡子説一大段，某説都不消恁地。如孟子以雞犬知求爲喻，固是。但雞犬有時出去，被人打殺煮契了，也求不得。又其求時，也須遣人去求這箇心，則所係至大，而不

❶「是」字，原爲空格，今據萬曆本補。

可不求，求之易得，而又必得。蓋人心只是有箇出入，不出則入，出乎此，則入乎彼。只是出去時，人都不知不覺。才覺得此心放，便是歸在這裏了。如戒慎恐懼，才恁地，便是心在這裏了。又問：程子「以心使心」，如何？曰：只是一箇心，被他說得來却似有兩箇。子細看來，只是這一箇心。夔孫。

陳司敗問昭公章

問：昭公娶同姓之事，若天王舉法，則如何斷？曰：此非昭公故爲之也。當時吴盛强，中國無伯主。以齊景公，猶云：「既不能令，又不受命！」「涕出而女於吴」。若昭公亦是藉其勢不得已之故，非貪其色而然也。天王舉法，❶則罪固不免，亦須原情自有處置。況不曰「孟姬」，而曰「吴孟子」，則昭公亦已自知其非矣。淳。

子與人歌而善章

「子與人歌而善，必使反之，而後和之。」今世間人與那人說話，那人正說得好，自家便從中截斷，如云已自理會得，不消說之類。以此類看，聖人是甚氣象！與人歌，且教他自歌一終了，方令再歌而後和之。不於其初歌便和，恐混雜他，不盡其意。此見聖人與人爲善。賀孫。

若不待其反而後和，則他有善亦不得而知。今必使之反之而後和之，便是聖人不掩人善處。義剛。

❶「王」，萬曆本作「子」。

《集注》説「子與人歌」，「不掩人善」，蓋他歌既善，使他復歌，聖人未遽和以攙雜之。如今人見人説得一話好，未待人了，便將話來攙他底，則是掩善。植。

問：伊川云：「歌必全章，與『割不正不食』同意。」如何？曰：是直候歌者徹章，然後再從頭和之，不是半中間便和。恐是此意。僩。

文莫吾猶人也章

「文，莫吾猶人也」。莫，是疑辭，猶今人云「莫是如此否？」言文則吾與人一般，如云「聽訟，吾猶人也」。若「躬行君子，則吾未之有得」，此與「君子之道四，丘未能一焉」之意同。謨。

若聖與仁章

夫子固多謙辭。到得説「抑爲之不厭，誨人不倦」，公西華便識得，所以有「正唯弟子不能學也」之説，便説道聖人有不讓處。泳。

其他人爲之，誨人不能無厭倦時，惟聖人則不厭、不倦。「正唯弟子不能學也」，言正是弟子不能學處。這若不是公西華親曾去做來，親見是恁地，如何解恁地説！義剛。

「爲之不厭，誨人不倦」，他也不曾説是仁聖。但爲之，畢竟是爲箇甚麽？誨人，畢竟是以甚麽物事誨人？這便知得是：爲之，是爲仁聖之道；誨之，是以仁聖之道誨人。義剛。

仁之與聖所以異者：「大而化之之謂聖」；若大而未化之，只可謂之仁。此其所以異。明作。

子疾病章

讀此章，曰：在臣子則可，在我則不可。聖人也知有此理，故但言我不用禱，而亦不責子路之非也。時舉。

「子路請禱。子曰：『有諸？』」要知子路所以請禱之意是如何，審一審，看他意思着落，再説來，却轉動不得，方好説與他。或問：有禱之理否？曰：子路説「禱爾于上下神祇」，便是有此理。子路若要禱，但在我不用禱耳。

或問子路請禱處。曰：子路若不當請，聖人何不直拒之，乃問「有諸」，何也？立之對云：聖人不直拒子路，故必問之，而後以爲無所事禱。曰：不然。蓋夫子疑子路禱之非正，故以「有諸」叩之。及子路舉《誄》，聖人知非淫祀，乃云「我無所事禱」。時舉。

子路請禱。子曰：「有諸？」聖人不直截截他，待子路説了，然後從容和緩答他。今人才到請禱處便截了，聖人皆不如此。「必使反之，而後和之」，亦然。

病而禱，古亦有此理，但子路不當請之於夫子。其曰：「丘之禱久矣！」《注》云「孔子素行合於神明」是也。伊川云：「無過可悔，無善可遷。」此是解「素行合於神明」一句。謨。

叔器問：「子路請禱」，《注》下是兩箇意思模樣。曰：是。但《士喪禮》那意却只是箇小意思。良久，云：聖人便是子細。

若其他人，便須叫喚罵詈，聖人却問「有諸」，待他更說，却云是「禱久矣」。這如「與人歌而善，必反之而後和之」樣。却不是他心裏要恁子細，聖人自是恁地子細，不恁地失枝落節，大步跳過去說。義剛。

問：疾病而禱，古人固行之矣。然自典禮之亡，世既莫知所當致禱之所，緇黃巫覡始以其說誣民惑衆，而淫祀日繁。今欲一切屏絶，則於君父之疾，無所用力之際，不一致禱，在臣子之心必有慊然不足者。欲姑隨世俗而勉焉爲之，然吾心既不以爲然，亦必不能於此自致其誠，况於以所賤事君親歟！然則如之何而可？曰：今自是無所可禱。如《儀禮》五祀之類，❶今人尋常皆不曾祀。又尋常動是越祭，於小小神物，必以爲祭之無益。某向爲郡禱旱時，如舊例醮祭之類，皆嘗至誠爲之。但纔見張天師，心下便不信了。必大。

奢則不孫章

或問「奢則不孫」。曰：才奢，便是不孫，他自是不戢斂也。公且看奢底人意思，儉底人意思。那奢底人便有驕敖底意思，須必至於過度僭上而後已。然却又是一節在。燾。

問：奢非止謂僭禮犯上之事，只是有夸張侈大之意，便是否？曰：是。義剛。

君子坦蕩蕩章

「君子坦蕩蕩」，只是意誠，「心廣體

❶「之類」二字，萬曆本無。

胖」耳。

子溫而厲章

「子溫而厲，威而不猛，恭而安。」須看厲，便自有威底意思；不猛，便自有溫底意思。大抵曰「溫」，曰「威」，曰「恭」，三字是主；曰「厲」，曰「不猛」，曰「安」，是帶説。上下二句易理會。諸公且看聖人威底氣象是如何。久之，云：聖人德盛，自然尊嚴。又云：謝氏以此説夷、惠過處，頗是。賀孫。

叔器説「子溫而厲」章。曰：此雖是説聖人之德容自然如此，然學者也當如此舉偏而補弊。蓋自舜之命夔已如此，而皋陶陳九德亦然，不可不知。義剛。

問：「子溫而厲」一章，是總言聖人容貌，《鄉黨》是逐事上説否？曰：然。此是就大體上看聖人。燾。

問：張子云：「十五年學箇『恭而安』不成。」曰：「恭而安」如何學得成？安便不恭，恭便不安，這箇使力不得，是聖人養成底事。顏子若是延得幾年，便是聖人。不是到此更用着力，只是養底工夫了。顏子工夫至到，只是少養。如煉丹，火氣已足，更不添火，只以暖氣養教成就耳。明作。

魏問：橫渠言：「十五年學『恭而安』不成。」明道曰：「可知是學不成，有多少病在。」莫是如伊川説：「若不知得，只是覷却堯學他行事，無堯許多聰明睿智，怎生得似他動容周旋中禮？」曰：也是如此，更有多少病在。良久，曰：人便是被氣質局定。變得些子了，又更有些子；變得些子了，又更有些子。又云：聖人發憤便忘食，樂便忘憂，直是一刀兩段，千了百當。聖人固不在説。但顔子得聖人説一句，直是傾腸倒肚，便都了，更無許多廉纖纏擾，絲來線去。問：横渠只是硬把捉，故不安否？曰：他只是學箇恭，自驗見不曾熟。不是學箇恭，又學箇安。賀孫。

朱子語類卷第三十五計三十二板

論語十七

泰伯篇

泰伯其可謂至德章

泰伯得稱至德，爲人所不能爲。可學。

問「泰伯可謂至德」。曰：這是於「民無得而稱焉」處見，人都不去看這一句。如此，則夫子只說至德一句便了，何必更下此六箇字？公更子細去看這一句，煞有意思。義剛言：夫子稱泰伯以至德，稱文王亦以至德，稱武王則曰未盡善。若以文王比武王，則文王爲至德；若以泰伯比文王，則泰伯爲至德。文王三分天下有其二，比泰伯已是不得全這一心了。曰：是如此。義剛又言：泰伯若居武王時，牧野之師也自不容已。蓋天命人心到這裏無轉側處了。曰：却怕泰伯不肯恁地做。聖人之制行不同，或遠或近，或去或不去。雖是說他心只是一般，然也有做得不同處。范益之問：文王如何？曰：似文王也自不肯恁地做了。縱使文王做時，也須做得較詳緩。武王做得大，故粗暴。當時紂既投火了，武王又却親自去斫他頭來梟起。若文王，恐不肯恁地。這也難說。武王當時做得也有未盡處，所以東坡說他不是聖人。雖說得太過，然畢竟是有未盡處。義剛曰：武王既殺了紂，有微子賢可立，何不立之？而必自立，何也？先生不答，但蹙眉。再言：這事也難説。義剛。

陳仲亨説「至德」，引義剛前所論者爲疑。曰：也不是不做這事，但他做得較雍容和緩，不似武王様暴。泰伯則是不做底。若是泰伯當紂時，他也只是爲諸侯。太王翦商，自是他周人恁地説。若無此事，他豈肯自誣其祖！左氏分明説「泰伯不從」，不知不從甚麽事。東坡言：「三分天下有其二，文王只是不管他。」此説也好。但文王不是無思量，觀他戡黎伐崇之類時，也顯然是在經營。又曰：公劉時得一上做得盛，到太王被狄人苦楚時又衰了，太王又旋來那岐山下做起家計。但岐山下却亦是商經理不到處，亦是空地。當時邠也只是一片荒凉之地，所以他去那裏輯理起來。義剛。

問：泰伯之讓，知文王將有天下而讓之乎？抑知太王欲傳之季歷而讓之乎？曰：泰伯之意却不是如此。只見太王有翦商之志，自是不合他意。且度見自家做不得此事，便掉了去。《左傳》謂：「泰伯不從，是以不嗣。」不從，即是不從太王翦商事耳。泰伯既去，其勢只傳之季歷，而季歷傳之文王。泰伯初來意思正是相反，❶至周得天下，又都是相成。就處看，周内有泰伯、虞仲，外有伯夷、叔齊，皆是一般所見，不欲去圖商。寓。

問：泰伯知太王有取天下之志，而王季又有聖子，故讓去。曰：泰伯惟是不要太王有天下。或問：太王有翦商之志，果如此否？曰：《詩》裏分明説「實始翦商」。又問：恐《詩》是推本得天下之由如此。

❶「意思」，萬曆本作「思量」。

曰：若推本説，不應下「實始翦商」。看左氏云：「泰伯不從，是以不嗣。」這甚分明。這事也難説。他無所據，只是將孔子稱泰伯「可謂至德也已矣」，是與稱文王一般。泰伯、文王、伯夷、叔齊是「行一不義、殺一不辜而得天下不爲」底道理，太王、湯、武是「弔民伐罪，爲天下除殘賊」底道理。常也是道理合如此，變也是道理合如此，其實只是一般。又問：堯之讓舜，禹之傳子，湯放桀，武王伐紂，周公誅管、蔡，何故聖人所遇都如此？先生笑曰：後世將聖人做模範，却都如此差異，信如公問。然所遇之變如此，到聖人處之皆恁地，所以爲聖人。故曰「遭變事而不失其常」。孔子曰：「可與適道，未可與立；可與立，未可與權。」公且就平平正正處看。賀孫。

吴伯英問：泰伯知太王欲傳位季歷，故斷髮文身逃之荆蠻，示不復用，固足以遂其所志，其如父子之情何？曰：到此却顧恤不得。父子、君臣，一也。太王見商政日衰，知其不久，是以有翦商之意，亦至公之心也。至於泰伯，則惟知君臣之義截然不可犯也，是以不從。二者各行其心之所安，聖人未嘗説一邊不是，亦可見矣。或曰斷髮文身乃仲雍也，泰伯則端委以治吴。然吴之子孫皆仲雍之後，泰伯蓋無後也。壯祖。

問泰伯事。曰：這事便是難。若論有德者興，無德者亡，則天命已去，人心已離，便當有革命之事。畢竟人之大倫，聖人且要守得這箇。看聖人反覆嘆詠泰伯及文王事，而於武又曰未盡善，皆是微意。夔孫。

因説泰伯讓，曰：今人纔有些子讓，便惟恐人之不知。

伯豐問：《集注》云「太王因有翦商之

志」。恐《魯頌》之説，只是推本之辭，今遂據以爲説，可否？曰：《詩》中分明如此説。又問：如此，則太王爲有心於圖商也。曰：此是難説。《書》亦云：「太王肇基王跡。」又問：太王方爲狄人所侵，不得已而遷岐，當時國勢甚弱，如何便有意於取天下？曰：觀其初遷底規模，便自不同。規模才立，便張大。如文王伐崇、伐密，氣象亦可見。然文王猶服事商，所以爲至德。㽦。

○《集注》。

「泰伯」章所引其心即夷、齊之心，而事之難處有甚焉者，不是説遜國事，自是説夷、齊諫武王，不信便休，無甚利害。若泰伯不從剪商之志，却是一家内事，與諫武王不同。所以謂之難處，非説遜國事也。《集注》説亦未分曉耳。明作。

泰伯之心，即伯夷叩馬之心；太王之心，即武王孟津之心。二者「道並行而不相悖」。然聖人稱泰伯爲至德，謂武爲未盡善，亦自有抑揚。蓋泰伯、夷、齊之事，天地之常經，而太王、武王之事，古今之通義，但其間不無些子高下。若如蘇氏用三五百字罵武王非聖人，則非矣。於此二者中，須見得「道並行而不悖」處，乃善。因問：泰伯與夷、齊心同，而謂事之難處有甚焉者，何也？曰：夷、齊處君臣間，道不合則去；泰伯處父子之際，又不可露形迹，只得不分不明且去。某書謂太王有疾，泰伯採藥不返，疑此時去也。銖。

問：泰伯讓天下，與伯夷、叔齊讓國，其事相類，何故夫子一許其得仁，一許其至德。二者豈有優劣耶？曰：亦不必如此。泰伯初未嘗無仁，夷、齊初未嘗無德。壯祖。

問：「三以天下讓」，程言：「不立，一

也；逃之，二也；文身，三也。」不知是否？曰：據前輩說，亦難考。他當時或有此三節，亦未可知。但古人辭讓，必至再三，想此只是固讓。寓。○《集義》。

恭而無禮章

禮只是理，只是看合當恁地。若不合恭，後却必要去恭，則必勞；若合當謹，後謹則不葸；若合當勇，後勇則不亂；若不當直，後却須要直，如證羊之類，便是絞。義剛。

問：「故舊不遺，則民不偷」，蓋人皆有此仁義之心。篤於親，是仁之所發，故我篤於親，則民興仁；篤故舊，是義之發，故不遺故舊，則民興義。是如此否？曰：看「不偷」字，則又似仁，大概皆是厚底意思。不遺故舊，固是厚。這「不偷」也是厚，却難把做義說。義剛。

問：「君子篤於親」，與恭、謹、勇、直處意自別。橫渠說如何？曰：橫渠這說，且與存在，某未敢決以爲定。若做一章說，就橫渠說得似好。他就大處理會，便知得品節如此。問：橫渠說「知所先後」，先處是「篤於親」與「故舊不遺」？曰：然。問：他却將恭、慎等處入在後段說，是如何？曰：就他說，人能「篤於親」與「不遺故舊」，他大處自能篤厚如此，到節文處必不至大段有失。他合當恭而恭，必不至於勞；謹慎必不至於畏縮；勇直處亦不至於失節。若不知先後，要做便做，更不問有六親眷屬，便是證父攘羊之事。寓。○《集注》。

鄭齊卿問《集注》舉橫渠說之意。曰：他要合下面意，所以如此說。蓋有禮與篤親、不遺故舊在先，則不葸、不勞、不亂、不絞，與興仁不偷之效在後耳。要之，合分爲二章。又問「直而無禮則絞」。曰：絞如繩兩頭絞得緊，都不寬舒，則有證父攘羊之事矣。木之。

張子之説，謂先且篤於親，不遺故舊，此其大者，則恭、慎、勇、直不至難用力。此説固好，但不若吴氏分作兩邊説爲是。明作。

問：横渠「知所先後」之説，其有所節文之謂否？曰：横渠意是如此：篤於親、不遺故舊是當先者，恭慎之類却是後。必大。

曾子有疾謂門弟子章

正卿問「曾子啓手足」章。曰：曾子奉持遺體，無時不戒謹恐懼，直至啓手足之時，方得自免。這箇身己直是頃刻不可不戒謹恐懼。如所謂孝，非止是尋常奉事而已。當念慮之微有毫髪差錯，便是悖理傷道，便是不孝。只看一日之間，内而思慮，外而應接事物，是多多少少！這箇心略不檢點，便差失了。看世間是多少事，至危者無如人之心。所以曾子常常恁地「戰戰兢兢，如臨深淵，如履薄冰」。賀孫。

問曾子戰兢。曰：此只是戒謹恐懼，常恐失之。君子未死之前，此心常恐保不得，便見得人心至危。且説世間甚物事似人心危？且如一日之間，内而思慮，外而應接，千變萬化，劄眼中便走失了，劄眼中便有千里萬里之遠。所謂「人心惟危，道心惟微」。只理會這箇道理分曉，自不危。「惟精惟一」，便是守在這裏；「允執厥中」，便是行將去。㝢。

曾子曰：「戰戰兢兢，如臨深淵，如履薄冰。」此乃敬之法。此心不存，則常昏矣。

今人有昏睡者，遇身有痛癢則蹶然而醒，蓋心所不能已，則自不至於忘。《中庸》戒謹恐懼，皆敬之意。洽。

時舉讀問目。曰：依舊有過高傷巧之病，切須放令平實。曾子啓手足是如此説固好，但就他保身上面看，自極有意思也。時舉。

曾子有疾孟敬子問之章

問：「正顏色，斯近信矣。」此其形見於顏色者如此之正，則其中之不妄可知，亦可謂信實矣。而只曰「近信」何故？曰聖賢説話也寬，也怕有未便恁地底。義剛。

問：「正顏色，斯近信」，如何是近於信？曰：近是其中有這信，與行處不違背。多有人見於顏色自恁地，而中却不恁地者。如「色厲而内荏」，「色取仁而行違」，皆是外面有許多模樣，所存却不然，便與信遠了。只將不好底對看便見。寓。

「出辭氣，斯遠鄙倍」，是脩辭立其誠意思。賀孫。

「出辭氣」，人人如此，工夫却在下面。如「非禮勿視，非禮勿聽」，人人皆然，工夫却在「勿」字上。泳。

毅父問「遠暴慢」章。曰：此章「暴慢」、「鄙倍」等字，須要與他看。暴是粗厲，慢是放肆。蓋人之容貌少得和平，不暴則慢。暴是剛者之過，慢是寬柔者之過。鄙是凡淺，倍是背理。今人之議論，有見得雖無甚差錯，只是淺近者，此是鄙。又有説得甚高，而實背於理者，此是倍。不可不辨也。時舉。

仲蔚説「動容貌」章。曰：暴慢底是大

故粗。「斯近信矣」，這須是裏面正後顔色自恁地正，方是近信。若是「色取仁而行違」，則不是信了。倍，只是倍於理。出辭氣時，須要看得道理如何後方出，則不倍於理。問：三者也似只一般樣。曰：是各就那事上説。又問：要恁地，不知如何做工夫？曰：只是自去持守。池録作：只是隨事去持守。○義剛。

「君子所貴乎道者三」一章，是成就處。升卿。○以下總論。

「君子所貴乎道者三」，此三句説得太快，大概是養成意思較多。賜。

陳寅伯問「君子所貴乎道者三」。曰：且只看那「所貴」二字，莫非道也。如「籩豆之事」亦是道，但非所貴。君子所貴，只在此三者。「動容貌，斯遠暴慢矣」，「斯」字來得甚緊。動容貌，便須遠暴慢；正顔色，便須近信；出辭氣，便須遠鄙倍。人之容貌，只有一箇暴慢。雖淺深不同，暴慢則一。如人狠戾固是暴，稍不温恭亦是暴；如人倨肆固是慢，稍或怠緩亦是慢。正顔色而不近信，却是色莊。信，實也。正顔色，便須近實。鄙，便是説一樣卑底説話。倍，是逆理。辭氣只有此二者。❶ 因曰：不易。孟敬子當時寫得如此好。❷ 或云：想曾子病亟，門人多在傍者。曰：恐是如此。因説：看文字，須是熟後到自然脱落處方是。某初看此，都安排不成。按得東頭西頭起，按得前面後面起。到熟後全不費力。要緊處却在那「斯」字、「矣」字這般閑字上。此一段，程門只有尹和静看得出。孔子曰：

❶「者」，萬曆本作「句」。

❷「寫」，萬曆本作「焉」。

「學而時習之，不亦説乎！」若熟後，真箇使人説！今之學者，只是不深好後不得其味，只是不得其味後不深好。文蔚。

敬之問此章。曰：「君子所貴乎道者三」，是題目一句。下面要得動容貌，便能遠暴慢；要得正顔色，便近信；出辭氣，便遠鄙倍。要此，須是從前做工夫。植。

問「君子所貴乎道者三」。曰：此言君子存養之至，然後能如此。一出辭氣，便自能遠鄙倍；一動容貌，便自能遠暴慢；正顔色，便自能近信；所以爲貴。若學者，則雖未能如此，當思所以如此。然此亦只是説效驗，若作工夫，則在此句之外。雉。

楊問：「君子所貴乎道者三」，若未至此，如何用工？曰：只是就容貌、辭色之間用工，更無別法。但上面臨時可做，下面臨時做不得，須是熟後能如此。初間未熟時，雖蜀本淳録作「須」字。是動容貌，到熟後自然遠暴慢；雖是正顔色，到熟後自然近信；雖是出辭氣，到熟後自然遠鄙倍。寓。○淳録此下云：辭是言語，氣是聲音，出是從這裏出去，三者是我身上事要得如此。籩豆雖是末，亦道之所在，不可不謹。然此則有司之事，我只理會身上事。

「動容貌，斯遠暴慢；正顔色，斯近信；出辭氣，斯遠鄙倍。」須要理會如何得動容貌便會遠暴慢，正顔色便會近信，出辭氣便會遠鄙倍。須知得曾子如此説，不是到動容貌、正顔色、出辭氣時，方自會恁地；須知得工夫在未動容貌、未正顔色、未出辭氣之前。又云：正顔色，若要相似説，合當着得箇遠虛僞矣。「動」、「出」都説自然，惟「正」字却似方整頓底意思。蓋緣是正顔色，亦有假做恁地内實不然者。若容貌之動，辭氣之出，却容僞不得。賀孫。

問「君子所貴乎道者三」。曰：看來三者，只是「非禮勿視，非禮勿聽，非禮勿言，非禮勿動」。又問：要之，三者以涵養爲主？曰：涵養便是。只這三者，便是涵養地頭。但動容貌、遠暴慢便是，不遠暴慢便不是；正顔色、近信便是，不近信便不是。燾。

「君子所貴乎道者三」。或云：須是工夫持久，方能得如此否？曰：不得。人之資稟各不同，資質好者，纔知得便把得定，不改變；資質遲慢者，須大段着力做工夫方得。因舉徐仲車從胡安定學，一日頭容少偏，安定忽厲聲云：「頭容直！」徐因思不獨頭容直，心亦要直，自此不敢有邪心。又舉小南和尚偶靠倚而坐，其師見之，厲聲叱之曰：「恁地無脊梁骨！」小南聞之聳然，自此終身不靠倚坐。這樣人都是資質美，所以一撥便轉，終身不爲。僩。

問：所謂「暴慢」、「鄙倍」，皆是指在我者言否？曰：然。曰：所以動容貌而暴慢自遠者，工夫皆在先歟？曰：此只大綱言人合如此。固是要平日曾下工夫，然即今亦須隨事省察，不令間斷。廣。

叔京來問「所貴乎道者三」。因云：正、動、出時也要整齊，平時也要整齊。方云：乃是敬貫動静。曰：到頭底人，❶言語無不貫動静者。方。

或問：遠與近意義如何？曰：曾子臨終，何嘗又安排下這字如此？但聖賢言語自如此耳。不須推尋不要緊處。

「動容貌，斯遠暴慢」，是爲得人好；「正顔色，斯近信」，是顔色實；「出辭氣，斯遠鄙倍」，是出得言語是。「動」、「正」、「出」

❶「到」，萬曆本作「恁」。

三字，皆是輕説過。君子所貴於此者，皆平日功夫所至，非臨事所能捏合。「籩豆之事」，雖亦莫非道之所在，然須先擇切己者爲之。如有《關雎》、《麟趾》之意，便可行《周官》法度；又如盡得「皇極」之五事，便有庶證之應。❶以「籩豆之事」告孟敬子，必其所爲有以煩碎爲務者。謨。

「君子所貴乎道者三」，言道之所貴者有此三事便對了。道之所賤者，「籩豆之事」，非不是道，乃道之末耳。如動容貌、正顔色、出辭氣，須是平日先有此等工夫，方如此效驗。「動容貌，斯遠暴慢矣」，須只做一句讀。「斯」字只是箇自然意思。❷龜山解此一句，引曾子脩容「閽人避之」事，却是他人暴慢，❸全説不着。人傑。

問「君子所貴乎道者三」至「籩豆之事則有司存」。曰：以道言之，固不可謂此爲道，❹彼爲非道。然而所貴在此，則所賤在彼矣；其本在此，則其末在彼矣。人傑。

「君子所貴乎道者三」，乃是切於身者。若「籩豆之事」，特有司所職掌耳。今人於制度文爲一一致察，未爲不是。然却於大體上欠闕，則是棄本而求末也。人傑。

問「君子所貴乎道者三」。曰：學者觀此一段，須看他兩節。先看「所貴乎道者」是如何，這箇是所貴所重者。至於一籩一豆，皆是理，但這箇事自有人管，我且理會箇大者。且如今人講明制度名器，皆是當然，非不是學，但是於自己身上大處却不曾理會，何貴於學？先生因言：近來學者多

❶「證」，萬曆本作「徵」。
❷「箇」字，萬曆本無。
❸「暴」，萬曆本作「恭」。
❹「固」，萬曆本作「則」。

務高遠，不自近處着工夫。有對者曰：近來學者誠有好高之弊。有問伊川：「如何是道？」伊川曰：「行處是。」又問明道：「如何是道？」明道令於父子、君臣、兄弟上求。諸先生言如此，初不曾有高遠之説。曰：明道之説固如此。然父子、兄弟、君臣之間，各有一箇當然之理，是道也。謙之。

義剛説「君子所貴乎道者三」一章畢，因曰：道雖無所不在，而君子所重，則止此三事而已。這也見得窮理則不當有小大之分，行己則不能無緩急先後之序。先生曰：這様處也難説。聖賢也只大概説在這裏。而今説不可無先後之序固是，但只揀得幾件去做，那小底都不照管，也不得。義剛因言：義剛便是也疑，以爲古人事事致謹，如所謂「克勤小物」，豈是盡視爲小而不管？曰：這但是説此三事爲最重耳。若是其他，也不是不管。只是説人於身己上事都不照管，却只去理會那籩豆等小事，便不得。言這箇自有司在，但責之有司便得。若全不理會，將見以籩爲豆，以豆爲籩，都無理會了。田子方謂魏文侯曰：「君明樂官，不明樂音。」此説固好，但某思之，人君若不曉得那樂，却如何知得那人可任不可任？這也須曉得，方解去任那人，方不被他謾。如籩豆之類，若不曉，如何解任那有司？若籩裏盛有汁底物事，豆裏盛乾底物事，自是不得。也須着曉始得，但所重者是上面三事耳。義剛。

舜功問「君子所貴乎道者三」。曰：動容貌，則能遠暴慢；正顏色，則能近信；出辭氣，則能遠鄙倍。所貴者在此。至於籩豆之事，雖亦道之所寓，然自有人管了，君子只脩身而已。蓋常人容貌不暴則多慢，顔色易得近色莊，言語易得鄙而倍理。前人愛説「動」字、「出」字、「正」字上有工夫，看得來不消如此。璘。

正卿問：「正顔色」之「正」字，獨重於「動」與「出」字，何如？曰：前輩多就「動」、「正」、「出」三字上説，一向都將三字重了。若從今説，便三字都輕，却不可於中自分兩様。某所以不以彼説爲然者，緣看文勢不恁地。「君子所貴乎道者三」，是指夫道之所以可貴者爲説，故云道之所以可貴者有三事焉，故下數其所以可貴之實如此。若禮文器數，自有官守，非在所當先而可貴者。舊説所以未安者，且看世上人雖有動容貌者，而便辟足恭，不能遠暴慢；雖有正顔色者，而「色取仁而行違」，多是虛僞不能近信；雖有出辭氣者，而巧言飾辭，不能遠鄙倍，這便未見得道之所以可貴矣。道之所以可貴者，惟是動容貌，自然便會遠暴慢；正顔色，自然便會近信；出辭氣，自然便會遠鄙倍，此所以貴乎道者此也。又云：三句最是「正顔色，斯近信」見得分明。賀孫。

或問：「君子所貴乎道者三」，如何？曰：「動容貌」、「正顔色」、「出辭氣」，前輩不合將做用工處，此只是涵養已成效驗處。「暴慢」、「鄙倍」、「近信」，皆是自己分内事。惟「近信」不好理會。蓋君子才正顔色，自有箇誠實底道理，異乎「色取仁而行違」者也。所謂「君子所貴乎道者三」，道雖無乎不在，然此三者乃脩身之效、爲政之本，故可貴。容貌是舉一身而言，顔色乃見於面顔者而言。又問：三者固是效驗處，然不知於何處用工？曰：只平日涵養便是。去僞。

某病中思量：曾子當初告孟敬子「人之將死，其言也善」，只説出三事。曾子當時有多少好話，到急處都説不辨，只撮出三項如此。這三項是最緊要底。若説這三事上更做得工夫，上面又大段長進。便不長進也做得箇聖賢坯模，雖不中，不遠矣。恪。

「所貴乎道者三」。禮亦是道，但道中所貴此三者在身上。李先生云：「曾子臨死空洞中只餘此念。」方。

或講「所貴乎道者三」。曰：不必如此説得巧。曾子臨死時説話，必不暇如此委曲安排。必大。

注云：「暴，粗厲也。」何謂粗厲？曰：粗，不精細也。節。○《集注》。

問：先生舊解以三者爲「脩身之驗、爲政之本，非其平日莊敬誠實存省之功積之有素，則不能也」。專是做效驗説。如此，則「動」、「正」、「出」三字只是閑字。後來改本以「驗」爲「要」，「非其」以下改爲「學者所當操存省察，而不可有造次頃刻之違者也」。如此，則工夫却在「動」、「正」、「出」三字上，如上蔡之説而不可以效驗言矣。某疑「動」、「正」、「出」三字，不可以爲做工夫字。「正」字尚可説，「動」字、「出」字豈可以爲工夫耶？曰：這三字雖不是做工夫底字，然便是做工夫處。正如着衣喫飯，其「着」其「喫」，雖不是做工夫，然便是做工夫處。此意所争，只是絲髮之間，要人自認得。舊來解以爲效驗，語似有病，故改從今説。蓋若專以爲平日莊敬持養方能如此，則不成未莊敬持養底人，便不要「遠暴慢」、「近信」、「遠鄙倍」！便是舊説「效驗」字太深，有病。僩。

「君子所貴乎道者三」以下三節，是要

得恁地，須是平日莊敬工夫到此，方能恁地。若臨時做工夫，也不解恁地。植因問：明道「動容周旋中禮」、「正顔色則不妄」、「出辭氣正由中出」，又仍是以三句上半截是工夫，下半截是功效。曰：不是。所以恁地，也是平日莊敬工夫。植。

問：「動」也，「正」也，「出」也，不知是心要得如此，還是自然發見氣象？曰：上蔡諸人皆道此是做工夫處，看來只當作成效説，涵養莊敬得如此。工夫已在前了，此是效驗。動容貌，若非涵養有素，安能便免暴慢？正顔色，非莊敬有素，安能便近信？信，是信實，表裏如一。色，有「色厲而内荏」者，「色莊」者，「色取仁而行違」者，苟不近實，安能表裏如一乎？問：「正」者，是着力之辭否？曰：亦着力不得。若不到近實處，正其顔色，但見作僞而已。問：「遠」之字義如何？曰：遠，便是無復有這氣象。問：正顔色既是功效到此，則宜自然而信，却言「近信」，何也？曰：這也是對上「遠」字説。寓。○《集義》。

問：君子道者三章，謝氏就「正」、「動」、「出」上用工。竊謂此三句，其要緊處皆在「斯」字上。❶蓋「斯」者，便自然如此也。才動容貌，便自然遠暴慢。非平昔涵養之熟，何以至此！此三句乃以效言，非指用功地步也。曰：是如此。柄。

舜功問：動容貌，如何遠暴慢？曰：人之容貌，非暴則慢，得中者極難，須是遠此，方可。此一段，上蔡説亦多有未是處。

問：「其言也善」，何必曾子？天下自有一等人臨死言善。通老云：「聖賢臨死不

❶「在」，萬曆本作「是」。

亂。」曰：聖賢豈可以不亂言？曾子到此愈極分明，易簀事可見。然此三句，亦是由中以出，不是外向闕撰得成。可學。

「動容貌」、「出辭氣」。先生云：只伊川語解平平説，未有如此張筋努力意思。謂上蔡語。○方。

曾子曰以能問於不能章

陳仲亨説「以能問於不能」章。曰：想是顔子自覺得有未能處，但不比常人十事曉得九事，那一事便不肯問人。觀顔子「無伐善，無施勞」，看他也是把此一件做工夫。又問：「君子人與」，是才德出衆之君子？曰：「託六尺之孤」，「寄百里之命」，才者能之；「臨大節而不可奪」，則非有德者不能也。義剛。

舉問「犯而不校」。曰：不是着意去容他，亦不是因他犯而遂去自反。蓋其所存者廣大，故人有小小觸犯處，自不覺得，何暇與之校耶？時舉。

「不校」，是不與人比校强弱勝負，道我勝你負、我强你弱。如上言「以能問於不能」之類，皆是不與人校也。燾。

子善問：「犯而不校」，恐是且點檢自家，不暇問他人。曰：不是如此。是他力量大，見有犯者，如蚊虫虱子一般，何足與校！如汪汪萬頃之陂，❶澄之不清，撓之不濁。亞夫問：黄叔度是何樣底人？曰：當時亦是衆人扛得如此，看來也只是篤厚深遠底人。若是有所見，亦須説出來。且如顔子是一箇不説話底人，有箇孔子説他好。

❶「陂」，萬曆本作「波」。

若孟子，無人印證他，他自發出許多言語。豈有自孔、孟之後至東漢黄叔度時，已是五六百年，若是有所見，亦須發明出來，安得言論風旨全無聞。亞夫云：郭林宗亦主張他。曰：林宗何足憑。且如元德秀在唐時也非細，及就《文粹》上看，他文章乃是説佛。南升。

顔子犯而不校，是成德事。孟子三自反，却有着力處。學者莫若且理會自反，却見得自家長短。若遽學不校，却恐儱侗都無是非曲直，下梢於自己分却恐無益。端蒙。

或問：「犯而不校。」若常持不校之心，如何？曰：此只看一箇公私、大小，故伊川云：「有當較者，❶順理而已。」方子。

大丈夫當容人，勿爲人所容。顔子犯而不校。○子蒙。

問：如此已是無我了。《集注》曰：「非幾於無我者不能。」何也？曰：聖人則全是無我。顔子却但是不以我去壓人，却尚有箇人與我相對在，聖人和人我都無。義剛。

問：「幾於無我」，「幾」字莫只是就從事一句上可見耶？抑併前五句皆可見耶？「犯而不校」，則亦未能無校，此可見非聖人事矣。曰：顔子正在着力未着力之間，非但此處可見，只就從事上看便分明，不須更説無校也。

曾子曰可以託六尺之孤章

聖人言語自渾全温厚。曾子便恁地剛，有孟子氣象。如「可以託六尺之孤，可以寄百里之命，臨大節而不可奪」等語，見

❶「較」，萬曆本作「校」。

得曾子直是峻厲。淳。

問：「可以託六尺之孤」云云，不知可見得伊、周事否？曰：伊、周亦未足道。此只說有才志氣節如此，亦可爲君子之事。又問：下此一等，如平、勃之入北軍迎代王，霍將軍之擁昭立宣，可當此否？曰：這也隨人做。聖人做出，是聖人事業；賢人做出，是賢人事業；中人以上，是中人以上事業。這通上下而言。「君子人與？君子人也。」上是疑詞。如平、勃當時，這處也未見得。若誅諸呂不成，不知果能死節否？古人這處，怕亦是幸然如此。如藥殺許后事，光後來知，却含胡過。似這般所在，解「臨大節而不奪」否？恐未必然。因言：今世人多道東漢名節無補於事。某謂三代而下，惟東漢人才，大義根於其心，不顧利害，生死不變其節，自是可保。未説公卿大臣，且如當時郡守懲治宦官之親黨，雖前者既爲所治，而來者復蹈其迹，誅殛竄戮，項背相望，略無所創。今士大夫顧惜畏懼，何望其如此！平居暇日，琢磨淬厲，緩急之際，尚不免於退縮。况游談聚議，習爲軟熟，卒然有警，何以得其伏節死義乎？❶大抵不顧義理，只計較利害，皆奴婢之態，殊可鄙厭。又曰：東坡議論雖不能無偏頗，其氣節直是有高人處。如說孔北海、曹操使人凜凜有生氣。又曰：如前代多有幸而不敗者。如謝安，桓温入朝，已自無策，從其廢立。九錫已成，但故爲遷延，以俟其死。不幸而病小甦，則將何以處之？擁重兵上流而下，何以當之？於此看謝安果可

❶「伏」，萬曆本作「仗」。

當伏節死義之資乎？❶寓曰：坦之倒持手板，而安從容閑雅，似亦有執者。曰：世間自有一般心膽大底人。如廢海西公時，他又不能拒，廢也得，不廢也得，大節在那裏。寓。○砥録略。

正卿問：「可以託六尺之孤」至「君子人也」，此本是兼才節説，然緊要處却在節操上。曰：不然。三句都是一般説。須是才節兼全，方謂之君子。若無其才而徒有其節，雖死何益？如受人託孤之責，自家雖無欺之之心，却被別人欺了，也是自家不了事，不能受人之託矣。如受人百里之寄，自家雖無竊之之心，却被别人竊了，也是自家不了事，不能受人之寄矣。自家徒能臨大節而不可奪，却不能了得他事，雖能死，也只是箇枉死漢，濟得甚事！如晉之荀息是也。所謂君子者，豈是斂手並脚底村人耶！❷故伊川説：「君子者，才德出衆之名。」孔子曰：「君子不器。」既曰君子，須是事事理會得方可，若但有節而無才，也唤做好人，只是不濟得事。僩。

正卿問「託六尺之孤」一章。曰：「百里之命」，只是「命令」之「命」。「託六尺之孤」，謂輔幼主；「寄百里之命」，謂攝國政。曰：如霍光當得此三句否？曰：霍光亦當得上面兩句，至如許后之事，則大節已奪了。曰：託孤寄命，雖資質高者亦可及；臨大節而不可奪，非學問至者恐不能。曰：資質高底也都做得，學問到底也都做得。大抵是上兩句易，下一句難。譬如説「有猷、有爲、有守」，託孤寄命是有猷、有爲；

❶「伏」，萬曆本作「仗」。
❷「並」，萬曆本作「束」。

臨大節而不可奪，却是有守。霍光雖有爲、有猷矣，只是無所守。恪。

託六尺之孤，寄百里之命，是才；臨大節不可奪，是德。如霍光可謂有才，然其毒許后事，便以愛奪了。燕慕容恪是慕容暐之霍光，其輔幼主也好，然知慕容評當去而不去之，遂以亂國。此也未是。惟孔明能之。賜。○夔孫同。

問「君子人與？君子人也」。曰：所謂君子，這三句都是不可少底。若論文勢，却似「臨大節不可奪」一句爲重。然而須是有上面「託六尺之孤」、「寄百里之命」，却「臨大節而不可奪」，方足以爲君子。此所以有結語也。燾。

問：「可以託六尺之孤，可以寄百里之命」，又能「臨大節而不可奪」，方可謂之君子，是如此看否？曰：固是。又問：若徒能臨大節不可奪，而才力短淺，做事不得，如荀息之徒，僅能死節而不能止難，要亦不可謂之君子？曰：也是不可謂之君子。義剛。

問：胡文定以荀息爲「可以託六尺之孤，寄百里之命，臨大節而不可奪」，如何？曰：荀息便是不可以託孤寄命了。問：聖人書荀息，與孔父、仇牧同辭，何也？曰：聖人也且是要存得箇君臣大義。夔孫。

問「君子才德出衆之名」。曰：有德而有才，方見於用。如有德而無才，則不能爲用，亦何足爲君子。「君子人與」章伊川說。○燾。

曾子曰士不可以不弘毅章

「弘毅」二字，「弘」雖是寬廣，却被人只把做度量寬容看了，便不得。且如「執德不弘」之「弘」，便見此「弘」字，謂如人有許多道理。❶及至學來，下梢却做得狹窄了，便是不弘。蓋緣只以己爲是，凡他人之言，便做説得天花亂墜，我亦不信，依舊只執己是。可見其狹小，何緣得弘？須是不可先以别人爲不是，凡他人之善，皆有以受之，集衆善之謂弘。伯豐問：是「寬以居之」否？曰：然。如「人能弘道」，却是以「弘」爲開廓，「弘」字却是作用。畬。○專論「弘」。

問「弘毅」之「弘」。曰：弘是寬廣，事事着得。道理也着得，事物也着得；事物逆來也着得，順來也着得；富貴也着得，貧賤也着得。看甚麽物事來，掉在裏面，都不見形影了。僩。

「弘」字只對「隘」字看，❷便見得。如看文字相似，只執一説，見衆説皆不復取，便是不弘。若是弘底人，便包容衆説。又非是於中無所可否。包容之中，又爲判别，此便是弘。植。

弘有耐意。如有一行之善，便道我善了，更不要進；能些小好事，便以爲只如此足矣，更不向前去，皆是不弘之故。如此其小，安能擔當得重任？淳。

所謂「弘」者，不但是放令公平寬大，容受得人，須是容受得許多衆理。若執着一見，便自以爲是，他説更入不得，便是滯於一隅，如何得弘？須是容受軋捺、得衆理方得。謙之。

恭甫問：弘是心之體，毅是心之力。曰：心體是多少大？大而天地之理，纔要思量，便都在這裏。若是世上淺心私己底

❶「如」，萬曆本作「爲」。
❷「對」，萬曆本作「將」。

人，有一兩件事，便着不得。賀孫。

問「如何是弘」。曰：計較小小利害，小小得失，褊隘，如公欲執兩事終身行之，皆是不弘。說道自家不敢承當，說道且據自己所見，皆是不弘。節。

「士不可以不弘毅」。❶這曾子一箇人，只恁地，他肚裏却着得無限。今人微有所得，欣然自以爲得。祖道。

毅，是立脚處堅忍强厲，擔負得去底意。升卿。○以下兼論「毅」。

敬之問：弘是容受得衆理，毅是勝得箇重任？曰：弘乃能勝得重任，毅便是能擔得遠去。弘而不毅，雖勝得任，却恐去前面倒了。時舉。

問：弘是寬容之義否？曰：固是。但不是寬容人，乃寬容得義理耳。「毅」字，曾子以任重言之。人之狹隘者，只守得一義一理便自足。既滯一隅，却如何能任重？必能容納吞受得衆理，方是弘也。必大。

仲蔚問「弘毅」。曰：弘不只是有度量能容物之謂，正是「執德不弘」之「弘」，是無所不容。心裏無足時，不說我德已如此便住。如無底之谷，擲一物於中，無有窮盡。若有滿足之心，便不是弘。毅是忍耐持守，着力去做。義剛。

問「弘毅」。曰：弘是寬廣耐事，事事都著得。道理也著得多，人物也著得多。若著得這一箇，著不得那一箇，便不是弘。且如有兩人相爭，須是寬著心都容得，始得。若便分別一人是、一人非，便不得。或兩人都是，或兩人都非，或是者非，非者是，皆不可知。道理自是箇大底物事，無

❶ 下「不」字，原無，今據四庫本補。

所不備，無所不包。若小著心，如何承載得起？弘了却要毅。弘則都包得在裏面了，不成只恁地寬廣。裏面又要分别是非，有規矩，始得。若只恁地弘，便没倒斷了。任重是擔子重，非如任天下之任。又曰：若纔小著這心，便容兩箇不得。心裏只著得一箇，這兩箇便相挂礙在這裏，道理也只著得一説，事事都只著得一邊。○僩。

問：曾子弘毅處，不知爲學工夫久方會恁地，或合下工夫便着恁地？曰：便要恁地。若不弘不毅，難爲立脚。問：人之資禀偏駁，如何便要得恁地？曰：既知不弘不毅，便警醒，令弘毅，如何討道理教他莫恁地？弘毅處固未見得，若不弘不毅處亦易見。不弘，便急迫狹隘，不容物，只安於卑陋。不毅，便傾東倒西，既知此道理當恁地，既不能行又不能守；知得道理不當恁地，却又不能割捨。除却不弘便是弘，除了不毅便是毅。這處亦須是見得道理分曉，磊磊落落。這箇都由我處置，要弘便弘，要毅便毅。如多財善賈，須多蓄得在這裏，看我要買也得，要賣也得。若只有十文錢在這裏，如何處置得去？又曰：聖人言語自渾全温厚。曾子便有圭角，如「士不可以不弘毅」，如「可以託六尺之孤」云云，見得曾子直是恁地剛硬。孟子氣象大抵如此。寓。○淳録云：徐問：弘毅是爲學工夫久方能如此，抑合下便當如此？曰：便要弘毅，皆不可一日無。曰：人之資禀有偏，何以便能如此？曰：只知得如此，便警覺那不如此，更那裏别尋討方法去醫治他。弘毅處亦難見，不弘不毅却易見。不弘，便淺迫，便窄狹，不容物，便安於卑陋。不毅，便倒東墜西，見道理合當如此，又不能行，不能守，見道理不當如此又不能捨，不能去。只除了不弘，便是弘；除了不毅，便是毅。非别討一弘毅來。然亦須是見道理極分曉，磊磊落落在這裏，無遁情。病痛來，便都由自家處置，要弘便弘，要毅便毅。如多財善賈，都蓄在這裏，要買便買，要賣便賣。若止有十文錢在此，❶則如何處置得？○砥録云：居父問：「士不可不弘毅。」學者合下當便弘毅，將德盛業成而後至此？曰：合下便當弘毅，不可一日無也。又問：如何得弘毅？曰：但只去其不弘不毅，便自然弘毅。弘毅雖難見，自家不弘不毅處却易見。常要點檢。❷若卑狹淺隘，不能容物，安於固陋，便是不弘。不毅處病痛更多，知理所當爲而不爲，知不善之不可爲而不去，便是不毅。又曰：孔子所言，自渾全温厚；如曾子所言，便有孟子氣象。

問「士不可以不弘毅」。曰：弘是事事著得，如進學也要弘，接物也要弘，事事要弘。若不弘，只是見得這一邊，不見那一邊，便是不弘。只得些了便自足，便是不弘。毅却是發處勇猛，行得來强忍，是他發用處。問：後面只説「仁以爲己任」，是只成就這箇仁否？曰：然。許多道理也只是這箇仁，人也只要成就這箇仁。須是擔當得去。又問：「死而後已」，是不休歇否？曰：然。若不毅，則未死已前，便有時倒了。直到死方住。又曰：古人下字各不同，如「剛」、「毅」、「勇」、「猛」等字，雖是相似，其義訓各微不同。如適間説「推」與「充」相似。僩。

「仁以爲己任不亦重乎！死而後已，不亦遠乎！」須是認得箇仁，又將身體驗之，方真箇知得這擔子重，真箇是難。世間有兩種：有一種全不知者，固全無摸索處；又有一種知得仁之道如此大，而不肯以身任之者。今自家全不曾擔著，如何知得他重與不重？所以學不貴徒説，須要實去驗而行之方知。僩。

❶「文」，原作「來」，今據萬曆本及上文改。

❷「點檢」，萬曆本作「檢點」。

「士不可以不弘毅」，毅者，有守之意。又云：曾子之學大抵如孟子之勇。觀此「弘毅」之說與夫「臨大節不可奪」，與《孟子》「彼以其富，我以吾仁」之說，則其勇可知。若不勇，如何主張得聖道住？如《論語》載曾子之言先一章云「以能問於不能」，則見曾子弘處；又言「臨大節不可奪」，則見他毅處。若孟子，只得他剛處，却少弘大底氣象。謨。

弘而不毅，如近世龜山之學者，其流與世之常人無以異。毅而不弘，如胡氏門人，都恁地撑腸拄肚，少間都没頓着處。賀孫。

弘，寬廣也，是事要得寬闊。毅，强忍也，如云「擾而毅」，是馴擾而却毅，强而有守底意思。「弘」字，如今講學，須大著箇心，是者從之，不是者也且寬心去究。而今人才得一善，便說道自家底是了，別人底都不是，便是以先入爲主了，雖有至善，無由見得。如「執德不弘」，須是自家要弘，始得。若容民蓄衆底事，也是弘，但是外面事。而今人說「弘」字，多做「容」字說了，則這「弘」字裏面無用工處。可以此意推之。又云：弘是開闊周遍。夔孫。○《集注》。

程子說「弘」字曰「寬廣」，最說得好。此是儘耐得工夫，不急迫。如做一事，❶今日做未得，又且耐明日做。夔孫。

問：「毅」訓「强忍」，粗而言之，是硬擔當著做將去否？楊氏作力行說，正此意，但說得不猛厲明白，若不足以形容「毅」字氣象。至程子所謂「弘而無毅，則無規矩而難立」，其說固不可易。第恐「毅」字訓義，非可以有規矩言之，如何？曰：毅有忍耐

❶「事」，萬曆本作「件」。

意思。程子所云「無規矩」，是説目今，「難立」是説後來。必大。

「士不可以不弘毅。」先生舉程先生語曰：「重擔子須是硬着脊梁骨方擔荷得去。」燾。

興於詩章

或問「興於《詩》，立於禮，成於樂」。曰：「興於《詩》」，便是箇小底，「立於禮，❶成於樂」，便是箇大底。「興於《詩》」，初間只是因他感發興起得來，到成處，却是自然後恁地。又曰：古人自小時習樂，誦《詩》、學舞，不是到後來方始學《詩》、學禮、學樂。如云「興於《詩》，立於禮，成於樂」，非是初學有許多次第，乃是到後來方能如此，不是説用工夫次第，乃是得效次第如此。又曰：到得「成於樂」，是甚次第，幾與理爲一。看有甚放僻邪侈，一齊都滌盪得盡，不留些子。「興於《詩》」，是初感發這些善端起來。到「成於樂」，是刮來刮去，凡有毫髮不善，都盪滌得盡了。這是甚氣象！又曰：後世去古既遠，禮樂蕩然，所謂「成於樂」者，固不可得。然看得來只是讀書理會道理，只管將來涵泳，到浹洽貫通熟處，亦有此意思。致道云：讀《孟子》熟，儘有此意。曰：也是。只是《孟子》較感發得粗，其他書都是如此。賀孫因云：如《大學傳》「知止」章及「齊家」章，引許多《詩》語，涵泳得熟，誠有不自已處。賀孫。

亞夫問此章。曰：《詩》、禮、樂，初學時都已學了，至得力時，却有次第。樂者，能動盪人之血氣，使人有些小不善之意都

❶「立於禮」，原作「成於樂」，今據萬曆本改。

着不得，便純是天理，此所謂「成於樂」。譬如人之服藥，初時一向服了，服之既久，則耳聰目明，各自得力。此興《詩》、立禮、成樂所以有先後也。時舉。

古人學樂，只是收斂身心，令入規矩，使心細而不粗，久久自然養得和樂出來。又曰：《詩》、禮、樂，古人學時本一齊去學了，到成就得力處，却有先後。然「成於樂」，又見無所用其力。升卿。

「興於《詩》，立於禮，成於樂。」聖人做出這一件物事來，使學者聞之自然歡喜，情願上這一條路去，四方八面攛掇他去這路上行。廣。

敬之問：「興於《詩》，立於禮，成於樂」，覺得和悦之意多。曰：先王教人之法，以樂官爲學校之長，便是教人之本末都在這裏。時舉。

正卿説「興於《詩》，立於禮，成於樂」。曰：到得「成於樂」，自不消恁地淺説。成於此，是大段極至。賀孫。

只是這一心，更無他説。「興於《詩》」，興此心也；「立於禮」，立此心也；「成於樂」，成此心也。今公讀《詩》，是興起得箇甚麽？僩。

或問「成於樂」。曰：樂有五音六律，能通暢人心。今之樂雖與古異，若無此音律，則不得以爲樂矣。力行因舉《樂記》云：耳目聰明，血氣平和。曰：須看所以「聰明」、「和平」如何，不可只如此説過。力行。

「成於樂」。曰：而今作俗樂聒人，也聒得人動。况先王之樂中正平和，想得足以感動人。燾。

問：「立於禮」，禮尚可依《禮》經服行，《詩》、樂皆廢，不知興《詩》、成樂，何以致之？曰：豈特《詩》、樂無，禮也無。今只有義理在，且就義理上講究。如分別得那是非邪正，到感慨處，必能興起其善心，懲創其惡志，便是「興於《詩》」之功。涵養德性，無斯須不和不樂，直恁地和平，便是「成於樂」之功。如禮，古人這身都只在禮之中，都不由得自家。今既無之，只得硬做些規矩，自恁地收拾。如《詩》須待人去歌誦。至禮與樂，自抨定在那裏，只得自去做。荀子言：「禮樂法而不說。」更無可說，只得就他法之而已。荀子此語甚好。又問：「志於道，據於德，依於仁」，與此相表裏否？曰：也不爭多，此却有游藝一脚子。寓。○淳録云：徐問：「立於禮」，猶可用力。《詩》今難曉，樂又無，何以興成乎？曰：今既無此家具，只有理義在，只得就理義上講究。如分別是非，到感慨處，有以興起其善心，懲創其惡志，便是「興於《詩》」之功也。涵養和順，無斯須不和不樂，恁地和平，便是「成於樂」之功也。如禮，今亦無，只是便做些規矩，自恁地收斂。古人此身終日都在禮之中，不由自家。古人「興於詩」，猶有言語以諷誦。禮全無說話，只是恁地做去。樂更無說話，只是聲音節奏，使人聞之自然和平。故荀子曰：「禮樂法而不說。」曰：此章與「志於道」相表裏否？曰：彼是言德性道理，此是言事業工夫。此却是「游於藝」脚子。○道夫録云：居父問：「立於禮」猶可用力。《詩》、樂既廢，不知今何由興成之？曰：既無此家具，也只得以義理養其心。若精別義理，使有以感發其善心，懲創其惡志，便是「興於《詩》」。涵養從容，無斯須不和不樂，便是「成於樂」。今禮亦不似古人完具，且只得自存箇規矩，收斂身心。古人終日只在禮中，欲少自由亦不可得。又曰：《詩》猶有言語可諷誦。至於禮，只是夾定做去。❶樂只是使它聲音節奏自然和平，更無說話。荀子又云：「禮樂法而不說。」只有法，更無說也。或問：此章與志道、據德、依仁、游藝如何？曰：不然。彼就德性上說，此就工夫上說，只是游藝一脚意思。

「興於《詩》」，此三句上一字，謂成功而

❶「是」，萬曆本作「得」。

言也，非如「志於道」四句上一字以用功而言也。椿。

仲蔚問：「興於《詩》」與「游於藝」先後不同，如何？曰：興、立、成，是言其成；志、據、依、游，是言其用功處。夔孫録云：志、據、依，是用力處；興、立、成，是成效處。但《詩》較感發人，故在先。禮則難執守，這須常常執守是得。❶樂則如太史公所謂「動盪血氣，流通精神」者，所以涵養前所得也。問：消融查滓如何？曰：查滓是他勉强用力，不出於自然，而不安於爲之之意，聞樂則可以融化了。然樂今却不可得而聞矣。義剛。

子壽言：《論語》所謂「興於《詩》」，又云「《詩》可以興」。蓋《詩》者，古人所以詠歌情性。當時人一歌詠其言，便能了其義，故善心可以興起。今人須加訓詁，方理會得，又失其歌詠之律，如何一去看着便能興起善意？以今觀之，不若熟理會《論語》，方能興起善意也。大雅。

問：《注》言「樂有五聲十二律」，云云。「以至於義精仁熟，而自和順於道德」，不知聲音節奏之末，如何便能使「義精仁熟，和順於道德」？曰：人以五聲十二律爲樂之末，淳録云：不可謂樂之末。若不是五聲十二律，如何見得這樂？便是無樂了。淳録云：周旋揖遜，不可謂禮之末。若不是周旋揖遜，則爲無禮矣，何以見得禮？五聲十二律，皆有自然之和氣。古樂不可見，要之聲律今亦難見。然今之歌曲，亦有所謂五聲十二律，方做得曲，亦似古樂一般。如彈琴亦然。只他底是邪，古樂是正，所以不同。又問：五聲十二律，作者非一人，不知如何能和順道德？曰：

❶「是」，萬曆本作「始」。

如金石絲竹，匏土革木，雖是有許多，却打成一片。清濁高下，長短小大，更唱迭和，皆相應，渾成一片，有自然底和氣。淳録云：所以聽之自能義精仁熟，和順於道德。樂於歌舞，不是各自爲節奏。樂只是此一節奏，歌亦是此一節奏，舞亦是此一節奏。不是各自爲節奏，歌者歌此而已，舞者舞此而已。所以聽之可以和順道德者，須是先有興《詩》、立禮工夫，然後用樂以成之。問：古者十有三年學樂、誦《詩》；二十而冠，始學禮。與這處不同，如何？曰：這處是大學終身之所得。如十歲學幼儀，十三學樂、誦《詩》，從小時皆學一番了，做箇骨子在這裏，到後來方得他力。禮，小時所學，只是學事親、事長之節，乃禮之小者。年到二十，所學乃是朝廷宗廟之禮，乃禮之大者。到「立於禮」，始得禮之力。樂，小時亦學了，到「成於樂」時，始得樂之力，不是大時方去學。《詩》却是初間便得力，説善説惡却易曉，可以勸，可以戒。禮只捉住在這裏，樂便難精。淳録云：直是工夫至到，方能有成。《詩》有言語可讀，禮有節文可守。樂是他人作，與我有甚相關？如人唱曲好底，凡有聞者，人人皆道好。樂雖作於彼，而聽者自然竦動感發，故能義精仁熟，而和順道德。舜命夔「典樂，教胄子。直而温，寬而栗，剛而無虐，簡而無傲」。定要教他恁地。至其教之之具，又却在於「詩言志，歌永言，聲依永，律和聲」處。五聲十二律，不可謂樂之末，猶揖遜周旋，不可謂禮之末。若不是揖遜周旋，又如何見得禮在那裏？又問：成於樂處，古人之學有可證者否？曰：不必恁地支離。這處只理會如何是「興於《詩》」，如何是「立於禮」，如何是「成於樂」。律呂雖有十二，用時只用七箇，自黄鍾下生至姑洗，便住了。若更要插一箇，便拗了。如今之作樂，亦只用七箇。如邊頭寫不成字者，即是古之聲律。若更添一聲，便不成樂。寓。○《集注》。

問：《注》云：「樂有五聲十二律，更唱迭和」，恐是迭爲賓主否？曰：《書》所謂「聲依永，律和聲」，蓋人聲自有高下，聖人制五聲以括之。宫聲洪濁，其次爲商，羽聲輕清，其次爲徵，清濁洪纖之中爲角，此五聲之别，以括人聲之高下。聖人又制十二律以節五聲，故五聲中又各有高下，每聲又分十二等。謂如以黄鍾爲宫，則是太簇爲商，姑洗爲角，林鍾爲徵，南宫爲羽。還至無射爲宫，便是黄鍾爲商，太簇爲角，中吕爲徵，林鍾爲羽。然而無射之律只長四寸六七分，而黄鍾長九寸，太簇長八寸，林鍾長六寸，則宫聲概下面商、角、羽三聲不過。故有所謂四清聲，夾鍾、大吕、黄鍾、大簇是也。蓋用其半數，謂如黄鍾九寸只用四寸半，餘三律亦然。如此，則宫聲可以概之，其聲和矣。不然，則其聲不得其和。看來十二律皆有清聲，只説四者，意其取數之甚多者言之，餘少者尚庶幾焉。某人取其半數爲子聲，謂宫律之短，餘則用子聲。某人又破其説曰：「子聲非古有也。」然而不用子聲，則如何得其和？畢竟須着用子聲。想古人亦然，但無可考耳。而今俗樂多用夾鍾爲黄鍾之宫，蓋向上去聲愈清故也。又云：今之琴第六、七絃是清聲。如第一、二絃以黄鍾爲宫，太簇爲商，則第六、七絃即是黄鍾、太簇之清，蓋只用兩清聲故也。燾。

正淳問：謝氏謂「樂則存養其善心，使義精仁熟，自和順於道德，遺其音而專論其意」，如何？曰：「樂」字内自括五音六律了。若無五音六律，以何爲樂？必大。○《集義》。

民可使由之章

問「民可使由之」。曰所由雖是他自有底，❶却是聖人使之由。如「道之以德，齊之以禮」，「教以人倫：父子有親，君臣有義，夫婦有別，長幼有序，朋友有信」。豈不是「使之由」？問「不可使知之」。曰：不是愚黔首，是不可得而使之知也。吕氏謂「知之未至，適所以啓機心而生惑志」，説得是。問：此不知與「百姓日用不知」同否？曰：彼是自不知，此是不能使之知。淳。

植云：民可使之仰事俯育，而不可使之知其父子之道爲天性；可使之奔走服役，而不可使之知其君臣之義爲當然。及諸友舉畢，先生云：今晚五人看得都無甚走作。植。

或問「民可使由之，不可使知之」。曰：聖人只使得人孝足矣，使得人弟足矣，却無緣又上門逐箇與他解説所以當孝者是如何，所以當弟者是如何，自是無緣得如此。頃年張子韶之論，以爲當事親，便當體認取那事親者是何物，方識所謂仁；當事兄，便當體認取那事兄者是何物，方識所謂義。某説若如此，則前面方推這心去事親，隨手又便去背後尋摸取這箇仁；前面方推此心去事兄，隨手又便著一心去尋摸取這箇義，是二心矣。禪家便是如此。其爲説曰：立地便要你究得，坐地便要你究得。❷

❶「由」，原作「謂」，今據朝鮮本改。

❷「坐」，萬曆本作「恁」。

他所以撐眉努眼，❶使棒使喝，都是立地便拶教你承當識認取，所以謂之禪機。若必欲使民知之，少間便有這般病。某嘗舉子韶之説以問李先生曰：「當事親，便要體認取箇仁；當事兄，便要體認取箇義。如此，則事親、事兄却是没緊要底事，且姑借此來體認取箇仁義耳。」李先生笑曰：「不易。公看得好。」或問：上蔡愛説箇「覺」字，便是有此病了。曰：然。張子韶初間便是上蔡之説，只是後來又展上蔡之説，説得來放肆，無收殺耳。或曰：南軒初間也有以「覺」訓「仁」之病。曰：大概都是自上蔡處來。又曰：吕氏解「民可使由之，不可使知之」云：「『不可使知』，非以愚民，蓋知之不至，適以起機心而生惑志也。」此説亦自好。所謂機心，便是張子韶與禪機之説。方纔做這事，便又使此心去體認，少間便啓人機心，只是聖人説此語時却未有此意在。向姑舉之《或問》，不欲附《集注》。或曰：王介甫以爲「不可使知」，蓋聖人愚民之意。曰：申、韓、莊、老之説，便是此意，以爲聖人置這許多仁義禮樂，都是殃考人。《淮南子》有一段説武王問太公曰：「寡人伐紂，天下謂臣殺主，下伐上，吾恐用兵不休，爭鬭不已，爲之奈何？」太公善王之問，教之以繁文滋禮，以持天下。如爲三年之喪，令類不蕃；厚葬久喪，以亶音丹。其家。其意大概説，使人行三年之喪，庶幾生子少，免得人多爲亂之意；厚葬久喪，可以破産，免得人富以啓亂之意。都是這般無稽之語。僩。

「民可使由之」一章，舊取楊氏説，亦未精審。此章之義，自與《盤》、《誥》之意不

❶「努」，萬曆本作「弩」。

同。商《盤》只説遷都，周《誥》只言代商，此不可不與百姓説令分曉。況只是就事上説，聞者亦易曉解。若義理之精微，則如何説得他曉。必大。

好勇疾貧章

「好勇疾貧」，固是作亂。不仁之人，不能容之，亦必致亂。如東漢之黨錮。泳。

如有周公之才之美章

「周公之才之美」，此是爲有才而無德者言。但此一段曲折，自有數般意思。驕者必有吝，吝者必有驕。非只是吝於財，凡吝於事，吝於爲善，皆是。且以吝財言之：人之所以要吝者，只緣我散與人，使他人富與我一般，則無可矜誇於人，所以吝。某嘗見兩人，只是無緊要閑事，也抵死不肯説與人。只緣他要説自會，以是驕誇人，故如此。因曾親見人如此，遂曉得這「驕」、「吝」兩字，只是相匹配得在，故相靠得在。池録作：相比配，相靠在這裏。○義剛。

驕吝，是挾其所有，以誇其所無。挾其所有，是吝；誇其所無，是驕。而今有一樣人，會得底不肯與人説，又却將來驕人。僩。

正卿問：驕如何生於吝？曰：驕却是枝葉發露處，吝却是根本藏蓄處。且以淺近易見者言之：如説道理，這自是世上公共底物事，合當大家説出來。世上自有一般人，自恁地吝惜，不肯説與人。這意思是如何？他只怕人都識了，却没詑異，所以吝惜在此。獨有自家會，别人都不會，自家便驕得他，便欺得他。如貨財，也是公共底物事，合使便着使。若只恁地吝惜，合使不使，只怕自家無了，別人却有，無可强得人，所以吝惜在此。獨是自家有，別人無，自家便做大，便欺得他。又云：爲是要驕人，所以吝。賀孫。

或問「驕吝」。曰：驕是傲於外，吝是靳惜於中。驕者，吝之所發；吝者，驕之所藏。祖道。

某昨見一箇人，學得些子道理，便都不肯向人説。其初只是吝，積蓄得這箇物事在肚裏無奈何，只見我做大，便要淩人，只此是驕。恪。

聖人只是平説。云：如有周公之才美而有驕吝，也連得才美功業壞了，況無周公之才美而驕吝者乎？甚言驕吝之不可也。至於程子云「有周公之德，則自無驕吝」，與某所説驕吝相爲根本枝葉，此又是發餘意。解者先説得正意分曉，然後却説此，方得。賀孫。

先生云：一學者來問：伊川云：「驕是氣盈，吝是氣歉。」歉則不盈，盈則不歉，如何却云「使驕且吝」？試商量看。伯豐對曰：盈是加於人處，歉是存於己者。粗而喻之，如勇於爲非，則怯於遷善；明於責人，則暗於恕己，同是一箇病根。先生曰：如人曉些文義，吝惜不肯與人説，便是要去驕人。非驕無所用其吝，非吝則無以爲驕。㽦。

問：驕氣盈，吝氣歉，氣之盈歉如何？曰：驕與吝是一般病，只隔一膜。驕是放出底吝，吝是不放出底驕。正如人病寒熱，攻注上則頭目疼，❶攻注下則腰腹痛。熱發

❶「疼」，萬曆本作「痛」。

出外，似驕；寒包縮在内，似吝。因舉顯道《克己詩》：「試於清夜深思省，剖破藩籬即大家。」問：當如何去此病？曰：此有甚法？只莫驕莫吝，便是剖破藩籬也。覺其爲非，從源頭處正。我要不行便不行，要坐便還我坐，莫非由我，更求甚方法。寓。

《集注》云：「驕吝雖不同，而其勢常相因。」先生云：孔子之意未必如此。某見近來有一種人如此，其説又有所爲也。炎。

驕者，吝之枝葉；吝者，驕之根本。某嘗見人吝一件物，便有驕意，見得這兩字如此。泳。

吝者，驕之根本；驕者，吝之枝葉。是吝爲主。蓋吝其在我，則謂我有你無，便是驕人也。燾。

讀「驕吝」一段，云：亦是相爲先後。時舉。

三年學章

問：「不至於穀」，欲以「至」爲「及」字説，謂不暇及於禄，免改爲「志」，得否？曰：某亦只是疑作「志」，不敢必其然。蓋此處解不行，作「志」則略通。不可又就上面撰，便越不好了。或又引程子説。曰：説不行，不如莫解。解便不好，如解白爲黑一般。淳。

問：三年學而不至於穀，是無所爲而爲學否？曰：然。燾。

篤信好學章

學者須以篤信爲先。劉子澄説。○端蒙。

篤信，故能好學；守死，故能善道。惟善道，故能守死；惟好學，故能篤信。每推夫子之言，多如此。德明。

惟篤信，故能好學；惟守死，故能善道。善如「善吾生，善吾死」之「善」，不壞了道也。然守死生於篤信，善道由於好學。徒篤信而不好學，則所信者或非所信；徒守死而不能推以善其道，則雖死無補。升卿。

篤信須是好學；但要好學，也須是篤信。善道須是守死，而今若是不能守死，臨利害又變了，則亦不能善道。但守死須是善道，若不善道，便知守死也無益。所以人貴乎有學。篤信，方能守死；好學，方能善道。義剛。○恪録云：此兩句相關，自是四事。惟篤信，故能守死；惟好學，故能善道。

「危邦不入」，是未仕在外，則不入；「亂邦不居」，是已仕在內，見其紀綱亂，不能從吾之諫，則當去之。淳。

「危邦不入」，舊説謂已在官者，便無可去之義。若是小官，恐亦可去；當責任者，則不容去也。必大。

或問：危邦固是不可入，但或有見居其國，則當與之同患難，豈復可去？曰：然。到此無可去之理矣。然其失則在於不能早去。當及其方亂未危之時，去之可也。僩。

天下無道，譬如天之將夜，雖未甚暗，然此自只向暗去。知其後來必不可支持，故亦須見幾而作可也。時舉。

不在其位章

馬莊甫問「不在其位，不謀其政」。曰：此各有分限。田野之人，不得謀朝廷之政。身在此間，只得守此。如縣尉，豈可謀他主簿事？纔不守分限，便是犯他疆界。馬曰：如縣尉，可與他縣中事否？曰：尉，佐官也。既以佐名官，有繁難，只得伴他謀，但不可侵他事權。大雅。

師摯之始章

徐問：「《關雎》之亂」，何謂樂之卒章？曰：自「關關雎鳩」至「鍾鼓樂之」，皆是亂。想其初必是已作樂，只無此詞，到此處便是亂。淳。

或問：「《關雎》之亂」，「亂」何以訓終？曰：既「奏以文」，又「亂以武」。節。

「亂曰」者，亂乃樂終之雜聲也。亂出《國語》、《史記》。又曰：《關雎》恐是亂聲，前面者恐有聲而無辭。楊。

狂而不直章

狂，是好高大，便要做聖賢，宜直。侗，是愚模樣，不解一事底人，宜謹愿。悾悾，是拙模樣，無能爲底人，宜信。有是德則有是病，有是病必有是德。有是病而無是德，則天下之棄才也。泳。

問：「狂而不直」之「狂」，恐不可以進取之「狂」當之。欲目之以輕率可否？曰：此「狂」字固卑下，然亦有進取意思。敢爲大言，下梢却無收拾是也。必大。

問：侗者，同也；於物同然一律，無所識別之謂。悾者，❶空也；空而又空，無一長之實之謂。先生以爲：此亦因舊説，而

❶「悾」，原作「倥」，今據朝鮮本及《論語·泰伯》改。

以字義音訓推之，恐或然爾。此類只合大概看，不須苦推究也。

學如不及章

「學如不及，猶恐失之」，如今學者却恁地慢了。譬如捉賊相似，須是着起氣力精神，千方百計去趕捉他，如此猶恐不獲。今却只在此安坐熟視他，不管他，如何奈得他何！只恔時起來行得三兩步，懶時又坐，恁地如何做得事成。

巍巍乎章

看「巍巍乎舜、禹之有天下」至「禹，吾無間然」四章。先生云：舜、禹與天下不相關，如不曾有這天下相似，都不曾把一毫來奉己。如今人纔富貴，便被他勾惹。此乃爲物所役，是自卑了。若舜、禹，直是高。首出庶物，高出萬物之表，故夫子稱其「巍巍」。又曰：堯與天爲一處，民無能名。所能名者，事業、禮樂、法度而已。植。

正卿問：舜、禹有天下而不與，莫是物各付物，順天之道否？曰：據本文説，只是崇高富貴不入其心，雖有天下而不與耳。巍巍，是至高底意思。大凡人有得些小物事，便覺累其心。今富有天下，一似不曾有相似，豈不是高？恪。

不與，只是不相干之義。言天下自是天下，我事自是我事，不被那天下來移着。義剛。

正淳論：不以位爲樂，恐不特舜、禹爲然。曰：不必如此説。如孟子論禹、湯一段，不成武王不執中，湯却泄邇、忘遠。此章之旨，與後章禹無間然之意同。是各舉他身上一件切底事言之。必大。

因論「舜、禹有天下而不與」之義，曰：此等處，且玩味本文，看他語意所重落向何處。明道説得義理甚闊，《集注》却説得小。然觀經文語意落處，却恐《集注》得之。必大。

大哉堯之爲君章

「惟天爲大，惟堯則之」，只是尊堯之詞，不必謂獨堯能如此，而他聖人不與也。淳。

「惟堯則之」一章。曰：雖蕩蕩無能名也，亦有巍巍之成功可見，又有焕乎之文章可覩。謨。

「大哉堯之爲君」。炎謂：吴才老《書解》説驩兜、共工輩在堯朝，堯却能容得他，舜便容他不得，可見堯之大處，舜終是不若堯之大。曰：吴《解》亦自有説得好處。舜自側微而興，以至即帝位，此三四人終是有不服底意，舜只得行遣。故曰：「四罪而天下咸服。」炎。

舜有臣五人章

魏問：《集注》云「惟唐、虞之際乃盛於此」，此恐將「舜有臣五人」一句閑了。曰：寧可將上一句存在這裏。若從元注説，則是「亂臣十人」，却多於前，於今爲盛。却是舜臣五人，不得如後來盛。賀孫。

李問「至德」。曰：「三分天下有其二」，天命人心歸之，自可見其德之盛了。然如此而猶且不取，乃見其至處。雉。

問：「『三分天下有其二，以服事商』，使文王更在十三四年，將終事紂乎？抑爲武王牧野之舉乎？」曰：「看文王亦不是安坐不做事底人。如《詩》中言：『文王受命，有此武功。既伐于崇，作邑于豐，文王烝哉！』武功皆是文王做來。《詩》載武王武功却少，但卒其伐功耳。觀文王一時氣勢如此，度必不終竟休了。一似果實，文王待他十分黄熟，自落下來；武王却似生拍破一般。寓。

或問以爲：「文王之時天下已二分服其化，使文王不死，數年天下必盡服，不俟武王征伐而天下自歸之矣。」曰：「自家心如何測度得聖人心！孟子曰：『取之而燕民不悦，則勿取，古之人有行之者，文王是也。』聖人已説底話尚未理會得，何况聖人未做底事，如何測度得？」後再有問者。先生乃曰：「若紂之惡極，文王未死，也只得征伐救民。」僩。

問：「文王受命是如何？」曰：「只是天下歸之。」問：「太王翦商，是有此事否？」曰：「此不可考矣。但據《詩》云：『至于太王，實始翦商。』《左傳》云：『泰伯不從，是以不嗣。』要之，周自日前積累以來，其勢日大；又當商家無道之時，天下趨周，其勢自爾。至文王三分有二，以服事殷，孔子乃稱其『至德』。若非文王，亦須取了。孔子稱『至德』只二人，皆可爲而不爲者也。周子曰：『天下，勢而已矣。勢，輕重也。』周家基業日大，其勢已重，民又日趨之，其勢愈重。此重則彼自輕，勢也。」璘。

因説文王事商，曰：「文王但是做得從容不迫，不便去伐商太猛耳。東坡説：『文王只是依本分做，諸侯自歸之。』或問：此有所據否？曰：這也見未得在。但是文王伐崇、戡黎等事，又自顯然。《書》説「王季勤勞王家」，《詩》云太王「翦商」，都是他子孫自説，不成他子孫誣其父祖？《春秋》分明説「泰伯不從」，是不從甚底事？若泰伯居武王之世，也只是爲諸侯。但時措之宜，聖人又有不得已處。横渠云：「商之中世，都棄了西方之地不管他，所以戎狄復進入中國，太王所以遷於岐。」然岐下也只是箇荒凉之地，太王自去立箇家計如此。夔孫。

問：文王「三分天下有其二」一段，據本意，只是説文王。《或問》中載胡氏説，又兼武王而言，❶以爲武王之間以服事商，如何？曰：也不消如此説。某也謾載放那裏，這箇難説。而今都回互箇聖人，説得忒好也不得。如東坡罵武王不是聖人，又也無禮。只是孔子便説得來平，如《武》「未盡善」。此等處，未消理會，且存放那裏。僩。

禹吾無間然章

范益之問：五峰説「禹無間然矣」章，云是禹以鯀遭殛死，而不忍享天下之奉，此説如何？曰：聖人自是薄於奉己，而重於宗廟朝廷之事。若只恁地説，則較狹了。後來看《知言》，也不曾如此説。義剛。

黻，蔽膝也，以韋爲之。韋，熟皮也。有虞氏以革，夏后氏以山，「殷火，周龍章」。祭服謂之黻，朝服謂之韠。《左氏》：「帶裳韠舄。」泳。

❶ 「又」，萬曆本作「文」。

朱子語類卷第三十六

論語十八

子罕篇上

子罕言利章

行夫問「子罕言利與命與仁」。曰：罕言者，不是不言，又不可多言，特罕言之耳。罕言利者，蓋凡做事，只循這道理做去，利自在其中矣。如「利涉大川」、「利用行師」，聖人豈不言利？但所以罕言者，正恐人求之則害義矣。罕言命者，凡吉凶禍福皆是命，若儘言命，恐人皆委之於命，而人事廢矣，所以罕言。罕言仁者，恐人輕易看了，不知切己上做工夫。然聖人若不言，則人又理會不得如何是利，如何是命，如何是仁，故不可不言。但雖不言利，而所言者無非利；雖不言命，而所言者無非命；雖不言仁，而所言者無非仁。恪。

問「子罕言利與命與仁」。曰：這「利」字是箇監平声。界鏖糟底物事。若說全不要利，又不成特地去利而就害；若纔說著利，少間便使人生計較，又不成模樣。所以孔子於《易》，只說「利者義之和」，又曰「利物足以和義」，只說到這裏住。又曰：只認義和處，便是利，不去利上求利了。孟子只說箇仁義，「未有仁而遺其親，未有義而後其君」。只說到箇「義」字時，早是掉了那「利」字不說了。緣他是箇裏外牽連底物事，纔牽着這一邊，便動那一邊，所以這字難説。「命」字亦是如此，也是箇監界物事。孔子亦非不説，如云「不知命」之類。只是都不説着，便又使人都不知箇限量；若只説着時，便又使人百事都放倒了不去做。只管説仁之弊，於近世胡氏父子見之。踢着脚指頭便是仁，少間都使人不去窮其理是如何，只是口裏説箇「仁」字，便有此等病出來。僩。

「子罕言利與命與仁」，非不言，罕言之爾。利誰不要？才專説，便一向向利上去；命不可專恃，若專恃命，則一向胡做去；仁，學者所求，非不説，但不可常常把來口裏説。泳。

問「子罕言利」。曰：利最難言。利不是不好，但聖人方要言，恐人一向去趨利；方不言，不應是教人去就害，故但罕言之耳。蓋利者，義之和。義之和處便是利。老蘇嘗以爲義剛而不和，惟有利在其中，故和。此不成議論。蓋義之和即是利，却不是因義之不和，而遂用些小利以和之。後來東坡解《易》，亦用此説，更不成議論也。時舉。

問：「子罕言利」，孔子自不曾説及利，豈但「罕言」而已？曰：大《易》一書，所言多矣。利只是這箇利。若只管説與人，未必曉得以義爲利之意，却一向只管營營貪得計較。孟子曰：「未有仁而遺其親，未有義而後其君。」這箇是説利，但人不可先計其利。惟知行吾仁，非爲不遺其親而行仁；惟知行吾義，非爲不後其君而行義。賀孫。

文振問「子罕言利與命與仁」。曰：命只是一箇命，有以理言者，有以氣言者。天之所以賦與人者，是理也；人之所以壽夭窮通者，是氣也。理精微而難言，氣數又不可盡委之而至於廢人事，故聖人罕言之也。仁之理至大，數言之，不惟使人躐等，亦使人有玩之之心。蓋舉口便說仁，人便自不把當事了。時舉。

命有二，「天命」之「命」固難說，只貴賤得喪委之於命，亦不可。仁在學者力行。利亦不是不好底物事，才專說利，便廢仁。泳。

問：子罕言仁，《論語》何以說仁亦多？曰：聖人也不容易說與人，只說與幾箇向上底。淳。

問：子所罕言之命，恐只是指夫人之窮通者言之。今范、楊、尹氏皆以「盡性」、「知性」爲言，不求之過否？曰：命，只是窮通之命。必大。○《集義》。

問：或曰：「罕言利，是何等利？」楊氏曰「一般」云云。竊謂夫子罕言者，乃「放於利而行」之「利」。若「利用出入」，乃義之所安處，却不可以爲一般。曰：「利用出入」之「利」，亦不可去尋討。尋討着，便是「放於利」之「利」。如言「利物足以和義」，只去利物，不言自利。又曰：只「元亨利貞」之「利」，亦不可計較。計較着即害義。爲義之人，只知有義而已，不知利之爲利。必大。

或問：龜山「都一般」之說似可疑？曰：《易》所言「利」字，謂當做底。若「放於利而行」之「利」，夫子誠罕言。二「利」字豈可做一般！㽦。

正淳問尹氏「子罕」一章。曰：尹氏「命」字之說誤。此只是「不知命無以爲君子」之「命」。故曰「計利則害義，言命則廢事」也。必大。

麻冕禮也章

麻冕，緇布冠也，以三十升布爲之。升八十縷，則其經二千四百縷矣。八十縷，四十抄也。泳。

「純儉」，絲也，不如用絲之省約。泳。

子絕四章

「絕四」是徹上徹下。

這「意」字，正是計較底私意。僩。

問：意如何毋得？曰：凡事順理，則意自正。「毋意」者，主理而言。不順理，則只是自家私意。可學。

「必」，在事先；「固」，在事後。「固」只是滯不化。德明。

「必」，在事先；「固」，在事後。如做一件事不是了，即管固執道：「我做得是。」植。

「意」，私意之發；「必」，在事先；「固」，在事後；「我」，私意成就。四者相因如循環。閎祖。

徐問「意、必、固、我」。曰：意，是要如此。聖人只看理當爲便爲，不當爲便不爲，不曾道我要做、我不要做。只容一箇我，便是意了。問：❶「必」、「固」之私輕，「意」、「我」之私重否？曰：「意」、「必」、「固」、「我」，只一套去。「意」是初創如此，有私「意」便到那「必」處；「必」便到「固」滯不通處；「固」便到有「我」之私處。「意」是「我」之發端，「我」是「意」之成就。又問：❷「我」

❶「問」，原作「曰」，今據朝鮮本改。
❷「又問」，原作「曰」，今據朝鮮本改。

是有人己之私否？曰：人自是人，己自是己，不必把人對説。「我」只是任己私去做，便於我者則做，不便於我者則不做。只管就己上計較利害，與人何相關？人多要人我合一，人我如何合得？吕銘曰：「立己與物，私爲町畦。」他門都説人己合一。克己只是克去己私，如何便説到人己爲一處？物我自有一等差，只是仁者做得在這裏了，要得人也如此，便推去及人。所以「親親而仁民，仁民而愛物」。人我只是理一，分自不同。淳。○寓同。

余國秀問「毋意」、「必」、「固」、「我」。曰：「意」，是發意要如此；「必」，是先事而期必；「固」，是事過而執滯；到「我」，但知有我，不知有人。「必」之時淺，「固」之時長。譬如士人赴試，須要必得，到揭榜後便已必不得了。但得則喜，喜不能得化；不得則愠，愠亦不能得化。以此知「固」時久也。「意」是始，「我」是終，「必」、「固」在中間，亦是一節重似一節也。又云：「言必信，行必果。」言自合着信，行自合着果，何待安排。才有心去必他，便是不活，便不能久矣。又云：「意」是絲毫，「我」是成一山嶽也。時舉。

「意」、「必」、「固」、「我」，亦自有先後。凡起意作一事，便有必期之望。❶所期之事或未至，或已過，又執滯而留於心，故有有我之患。「意」是爲惡先鋒，我是爲惡成就。正如四德，「貞」是好底成就處，「我」是惡底成就處。人傑。

「意」者有「我」之端，「我」則「意」之效。先立是「意」，要如此而爲之，然後有「必」有

❶「有」，萬曆本作「用」。

「固」，而一向要每事皆己出也。聖人作事初無私意，或爲或不爲，不在己意，而惟理之是從，又何「固」、「必」有「我」哉！力行。

問：意，私意也；我，私己也。看得來私己是箇病根，有我則有意。曰：意是初發底意思，我則結撮成箇物事矣。有我則又起意，展轉不已。此四事，一似那「元亨利貞」，但「元亨利貞」是好事，此是不好事。廣。

吴仁父問「意」、「必」、「固」、「我」。曰：須知四者之相生。凡人做事，必先起意，不問理之是非，必期欲事成而已。事既成，是非得失已定，又復執滯不化，是之謂「固」。三者只成就得一箇我。及至我之根源愈大，少間三者又從這裏生出。「我」生「意」，「意」又生「必」，「必」又生「固」，又歸宿於「我」。正如「元亨利貞」，元了亨，亨了又利，利了又貞，循環不已。僩。

吴伯英問「意」、「必」、「固」、「我」。曰：四者始於「我」而終於「我」。人惟有我，故任私意；既任私意，百病俱生。做事未至，而有期必之心。事既過，❶則有固滯之患。凡若此者，又只是成就一箇「我」耳。壯祖。

「絶四」。先生曰：此四者亦是相因底。始於有私意，有私意定是有期必，既期必又生固滯，却結裹做箇有我出來。炎。

無「意」、「必」、「固」、「我」而凝然中立者，中也。端蒙。

「必」在事先，「固」在事後。有「意」、「必」、「固」三者，乃成一箇「我」。如道是我恁地做，蓋固滯而不化，便成一箇我。橫渠

❶「既」下，萬曆本有「有」字。

曰：「四者有一焉，則與天地不相似。」植。

○《集注》。

問：横渠謂「四者有一焉，則與天地不相似」，略有可疑。曰：人之爲事，亦有其初未必出於私意，而後來不能化去者。若曰絶私意則四者皆無，則曰「子絶一」便得，何用更言「絶四」？以此知四者又各是一病也。時舉。

問：意、必、固、我，有無次第？曰：「意」是私意始萌，既起此意，必是期要必行，固是既行之後滯而不化，我是緣此後便只知有我。此四者似有終始次序。「必」者，迎之於前；「固」者，滯之於後。此四者正與「元、亨、利、貞」四者相類。「元者，善之長」，❶「貞」是箇善底成就處，「意」是造作始萌，「我」是箇惡底成就處。又問：敬則無己可克，若學之始，則須從「絶四」去，如何？曰：敬是己成之敬，❷可知無己可克。此四者，雖是始學，亦須便要絶去之。又問「復於喜怒哀樂未發之前」。曰：此語尹子已辯之，疑記録有差處。又問：「意、必、固、我既亡之後，學者所宜盡心」，如何？曰：此謂「學者所宜盡心」，❸於此事而學之，非謂意、必、固、我既亡之後始盡心耳。又問：横渠云：「四者既亡，則以直養而無害。」曰：此「直」字説得重了。觀孟子所説處，説得牠。「直」只是「自反而縮」，後人求之太深，説得來忒夾細了。畚。○《集義》。

問：君子之學，在於意、必、固、我既亡之後，而復於喜、怒、哀、樂未發之前，如

❶ 「長」，原作「良」，今據朝鮮本、萬曆本改。
❷ 「己成」，萬曆本作「成己」。
❸ 「此」，萬曆本作「所」。

何？曰：不然。尹和靖一段好。意、必、固、我，是要得無。未發之前，衆人俱有，却是要發而中節，與此不相類。又問：若自學者而言，欲絶意、必、固、我到聖人地位，無此四者，則復於未發之前。復於未發之前，蓋全其天理耳。曰：固是如此。但發時豈不要全！因命敬之取《和靖語録》來檢看。又云：他意亦好，却説不好。可學。

君子之學，在意、必、固、我既亡之後，而復於喜、怒、哀、樂未發之前，何也？曰：意、必、固、我既亡之後盡心於學，此言是也。❶喜、怒、哀、樂，自有發時，有未發時，各隨處做工夫，如何强復之於未發？尹子《語録》中辨此甚詳。必大。

求之於喜、怒、哀、樂未發之前，而體之於意、必、固、我既亡之後。如此説著，便害義理。此二句不可相對説。喜、怒、哀、樂未發之前，固無可求；及其既發，亦有中節、不中節之異。發若中節者，有何不可？至如意、必、固、我，則斷不可有，二者烏得而對語哉！❷横渠謂「意、必、固、我，自始學至成德，竭兩端之教」者，謂夫子教人絶此四者，故皆以「毋」字爲禁止之辭。或謂「意、必、固、我既亡之後，必有事焉」者。曰：意、必、固、我既亡，便是天理流行，鳶飛魚躍，何必更任私意也。謨。

問：意、必、固、我既亡之後必有事焉，所謂有事者如何？曰：横渠亦有此説。若既無此，天理流出，亦須省着。可學。

問：意、必、固、我，伊川以「發而當者，理也；發而不當者，私意也」，此語是否？

❶「此」，萬曆本作「所」。
❷「烏」，萬曆本作「焉」。

曰：不是如此。所謂「毋意」者，是不任己意，只看道理如何。見得道理是合當如此做，便順理做將去，自家更無些子私心，所以謂之「毋意」。若才有些安排布置底心，便是任私意。若元不見得道理，只是任自家意思做將去，便是私意。縱使發而偶然當理，也只是私意，未說到當理在。伊川之語，想是被門人錯記了，不可知。僩。

張子曰：「意，有思也。」未安。意却是箇有爲底意思。爲此一事，故起此一意也。必大。「我，有方也」。方，所也，猶言有限隔也。端蒙。

守約問：横渠説：「絶四之外，心可存處必有事焉，聖不可知也。」曰：這句難理會。舊見横渠《理窟》，見他裏面説有這樣大意。説無是四者了，便當自有箇所嚮，所謂「聖不可知」，只是道這意思難説。横渠儘會做文章，如《西銘》及應用之文，如《百椀燈詩》，甚敏。到説話，却如此難曉，怕是關西人語言自是如此。賀孫。

問：張子曰云云。《或問》謂此條「語意簡奥，若不可曉」。竊以張子下數條語考之，似以「必有事焉」爲理義之精微處。其意大抵謂善不可以有心爲，雖夷清惠和，猶爲偏倚，未得謂之精義。故謂「絶四」之外，下頭有一不犯手勢自然底道理，方真是義。孟子之言，蓋謂下頭必有此道理，乃聖而不可知處。此説於孟子本意殊不合，然未審張子之説是如此否？曰：横渠此説，又拽退孟子數重，自説得深。古聖賢無此等議論。若如此説，將使讀者終身理會不得，其流必有弊。必大。

横渠之意，以「絶」爲禁止之詞。是言聖人將這四者使學者禁絶而勿爲。「毋」字亦是禁止之意。故曰：「自始學至成德，竭兩端之教也。」「必」，是事之未來處；「固」，是事之已過處。道夫。

伯豐問：張子曰：「毋意、必、固、我，然後能範圍天地之化。」曰：固是如此。四者未除，如何能範圍天地？但如此説話，終是稍寬耳。㽦。

子畏於匡章

「文不在兹乎」，言「在兹」，便是「天未喪斯文」。淳。

「後死者」，夫子自謂也。「死」字對「没」字。泳。

問：「天之將喪斯文」、「未喪斯文」，文即是道否？曰：既是道，安得有喪、未喪？文，亦先王之禮文。聖人於此，極是留意。蓋古之聖人既竭心思焉，將行之萬世而無弊者也，故常恐其喪失而不可攷。大雅。

「後死者」是對上文「文王」言之，如曰未亡人之類，此孔子自謂也。與「天生德於予」意思一般。斯文既在孔子，孔子便做着天在。孔子此語，亦是被匡人圍得緊後方説出來。又問：孔子萬一不能免匡人之難時，如何？曰：孔子自見得了。㽦。

「子畏於匡」一節，看來夫子平日不曾如此説，往往多謙抑，與此不同。先生笑云：此却是真箇事急了，不覺説將出來。炎。

敬之問：明道：「『舍我其誰』，是有所受命之辭。『康人其如予何』，❶是聖人自做

❶「康」，當作「匡」，係避宋太祖趙匡胤諱，下同。

着天裏。孟子是論世之盛衰，己之去就，故聽之於天。孔子言道之興衰，❶自應以己任之。」未審此説如何？曰：不消如此看。明道這説話，固是説未盡。如孔子云「天之將喪斯文」、「天之未喪斯文」，看此語也只看天如何。只是要緊不在此處，要緊是看聖賢所以出處大節。賀孫。

問：程子云：「夫子免於康人之圍，亦苟脱也。」此言何謂？曰：謂當時或爲康人所殺亦無十成。某云：夫子自言「康人其如予何」，程子謂「知其必不能違天害己」，何故却復有此説？曰：理固如是，事則不可知。必大。

問：吕氏曰：「文者，前後聖之所修，道則出乎天而已。故孔子以道之廢興付之命，以文之得喪任諸己。」曰：道只是有廢興，却喪不得。文如三代禮樂制度，若喪便掃地。𤇍。

太宰問於子貢章

先生曰：太宰云：「夫子聖者歟？何其多能也！」是以多能爲聖也。子貢對以夫子「固天縱之將聖，又多能也」。是以多能爲聖人餘事也。子曰：「吾少也賤，故多能鄙事。君子多乎哉？不多也。」是以聖爲不在於多能也。三者之説不同，諸君且道誰説得聖人地位着？諸生多主夫子之言。先生曰：太宰以多能爲聖，固不是。若要形容聖人地位，則子貢之言爲盡。蓋聖主於德，固不在多能，然聖人未有不多能者。夫子以多能不可以律人，故言君子不

❶「興」，萬曆本作「盛」。

多，尚德而不尚藝之意，其實聖人未嘗不多能也。柄。

問：太宰初以多能爲夫子之聖，子貢所答，方正説得聖人體段，夫子聞之數語，却是謙辭，及有多能非所以率人之意。曰：固是子貢説得聖人本分底。聖人所説乃謙辭。植。

「太宰知我乎」以下，煞有曲折意思。聖人不直謂太宰不足以知我，只説太宰也知我，這便見聖人待人恁地温厚。又曰：聖人自是多能。今若只去學多能，則只是一箇雜骨董底人。所以説：「君子多乎哉？不多也。」義剛。

問：夫子多材多藝，何故能爾？曰：聖人本領大，故雖是材藝，他做得自别。只如禮，聖人動容周旋，俯仰升降，自是與它人不同，如射亦然。天生聖人，氣禀清明，自是與它人不同。列子嘗言聖人力能拓關，雖未可信，然要之聖人本領大後，事事做得出來自别。銖。

問「吾不試，故藝」。曰：想見聖人事事會，但不見用，所以人只見它小小技藝。若使其得用，便做出大功業來，不復有小小技藝之可見矣。問：此亦是聖人賢於堯、舜處否？曰也不須如此説。聖人賢於堯、舜處，却在於收拾累代聖人之典章、禮樂、制度、義理，以垂於世，不在此等小小處。此等處，非所以論聖人之優劣也。横渠便是如此説，以爲孔子窮而在下，故做得許多事。如舜三十便徵庸了，想見舜於小事也煞有不會處。雖是如此，也如此説不得。舜少年耕稼陶漁，也事事去做來。所以人無緣及得聖人。聖人事事從手頭更歷過來，所以都曉得。而今人事事都不會。最急者是禮樂。樂固不識了，只是日用常行吉凶之禮，也都不曾講得。僩。

問：「天縱之將聖」，縱，猶肆也，言不爲限量。如何？曰：天放縱聖人做得恁地，不去限量它。問：如此，愚不肖是天限量之乎？曰：看氣象，亦似天限量它一般。如這道理，聖人知得盡得，愚不肖要增進一分不得，硬拘定在這裏。寓。○《集注》。

「將聖」，殆也。殆，庶幾也。如而今説「將次」。「將」字訓「大」處多。《詩》中「亦孔之將」之類，多訓「大」。《詩》裏多叶韻，所以要如此等字使。若《論語》中，只是平説。泳。

吾有知乎哉章

問：「吾有知乎哉」與「吾無隱乎爾」意一般否？曰：那箇説得闊，這箇主答問而言。或曰：那箇兼動静語嘿説了。曰：然。燾。

林恭甫問此章。曰：這「空空」是指鄙夫言。聖人不以其無所有而略之，故下句更用「我」字唤起。義剛。

問：竭兩端處，疑與「不憤不啓」一段相反。「不憤不啓」，聖人待人自理會，方啓發他。空空鄙夫，必着竭兩端告之，如何？曰：兩端，就一事而言，説這淺近道理，那箇深遠道理也便在這裏。如舉一隅，以四角言。這卓子舉起一角，便有三角在。兩端以兩頭言之。凡言語，便有兩端。文字不可類看，這處與那處説又别，須是看他語脉。論這主意，在「吾有知乎哉？無知也」。此聖人謙辭，言我無所知，空空鄙夫來問，我又盡情説與他。凡聖人謙辭，未有無因而發者。這上面必有説話。門人想記不全，須求這意始得。如達巷黨人稱譬聖人「博學而無所成名」，聖人乃曰：「吾執御矣。」皆是因人譽己，聖人方承之以謙。此處想必是人稱道聖人無所不知，誨人不倦，有這般意思。聖人方道是我無知識，亦不是誨人不倦，但鄙夫來，我則盡情向他説。若不如此，聖人何故自恁地謙？自今觀之，人無故説謙話，便似要人知模樣。寓。

問：❶伊川謂：「聖人之言必降而自卑，不如此則人不親；賢人之言必引而自高，不如此則道不尊。」此是形容聖賢氣象不同邪？❷抑據其地位合當如此？曰：聖人極其高大，人自難企及，若更不俯就，則人愈畏憚而不敢進。賢人有未熟處，人未甚信服，若不引而自高，則人也必以爲淺近不足爲。孟子，人皆以爲迂闊，把做無用。使孟子亦道我底誠迂闊無用，則何以起人慕心？所以與他争辨，不是要人尊己，直使人知斯道之大，庶幾竦動，着力去做。孔子嘗言：「如有用我者，期月而已可也。」又言：「吾其爲東周乎！」只作平常閑説。孟子言：「如欲平治天下，當今之世，舍我其誰！」便説得廣，是勢不得不如此。又問：如程子説話，亦引而自高否？曰：不必如此又生枝節。且就此本文上看一段，須反覆看來看去，要爛熟，方見意味快樂。令人都不欲看别段始得。淳。○寓録云：程子曰：「聖人之言，必降而自卑，不如此，則人不親賢人之言；必引而自尊，不如此，則道不高。」不審這處形容聖賢氣象不同，或據其地位合着如此耶？曰：地位當如此。聖人極其高大，人皆疑之，以爲非我所能及。若更不恁地俯就，則人愈畏憚而不敢進。

❶「問」字，原爲空格，今據朝鮮本、萬曆本補。
❷「賢」，萬曆本作「人」。

孟子於道雖已見到至處，然做處畢竟不似聖人熟，人不能不疑其所未至。若不引而自高，則人必以爲淺近而不足爲。孟子，人皆以爲迂闊，把他無用了。若孟子也道是我底誠迂闊無用，如何使得？所以與人辯、與人争，亦不是要人尊己，只要人知得斯道之大，庶幾使人竦動警覺。夫子常言：「如有用我者，期月而已可也。」又言：「吾其爲東周乎！」只平常如此説。孟子便道：「如欲平治天下，當今之世，舍我其誰也！」便説得恁地奢遮，其勢不得不如此。這話從來無人會如此説，非他程先生見得透，如何敢鑿空恁地説出來！

正淳問：執兩端與竭兩端，如何？曰：兩端也只一般，猶言頭尾也。執兩端，方識得一箇中；竭兩端，言徹頭徹尾都盡也。問：只此是一言而盡這道理，如何？曰：有一言而盡者，有數言而盡者，如樊遲問「仁」，曰「愛人」；問「知」，曰「知人」。此雖一言而盡，推而遠之，亦無不盡。如子路問政、哀公問政，皆累言而盡。但只聖人之言，上下本末，始終小大，無不兼舉。端蒙。

鳳鳥不至章

「鳳鳥不至」。聖人尋常多有謙詞，有時亦自諱不得。泳。

子見齊衰者章

康叔臨問：作與趨者，敬之貌也，何爲施之於齊衰與瞽者？曰：作與趨固是敬，然敬心之所由發則不同。見冕衣裳者，敬心生焉，而因用其敬；見齊衰者、瞽者，則哀矜之心動于中，而自加敬也。《呂刑》所謂「哀敬折獄」，正此意也。蓋卿。○震録《疑聞》同。

叔臨問：「雖少必作，過之必趨」，欲以「作」字、「趨」字説做敬，不知如何？曰：固是敬，須是看這敬心所從發處。如見齊衰，是敬心生於哀；見瞽者，是敬心生於閔。震。

問：作與趨，如何見得聖人哀矜之心？曰：只見之過之，而變容動色，便是哀矜之，豈真涕泣而後謂之哀矜也！燾。

顔淵喟然嘆章

學者説「顔子喟然嘆曰」一章。曰：公只消理會顔子因何見得到這裏，是見箇甚麼物事？衆無應者。先生遂曰：要緊只在「夫子循循然善誘人，博我以文，約我以禮」三句上。須看夫子「循循然善誘」底意思是如何。聖人教人，要緊只在「格物致知」、「克己復禮」。這箇窮理，是開天聰明，是甚次第。賀孫。

夫子教顔子，只是博文、約禮兩事。自堯、舜以來，便自如此説。「惟精」便是博文，「惟一」便是約禮。義剛。

「博我以文，約我以禮」，聖門教人，只此兩事。須是互相發明。約禮底工夫深，則博文底工夫愈明；博文底工夫至，則約禮底工夫愈密。廣。

「博我以文，約我以禮」，聖人教人，只此兩事。博文工夫固多，約禮只是這些子。如此是天理，如此是人欲。不入人欲，則是天理。禮者，天理之節文。節謂等差，文謂文采。等差不同，必有文以行之。《鄉黨》一篇，乃聖人動容周旋皆中禮處。與上大夫言，自然誾誾；與下大夫言，自然侃侃。若與上大夫言却侃侃，與下大夫言却誾誾，便不是。聖人在這地位，知這，則揹莫不中節。❶今人應事，此心不熟，便解忘了。又云：聖賢於節文處描畫出這樣子，令人依本子去學。譬如小兒學書，其始如何便寫得好？須是一筆一畫都依他底，久久自然好去。又云：天理、人欲，只要認得分明。便喫一盞茶時，亦要知其孰爲天理，孰爲人欲。人傑。

安卿問：博文是求之於外，約禮是求之於內否？曰：何者爲外？博文也是自內裏做出來。我本來有此道理，只是要去求。知須是致，物須是格。雖是説博，然求來求去，終歸於一理，乃所以約禮也。《易》所謂「尺蠖之屈，以求伸也；龍蛇之蟄，以存身也；精義入神，以致用也；利用安身，以崇德也」。而今尺蠖蟲子屈得一寸，便能伸得一寸來許；他之屈，乃所以爲伸。龍蛇於冬若不蟄，則凍殺了；其蟄也，乃所以存身也。「精義入神」，乃所以致用也；「利用安身」，乃所以崇德也。「欲罷不能」，如人行步，左脚起了，不由得右脚不起。所謂「過此以往，未之或知也」。若是到那「窮神知化」，則須是「德之盛也」方能。顏子其初見得聖人之道尚未甚定，所以説「彌高」、「彌堅」、「在前」、「在後」。及博文、約禮工夫既到，則見得「如有所立卓爾」。但到此却用力不得了，只待他熟後，自到那田地。義剛。

國秀問：所以博文、約禮，格物、致知，是教顏子就事物上理會。「克己復禮」，却是顏子有諸己。曰：格那物，致吾之知，也便是會有諸己。賀孫。

❶「揹」，萬曆本作「樣」。

因論「博我以文」。曰：固是要就書冊上理會。然書冊上所載者是許多，書冊載不盡底又是多少，都要理會。僩。

正淳問「顏淵喟然嘆曰」一段。曰：吾人未到他地位，畢竟未識說箇甚麼。再問，乃曰：「瞻之在前，忽然在後」，是没捉摸處，是他顏子見得恁地。「如有所立卓爾」，是聖人已到，顏子未到處。㽦。○以下總論。

顏淵喟然歎處，是顏子見得未定，只見得一箇大物事後奈不何。節。

顏子「仰之彌高，鑽之彌堅，瞻之在前，忽然在後」，不是別有箇物事，只是做來做去，只管不到聖人處。若做得緊，又太過了；若放慢做，又不及。聖人則動容周旋都是這道理。義剛。

或問顏子鑽、仰。曰：顏子鑽、仰、前、後，只得摸索不着意思。及至盡力以求之，則有所謂卓然矣。見聖人氣象大概如此。然到此時，工夫細密，從前篤學力行底粗工夫，全無所用。蓋當此時只有些子未安樂，但須涵養將去，自然到聖人地位也。力行。

仰高鑽堅，瞻前忽後，此猶是見得未親切在。「如有所立卓爾」，方始親切。「雖欲從之，末由也已」，只是脚步未到，蓋不能得似聖人從容中道也。閎祖。

「瞻之在前，忽然在後」，是猶見得未定。及「所立卓爾」，則已見得定，但未到爾。只是天理自然底，不待安排。所以着力不得時，蓋爲安排着便不自然，便與他底不相似。這箇「卓爾」，事事有在裏面，亦如「一以貫之」相似。佐。

或問「瞻前忽後」章。曰：此是顏子當初尋討不着時節。瞻之却似在前，及到着力趕上，又却在後；及鑽得一重了，又却有一重；及仰之，又却煞高，及至上得一層了，又有一層。到夫子教人者，又却「循循善誘」，既博之以文，又約之以禮。博之以文，是事事物物皆窮究；約之以禮，是使之復禮。却只如此教我循循然去下工夫，久而後見道體卓爾立在這裏。此已見得親切處。然「雖欲從之」，却又「末由也已」，此是顏子未達一間時，此是顏子説己當初捉摸不着時事。祖道問：顏子此説，亦是立一箇則例與學者求道用力處，故程子以爲學者須學顏子，有可依據，孟子才大難學者也。曰：然。祖道。

周元興問：顏子當鑽、仰、瞻、忽時，果何所見？曰：顏子初見聖人之道廣大如此，欲向前求之，轉覺無下手處。退而求之，則見聖人所以循循然善誘之者，不過博文、約禮，於是就此處竭力求之。而所見始親切的當，如有所立卓爾在前，而嘆其峻絶着力不得也。又問：顏子合下何不便做博文、約禮工夫？曰：顏子氣禀高明，合下見得聖人道大如此，未肯便向下學中求。及其用力之久，而後知其真不外此，故只於此處着力爾。銖。

問：顏子瞻、忽事，爲其見得如此，所以「欲罷不能」？曰：只爲夫子博之以文，約之以禮，所以「欲罷不能」。問：瞻、忽、前、後，是初見時事；仰高、鑽堅，乃其所用力處。曰：只是初見得些小，未能無礙，奈何他不得。夫子又只告以博文、約禮，顏子便服膺拳拳弗失。緊要是博文、約禮。問：顏子後來用力，見得「如有所立卓爾」，何故又曰「雖欲從之，末由也已」？曰：到此亦無所用力。只是博文、約禮，積久自然見得。德明。

問：顏子喟然嘆處，莫正是未達一間之意？夫顏子無形顯之過，夫子稱其「三月不違仁」。所謂「違仁」，莫是有纖毫私欲發見否？曰：《易傳》中説得好，云：「既未能不勉而中，所欲不踰矩，是有過也。」瞻前、忽後，是顏子見聖人不可及，無捉摸處。「如有所立卓爾」，却是真箇見得分明。又曰：顏子纔有不順意處，有要着力處，便是過。人傑。

夫子之教顏子，只是博文、約禮二事。至於「欲罷不能，既竭吾才，如有所立卓爾」處，只欠箇熟。所謂「過此以往，未之或知也。窮神知化，德之盛也」。人傑。

問「顏淵喟然嘆」章。曰：仰、鑽、瞻、忽四句，是一箇關。「如有所立卓爾」處，又是一箇關。不是夫子循循善誘，博文、約禮，便雖見得高、堅、前、後，亦無下手處。惟其如此，所以過得這一關。「欲罷不能」，非止是約禮一節，博文一節處亦是「欲罷不能」。博文了又約禮，約禮了又博文，恁地做去，所以「欲罷不能」。至於「如有所立」去處，見得大段親切了。那「末由也已」一節，却自着力不得。着力得處，顏子自着力了；博文、約禮，是着力得處也。又曰：顏子爲是先見得這箇物事了，自高、堅、前、後做得那卓爾處，一節親切如一節了。如今學者元不曾識那箇高、堅、前、後底是甚物事，更怎望他卓爾底！植。

問「瞻之在前」四句。曰：此段有兩重關。此處顏子非是都不曾見得。顏子已是到這裏了，比他人都不曾到。問：聖人教人先博文而後約禮，横渠先以禮教人，何也？曰：學禮中也有博文。如講明制度文爲，這都是文；那行處方是約禮也。夔孫。

「欲罷不能」，是住不得處。惟「欲罷不能」，故「竭吾才」。不惟見得顏子善學聖人，亦見聖人曲盡誘掖之道，使他喜歡，不知不覺得到氣力盡處。如人飲酒，飲得一杯好，只管飲去，不覺醉郎當了。夔孫。

大率看文字，且看從實處住。如「喟然嘆」一章，且看到那「欲罷不能」處。如後面，只自家工夫到那田地自見得，都不必如此去贊詠想象籠罩。燾。

問：「如有所立卓爾」，只是說夫子之道高明如此，或是似有一物卓然可見之意否？曰：亦須有箇模樣。問：此是聖人不思不勉、從容自中之地。顏子鑽、仰、瞻、忽，既竭其才，嘆不能到。曰：顏子鑽、仰、瞻、忽，初是捉摸不着。夫子不就此啓發顏子，只博之以文，約之以禮，令有用功處。顏子做這工夫漸見得分曉，至於「欲罷不能」，已是住不得。及夫「既竭吾才」，如此精專，方見得夫子動容周旋無不中處，皆是天理之流行，卓然如此分曉。到這裏，只有箇生熟了。顏子些小未能渾化如夫子，故曰「雖欲從之，末由也已」。德明。

問：「如有所立卓爾」，是聖人不思不勉，從容自中處。顏子必思而後得，勉而後中，所以未至其地。曰：顏子竭才，便過之。問：如何過？曰：才是思勉，便過；不思勉，又不及。顏子勉而後中，便有些小不肯底意。心知其不可，故勉强擺回。此等意義，懸空逆料不得，須是親到那地位方自知。問：《集注》解「瞻之在前，忽然在後」，作「無方體」。曰：大概亦是如此。德明。

恭父問：顏子平日深潛沉粹，觸處從容，只於喟然之嘆見得他煞苦切處。楊子云「顏苦孔之卓」，恐也是如此。到這裏，見得聖人直是峻極，要進這一步不得，便覺有懇切處。曰：顔子到這裏，也不是大段着力，只他自覺得要着力，自無所容其力。賀孫。○恪録云：恭父問：顔子平日深潛純粹，到此似覺有苦心極力之象。只緣他工夫到後，視聖人地位卓然只在目前，只這一步峻絶，直是難進。故其一時勇猛奮發，不得不如此。觀楊子雲言「顔苦孔之卓」，似乎下得箇「苦」字亦甚親切。但顔子只這一時勇猛如此，却不見迫切到「末由也已」，亦只得放下。曰：看他别自有一箇道理。然兹苦也，兹其所以爲樂也。

程子曰：「到此地位工夫尤難，直是峻絶，又大段着力不得。」所以着力不得，緣聖人「不勉而中，不思而得」了。賢者若着力要不勉不思，便是思勉了，此所以説「大段着力不得」。今日勉之，明日勉之，勉而至於不勉；今日思之，明日思之，思而至於不思。自生而至熟，正如寫字一般。會寫底固是會，不會寫底須學他寫，今日寫，明日寫，自生而至熟，自然寫得。泳。○《集注》。

問：程子曰「到此地位」，至「着力不得」，何謂也？曰：未到這處，須是用力，到這處，自要用力不得。如孔子「六十而耳順，七十而從心」，這處如何用力得？只熟了，自然恁地去。横渠曰：「大可爲也，化不可爲也，在熟之而已。過此以往，未之或知也。窮神知化，德之盛也。」淳。○寓録同。○洽録云：到這裏直待他自熟，且如熟，還可着力否？

問：「顔淵喟然嘆」一段，「高」、「堅」、「前」、「後」，可形容否？曰：只是説難學，要學聖人之道，都摸索不着。要如此學不得，要如彼學又不得。方取他前，又見在後。這處皆是譬喻如此。其初恁地難，到「循循善誘」，方略有箇近傍處。吳氏以爲卓爾亦不出乎日用行事之間，問：如何見得？曰：是他見得恁地定，見得聖人定體規模。此處除是顏子方見得。問：程子言「到此大段着力不得」，胡氏又曰「不怠所從，必欲至乎卓立之地」。何也？曰：「末由也已」，不是到此便休了不用力。但工夫用得細，不似初間用許多粗氣力，如博學、審問、謹思、明辯、篤行之類。這處也只是循循地養將去。顏子與聖人大抵争些子，只有些子不自在。聖人便「不勉而中，不思而得」，這處如何大段着力得？才着力，又成思勉去也。只恁地養熟了，便忽然落在那窠窟裏。明道謂：「賢毋謂我不用力，我更着力。」淳録云：明道謂：「賢看顯如此，顯煞用工夫。」人見明道是從容，然明道却自有着力處。但細膩了，人見不得。寓。

正淳問《集注》「顏子喟然而嘆」一章，不用程子而用張子之説。曰：此章經文自有次第。若不如張子説，須移「如有所立卓爾」向前始得。必夫。

蜚卿問：博約之説，程子或以爲知要，或以爲約束，如何？曰：「博我以文，約我以禮」，與「博學以文，約之以禮」一般。但「博學於文，約之以禮」，孔子是泛言人能博文而又能約禮，可以弗畔夫道。而顏子則更深於此耳。侯氏謂博文是「致知格物」，約禮是「克己復禮」，極分曉。而程子却作兩樣説，便是某有時曉他老先生説話不得。孟子曰：「博學而詳説之，將以反説約也。」這却是知要。蓋天下之理，都理會透到無可理會處，便約。蓋博而詳，所以方能説到要約處。約與要同。道夫曰：《漢書》「要求」字讀如「約束」。曰：然。頃之，復曰：「知崇禮卑」，聖人這四箇字，如何説到那地位？道夫曰：知崇便是博，禮卑便是約否？曰：博然後崇，卑然後约。物理窮盡，卓然於事物之表，眼前都攔自家不住，如此則所謂崇。戒謹恐懼，一舉一動，一言一行，無不着力，如此則是卑。問「卑法地」。曰：只是極其卑爾。又問：知崇如天，禮卑如地，而後人之理行乎？曰：知禮成性，而天理行乎其間矣。道夫。○《集義》。

問：横渠説顔子三段，❶却似説顔子未到中處。曰：可知是未到從容中道。如「瞻之在前，忽焉在後」，便是横渠指此做未能及中。蓋到這裏，又著力不得。才緊着便過了，稍自放慢便遠了。到此不争分毫間，只是做得到了，却只涵養。「既竭吾才，如有所立卓爾」，便是未到「不思而得」處；「雖欲從之，末由也已」，便是未到「不勉而中」處。畓。

問横渠説顔子發歎處。曰：「高明不可窮」是説「仰之彌高」，「博厚不可極」是説「鑽之彌堅」，「中道不可識」則「瞻之在前忽焉在後」。❷至其「欲罷不能，既竭吾才」，則方見「如有所立卓爾」。謂之「如」，則是於聖人中道所争不多。才着力些便過，才放慢些便不及，直是不容着力。人傑。

所謂「瞻之在前，忽然在後」，這只是箇「中庸不可能」。蓋聖人之道，是箇恰好底道理，所以不可及。自家纔着意要去做，不知不覺又蹉過了。且如「恭而安」，這是聖人不可及處。到得自家纔着意去學時，便恭而不安了，此其所以不可能。只是難得到恰好處，不着意又失了，纔着意又過了，所以難。横渠曰：「高明不可窮，博厚不可

❶「段」，原作「改」，今據朝鮮本、萬曆本改。
❷「焉」，萬曆本作「然」。

極，則中道不可識，蓋顏子之歎也。」雖説得拘，然亦自説得好。或曰：伊川過不及之説，亦是此意否？曰：然。蓋方見聖人之道在前，自家要去趕着他，不知不覺地蹉過了，那聖人之道又却在自家後了。所謂「忽然在後」，也只是箇「中庸不可能」。「夫子循循然善誘人」，非特以博文、約禮分先後次序，博文中亦自有次序，約禮中亦自有次序，有箇先後淺深。「欲罷不能」，便只是就這博文、約禮中做工夫。合下做時，便是下這十分工夫去做，到得這歎時，便是「欲罷不能」之效。衆人與此異者，只是争這箇「欲罷不能」。做來做去，不知不覺地又住了。顏子則雖欲罷，而自有所不能，不是勉强如此，此其所以異於人也。又曰：顏子工夫到此，已是七八分了。到得此，是滔滔地做將去，所以「欲罷不能」。如人過得箇關了，便平地行將去。僩。

伯豐問：顏子求「龍德正中」，而未見是「庸言之信，庸行之謹，閑邪存其誠」，聖人從容中道地位否？曰：然。又問：「極其大而後中可求」，如何？曰：此言「執其兩端，用其中於民」，正如程子室中、廳中、國中之説，不極其大，則不得其中也。又問：「止其中而後大可有」，如何？曰：在中間，便盡得四邊。若偏向這一邊，即照管那一邊不得。張子此語甚好。若云「未見其止」，却使得不是。「未見其止」，只是不息，非「得其所止」之「止」。㽦。

子疾病章

問：「久矣哉，由之行詐」，是不特指那一事言也。曰：是指從來而言。問：人苟知未至，意未誠，則此等意慮時復發露而不自覺？曰：然。廣。

問：「由之行詐」，如何？曰：是子路要尊聖人，耻於無臣而爲之，一時不能循道理，子路本心亦不知其爲詐。然而子路尋常亦是有不明處，知死孔悝之難，是至死有見不到。只有一毫不誠，便是詐也。饒本作：子路平日强其所不知以爲知，故不以出公爲非。○辔。

問「子路使門人爲臣」一章。曰：世間有一種事，分明是不好，人也皆知其不好。謂如子路使門人爲臣，此等事未有不好，亦未爲欺天。但子路見不透，却把做好事去做了，不知其實却不是了。燾。

子貢曰有美玉章

子貢只是如此設問，若曰「此物色是只藏之，惟復將出用之」耳，亦未可議其言之是非也。必大。

子欲居九夷章

問：「子欲居九夷」，使聖人居之，真有可變之理否？曰：然。或問：九夷，前輩或以箕子爲證，謂朝鮮之類，是否？曰：此亦未見得。古者中國亦有夷狄，如魯有淮夷，周有伊雒之戎是也。又問：此章與「乘桴浮海」，莫是戲言否？曰：只是見道不行，偶然發此嘆，非戲言也。因言：後世只管説當時人君不能用聖人，不知亦用不得。每國有世臣把住了，如何容外人來做？如魯有三桓，❶齊有田氏，晉有六卿，

❶「三」，原作「二」，今據朝鮮本、萬曆本改。

比比皆然，如何容聖人插手？雉。

出則事公卿章

「喪事不敢不勉，不爲酒困。」此等處，聖人必有爲而言。燾。

問「不爲酒困，何有於我哉」。曰：《語》有兩處如此説，皆不可曉。尋常有三般説話：一以爲上數事我皆無有，一説謂此數事外我皆復何有，一説云於我何有。然皆未安，某今闕之。去僞。○《集注》今有定説。

正淳問：「出則事公卿」一段，及范氏以「燕而不亂」爲「不爲酒困」，如何？曰：此説本卑，非有甚高之行，然工夫却愈精密，道理却愈無窮。故曰「知崇禮卑」，又曰「崇德廣業」。蓋德知雖高，然踐履却只是卑則愈廣。又曰：德言盛，禮言恭，謙也者，致恭以存其位者也。此章之義，似説得極低，然其實則説得極重。范氏似以「不爲酒困」爲不足道，故以燕飲不亂當之，過於深矣。必大。

子在川上章

問「逝者如斯」。曰：逝只訓往，「斯」字方指川流處。植。

或問「子在川上曰：『逝者如斯夫，不舍晝夜。』」曰：古説是見川流，因歎。大抵過去底物不息，猶天運流行不息，如此亦警學者要當如此不息。蓋聖人之心「純亦不已」，所以能見之。去僞。

問：《注》云：「天地之化，往者過，來者續，無一息之停，乃道體之本然也。其可指而易見者，莫如川流，故於此發以示人。」其反而求之身心，固生生而不息，氣亦流通而不息。二者皆得之於天，與天地爲一體者也。然人之不能不息者有二：一是不知後行不得，二是役於欲後行不得。人須是下窮理工夫，使無一理之不明；下克己工夫，使無一私之或作。然此兩段工夫皆歸在敬上，故明道云：「其要只在謹獨。」曰：固是。若不謹獨，便去隱微處間斷了。能謹獨，然後無間斷。若或作或輟，如何得與天地相似？廣。○士毅録云：此只要常常相續，不間斷了。○《集注》。

或問：「天地之化，往者過，來者續，此道體之本然也。」如何？曰：程子言之矣。「天運而不已，日往則月來」云云，「皆與道爲體」。「與道爲體」，此句極好。某嘗記得舊作《觀瀾記》兩句云：「觀湍流之不息，悟有本之無窮。」人傑。○祖道録别出。

或問「子在川上」。曰：此是形容道體。伊川所謂「與道爲體」，此一句最妙。某嘗爲人作《觀瀾詞》，其中有兩句云：「觀川流之不息兮，悟有本之無窮。」又問：明道曰：「其要只在謹獨。」如何？曰：能謹獨則無間斷，而其理不窮。若不謹獨，便有欲來參入裹面，便間斷了也，如何却會如川流底意。又問：明道云：「自漢以來，諸儒皆不識此。」如何？曰：是他不識，如何却要道他識此事？除了孔、孟，猶是佛、老見得些形象。譬如畫人一般，佛、老畫得些模樣。後來儒者於此全無相着，如何教他兩箇不做大？祖道曰：只爲佛、老從心上起工夫，其學雖不是，然却有本。儒者只從言語文字上做，有知此事是合理會者，亦只做一場話説過了，所以輸與他。曰：彼所謂心上工夫本不是，然却勝似儒者多。公此説却是。祖道。

問：《注》云：「此道體之本然也。」後又曰：「皆與道爲體。」向見先生説：「道無形體，却是這物事盛載那道出來，故可見。『與道爲體』，言與之爲體也。這『體』字較粗。」如此，則與本然之體微不同。曰：也便在裏面。只是前面「體」字説得來較闊，連本末精粗都包在裏面；後面「與道爲體」之「體」，又説出那道之親切底骨子。恐人説物自物，道自道，所以指物以見道。其實這許多物事湊合來，便都是道之體。道之體，便在這許多物事上，只是水上較親切易見。僩。

公晦問：「子在川上」注「體」字，是「體用」之「體」否？曰：只是這箇「體道」之「體」，只是道之骨子。節。

問：如何是「與道爲體」？曰：與那道爲形體。這「體」字却粗，只是形體。問：猶云「性者，道之形體」否？曰：然。僩。

問：《注》云：「此道體也。」下面云：「是皆與道爲體。」「與」字其義如何？曰：此等處要緊。「與道爲體」，是與那道爲體。道不可見，因從那上流出來。若無許多物事，又如何見得道？便是許多物事與那道爲體。水之流而不息，最易見者。如水之流而不息，便見得道體之自然。此等處，閑時好玩味。炎。

「與道爲體」，此四字甚精。蓋物生水流，非道之體，乃與道爲體也。學蒙。

先生舉程子「與道爲體」之語示過，言：道無形體可見。只看日往月來，寒往暑來，水流不息，物生不窮，顯顯者乃是「與道爲體」。過。

問：伊川曰：「此道體也，天運而不已」，至「皆與道爲體」，如何？曰：形而上者謂之道，形而下者謂之器，道本無體。此四者非道之體也，但因此則可以見道之體耳。那「無聲無臭」便是道。但尋從那「無聲無臭」處去，如何見得道？因有此四者，方見得那「無聲無臭」底，所以説「與道爲體」。劉用之曰：如炭與火相似。曰：也略是如此。義剛。

徐問：程子曰「日往則月來」，至「皆與道爲體」，何謂也？曰：日月寒暑等不是道。寓録云：日往月來，寒往暑來，水流不息，物生不窮未是道。❶然無這道，便也無這箇了。惟有這道，方始有這箇。既有這箇，則就上面便可見得道。這箇是與道做骨子。問：張思叔説：「此便是無窮。」伊川曰：「一箇無窮，如何便了得。」何也？曰：固是無窮，然須看因甚恁地無窮。須見得所以無窮處，始得。若説天只是高，地只是厚，便也無説了。須看所以如此者是如何。淳。○寓同。

周元興問「與道爲體」。曰：天地日月，陰陽寒暑，皆「與道爲體」。又問：此「體」字如何？曰：是體質。道之本然之體不可見，觀此則可見無體之體，如陰陽五行爲太極之體。又問：太極是體，二五是用？曰：此是無體之體。叔重曰：如「其體則謂之易」否？曰：然。又問：「有天德便可語王道。」曰：有天德，則便是天理，便做得王道；無天德，則做王道不成。又曰：無天德，則是私意，是計較。後人多無天德，所以做王道不成。節。

伊川説：「水流而不息，物生而不窮，皆與道爲體。」這箇「體」字，似那形體相似。道是虛底道理，因這箇物事上面方看見。

❶「未」，萬曆本作「云」。

如曆家說二十八宿爲天之體，天高遠，又更運轉不齊，不記這幾箇經星，如何見得他。「經禮三百，曲禮三千」，無一事之非仁。經禮、曲禮，便是與仁爲體。高。

至之問：「逝者如斯夫，不舍晝夜」，便是「純亦不已」意思否？曰：固是。然此句在吾輩作如何使？楊曰：學者當體之以自强不息。曰：只是要得莫間斷。程子謂：「此天德也。有天德，便可語王道，其要只在謹獨。」謹獨與這裏何相關？只少有不謹，便斷了。寓。

又曰：天理流行之妙，若少有私欲以間之，便如水被些障塞，不得恁滔滔地流去。問：程子謂「自漢以來，儒者皆不識此義」。曰：是不曾識得。佛氏却略曾窺得上面些箇影子。儒用。

問《注》中「有天德而後可以語王道」。先生云：只是無些子私意。

「子在川上」一段注：「此道體之本然也。欲學者時時省察，而無毫髮之間斷。」才不省察便間斷，此所以「其要只在謹獨」。人多於獨處間斷。泳。

因說此章，問曰：今不知吾之心與天地之化是兩箇物事，是一箇物事？公且思量。良久，乃曰：今諸公讀書，只是去理會得文義，更不去理會得意。聖人言語，只是發明這箇道理。這箇道理，吾身也在裏面，萬物亦在裏面，天地亦在裏面。通同只是一箇物事。無障蔽，無遮礙。吾之心，即天地之心，聖人即川之流，便見得也是此理，無往而非極致。但天命至正，人心便邪；天命至公，人心便私；天命至大，人心便小，所以與天地不相似。而今講學，便要去得與天地不相似處，要與天地相似。又曰：虛空中都是這箇道理，聖人便隨事物上切出來。❶又曰：如今識得箇大原了，便見得事事物物都從本根上發出來。如一箇大樹，有箇根株，便有許多芽蘖枝葉，牽一箇，則千百箇皆動。夔孫。

因說「子在川上」章，問：明道曰：「天地設位，而易行乎其中，只是敬也。敬則無間斷。」也是這意思？曰：固是。天地與聖人一般，但明道說得寬。夔孫。

問：「見大水，必觀焉」，是何意？曰：只川上之歎，恐是夫子本語。孟、荀之言，或是傳聞之訛。必大。

吾未見好德如好色章

至之問：「好德如好色」，此即《大學》「如好好色」之意，要得誠如此。然《集注》載衛靈公事，與此意不相應，何也？曰：書不是恁地讀。除了靈公事，便有何發明？存靈公事在那上，便有何相礙？此皆没緊要。聖人當初只是恁地歎未見好德如那好色者。自家當虛心去看，又要反求思量，自己如何便是好德，如何便是好色，方有益。若只管去校量他，與聖人意思愈見差錯。聖人言語，自家當如奴僕，只去隨他，教住便住，教去便去。今却如與做師友一般，只去與他校，如何得？《大學》之說，自是《大學》之意；《論語》之說，自是《論語》之意。《論語》只是說過去，尾重則首輕，這一頭低，那一頭昂。《大學》只將兩句平頭說去，說得尤力。如何要合兩處意來做一說得。淳。○蜀録作「林

❶「切」，萬曆本作「做」。

一之問」，文少異。

叔重問：何謂招摇？曰：如翱翔。節。

語之而不惰章

讀「語之而不惰」，曰：惟於行上見得他不惰。時舉。

陳仲亨問：「語之而不惰」，於甚處見得？曰：如「得一善，則拳拳服膺而不失之矣」，「欲罷不能」，皆是其不惰處。義剛。

問：如何是不惰處？曰：顔子聽得夫子説話，自然住不得。若他人聽過了，半疑半信，若存若亡，安得不惰！雉。

問「語之不惰」。曰：看來「不惰」，只是不説没緊要底話。蓋是那時，也没心性説得没緊要底話了。燾。

子謂顔淵章

問「未見其止」。曰：如横渠之説，以爲止是止於中，亦説得，但死而不活。蓋只是顔子未到那極處，未到那成就結果處。蓋顔子一箇規模許多大，若到那收因結果，必有大段可觀者也。燾。

苗而不秀章

徐問：「苗而不秀」、「秀而不實」，何所喻？曰：皆是勉人進學如此。這箇道理難當，只管恁地勉强去。「苗而不秀」、「秀而不實」，大概只説物有生而不到長養處，有長養而不到成就處。淳。

苗須是秀，秀須是實，方成。不然，何

所用？學不至實，亦何所用？

後生可畏章

問：「後生可畏」，是方進者也；「四十、五十而無聞」，是中道而止者也。曰：然。燾。

朱子語類卷第三十七計一十三板

論語十九

子罕篇下

法語之言章

「法語之言」、「巽與之言」。巽，謂巽順。與他說，都是教他做好事，如「有言遜于汝志」。重處在「不改」、「不繹」。聖人謂如此等人，與他說得也不濟事，故曰：「吾末如之何也已。」端蒙。

植說此章：《集注》云：「法語，人所敬憚，故必從。然不改，則面從而已。」如漢武帝見汲黯之直，深所敬憚，至帳中可其奏，可謂從矣。然黯論武帝「內多慾而外施仁義」，豈非面從！《集注》云：「巽言無所乖忤，故必悅。然不繹，又不足以知其微意之所在。」如孟子論太王好色、好貨，齊王豈不悅。若不知繹，則徒知古人所謂好色，不知其能使「內無怨女，外無曠夫」；徒知古人所謂好貨，不知其能使「居者有積倉，行者有裹糧」。先生因曰：《集注》中舉楊氏說，亦好。植。

三軍可奪帥章

志若可奪，則如三軍之帥被人奪了。做官奪人志。志執得定，故不可奪；執不牢，也被物欲奪去。志真箇是不可奪。泳。

衣敝緼袍章

「衣敝緼袍」，是裏面夾衣，有綿作胎底。義剛。

「衣敝緼袍」，也有一等人資質自不愛者。然如此人亦難得。泳。

先生曰：李閎祖云：「忮是疾人之有，求是耻己之無。」吕氏之説亦近此意。然此説又分曉。㽦。

問「子路終身誦之」。曰：是自有一般人著破衣服在好衣服中，亦不管者。子路自是不把這般當事。㽦問：子路却是能克治。❶如「願車馬衣輕裘與朋友共，敝之而無憾」。曰：子路自是恁地人，有好物事，猶要與衆人共用了。上蔡《論語》中説管仲小器處一段極好。㽦。

問：「子路終身誦之」，此子路所以不及顔淵處。蓋此便是「願車馬衣輕裘與朋友共，敝之而無憾」底意思。然他將來自誦，便是無那「無伐善施勞」意思。曰：所謂「終身誦之」，亦不是他矜伐。只是將這箇做好底事，「終身誦之」，要常如此，便别無長進矣。又問吕氏「貧與富交，强者必忮，弱者必求」之語。曰：世間人見富貴底，不是心裏妬嫉他，便羡慕他，只是這般見識爾。僩。

謝教問：「子路終身誦之」，夫子何以見得終其身也？曰：只是以大勢恁地。這處好，只不合自擔當了，便止於此，便是自畫。大凡十分好底事，纔自擔便也壞了，所謂「有其善，喪厥善」。淳。

❶「治」，朝鮮本作「己」。

道怕擔了。何足以臧。○可學。

知者不惑章

「知者不惑」，真見得分曉，故不惑。泳。

道夫問「仁者不憂」。曰：仁者通體是理，無一點私心。事之來者雖無窮，而此之應者各得其度。所謂建諸天地而不悖，質諸鬼神而無疑，百世以俟聖人而不惑，何憂之有？驤。

「仁者不憂」。仁者，天下之公。私欲不萌，而天下之公在我，何憂之有？泳。

或問：「仁者不憂」，但不憂，似亦未是仁。曰：今人學問百種，只是要「克己復禮」。若能克去私意，日間純是天理，自無所憂，如何不是仁！義剛。

陳仲亨説「仁者不憂」云：此非仁體，只是説夫子之事。先生曰：如何又生出這一項情節？恁地則那兩句也須恁地添一説始得。這只是統説，仁者便是不憂。義剛。

「勇者不懼」。氣足以助道義，故不懼。故孟子説：「配義與道，無是餒也。」今有見得道理分曉而反懾怯者，氣不足也。泳。

或問「勇者不懼」，舉程子「明理可以治懼」之説。曰：明理固是能勇，然便接那「不懼」未得，蓋爭一節在，所以聖人曰「勇者不懼」。燾。

李閎祖問：《論語》所説「勇者不懼」處，作「有主則不懼」。恐有「主」字，明「勇」字不出。曰：也覺見是如此。多是一時間下字未穩，又且恁地備員去。因云：前輩言解經命字爲難。近人解經，亦間有好處，但是下語親切，説得分曉。若前輩所説，或有不大故分曉處，亦不好。如近來耿氏説

《易》「女子貞不字」，伊川説作「字育」之「字」，耿氏説作「許嫁笄而字」之「字」，言「女子貞不字」者，謂其未許嫁也，却與昏媾之義相通，亦説得有理。又云：伊川《易》亦有不分曉處甚多，如「益之用凶事」作「凶荒」之「凶」，直指刺史、郡守而言。在當時未見有刺史、郡守，豈可以此説。某謂「益之用凶事」者，言人臣之益君，是責難於君之時，必以危言鯁論，恐動其君而益之。雖以中而行，然必用圭以通其信。若不用圭而通，又非忠以益於君也。卓。

行夫説「仁者不憂」一章。曰：「勇者不懼」，勇是一箇果勇必行之意，説「不懼」也易見。「知者不惑」，知是一箇分辨不亂之意，説「不惑」也易見。惟是仁如何會不憂，這須思之。行夫云：仁者順理，故不憂。若只順這道理做去，自是無憂。曰：意思也是如此，更須細思之。久之，行夫復云云。曰：畢竟也説得粗。仁者所以無憂者，止緣仁者之心便是一箇道理。看是甚麽事來，不問大小，改頭換面來，自家此心各各是一箇道理應副去。不待事來方始安排，心便是理了。不是方見得道理合如此做，不是方去恁地做。賀孫。○恪録别出。

蔡行夫問「仁者不憂」一章。曰：知不惑，勇不懼，却易理會。「仁者不憂」，須思量仁者如何會不憂。蔡云：莫只是無私否？方子録云：或曰「仁者無私心，故樂天而不憂」。曰：固是無私。然所以不憂者，須看得透方得。楊至之云：是人欲浄盡，自然樂否？曰：此亦只是貌説。洪慶問：先生説是如何？曰：仁者心便是理，看有甚事來，便有道理應他，所以不憂。方子録云：仁者理即是心，心即是理。有一事來，便有一理以應之，所以無憂。○恪録一作：仁者心與理一，心純是這道理。看甚麽事來，自有這道理在處置他，自不煩惱。人所以憂者，只是卒然遇事，未有一箇道理應他，便不免有憂。恪録一作：今人有這事，却無這理，便處置不去，❶所以憂。○從周録云：人所以有憂者，只是處未得。○恪。

方毅父問：「知者不惑」，明理便能無私否？曰：也有人明理而不能去私慾者。然去私慾，必先明理。無私慾，則不屈於物，故勇。惟聖人自誠而明，可以先言仁，後言知。至於教人，當以知爲先。銖。○時舉少異。

先生説「知者不惑」章：惟不惑、不憂，便生得這勇來。植。

問「知者不惑」章。曰：有仁知而後有勇，然而仁知又少勇不得。蓋雖曰「仁能守之」，只有這勇方能守得到頭，方能接得去。若無這勇，則雖有仁知，少間亦恐會放倒了。所以《中庸》説仁、知、勇三者。勇本是箇没緊要底物事，然仁知不是勇則做不到頭，半塗而廢。燾。

或問：「仁者不憂，知者不惑，勇者不懼」，何以與前面「知者不惑，仁者不憂，勇者不懼」次序不同？曰：成德以仁爲先，進學以知爲先，此誠而明，明而誠也。《中庸》言三德之序如何？曰：亦爲學者言也。問：何以勇皆在後？曰：末後做工夫不退轉，此方是勇。銖。

或問：人之所以憂、惑、懼者，只是窮理不盡，故如此。若窮盡天下之理，則何憂、何懼之有？因其無所憂，故名之曰仁；因其無所惑，故名之曰知；因其無所

❶「去」，萬曆本作「來」。

懼，故名之曰勇。不知二説孰是？曰：仁者隨所寓而安，自是不憂；知者所見明，自是不惑；勇者所守定，自是不懼。夫不憂、不惑、不懼，自有次第。或曰：勇於義，是義理之勇。如孟施舍、北宫黝，皆血氣之勇。人傑録云：或曰：勇是勇於義，或是武勇之勇？曰：大概統言之，如孟施舍、北宫黝，皆血氣之勇。曰：三者也須窮理克復，方得。只如此説，不濟事。去僞。

問：「知者不惑」，《集注》：「知以知之，仁以守之，勇以終之。」看此三句恐知是致知格物，仁是存養，勇是克治之功。先生首肯曰：是。勇是持守堅固。問：《中庸》「力行近乎仁」，又似「勇者不懼」意思？曰：交互説都是。如「或生而知之，或學而知之，或因而知之」，三知都是知；「或安而行之，或利而行之，或勉强而行之」，三行都是仁；「好學近乎知，力行近乎仁，知耻近乎勇」，三近都是勇。寓。

可與共學章

「可與共學」，有志於此；「可與立」，能有所立；「可與適道」，已看見路脉；「可與權」，遭變事而知其宜，此只是大綱如此説。可學。

問「可與適道」章。曰：這箇只説世人可與共學底，未必便可與適道；可與適道底，未必便可與立；可與立底，未必便可與權。學時，須便教可適道；適道，便更教立去；立，便須教權去。植。

或問：「可與立」，是如「嫂叔不通問」；「可與權」，是「嫂溺援之以手」？曰：然。燾。

問：權，地位如何？曰：大賢已上。可學。

權是稱量教子細着。閎祖。

問：權便是義否？曰：權是用那義底。問：中便是時措之宜否？曰：以義權之，而後得中。義似秤，權是將這秤去稱量，中是物得其平處。僩。

經自經，權自權。但經有不可行處，而至於用權，此權所以合經也。如湯、武事，伊、周事，嫂溺則援事。常如風和日暖，固好。變如迅雷烈風，若無迅雷烈風，則都旱了，不可以爲常。泳。

蘇宜久問「可與權」。曰：權與經，不可謂是一件物事。畢竟權自是權，經自是經。但非漢儒所謂權變、權術之説。聖人之權，雖異於經，其權亦是事體到那時合恁地做方好。植。❶ ○時舉同。

「可與立，未可與權」，亦是甚不得已，方説此話。然須是聖人方可與權。若以顔子之賢，恐也不敢議此。「磨而不磷，涅而不緇。」而今人才磨便磷，才涅便緇，如何更説權變？所謂「未學行，先學走」也。僩。

先生因説：「可與立，未可與權」，權處是道理上面更有一重道理。如君子小人，君子固當用，小人固當去，然方當小人進用時，猝乍要用君子，也未得。當其深根固蔕時，便要去他，適爲所害。這裏須斟酌時宜，便知箇緩急淺深，始得。或言：本朝人才過於漢、唐，而治效不及者，緣漢、唐不去攻小人，本朝專要去小人，所以如此。曰：如此説，所謂「内君子，外小人」，古人且胡亂恁地説，不知何等議論。永嘉學問專去

❶「植」，朝鮮本作「宜久」。

利害上計較，恐出此。又曰：正其義不謀其利，明其道不計其功。正其義則利自在，明其道則功自在。專去計較利害，定未必有利，未必有功。寓。

叔重問：程子云：「權者，言秤錘之義也。何物以爲權？義是也。然也只是説到義，義以上更難説，在人自看如何。」此意如何看？曰：此如有人犯一罪，性之剛者以爲可誅，性之寬者以爲可恕，概之以義，皆未是合宜。此則全在權量之精審，然後親切不差。❶欲其權量精審，是他平日涵養本原，此心虛明純一，自然權量精審。伊川嘗云：「敬以直内，則義以方外；義以爲質，則禮以行之。」時舉。

問經權之别。曰：經與權，須還他中央有箇界分。如程先生説，則無界分矣。程先生「權即經」之説，其意蓋恐人離了經，然而衮來衮去，❷則經與權都鶻突没理會了。又問：權是秤錘也，稱衡是經否？曰：這箇以物譬之，難得親切。久之，曰：稱得平，不可增加些子，是經；到得物重衡昂，移退是權。依舊得平，便是合道。故反經亦須合道也。燾。

問經權。曰：權者，乃是到這地頭，道理合當恁地做，故雖異於經，而實亦經也。且如冬月便合着綿向火，此是經。忽然一日煖，則亦須使扇、當風坐，此便是權。伊川謂「權只是經」，意亦如此，但説經字太重，若偏了。漢儒「反經合道」之説，却説得「經」、「權」兩字分曉。但他説權，遂謂反了經，一向流於變詐，則非矣。義剛。

❶「切」，萬曆本作「審」。
❷「而」，萬曆本作「一」。

用之問：「權也者，反經而合於道。」此語亦好。曰：若淺説，亦不妨。伊川以爲權便是經。某以爲反經而合於道，乃所以爲經。如征伐視揖遜、放廢視臣事，豈得是常事？但終是正也。賀孫。

或問：伊川云：「權即是經。」漢儒云：「反經合道。」其説如何？曰：伊川所説權，是説這處合恁地做便是正理，須是曉得他意。漢儒語亦未十分有病，但他意却是横説，一向不合道理，胡做了。又曰：「男女授受不親」，是常經合恁地。「嫂溺援之以手」，亦是道理合恁地，但不是每常底道理了。譬如冬月衣裘附火，是常理也。忽然天氣做熱，便須衣夾揮扇，然便不是每常底常理了。《公羊》就宋人執祭仲處説得權又怪異了。又曰：經是已定之權，權是未定之經。義剛。

吴伯英問：伊川言「權即是經」，何也？曰：某常謂不必如此説。孟子分明説：「男女授受不親，禮也；嫂溺援之以手者，權也。」權與經豈容無辨？但是伊川見漢儒只管言反經是權，恐後世無忌憚者皆得借權以自飾，因有此論耳。然經畢竟是常，權畢竟是變。又問：某欲以「義」字言權，如何？曰：義者，宜也。權固是宜，經獨不宜乎？壯祖。

問：經、權不同，而程子云：「經即權也。」曰：固是不同。經是萬世常行之道，權是不得已而用之，大概不可用時多。又曰：權是時中；不中，則無以爲權矣。賜。

或問：「反經合道」之説，程先生不取，乃云：「不必説權，權即是經。」如何？曰：某常以爲程先生不必如此説，是多説了。經者，道之常也；權者，道之變也。道是箇統體，貫乎經與權。如程先生之説，則鶻突了。所謂經，衆人與學者皆能循之。至於權，則非聖賢不能行也。燾。

或有書來問經、權。先生曰：程子固曰：「權即經也。」人須着子細看，此項大段要子細。經是萬世常行之道，權是不得已而用之，須是合義也。如湯放桀、武王伐紂、伊尹放太甲，此是權也。若日日時時用之，則成甚世界了？或云：權莫是中否？曰：是此一時之中。不中，則無以爲權矣。然舜、禹之後六七百年方有湯，湯之後又六七百年方有武王。權也是難説，故夫子曰：「可與立，未可與權。」到得可與權時節，也是地位太煞高了也。祖道。

或問經與權之義。曰：《公羊》以「反經合道」爲權，伊川以爲非。若平看，反經亦未爲不是。且如君臣、兄弟，是天地之常經，不可易者。湯、武之誅桀、紂，却是以臣弑君；周公之誅管、蔡，却是以弟殺兄，豈不是反經？但時節到這裏，道理當恁地做，雖然反經，却自合道理。但反經而不合道理，則不可。若合道理，亦何害於經乎？又曰：合於權，便是經在其中。正甫謂：「權義舉而皇極立」，權、義只相似。曰：義可以總括得經、權，不可將來對權。義當守經則守經，義當用權則用權，所以謂義可以總括得經、權。若可權、義並言，如以兩字對一字，當云「經權舉」乃可。伊川曰：「惟義無對。」伊川所謂「權便是經」，亦少分別。須是分別經、權自是兩物，到得合於權，便自與經無異，如此説乃可。僩。

問：「可與立」，如何是立？曰：立是見得那正當底道理分明了，不爲事物所遷惑。又問：程子謂「權只是經」，先生謂：

「以《孟子》援嫂之事例之，則權與經亦當有辨。」莫是經是一定之理，權則是隨事以取中，既是中，則與經不異否？曰：經是常行道理，權則是那常理行不得處，不得已而有所通變底道理。權得其中，固是與經不異，畢竟權則可暫而不可常。如堯、舜揖遜，湯、武征誅，此是權也。豈可常行乎？觀聖人此意，畢竟是未許人用權，故學者須當先理會那正底道理。❶且如朝廷之上辨別君子、小人，君子則進之，小人則去之，此便是正當底道理。今人不去理會此，却説小人亦不可盡去，須放他一路，不爾，反能害人。自古固有以此而濟事者，但終非可常行之理。若是君子、小人常常並進，則豈可也？廣。

亞夫問「可與立，未可與權」。曰：漢儒謂「反經合道」爲權，伊川謂「權是經所不及者」。❷權與經固是兩義，然論權而全離乎經，則不是。蓋權是不常用底物事，如人之病，熱病者當服涼藥，冷病者當服熱藥，此是常理。然有時有熱病，却用熱藥去發他病者；亦有冷病，却用冷藥去發他病者。此皆是不可常用者，❸然須是下得是方可。若有毫釐之差，便至於殺人。不是則劇然，若用得是，便是少他不得，便是合用這箇物事。既是合用，兹權也，❹所以爲經也。大抵漢儒説權，是離了箇經説；伊川説權，便道權只在經裏面。且如周公誅管、蔡，與唐太宗殺建成、元吉，其推刃於同氣者雖同，而所以殺之者則異。蓋管、蔡與商之遺民謀危王室，此是得罪於天下，得罪於宗廟，

❶「故」，萬曆本作「字」。「那」，萬曆本作「這」。
❷「謂」，萬曆本作「説」。
❸「用」，萬曆本作「論」。
❹「兹」，萬曆本作「此」。

蓋不得不誅之也。若太宗，則分明是争天下。故周公可以謂之權，而太宗不可謂之權。孟子曰：「有伊尹之志則可，無伊尹之志則簒也。」故在伊尹可以謂之權，而在他人則不可也。權是最難用底物事，故聖人亦罕言之。自非大賢以上，自見得這道理合是恁地了不得也。時舉。

因論「經」、「權」二字，曰：漢儒謂「權者，反經合道」，却是權與經全然相反。伊川非之，是矣。然却又曰「其實未嘗反經」，權與經又却是一箇，略無分別。恐如此又不得。權固不離於經，看「可與立，未可與權」及孟子「嫂溺援之以手」事，毫釐之間，亦當有辨。文蔚曰：經是常行之理，權是適變處。曰：大綱説固是如此。要就程子説中分别一箇異同，須更精微。文蔚曰：權只是經之用，且如秤衡有許多星兩，一定而不可易。權往來秤物，使輕重恰好，此便是經之用。曰：亦不相似。大綱都是，只争些子。伊川又云：「權是經所不及者。」此説方盡。經只是一箇大綱，權是那精微曲折處。且如君仁臣忠、父慈子孝，此是經常之道，如何動得？其間有該不盡處，須是用權。權即細密，非見理大段精審，不能識此。「可與立」，便是可與經，却「未可與權」，此見經權毫釐之間分別處。莊子曰：「小變而不失其大常。」或曰：莊子意思又别。曰：他大概亦是如此，但未知他將甚做大常。文蔚。○僩録别出。

經與權之分，諸人説皆不合。曰：若説權自權，經自經，不相干涉，固不可。若説事須用權，經須權而行，權只是經，則權與經又全無分別。觀孔子曰「可與立，未可與權」，孟子曰「嫂溺援之以手」，則權與經須有異處。雖有異，而權實不離乎經也。這裏所争只毫釐，只是諸公心粗，看不子細。伊川説「權只是經」，恐也未盡。嘗記龜山云：「權者，經之所不及。」這説却好。蓋經者，只是存得箇大法，正當底道理而已。蓋精微曲折處，固非經之所能盡也。所謂權者，於精微曲折處曲盡其宜，以濟經之所不及耳。所以説中之爲貴者。權之者，即是經之要妙處也。如漢儒説「反經合道」，此語亦未甚病。蓋事也有那反經底時節，只是不可説事事要反經，又不可説全不反經。如君令臣從、父慈子孝，此經也。若君臣、父子皆如此，固好。然事有必不得已處，經所行不得處，也只得反經，依舊不離乎經耳！所以貴乎權也。孔子曰：「可與立，未可與權。」立便是經。「可與立」，則能守箇經。有所執立矣，却説「未可與權」。以此觀之，權乃經之要妙微密處，非見道理之精密透徹純熟者，不足以語權也。又曰：莊子曰：「小變而不失其大常。」便是經、權之别。或曰：恐莊子意思又别。曰：他大概亦是如此，只不知他把甚麽做大常。人云事有緩急，理有小大，這樣處皆須以權稱之。僩問：「子莫執中。」程子之解經便是權，則「權」字又似海説。如云「時措之宜」，事事皆有自然之中，則似事事皆用權。以孟子「嫂溺援之以手」言之，則「權」字須有别。曰：「執中無權」，這「權」字稍輕，可以如此説。「嫂溺援之以手」之權，這「權」字却又重。亦有深淺也。僩。

問：伊川謂「權只是經」，如何？曰：程子説得却不活絡。如漢儒之説權，却自曉然。曉得程子説底，知得權也是常理；曉不得他説底，經、權却鶻突了。某之説，非是異程子之説，只是須與他分別經是經、權是權。且如「冬日則飲湯，夏日則飲水」，此是經也。有時天之氣變，則冬日須着飲水，夏日須着飲湯，此是權也。權是礙着經行不得處，方始用得，❶然却依前是常理，只是不可數數用。如「舜不告而娶」，豈不是怪差事？以孟子觀之，那時合如此處。然使人人不告而娶，豈不亂大倫？所以不可常用。賜。○夔孫録詳，別出。

問經、權。曰：冬日則飲湯，夏日則飲水，此是經也。有時行不得處，冬日須飲水，夏日則飲湯，此是權也。此又依前是經。但經是可常之理，權是礙着經行不得處，方始用權。然當那時，却是常理。如「舜不告而娶」，是箇怪差底事，然以孟子觀之，却也是常理。只是不可常用。如人人不告而娶，大倫都亂了。因推説湯、武事。伊川説「權只是經」，❷却説得死了，不活。如某説，非是異伊川説，即是須爲他分別經是經、權是權。如漢儒反經之説，却經、權曉然在眼前。伊川説，曉得底，却知得權也是常理；曉不得底，却鶻突了。如《大過卦》説：「道無不中，無不常。聖人有小過，無大過。」某謂不須恁地説，聖人既説有大過，直是有此事，但云大過亦是常理，則得。因舉晉州蒲事云：某舊不曉文定之意，後以問其孫伯逢，他言此處有意思，但難説出。如左氏分明有稱君君無道之説，厲公信有罪，但廢之可也，欒書、中行偃直弑之則不是。❸然畢竟厲公有罪，故難説出。後必有

❶「始」，萬曆本作「使」。
❷「只」，萬曆本作「却」。
❸「弑」，萬曆本作「殺」。

曉此意者。夔孫。

問：「可與立，未可與權」，看來「權」字亦有兩樣。伊川以權只是經，蓋每日事事物物上稱量箇輕重處置，此權也，權而不離乎經也。若論堯、舜禪遜，湯、武放伐，此又是大底權，是所謂「反經合道」者也。曰：只一般，但有小大之異耳。如堯、舜之禪遜是遜，與人遜一盆水也是遜，湯、武放伐是争，争一箇彈丸也是争。康節詩所謂「唐、虞玉帛煙光紫，湯、武干戈草色萋」，大小不同而已矣。堯夫非是愛吟詩，正此意也。伊川説「經」、「權」字，將經做箇大抵物事，經却包得那箇權。此説本好。只是據聖人説，「可與立，未可與權」，須是還他是兩箇字。經自是經，權自是權。若如伊川説，便用廢了那「權」字始得。只是雖是權，依舊不離那經，權只是經之變。如冬日須向火，忽然一日大熱，須着使扇，這便是反經。今須是曉得孔子説，又曉伊川之説，方得。若相把做一説，如兩脚相併，便行不得。須還他是兩隻脚，雖是兩隻，依舊是脚。又曰：若不是大聖賢用權，少間出入，便易得走作。僩。

恭父問「可與立，未可與權」。曰：「可與立」者，能處置得常事；「可與權」者，即能處置得變事。雖是處變事，而所謂處置常事意思只在。「《井》以辨義，《巽》以行權」。此説義與權自不同。漢儒有反經之説，只緣將《論語》下文「偏其反而」誤作一章解，故其説相承曼衍。且看《集義》中諸儒之説，莫不連下文。獨是范純夫不如此説，蘇氏亦不如此説，自以「唐棣之華」爲下截。程子所説漢儒之誤，固是如此。要之，「反經合道」一句，細思之亦通。緣「權」字與「經」字對説。纔説權，便是變却那箇，須謂之反可也。然雖是反那經，却不悖於道；雖與經不同，而其道一也。因知道伊川之説，斷然經自是經，權亦是經。漢儒反經之説不是此説，不可不知。然細與推考，❶其言亦無害，此説亦不可不知。「義」字大，自包得經與權，自在經與權過接處。如事合當如此區處，是常法如此，固是經；若合當如此，亦是義當守其常。事合當如此區處，却變了常法，恁地區處，固是權；若合當恁地，亦是義當通其變。文中子云：「權義舉而皇極立。」若云經權舉，則無害。今云「權義舉」，則「義」字下不得。何故？却是將義來當權，不知經自是義，權亦是義，「義」字兼經、權而用之。若以義對經，恰似將一箇包兩物之物，對着包一物之物。行夫云：經便是權。曰：不是説經便是權。經自是經，權自是權。但是雖反經而能合道，却無背於經。如人兩脚相似。左脚自是左脚，右脚自是右脚，行時須一脚先、一脚後，相待而行，方始行得。不可將左脚便喚做右脚，右脚便喚做左脚。《繫辭》既説「《井》以辨義」，又説「井居其所而遷」。井是不可動底物事，水却可隨所汲而往。如道之正體却一定於此，而隨事制宜自莫不當。所以説「《井》以辨義」，又云「井居其所而遷」。賀孫。

唐棣之華章

問「唐棣之華，偏其反而」。曰：此自是一篇詩，與今《常棣》之詩别。常，音裳。

❶「推」，萬曆本作「權」。

《爾雅》：「棣，栘，似白楊，江東呼夫栘。常棣，棣，子如櫻桃，可食。」自是兩般物。此逸《詩》，不知當時詩人思箇甚底。東坡謂思賢而不得之詩。看來未必是思賢。但夫子大概止是取下面兩句，云人但不思，思則何遠之有。初不與上面説權處是一段。「唐棣之華」而下，自是一段。緣漢儒合上文爲一章，故誤認「偏其反而」爲「反經合道」，所以錯了。《晉書》於一處引「偏」字作「翩」，「反」作平聲，言其花有翩反飛動之意。今無此詩，不可考據，故不可立爲定説。去僞。

或問「未之思也，夫何遠之有」一章。時舉因云：人心放之甚易，然反之亦甚易。曰：反之固易，但恐不能得他久存爾。時舉。

朱子語類卷第三十八 計八板

論語二十

鄉黨篇

總論

《鄉黨》記聖人動容周旋無不中禮。泳。

如《鄉黨》説聖人容色處，是以有事觀聖人；如言「燕居」、「申申」、「夭夭」，是以無事時觀聖人。學者於此，又知得聖人無時無處而不然。燾。

《鄉黨》一篇，自「天命之謂性」，至「道不可須臾離也」，皆在裏面。許多道理，皆自聖人身上迸出來。惟聖人做得甚分曉，故門人見之熟，是以紀之詳也。燾。

問：看《論語》，及《鄉黨》之半。曰：覺公看得淺，未甚切己。終了《鄉黨篇》，更須從頭温一過。許多説話，盡在《集注》中。賀孫。

問賀孫：讀《鄉黨》已終，覺得意思如何？曰：見得段段都是道理合着如此，不如此定不得。纔有些子不如此，心下便不安。曰：聖賢一句是一箇道理，要得教人識着，都是要人收拾已放之心。所謂「學問之道無他，求其放心而已」，非是學問只在求放心，非把求放心爲學問工夫，乃是學問皆所以求放心。如「《詩》三百，一言以蔽之，曰：『思無邪。』」大要皆欲使人「思無邪」而已。賀孫。

第一節鄉黨宗廟朝廷言貌不同。

看《鄉黨篇》，須以心體之。「孔子於鄉黨，恂恂如也，似不能言者。」如何是「似不能言者」？「宗廟朝廷，便便言，唯謹。」如何是「便便言，唯謹」？「朝，與下大夫言，侃侃如也；與上大夫言，誾誾如也。」如何是「侃侃」？如何是「誾誾」？義剛録云：看《鄉黨》一篇，須是想象他恂恂是如何？誾誾是如何？不可一衮看。問：先生解「侃侃」、「誾誾」四字，不與古注同。古注以侃侃爲和樂，誾誾爲中正。曰：「衎」字乃訓和樂，與此「侃」字不同。《説文》以侃爲剛直，《後漢書》中亦云「侃然正色」。誾誾是「和説而諍」，此意思甚好，和説則不失事上之恭，諍則又不失自家義理之正。廣。

或問《鄉黨》如恂恂、侃侃之類。曰：如此類，解説則甚易。須是以心體之，真自見箇氣象始得。士毅。

問：「孔子於鄉黨，恂恂如也，似不能言者。」或有大是非利害，似不可不説。所謂「似不能言者」，恐但當以卑遜爲主，所以説「似不能言」。曰：不是全不説，但較之宗廟、朝廷爲不敢多説耳。問：「其在宗廟、朝廷」，《集注》云：「宗廟，禮法之所在。」在宗廟則「每事問」，固是禮法之所在，不知聖人還已知之而猶問，還以其名物制度之非古而因訂之？曰：便是這處，某嘗道是孔子初仕時如此。若初來問一番了，後番番來番番問，恐不如此。「孰謂鄹人之子知禮乎」。呼曰「鄹人之子」，是與孔子父相識者。有此語，多應是孔子初年。賀孫。

第　二　節在朝廷事上接下不同。

亞夫問「朝，與下大夫言，侃侃如也；與上大夫言，誾誾如也」。曰：侃侃是剛直貌，以其位不甚尊，故吾之言可得而直遂。至於上大夫之前，則雖有所諍，必須有含蓄不盡底意思。不如侃侃之發露得盡也。「閔子侍側」一章，義亦如此。時舉。

問：《注》云：「侃侃，剛直。」「誾誾，和悦而諍。」不知「諍」意思如何？曰：説道和悦，終不成一向放倒了。到合辨别處，也須辨别，始得。内不失其事上之禮，而外不至於曲從。如古人用這般字，不是只説字義，須是想象這意思是如此。如「恂恂」，皆是有此意思，方下此字。如《史記》云：「魯道之衰，洙、泗之間齗齗如也。」齗、誾字同。這正見「和悦而諍」底意思。當道化盛時，斑白者不提挈、不負戴於道路，少壯者代其事。到周衰，少壯者尚欲執其任，而老者自不肯安，争欲自提挈、自負戴，此正是「和悦而諍」。賀孫。

誾誾，《説文》云：「和悦而諍。」看得字義是一難底字，緣有争義。《漢志》「洙、泗之間齗齗」，義一同，兩齒相齗。❶泳。

《漢書》諸尚書争一件事，其中有云：「誾誾、侃侃，得禮之容。緘嘿邪心，非朝廷福。」泳。

第　三　節爲君擯相。

問「賓不顧矣」。曰：古者賓退，主人

❶「齒」，萬曆本作「齗」。

送出門外，設兩拜，賓更不顧而去。國君於列國之卿大夫亦如此。燾。

問：「君召使擯」，擯如其命數之半。如上公九命，則擯者五人，以次傳命。曰：古者擯介之儀甚煩。如九命擯五人，介則如命數，是九人。賓主相見，自擯以下列兩行，行末相近。如主人説一句，主人之擯傳許多擯者訖，又交過末介傳中介，直至賓之上介，方聞之賓。賀孫。

古者相見之禮，主人有擯，賓有介。賓傳命於上介，上介傳之次介，次介傳之末介，末介傳之末擯，末擯傳之次擯，次擯傳之上擯，上擯傳之主人，然後賓主方相見。又曰：看來古人大故淳樸。人君出命不甚會説話，所以着人代他説話。燾。

植舉《注》云：揖左人，則左其手；揖右人，則右其手。揖右人，傳命出也；揖左人，傳命入也。曰：然。植。

《集注》引晁氏説，謂孔子無使擯執圭之事。正淳曰：定公十年夾谷之會，孔子相。恐即擯相之相。曰：相自是相，擯自是擯。相是相其禮儀，擯是傳道言語。故擯用命數之半，以次傳説。必大。○今《集注》無。

第四節在朝之容。

「立不中門，行不履閾。」《注》云「棖闑之間，由闑右不踐閾」，只是自外入。右邊門邊，乃君出入之所。闑如一木拄門，如今人多用石墩當兩門中。臣傍闑右邊出入。此「右」字，自内出而言。○賀孫。

棖，如今衮頭相似。闑，當中礙門者，今城門有之。古人常揜左扉。人君多出在門外見人，所以當棖闑之間爲君位。泳。

問：「立不中門」，《或問》謂「門之左右扉各有中」，其制可考否？曰：門之中有闑，扉之兩旁有棖。棖、闑之間，即中。古人常闔左扉，所謂中門者，謂右扉之中也。必大。

蕭問：「過位，色勃如也。」位，謂門屏之間，人君宁立之處？曰：古今之制不同。今之朝儀，用秦制也。古者朝會，君臣皆立。故《史記》謂「秦王一旦捐賓客而不立朝」。君立於門屏之間。屏者，乃門間蕭牆也，今殿門亦設之。三公九卿以下，設位於廷中，故謂之「三槐」、「九棘」者，廷中有樹處，公卿位當其下也。雉。

「過位」，《注》云：「君之虛位，謂門屏之間。」曰：如今人廳門之内，屏門之外，似《周禮》所謂外朝也。植。

問「復其位，踧踖如也」。曰：此是到末梢又結算則箇。若衆人，到末梢便撒了。聖人則始乎敬，終乎敬，故到末稍，又整頓則箇。燾。

第五節爲君聘。

「上如揖，下如授」，舊說亦好。但此方說升堂時其容如此。既升堂納圭於君前，即不復執之以下，故說做下堂不得，所以只用平衡之說言之。上下，謂執圭之高低也。必大。

執圭「上如揖，下如授」，前輩多作「上階」之「上」、「下階」之「下」。其實既下則已不用笏，往往授介者。只是高不過於揖，故如揖；下不低於授，故如授。賀孫。

「享禮有容色。」曰：聘但以圭，至享，則更用圭璧、庭實。植。

問聘享之禮。曰：正行聘禮畢，而後行享禮。聘，是以命圭通信，少間仍舊退還命圭。享，是獻其圭璧琮璜，非命圭也。幣皮輿馬之類，皆拜跪以獻，退而又以物獻其夫人，凡三四次方畢。所獻之物皆受，但少間别有物回之。又問庭實。曰：皮幣輿馬皆陳之於庭實。「私覿」，是所遣之大夫既以君命行聘享之禮畢，却行私禮參見他國之君也。燾。

「饗禮有容色」，《儀禮》謂「發氣滿容」，何故如此？曰：聘是初見時，故其意極於恭肅。既聘而享，則用圭璧以通信，有廷實以將其意，比聘時漸紓也。《聘禮篇》。○廣。

「私覿愉愉」。曰：聘者享禮，乃其君之信。私覿，則聘使亦有私禮物與所聘之國君及其大臣。植。

第六節衣服之制。

「君子不以紺緅飾，紅紫不以爲褻服。」今反以紅紫爲朝服。賀孫。

紺是而今深底鴉青色。義剛。

紺，深青揚赤色。揚，浮也。植。

問：緅「以飾練服」，緅是絳色，練服是小祥後喪服，如何用絳色以爲飾？曰：便是不可曉。此箇制度差異。絳是淺紅色；紺是青赤色，如今之閃青也。廣。

問：紅紫「且近於婦人女子之服」，不知古之婦人女子亦多以紅紫爲服否？曰：此亦不可知，但據先儒如此説耳。廣。

蒨、纁、絳、朱，此紅之染數。一入爲蒨，再入爲纁，三入爲絳，四入爲朱。子蒙。

「當暑袗絺綌，必表而出之」，與「蒙彼

綌絺」，有兩説。泳。

裘乃純用獸皮，而加裏衣，如今之貂裘。或問狐白裘。曰：是集衆狐爲之。植。

第七節 謹齋事。

「明衣」即是箇布衫，長一身有半，欲蔽足爾。又曰：即浴衣也。見《玉藻注》。植。

問：「變食謂不飲酒，不茹葷」，而今之致齋者有酒，何也？曰：飲酒非也。但《禮》中亦有「飲不至醉」之説。廣。

問「齊必變食」。曰：葷是不食五辛。㽦。

第八節 飲食之制。

一言一語，一動一作，一坐一立，一飯一食，都有是非。是底便是天理，非底便是人欲。如孔子「失飪不食，不時不食，割不正不食」，「不多食」，無非天理。如口腹之人，不時也食，不正也食，失飪也食，便都是人慾，便都是逆天理。如只喫得許多物事，如不當喫，纔去貪喫不住，都是逆天理。看道理只管進，只管細，便好。只管見上面，只管有一重，方好。如一物相似，剥一重，又剥一重；又有一重，又剥一重；剥到四五重，剥得許多皮殼都盡，方見真實底。今人不是不理會道理，只是不肯子細，只守着自底便了，是是非非，一向都没分別。如詖淫邪遁之辭也不消得辨，便説道是他自陷自蔽自如此，且恁地和同過也不妨。賀孫。

問：「割不正不食」，與「席不正不坐」，此是聖人之心純正，故日用間纔有不正處，便與心不相合，心亦不安。曰：聖人之心，無毫釐之差。謂如事當恁地做時，便硬要恁地做。且如「不得其醬不食」，這一物合用醬而不得其醬，聖人寧可不喫，蓋皆欲得其當然之則故也。又問：《注》云：「精，鑿也。」曰：是插教那米白着。燾。

「不得其醬不食」，「其」字正緊要。「其醬」，如魚膾芥醬之類。閎祖。

「不得其醬」，非今所謂醬。如《禮記·內則》中有數般醬，隨所用而不同。植。

「肉雖多，不使勝食氣。」非特肉也，凡蔬果之類，皆不可勝食氣。泳。

第十節居鄉。

問：「鄉人儺，朝服而立於阼階。」《集注》云：「庶其依己而安。」或云存室神，蓋五祀之屬。子孫之精神，即祖考之精神，故祖考之精神依於己。若門行户竈之屬，吾身朝夕之所出處，則鬼神亦必依己而存。曰：然。一家之主，則一家之鬼神屬焉；諸侯守一國，則一國鬼神屬焉；天子有天下，則天下鬼神屬焉。看來爲天子者，這一箇神明是大。❶小大如何有些子差忒得！若縱欲無度，天上許多星辰，地下許多山川，如何不變怪！蔡云：子陵足加帝腹，便見客星侵帝座。曰：「殷之未喪師，克配上帝。」紂未做不好時，便與天相配，是甚細事！賀孫。

第十一節與人交之誠意。

蘇實問「問人於他邦，再拜而送之」。曰：古人重此禮，遣使者問人於他邦，則主

❶「大」，萬曆本作「多」。

人拜而送之，從背脊後拜。潘子善因言：浙中若納婦嫁娶盛禮時，遣人入傳語婚姻之家，亦拜送之。至反命則不拜也。植。

問：「康子饋藥，拜而受之。」看此一事，見聖人應接之間義理發見，極其周密。曰：這般所在，却是龜山看得子細，云：「大夫有賜，拜而受之，禮也。『未達不敢嘗』，所以慎疾。必告之，直也。直而有禮，故其直不絞。」龜山爲人粘泥，故說之較密。賀孫。

第十二節事君之禮。

「君祭先飯」。尋常則主人延客祭，如世俗出生之類。今侍食於君，君祭則臣先自喫飯，若爲君嘗食然，不敢當客禮也。饍人取那飲食來請君祭。泳。

問：「疾，君視之」，方東首。常時首當在那邊？《禮記》自云寢常當東首矣。平時亦欲受生氣，恐不獨於疾時爲然。曰：常時多東首，亦有隨意卧時節。如《記》云：「請席何向，請衽何趾。」這見得有隨意向時節。然多是東首，故《玉藻》云「居常當户，寢常東首」也。常寢於北牖下，君問疾，則移南牖下。賀孫。

問病者居北牖之義。曰：是就北牖下安牀睡。因君來，故遷之南牖下，使以南面視己耳。義剛。

第十三節交朋友之義。

問：「朋友死，無所歸，曰：『於我殯。』朋友之饋，非祭肉不拜。」朋友之義，固當如此。後世同志者少，而泛然交處者多，只得隨其淺深厚薄，度吾力量爲之，寧可過厚，不可過薄。曰：朋友交游，固有淺深。若泛然之交一一要周旋，也不可。於自家情分稍厚，自着如此。須是情文相稱，若泛泛施之，却是曲意徇物。古人於這般所在自分明。如「交友稱其信也，執友稱其仁也」，自有許多樣。又如於「師，吾哭諸寢；朋友，哭諸寢門之外；所知，哭於野」，恩義自有許多節。賀孫。

第十四節容貌之變。

問：《記》云：「若有疾風迅雷甚雨，雖夜必興，衣服冠而坐。」看來不如此，定是不安。但有終日之雷、終夜之雨，如何得常如此？曰：固當常如此。但亦主於疾風迅雷甚雨。若平平底雷風雨，也不消如此。

問：當應接之際，無相妨否？曰：有事也只得應。賀孫。

第十五節升車之容。

立之説「車中不内顧」一章。曰：「立視五雟，式視馬尾。」蓋雟是車輪一轉之地，車輪高六尺，圍三徑一，則闊丈八，五轉則正爲九丈矣。立視雖遠，亦不過此。時舉。

朱子語類卷第三十九計一十二板

論語二十一

先進篇上

先進於禮樂章

立之問：先進、後進，於禮樂文質何以不同？曰：禮，只是一箇禮，用得自不同。如升降揖遜，古人只是誠實依許多威儀行將去，後人便自做得一般樣忒好看了。古人只是正容謹節，後人便近於巧言令色。樂，亦只是一箇樂，亦是用處自不同。古樂不可得而見矣。只如今人彈琴，亦自可見。如誠實底人彈，便雍容平淡，自是好聽。若弄手弄脚，撰出無限不好底聲音，只見繁碎耳。因論樂：黄鍾之律最長，應鍾之律最短，長者聲濁，短者聲清。十二律旋相爲宫，宫爲君，商爲臣。樂中最忌臣陵君，故有四清聲。如今響板子有十六箇，十二箇是正律，四箇是四清聲。清聲是減一律之半。如應鍾爲宫，其聲最短而清。或蕤賓爲商，則是商聲高似宫聲，是爲臣陵君，不可用；遂乃用蕤賓律減半爲清聲以應之。雖然減半，然只是此律，故亦自能相應也。此是《通典》載此一項。徽宗朝作《大晟樂》，其聲是一聲低似一聲，故其音緩散。太祖英明不可及。當王樸造樂時，聞其聲太急，便令減下一律，其聲遂平。時舉。

問：「先進於禮樂」，此禮樂還説宗廟、朝廷以至州、閭、鄉黨之禮樂？曰：也不止是這般禮樂。凡日用之間一禮一樂，皆是禮樂。只管文勝去，如何合殺？須有箇變轉道理。如今日事，都恁地侈靡。某在南康時，通上位書啓，只把紙封。後來做書盝，如今盡用紫羅背盝，内用真紅。事事都如此，如何合殺！問：孔子又云：「吾從周。」只是指周之前輩而言？曰：然。聖人窮而在下，所用禮樂，固是從周之前輩。若聖人達而在上，所用禮樂，須更有損益，不止從周之前輩。若答顏子爲邦之問，則告以四代之禮樂。問：如孔子所言：「禮，與其奢也寧儉；喪，與其易也寧戚。」又云：「禮云禮云，玉帛云乎哉！樂云樂云，鍾鼓云乎哉！」此皆欲損過就中之意。曰：固是。此等語最多。又云：觀聖人意思，因見得事事都如此，非獨禮樂。如《孟子》後面説許多鄉原、狂狷，亦是此意。鄉原直是不好，寧可是狂底、狷底。如今人恁地文理細密，倒未必好，寧可是白直粗疏底人。賀孫。

夫子於禮樂欲從先進。今觀禮書所載燕饗之禮，品節太繁，恐亦難用。不若只如今人宴集，就中删修，使之合義。如鄉飲酒禮，向來所行，真成殭人，行之何益！所以難久。不若只就今時宴飲之禮中删改行之，情意却須浹洽。必大。

從我於陳蔡章

問「從我於陳、蔡者皆不及門」。曰：此説當從明道。謂此時適皆不在孔子之門，思其相從於患難，而言其不在此耳。門人記之，因歷數顏子而下十人，并目其所長云耳。謨。

問：德行，不知可兼言語、文學、政事否？曰：不消如此看，自就逐項上看。如顏子之德行，固可以備，若他人，固有德行而短於才者。因云：冉伯牛、閔子之德行亦不多見，子夏、子游兩人成就自不同。胡五峰説不知《集注》中載否？他説子夏是循規守矩細密底人，子游却高朗，又欠細密工夫。荀子曰：「第作其冠，神禫其辭，禹行而舜趨，是子張氏之賤儒也；正其衣冠，齊其顏色，嗛然而終日不言，是子夏氏之賤儒也；偷儒憚事，無廉耻而耆飲食，必曰『君子固不用力』，是子游氏之賤儒也。」如學子游之弊，只學得許多放蕩疏闊意思。賀孫因舉如「喪至乎哀而止」、「事君數，斯辱；朋友數，斯疏」，皆是子游之言。如「小子當灑掃應對進退」等語，皆是子夏之言。又如子游能養而不能敬，子夏能敬而少温潤之色，皆見二子氣象不同處。曰：然。賀孫。

問德行、言語、政事、文學之別。曰：德行是箇兼内外、貫本末全體底物事。那三件，各是一物，見於用者也。燾。

德行，得之於心而見於行事者也。燾。

回也非助我者也章

舊曾問李先生「顏子非助我者」處。李先生云：顏子於聖人根本有默契處，不假枝葉之助也。如子夏，乃枝葉之助。❶祖道。

❶「助」，萬曆本作「功」。

南容三復白圭章

先生令接讀，問目「南容三復《白圭》」。❶云：不是一旦讀此，乃是日日讀之，玩味此詩而欲謹於言行也。此事見《家語》，自分明。時舉。

顔路請子之車章

鄭問：顔淵死，孔子既不與之車，若有錢，還亦與之否？曰：有錢亦須與之，無害。淳。

問：《注》以爲命車，何以驗之？曰：《禮記》言：「大夫賜命車。」節。

門人厚葬章

「門人厚葬」，是顔子之門人。「不得視猶子」，以有二三子故也。嘆不得如葬鯉之得宜。此古注説得甚好，又簡徑。明作。

季路問事鬼神章

「事人、事鬼」，以心言；「知生、知死」，以理言。泳。

或問「季路問鬼神」章。曰：事君親盡誠敬之心，即移此心以事鬼神，則「祭如在，祭神如神在」。人受天所賦許多道理，自然完具無欠闕。須盡得這道理無欠闕，到那死

❶「目」，萬曆本作「自」。

時，乃是生理已盡，亦安於死而無愧。時舉。

或問：二氣五行，聚則生，散則死；聚則不能不散，如晝之不能不夜。故知所以生，則知所以死。苟於事人之道未能盡，焉能事鬼哉？曰：不須論鬼爲已死之物。但事人須是誠敬，事鬼亦要如此。事人，如「出則事公卿，入則事父兄」，事其所當事者。事鬼亦然，苟非其鬼而事之，則諂矣。去僞。

問：人鬼一理。人能誠敬，則與理爲一，自然能盡事人、事鬼之道。有是理，則有是氣。人氣聚則生，氣散則死，是如此否？曰：人且從分明處理會去。如誠敬不至，以之事人，則必不能盡其道，況事神乎！不能曉其所以生，則又焉能曉其所以死乎！廣。

亞夫問「未知生，焉知死」。先生曰：若曰氣聚則生，氣散則死，才說破，則人便都理會得。然須知道人生有多少道理，自稟五常之性以來，所以「父子有親，君臣有義」者，須要一一盡得這生底道理，則死底道理皆可知矣。張子所謂「存吾順事，没吾寧也」是也。時舉。

問：天地之化，雖生生不窮，然而有聚必有散，有生必有死。能原始而知其聚而生，則必知其後必散而死。能知其生也，得於氣化之日，初無精神寄寓於太虚之中，則知其死也，無氣而俱散，無復更有形象尚留於冥漠之内。曰：死便是都散無了。

或問「季路問鬼神」章。曰：世間無有聚而不散、散而不聚之物。聚時是這模樣，則散時也是這模樣。若道孔子說與子路，又不全與他說；若道不說，又也只是恁地。義剛。

先生說「未能事人，焉能事鬼」，曾以一時趨平原者言之：我於人之不當事者，不妄事，則於鬼神亦然。所以程子云：「能盡事人之道，則能盡事鬼之道，一而二，二而一。」過。

問：伊川謂「死生人鬼，一而二，二而一」，是兼氣與理言之否？曰：有是理，則有是氣；有是氣，則有是理。氣則二，理則一。賀孫。

徐問：《集注》云「鬼神不外人事」，在人事中何以見？曰：鬼神只是二氣屈伸往來。在人事，如福善禍淫，亦可見鬼神道理。《論語》少說此般話。曰：動靜語默，亦是此理否？曰：亦是。然聖人全不曾說這般話與人，以其無形無影，固亦難說。所謂「敬鬼神而遠之」，只如此說而已。淳。○今《集注》無。

閔子侍側章

問閔子誾誾，冉有、子貢侃侃，二者氣象。曰：閔子純粹，冉有、子貢便較粗了。侃侃，便有盡發見在外底氣象。閔子則較近裏些子。雉。❶

問：「冉有、子貢侃侃如也。」這「侃侃」字，只作剛直說，如何？曰：也只是剛直。閔子騫氣象便自深厚。冉有、子貢便都發見在外。賀孫。

「冉有、子貢，侃侃如也。」侃侃，剛直之貌，不必泥事迹。以二子氣象觀之，賜之達，求之藝，皆是有才底人。大凡人有才，便自暴露，便自然有這般氣象。閔子純於

❶「雉」，原作「椎」，今據朝鮮本改。

孝，自然有誾誾氣象。端蒙。

誾誾，是深沉底；侃侃，是發露圭角底；行行，是發露得粗底。夔孫。

問：「誾誾、行行、侃侃」，皆是剛正之意。如冉求平日自是箇退遜之人，如何也解有此意思？曰：三子皆意思大同小異：求、賜則微見其意，子路則全體發在外，閔子則又全不外見，然此意思亦自在。三子者，皆有疑必問，有懷必吐，無有遮覆含糊之意。曰：豈非以卑承尊，易得入於柔佞卑諂；三子各露其情實如此，故夫子樂之？曰：都無那委曲回互底意思。廣。

問「誾誾、行行、侃侃」。曰：閔子於和悦中，却有剛正意思。仲由一於剛正。閔子深厚，仲由較表露。問「子路不得其死然」。曰：「然」者，未定之辭。聖人雖謂其「不得其死」，使子路能變其氣習，亦必有以處死。賀孫。

吳伯英講「由也不得其死」處，問曰：由之死，疑其甚不明於大義。豈有子拒父如是之逆，而可以仕之乎？曰：然。仲由之死，也有些没緊要。然誤處不在致死之時，乃在於委質之始。但不知夫子既教之以正名，而不深切言其不可仕於衛，何歟？若冉有、子貢則能問夫子爲衛君與否，蓋不若子路之粗率。壯祖。

或問：子路死於孔悝之難，死得是否？曰：非是，自是死得欸。出公豈可仕也！又問：若仕於孔悝，則其死爲是否？曰：未問死孔悝是不是，只合下仕於衛，自不是了。況孔悝亦自是不好底人，何足仕也。子路只見得可仕於大夫，而不知輒之國非可仕之國也。問：孔門弟子多仕於列國之大夫者，何故？曰：他别無科闕、仕進者，只有此一門，舍此則無從可仕，所以顔、閔寧不仕耳。僩。

子路死孔悝之難，未爲不是；只是他當初事孔悝時錯了，到此不得其死。饒本作：到此只得死。衛君不正，冉有、子貢便能疑而問之，有思量，便不去事他。若子路粗率，全不信聖人説話。「必也正名」，亦是教子路不要仕衛。他更説夫子之迂。「若由也，不得其死！」聖人已見得他錯了，但不如鳴鼓攻之，責得求之深。雖有不得其死及正名之説，然終不分曉痛説與他，使之知不要事孔悝。此事不可曉，不知聖人何故不痛責之。明作。

子路爲人粗，於精微處多未達。其事孔悝，蓋其心不以出公爲非故也。悝即出公之黨。何以見得他如此？如「衛君待子爲政」，夫子欲先正名，他遂以爲迂，可見他不以出公爲非。故其事悝，蓋自以爲善而爲之，而不知其非義也。嵤。

子貢問師與商也章

問：「師也過，商也不及。」看過與不及處，莫只是二子知見上欠工夫？曰：也不獨知見上欠，只二子合下資質是這模樣。子張便常要將大話蓋將去，子夏便規規謹守。看《論語》中所載子張説話，及夫子告子張處，如「多聞闕疑，多見闕殆」之類。如子張自説：「我之大賢歟，於人何所不容？我之不賢歟，人將拒我，如之何其拒人也！」此説話固是好，只是他地位未説得這般話。這是大賢以上聖人之事，他便把來蓋人，其疏曠多如此。孔子告子夏，如云「無爲小人儒」；又云「無欲速，無見小利」；

如子夏自言「可者與之，其不可者拒之」；「小子當灑掃應對進退」之類，可見。又問：「參也，竟以魯得之。」魯，却似有不及之意。然曾參雖魯，而規模志向自大，所以終能傳夫子之道。子夏合下淺狹，而不能窮究道體之大全，所以終於不及。曰：魯，自與不及不相似。魯，是質樸渾厚意思，只是鈍；不及底，恰似一箇物事欠了些子。賀孫。

問：伊川謂師、商過、不及，其弊爲楊、墨。曰：不似楊、墨。墨氏之學，萌蘖已久，晏子時已有之。兼師、商之過、不及，與兼愛、爲我不關事。必大。

季氏富於周公章

問：以季氏之富，「而求也爲之聚斂」。曰：不問季氏貧富。若季氏雖富，而取於民有制，亦何害。此必有非所當取而取之者，故夫子如此説。義剛。

問：冉求聖門高弟，親炙聖人，不可謂無所見。一旦仕於季氏，「爲之聚斂而附益之」。蓋緣他工夫間斷，故不知不覺做到這裏，豈可不時時自點檢！曰：固是。只緣箇公私義利界分不明，所以如此。若是常在界分内做，自然不到如此。纔出界分去，則無所不至矣。廣。

問「季氏富於周公」一章。先生令舉范氏之説，歎美久之，云：人最怕資質弱。若過於剛，如子路雖不得其死，百世之下，其勇氣英風，尚足以起頑立懦！若冉有之徒，都自扶不起。如云「可使足民」，他豈不知愛民，而反爲季氏聚斂。如范氏云「其心術不明」。惟是心術不明，到這般所在，都不自知。又云：「以仕爲急。」他只緣以仕爲急，故從季氏。見他所爲如此，又拔不出，一向從其惡。賀孫因云：若閔子「善爲我辭」之意，便見得煞高。曰：然。因云：謝氏説閔子處最好。因令賀孫舉讀全文。曰：冉求路頭錯處，只在急於仕。人亦有多樣，有一等人合下只是要求進；又有一等人心性自不要如此，見此事自匹似閑；又有一等人雖要求進，度其不可，亦有退步之意。賀孫。

柴也愚章

「柴也愚」。他是箇謹厚底人，不曾見得道理，故曰愚。明作。

吴伯英問「柴也愚」，因説：柴嘗避難於衛，不徑不竇。使當時非有室可入，則柴必不免，此還合義否？曰：此聖人所以言其愚也。若夫子畏於匡，微服過宋，料須不如此。壯祖。

用之問高子羔不竇不徑事。曰：怕聖人須不如此。如不徑不竇，只説安平無事時節。若當有寇賊患難，如何專守此以殘其軀，此柴之所以爲愚。聖人「微服而過宋」。微服，是著那下賤人衣服。觀這意如此，只守不徑不竇之説不得，如途中萬一遇大盜賊，也須走避，那時如何要不由小徑去得！然子羔也是守得定。若更學到變通處，儘好，止緣他學有未盡處。問：學到時，便如曾子之易簀？曰：易簀也只是平常時節。又曰：「子路使子羔爲費宰。子曰：『賊夫人之子！』」不可爲政者，正緣他未能應變，他底却自正。問：子路之死，與子羔事如何？曰：子路事更難説。又曰：如聖節，就祝壽處拜四拜。張忠甫不出仕，嘗曰：「只怕國忌、聖節，去拜佛不得。」這也如不竇不徑相似。因說：國家循襲這般禮數，都曉不得。往往拜佛之事，始於梁武帝，以私忌設齋，始思量聖節要寓臣子之意，又未有箇所在奉安。又曰：尊號始於唐德宗，後來只管循襲。若不是人主自理會得，如何說。當神宗時，群臣上尊號，司馬温公密撰不允詔書，勸上不受，神宗便不受。這只是神宗自見得，若不自見得，雖温公也要如此不得。且如三年喪，其廢如此長遠，壽皇要行便行了，也不見有甚不可行處。賀孫。

「參也魯。」魯，是魯鈍。曾子只緣魯鈍，被他不肯放過，所以做得透。若是放過，只是魯而已。恪。

讀「參也魯」一段，云：只曾子資質自得便宜了。蓋他以遲鈍之故，見得未透，只得且去理會，終要洞達而後已。若理會不得，便放下了，如何得通透，則是終於魯而已。時舉。

「參也，竟以魯得之。」曾子魯鈍難曉，只是他不肯放過，直是捱得到透徹了方住；不似別人，只略綽見得些小了便休。今一樣敏底見得容易，又不能堅守；鈍底捱得到略曉得處，便說道理止此，更不深求。惟曾子不肯放舍，若這事看未透，真是捱得到盡處，❶所以竟得之。僩。

明道謂曾子「竟以魯得之」。緣他質鈍，不解便理會得，故着工夫去看，遂看得來透徹，非他人所及。有一等伶俐人見得雖快，然只是從皮膚上略過，所以不如他。且莫說義理，只如人學做文章，非是只恁地

❶「真」，朝鮮本作「直」。

讀前人文字了，便會做得以他底；亦須是下工夫，始造其妙。觀韓文公與李翱書，老蘇與歐陽公書，説他學做文章時，工夫甚麽細密！豈是只恁從册子上略過，便做得如此文字也。○士毅略。

「參也，竟以魯得之。」不説須要魯。魯却正是他一般病，但却尚是箇好底病。就他説，却是得這箇魯底力。義剛。○「參也，竟以魯得之。」魯鈍則無造作。賀孫。

曾子以魯得之，只是魯鈍之人，却能守其心專一。明達者每事要入一分，半上落下，多不專一。端蒙。

回也其庶乎章

敬之問：「回也，其庶乎；屢空。」大意謂顔子不以貧窶動其心，故聖人見其於道庶幾。子貢不知貧富之定命，而於貧富之間不能無留情，故聖人見其平日所講論者多出億度而中。曰：據文勢也是如此。但顔子於道庶幾，却不在此。聖人謂其如此，益見其好。子貢不受命，也在平日，聖人亦不因其貨殖而言。賀孫因問：《集注》云，顔回，言其樂道，又能安貧。以此意看，若顔子不處貧賤困窮之地，亦不害其爲樂。曰：顔子不處貧賤，固自樂；到他處貧賤，只恁地更難，所以聖人於此數數拈掇出來。賀孫。

顔子屢空，説作「空中」，不是。《論語》中只有「空空如也」，是説無所得，別不見説虚空處。可學。

問：「屢空」，前輩及南軒皆作空無説，以爲「無意、必、固、我」之「無」。但顔子屢空，未至於聖人之皆無而純然天理也。及先生所解，却作屢空乏而自樂，何也？曰：經意當如此。不然，則連下文子貢作二段事。空無之説，蓋自何晏有此解。晏，老氏清浄之學也。因其有此説，後來諸公見其説得新好，遂發明之。若顏子，固是意、必、固、我之屢無，只是此經意不然。顏子不以貧乏改其樂而求其富。如此説，下文見得與子貢有優劣。寓。

問：呂曰：「貨殖之學，聚所聞見以度物，可以屢中，而不能悉中。」嘗記前輩一説曰：「自太史公、班固列子貢於《貨殖》，下與馬醫、夏畦同科，謂其『所至，諸侯莫不分庭抗禮』，天下後世無不指子貢爲豎賈之事。子貢，孔門高弟，豈有聖人之門，而以賈豎爲先乎！屢空，無我者也，其學則自内而求。貨殖，自外而入，非出於己之所自得也。特其才高，凡接於見聞者莫不解悟，比之屢空者爲有間矣。」曰：此説乃觀文葉公所作，❶審是集中之語，蓋呂與叔之遺意也。乍看似好，而道理恐不如是。蓋屢空者，「空乏其身」也。貨殖，則對屢空而言，不能不計較者是也。范氏曰：「顏子簞食瓢飲屢絶，而不改其樂，天下之物豈有能動其心者！」此説爲得之。謨。

子張問善人之道章

問「善人之道」。曰：「善人之道」，只是箇善人底道理。所謂善人者，是天資渾全一箇好人，❷他資質至善而無惡，即「可欲

❶ 「此」，原作「比」，今據朝鮮本、萬曆本改。
❷ 「全」，萬曆本作「然」。

之謂善」。他所行底事，自然皆善，不消得按本子，自不至於惡。若是常人，不依本子，便有不能盡善，流而爲惡。但他既天資之善，故不必循塗守轍，行之皆善。却緣只是如此而無學，故不能入聖人閫室。橫渠之解極好。塗轍，猶言規矩尺度。○畬。

味道問：善人只是好資質，全未曾學。曰：是。又問「不踐迹」。曰：是古人所做底事恁地好。雖不曾學古人已做底事，做得來也恁地好。「循塗守轍」，猶言循規守矩云耳。

「踐迹」，迹是舊迹，前人所做過了底樣子，是成法也。善人雖不曾知得前人所做樣子，效他去做，但所爲亦自與暗合，但未能到聖人深處。恪。

施問「不踐迹」。曰：是他資質美，所爲無箇不是；雖不踐成法，却暗合道理。然他也自不能曉會，只暗合而已。又却不曾學問，所以「亦不入於室」。林問：不入室，室是神化地位否？曰：非也。室只是深奧處。寓。

問「不踐迹」。曰：善人質美，雖不學樣子，却做得是。然以其不學，是以不入室，到聖人地位不得。謙之。

善人乃是天資自然有善者，不待循常迹，而自然能有其善。然而不能加學，則亦不足以入聖人之室。震。

謝教問「不踐迹」。曰：資質美，只是暗合，不依本子做。橫渠說得好。然亦只是終於此而已。淳。

問：「不踐迹，亦不入於室」，莫是篤行之而後可以入善之閫奧否？曰：若如此言，却是說未爲以前事。今只說善人只是一箇好底資質，不必踐元本子，亦未入於室。須是要學，方入聖賢之域。惟横渠云：「志於仁而無惡。」此句最盡。如樂正子，自「可欲」之善入去，自可到「美、大、聖、神」地位。去僞。

問：善人莫是天資好人否？故雖不必循守舊人途轍，而自不爲惡。然其不知學問，故亦不能入於聖人之室。此可見美質有限，學問無窮否？曰：然。廣。

問：尋常解「踐迹」，猶踏故步。「不踐迹」者，亦有所進；「亦不入於室」者，所進不遠也。今《集注》解「踐迹」，不循樣轍之意，如何？曰：善人者以其心善，故不假成法，而其中自能運用，故曰「不踐迹」。據此，止説善人，未有進意。治。

問：不踐迹何以爲善人？曰：不循習前人已試之法度，而亦可以爲善，如漢文帝是也。大雅。

魏才仲問「善人之道」一章。曰：如所謂「雖曰未學，吾必謂之學矣」之類。又問：如太史公贊文帝爲善人意思也是？曰：然。只爲他截斷，只到這裏，不能做向上去；所以説道不依樣子，也自不爲惡，只是不能入聖人之室。又問：文帝好黄、老，亦不免有慘酷處。莫是纔好清净，便至於法度不立，必至慘酷而後可以服人？曰：自清净至慘酷，中間大有曲折，却如此説不得。唯是自家好清净，便一付之法。有犯罪者，都不消問自家，但看法何如。只依法行，自家這裏更不與你思量得，此所以流而爲慘酷。伯謨曰：黄、老之教，本不爲刑名，只要理會自己，亦不説要慘酷，但用之者過耳。曰：緣黄、老之術，凡事都先退一着做，教人不防他。到得逼近利害，也便不讓别人，寧可我殺了你，定不容你殺了我。

他術多是如此，所以文、景用之如此。文帝猶善用之，如南越反，則卑詞厚禮以誘之；吴王不朝，賜以几杖等事。這退一着，都是術數。到他教太子，晁錯爲家令。他謂太子亦好學，只欠識術數，故以晁錯傅之。到後來七國之變，弄成一場紛亂。看文、景許多慈祥豈弟處，都只是術數。然景帝用得不好，如削之亦反，不削亦反。賀孫。

子畏於匡章

或問：「『回何敢死』，伊川改『死』爲『先』，是否？」曰：「伊川此説，❶門人傳之恐誤，其間前後有相背處。今只作『死』字説。其曰『吾以汝爲死矣』者，孔子恐顔回遇害，故有此語。顔子答曰『子在，回何敢死』者，顔子謂孔子既得脱禍，吾可以不死矣。若使孔子遇害，則顔子只得以死救之也。」或問：「顔路在，顔子許人以死，何也？」曰：「事偶至此，只得死。此與不許友以死之意别，不許以死，在未處難以前乃可。如此處已遇難，却如此説不得。」去僞。

❶ 「説」，萬曆本作「話」。

朱子語類卷第四十 一十五板

論語二十二

先進篇下

季子然問仲由冉求章

問：據賀孫看來，仲由、冉求氣質不同，恐冉求未必可保，仲由終是不屈。曰：不要論他氣質。只這君臣大義，他豈不知。聖人也是知他必可保。然死於禍難是易事，死於不可奪之節是難事。纔出門去事君，這身已便不是自家底，所謂「事君能致其身」是也。如做一郡太守、一邑之宰、一尉之任，有盜賊之虞，這不成休了！便當以死守之，亦未爲難。惟卒遇君臣大變，利害之際只争些子，這誠是難。今處草茅，説這般事，似未爲切己。看史策所載，篡易之際，直是難處。篡弑之賊，你若不從他，他便殺了你；你從他，便不死。既是貪生惜死，何所不至！賀孫。

問：孔門弟子如由、求皆仕於季氏，何也？曰：只仕，便是病了。儘高底便不肯仕，如閔子、曾子是也。但當時不仕則已，仕則必出於季氏。蓋當時魯君用舍之權，皆歸於季氏也。又問：子路未易屈者，當時亦仕於季氏；蓋他雖不能行其道，亦稍知尊敬之。曰：説道他尊敬不得。才不當仕時，便教他尊敬，也不當仕。次日見先生，先生又曰：夜來説尊敬話，這處認不得，當下便做病。而今說被他敬，去仕他。若是箇賊來尊敬自家，自家還從他不從他？但看義如何耳。夔孫。

因說：仕於季氏之門者，仲弓爲季氏宰。亦未是叛臣。只是乘魯之弱，招權聚財歸己而已。然終不敢篡，如曹操。故昭公出許多時，季氏卒不敢取。至於三卿分晉，亦必俟天子之命乃安。只是當時魯君自做不行。弱則常如此，强則爲昭公。若孔子處之，則必有道矣。如墮三都，是乘他要墮而墮之，三都墮而三家之所恃者失矣，故其勢自弱。如羅崇勳殺牙兵，初惡其爲亂，既殺之，又自弱。璘因言：三家自不相能，如鬭雞之事可見。曰：三家，急之則合；緩之，又自不相能。璘。

問：「以道事君，不可則止」；「忠告而善道之，不可則止」。張子韶解此，謂「當其微有不可，則隨即止之；無待其事之失，過之形，而後用力以止之也」。曰：子韶之說不通，與上下文義不相貫。近世學者多取此說，愛其新奇，而不察其不當於理。此甚害事，不可不知也。謨。

子路使子羔爲費宰章

問「何必讀書，然後爲學」。曰：子路當初使子羔爲費宰，意不知如何。本不是如此，只大言來答，故孔子惡其佞。問：此恐失之偏否？曰：亦須是講學，方可如此做。《左傳》子產說「學而後從政，未聞以政學」一段，說得好。如子路，却是以政學者也。淳。

子路曾皙冉有公西華侍坐章

讀「曾晳言志」一章，曰：此處正要理

會。如子路說：「比及三年，可使有勇。」冉有云：「可使足民。」不知如何施設得便如此。曾皙意思固是高遠，須是看他如何得如此。若子細體認得這意思分明，令人消得無限利禄鄙吝之心。須如此看，方有意味。時舉。

冉求、公西赤言皆退讓，却是見子路被哂後，計較如此說。子路是真。此四人氣象好看。升卿。

曾點之志，如鳳凰翔於千仞之上，故其言曰：「異乎三子者之撰。」道夫。

曾點是見他箇道理大原了，只就眼前景致上說將去。其行有不掩者，是他先見得大了，自然是難揜。廣。

曾點見得事事物物上皆是天理流行。良辰美景，與幾箇好朋友行樂。他看那幾箇說底功名事業，都不是了。他看見日用之間，莫非天理，在在處處，莫非可樂。他自見得那「春服既成，冠者五六人，童子六七人，浴乎沂，風乎舞雩，詠而歸」處，此是可樂天理。植。

林恭甫問浴沂事。曰：想當時也真是去浴。但古人上巳祓禊，只是盥濯手足，不是解衣浴也。義剛。

恭父問：曾點「詠而歸」，意思如何？曰：曾點見處極高，只是工夫疏略。他狂之病處易見，却要看他狂之好處是如何。緣他日用之間，見得天理流行，故他意思常恁地好。只如莫春浴沂數句，也只是略略地說將過。又曰：曾點意思，與莊周相似，只不至如此跌蕩。莊子見處亦高，只不合將來玩弄了。時舉。

敬之又問「曾點」章。曰：都不待着力說。只是他見得許多自然道理流行發見，眼前觸處皆是，點但舉其一事而言之耳。只看他「鼓瑟希，鏗爾，舍瑟而作」，從容優裕、悠然自得處，無不是這箇道理。此一段都是這意思。今人讀之，只做等閑說了。當時記者亦多少子細。曾點見子路、冉有、公西華幾箇所對，都要着力出來做，他肚裏自覺得不足爲。若以次對，當於子路對後便問他。聖人見他鼓瑟，意思恁地自得，且問從別人上去，待都說了，却問他。又曰：這道理處處都是：事父母，交朋友，都是這道理；接賓客，是接賓客道理；動靜語默，莫非道理；天地之運，春夏秋冬，莫非道理。人之一身，便是天地，只緣人爲人欲隔了，自看此意思不見。如曾點，却被他超然看破這意思，夫子所以喜之。日月之盈縮，晝夜之晦明，莫非此理。賀孫。

曾點之志，夫子當時見他高於三子，故與之。要之，觀夫子「不知所以裁之」之語，則夫子正欲共他理會在。道夫。

曾點言志，當時夫子只是見他說幾句索性話，令人快意，所以與之。其實細密工夫却多欠闕，便似莊、列。如季武子死，倚其門而歌，打曾參仆地，皆有些狂怪。人傑。

恭父問：曾點說「詠而歸」一段，恐是他已前實事，因舉以見志。曰：他只是說出箇意思要如此。若作已前事說，亦不可知。人只見說曾點狂，看夫子特與之之意，須是大段高。緣他資質明敏，洞然自見得斯道之體，看天下甚麽事能動得他！他大綱如莊子。明道亦稱莊子云：「有大底意思。」又云：「莊生形容道體，儘有好處。」邵康節晚年意思正如此，把造物世事都做則劇看。曾點見得大意，然裏面工夫却疏略。明道亦云：「莊子無禮，無本。」賀孫。

或問：「如或知爾，則何以哉？」待諸子以可用對，而曾點獨不答所問，夫子乃許之，何也？曰：曾點意思見得如此，自與諸子別。看他意思若做時，上面煞有事在。或問：如何煞有事？曰：曾點見得如此時，若子路、冉求、公西華之所爲，曾點爲之有餘。又曰：只怕曾點有莊、老意思。或問：曾點是實見得如此，還是偶然説着？曰：這也只是偶然説得如此。他也未到得便做莊、老，只怕其流入於莊、老。又問：東萊説「曾點只欠『寬以居之』」，這是如何？曰：他是太寬了，却是工夫欠細密。因舉明道説康節云：堯夫豪傑之士，根本不貼貼地。又曰：今人却怕做莊、老，却不怕做管、商，可笑！賀孫。

問：夫子令四子言志，故三子皆言用。夫子卒不取，而取無用之曾點，何也？曰：三子之志趣，皆止於所能；而曾點氣象又大，志趣又別，極其所用，當不止此也。又曰：曾點雖是如此，於用工夫處亦欠細密。卓。

子路、曾皙等言志，觀其所對，只住在所做工夫上，故聖人與點，又以進諸子。如告子路「何足以臧」，亦此意。端蒙。

問四子言志。曰：曾點與三子，只是爭箇粗細。曾點與漆雕開，只是爭箇生熟。曾點説得驚天動地，開較隱貼。❶三子在孔門豈是全不理會義理？只是較粗，不如曾點之細。又曰：子路使民，非若後世之孫、吴；冉有足民，非若後世之管、商。賜。

子路品格甚高，若打疊得些子過，謂粗暴。便是曾點氣象。升卿。

❶「隱」，萬曆本作「穩」。

曾點於道，見其遠者、大者，而視其近小皆不足爲。故其言超然，無一毫作爲之意，唯欲樂其所樂，以終身焉耳。道夫。

敬之問：曾點言志，見得天理流行，獨於其間認取這許多，作自家受用。曰：不用恁地說。曾點只是見得許多都是道理發見，觸處是道理，只緣這道理本來到處都是。賀孫。

或問：曾點之言如何？曰：公莫把曾點作面前人看，縱説得是，也無益。須是自家做曾點，便見得曾點之心。學蒙。

問：曾點浴沂氣象，與顔子樂底意思相近否？曰：顔子底較恬静，無許多事。曾點是自恁説，却也好；若不已，便成釋、老去，所以孟子謂之狂。顔子是孔子稱他樂，他不曾自説道我樂。大凡人自説樂時，便已不是樂了。淳。

或問：曾晳言志，既是知得此樂，便如顔子之樂同。曾晳行又不掩，何也？曰：程子説：「曾點、漆雕開已見大意。」他只是見得這大綱意思，於細密處未必便理會得。如千兵萬馬，他只見得這箇，其中隊伍未必知。如佛氏，不可謂他無所見，但他只見得箇大渾淪底道理；至於精細節目，則未必知。且君臣、父子、夫婦、兄弟，他知道理發出來。然至「爲人君，止於仁；爲人臣，止於敬；爲人子，止於孝」之類，却未必知也。植。

林正卿問：曾點只從高處見破，却不是次第做工夫來。曰：某以爲頗與莊、列之徒相似，但不恁地跌蕩耳。又問：「曾點、漆雕開已見大意」，開却實用工夫。曰：開覺得細密。恪。

漢卿舉叔重疑問曰：曾點「已見大意」。或謂點無細密工夫，或謂點曾做工夫而未至，如何？曰：且只理會曾點如何見得到這裏。不須料度他淺深，徒費心思也。人傑。

或問曾晳。曰：是他見得到日用之間，無非天理流行。如今便是不能得恁地，充其見，便是孔子「老者安之，朋友信之，少者懷之」意思。聖賢做出，便只是這箇物事，更不用安排。如今將文字看，也説得是如此，只是做不能得恁地。漢卿再請：前所問「必有事焉」，蒙教曰：「人須常常收斂此心，但不可執持太過，便倒塞了。然此處最難，略看差了，便是禪。」此意如何？曰：這便是難言。正淳謂，云云。先生曰：固是如此，便是難。學者固當尋向上去，只是向上去，便怕易差。只吾儒與禪家説話，其深處止是毫忽之争，到得不向上尋，又只畫住在淺處。須是就源頭看。若理會得，只是滔滔地去。如操舟，尋得大港水脉，便一直溜去，不問三尺船也去得，五尺船也去得，一丈二丈船也去得。若不就源頭尋得，只三五尺船子，便只閣在淺處，積年過代，無緣得進。賀孫。

先生令叔重讀江西嚴時亨、歐陽希遜問目，皆問「曾點言志」一段。以爲學之與事，初非二致，學者要須涵養到「清明在躬，志氣如神」之地，則無事不可爲也。先生曰：此都説得偏了。學固着學，然事亦豈可廢也！若都不就事上學，只要便如曾點樣快活，將來却恐狂了人去也。學者要須常有三子之事業，又有曾點襟懷，方始不偏。蓋三子是就事上理會，曾點是見得大意。曾點雖見大意，却少事上工夫；三子雖就事上學，又無曾點底脱灑意思。若曾子之學，却與曾點全然相反。往往曾點這般説話，曾子初間却理會不得他。但夫子説東便去學東，説西便去學西，説南便去學南，説北便去學北。到學來學去，一旦貫通，却自得意思也。時舉。

蕭問「曾點言志」章，程子云云。先生曰：《集注》内載前輩之説於句下者，是解此句文義；載前輩之説於章後者，是説一章之大旨及反覆此章之餘意。今曾點説底不曾理會得，又如何理會得後面底！雉。○以下《集注》。

所謂「天理流行」一句，須是先自盡於一心，然後及物，則能隨寓而樂。如曾點，只是他先自分内見得箇道理，如「莫春」以下是無可説，只就眼前境界，便説出來也得。又曰：曾點、曾參父子却相背。曾點是先見得大了，曾參却細。孔子見他着細工夫到，遂告以「一貫」，那時參言下一「唯」，見得都實。如曾點則行有不掩。是他先見得大了，自然是難掩。士毅。

問：《集注》云：「曾點之學，有以見乎日用之間，莫非天理流行之妙，日用之間，皆人所共。」曾點見處，莫是於飢食渴飲、冬裘夏葛以至男女居室之類，在曾點見則莫非天理，在他人則只以濟其嗜欲？曰：固是。同是事，是者便是天理，非者便是人欲。如視聽言動，人所同也。非禮勿視、聽、言、動，便是天理；非禮而視、聽、言、動，便是人欲。植曰：即是五峰所謂「天理人欲，同行異情」否？曰：是。植。

周貴卿問：先生教人，每令就下學上用功，而「子路、曾晳、冉有、公西華侍坐」一章，乃云「其視三子區區於事爲之末者有間矣」，如何？曰：三子於事爲上也見不曾透。如「爲國以禮」，他正緣見那「爲國以禮」底道理未透，所以後來恁地。今觀三子雖不可盡見，然大概也可知。如子路，便是那些子客氣未消磨得盡。冉求畢竟有才，要做事，爲仕意重。公西華較細膩得些子，但也見不透。又問：曾皙似説得高遠，不就事實？曰：某嘗説，曾皙不可學。他是偶然見得如此，夫子也是一時被他説得恁地也快活人，故與之。今人若要學他，便會狂妄了。他父子之學正相反。曾子是一步一步踏着實地去做，直到那「『參乎！吾道一以貫之』。曾子曰：『唯。』」方是。夔孫録作：已是得了。然他到這裏，也只是唯而已，也不曾恁地差異。從此後，也只是穩穩帖帖恁地去。到臨死，尚曰「而今而後，吾知免夫小子」，也依舊是戰戰兢兢，不曾恁地自在。夔孫録云：未死以前，戰戰兢兢，未嘗少息。豈曾如此狂妄顛蹷！曾皙不曾見他工夫，只是天資高後自説着。如夫子説「吾黨之小子狂簡，斐然成章，不知所以裁之」，這便是狂簡。如莊、列之徒，皆是他自説得恁地好，夔孫録云：也是他見得如此。所以夫子要歸裁正之。若是不裁，只管聽他恁地，今日也浴沂詠歸，明日也浴沂詠歸，却做箇甚麽合殺！義剛。夔孫略。

夫子與點，以其無所係著，無所作爲，皆天理之流行。「夫何爲哉？恭己正南面而已。」「天叙有典，勑我五典五惇哉！天秩有禮，自我五禮有庸哉！」「天命有德，五服五章哉！天討有罪，五刑五用哉！」即此氣象。夫子以其所見極高明了，所以與之。如今人見學者議論拘滯，忽有一箇説得索性快活，亦須喜之。然未見得其做事時如何。若只如此忽略，恐却是病，其流即莊、老耳。如季武子之死，倚門而歌事，及

《家語》所載芸瓜事，雖未必然，但如此放曠，九伯事何故都當入聲。在他身上？所以孟子以之與琴張、牧皮同稱「狂士」。又《莊子》載子桑户、孟子反、子琴張事，雖是寓言未足憑，然何故不別言一人？孔門如曾點，只見識高，未見得其後成就如何。如曾參，却是篤實細密，工夫到。程子論「三子言志自是實事」一段甚好，及論「夫子與點」一段，意却少異，所以《集注》兩載之。必大。

孔子「與點」、「與聖人之志同」者，蓋都是自然底道理。安老、懷少、信朋友，自是天理流行。天理流行，觸處皆是。暑往寒來，川流山峙，「父子有親，君臣有義」之類，無非這理。如「學而時習之」，亦是窮此理；「孝弟仁之本」，亦是實此理。所以貴乎格物者，是物物上皆有此理。此聖人事，點見得到。蓋事事物物，莫非天理，初豈是安排得來！安排時，便湊合不着。這處更有甚私意來？自是着不得私意。聖人見得，只當閑事，曾點把作一件大事來説。他見得這天理隨處發見，處處皆是天理，所以如此樂。植。

植舉「曾點言志」，明道云：「蓋與聖人之志同。」先生詰云：曾點與聖人志同在那裏？植云：曾點浴沂詠歸，樂而得其所，與聖人安老、懷少、信朋友，使萬物各遂其性處同。曰：也未湊盡得。因座中諸友皆不合，先生曰：立之底只争這些子。潘子善以爲：點只是樂其性分而已。日用間見得天理流行，才要着私意去安排，便不得。曰：他不是道我不要着私意安排，私意自着不得。這箇道理，是天生自然，不待安排。蓋道理流行，無虧無欠，是天生自然如此。與聖人安老、懷少、信朋友底意思相似。聖人見老者合安，便安之；朋友合信，便信之；少者合懷，便懷之。惟曾點見得到這裏，聖人做得到這裏。植。○時舉略。

問：曾點言志，如何是有堯、舜氣象？曰：明道云：「萬物各遂其性。」此一句正好看「堯、舜氣象」。且看莫春時物態舒暢如此，曾點情思又如此，便是各遂其性處。堯、舜之心，亦只是要萬物皆如此爾。孔子之志，欲得「老者安之，少者懷之，朋友信之」，亦是此意。又問：上蔡云：「子路、冉有、公西華皆未免有意必之心；曾點却不願仕，故孔子與之。」此說如何？曰：亦是。但此意逼窄爾。又問：曾點之狂如何？曰：他雖知此理，只是踐履未至。謨。

曾點之志，所謂「達可行於天下而後行之」。程子謂便「是堯、舜氣象」。爲他見處大，故見得世間細小功業，皆不足以入其心。道夫。

問：程子謂「便是堯、舜氣象」，如何？曰：曾點却只是見得，未必能做得堯、舜事。孟子所謂「狂士」，「其行不掩焉者也」。其見到處，直是有堯、舜氣象。如莊子亦見得堯、舜分曉。或問天王之用心何如，便說到：「天德而出寧，日月照而四時行，若晝夜之有經，雲行而雨施。」以是知他見得堯、舜氣象出。曾點見識儘高，見得此理洞然。只是未曾下得工夫。曾點、曾參父子正相反。以點如此高明，參却魯鈍，一向低頭捱將去，直到一貫，方始透徹。是時見識方到曾點地位，然而規模氣象又别。寓。

問：《集注》謂曾點「氣象從容」，便是鼓瑟處；詞意洒落，便是下面答言志，「雖堯、舜事業亦優爲之」處否？曰：且道堯、舜是甚麽樣事？何不説堯、舜之心，恰限説事業？蓋「富有之謂大業」，至如「平章百姓」，明目達聰，納大麓，皆是事也。此分明説事業。緣曾點見得道理大，所以「堯、舜事業優爲之」，「視三子規規於事爲之末」，固有間矣。是他見得聖人氣象如此，雖超乎事物之外，而實不離乎事物之中。是箇無事無爲底道理，却做有事有爲之功業。天樣大事也做得，針樣小事也做得，此所謂大本，所謂忠，所謂一者，是也。點操得柄欛，據看源頭；諸子則從支派上做工夫。諸子底做得小，他底高大。曾點合下便見得聖人大本是如此，但於細微工夫却不曾做得，所以未免爲狂。緣他資禀高，見得這箇大，不肯屑屑做那小底工夫。是他合下一見便了，於細微節目工夫却有欠闕，與後世佛、老近似，但佛、老做得忒無狀耳。又云：曾參、曾點父子兩人絶不類。曾子隨事上做，細微曲折，做得極爛熟了，才得聖人指撥，一悟即了當。點則不然，合下便見得如此，却不曾從事曲折工夫。所以聖人但説「吾與點」而已；若傳道，則還曾子也。學者須是如曾子做工夫，點自是一種天資，不可學也。伊川説「曾點、漆雕開已見大意」。點則行不揜，開見此箇大意了，又却要補填滿足，於「未能信」一句上見之。此與「一貫」兩處是大節目，當時時經心始得。又曰：只看「異乎三子者之撰」一句，便是從容灑落處了。又曰：諸子之欲爲國，也是他實做得，方如此説。明作。○《集注》非定本。

吴兄問「曾子言志」一段。先生曰：何謂「視其氣象，雖堯、舜事業亦可爲」？吴兄無對。先生曰：曾點但開口説一句「異乎三子者之撰」時，便自高了。蓋三子所志者雖皆是實，然未免局於一君一國之小，向上更進不得。若曾點所見，乃是大根大本。使推而行之，則將無所不能，雖其功用之大，如堯、舜之治天下，亦可爲矣。蓋言其所志者大而不可量也。譬之於水，曾點之所用力者，水之源也；三子之所用力者，水之流也。用力於派分之處，則其功止於一派；用力於源，則放之四海亦猶是也。然使點遂行其志，則恐未能掩其言，故以爲狂者也。某嘗謂，曾點父子爲學，每每相反。曾點天資高明，用志遠大，故能先見其本，往往於事爲之間，有不屑用力者焉。是徒見其忠之理，而不知其恕之理也。曾子一日三省，則隨事用力，而「一貫」之說，必待夫子告之而後知。是先於恕上得之，而忠之理則其初蓋未能會也。然而一「唯」之後，本末兼該，體用全備，故其傳道之任，不在其父，而在其子。則其虛實之分，學者其必有以察之！壯祖。

問「曾點言志，雖堯、舜事業亦優爲之」。曰：曾點爲人高爽，日用之間，見得這天理流行之妙，故堯、舜事業亦不過自此做將去。然有不同處：堯、舜便是實有之，踏實做將去；曾點只是偶然綽見在。譬如一塊寶珠，堯、舜便實有在懷中，曾點只看見在，然他人又不曾見得。❶某嘗說曾點父子正相拗。❷曾子先未曾見得箇大統體，只是從事上積累做將去，後來方透徹。曾點都未曾去做，却先曉得了，更教他如曾子恁地細密做將去，何可比也？只緣他見得快

❶「又」，萬曆本作「亦」。
❷「說」，萬曆本作「謂」。

後不將當事，所以只見得了便休。故他言志，亦不是要去做事底，只是心裏要恁地快活過日而已。又云：學者須如曾子逐步做將去，方穩實。燾。

或問曾點氣象。曰：曾點氣象，固是從容灑落。然須見得他因甚得如此，始得。若見得此意，自然見得他做得堯、舜事業處。銖。

廖子晦、李唐卿、陳安卿共論三子言志，及顏子喟然之歎，録其語質諸先生。先生曰：覺見諸公都説得枝蔓。此等處不通如此説，在人自活看方得。若云堯、舜事業非曾點所能，又逐一稱述堯、舜來比並，❶都不是如此。曾點只是箇高爽底人，他意思偶然自見得，只見得了便休。堯、舜則都見得了，又都踏着這箇物事行，此其不同處耳。要之，只説得箇見得天理明，所以如此。只説得到此住，已上説不去了，要人自見得。只管推説，已是枝蔓。或問：程子云：「子路只緣曉不得『爲國以禮』底道理。若曉得，便是此氣象。」如公西、冉求二子，語言之間亦自謙遜，可謂達禮者矣，何故却無曾點氣象？曰：二子只是曉得那禮之皮膚，曉不得那裏面微妙處。他若曉得，便須見得「天高地下，萬物散殊，而禮制行矣；流而不息，合同而化，而樂興焉」底自然道理矣。曾點却有時見得這箇氣象，只是他見得了便休，緣他見得快，所以不將當事。他若見得了，又從頭去行，那裏得來！曾參則元來未見這箇大統體，先從細微曲折處行都透了，見得箇大體。曾氏父子二人極不同。世間自有一樣人如此高灑，見

❶「述」，萬曆本作「説」。

得底，學不得也。學者須是學曾子逐步做將去，方穩實。又問：子路氣象須較開闊如二子？曰：然。又曰：看來他門都是合下不曾從實地做工夫去，却只是要想象，已攬説箇形象如此，所以不實。某嘗説學者只是依先儒注解，逐句逐字與我理會，着實做將去，少間自見。最怕自立説籠罩，此爲學者之大病。世間也只有這一箇方法路徑，若纔不從此去，少間便落草，不濟事。只依古人所説底去做，少間行出來便是我底，何必別生意見。此最是學者之大病，不可不深戒！僩。

問：《論語》只有箇顏子、曾子傳聖人之學，其大概既得聞命矣。敢問：「曾點浴沂處」，《注》云「有堯、舜氣象」，夫子固於此與點矣；❶而子路「爲國以禮」處，亦注云「達得時便是這氣象」如何？曰：子路所言底，他亦是無私意，但是不遜讓時便不是也。曾點見處豈不曰「與堯、舜同」，但是他做不得此事。如今人在外看屋一般，知得有許大許高，然其中間廊廡、廳館、户牖、房闥子細曲折，却是未必看得子細也。然看到此，也是大故難。或曰程子云曾點、漆雕開已見得大意，如何？曰：曾點見得較高。開只是樸實，其才雖不及點，然所見也是不苟。或曰：曾點既見得天理流行，胸中洒落矣，而行有不掩，何也？曰：蓋爲他天資高，見得這物事透徹，而做工夫却有欠闕。如一箇大屋樣，他只見得四面墻壁，高低大小都定，只是裏面許多間架，殊不見得。如漆雕開見大意則不如點，然却是他肯去做。點雖見得，却又不肯去做到盡處。

❶「與」，原作「子」，今據萬曆本改。

且如邵康節，只緣他見得如此，便把來做幾大作弄，更不加細密工夫。某嘗謂，曾子父子正相反。曾參初頭都不會，只從頭自一事一物上做去，及四方八面都做了，却到大處。及他見得大處時，其他小處一一都了也。點合下見得大處，却不肯去做小底，終不及他兒子也。祖道。○賜録一條見「漆雕開」章，疑同聞。

問：使子路知禮，如何便得似曾晳氣象？曰：此亦似乎隔驀，然亦只争箇知不知、見不見耳。若達得，則便是這氣象也。曾點只緣他見得箇大底意思了。據他所説之分，只得如此説。能如此，則達而在上，便可做得堯、舜事業，隨所在而得其樂矣。又曰：公且更説曾點意思。廣云：點是已見得大意，其所言者無非天理之流行，都不爲事物所累。曰：亦不必説不爲事物所累。只是緣他高明，自見得箇大底意思。曰：既見得這意思，如何却行有不掩？曰：緣他見得了，不去下工夫，所以如此。譬如人須以目見，以足行，見得方能行得。然亦有見得了不肯行者，亦有未見得後强力以進者。如顔子，則見與行皆到也。又曰：曾點父子，學問却如此不同。曾點是未行而先見得此意思者。曾子其初却都未能見，但一味履踐將去。到得後來真積力久，夫子知其將有所得，始告之以「一貫」之説，曾子方領略得。然緣他工夫在先，故一見便了，更無窒礙處。若是曾晳，則須是更去行處做工夫始得；若不去做工夫，則便入於釋、老去也。觀季武子死，曾點倚其門而歌；他雖未是好人，然人死而歌，是甚道理！此便有些莊、老意思。程子曰：「曾點、漆雕開已見大意。」看得來漆雕開爲人却有規矩，不肯只恁地休，故曰「吾斯之未能信」。廣。

問：「子路若達，便是曾點氣象。」莫是子路無曾點從容意思否？曰：子路見處極高，只是有些粗。緣他勇，便粗。若不是勇，又不會變得如此快，這勇却不曾去得。如人得這箇藥去病，却不曾去得藥毒。若去得盡，即達「爲國以禮」道理。顧文蔚曰：子路與冉有、公西華如何？文蔚曰：只是小大不同。曰：二子終無子路所見。問：何以驗之？曰：觀他平日可見。文蔚。

陳仲亨說：「子路只是不達『爲國以禮』道理」數句，未明。先生曰：子路地位高，品格亦大故高，但其病是有些子粗。緣如此，所以便有許多粗暴疏率處。他若能消磨得這些子去，却能恁地退遜，則便是這箇氣象了。蓋是他資質大段高，不比冉求、公西華，那二子雖如此謙退，然却如何及得子路？譬之如一箇坑，跳不過時，只在這邊；一跳過，便在那邊。若達那「爲國以禮」道理，便是這般氣象，意正如此。「求也退，故進之。」冉求之病，乃是子路底藥；子路底病，乃是冉求底藥。義剛。

李守約問：「子路達時，便是此氣象。」意謂禮是天理，子路若識得，便能爲國，合得天理？曰：固是。只更有節奏難說。如今聖人只爲他「其言不讓」，故發此語。如今看來，終不成纔會得讓底道理，便與曾點氣象相似！似未會如此。如今且平看，若更去說程子之說，却又是說上添說。子思言「鳶飛魚躍」，與孟子言「勿忘，勿助長」，此兩處皆是喫緊爲人處，但語意各自別。後人因「喫緊爲人」一句，却只管去求他同處，遂至牽合。木之。

問：孔子語子路「爲國以禮」，只是以子路不遜讓，故發此言。程先生云云。如何？曰：到「爲國以禮」分上，便是理明，自然有曾點氣象。可學。

伊川謂「子路之志亞於曾點」。蓋子路所言却是實。他二子却鑒他子路爲夫子所哂，❶故退後說。道夫。

問：再看「浴沂」章，程子云：「曾點，狂者也，未必能爲聖人之事，而能知夫子之志。故曰『浴乎沂，風乎舞雩，詠而歸』，言樂而得其所也。孔子之志在於『老者安之，朋友信之，少者懷之』，使萬物莫不遂其性。曾點知之。故孔子喟然嘆曰：『吾與點也！』」若如程子之說看，則事皆切實。若只從曾點見得箇大底意思看，恐易入於虛無。先生曰：此一段，唯上蔡見得分曉。蓋三子只就事上見得此道理，曾點是去自己心性上見得那本原頭道理。使曾點做三子事，未必做得。然曾點見處，雖堯、舜事業亦不過以此爲之而已。程子所說意思固好，但所録不盡其意。看得來上面須別有說話在。必先說曾點已見此道理了，然後能如此，則體用具備。若如今恁地說，則有用無體，便覺偏了。因說：一貫之旨，忠恕之說，程先生門人中，亦只上蔡領略得他意思，餘皆未曉。「浴沂」一章解，向來亦曾改過，但令尋未見在。問：先生謂三子從事上見得此道理，必如此說，然後見得程子所謂「只緣子路不達『爲國以禮』道理，若達，則便是這氣象」之說。三子皆是去事上見得此道理，而子路之言不讓，則便是不知不

❶ 上「他」字，萬曆本作「地」，則當屬上。

覺違了這箇道理處，故夫子哂之也。曰：然。二子亦因夫子之哂子路，故其言愈加謙讓，皆非其自然，蓋有所警也。廣。

上蔡説「鳶飛魚躍」，因云：知「勿忘，勿助長」，則知此；知此，則知夫子與點之意。看來此一段好，當入在《集注》中「舞雩」後。僩。○以下《集義》。

問：前輩説，「鳶飛魚躍」與曾點浴沂一事同。不知曾點之事何緣與子思之説同？曰：曾點見日用之間莫非天理。問：何以見曾點見日用之間莫非天理？曰：若非見得日用之間無非天理，只恁地空樂，也無意思。又曰：諸子有安排期必，至曾點，只以平日所樂處言之。曾點不説道欲做那事，不做那事。又曰：曾點以樂於今日者對，諸子以期於異日者對。又曰：某今日見得又别。節次日問：節取先生所注一段看，不見與昨日之説異。曰：前日不曾説諸子有安排期必，至曾點無之。節。

鳴謝

《儒藏》精華編惠蒙善助，共襄斯文；謹列如左，用伸謝忱。

本煥法師　壹佰萬元

智海企業集團董事長　馮建新先生　壹佰萬元

NE·TIGER時裝有限公司董事長　張志峰先生　壹佰萬元

張貞書女士　壹佰萬元

方正控股有限公司、金山軟件有限公司創始人　張旋龍先生　壹佰萬元

北京大學《儒藏》編纂與研究中心

本册审稿人　高海波
本册责任编委　杨　浩

圖書在版編目(CIP)數據

儒藏.精華編.一八七:上下册/北京大學《儒藏》編纂與研究中心編.—北京：北京大學出版社，2022.3

ISBN 978-7-301-11905-1

Ⅰ.①儒… Ⅱ.①北… Ⅲ.①儒家 Ⅳ.①B222

中國版本圖書館CIP數據核字（2022）第036345號

書　　名	儒藏（精華編一八七）（上下册） RUZANG（JINGHUABIAN YIBAQI）（SHANGXIA CE）
著作責任者	北京大學《儒藏》編纂與研究中心　編
責任編輯	王　應
標準書號	ISBN 978-7-301-11905-1
出版發行	北京大學出版社
地　　址	北京市海淀區成府路205號　100871
網　　址	http://www.pup.cn　　新浪微博:@北京大學出版社
電子信箱	dianjiwenhua@126.com
電　　話	郵購部 010-62752015　發行部 010-62750672　編輯部 010-62756449
印 刷 者	北京中科印刷有限公司
經 銷 者	新華書店
	787毫米×1092毫米　16開本　72.75印張　743千字
	2022年3月第1版　2022年3月第1次印刷
定　　價	1200.00元（上下册）

ISBN 978-7-301-11905-1
9 787301 119051 >
定價：1200.00元
（上下册）